21 世纪高等院校法学精品资源共享课教材

婚姻家庭继承法学

（第三版）

陈　苇　主编

群众出版社

2017 · 北　京

图书在版编目（CIP）数据

婚姻家庭继承法学/陈苇主编 .—3 版 .—北京：群众出版社，2017. 9

ISBN 978-7-5014-5733-5

Ⅰ. ①婚…　Ⅱ. ①陈…　Ⅲ. ①婚姻法—法学—中国②继承法—法学—中国

Ⅳ. ①D923. 01

中国版本图书馆 CIP 数据核字（2017）第 202601 号

婚姻家庭继承法学（第三版）

陈　苇　主编

出版发行：群众出版社

地　　址：北京市西城区木樨地南里

邮政编码：100038

经　　销：新华书店

印　　刷：天津嘉恒印务有限公司

版　　次：2017 年 9 月第 1 版

印　　次：2018 年 9 月第 3 次

印　　张：23. 75

开　　本：787 毫米×1092 毫米　1/16

字　　数：578 千字

书　　号：ISBN 978-7-5014-5733-5

定　　价：69. 00 元

网　　址：www.qzcbs.com

电子邮箱：qzcbs@ sohu.com

营销中心电话：010-83903254

读者服务部电话（门市）：010-83903257

警官读者俱乐部电话（网购、邮购）：010-83903253

法律图书分社电话：010-83905745

婚姻家庭继承法学
（第三版）

主　编： 陈　苇

副主编： 张华贵　朱　凡

撰稿人：（以撰写章节先后为序）
张华贵　朱　凡　陈　苇　王　洪
李　俊　冉启玉　曹贤余　杜江涌

目　录

第一版序言 …… (1)
第二版序言 …… (1)
第三版序言 …… (1)
主要法律、法规和司法解释等的简称 …… (1)

第一章　婚姻家庭法概述

第一节　婚姻家庭概述 …… (1)
一、婚姻家庭的概念 …… (1)
二、婚姻家庭的属性 …… (5)
第二节　婚姻家庭法 …… (6)
一、婚姻家庭法的概念和种类 …… (6)
二、婚姻家庭法的调整对象 …… (7)
三、婚姻家庭法的法律渊源 …… (8)
四、婚姻家庭法的性质 …… (10)
五、婚姻家庭法的特点 …… (10)
第三节　婚姻家庭法的编制体例 …… (11)
一、诸法合体的古代婚姻家庭法 …… (11)
二、属于民法组成部分的婚姻家庭法 …… (12)
三、作为独立法律部门的婚姻家庭法 …… (13)
第四节　中国婚姻家庭法的发展演变 …… (14)
一、中国古代婚姻家庭法 …… (14)
二、中国半殖民地半封建社会的婚姻家庭法 …… (16)
三、中国民主革命根据地的婚姻家庭法 …… (17)
四、中华人民共和国婚姻法 …… (19)

第二章　亲属关系原理

第一节　亲属关系概述 …… (24)
一、亲属的概念 …… (24)
二、亲属的种类 …… (26)
三、亲属的范围 …… (28)

第二节 亲系和辈分 …………………………………………………………… (28)
一、亲系 …………………………………………………………………… (28)
二、辈分 …………………………………………………………………… (29)
第三节 亲等与代数 …………………………………………………………… (30)
一、罗马法亲等制 ………………………………………………………… (30)
二、寺院法亲等制 ………………………………………………………… (31)
三、我国婚姻法中代数的计算 …………………………………………… (31)
第四节 亲属关系的发生和终止 ……………………………………………… (32)
一、配偶的发生和终止 …………………………………………………… (32)
二、血亲的发生和终止 …………………………………………………… (32)
三、姻亲的发生和终止 …………………………………………………… (33)
第五节 亲属关系的法律效力 ………………………………………………… (34)
一、亲属在婚姻家庭继承法上的效力 …………………………………… (34)
二、亲属在民法上的效力 ………………………………………………… (35)
三、亲属在刑法上的效力 ………………………………………………… (35)
四、亲属在诉讼法上的效力 ……………………………………………… (36)
五、亲属在国籍法上的效力 ……………………………………………… (36)

第三章 婚姻法的基本原则

第一节 婚姻自由原则 ………………………………………………………… (39)
一、婚姻自由的概念和内容 ……………………………………………… (40)
二、保障婚姻自由原则实施的禁止性规定 ……………………………… (41)
第二节 一夫一妻制原则 ……………………………………………………… (43)
一、一夫一妻制概述 ……………………………………………………… (43)
二、保障一夫一妻制原则实施的禁止性规定 …………………………… (44)
第三节 男女平等原则 ………………………………………………………… (47)
一、男女平等原则概述 …………………………………………………… (47)
二、男女平等原则在我国的贯彻实施 …………………………………… (48)
第四节 保护妇女、儿童和老人的合法权益原则 …………………………… (49)
一、保护妇女的合法权益 ………………………………………………… (49)
二、保护儿童的合法权益 ………………………………………………… (50)
三、保护老年人合法权益 ………………………………………………… (51)
四、禁止家庭暴力、禁止家庭成员间的虐待和遗弃 …………………… (51)
第五节 计划生育原则 ………………………………………………………… (55)
一、计划生育的概念和意义 ……………………………………………… (55)
二、计划生育的基本要求 ………………………………………………… (56)
三、违反计划生育法行为的法律责任 …………………………………… (56)

第四章 结婚

第一节 结婚概述 ……………………………………………………… (61)
一、结婚的概念 ……………………………………………………… (61)
二、结婚的要件 ……………………………………………………… (62)
三、个体婚结婚方式的沿革 ………………………………………… (63)
第二节 婚约 ……………………………………………………… (65)
一、婚约概述 ……………………………………………………… (65)
二、我国现行法律、政策对婚约的态度 …………………………… (65)
第三节 结婚条件 ……………………………………………………… (66)
一、结婚的必备条件 ……………………………………………… (66)
二、结婚的禁止条件 ……………………………………………… (68)
第四节 结婚程序 ……………………………………………………… (71)
一、结婚程序概述 ………………………………………………… (72)
二、结婚登记的机关和程序 ……………………………………… (72)
三、结婚登记的效力 ……………………………………………… (74)
第五节 无效婚姻与可撤销婚姻 ……………………………………… (74)
一、无效婚姻与可撤销婚姻概述 ………………………………… (74)
二、我国无效婚姻与可撤销婚姻制度 ……………………………… (76)
第六节 事实婚姻 ……………………………………………………… (78)
一、事实婚姻概述 ………………………………………………… (79)
二、事实婚姻的法律效力及处理 ………………………………… (80)
第七节 非婚同居关系 ………………………………………………… (81)
一、非婚同居关系概述 …………………………………………… (81)
二、非婚同居关系的处理 ………………………………………… (85)

第五章 婚姻的效力

第一节 婚姻效力概述 ………………………………………………… (92)
一、婚姻效力的概念 ……………………………………………… (92)
二、我国婚姻法对夫妻法律地位的规定 …………………………… (93)
第二节 夫妻人身关系 ………………………………………………… (94)
一、夫妻的姓名权 ………………………………………………… (94)
二、夫妻的人身自由权 …………………………………………… (95)
三、夫妻的婚姻住所决定权 ……………………………………… (96)
四、夫妻的生育权与计划生育义务 ……………………………… (97)
五、夫妻的日常家事代理权 ……………………………………… (98)
六、夫妻的同居义务与忠实义务 ………………………………… (99)

第三节 夫妻财产关系 …… (102)
一、夫妻财产制 …… (103)
二、夫妻扶养义务 …… (116)
三、夫妻继承权 …… (120)

第六章 父母子女关系

第一节 父母子女关系概述 …… (124)
一、父母子女关系的概念和种类 …… (124)
二、父母子女关系立法的演变 …… (125)
三、父母子女间的权利义务 …… (127)
第二节 生子女 …… (132)
一、有婚姻关系的父母与子女的关系 …… (132)
二、无婚姻关系的父母与子女的关系 …… (136)
第三节 继子女 …… (140)
一、继父母子女的概念及类型 …… (140)
二、继父母子女的法律地位 …… (141)
三、继父母子女关系的终止 …… (142)
第四节 人工生育子女 …… (143)
一、人工体内授精子女 …… (144)
二、人工体外授精子女（试管婴儿） …… (148)
第五节 父母对未成年子女的照护权 …… (151)
一、父母照护权概述 …… (151)
二、父母照护权的内容 …… (153)

第七章 收养

第一节 收养制度概述 …… (158)
一、收养的概念和特征 …… (158)
二、收养的类型 …… (160)
三、我国收养立法概况 …… (161)
第二节 我国收养法的基本原则 …… (162)
一、有利于被收养人的抚养、成长原则 …… (162)
二、保障被收养人和收养人的合法权益原则 …… (162)
三、平等自愿原则 …… (163)
四、不违背社会公德原则 …… (163)
五、不违背计划生育原则 …… (163)
第三节 收养的成立 …… (164)
一、收养成立的实质要件 …… (164)

二、收养成立的形式要件 …………………………………………(168)
第四节　收养的法律效力 ………………………………………………(169)
一、收养的法律效力 ………………………………………………(169)
二、收养行为的无效 ………………………………………………(171)
三、收养法施行前形成的收养关系之效力的确认 …………………(171)
第五节　收养的解除 ……………………………………………………(172)
一、协议解除 ………………………………………………………(172)
二、诉讼解除 ………………………………………………………(173)
三、解除收养的法律后果 …………………………………………(173)

第八章　监护

第一节　监护制度概述 …………………………………………………(178)
一、监护的概念 ……………………………………………………(178)
二、监护的类型 ……………………………………………………(178)
三、未成年人的监护与亲权的关系 ………………………………(180)
第二节　监护的设立 ……………………………………………………(181)
一、监护的开始 ……………………………………………………(181)
二、监护人的范围及顺序 …………………………………………(181)
第三节　监护人的职责与权利、监护职责的履行与法律责任 ………(182)
一、监护人的职责与权利 …………………………………………(182)
二、监护职责的履行与法律责任 …………………………………(183)
第四节　监护的撤销与恢复、变更与终止 …………………………(183)
一、监护的撤销与恢复 ……………………………………………(183)
二、监护的变更与终止 ……………………………………………(185)

第九章　祖孙关系和兄弟姐妹关系

第一节　祖孙关系 ………………………………………………………(189)
一、祖孙关系概述 …………………………………………………(189)
二、祖孙间的抚养、赡养义务 ……………………………………(190)
三、祖孙间的继承权 ………………………………………………(191)
第二节　兄弟姐妹关系 …………………………………………………(192)
一、兄弟姐妹关系概述 ……………………………………………(192)
二、兄弟姐妹间的扶养义务 ………………………………………(192)
三、兄弟姐妹间的继承权 …………………………………………(193)

第十章　登记离婚与诉讼离婚

第一节　概述 …………………………………………………………（196）
一、婚姻终止的概念和原因 ……………………………………（196）
二、离婚立法主义的历史演变 …………………………………（199）
三、我国处理离婚问题的指导思想 ……………………………（202）
第二节　我国登记离婚制度 …………………………………………（204）
一、登记离婚的条件和程序 ……………………………………（204）
二、登记离婚后一方反悔的处理 ………………………………（207）
第三节　我国诉讼离婚制度 …………………………………………（207）
一、诉讼离婚的概念和条件 ……………………………………（207）
二、诉讼外的调解 ………………………………………………（208）
三、诉讼离婚程序 ………………………………………………（209）
四、诉讼离婚中的两项特殊保护 ………………………………（210）
五、判决离婚的立法原则 ………………………………………（212）

第十一章　离婚的效力

第一节　离婚对当事人的效力 ………………………………………（221）
一、离婚对当事人身份上的效力 ………………………………（221）
二、离婚对当事人财产上的效力 ………………………………（222）
三、离婚损害赔偿 ………………………………………………（235）
第二节　离婚对父母子女的效力 ……………………………………（240）
一、离婚后的父母子女关系 ……………………………………（240）
二、离婚后子女随何方生活的确定 ……………………………（241）
三、离婚后父母一方对子女的探望权 …………………………（243）
四、子女抚养关系的变更 ………………………………………（246）
五、子女抚育费的负担与变更 …………………………………（246）
六、离婚后父母对未成年子女致人损害民事责任的承担 ……（248）

第十二章　继承制度概述

第一节　继承概述 ……………………………………………………（252）
一、继承的概念 …………………………………………………（252）
二、继承的特征 …………………………………………………（253）
第二节　我国继承法的基本原则 ……………………………………（254）
一、保护公民私有财产继承权原则 ……………………………（254）
二、继承权男女平等原则 ………………………………………（255）

三、养老育幼原则 …………（256）
四、权利义务相一致原则 …………（257）
五、互谅互让、协商处理遗产的原则 …………（258）
第三节　继承的开始 …………（258）
一、继承开始的时间 …………（258）
二、继承开始的地点 …………（260）
三、继承的通知 …………（260）
第四节　继承法律关系 …………（260）
一、继承法律关系的概念 …………（260）
二、继承法律关系三要素 …………（261）
第五节　继承权 …………（262）
一、继承权的概念和特征 …………（262）
二、继承权的取得 …………（264）
三、继承权的行使 …………（265）
四、继承权的丧失 …………（266）
五、继承权的保护 …………（268）
第六节　遗产 …………（271）
一、遗产的概念和特征 …………（271）
二、遗产的范围 …………（272）
三、认定遗产应注意的问题 …………（274）
四、遗产的保管 …………（275）

第十三章　法定继承

第一节　法定继承概述 …………（278）
一、法定继承的概念和特征 …………（278）
二、法定继承的适用范围 …………（279）
第二节　法定继承人的范围及顺序 …………（279）
一、法定继承人的范围 …………（279）
二、法定继承人的顺序 …………（283）
第三节　法定继承的份额与酌分遗产 …………（284）
一、法定继承的份额 …………（284）
二、法定继承人以外的人酌分遗产 …………（285）
第四节　代位继承与转继承 …………（286）
一、代位继承的概念和条件 …………（286）
二、转继承 …………（287）
三、代位继承与转继承的区别 …………（287）

第十四章　遗嘱继承

第一节　遗嘱和遗嘱继承 …………………………………………（291）
一、遗嘱的概念 …………………………………………（291）
二、遗嘱继承的概念 …………………………………………（293）
三、遗嘱继承的适用 …………………………………………（293）
四、遗嘱自由原则 …………………………………………（294）
第二节　遗嘱成立的条件 …………………………………………（295）
一、遗嘱人在立遗嘱时必须具有遗嘱能力 ……………………（296）
二、遗嘱必须是遗嘱人的真实意思表示 ……………………（296）
三、遗嘱的内容必须合法 …………………………………………（296）
四、遗嘱的形式必须符合法律规定 ……………………………（297）
第三节　遗嘱的效力 …………………………………………（298）
一、遗嘱效力概述 …………………………………………（298）
二、遗嘱的无效 …………………………………………（299）
三、遗嘱的不生效 …………………………………………（300）
第四节　遗嘱的变更、撤销和执行 ……………………………（300）
一、遗嘱的变更和撤销 …………………………………………（300）
二、遗嘱的执行 …………………………………………（301）

第十五章　遗赠和遗赠扶养协议

第一节　遗赠 …………………………………………（305）
一、遗赠的概念和特征 …………………………………………（305）
二、遗赠与遗嘱继承、赠与的区别 ……………………………（306）
第二节　遗赠扶养协议 …………………………………………（307）
一、遗赠扶养协议概述 …………………………………………（307）
二、遗赠扶养协议当事人的权利义务 ……………………………（308）
三、遗赠扶养协议的解除 …………………………………………（309）

第十六章　遗产的处理

第一节　遗产的接受和放弃 …………………………………………（311）
一、遗产的接受 …………………………………………（311）
二、遗产的放弃 …………………………………………（312）
三、接受和放弃遗产的效力 …………………………………………（312）
第二节　遗产的分割 …………………………………………（313）
一、遗产分割概述 …………………………………………（313）

二、遗产分割的效力 …………………………………………………… (314)
第三节　被继承人债务的清偿 …………………………………………… (315)
一、被继承人债务的确定 ……………………………………………… (316)
二、清偿被继承人债务的原则 ………………………………………… (316)
三、清偿被继承人债务的方法 ………………………………………… (317)
四、清偿被继承人债务的顺序 ………………………………………… (317)
第五节　无人承受的遗产和“五保户”遗产的处理 …………………… (318)
一、无人承受遗产的处理 ……………………………………………… (318)
二、五保户遗产的处理 ………………………………………………… (319)

第十七章　少数民族、华侨、港澳台同胞的婚姻家庭

第一节　少数民族婚姻家庭 ……………………………………………… (322)
一、少数民族婚姻家庭的概念和特点 ………………………………… (322)
二、民族自治地方对婚姻法的变通性立法 …………………………… (323)
三、民族自治地方变通规定的主要内容 ……………………………… (324)
四、处理民族婚姻家庭纠纷应注意的问题 …………………………… (325)
第二节　涉及华侨、港澳台居民的婚姻和收养 ………………………… (326)
一、涉及华侨、港澳台居民的婚姻 …………………………………… (326)
二、涉及华侨、港澳台居民的收养 …………………………………… (331)

第十八章　涉外婚姻、涉外收养与涉外继承

第一节　涉外婚姻 ………………………………………………………… (336)
一、涉外婚姻的概念和特征 …………………………………………… (336)
二、涉外结婚 …………………………………………………………… (337)
三、涉外离婚 …………………………………………………………… (338)
四、涉外复婚 …………………………………………………………… (340)
第二节　涉外收养 ………………………………………………………… (340)
一、涉外收养概述 ……………………………………………………… (340)
二、涉外收养的条件和程序 …………………………………………… (341)
第三节　涉外继承 ………………………………………………………… (342)
一、涉外继承的概念和特征 …………………………………………… (342)
二、涉外继承的法律适用 ……………………………………………… (343)
三、涉外法定继承 ……………………………………………………… (344)
四、涉外遗嘱继承 ……………………………………………………… (345)
五、有关在我国之外国人无人承受的遗产的处理 …………………… (345)
主要参考文献 ……………………………………………………………… (348)

第一版序言

为调整21世纪新的婚姻家庭关系，我国于2001年施行修正后的《婚姻法》。最高人民法院于同年12月颁行《关于适用〈中华人民共和国婚姻法〉若干问题的解释（一）》。根据修正后的《婚姻法》及该司法解释的规定，我和胡平老师负责组织编写了由西南政法教材编审委员会审定的、全国重点政法院校系列教材之一：《婚姻家庭继承法学》（法律出版社2002年12月出版，2004年6月第2次印刷）。随着我国社会发展，2003年10月施行新的《婚姻登记条例》，同年12月最高人民法院颁布《关于适用〈中华人民共和国婚姻法〉若干问题的解释（二）》并于2004年4月施行。为了反映最新立法内容，我们以2002年出版的《婚姻家庭继承法学》教材作为参考，编写了此新教材。本书除可供高等学校法学专业本科生学习外，亦可供法学专业研究生和从事司法实务工作的人员学习参考。

本教材主要有以下三个特色：

第一，力求使教材体系编制具有逻辑性。在编制体系上，注意反映教学运行规律，使教材体系编制具有逻辑性，以期较为全面系统地阐明婚姻家庭继承法学的基本理论和基本知识。

第二，力求使教材内容重点突出。在内容上，首先，为调动学生的学习主动性，我们在各章开头写明"本章学习重点提示"，然后在各章末尾列出"本章思考题"，以指导学生课前预习和课后复习。其次，为在有限的篇幅中突出阐明重点、难点问题，我们删除了有些章节的历史沿革部分（但在脚注中注明了该章节历史沿革部分的参考阅读书，以便学生课后自学）。我们注意结合现行婚姻法、继承法和相关最新司法解释，阐明立法理由，以期加深学生对婚姻家庭继承法各项基本制度的理解。

第三，力求使教材在理论上具有新颖性。在对基本理论的阐述中，我们既注意理论联系实际分析问题，又注意反映理论前沿问题，对法学理论研究的前沿问题予以适当的介绍。例如，对婚姻概念的不同学术观点、同性恋者的人权保护、非婚同居者的权益保护、知识产权的期待经济利益之归属、离婚时夫妻财产之公平分割、儿童最大利益原则、亲子关系的推定与否认、父母对未成年子女的照护权、离婚损害赔偿、农村妇女土地承包权的保护、离婚扶养、离婚父母对未成年子女的监护、法定继承、特留份、遗嘱自由、家族企业继承等问题，或在正文中予以阐释，或在注释中注明参考文献，以便于学生进一步学习研究。

最后，必须说明，为了更广泛地介绍各种学术观点，我们继续沿用编写2002年《婚姻家庭继承法学》教材的方式，在注释中采用"主编注"的方式，介绍一些学术观点或增加一些相关参考文献，以期达到开阔学生的视野、拓展学生的思路之目的。尽管我们尽了很大的努力，但由于我们学识有限，有些学术观点可能还不够成熟，还有待进一步探讨，希望能抛砖引玉，恳请学术界同人和读者批评指正。

本教材由西南政法大学民商法学院教授、博士生导师陈苇任主编，副教授张华贵和博士朱凡任副主编，由主编拟定写作提纲交全体作者共同讨论修改后，分工撰稿，最后由主编、副主编统一修改、定稿。

各章撰稿人如下（按撰写章节先后为序）：

张华贵：第一章、第三章、第四章第一节至第六节；

朱凡：第二章、第四章第七节、第六章第五节；

陈苇：第五章、第十一章、第十二章；

王洪：第六章第一节至第四节；

李俊：第七章、第八章；

曹贤余：第九章、第十章、第十六章、第十七章；

杜江涌：第十三章、第十四章、第十五章。

陈 苇

2005 年 7 月 18 日

第二版序言

在21世纪，随着我国社会的发展，人们的物质文化生活水平有了很大的提高，人们的婚姻家庭观念也发生了很大的变化，我国婚姻家庭领域出现了一些新情况、新问题。为适应调整我国婚姻家庭关系新情况、新问题的需要，2001年修正后的《婚姻法》于2001年4月28日起施行。为指导人民法院在审判实践中正确地适用《婚姻法》，我国最高人民法院先后于2001年、2003年颁布了《关于适用〈中华人民共和国婚姻法〉若干问题的解释（一）》《关于适用〈中华人民共和国婚姻法〉若干问题的解释（二）》，在2011年8月又颁布了《关于适用〈中华人民共和国婚姻法〉若干问题的解释（三）》。为反映此最新司法解释的内容，我们对2005年出版的此教材进行修订后出版第二版，以适应高等院校法学本科生教学的需要。本书亦可供法学专业研究生和其他从事法律工作的人员学习参考。

必须说明，西南政法大学的“婚姻家庭继承法学”课程，2006年被评为校级精品课程，2007年被评为“重庆市市级精品课程”。为进一步提高教学质量和教学水平，我们根据高等学校法学专业本科“婚姻家庭继承法学”课程的教学目的和要求，适应高等学校法学院对本科生的教学要求，按照便于学生学习、理解和掌握本门课程的基本知识和基本原理的需要，并兼顾学生参加国家司法考试以及研究生入学考试的需要，修订本教材。本教材以阐述基本理论为主，教师在授课时为强化实践教学环节，可将其与我主编的《婚姻家庭继承法学案例教程》（第二版，群众出版社2010年9月出版）配合使用。即在课堂上，通过使用理论教材《婚姻家庭继承法学》（第二版）和实践教材《婚姻家庭继承法学案例教程》（第二版），教师采用基本理论讲授与组织学生案例讨论相结合的方式，使理论与实际紧密结合起来，以期达到提高学生分析问题、解决问题的能力以及创新能力的良好教学效果。

本教材主要有以下三个特色：

第一，写作人员，具有扎实的专业理论基础和较为丰富的教学经验。本教材的全部作者都是西南政法大学民商法学院的专职教师。他们具有扎实的婚姻家庭继承法学专业理论基础，并且长期从事婚姻家庭继承法学课程的教学工作，积累了丰富的教学经验。

第二，写作结构，力求适应教师的教学和学生的学习之需要。根据法学专业本科生教学的目的和要求，本书各章内容的写作结构主要包括三大部分：引文、正文和结尾。首先，在引文部分，写明“本章学习重点提示”，然后以“导入案例”作为全章内容的学习引导。其次，在正文部分，以阐释基本知识和基本原理为主要内容，尤其注意重点阐明我国最新现行法律及相关司法解释的内容。最后，结尾部分由三部分内容组成：一是以“导入案例要点评析”阐明“导入案例”之答案要点；二是设置“思考题”（包括选择题、判断分析题、简答题、论述题和案例分析题），其中部分“思考题”直接选自近年“国家司法考试试题”，以帮助学生深入理解和熟练掌握相关的基本知识和基本理论，以达到法学本科教学的目的，兼顾适应学生参加国家司法考试和研究生入学考试的需要；三是“阅读参考文献”，以帮助学生拓展阅读视野，启迪学生的思维。

第三，写作内容，以阐述基本知识和基本原理为主，适当简介最新研究成果和前沿理论问题。本教材是以本科生为主要对象，注意适应本科生教学对基本知识和基本原理深入浅出地阐释的要求，同时，兼顾考虑国家司法考试中对相关法律条文内容理解和掌握的基本要求，以及学生参加研究生入学考试必备的专业知识要求，适当介绍本学科领域的最新研究成果。为此，为尊重各位作者，我们对其撰写的正文一般不作变动，而是在注释中采用“主编注”的方式，适当介绍一些最新学术观点、相关前沿理论或相关参考文献，力求使教材在理论上具有新颖性。本教材对婚姻概念的学术争鸣、同性恋者结婚权的保护、非婚同居者的权益保护、夫妻忠实协议的效力、夫妻生育权的保护、婚内所得知识产权期待经济利益之归属、婚内积累的养老金期待利益之归属、婚姻家庭住房权的优先保护、父母对夫妻双方赠与不动产之归属、离婚时夫妻财产之公平分割、儿童最大利益原则、亲子关系的推定与否认、父母对未成年子女的照护权、离婚经济补偿制度的存废、离婚损害赔偿制度的完善、农村妇女土地承包权的保护、离婚扶养、离婚父母对未成年子女的监护、法定继承、特留份、遗嘱自由、家族企业继承等问题，或在正文中予以阐释，或在注释中注明参考文献，从而便于学生进一步学习和研究，以扩展学生的知识面和深化相关理论知识，启发学生思考新问题。

尽管我们尽了最大的努力，但由于我们学识有限，有些学术观点可能还不够成熟，还有待进一步探讨，希望能抛砖引玉，恳请学术界同人和读者批评指正。

本教材由陈苇担任主编、张华贵和朱凡担任副主编。本次教材修订第二版的人员及具体分工如下：对教材的正文，朱凡修改第一稿，李俊修改第二稿；对导入案例、导入案例要点评析和思考题，张华贵撰写第一稿，朱凡修改第二稿；最后，对本教材的以上全部内容，陈苇进行统一修改和补充后定稿。

本教材的各章撰稿人如下（按撰写章节先后为序）：

张华贵：第一章、第三章、第四章第一节至第六节；

朱凡：第二章、第四章第七节、第六章第五节；

陈苇：第五章、第十一章、第十二章；

王洪：第六章第一节至第四节；

李俊：第七章、第八章；

曹贤余：第九章、第十章、第十六章、第十七章；

杜江涌：第十三章、第十四章、第十五章。

最后，必须说明，我的博士研究生姜大伟、段伟伟、黎乃忠、石婷、杜志红等同学冒着重庆八月的酷暑，对本书的全部稿件做了耐心细致的文字校对工作，在此我向他们表示诚挚的谢意！此外，我还要代表本书的全体作者衷心地感谢群众出版社的编辑同志们为本书的出版所做的辛勤的编辑工作！

陈　苇

2011 年 11 月 28 日

第三版序言

2011年11月，我们对《婚姻家庭继承法学》（2005年第一版）进行修订后出版了本教材的第二版，其被修改部分主要反映了2005年以来我国婚姻家庭继承领域的法律法规及司法解释修改的新变化，尤其是2011年8月最高人民法院颁行的《关于适用〈中华人民共和国婚姻法〉若干问题的解释（三）》。并且，还通过“主编注”的方式，适当介绍一些最新学术观点、相关前沿理论和相关参考文献。

自本教材的第二版于2012年2月被出版后，近年我国又有一批新的法律被颁布或被修订，如2012年10月26日修正的《中华人民共和国未成年人保护法》和《中华人民共和国预防未成年人犯罪法》；2012年12月28日修正的《中华人民共和国老年人权益保障法》；2015年12月27日修正的《中华人民共和国人口与计划生育法》；2015年12月27日通过了《中华人民共和国反家庭暴力法》；2017年3月15日通过了《中华人民共和国民法总则》；2017年6月27日修订的《中华人民共和国民事诉讼法》等。为反映这些最新立法的内容，我们对《婚姻家庭继承法学》（2012年第二版）再次进行修订后出版第三版。除上述法律外，本次修订还增加了如下法律法规及司法解释：2011年施行的《中华人民共和国涉外民事关系法律适用法》以及2013年实施的《最高人民法院关于适用〈中华人民共和国涉外民事关系法律适用法〉若干问题的解释（一）》；2015年实施的《最高人民法院关于适用〈中华人民共和国民事诉讼法〉的解释》；2015年实施的《最高人民法院、最高人民检察院、公安部、民政部关于依法处理监护人侵害未成年人权益行为若干问题的意见》等。此外，根据2013年1月14日最高人民法院发布的《关于废止1980年1月1日至1997年6月30日期间发布的部分司法解释和司法解释性质文件（第九批）的决定》，我们对本教材中涉及事实重婚的相关内容进行了修订。

本次修订第三版，为便于学生学习、理解和掌握本门课程的基本知识和基本原理的需要，并兼顾学生参加国家司法考试以及研究生入学考试的需要，除根据最新法律法规及司法解释对相关章节内容进行修订外，我们还根据新颁布的《民法总则》增加了“第八章 监护制度”，并适当修改补充了全书的“主编注”及“阅读参考文献”，并将2012年至2015年间司法考试中与婚姻家庭继承法相关的试题增补进了“思考题”。

本教材主要具有以下三个特色：

第一，写作人员，具有扎实的专业理论基础和较为丰富的教学经验。本书的全部作者都是我校民商法学院的专职教师。他们具有扎实的婚姻家庭继承法学专业理论基础，并且长期从事婚姻家庭继承法学课程的教学工作，积累了丰富的教学经验。

第二，写作结构，力求适应教师的教学和学生的学习之需要。根据法学专业本科生教学的目的和要求，本书各章内容的写作结构主要包括三大部分：引文、正文和结尾。首先，在引文部分，写明“本章学习重点提示”，然后以“导入案例”作为全章内容的学习引导。其次，在正文部分，以阐释基本知识和基本原理为主要内容，尤其注意重点阐明我国最新现行法律及相关司法解释的内容。最后，结尾部分由三部分内容组成：其一，以“导入案例要点评析”阐明“导入案例”之答案要点；其二，设置“思考题”（包括选择题、判断分析题、简答题、论述题和案例分析题），其中部分“思考题”直接选自近年“国家司法考试试题”，以帮助学生深入理解和熟练掌握相关的基本知识和基本理论，以达到法学本科教学的目的，兼顾适应学生参加国家司法考试和研究生入学考试的需要；其三，“阅读参考文献”，以帮助学生自学，拓展阅读视野，启迪学生的思维。

第三，写作内容，以阐述基本知识和基本原理为主，适当简介最新研究成果和前沿理论问题。本教材是以本科生为主要对象，注意适应本科生教学对基本知识和基本原理深入浅出地阐释的要求，同时，兼顾考虑国家司法考试中对相关法律条文内容理解和掌握的基本要求，以及学生参加研究生入学考试必备的专业知识要求，适当介绍本学科领域的最新研究成果。为此，为尊重各位作者，我们对其撰写的正文一般不作变动，而是在注释中采用“主编注”的方式，适当介绍一些最新学术观点、相关前沿理论或相关参考文献，力求使教材在理论上具有新颖性。本教材对婚姻概念的学术争鸣、同性恋者结婚权的保护、非婚同居者的权益保护、夫妻忠实协议的效力、夫妻生育权的保护、婚内所得知识产权期待经济利益之归属、婚内积累的养老金期待利益之归属、婚姻家庭住房权的优先保护、父母对夫妻双方赠与不动产之归属、离婚时夫妻财产之公平分割、儿童最大利益原则、亲子关系的推定与否认、父母对未成年子女的照护权、离婚经济补偿制度的存废、离婚损害赔偿制度的完善、农村妇女土地承包权的保护、离婚扶养、离婚父母对未成年子女的监护、法定继承、遗嘱自由与限制、特留份、家族企业继承等问题，或在正文中予以阐释，或在注释中注明争鸣观点、参考文献，从而便于学生进一步的学习和研究，以扩展学生的知识面和深化相关理论知识，启发学生思考新问题。

必须说明，西南政法大学民商法学院婚姻家庭继承法及妇女理论教研室开设的“婚姻家庭继承法学”课程，由陈苇教授担任责任教授，全体婚姻法教师担任主讲教师。本门课程于2006年被评为“西南政法大学校级精品课程”，于2007年被评为“重庆市市级精品课程”。在此基础上，我们加强以科研促教学，在教材的编写中融入最新理论研究成果，并在课堂讲授中坚持理论联系实际，运用与本教材配套的《婚姻家庭继承法学案例教程（第三版）》（群众出版社，2017年出版）组织学生进行课堂讨论，着力培养学生分析问题和解决问题的能力。本门课程于2012年被评为“重庆市市级精品资源共享课”，本教学团队于2012年被评为“重庆市市级教学团队”。为满足学生们的自学和远程教育的需要，2014年6月本门精品课程的网络学习资源已经全部上传到西南政法大学教务处的“课程中心”（网址：http://cc.swupl.edu.cn/G2S/Template/View.aspx?action=view&courseType=0&courseId=246）。今后，我们将继续努力，随着新的法律法规及司法解释的制定和实施，继续修订本教材的内容，不断地提高本门精品资源共享课的教材编写水平、课堂的教学水平和教学质量，为培养高质量的、适应社会需要的法律人才服务。

尽管我们尽了最大的努力，但由于我们学识有限，有些学术观点可能还不够成熟，还有待进一步探讨，希望能抛砖引玉，恳请学术界同人和读者批评指正。

本教材由陈苇担任主编、张华贵和朱凡担任副主编。本次教材修订第三版的人员及具体分工如下：

对本教材的内容，张华贵修改第三章；朱凡修改第四章第七节、第六章第一节和第五节、“主要参考文献”、“主要法律、法规和司法解释等的简称”；曹贤余修改第十章、第十一章、第十八章；冉启玉撰写新增的第八章监护制度。然后，朱凡副主编对以上各作者修改稿及第八章初稿、其他章节的导入案例、导入案例要点评析、思考题及阅读参考文献进行修改补充，并根据2017年新颁布或修订的法律法规和司法解释更新了教材其他章节正文的相关内容。最后，陈苇主编除对第八章监护制度第二稿进行修改补充外，还对全书其余各章内容进行统一审阅和修改补充，并对本教材的“主编注”及各章的“阅读参考文献”进行适当补充更新后完成定稿。

本教材的各章撰稿人如下（按撰写章节先后为序）：

张华贵：第一章、第三章、第四章第一节至第六节；

朱凡：第二章、第四章第七节、第六章第五节；

陈苇：第五章、第十二章、第十三章；

王洪：第六章第一节至第四节；

李俊：第七章、第九章；

冉启玉：第八章；

曹贤余：第十章、第十一章、第十七章、第十八章；

杜江涌：第十四章、第十五章、第十六章。

最后，必须说明，我指导的硕士研究生李文娟、刘宇娇、鲁瀚阳、张文彩四位同学，对本书的全部稿件做了认真的文字校对工作，在此我向她们表示诚挚的谢意！此外，我还要代表本书的全体作者衷心地感谢群众出版社的编辑同志们为本书的出版所做的辛勤的编辑工作！

陈　苇

2017年6月28日

主要法律、法规和司法解释等的简称

1. 1950 年《中华人民共和国婚姻法》简称：1950 年《婚姻法》。

2. 1980 年《中华人民共和国婚姻法》简称：1980 年《婚姻法》。

3. 2001 年修正后的《中华人民共和国婚姻法》简称：2001 年修正后的《婚姻法》或现行《婚姻法》。

4. 2003 年《中华人民共和国婚姻登记条例》简称：现行《婚姻登记条例》。

5. 2001 年《最高人民法院关于适用〈中华人民共和国婚姻法〉若干问题的解释（一）》简称：《婚姻法解释（一）》。

6. 2003 年《最高人民法院关于适用〈中华人民共和国婚姻法〉若干问题的解释（二）》简称：《婚姻法解释（二）》。

7. 2011 年《最高人民法院关于适用〈中华人民共和国婚姻法〉若干问题的解释（三）》简称：《婚姻法解释（三）》。

8. 1985 年《中华人民共和国继承法》简称：《继承法》。

9. 1985 年《最高人民法院关于贯彻执行〈中华人民共和国继承法〉若干问题的意见》简称：《执行继承法意见》。

10. 2009 年修正后的《中华人民共和国民法通则》简称：《民法通则》。

11. 1988 年《最高人民法院关于贯彻执行〈中华人民共和国民法通则〉若干问题的意见（试行）》简称：《执行民法通则意见》。

12. 2004 年修正后的《中华人民共和国宪法》简称：现行《宪法》。

13. 1991 年《中华人民共和国收养法》简称：1991 年《收养法》。

14. 1998 年修正后的《中华人民共和国收养法》简称：1998 年修正后的《收养法》或现行《收养法》。

15. 1999 年《外国人在中华人民共和国收养子女登记办法》简称：1999 年《涉外收养办法》。

16. 2009 年修正后的《中华人民共和国母婴保健法》简称：《母婴保健法》。

17. 2005 年修正后的《中华人民共和国妇女权益保障法》简称：2005 年修正后的《妇女权益保障法》或现行《妇女权益保障法》。

18. 2012 年修正后的《中华人民共和国未成年人保护法》简称：2012 年修正后的《未成年人保护法》或现行《未成年人保护法》。

19. 2015 年修正后的《中华人民共和国老年人权益保障法》简称：2015 年修正后的《老年人权益保障法》或现行《老年人权益保障法》。

20. 2015 年修正后的《中华人民共和国人口与计划生育法》简称：2015 年修正后的《人口与计划生育法》或现行《人口与计划生育法》。

21. 2017 年修正后的《中华人民共和国行政诉讼法》简称：2017 年修正后的《行政

诉讼法》或现行《行政诉讼法》。

22. 2015年《最高人民法院关于适用〈中华人民共和国行政诉讼法〉若干问题的解释》简称：2015年《行政诉讼法解释》。

23. 2017年修正后的《中华人民共和国民事诉讼法》简称：2017年修正后的《民事诉讼法》或现行《民事诉讼法》。

24. 2014年《最高人民法院关于适用〈中华人民共和国民事诉讼法〉的解释》简称：2014年《民事诉讼法解释》。

25. 2012年修正后的《中华人民共和国刑事诉讼法》简称：2012年修正后的《刑事诉讼法》或现行《刑事诉讼法》。

26. 2015年修正后的《中华人民共和国刑法》简称：2015年修正后的《刑法》或现行《刑法》。

27. 2012年修正后的《中华人民共和国治安管理处罚法》简称：2012年修正后的《治安管理处罚法》或现行《治安管理处罚法》。

28. 2015年《中华人民共和国反家庭暴力法》简称：《反家庭暴力法》。

29. 2010年《中华人民共和国涉外民事关系法律适用法》简称：《涉外民事关系法律适用法》。

30. 2012年《最高人民法院关于适用〈中华人民共和国涉外民事关系法律适用法〉若干问题的解释（一）》简称：《涉外民事关系法律适用法解释（一）》。

31. 1950年中央人民政府法制委员会《关于中华人民共和国婚姻法起草经过和起草理由的报告》简称：1950年《婚姻法起草经过和理由的报告》。

32. 1952年中央人民政府、司法部《关于婚姻法施行以前重婚的处理原则的规定》简称：1952年《婚姻法施行以前重婚的处理原则的规定》。

33. 1958年《中华人民共和国户口登记条例》简称：《户口登记条例》。

34. 1984年《最高人民法院关于贯彻执行民事政策法律若干问题的意见》简称：1984年《执行民事政策法律的意见》。

35. 1989年《最高人民法院关于人民法院审理未办结婚登记而以夫妻名义同居生活案件的若干意见》简称：1989年《审理以夫妻名义同居生活案件的意见》。

36. 1989年《最高人民法院关于人民法院审理离婚案件如何认定夫妻感情确已破裂的若干具体意见》简称：1989年《认定夫妻感情确已破裂的意见》。

37. 1993年《最高人民法院关于人民法院审理离婚案件处理财产分割问题的若干意见》简称：1993年《离婚财产分割意见》。

38. 1993年《最高人民法院关于人民法院审理离婚案件处理子女抚养问题的若干意见》简称：1993年《子女抚养意见》。

39. 1996年《最高人民法院关于审理离婚案件中公房使用、承租若干问题的解答》简称：1996年《公房使用、承租问题解答》。

40. 1999年《中华人民共和国预防未成年人犯罪法》简称：《预防未成年人犯罪法》。

41. 2009年修正后的《中华人民共和国农村土地承包法》简称：《土地承包法》。

42. 2009年《中华人民共和国侵权责任法》简称：《侵权责任法》。

43. 2017年《中华人民共和国民法总则》简称：《民法总则》。

44. 2015 年《最高人民法院、最高人民检察院、公安部、民政部关于依法处理监护人侵害未成年人权益行为若干问题的意见》简称：2015 年《处理监护侵害的意见》。

45. 2015 年《最高人民法院、最高人民检察院、公安部、司法部关于依法办理家庭暴力犯罪案件的意见》简称：2015 年《办理家庭暴力犯罪案件的意见》。

第一章
婚姻家庭法概述

> 本章学习重点提示：
> 婚姻家庭法的调整对象与特征；2001 年婚姻法修改的主要内容。

【导入案例】

2012 年 1 月 28 日，25 岁的男青年李某与 23 岁的女青年黎某共同到婚姻登记机关申请办理结婚登记。由于两人所带证明文件不齐全，婚姻登记机关经审查后未予办理，要求两人带齐证明文件后重新申请结婚登记。李某和黎某认为是婚姻登记机关故意刁难，就没有再去办理结婚登记。

2012 年 5 月 1 日，在双方父母的主持下，李某与黎某举行了婚礼，双方的亲朋好友都应邀出席。婚礼后李某与黎某以夫妻名义共同生活，与李某父母居住在一起。因生活习惯差异较大，为家庭琐事黎某多次与公婆发生争吵，李某居中调解劝阻无效。2016 年 7 月，黎某与婆婆争吵后离家出走，并于同年 9 月诉至法院要求解除其与李某的婚姻关系。

请问：

1. 李某与黎某之间是否具有婚姻关系？
2. 法院应如何处理本案？

第一节　婚姻家庭概述

一、婚姻家庭的概念

（一）婚姻

1. 婚姻的概念。关于婚姻的概念，不同时期有不同的解释，无统一的定论。学术界对婚姻的概念，有“契约说”、“神权说”、“社会制度说”、“共同生活说”等多种说法。例如，中世纪基督教教义认为：婚姻乃神作之合。1791 年的法国宪法宣布：“法律视婚姻仅为民事契约。”我国进入近现代以来，“婚姻”一词一般有两个方面的含义，一是指缔结婚姻关系的行为，二是指婚姻关系本身。

我国现行《婚姻法》没有对“婚姻”一词作出明确的定义。学者们对“婚姻”所下的定义也有所不同。例如，有的认为婚姻是指“男女双方以永久共同生活为目的，以夫妻权利义务为内容的合法结合”。[①] 有的认为婚姻是指“为当时社会制度所确认的，男女

① 杨大文、马忆南编著：《婚姻家庭法》，3 页，北京：北京大学出版社，2004。

两性以互为配偶为目的的结合”。[①] 有的认为婚姻是指“男女双方以永久共同生活为目的，具有社会认可的夫妻身份的男女两性的结合”。[②] 有的认为婚姻是指“男女双方以共同生活为目的而缔结的，具有公示的夫妻身份的两性结合”。[③] 我们赞成最后一种观点，即婚姻是男女双方以共同生活为目的而缔结的，具有公示的夫妻身份的两性结合。[④] 根据这一概念，婚姻必须具备以下要件：

（1）婚姻必须是男女两性的结合。男女两性的生理差别和性的本能与需要，是婚姻成立的自然条件。只有男女两性的结合，才能满足性本能的要求和实现种族的延续。婚姻关系之所以区别于其他社会关系，就在于它只存在于男女两性之间，具有异性结合的特点。因此，如果是同性的结合就违背了婚姻的自然法则，就不构成婚姻。[⑤]

在现实生活中，有同性相恋的存在。但是同性恋归同性恋，婚姻归婚姻，这是两回事，中外许多国家在历史上都不承认同性结合为婚姻。随着社会的发展，同性恋在西方许多国家较为普遍存在，同性恋合法化的呼声越来越高，在现代社会，不少国家给予同性结合者一定的法律保护，少数国家甚至允许同性恋者结婚。比如丹麦 1990 年 5 月通过、1990 年 10 月 1 日正式生效的一项法律明确规定了同性恋者的法律地位。根据这项法律，丹麦国内的同性恋者可以去婚姻注册处注册结婚，享有法律赋予的异性夫妇的地位，同性恋双方和异性恋夫妇在房屋、税务、继承遗产、分居、离婚等方面享有同等权利。[⑥] 再如，2001 年 4 月 1 日生效的《荷兰民法典》第 30 条第 1 款规定：“婚姻是异性或同性的两人之间所缔结的契约关系。”[⑦] 但在一些对同性结合给予一定保护的国家，没有将其等同于“婚姻”，如在美国加州旧金山市于 1990 年 11 月经市民投票通过了一部专门的同性恋保护法。该法律也没有承认同性恋者可以结为“婚姻”，而是允许同性恋者可以结为“家庭伴侣”，因为这项法律被命名为《家庭伴侣法》，没有使用“同性婚姻”这一概念。[⑧] 再如法国，1999 年 11 月 15 日第 99-944 号法律确定同性之间可以订立“紧密关系民事协议”，形成某种共同生活的关系。受紧密关系民事协议约束的两位伙伴应在共同生活中相互帮助，并且在两位伙伴订立紧密关系民事协议后推定适用有偿取得动产的共有制

---

① 陈苇主编：《婚姻家庭继承法学》，2 页，北京：法律出版社，2002。

② 王洪：《婚姻家庭法》，62 页，北京：法律出版社，2003。

③ 方文晖：《论婚姻在法学上的概念》，载《南京大学学报》，2000（5）。

④ 主编注：关于婚姻的概念，我国有些学者将它分为“婚姻的一般概念”和“婚姻的法律概念”。所谓婚姻的一般概念被表述为“婚姻，是为当时的社会制度所确认的，男女双方互为配偶的结合”。所谓婚姻的法律概念，就是婚姻法律关系的概念，它被表述为“婚姻，是男女双方以永久共同生活为目的，以夫妻权利义务为内容的结合”。杨大文主编：《亲属法》（第 3 版），64、66 页，北京：法律出版社，2003。此外，关于婚姻的性质，国外有些学者把婚姻视为一种双方当事人相互承诺互为夫妻的“长期契约”。参见［英］安东尼·W. 丹尼斯、［美］罗伯特·罗森编：《结婚与离婚法的经济分析》，王世贤译，11-40 页，北京：法律出版社，2005。

⑤ 我国古代就有关于男女两性结合目的之记载。参见法学教材编辑部：《婚姻立法资料选编》，16 页，北京：群众出版社，1983；［古罗马］盖尤斯：《法学阶梯》，黄风译，20、40 页，北京：中国政法大学出版社，2008。

⑥ 冯建妹：《现代医学与法律研究》，317 页，南京：南京大学出版社，1994。

⑦ M. 克斯特尔、邓建中：《欧洲同性恋立法动态的比较考察》，载《比较法研究》，2004（2）。

⑧ 主编注：关于同性恋者的结婚权问题，参见孙振东：《同性恋者人权保护问题研究》，载梁慧星主编：《民商法论丛》，总第 24 卷，587-710 页，香港：金桥文化出版社（香港）有限公司，2002。关于中国现代同性恋的情况，参见刘达临、鲁龙光主编：《中国同性恋研究》，33-132 页，中国社会出版社，2005；关于中国语境下的同性结合，参见王丽萍：《21 世纪婚姻面临的挑战及其应对》，载陈苇主编：《21 世纪家庭法与家事司法：实践与变革》，169-172 页，北京：群众出版社，2016。

度。但法国最高行政法院 2002 年 6 月 28 日的解释认为，由紧密关系民事协议约束的双方伙伴不得被视为已经结婚的人。①

（2）婚姻必须是男女两性以夫妻身份共同生活为目的的结合。婚姻成立的目的性，是婚姻成立的主观条件。如果男女两性的结合没有这种目的性，就不构成婚姻。男女双方在结合之时具有与对方以夫妻名义共同生活的目的。这一特征使婚姻与有配偶者和他人同居及其他非婚同居关系区别开来。②

我们赞成只需要双方在主观上有与对方以夫妻名义共同生活之目的即可，而不需要男女两性要有“永久共同生活的目的”。因为要求男女两性的结合要有与对方永久共同生活的目的，是不符合某些社会现实情况的，也不是法律对婚姻成立要件的要求。诚然，不少人在建立婚姻关系时总希望“白头偕老”、“百年好合”，但在现实婚姻中有些婚姻当事人并不以“终身共同生活”为目的。在某些不合法婚姻中，婚姻当事人根本就不愿与对方终身共同生活的，更是屡见不鲜。

（3）婚姻必须是具有公示性的男女两性结合。所谓“公示性”，是指男女两性以夫妻名义共同生活为周围的群众所知晓。当事人要以夫妻名义公开同居生活，如前往婚姻登记机关登记结婚，或公开举行结婚仪式，或以夫妻名义探亲访友，或以夫妻名义登记户口等，由于这种公开的行为，使得双方的亲友和周围的群众认为他们是夫妻，得到公众的认可。

此外，我国有些学者指出，男女结合必须为“合法结合”或者必须为“当时社会制度所确认”，③ 这是合法婚姻的特征，而违法婚姻则不具有此特征。因此，作为合法婚姻和违法婚姻的上位概念的“婚姻”，不须具备“合法性”这一特征。④

2. 婚姻的种类。婚姻依不同的划分依据，一般可分为以下种类：

（1）按当事人结婚的次数，可分为初婚与再婚。初婚是指从未结婚的人第一次缔结的婚姻。再婚是指已结婚的人在丧偶或离婚后，再行与他人缔结的婚姻。当代各国的法律均没有规定对再婚次数的限制。

（2）按结婚主体的构成，可分为单婚与重婚。单婚是指一男一女结成的婚姻。重婚

---

① 罗结珍译：《法国民法典》（上册），430-433 页，北京：法律出版社，2005。

② 主编注：关于是否以终身永久共同生活为目的作为婚姻的构成要件，我国学者有不同的看法。“肯定说”参见巫昌祯主编：《婚姻与继承法学》，26 页，北京：中国政法大学出版社，1997；杨大文主编：《婚姻家庭法学》，4 页，上海：复旦大学出版社，2002；史尚宽：《亲属法论》，84 页，台北：荣泰印书馆股份有限公司，1980。“否定说”参见方文晖：《论婚姻在法学上的概念》，载《南京大学学报》，2000（5）。

③ 主编注：我国婚姻法学界传统上认为，“婚姻是男女两性的结合，这种结合形成了为当时社会制度所确认的夫妻关系”。近年来，我国学界有些学者对传统的婚姻概念提出质疑。有的认为应摒弃婚姻的“合法性”内涵，“不合法的两性结合也是婚姻”。有的提出将婚姻界定为“男女两性以永久共同生活为目的的结合，而不论其是否合法，这样它就成为合法婚姻、违法婚姻的上位概念，涵盖这两类不同性质的婚姻关系。”有的认为“男女以夫妻名义同居生活，群众认可，就构成婚姻关系。”前述引文分别参见方文辉：《婚姻概念质疑》，载《南京大学法学评论》，1996；乔生彪：《非法同居关系的法律概念质疑》，载《宁夏大学学报》（哲社版），1998（1）；薛宁兰：《关于无效婚姻的几点思考》，中国法学会婚姻法学研究会 1998 年年会论文，2 页。我们认为，从结婚是男女双方确立夫妻身份关系的民事行为这一角度来看，这些见解不无道理。由于原始社会群婚制和对偶婚制下的婚姻当事人并无永久共同生活的目的，为使婚姻的概念能适用于人类各种不同类型的社会，故我们主张将婚姻界定为：“婚姻是男女以夫妻名义公开共同生活，并被当时社会人们认为是夫妻关系的两性结合的社会形式。”转引自陈苇：《中国婚姻家庭法立法研究》，122 页，北京：群众出版社，2000。

④ 转引自陈苇：《无效婚姻的静态识别与动态监控》，载《法商研究》，1999（4）。

是指有配偶者又与他人缔结婚姻关系。当前，世界上绝大多数的国家都实行单婚制，仅有一些信奉伊斯兰教国家的法律规定一个男子可以拥有多个妻子。

（3）按是否履行结婚的法定程序，可分为要式婚姻与事实婚姻。要式婚姻是指男女双方按照法律规定的程序结成的婚姻。事实婚姻是指符合法定的结婚条件的男女，未办理结婚登记，以夫妻名义公开同居生活而形成的婚姻。当前世界上一些国家的法律对事实婚姻采取不承认主义、承认主义和限制承认主义三种态度。我国现行立法仅对 1994 年 2 月 1 日前形成的事实婚姻采取承认主义。

（4）按是否符合结婚的法定要件，可分为合法婚姻与违法婚姻。所谓合法婚姻，是指符合结婚法定要件的两性结合；违法婚姻是指不符合结婚法定要件的两性结合，如事实婚姻、无效婚姻、可撤销婚姻等都属于违法婚姻。

（二）家庭

1. 家庭的概念。家庭是由一定范围的亲属所组成的共同生活单位。[①] 这一概念包括两方面的含义：

（1）家庭是人们共同生活的单位。家庭作为社会的细胞，与其他的社会关系相比，具有以下三个特征：

1）共同生活、共同消费。生活在同一家庭的成员，有劳动能力的人要将他在社会分配中所得的收入，用于家庭成员的再分配——消费之中，安排一家人的生活及其他消费。对一个家庭来说，共同生活就是父母对子女的抚养教育、子女对父母的赡养扶助、夫妻间的扶养等，从而实现家庭承担的养老育幼的职能和对社会的物质生产和人口再生产的职能。

2）家庭成员间有共同的财产关系。在一个家庭中，家庭财产的总和是由夫妻共同财产、家庭成员共同财产以及家庭成员个人财产共同构成的。

3）家庭成员互享法定的权利，互负法定的义务。根据法律规定，家庭成员之间的权利义务是平等的，义务人不履行义务，权利人有权要求其履行，还可以向人民法院提起诉讼，请求强制义务人履行义务。家庭成员间权利与义务的正常运行是实现家庭职能的保证。

（2）家庭由一定范围的亲属组成。家庭不是由人们随意组成的生活单位，家庭成员相互间必须具有亲属关系，有固定的身份和称谓，互有法律赋予的权利和义务关系。没有这些关系的人的组合，不能称为家庭。

为什么家庭不是由全部亲属而是由一定范围的亲属组成？这是由于：

第一，亲属是由婚姻关系、血缘关系和法律拟制而产生的一个庞大的群体，而且纵横交错、远近有别，任何时代的任何家庭都不可能容纳全部亲属在一个家庭中共同生活。

第二，家庭成员越多，人际关系越复杂，在现代社会条件下可能不利于家庭的团结和稳定。[②] 纵观历史，我国的平均家庭规模的发展趋势是由大家庭到小家庭、从复合家庭向核心家庭的发展变化，传统的大家庭已经不是当今多数人们的选择。

---

① 对家庭概念，学者们也有不同的观点。参见杨大文、马忆南编著：《婚姻家庭法》（一），3 页，北京：北京大学出版社，2004。

② 关于家庭人际关系的计算公式和方法，参见胡平主编：《婚姻家庭继承法论》，6 页，重庆：重庆大学出版社，2000。

2. 家庭的职能。家庭的职能是指家庭对社会所起的作用，主要有四个方面：

（1）物质资料的生产职能。在古代社会，家庭的物质资料生产的功能是很强大的，随着工业的发展和生产形式的变化，现代社会家庭的物质资料生产的职能已经大为减弱，在我国，农村承包经营户家庭、城市个体户家庭等仍然有物质资料生产的职能。绝大多数的家庭已经丧失了生产职能。

（2）人口再生产职能。人口再生产的职能又称为生育职能。一定数量的人口和人口的再生产，是社会存在和可持续发展的必然要求。男女结婚，生儿育女，繁衍后代，是任何社会的家庭所具有的共同职能。但是人口再生产也与社会制度相关，实行计划生育是现代社会一些国家人口再生产的客观要求，也是我国实现社会主义现代化建设的必要条件。

（3）消费职能。家庭成员的共同生活与共同消费是家庭的主要特征。生活在同一家庭的成员，有劳动能力的人要将他在社会分配中所得的收入，用于家庭成员的共同消费之中，安排一家人的生活及其他消费，承担家庭养老育幼的职责和对社会的责任。家庭是社会分配和个人消费的中介，随着社会生活的变化和广大人民群众物质文化生活水平的提高，家庭的消费功能较以前更为强大。

（4）教育职能。家庭是人们最初的生活环境和活动场所，家庭成员之间所具有的亲情、血缘、经济和生活上的联系，使家庭教育具有与其他的社会教育不同的特点，良好的家庭教育对家庭成员养成健全的人格、培养思想品德、实现文化传承等具有重要的作用。父母是孩子的第一任老师，父母的一言一行对孩子的成长产生着潜移默化的影响。同时，家庭成员之间的相互教育，也有利于促进家庭成员的不断进步。

3. 婚姻与家庭的关系。婚姻与家庭两者之间既有联系又有区别。两者的联系在于：婚姻是家庭产生的前提，家庭是婚姻成立的结果。婚姻当事人双方组成最初的家庭，生儿育女之后才有父母子女、兄弟姐妹等家庭关系。家庭关系包括婚姻关系，但两者的范围不同，婚姻仅存在于结为夫妻的男女两性之间，家庭存在于婚姻当事人双方和家庭成员之间。

二、婚姻家庭的属性

婚姻家庭是以两性结合与血缘联系为其自然条件而形成的社会关系，具有自然属性与社会属性。

（一）婚姻家庭的自然属性

婚姻家庭的自然属性是指婚姻家庭赖以形成的不可缺少的自然因素。这些自然因素也是婚姻家庭与其他的社会关系相区别的显著特征。主要表现在：

第一，男女两性的生理差异和固有的性本能，是建立婚姻关系的自然基础。两性的差异和性本能的要求是任何社会制度都必须遵循的自然规律。因此，大多数国家的法律规定只有两性的结合才能构成婚姻。

第二，家庭成员之间的血缘联系具有生物学上的特征，即血缘联系使家庭这一亲属团体具有生物学的特征。家庭成员中的自然血亲之间，具有一定的相同基因。科学研究揭示，一个人的基因一半来自生父，另一半来自生母。因此，父母子女之间有1/2的相同基因，祖孙之间、兄弟姐妹之间有1/4的相同基因。一般来讲，自然血亲关系越近，相同的基因越多。这一特征为确认在遗传上的血统关系提供了依据，可以据此确认亲子关系。

第三，建立婚姻家庭要受到自然规律的约束。婚姻家庭立法要正视婚姻家庭的自然属性，遵循自然规律的约束，不能对其置之不理。例如，根据我国现行《婚姻法》的规定，男女结婚必须达到一定的年龄，禁止一定范围的近血亲结婚等，这是与婚姻家庭的自然属性相关的，体现了立法对自然规律的尊重。违背自然规律，必然要受到自然规律的惩罚。

（二）婚姻家庭的社会属性

婚姻家庭从本质上说是一种社会关系。马克思说："人的本质并不是单个人所固有的抽象物，实际上它是一切社会关系的总和。"[①] 人类要生存、发展，必然要结成各种社会关系，进行物质资料的生产和人口的再生产，社会性是人类的根本属性。婚姻家庭关系是社会关系的重要方面，具有广泛的社会内容，并依存于一定的社会结构，什么样的两性结合才能成为婚姻，组成家庭需要什么样的条件和形式，家庭成员之间的权利义务是什么，这些都不能由人们随心所欲去决定，必须由社会作出决定，并且要受社会的传统习惯、伦理道德、经济文化等各方面因素的影响。

社会属性是婚姻家庭的本质属性的主要原因是：第一，婚姻家庭是社会关系的特定形式；第二，婚姻家庭是社会发展的产物，婚姻家庭的发展与社会的发展紧密相连；第三，婚姻家庭发展、变异的根本动因是不同社会条件下各种社会因素的综合影响。例如，法定婚龄的确定，结婚条件与程序都是根据不同社会条件下社会因素的不同影响而作出的。

（三）自然属性与社会属性的关系

婚姻家庭的自然属性，决定了婚姻家庭关系的形成和维系都不同于一般的社会关系，它使婚姻家庭关系区别于其他社会关系，是婚姻家庭关系自身具有的特征。婚姻家庭的社会属性决定了婚姻家庭关系的性质，它是婚姻家庭关系的根本属性。与其他社会关系一样，婚姻家庭关系具有社会关系的一般属性，它是一种人与人之间的社会关系。虽然婚姻家庭的社会属性是婚姻家庭关系的根本属性，但是立法者不能忽视婚姻家庭的自然属性。[②]

第二节　婚姻家庭法

一、婚姻家庭法的概念和种类

（一）婚姻家庭法的概念

婚姻家庭法是调整婚姻家庭关系的法律规范的总和。关于婚姻法的名称，世界各国的规定很不统一，归纳起来大约有四种：婚姻法、家庭法、婚姻家庭法和亲属法。形成这种状况的原因有两个，一是因调整内容范围的不同，而命名各不相同。例如，调整婚姻关系的叫婚姻法，调整家庭关系的叫家庭法，既调整婚姻关系又调整家庭关系的叫婚姻家庭法。二是认识上的原因和传统习惯的影响。例如，调整婚姻关系和家庭关系的法律，有的

---

① 《马克思恩格斯全集》第3卷，5页，北京：人民出版社，1972。

② 主编注：关于自然属性与社会属性对个人性行为的影响，我国有专家认为，"一个人在性方面的成熟并不仅仅指生理功能的发育齐全"，更是指个人在性方面的实践中，"已经逐渐在性心理和性行为方面建立起道德上的自控能力，已经具备了按照社会的要求去建立和维系性关系的独立能力"。参见［美］白维廉、劳曼：《当代中国人的性行为与性关系》，潘绥铭、王爱丽译，52-54页，北京：社会科学文献出版社，2004。

国家称为婚姻法，如我国1950年《婚姻法》、1980年《婚姻法》及2001年修正后的《婚姻法》；有的称为婚姻和家庭法、家庭法，或家庭法典，如苏联1968年《苏俄婚姻和家庭法典》、1986年《越南婚姻家庭法》、1987年《菲律宾共和国家庭法》以及1995年《俄罗斯联邦家庭法典》。大陆法系的国家则一般称为亲属法，如德国、瑞士、日本等国的民法典之亲属编。英美法系的国家，一般采取名副其实的命名原则，如英国的《婚姻诉讼法》《家庭赡养法》《离婚改革法》以及美国的《统一结婚离婚法》及《统一婚姻财产法》等，一看名称，就知道其内容。

（二）婚姻家庭法的种类

在法学领域中，根据不同的划分标准，可以将婚姻法划分为不同的类型。①

1. 狭义的婚姻法与广义的婚姻法。依调整对象范围的不同，可分为狭义的婚姻法与广义的婚姻法。狭义的婚姻法是指仅调整婚姻关系的法律规范的总和，即只是对婚姻关系的内容进行规范，不涉及家庭成员之间的权利义务。例如，美国《统一结婚离婚法》、英国《婚姻法》。广义的婚姻法是指既调整婚姻关系又调整家庭关系的法律规范的总和，即其内容不仅包括了婚姻关系，也包括了家庭关系，如我国现行《婚姻法》。

2. 形式意义的婚姻法与实质意义的婚姻法。依名称的不同，可分为形式意义的婚姻法和实质意义的婚姻法。② 所谓形式意义的婚姻家庭法，是指以婚姻家庭法命名（或以婚姻法、家庭法等其他类似的名称命名）的规范性文件。它是调整婚姻家庭关系的基本法律规范。所谓实质意义的婚姻家庭法，是一定国家中调整婚姻家庭关系的全部法律规范的总和。③ 也就是说，我国1950年《婚姻法》、1980年《婚姻法》以及2001年修正后的《婚姻法》都属于我国形式意义的婚姻法，加上其他全国性法律和法规、地方性法规以及国家有关机关的规定、解释、指示和决定中调整婚姻家庭关系的规范，共同构成我国实质意义的婚姻法。因此，学习和研究婚姻家庭法，应当研究实质意义的全部婚姻家庭法规范，而不能仅以形式意义的婚姻家庭法之规定为限。

二、婚姻家庭法的调整对象

（一）婚姻家庭法的调整对象

我国现行《婚姻法》第1条规定："本法是婚姻家庭关系的基本准则。"此规定明确了我国婚姻法的调整对象是婚姻关系和家庭关系。

所谓婚姻关系是指婚姻成立、婚姻效力和婚姻终止关系，包括婚姻成立的条件、程序，婚姻的无效与可撤销，婚姻成立后夫妻之间的权利和义务，离婚的原则、程序和效力以及夫妻一方死亡的法律后果等。

所谓家庭关系，是指家庭成员间的权利义务关系。我国婚姻法确认相互间享有权利、义务的家庭成员有夫妻、父母子女、祖父母与孙子女、外祖父母与外孙子女和兄弟姐妹。这些成员在家庭中的地位、相互间身份关系的产生和消灭、权利义务的内容及条件等都属

---

① 主编注：在国外，有学者提出，人们有对自己生活模式的选择权，现代社会的家庭关系类型多样化，因此"放弃'家庭法'这一标签，用'身份法'来代替之，这似乎没有太大问题，也许还有解放思想的意义。"参见［英］约翰·伊克拉著：《家庭法和私生活》，石雷译，32-33页，北京：法律出版社，2015。

② 参见杨大文、马忆南著：《婚姻家庭法》（一），36页，北京：北京大学出版社，2004。

③ 胡平主编：《婚姻家庭继承法论》，26-27页，重庆：重庆大学出版社，2000。

于婚姻法的调整对象。

（二）婚姻家庭法调整对象的内容

1. 婚姻家庭中的人身关系。它指婚姻家庭中具有特定身份的主体之间，不直接体现经济内容的权利义务关系。例如，姓名权、社会活动权、教育保护权、忠实义务、计划生育义务，这些权利与义务都是以身份为前提而不具有直接的经济内容。

2. 婚姻家庭中的财产关系。它指婚姻家庭中具有特定身份主体之间直接体现经济内容的权利义务关系。例如，家庭成员中夫妻、父母子女间的扶养、抚养、赡养的权利义务，夫妻对共同财产的权利，以及前述主体相互间的继承权，监护人对被监护人造成损失应承担的赔偿责任等。这些权利与义务都涉及一定的经济内容。婚姻家庭的财产关系的发生和终止，是以人身关系为前提的，财产关系对人身关系具有从属性，人身关系消失，相互间的财产关系也会随之消失。

需要注意的是，婚姻法调整的财产关系与民法调整的财产关系是不同的。两者的主要区别如下：

（1）主体不同。婚姻法调整的财产关系的主体是特定的亲属，财产关系发生在有特定亲属关系的人之间。民法上的财产关系是发生在社会上的普通民事主体之间，不要求他们之间有亲属关系的存在。

（2）财产关系的发生是否以人身关系为前提的不同。婚姻家庭中的财产关系以人身关系的发生为前提，而民法上的财产关系不具有从属于人身关系的特征。

（3）性质不同。婚姻家庭法调整的财产关系从属于特定人之间的身份关系，具有特定性、持续性、无偿性、与亲属关系的不可分离性等特点；民法调整的财产关系不具有以上特征。

（4）受亲情伦理的影响不同。婚姻家庭法的财产关系受亲情伦理的影响大，民法的财产关系受亲情伦理的影响小。

三、婚姻家庭法的法律渊源

所谓法律渊源，是指法律规范借以表现的形式，其主要包括各种具有法律效力的规范性文件。婚姻家庭法的渊源，就是婚姻家庭法借以存在和表现的形式。其主要包括宪法、法律、法规和司法解释以及我国缔结和参加的国际条约等具有法律效力的规范性文件。我国婚姻家庭法的法律渊源主要如下：

（一）宪法

宪法是一个国家的根本大法，在一国法律体系中居于统率地位。宪法是“母法”，其效力高于其他任何法律。宪法中的有关规定，是其他部门立法的根据和必须遵循的原则，也是婚姻家庭法的法律渊源。我国《宪法》第 48 条规定：“中华人民共和国妇女在政治的、经济的、文化的和家庭生活等各方面享有同男子平等的权利。国家保护妇女的权利和利益，实行男女同工同酬，培养和选拔妇女干部。”第 49 条规定：“婚姻、家庭、母亲和儿童受国家的保护。夫妻双方有实行计划生育的义务。父母有抚养教育未成年子女的义务，成年子女有赡养扶助父母的义务。禁止破坏婚姻自由，禁止虐待老人、妇女和儿童。”这些条款是我国婚姻家庭法的立法基础和基本原则。婚姻家庭法的具体规定不得与宪法上述的规定相抵触。

（二）法律

这里的法律，是指宪法以外的其他法律。在我国，宪法以外的其他法律主要指由全国人民代表大会及其常务委员会制定的规范性文件，包括基本法和基本法以外的法律。目前，就民事法律而言，我国《民法通则》是民事基本法，其中有关自然人权利能力和行为能力以及法律行为的规定，有关亲属监护的规定等，都是我国婚姻家庭法的重要渊源。相对于《民法通则》而言，《婚姻法》则是民事特别法，但《婚姻法》在婚姻家庭领域起基本法的作用；《收养法》是婚姻家庭法的组成部分，是我国收养制度的主要渊源。此外，我国现行的《妇女权益保障法》《未成年人保护法》《老年人权益保障法》等法律中涉及婚姻家庭关系的规定，也是我国婚姻家庭法的法律渊源。

（三）行政法规和行政规章

在我国，国务院是最高行政机关，有权制定行政法规。国务院所属部门可在各自的期限内制定行政规章。行政法规和行政规章中有关婚姻家庭问题的规定，也是我国婚姻家庭法的法律渊源。例如，民政部制定的《婚姻登记条例》《中国公民同外国人办理结婚登记的几项规定》《华侨同国内公民、港澳同胞同内地公民办理婚姻登记的几项规定》《中国公民收养子女登记办法》《涉外收养办法》等，这些规范性文件内容具体，适用调整某方面的婚姻家庭行为，可操作性强。

（四）地方法规、民族自治地方的变通性规定和特别行政区的法律

在我国，地方国家权力机关可根据本行政区域内的实际情况，制定地方性法规和决定、命令等，以保证婚姻家庭法的实施。这些地方性法规以宪法、婚姻家庭法为依据，内容涉及婚姻登记，保护妇女、儿童和老人的合法权益，计划生育等，也是我国婚姻家庭法的法律渊源。并且，依据我国《宪法》第116条、《婚姻法》第50条、《收养法》第32条的相关规定，民族自治地方可结合本民族的实际情况，制定有关贯彻执行婚姻家庭法的变通性规定。此外，在“一国两制”基本原则下，我国香港和澳门两个特别行政区均有独立的法律制度。特别行政区有关婚姻家庭的法律和条例等，是该行政区婚姻家庭法的法律渊源，也是我国婚姻家庭法的组成部分。

（五）司法解释

在我国，最高人民法院作为最高司法机关，有权根据宪法、婚姻家庭法的基本精神，在总结审判实践经验的基础上，作出关于适用《婚姻法》的解释，这些也是婚姻家庭法的重要渊源。目前，我国最高人民法院有关《婚姻法》的司法解释，主要有2001年12月27日起施行的《婚姻法解释（一）》、2004年4月1日起施行的《婚姻法解释（二）》以及2011年8月13日起施行的《婚姻法解释（三）》。此外，还有最高人民法院1989年《认定夫妻感情确已破裂的意见》和《审理以夫妻名义同居生活案件的意见》、1993年《子女抚养意见》和《离婚财产分割意见》。这些在现行《婚姻法》修改前颁布的司法解释如果与修改后的法律或新出台的司法解释相抵触，则不能继续适用。为此，2011年《婚姻法解释（三）》第19条特别指出：“本解释施行后，最高人民法院此前作出的相关司法解释与本解释相抵触的，以本解释为准。”

（六）我国缔结和参加的国际条约

根据我国《民法通则》的规定，处理涉外婚姻家庭关系时可适用我国缔结或参加的国际条约。如果我国缔结或参加的国际条约与我国法律规定有所不同，则应当适用国际条

约的规定，但我国声明保留的除外。此外，在法定情形下，还可适用国际惯例。但在适用国际惯例时，不得违背我国的社会公共利益。也就是说，我国批准加入的有关婚姻家庭问题的国际条约也是我国婚姻家庭法的法律渊源。例如，1980 年全国人大常委会批准加入的联合国 1979 年《消除对妇女一切形式歧视公约》、1991 年批准加入的联合国 1989 年《儿童权利公约》等。

综上所述，我国婚姻家庭法的法律渊源主要包括宪法、法律、法规和司法解释以及我国缔结和参加的国际条约等具有法律效力的规范性文件，它是一个由不同形式法律规范所构成的有机整体。各种渊源处于不同的位阶，各自具有不同法律效力，在适用的范围上也各有不同。

四、婚姻家庭法的性质

各个部门法都有自身的特性，就婚姻家庭法规范的主要内容而言，其性质为实体法、部门法、私法之身份法。

（一）婚姻家庭法是实体法①

实体法是相对于程序法而言的。婚姻家庭法主要是实体性的规范，主要规定婚姻家庭的主体在人身关系和财产关系方面的权利与义务。从实体上确定了人们在婚姻家庭领域必须遵守的行为规范，因此，其在性质上不同于那些以保障权利的行使、义务的履行为宗旨的程序法。

必须指出，在婚姻家庭法中也有一些程序性的规定，如结婚登记、离婚登记、收养登记、解除收养登记等，但这些规定不占主要地位，不影响其作为实体法的基本性质。

（二）婚姻家庭法是部门法

以特定的社会关系为调整对象是划分法律部门的基本依据，同时，调整手段也对法律部门的划分有意义。按照婚姻家庭法的调整对象和调整手段，应当将其划入民法部门。但作为民法组成部分的婚姻家庭法具有相对独立的性质，可以将其作为民法这一法律部门的子部门法。

（三）婚姻家庭法是具有私法性质之身份法②

婚姻家庭法主要是调整平等的自然人之间的身份关系，故其具有私法性质；婚姻家庭法的内容主要包括夫妻、父母子女及其他近亲属间的人身关系以及与此相联系的财产关系的法律规范，而财产关系是从属于人身关系的，因此，婚姻家庭法属于具有私法性质之身份法的范畴。

五、婚姻家庭法的特点

婚姻家庭法与其他法律部门相比，具有以下特点：

（一）婚姻家庭法在适用上有极大的广泛性

社会成员既是婚姻家庭关系的产物，又是婚姻家庭关系的主体。婚姻家庭关系是人类

---

① 主编注：婚姻家庭法是实体法，这主要是对大陆法系国家的婚姻家庭法而言的。在英美法系国家，婚姻家庭法往往是实体法与程序法均被规定在同一个单行的法典中，如 1975 年《澳大利亚家庭法》就包括家庭法院的设置及其管辖权等程序法内容。参见陈苇等译：《澳大利亚家庭法》（2008 年修正），72-100 页，北京：群众出版社，2009。

② 史尚宽：《亲属法论》，4 页，北京：中国政法大学出版社，2000。

社会中普遍存在的社会关系，任何人，不论其性别、年龄和其他的情形如何，都是婚姻家庭关系的主体。正如毛泽东同志曾说："婚姻法是有关一切男女利害的普遍性仅次于宪法的国家的根本大法之一。"① 一国之内，婚姻家庭法是适用于全体自然人的普通法，而不是针对部分自然人的特别法。因此，婚姻法在适用上具有广泛性。

（二）婚姻家庭法在内容上具有强烈的伦理性

婚姻家庭关系既是一种重要的法律关系，也是一种重要的伦理关系。法律脱离伦理道德，就会成为无源之水；道德离开了法律也会变得疲软无力。社会主义法律和道德具有一致性，这在婚姻家庭中体现得极为明显。法律规定的婚姻双方和家庭成员间的权利和义务，都是社会主义婚姻家庭道德的必然要求。我国婚姻法中，不少权利义务是根据我国人民长期形成的良好的伦理道德而上升为法律关系的，如尊老爱幼是我国的传统美德，婚姻法便规定父母子女间有相互抚养、赡养的权利义务，祖孙之间、兄弟姐妹间在一定条件下也有相互扶养的义务。

（三）婚姻家庭法的规范大部分具有强行性

强行性规范是相对于任意性规范而言的。为了妥善地保护公民在婚姻家庭方面的合法权益和全社会的利益，婚姻家庭法规范多采用强行性规范的形式。一定的法律事实（如结婚、离婚、出生、收养等）出现后，必然引起相应的法律后果，这些后果是由法律预先予以指明的。例如，结婚与否虽然是当事人自愿，但一旦结婚，夫妻间的权利义务关系就产生，婚姻关系终止以前，当事人不得随意抛弃、不能加以限制。在婚姻家庭法中，许多条文都是用"必须"、"禁止"等肯定性词语，要求当事人只能这样做或不能那样做。当然，在现行婚姻家庭法中，也有一些任意性规范，在条文中使用"可以"来规定，允许当事人作灵活性选择，但并不影响婚姻法的强行性。例如，在夫妻财产约定、财产分割、离婚时对子女的抚养等方面允许夫妻协议确定，就存在某些任意性规范。

以上特征是对婚姻家庭法的主要特征的一般概括。除此之外，婚姻家庭法还具有如习俗性、团体性、要式性②以及民族传统性③等特征。

第三节 婚姻家庭法的编制体例

在人类社会不同的历史时期，婚姻家庭法的编制体例有所不同。

一、诸法合体的古代婚姻家庭法

在古代社会，封闭式的自给自足的小农经济，决定了社会关系比较简单，不需要众多的法律部门来调整人们之间的各种社会关系。每个王朝只需一部统一的法典即可。各种法律，包括政治制度、军事、财政、刑事、民事及婚姻家庭等都规范在统一的法典之中，形成诸法合体的古代婚姻家庭法。其特点是：

第一，婚姻家庭法与其他法律并存于统一的法典之中。在我国古代社会，历代法律都

① 1950年4月14日，中央人民政府法制委员会："婚姻法起草经过和理由的报告"，载西南政法学院民法教研室编：《中华人民共和国婚姻法教学参考资料》（第一辑），277页，西南政法学院内部印刷，1984。

② 史尚宽：《亲属法论》，5页，北京：中国政法大学出版社，2000。

③ 杨大文主编：《亲属法》（第四版），24页，北京：法律出版社，2004。

在统一的一部法典之中，调整婚姻家庭关系的法律亦并存其中，设专编加以规定，与户籍土地、税收等内容一起编制在《户律》或《户婚律》中，成为统一法典的有机组成部分。在外国古代法律中，如巴比伦王国的《汉谟拉比法典》、古罗马帝国的《十二铜表法》等，则将调整婚姻家庭关系的法律与其他法律依次罗列，不设专章。

第二，用刑法手段制裁婚姻家庭的违矩行为。古代婚姻家庭法对人们在婚姻家庭领域应当遵守的行为规则并不作出明确的规定，而只对违反了某些行为构成犯罪，需要给予刑罚处罚时才作出明确规定。例如，我国《唐律》规定："诸同姓为婚者，各徒二年。""妄以奴婢为良人，而与良人为夫妻者，徒二年。"①《汉谟拉比法典》规定："倘自由民之妻与其他男人同寝而被捕，则应捆缚此二人投之于河。""倘她不贞洁而常他往，使其家破产，其夫蒙羞，则此妇应投之于水。"由此可见，中外古代婚姻家庭法都是从刑法角度来规定具体内容。

第三，用其他社会规范加以补充。由于古代婚姻家庭法是从刑法角度作出的规定，因而内容简单，条文不多。为了调整人们的婚姻家庭关系，统治阶级极力采用宗教、道德、风俗习惯等社会规范加以补充。我国古代统治阶级一直用"礼"来调整人们的婚姻家庭关系，实行以礼辅法、礼法并重。"礼"比法律要求高，调整范围广，作用大。

二、属于民法组成部分的婚姻家庭法

到资本主义社会，实行社会化大生产，随着生产力的发展，社会关系日益复杂，不可能再用统一的法典来调整众多的社会关系。因此，资本主义国家建立后，将法律划分成若干部门，分别调整不同的社会关系，形成资本主义法律体系。在资本主义法律体系中，婚姻家庭法不是一个独立的法律部门，而是属于民法的组成部分。

在西方学者看来，婚姻家庭关系与其他民事法律关系一样，都是一种以财产关系为主的民事契约关系。英国法学家亨利·梅因先生指出："……所有进步社会的运动，到此处为止，是一个'从身分到契约'的运动。"② 1791 年《法国宪法》规定："法律只承认婚姻是一种民事契约。"即婚姻家庭中的许多行为，如结婚、离婚、收养等都被视为一种民事契约关系，而民法是调整平等主体间的财产关系和人身关系的法律部门，因此，婚姻家庭关系应属于民法调整的对象和范畴。

在编制体例上，资本主义国家有大陆法系和海洋法系之分，两大法系在婚姻家庭法的编制体例上有所不同。

1. 大陆法系的编制体例。大陆法系国家大都有统一的民法典，婚姻家庭法在民法典中又有罗马法编制体例和德国民法典编制体例两种。

（1）罗马法编制体例，以 1804 年《法国民法典》为代表。其编制方法是将婚姻家庭中有关婚姻成立、终止，父母子女等人身关系的产生和消灭，亲权、监护等有关身份关系和行为，统一规定在第一编"人"之中，将婚姻家庭中涉及财产关系的内容，如夫妻间的扶养、夫妻财产制、亲属间的遗产继承等统一规定在第三编"取得财产的各种方法"之中。

---

① 张希坡：《中国婚姻立法史》，41、43 页，北京：人民出版社，2004。

② ［英］梅因：《古代法》，沈景一译，97 页，北京：商务印书馆，1984。

（2）德国民法典编制体例，以1900年《德国民法典》为代表。其编制方法是将婚姻家庭的人身关系和财产关系集中编制在第四编“亲属编”。日本、瑞士及我国民国时期的民法均采用此编制法。

2. 海洋法系编制体例。海洋法系亦称英美法系，这些国家除通行习惯法和判例法外，调整婚姻家庭关系的法律多由一系列的单行法规所组成，如结婚法、离婚法、夫妻财产法等。这些单行法规不论在理论上还是法律的分类上，都不是独立的法律部门，而只是民法的有机组成部分。

三、作为独立法律部门的婚姻家庭法

婚姻家庭法被作为独立的法律部门，从立法背景看，目前世界上大致有以下两种立法例：

第一种立法例，以苏联及一批社会主义国家的立法为代表。基于社会主义的法制观念，1917年苏联十月革命成功后，同年12月18日全俄苏维埃中央执行委员会发布了《关于民事婚姻、子女和实施户籍登记的法令》，不久又发布了《关于离婚的法令》。1918年9月16日，对这两个法令进行了修改，颁布了《俄罗斯联邦户籍登记、婚姻、家庭和监护法典》，这标志着苏联婚姻家庭法从苏联民法中完全独立出来，成为独立的法律部门。该法后来被1926年《苏俄婚姻、家庭和监护法典》所取代。第二次世界大战后，包括欧洲、亚洲的保加利亚、阿尔巴尼亚、蒙古、越南及中国等社会主义国家纷纷仿效苏联立法模式，将婚姻家庭法从民法中分离出来①，成为独立的法律部门。② 在社会主义国家，婚姻家庭关系中人身关系被认为是主要的，财产关系是从属于人身关系的。婚姻家庭中的财产关系，只是家庭成员间实现共同生活和共同消费、发挥家庭职能、养老育幼的物质条件，不具有等价有偿的性质，不是商品货币关系。因此，婚姻家庭法作为以调整婚姻家庭

① 主编注：1973年《蒙古人民共和国家庭法典》、1982年《阿尔巴尼亚社会主义人民共和国家庭法》、1985年《保加利亚人民共和国家庭法典》，参见张贤钰主编：《外国婚姻家庭法资料选编》，328-352、269-285、234-265页，上海：复旦大学出版社，1991；1986年《越南婚姻家庭法》，参见李忠芳主编：《外国婚姻家庭法汇编》，531-539页，北京：群众出版社，2000。

② 主编注：苏联学者认为，婚姻家庭法从民法中分离出来的主要理由是因为“民法的基本任务是调整商品货币形式条件下的财产关系。”（参见［苏］H.C. 马列英：《民法发展的趋势》，陈绥译，载《苏维埃国家与法》，1978（1），转引自法学教材编辑部《民法原理》资料组：《外国民法资料选编》，171页，法律出版社，1983。）然而婚姻家庭法主要是调整人身关系。依1918年12月《俄罗斯联邦户籍登记、婚姻、家庭和监护法典》的规定，实行法定分别财产制，“婚姻并不形成夫妻间的财产共有关系”。（参见张天民：《俄罗斯法律发达史》，119页，北京：法律出版社，2000。）所以，“民法同作为苏联的一个独立部门法的家庭法紧密地相互作用。家庭法的主要特征在于，它主要调整家庭中夫妻之间、父母子女之间以及他们与其他亲属之间在家庭关系一切参加者权利完全平等基础上产生的人身关系。但是，在家庭关系中还产生各种财产关系：与占有、使用、处分家庭共同财产有关的关系；家庭住宅关系；继承关系等。而这些财产关系则为苏联民法的规范所调整”。（参见［苏］В.Л. 格里巴诺夫、С.М. 科尔涅耶夫主编：《苏联民法》（上册），中国社会科学院法学研究所民法经济法研究室译，25页，北京：法律出版社，1984。）而罗马尼亚学者也认为，“建立在生产资料社会主义所有制基础上的生产关系和实行社会主义的分配原则都是商品——货币关系（商品流转按等价原则进行）……商品——货币类型等价交换的各种关系的协调统一要求在民法典的范围内进行统一的法律调整……我们分析了社会主义民法典的内容，可以看到……与资本主义民法典相比，法律调整的范围稍窄，如家庭法已构成独立的法律部门，所以分开单独立法”。（［罗］雷内埃·萨尼维奇：《试论东欧社会主义国家民法典的体系和对象》，郭庆云译，载《罗马尼亚法律杂志》，1979（1），转引自法学教材编辑部《民法原理》资料组：《外国民法资料选编》，155-156页，北京：法律出版社，1983。）

关系中人身关系为主的法律，必须从民法中分离出来，成为一个独立的法律部门。

第二种立法例，以伊斯兰教一些国家的立法为代表。与其他宗教法一样，在伊斯兰法中，涉及人的身份关系的婚姻家庭和继承法被视为核心内容，不仅占比重很大，而且《古兰经》对其内容的规定也较为详细具体，以反映伊斯兰法之婚姻家庭观念。自19世纪中叶以来，许多伊斯兰教国家的宪法、民商法等法律部门接受了西方国家的宪法、民商法等法律制度，但在婚姻家庭和继承领域却没有受到任何触动。至20世纪初，1915年奥斯曼帝国宣布改革婚姻家庭和继承法，于1917年颁布《家庭权利法》。此后，绝大多数伊斯兰教国家都先后制定和颁布了婚姻家庭和继承方面的法典、条例和法令，如1951年的《约旦家庭权利法》、1953年的《叙利亚私人身分法》、1958年的《摩洛哥私人身分法》、1961年的《巴基斯坦穆斯林家庭法》以及1967年的《伊朗家庭保护法》。① 必须注意，虽然伊斯兰国家近现代在婚姻家庭和继承法领域取得了一些重要的改革成果，但仍保留着较为浓厚的伊斯兰色彩。②

目前，我国正在起草制定《中华人民共和国民法典》，许多学者认为，婚姻法调整婚姻关系和家庭关系，以及由此而产生的人身关系和财产关系，都是平等主体之间的关系，符合民法调整对象的特征。因此，婚姻法应当回归民法，宜借鉴大陆法系中德国民法典编制模式，将民法分为总则、物权、债权、亲属、继承五编。我们赞同将婚姻家庭法作为民法的有机组成部分，在民法典中设立单独的一编，专门规定婚姻家庭法的内容。

第四节　中国婚姻家庭法的发展演变

一、中国古代婚姻家庭法

我国从公元前21世纪夏朝建国以来，经历了漫长的奴隶社会、封建社会，历代王朝的婚姻家庭法，除内容稍有变化外，其立法的宗旨和特征，基本上是一脉相承，无本质上的变化。

（一）中国古代婚姻家庭立法的宗旨和调整方法

1. 以宗法制度为立法宗旨。宗法制度是我国古代社会国家的根本制度，也是婚姻家庭立法所必须遵循的制度。所谓宗法制度，是指原始社会父系氏族的血缘结构在阶级社会中的转化形式，形成于夏商、完备于西周。③ 统治者通过血缘纽带将同姓贵族联结起来，以天子为大宗、以诸侯为小宗，诸侯在本国为大宗，卿、大夫为小宗。各个大宗、小宗都

---

① 主编注：上述有关国家立法之主要内容，参见由嵘主编：《外国法制史》，140、408-409、411页，北京：北京大学出版社，2000。此外，1920年的《埃及生活费用和婚姻解除法》、1931—1937年的《伊朗婚姻法》、1961年的《巴基斯坦穆斯林家庭法》、1967年的《伊朗家庭保护法》以及1936年的《印度穆斯林婚姻解除法》、1956年的《突尼斯个人身份法》，分别载李忠芳主编：《外国婚姻家庭法汇编》，411-413、433-434、439-443、414-418、446-448、419-432页，北京：群众出版社，2000。

② 主编注：其取得的重要的改革成果主要表现为：对多妻制加以不同程度的限制；严格限制丈夫单方面的休妻；禁止童婚；取消信仰不同宗教的亲属间不得继承的规定，以及保护妇女的继承权。虽然伊斯兰教国家的婚姻家庭和继承法经历了近现代的改革，但这种改革基本上没有脱离传统法律，在这些法律领域仍保留着较为浓厚的伊斯兰色彩。参见由嵘主编：《外国法制史》，408-409、411页，北京：北京大学出版社，2000。

③ 张希坡：《中国婚姻立法史》，13页，北京：人民出版社，2004。

成为一个家长制的大家庭，形成一个庞大的宗族体系和亲属网络。国王是国家的最高统治者，是全国的大宗，拥有至高无上的权力。家庭则实行家长制，由男性尊长担任。家长对家庭成员与国王对全国臣民一样，享有至高无上的家长权。因此，在宗法制度下，以男子为中心的家长制家庭是国家的缩影，婚姻家庭法的内容都是按宗法制度要求而制定的。

2. 以礼调整婚姻家庭关系。奴隶主贵族为了维护宗法制度，确立各方面的行为规则，以调整日益复杂的社会关系。最早的“礼”出现在西周，以周公为代表的奴隶主统治者总结夏、商及周初的经验和习惯，制定了通行全国的比较系统的礼制，史称“周公制礼”。① 周礼中就有大量的关于婚姻家庭方面的行为规则，开始实行礼法并重。东汉廷尉陈宠云：“礼之所去，刑之所取，失礼则入刑，相为表里者也。”② 礼的主要内容是“婚礼”和“家礼”。所谓婚礼，指嫁娶之礼，即当时结婚的“六礼”。③ 所谓家礼，是指冠、丧、祭等礼。冠礼是成年之礼，丧礼与祭礼要求后代对死者“厚葬久丧”，并按照丧服制的要求，根据亲属关系的亲疏远近的不同，来祭奠死者。礼和法都是维护奴隶主贵族的统治工具。“礼”是积极规范，是“禁恶于未然”的措施，法是消极规范，是“惩恶于已然”的措施。进入封建社会后，为了维护封建的婚姻家庭关系，加强了法律调整，多在统一的法典中设专章规定婚姻成立、婚姻障碍及对违法婚姻应给予的刑罚处罚等。对家长权力、家属义务都作了较为详细的规定。但是，“礼”仍然起着重要的作用。由于“婚礼”和“家礼”起着调整婚姻家庭关系的法的作用，对后世产生了较大的影响。

（二）中国古代婚姻家庭法的基本特征

在中国古代社会各种类型的社会制度中，由于有着共同的经济基础、阶级根源和思想根源，因而决定了当时婚姻家庭制度特征的一致性。

1. 维护包办强迫婚姻制度。在中国古代，结婚是关系男女两个家族的大事，《昏义》说：“昏礼者，将合二姓之好，上以事宗庙而下以继后世也，故君子重之。”婚姻的目的性决定了只能实行包办买卖婚姻制度。因此，“父母之命，媒妁之言”是婚姻成立的合法形式。男女结婚，从选择对象、订婚、嫁娶操办都必须由父母包办，媒妁居中活动。《白虎通·嫁娶》说：“男不自专娶，女不自专嫁，必由父母。”明律规定“嫁娶皆由祖父母、父母主婚”，“祖父母、父母俱无者，从余亲主婚。”正如恩格斯所说：“在整个古代，婚姻的缔结都是由父母包办，当事人则安心顺从。古代所仅有的那一点夫妇之爱，并不是主观的爱好，而是客观的义务，不是婚姻的基础，而是婚姻的附加物。”④ 门当户对，婚姻论财是封建婚姻的实质内容。在等级森严的古代中国，家世门第不同，给通婚带来不可逾越的障碍。豪门大族与士庶之间等级不同不得通婚。唐律规定：“诸与奴娶良人为婚者，徒一年半，女家减一等，离之。”《廿二史·札记》说：“凡婚嫁，无不以财币为事，争多竞少，恬不为怪也。”婚姻公开买卖，为历代法律所规定。唐律规定：“婚礼先以聘财为信……虽无婚书，但受聘财亦是。”即给付聘财是婚约成立的依据。

男子专权离婚，妇女无权。我国古代法律只赋予丈夫有离婚的特权，妻子如有法律规

① 张希坡：《中国婚姻立法史》，15 页，北京：人民出版社，2004。

② 《后汉书·陈宠传》。

③ 所谓“六礼”，即纳采、问名、纳吉、纳征、请期、亲迎。“六礼”的程序一直被历代王朝所肯定，只是在后世有所简化。参见张希坡：《中国婚姻立法史》，20 页，北京：人民出版社，2004。

④ 《马克思恩格斯全集》第 21 卷，89 页，北京：人民出版社，2003。

定的过错，丈夫即可将其休弃，终止婚姻关系。妻子则无离婚权。

2. 实行男尊女卑，夫权统治。男女两性在我国古代家庭中的地位与其社会地位是一致的。在以男性为中心的宗法制度下，家庭中的父与母、夫与妻、子与女、兄弟与姐妹，由于性别不同，地位极不平等。男性地位尊贵、女性地位低下，男子专权，女子无权。家庭中的家长权、财产所有权、继承权都依法归男子享有。妇女毫无权利。妇有“三从”是男尊女卑的集中体现。《白虎通·嫁娶》说：“男女谓男者，任也，任功业也；女者，如也，从如人也。在家从父母，既嫁从夫，夫殁从子也。”《传》曰：“妇人有三从之义也。”“三从”的礼教，使妇女从生到死都从属于男子的控制之下，毫无平等可言。

“夫为妻纲”是中国古代对夫妻地位立法的指导思想。夫妻关系是统治与被统治的关系。丈夫集夫权、父权和家长权于一身。在家庭分工方面，“男主外，女主内”，妻子只能从事洗衣做饭、相夫教子等家务劳动。在婚姻方面，丈夫可以多妻，妻子只能片面遵守贞操；丈夫享有休妻的特权，妻子无离婚权：“夫有再醮之义，女无二适之文。”即妻子死了，丈夫可以再娶，而丈夫死了，妻子只能“从一而终”。

3. 家长专制，漠视子女的利益。“家政统于家长”，是我国历代法律规定的家庭关系的基本准则。家长对外代表全家承担社会义务，对内统率家属从事生产，组织消费。家长专制集中体现在法律赋予家长的各种权利之中，其内容主要包括：一是统率家属权；二是家庭财产支配权；三是婚姻缔结权；四是教育家属权；五是对家属的惩戒权。

二、中国半殖民地半封建社会的婚姻家庭法

从1840年鸦片战争开始，到1949年中华人民共和国成立其间的100多年中，由于帝国主义的入侵，使中国逐步沦为半殖民地半封建社会。随着社会性质的变化，婚姻家庭关系也发生了一定的变化。尤其是经历了太平天国运动、戊戌变法、辛亥革命和五四运动之后，人们的婚姻家庭观念发生了变化，加速了封建婚姻家庭制度的崩溃。这些变化促使清王朝、北洋军阀政府及中华民国国民政府不得不对婚姻家庭立法作出一些形式上的改变。但是，立法形式的变化，并未改变中国婚姻家庭制度的本质。在这一时期，占统治地位的仍然是封建婚姻家庭制度。

（一）清末的婚姻家庭立法

清朝末期，清政府宣布实行“新政”，于1910年9月颁布了《大清现行刑律》。这部法律是在《大清律集解附例》的基础上删改而成的，是一部暂时性的过渡法律。这部法律仍是诸法合体，所不同的是将包括婚姻家庭在内的纯民事的条款分离出来，不再科刑，以示“民刑分离”，但在内容上无异于大清律例的翻版。这部法律颁行不久，清王朝即被辛亥革命推翻。但是这部法律规定的有关婚姻家庭和其他民事方面的内容，一直为后来的北洋军阀政府沿用，被称为“民事有效部分”。

1911年8月，清朝政府起草了《大清民律草案》，分为总则、物权、债权、亲属、继承五篇。其内容大体模仿日本、德国民法和沿袭中国封建民事法律部分草创而成。由于清王朝的迅速覆灭，未及颁行。这是中国第一部民法典草案，是中国民法（包括婚姻家庭法）近代化的最初尝试。①

---

① 杨大文、马忆南主编：《婚姻家庭法学》，27页，北京：北京大学出版社，2004。

（二）北洋军阀政府时期的立法

北洋军阀政权建立后，于1915年起草出《民律亲属编草案》共7章141条，1926年起草出《民律草案》，内设亲属一编。这两部草案基本上是抄袭资本主义国家亲属法和大清民律草案的内容，均未正式颁行，仅由北洋军阀政府司法部通令各级法院作为内部条例援用。

（三）中华民国的“民法·亲属编”

1930年12月26日（中华民国政府）南京国民政府公布了《中华民国民法·亲属编》，于1931年5月5日施行，共计7章171条，主要内容有通则、婚姻、父母子女、监护、扶养、家、亲属会议等。该“民法·亲属编”一直沿用到1949年我国大陆地区解放，自此该法在我国大陆地区被废除。但该法在我国台湾地区仍沿用至今，并已被多次修改。此“民法·亲属编”的颁行，在形式上实现了中国的婚姻家庭法从古代型向近现代型的转变，在婚姻家庭历史上具有一定的历史地位。

1930年“民法·亲属编”是仿资本主义大陆法系德国、日本、瑞士等国的民法典亲属编制定的，具有资本主义性质，但是又承袭了清末《大清民律草案》中的内容，集中体现了半殖民地半封建社会婚姻家庭的特征。与我国几千年来的封建婚姻家庭制度相比，无论在立法形式，还是内容上，无疑都具有一定的进步意义。它从法律上废除了几千年盛行的封建包办买卖婚姻，实行男女结婚须双方合意，废除了男子片面休妻的特权，赋予夫妻平等的离婚权利，规定在符合法定理由的条件下，任何一方都有离婚权。将联合财产制作为法定夫妻财产制，并允许夫妻约定选择其他夫妻财产制，承认妇女有一定的独立财产权。1985年我国台湾地区修改该“法”，删去了一些明显限制妇女权益的条款，使其内容更趋于男女平等。①

三、中国民主革命根据地的婚姻家庭法

（一）土地革命战争时期的婚姻家庭法

1. 立法概况。1927年8月以后，中国共产党领导的人民军队，创建了许多革命根据地，建立了工农革命政权，不少根据地政府即着手运用法律手段，改革旧的婚姻家庭制度。1930年3月25日，闽西根据地颁布了《闽西婚姻法》。1931年7月，鄂豫皖根据地颁布了《婚姻问题决议案》。1931年12月1日，中华苏维埃共和国成立后，颁布了《中华苏维埃共和国婚姻条例》。1933年12月24日，川陕根据地颁布了《川陕省苏维埃政府婚姻条例》。1934年4月8日，在对《中华苏维埃共和国婚姻条例》进行修改的基础上，颁布了《中华苏维埃共和国婚姻法》，共计六章21条。这部法律的颁行，标志着我国婚姻家庭制度改革的开端，是我国民主革命时期适用于一切革命根据地的法律，具有重要的历史地位。

2.《中华苏维埃共和国婚姻法》的主要内容。

（1）明确废除封建婚姻家庭制度。该法第1条规定：“……废除一切包办强迫和卖买的婚姻制度。禁止童养媳。”这一规定是我国历史上第一个用法律形式全面摒弃旧的婚姻

① 关于我国台湾地区“民法·亲属编”在2001年前的历次修正情况，参见宋豫、陈苇主编：《中国大陆与港、澳、台婚姻家庭法比较研究》，27-35页，重庆：重庆出版社，2002。

家庭制度的法律文献。

（2）确立了新民主主义婚姻家庭制度的基本原则。该法规定“确定男女婚姻以自由为原则”，“实行一夫一妻”。这就从根本上确立了新民主主义婚姻家庭制度的基本原则。为了保障这些原则的实施，特别规定了“男女结婚须经双方同意，不许任何一方或第三者加以强迫”，“禁止一夫多妻与一妻多夫”。离婚时，“结婚满一年的男女共同经营所增加的财产，男女平分，如有小孩则按人口平分”。

（3）确定了结婚条件。该法规定的结婚条件是：结婚必须男女双方自愿；男满20岁，女满18岁，始得结婚；禁止“男女在第三代以内亲族血统的结婚”，禁止患花柳病、麻风、肺病等危险性传染病者结婚，但经医生验明认为可以结婚的除外，禁止患精神病及风瘫者结婚。

（4）规定了婚姻登记制度。该法对结婚、离婚都有规定。规定男女结婚，须同至乡苏维埃或市区苏维埃进行结婚登记，领取结婚证。“凡男女实行同居者，不论登记与否，均以结婚论。”离婚登记方面，该法规定“离婚自由”，男女一方坚决要求离婚的，准予离婚。“男女离婚，须向乡苏维埃或市苏维埃登记。”离婚时，“结婚满一年的男女共同经营所增加的财产，男女平分，如有小孩则按人口平分”。“男女同居时所负的公共债务，则归男子负责清偿。”离婚后，女子如未再行结婚，并缺乏劳动力，或没有固定职业，因而不能维持生活的，男子帮助女子耕种土地或维持其生活。离婚后双方所生子女，“归女子抚养，如女子不愿抚养，则归男子抚养。”女子抚养子女，“由男子担负小孩必需的生活费的三分之二，直至十六岁为止。”

（5）保护革命军人婚姻。该法规定“红军战士之妻要求离婚须得其夫同意，但在通信便利的地方，经过两年其夫无信回家者……在通信困难的地方经过四年其夫无信回家者，其妻可向当地政府请求登记离婚。”

（二）抗日战争和解放战争时期的婚姻家庭法

1937年7月至1949年10月中华人民共和国成立，中国共产党领导的抗日根据地和解放区遍及大江南北。随着革命形势的发展，婚姻家庭立法也随之加强。各革命根据地、解放区根据当时形势的要求和自己的实际情况，先后制定了一批区域性婚姻法。主要有1939年4月4日颁布的《陕甘宁边区婚姻条例》、1940年4月1日颁布的《晋西北婚姻暂行条例》、1942年1月5日颁布的《晋冀鲁豫边区婚姻暂行条例》、1943年1月21日颁布的《晋察冀边区婚姻条例》等。这一时期的婚姻家庭立法具有重要的历史作用，在中国的局部地区以法律的形式废除了封建的婚姻家庭制度，确立了新民主主义婚姻家庭制度的基本原则，为新中国的婚姻家庭立法积累了经验，奠定了基础。具体说来，它们具有四个显著特征：

1. 继承了《中华苏维埃共和国婚姻法》的基本原则。抗日根据地和解放区的婚姻家庭立法，与中央苏区的基本原则完全一致。坚持了婚姻自由、一夫一妻、男女平等、保护妇女儿童权益的原则，这些原则的内容更为具体和详细。例如，1941年《晋察冀边区婚姻条例》为了维护这些原则，特别规定：“男女婚姻须双方自主、自愿，任何人不得强迫。禁止奶婚、童养媳、早婚及买卖婚姻。”“严格实行一夫一妻制，禁止重婚，纳妾，蓄婢，及类似一夫多妻，或一妻多夫之各种婚姻。”

2. 具有地区性和时代性的特点。各根据地根据本地的具体情况，在内容上有所差异。

例如，陕甘宁边区地处少数民族地区，为尊重少数民族的婚姻习俗，该婚姻条例规定："少数民族婚姻，在不违反本条例之规定下，得尊重其习惯。"有的地区有订婚的习俗，婚姻条例则用专章规定婚约订立的条件、婚约的解除和违约责任。有的根据地群众有早婚的习俗，便将法定婚龄规定为男 18 岁，女 16 岁。

时代性是指当时处于战争环境，为适应抗日的要求，1941 年《晋察冀边区婚姻条例》草案规定："充当汉奸或有危害抗战行为者，他方可以提出离婚。""抗日军人生死不明四年以上者，他方得请求离婚。""因抗日而残废者，如一方请求离婚，须征得他方之同意。"

3. 对离婚的处理，持慎重态度。各抗日根据地和解放区，由于贯彻了婚姻自由，新型的婚姻家庭关系大量涌现，为了反对离婚上的随意性，各根据地的婚姻条例都规定了双方自愿离婚，须到当地政府登记离婚，发给离婚证。对一方要求的离婚，须经裁判部或人民法庭审理，对具有法定理由者，才准予离婚。①

4. 其调整的主要内容是婚姻关系。在这些条例中，主要是对婚姻关系进行调整，很少涉及家庭关系的内容。

四、中华人民共和国婚姻法

（一）1950 年《婚姻法》

自 1949 年 10 月 1 日中华人民共和国成立后，经中央人民政府委员会第七次会议通过，于 1950 年 5 月 1 日颁布了《中华人民共和国婚姻法》。这是在总结革命根据地立法的基础上制定的，新中国成立后颁布的第一部具有基本法性质的法律。该法共计 8 章 27 条，其主要内容包括：

第一章基本原则。其规定："废除包办强迫、男尊女卑、漠视子女利益的封建主义婚姻制度。实行男女婚姻自由、一夫一妻、男女权利平等，保护妇女和子女合法利益的新民主主义婚姻制度。"为了保障这些制度的实施，特别规定了："禁止重婚、纳妾。禁止童养媳。禁止干涉寡妇婚姻自由。禁止任何人藉婚姻关系问题索取财物。"

第二章结婚。其主要规定了结婚条件和程序。在结婚条件方面，规定男女结婚须本人完全自愿；男 20 岁，女 18 岁，始得结婚；禁止直系血亲和同胞兄弟姐妹结婚，其他五代以内的旁系血亲结婚从习惯；禁止有生理缺陷不能发生性行为者及患花柳病、麻风病、精神病或其他医学上认为不应结婚的疾病者结婚；结婚男女须到区、乡人民政府申请结婚登记。

第三章夫妻间的权利和义务。夫妻有各自使用自己姓名的权利；夫妻双方均有选择职业、参加工作和社会活动的自由；夫妻对家庭财产有平等的处理权；夫妻有互相扶养和继承遗产的权利。

第四章父母子女间的关系。父母对子女有抚养的义务；子女对父母有赡养扶助的义务；父母子女间互有继承遗产的权利。非婚生子女、养子女和形成抚养关系的继子女享有同婚生子女同等的权利义务，任何人不得加以危害和歧视。

第五章离婚。双方自愿离婚，准予离婚，并向区人民政府登记，领取离婚证；男女一

---

① 离婚的法定理由在《晋西北婚姻暂行条例》中规定有 14 种情形，其中，对有过错方的离婚诉权有一定的限制，这些限制在当时的历史情况下是有必要的。

方坚决要求离婚的，经司法机关调解无效时，即行判决；女方在怀孕和分娩后一年内，男方不得提出离婚；现役革命军人与家庭有通信关系的，其配偶提出离婚，须征得革命军人的同意。

第六章离婚后的子女抚养和教育。父母子女间的关系不因父母离婚而消灭，离婚后双方仍有抚养教育子女的义务。

第七章离婚后的财产和生活。离婚时，女方婚前财产归女方所有；其余夫妻共同财产由双方协议处理，协议不成时，以照顾女方与其子女权益判决；夫妻共同债务，由共同财产清偿，不足清偿时，由男方清偿；男女一方单独所负债务，由本人偿还。

第八章附则。因干涉婚姻自由而使被干涉者死亡或受伤害者，干涉者一律应负刑事责任。

（二）1980 年《婚姻法》

20 世纪 60 年代中期以来，我国经历了十年“文革”的动乱时期，法制遭到了严重破坏。经过拨乱反正，我国进入了社会主义建设新时期。为了加强对婚姻家庭领域的法律调整，1980 年 9 月 10 日，经第五届全国人大常委会第三次会议通过，颁布了修改后的《中华人民共和国婚姻法》，自 1981 年 1 月 1 日起施行。1980 年《婚姻法》是在 1950 年《婚姻法》的基础上修改而成的，是 1950 年《婚姻法》的发展。与 1950 年《婚姻法》相比，它主要增加了以下几方面的内容：

1. 增加了基本原则。1980 年《婚姻法》在 1950 年《婚姻法》规定的四个基本原则的基础上，增加了实行计划生育、保护老人合法权益的原则。

2. 修改了结婚条件。1980 年《婚姻法》将 1950 年《婚姻法》规定的结婚年龄提高了两岁，即结婚年龄，男不得低于 22 周岁，女不得低于 20 周岁，晚婚晚育应予鼓励。明确规定禁止三代以内的旁系血亲结婚，禁止了长期盛行的“中表婚”，[①] 这使我国结婚制度更具有科学性。

3. 扩大了对家庭关系的调整。1980 年《婚姻法》明确规定夫妻婚后所得财产归夫妻共同所有，允许夫妻对婚后财产进行约定。增加了男女结婚后，女方可以成为男方家庭成员，男方也可以成为女方家庭成员；祖父母与孙子女、外祖父母与外孙子女之间在一定条件下，互负扶养义务；有负担能力的兄姐对未成年的弟妹在一定条件下负扶养义务。

4. 增加了准予离婚的法律原则。1980 年《婚姻法》明确规定男女一方要求离婚，经人民法院调解无效，如夫妻感情确已破裂，应准予离婚。将夫妻感情确已破裂作为准予离婚的法律原则。

5. 增加了制裁办法和强制执行。1980 年《婚姻法》规定对违反婚姻法的行为可分别给予行政处分或法律制裁。对拒不执行人民法院有关抚养费、扶养费、赡养费、夫妻财产分割和遗产继承等具有财产内容的裁定、调解协议或判决者，人民法院可依法强制执行。

（三）2001 年修正后的《婚姻法》

1980 年《婚姻法》实施 20 年来的实践证明，其所规定的基本原则是正确的，有关夫妻家庭成员间的权利和义务的规定也是可行的。随着我国改革开放的深入，市场经济和社

---

① 中表婚，是指表兄弟、姐妹间缔结的婚姻。我国社会长期盛行中表婚，由于有“同宗同姓不婚”、“辈分不同不婚”的习俗，1980 年《婚姻法》禁止三代以内的旁系血亲结婚，实际上就是禁止中表婚。

会的发展，人们的思想观念发生了一定的变化，在婚姻家庭关系方面出现了一些新问题，有必要总结婚姻法的实施经验，针对存在的问题，对 1980 年《婚姻法》作出修改和补充。①

2001 年 4 月 28 日，经第九届全国人大常委会第二十一次会议通过，颁布了修正后的《中华人民共和国婚姻法》，共计 6 章 51 条［必须注意，修正后的《婚姻法》仍然是 1980 年《婚姻法》，故其全称为《中华人民共和国婚姻法（修正）》］。该法被修正的主要内容有以下几个方面：

1. 增加了保证基本原则实施的措施。在总则中，增加了“禁止有配偶者与他人同居，禁止家庭暴力。”“夫妻应当互相忠实，互相尊重；家庭成员间应当敬老爱幼，互相帮助，维护平等、和睦、文明的婚姻家庭关系。”

2. 完善了结婚制度。删除了患麻风病禁止结婚的规定，修改为“患有医学上认为不应当结婚的疾病”禁止结婚，即将原来立法中的列举式与概括式相结合的立法模式改为概括式。

3. 增加了无效婚姻制度和可撤销婚姻制度。对无效婚姻和可撤销婚姻的原因、可撤销婚姻的请求权人、请求权行使的期限及法律后果等作出了规定。

4. 完善了夫妻财产制。缩小了夫妻共同财产的范围，明确了夫妻个人财产的范围，完善了夫妻约定财产制的内容。

5. 完善了离婚制度。明确规定了认定夫妻感情确已破裂的法定情形，增加了父母离婚后对子女的探视权，离婚时对家务劳动等特别贡献的经济补偿的规定，并对军婚的保护增补了新规定。

6. 增加了救助措施和法律责任。增加了对家庭暴力、虐待、遗弃家庭成员的救助和处理的措施。增加了离婚损害赔偿制度及离婚时家务劳动补偿的规定等。②

【导入案例要点评析】

本案涉及什么是法律认可的婚姻关系的问题。我国现行《婚姻法》没有对“婚姻”一词作出明确界定，我们认为婚姻是男女双方以夫妻身份公开共同生活的两性结合。根据这一概念，婚姻必须具备以下要件：第一，婚姻必须是男女两性的结合。第二，婚姻必须是男女两性以夫妻身份共同生活为目的的结合。第三，婚姻必须是具有公示性的男女两性的结合。凡具备上述要件的两性结合可以称作“婚姻”，但要成为法律认可的合法婚姻关系，还必须符合现行《婚姻法》规定的法定结婚条件，并履行法定结婚程序。现行《婚姻法》第 8 条规定：“要求结婚的男女双方必须亲自到婚姻登记机关进行婚姻登记。符合本法规定的，予以登记，发给结婚证。取得结婚证，即确立夫妻关系。未办理结婚登记

---

① 参见陈苇：《婚姻法的修改及其完善》，载《现代法学》，2003（4）。

② 主编注：关于现代婚姻家庭法的立法宗旨与变革趋势，以及我国 2001 年修正后的《婚姻法》之修改立法的主要理由及其成功与不足，参见陈苇：《中国婚姻家庭法立法研究》（第二版），12-40、41-88 页，北京：群众出版社，2010；宋豫主编：《国家干预与家庭自治：现代婚姻家庭法发展方向研究》，11-23 页，河南：河南人民出版社，2011。关于我国未来婚姻家庭法的修订方法，有学者指出，有必要在立法前先进行大规模的调查，弄清现实生活中需要立法改革解决的所有问题，认真倾听专业人士的意见和建议，广泛听取民众的意见，使婚姻家庭立法规范化、系统化。参见蒋月：《20 世纪婚姻家庭法：从传统到现代》，653 页，北京：中国社会科学出版社，2015。

的，应当补办登记。”本案中李某与黎某的共同生活关系虽然符合“婚姻”概念的要件，但因未履行结婚的法定程序即结婚登记而没有得到法律的认可，不属于合法的婚姻关系。

根据《婚姻法解释（一）》第5条的规定：“未按婚姻法第八条规定办理结婚登记而以夫妻名义共同生活的男女，起诉到人民法院要求离婚的，应当区别对待……（二）1994年2月1日民政部《婚姻登记管理条例》公布实施以后，男女双方符合结婚实质要件的，人民法院应当告知其在案件受理前补办结婚登记；未补办结婚登记的，按解除同居关系处理。”据此规定，人民法院应首先告知李某与黎某在案件受理前补办结婚登记。已补办结婚登记的，可按照离婚予以处理；未补办结婚登记的，由于当事人没有确立夫妻关系，应按解除同居关系处理。

【思考题】

一、单项选择题

1. 可将婚姻划分为单婚与重婚的标准是（　）

A. 按照当事人结婚的次数　B. 按照是否履行结婚的法定程序

C. 按照习俗　D. 按照结婚主体的构成

2. 婚姻家庭关系之不同于其他社会关系，因为它具有（　）

A. 自然属性　B. 社会属性

C. 伦理属性　D. 人身属性

二、多项选择题

1. 家庭的职能主要有（　）

A. 消费职能　B. 教育职能　C. 物质资料生产职能

D. 人口再生产职能　E. 扶养职能

2. 婚姻法调整的财产关系与民法所调整的财产关系两者的区别在于（　）

A. 主体不同　B. 性质不同

C. 受亲情伦理的影响不同　D. 调整的范围是否包括不动产的不同

E. 财产关系的发生是否以人身关系为前提的不同

三、判断分析题

1. 婚姻家庭法的调整对象是婚姻家庭中的人身关系。

2. 自然属性是婚姻家庭的根本属性。

四、简答题

1. 简述婚姻须具备的要件。

2. 简述婚姻家庭法的特点。

3. 简述婚姻家庭法的调整对象。

五、论述题

1. 试述2001年《婚姻法》修正的主要内容。

2. 试论婚姻家庭法的性质。

六、案例分析题

张某（男）与李某（男）是高中同学，他们在中学一直形影相随，同学们都认为他们的关系很好。2013年7月，高中毕业后的第二年，两人在广东某地打工时再次相遇，感情再度升温。2015 年 1 月，他们双方去张某常住户口所在地的县民政局申请登记结婚，被工作人员拒绝，民政局工作人员告诉他们，我国不允许同性登记结婚。

请结合本案分析婚姻的自然属性和婚姻应当具备的要件。

【阅读参考文献】

1. 杨大文主编：《亲属法》（第四版），法律出版社，2004 年版。

2. 巫昌祯、夏吟兰主编：《婚姻家庭法学》（第四版），中国政法大学出版社，2007 年版。

3. 夏吟兰、蒋月、薛宁兰：《21 世纪婚姻家庭关系新规制——新婚姻法解说与研究》，中国检察出版社，2001 年版。

4. 陈苇主编：《改革开放三十年（1978-2008）——中国婚姻家庭继承法研究之回顾与展望》，中国政法大学出版社，2010 年版。

5. 蒋月：《20 世纪婚姻家庭法：从传统到现代》，中国社会科学出版社，2015 年版。

6. 陈苇主编：《21 世纪家庭法与家事司法：实践与变革》，群众出版社，2016 年版。

第二章

亲属关系原理

本章学习重点提示：
亲属的分类；亲等的计算方法；我国“代”的计算方法。

【导入案例】

刘芳与黄林刚两人从小在一个村里生活，上高中期间，两人开始谈恋爱，大学毕业后，都到了同一城市工作，在密切的交往中感情更为深厚。2012 年 3 月，刘芳 23 岁、黄林刚 25 岁，双方向自己的父母提出结婚之事。由于黄林刚的父亲黄云与刘芳的妈妈黄欣是堂兄妹关系，故双方的父母一致反对他们的婚事，理由是刘芳与黄林刚是我国现行《婚姻法》规定的禁止结婚的亲属关系。刘芳和黄林刚不顾父母的反对，于 2014 年 5 月到婚姻登记机关申请办理结婚登记。黄欣与黄云闻讯也赶到婚姻登记机关，阻止两人登记结婚。黄欣向婚姻登记员说出其阻止两人结婚的理由：“我是黄林刚的姑妈，黄云是刘芳的舅舅，因此刘芳与黄林刚是姑表亲，不能结婚。”刘芳与黄林刚则认为他们两人之间不存在禁止结婚的近亲属关系，坚决要求办理结婚登记。

请问：刘芳与黄林刚之间是否存在我国现行《婚姻法》禁止结婚的近亲属关系？

第一节　亲属关系概述

一、亲属的概念

（一）亲属的概念和特征

亲属关系是人类亲密的社会关系之一，通常认为亲属关系是因婚姻、血缘和法律拟制而产生的社会关系。在现代社会，亲属关系通则是婚姻家庭法的重要组成部分，并非所有具有婚姻、血缘联系的亲属关系都受到法律调整。① 法学上的亲属则是指由法律确认的，因婚姻、血缘和法律拟制行为而产生的，相互之间有法律上权利义务关系的社会关系。法学上的亲属具有三个显著特征：

1. 有固定的称谓。任何亲属相互间都有固定的称谓，这些称谓表明了相互之间的身份关系，如夫妻、父母子女、兄弟姐妹等。恩格斯指出：“这并不是一些毫无意义的称

---

① 主编注：我国现行《婚姻法》目前尚无亲属关系通则制度，我国有学者指出应当填补此立法空白。参见巫昌祯：《我与婚姻法》，16 页，北京：法律出版社，2001；关于中国传统亲属法律文化的表现形态，参见叶英萍主编：《中国传统亲属法律文化和谐性研究》，5-6 页，北京：法律出版社，2015。

呼，而是实际上流行的血缘亲属关系的亲疏异同的观点的表现。”又说“父母、子女、兄弟、姐妹等称谓，并不是简单的荣誉称号，而是一种负有完全确定的、异常郑重的相互义务的称呼。这些义务的总和便构成这些民族的社会制度的实质部分”。[①] 亲属的身份和称谓，可因出生自然形成，如父母、子女、伯叔、兄弟姐妹等；也可因婚姻或法律拟制而形成，如夫妻、公婆、儿媳、养父母、子女等。亲属的称谓一经形成，非经法定事由不能随意变更。因自然血缘联系形成的亲属，一般情况下称谓不能变更，但是如因法律行为而取得更近的亲属关系，称谓也可更改。例如，因为叔叔收养侄子，叔侄之间的称谓即可改为父子。因婚姻、法律拟制而形成的亲属，其身份和称谓可因离婚或收养解除等法律行为而变更和解除。

2. 亲属因特定原因而产生。亲属的产生必须具有婚姻、血缘联系或法律拟制三个原因之一。

（1）因婚姻而产生的亲属。因一项婚姻的缔结，在婚姻当事人之间产生配偶关系，而在当事人与当事人的其他亲属之间，及一方当事人与另一方当事人的其他亲属之间产生姻亲关系。

（2）因血缘联系而产生的亲属。因相互之间自然的血缘联系，产生亲属中的自然血亲，如父母、子女、兄弟姐妹，伯、叔、姑与侄子女等。

（3）因法律拟制而产生的亲属。虽然婚姻和自然血缘联系构建了亲属网络的基本框架，但即使是既无婚姻又无血缘联系的人之间，只要有某种法律行为或法律事实，法律即可认为是亲属。例如，因收养成立而发生的养父母与养子女之间的拟制亲子关系，因扶养关系而发生的继父母与继子女之间的拟制亲子关系。

3. 亲属之间有法律上的权利义务关系。亲属关系不仅是相互间的称谓这么简单，由于承担着特定的社会责任，所以成为法律调整的对象。一定范围内的亲属受到法律的调整，相互之间享有权利与义务。例如，父母子女之间相互的抚养、赡养义务，一定范围内亲属之间的禁婚义务，特定行为的回避义务等。

（二）亲属与家属、家庭成员的区别

1. 亲属与家属的区别。家属是与家长相对应的称谓。在古代社会中，实行家长制，每个家庭设有家长，一般由男性尊长充当。家属是指与家长共同生活在同一家庭中的人。虽然《吏学指南》称：“内曰家，亲曰属，谓同居有服之人也。”但无服的内亲与有服的外亲也可为亲属。[②] 一般认为，在家长之下，同居一家的家属由两部分人组成：一是固有家属，即家长的妻子、儿女、儿媳、子孙等近亲属；二是与家长没有亲属关系的妾、奴婢、童养媳、过门守贞之妇、等郎媳等。由此可见，亲属中，只有与家长共同生活的近亲属才是家属，而家属中有一部分与家长只有人身依附关系而没有亲属关系。因此，亲属不一定是家属，而家属也不一定是亲属。

我国婚姻法早已废除了封建家长制，虽然习惯上有的仍沿用家长、家属的说法，但这种习惯称谓已无法律意义。

2. 亲属与家庭成员的区别。我国婚姻法所称的家庭成员是指同居一家、共同生活，

① 《马克思恩格斯全集》第21卷，40页，北京：人民出版社，2003。
② 戴炎辉：《中国法制史》，212页，台北：三民书局，2000。

互享权利、互负义务的亲属。我国婚姻法规定的家庭成员的范围，通常仅限于夫妻、父母子女、兄弟姐妹和祖孙。随着社会的发展，家庭规模变得越来越小，几代同堂的扩大式家庭逐渐由父母与未成年子女构成的核心家庭取代。与庞大的亲属群体相比，家庭成员只是亲属的一小部分。因此，家庭成员一定是亲属，而亲属不一定是家庭成员。

二、亲属的种类

亲属在不同社会制度中，按不同的标准，所划分的种类有所不同。

（一）我国古代法律的分类

我国古代对亲属的分类有多种，如内亲与外亲（明清以后为宗亲、外亲与妻亲）、有服亲与无服亲、血族与准血族、至亲、近亲、正亲与余亲[①]等，我们主要介绍内亲与外亲。

内亲是以父亲为血缘纽带确定的，出自同一祖先的同姓男系血亲，又称为宗亲、本亲、宗族、本族等，还包括这些男系血族的配偶、未出嫁或大归的女儿。外亲则指母族（舅舅、外祖父母、姨母、姨表兄弟姐妹等）、女系血族（姑表兄弟姐妹、外孙等）和妻族（岳父母等），外亲又称为外族、外姻等。唐宋时，外亲包括了上述母族、女系血族和妻族。到明清时，妻族从外亲中分出，单独成为妻亲。内亲与外亲分类的实际意义在于，内亲是古代法律确认的主要亲属，范围最广，设有宗族组织，定期举行宗族会议，决定宗族大事，解决宗族纷争，奖惩宗族成员。礼制及律均重视内亲而轻视外亲，尤其是服制，外祖母和舅舅等血缘联系颇近的外亲，在丧服制中，外孙为外祖父母、外甥为舅姨仅为第四等小功，而孙子为祖父母则为第二等齐衰。

1. 内亲：内亲包含的亲属共有四类，第一类是出自同一祖先的男系血族，如父、祖父、伯叔、兄弟、子、孙子等。这类亲属同姓同宗，在旧律中又称“本宗”或“正宗”。第二类是本宗的配偶，如母、祖母、妻、儿媳、伯母等。这些女性虽属外姓，但由于与“本宗”男性结婚而加入了“夫宗”，旧律称为“来归之妇”，如果被其夫“休弃”而终止了婚姻关系，则不再是宗亲。第三类是本宗未嫁女，是出自同一祖先，未结婚的父系女性血亲，如未婚的女儿、姐妹、姑、侄女等，旧律称为“在室女”。第四类是原来本宗女性血族，出嫁后因离婚而回娘家，称为大归女[②]。

2. 外亲：外亲有三种，其一是母族，是以母亲血缘所联系的亲属，如外祖父母、舅、姨、舅表、姨表兄弟姐妹等，亦称母党。其二是出自同一祖先已结婚的父系女性血亲、其夫族，及其所生的后代，如女婿、外孙子女、姐妹夫、外甥子女、姑父、姑表兄弟姐妹等，旧律称为“出嫁族”。其三是妻之本族，即妻子娘家的亲属，如岳父母、妻的兄弟姐妹，妻的伯叔等，旧律称为“妻族”。

（二）现代各国法律的分类

现代各国法律根据亲属产生的原因将亲属分为配偶、血亲和姻亲三类。

1. 配偶。男女因婚姻成立而互为配偶，是亲属关系的核心，是发生血亲、姻亲的源

---

① 按照亲属之间是否有服制的关系，将亲属分为有服亲与无服亲，后者也称为“袒免亲”。血族则是指男系自然血亲，没有自然的血缘联系，但被视为血族的称为准血族，而亲属依其亲疏，有至亲、近亲、正亲及余亲等通称。

② 戴炎辉：《中国法制史》，214页，台北：三民书局，2000。

泉。当前有一些国家的法律认为配偶关系是发生其他亲属关系的源泉，因此不承认配偶是亲属，如现行《德国民法典》和《瑞士民法典》的规定。这些国家的法律和法学家认为，一是配偶之间无亲系可循，配偶之间既不是直系亲，也不是旁系亲；二是在各种亲等制中，配偶之间的亲等数为零，故此常将配偶与亲属对称，如“配偶与最近亲属”等。但多数国家法律认为，配偶之间是最亲密的社会关系，相互间的权利和义务比其他任何一种亲属都多，因此，应为独立的一类亲属。我国自古就认为夫妻是亲属，而且是最亲近的亲属之一，夫妻相互为至亲，律法所称的“亲属杀害”、“亲属伤害”以及“亲属相容隐”均包含夫妻在内。我国现行法也把配偶作为亲属的一种。

2. 血亲。是指有血缘联系的亲属。例如，父母、子女、伯、叔、姑、舅、姨、兄弟姐妹、表兄弟姐妹等都是血亲。按血缘的真假划分，血亲又分为自然血亲和拟制血亲。

（1）自然血亲，是指出自同一祖先，有真实血缘联系的亲属，如父母与子女、兄弟姐妹、伯叔与侄子女、舅姨与外甥子女等都是自然血亲，不分父系、母系。自然血亲是因出生而产生的，无论是婚生的，还是非婚生的，也无论是全血缘（同父同母的兄弟姐妹)，还是半血缘（如同父异母或同母异父的兄弟姐妹）都是自然血亲。

（2）拟制血亲，是指本无血缘联系或无该种血亲应具有的血缘联系，而由法律确认其与自然血亲有同等权利义务的亲属，故又称为“准血亲”、“法定血亲”或“假血亲”。不同社会、不同国家的法律确认的拟制血亲范围不同。我国现行《婚姻法》确认的拟制血亲只限于两种类型：其一，养父母与养子女及养子女与养父母的近亲属；其二，形成抚养教育关系的继父母与继子女关系。

3. 姻亲。是指以婚姻为中介而产生的亲属，但配偶除外。男女结婚后，一方与对方的亲属即发生姻亲关系。根据姻亲的发生原因，可以将姻亲分为四种类型：

（1）血亲的配偶，即己身血亲的配偶（包括己身自然血亲、拟制血亲的配偶)，如儿媳、女婿、嫂、姐妹夫、姑父、舅母、姨父、伯母等。

（2）配偶的血亲，即己身配偶的血亲，如公婆、岳父母、夫的兄弟姐妹、妻的兄弟姐妹等。

（3）配偶的血亲的配偶，是指己身与配偶的血亲的配偶，如妯娌、连襟等。

（4）血亲配偶的血亲，即己身与己身血亲的配偶的血亲的关系，如继兄弟姐妹关系，夫妻双方父母之间的关系（俗称亲家）。

由于社会学意义上的姻亲关系过于广泛，而承担法律上权利义务关系的姻亲却不多，因此各国法律对姻亲都有限制。多数国家只承认血亲的配偶与配偶的血亲为姻亲（血亲的配偶与配偶的血亲，是指一对姻亲关系中谁对谁而言划分的种类，如公婆与儿媳这一对姻亲，儿媳对公婆而言属于血亲的配偶，公婆对儿媳而言则是配偶的血亲)，其所依据的法谚是“姻亲关系不产生姻亲关系”。1930 年中华民国“民法·亲属编”将血亲的配偶、配偶的血亲以及配偶血亲的配偶都归入姻亲的范围。我国现行《婚姻法》中无对姻亲的规定，但《继承法》中涉及直系姻亲，丧偶女婿或儿媳对岳父母或公婆尽到主要赡养义务的，可以作为岳父母或公婆的法定第一顺序继承人参与继承。2000 年《最高人民法院关于审判人员严格执行回避制度的若干规定》第 1 条规定，“审判人员具有下列情形之一的，应当自行回避，当事人及其法定代理人也有权要求他们回避：（一）是本案的当事人或者与当事人有直系血亲、三代以内旁系血亲及姻亲关系的……”除此之外，姻亲间的权利义务规定不多见。如果要修正我国的亲属法律制度，考虑到习惯和实际家庭情况，需要规定相互之间权利义务的姻亲，也只应当限于配偶的血亲以及血亲的配偶，且主要是直系姻亲间的关系。

三、亲属的范围

为便于对亲属关系的法律调整，各国法律将亲属限定在一定范围内。由于各国风俗习惯、历史传统不同，法律限定亲属的范围极其不一致。在当代法律中，对亲属的范围的界定有两种不同的方式。

其一是通过总则的方式直接规定亲属的范围，也被称为抽象的限定法。例如，我国《唐律疏议》（本注说）："亲属，谓缌麻以上，及大功以上婚姻之家。余条亲属，准此。"又如，《日本民法》（亲属编）第725条规定："下列人为亲属：六亲等以内的血亲；配偶；三亲等以内的姻亲。"[①] 除这些范围外，都不是法律确认的亲属。

其二是仅对亲属之间在法律上享有的权利或承担的义务作列举性规定，也称为具体的限定法，即法律只对亲属之间的禁婚、扶养、继承、监护、司法回避等列举出具体亲属的范围。

我国对亲属范围的限定主要采取具体的限定法。立法并没有在婚姻法中对亲属作出总则性规定，而是在具体权利与义务中划定亲属的范围。依我国现行《婚姻法》规定，禁婚亲的范围为"直系血亲和三代以内旁系血亲"。相互扶养亲属的范围包括夫妻、父母子女、祖孙和兄弟姐妹。法定继承人的范围《继承法》规定为：夫妻、父母、子女、祖父母、外祖父母，兄弟姐妹；孙子女、外孙子女及其晚辈直系血亲为代位继承人；尽了主要赡养义务的丧偶儿媳与女婿可以作为法定第一顺序继承人参与继承。在诉讼过程中，审判人员是其审理的案件当事人或者与当事人有直系血亲、三代以内旁系血亲及姻亲关系的，应当回避。另外，一些法律和司法解释规定的近亲属的范围亦不尽相同。[②]

第二节　亲系和辈分

一、亲系

亲系是指亲属间的联系。亲属以婚姻、血缘为基础，纵横交错，互相交织构成亲属网络。除配偶外，一切亲属都有一定的亲系可循。按不同的联系标准，亲属可以分为不同系列，如父系与母系、直系与旁系等。我国现行法中没有父系与母系的划分，只有直系和旁系亲属的划分。

（一）父系亲、母系亲

父系亲和母系亲，是以亲属的称谓联系的亲属，以男子或女子的血缘联系会有不同的

---

① 王爱群译：《日本民法典》，北京：法律出版社，2014。

② 例如，依《执行民法通则意见》第12条规定，我国《民法通则》规定的近亲属包括：配偶、父母、子女、兄弟姐妹、祖父母、外祖父母、孙子女、外孙子女。依2000年《最高人民法院关于执行〈中华人民共和国行政诉讼法〉若干问题的解释》第11条第1款规定："行政诉讼法第二十四条规定的'近亲属'，包括配偶、父母、子女、兄弟姐妹、祖父母、外祖父母、孙子女、外孙子女和其他具有扶养、赡养关系的亲属。"1996年修正后的《中华人民共和国刑事诉讼法》中的近亲属则只包括：夫、妻、父、母、子、女、同胞兄弟姐妹。

亲属，因此也称为男系亲和女系亲。例如，《法国民法典》第733条在继承问题上明确区分父系血亲和母系血亲。[1] 我国古代重男系亲而轻女系亲，现代已无此种划分的必要性，但从人们对亲属的称谓上仍然可以看出父系亲与母系亲的区别。例如，父亲的父母称为祖父母，母亲的父母则称为外祖父母等。

1. 父系亲，指以父亲血统为中介联系的亲属，如祖父母、伯叔、姑、侄子女、姑表兄弟姐妹等。

2. 母系亲，指以母亲血统为中介联系的亲属，如外祖父母、舅、姨、外甥、舅表、姨表兄弟姐妹等。

（二）直系亲、旁系亲

直系亲和旁系亲，是以婚姻、血缘纵横方向联系的亲属。

1. 直系亲。其分为直系血亲和直系姻亲。

（1）直系血亲。它指与已身有直接血缘联系的亲属。包括已身所从出和已身所出的两部分血亲。已身所从出的血亲即是生育已身的各代血亲，如父母、祖父母、外祖父母、曾祖父母、外曾祖父母、高祖父母和外高祖父母；已身所出的血亲，即是已身生育的后代，如子女、孙子女、外孙子女、曾孙子女、外曾孙子女、玄孙子女和外玄孙子女。值得注意的是，直系血亲除自然直系血亲外，还包括法律拟制的直系血亲，如养父母与养子女、养祖父母与养孙子女，有扶养关系的继父母与继子女也是直系血亲。

（2）直系姻亲。它指已身直系血亲的配偶和配偶的直系血亲。前者如儿媳、女婿、孙媳、孙女婿、养儿媳、养女婿，无扶养关系的继父母等。后者如公婆、岳父母，无扶养关系的继子女等。

2. 旁系亲。其又分为旁系血亲和旁系姻亲。

（1）旁系血亲。它指除直系血亲外，与已身同出一源的血亲，如伯、叔、姑、舅、姨、兄弟姐妹、堂兄弟姐妹、表兄弟姐妹等。

（2）旁系姻亲。它指旁系血亲的配偶、配偶的旁系血亲。旁系血亲的配偶如嫂、弟媳、侄媳、侄女婿、伯母、姑父、姨父、舅母、婶母等。配偶的旁系血亲如妻的兄弟姐妹、伯叔，夫的兄弟姐妹、伯叔等。

二、辈分

辈分又称为行辈，是指亲属之间的世代第次。辈分按照世代来划分，以一世代为一辈分。根据辈分不同，亲属可以分为长辈亲属、晚辈亲属和平辈亲属。

1. 长辈亲属（尊亲属[2]），指高于已身辈分的亲属，如父母、伯叔父母、祖父母、舅、姑父等。

2. 晚辈亲属（卑亲属[3]），指低于已身辈分的亲属，如子女、儿媳、女婿、侄子女、表侄子女等。

---

① 陈苇主编：《外国婚姻家庭法比较研究》，40页，北京：群众出版社，2006。

② 主编注：在国外，有些外国民法典如《法国民法典》第734条第2款及第737条、《意大利民法典》第536、569条等将辈分高于自己的亲属均称为尊亲属。

③ 主编注：在国外，有些外国民法典如《法国民法典》第734条第1、2款及第735条、《意大利民法典》第565条等将辈分低于自己的亲属均称为卑亲属。

3. 平辈亲属，指与己身辈分相同的亲属，如兄弟姐妹、嫂、姐妹夫、表兄弟姐妹等。

长辈、晚辈、平辈是按亲属辈分的高低联系的亲属，不分血亲、姻亲，也不分直系、旁系，均可以长辈、晚辈、平辈称之。与直系亲与旁系亲的纵向划分亲属不同，辈分是横向划分亲属的。这样纵向与横向的划分，将亲属的网络清晰地描绘出来。并用时，我们可以有长辈直系血亲、长辈直系姻亲、平辈旁系血亲、晚辈旁系姻亲等。

辈分的观念素来受到我国人民的重视，古代礼制和法律历来讲究尊卑有序。同宗内亲固然不得结婚，在可以结婚的亲属中，长辈与晚辈也不得婚配；立嗣亦是如此，立嗣必须同宗且昭穆①相当，只能在长辈与晚辈之间进行，不得打乱辈分。到现代，辈分的区分除礼仪上的影响外，在法律上也有一定意义。在我国，继承法的代位继承对被继承人的子女的晚辈直系血亲的继承权有规定。在国外，一些国家的民法典对尊亲属和卑亲属的继承顺序及份额有具体规定。

第三节 亲等与代数

亲等是计算亲属关系亲疏远近的单位。亲等数小的，表示亲属关系亲近，亲等数大的，表示亲属关系疏远。亲等在法律上运用较广，诸如禁婚范围、亲属间的权利义务等，大都用亲等来限定。由于各国法律不同，使用的亲等制也不同，计算亲等的方法也不尽相同。

国外通行的亲等的计算方法是世代亲等制，有罗马法和寺院法两种主要计算方法，以血缘联系为依据，以世代的多少来计算亲等，姻亲比照血亲计算亲等，配偶之间则无亲等。我国现行《婚姻法》是以代数来计算禁婚亲属的范围，也属于世代亲等制。而我国古代采用丧服制来表明亲属之间的亲疏远近关系。

一、罗马法亲等制

罗马法亲等制是古罗马帝国法律规定计算亲属关系亲疏远近方法的制度，随着罗马法的传播而被多数欧洲国家接受为现行的亲等计算方法。罗马亲等制分为直系血亲、旁系血亲和姻亲三个方面的计算。

（一）直系血亲亲等的计算

直系血亲亲等的计算方法是：从己身往上或往下数，往上数，父母为一亲等，祖父母、外祖父母为二亲等，曾祖父母、外曾祖父母为三亲等，高祖父母、外高祖父母为四亲等。往下数，子女为一亲等，孙子女、外孙子女为二亲等，曾孙子女、外曾孙子女为三亲等，玄孙子女、外玄孙子女为四亲等。父母与子女是一亲等的直系血亲，祖父母与孙子女是二亲等的直系血亲。父母与子女比祖父母与孙子女的血缘关系近。

（二）旁系血亲亲等的计算

旁系血亲亲等的计算方法是：首先找出同源直系血亲，再按直系血亲亲等的计算方法从己身数至同源直系血亲，记下亲等数；再从同源直系血亲往下数至要计算的旁系血亲

① 所谓“昭穆”本是宗法制度对宗庙或墓地的辈次排列规则和次序，此处是指按照亲属尊卑、长幼、上下等排列的次序。

（或从要计算的旁系血亲也往上数至同源直系血亲），记下亲等数；最后将两边的亲等数相加所得之和，就是旁系血亲的亲等数。如要计算表兄弟姐妹的亲等数，首先找出己身与表兄弟姐妹的同源直系血亲外祖父母，然后从己身往上数至外祖父母是二亲等，再从外祖父母往下数至表兄弟姐妹或从表兄弟姐妹往上数至其祖父母或外祖父母也是二亲等，最后将两边亲等数相加为四，因此，己身与表兄弟是四亲等的旁系血亲。

（三）姻亲亲等的计算

姻亲亲等的计算方法是：姻亲的亲等数是以赖以发生姻亲的一方配偶与对方的血亲等数为依据。例如，儿媳与公婆，因丈夫与其父母是一亲等的直系血亲，因此，儿媳与公婆是一亲等的直系姻亲，伯叔与侄子女是三亲等的旁系血亲，因此侄子女与伯母、婶母是三亲等的旁系姻亲。

二、寺院法亲等制

寺院法亲等制是欧洲中世纪基督教寺院法计算亲属关系亲疏远近的制度。此种计算方法目前采用者极少，但在阅读和理解欧洲中世纪文献时，常会用到。例如，在12世纪之前，教会法规定禁止七等亲之内的亲属结婚，直到1215年的第四次拉特兰会议，才将近亲结婚的限制从七等亲缩小为四等亲。① 此处的亲等，均按照寺院法的计算方式计算。

寺院法亲等制是在罗马法亲等制的基础上稍加修改而成的。直系血亲亲等的计算与罗马法完全相同，旁系血亲亲等的计算与罗马法大致相同，只是两边亲等数的取舍不同。寺院法旁系血亲亲等数的确定是如果两边的亲等数相同，则用一边的亲等数作为旁系血亲亲等数。例如，兄弟姐妹是同源于父母，己身数至父母是一亲等，再从父母数至兄弟姐妹也是一亲等，则兄弟姐妹间按寺院法亲等制计算是一亲等的旁系血亲。如果两边的亲等数不同，则取亲等数大的一边的亲等数为旁系血亲亲等数。如计算己身与堂侄子女的亲等数，先从己身数到同源直系血亲祖父母为二亲等，再从祖父母数至堂侄子女处为三亲等，因此，己身与堂侄女子按寺院法亲等制计算是三亲等的旁系血亲。

按寺院法亲等制，姻亲的亲等数也以赖以发生姻亲的一方配偶与对方的血亲亲等数为依据。

与寺院法亲等制相比较，罗马法亲等制较为科学，相同亲等数的亲属，相互间的基因比例完全一致。而寺院法相同亲等数的亲属，差距很大。因此，罗马法亲等制是最科学的亲等制。自20世纪以来，绝大多数国家的法律都采用罗马法亲等制，只有少数基督教盛行的国家，如英国、爱尔兰、梵蒂冈等国仍坚持使用寺院法亲等制。

三、我国婚姻法中代数的计算

我国婚姻法是以“代”来表明亲属关系的亲疏远近，如我国1950年《婚姻法》规定：“其他五代内的旁系血亲间禁止结婚的问题，从习惯。”我国现行《婚姻法》规定，直系血亲和三代以内的旁系血亲禁止结婚。这里所说的“五代”、“三代”就是我国法律

① ［加］罗德里克·菲利普斯：《分道扬镳——离婚简史》，李公昭译，3页，北京：中国对外翻译出版公司，1998。

规定的亲属之间亲疏远近的单位。代数小的比代数大的亲属关系更亲近。[①]

（一）代的计算

计算亲属的代数分为直系血亲和旁系血亲两个方面的计算。

1. 直系血亲代数的计算。从己身开始，己身为一代，往上或往下数。往上数父母为二代，祖父母、外父母为三代，曾祖父母、外曾祖父母为四代，高祖父母、外高祖父母为五代。往下数，子女为二代，孙子女、外孙子女为三代，曾孙子女、外曾孙子女为四代，玄孙子女、外玄孙子女为五代。

2. 旁系血亲代数的计算。首先找出同源直系血亲，按直系血亲代的计算法，从己身往上数至同源直系血亲，记下代数。再从同源直系血亲往下数至要计算的旁系血亲，记下代数。如果两边的代数相同，则用一边的代数，如果两边的代数不同，则取代数大的一边为代数。例如，要计算兄弟姐妹的代数，首先找出同源直系血亲父母，己身为一代，往上数至父母为二代；再从父母为一代，往下数至兄弟姐妹是二代。因此，兄弟姐妹之间是二代的旁系血亲。再如，要计算己身与表侄子女（表兄弟姐妹的子女）的代数，先找出同源直系血亲外祖父母（从表侄子女一边来说为其曾祖父母）。己身为一代，往上数至外祖父母为三代，再从外祖父母往下数至表侄子女为四代，因此，己身与表侄子女为四代的旁系血亲。

（二）"三代"、"五代"以内的旁系血亲

1. 三代以内的旁系血亲。它指同源于祖父母、外祖父母以内的旁系血亲，其范围包括伯、叔、姑、舅、姨、兄弟姐妹、堂兄弟姐妹、表兄弟姐妹、侄子女、外甥子女。超过这一范围的亲属，就不属三代以内的旁系血亲。

2. 五代以内的旁系血亲。它指同源于高祖父母、外高祖父母以内的旁系血亲。其范围较广，在三代以内的旁系血亲基础上，再向上数两代这一范围的旁系血亲。

第四节　亲属关系的发生和终止

一、配偶的发生和终止

配偶因男女结婚而发生。配偶关系的消灭有两种原因，一是因配偶一方或双方死亡（包括自然死亡和法院宣告死亡）而消灭；二是因夫妻离婚而消灭。

二、血亲的发生和终止

（一）自然血亲的发生和消灭

自然血亲是由出生而产生，只要有出生这一事实，出生者就与其父母、兄弟姐妹、伯叔等亲属发生自然血亲关系。出生是发生自然血亲唯一的原因。

自然血亲，除一方死亡之外，不因任何人为条件而消灭。例如，父母子女关系，除不因父母离婚而消灭外，也不因双方协议、一方声明或法院判决而解除。即使子女被他人收

① 主编注：关于我国亲属关系通则立法之不足及其立法完善，参见陈苇：《中国婚姻家庭法立法研究》，81-85页，北京：群众出版社，2000。

养，仅消灭双方的权利与义务，因自然原因而形成的父母子女血缘联系以及法律上的禁婚效力不消灭。

（二）拟制血亲的发生和消灭

拟制血亲是法律规定的血亲，由于拟制血亲的种类不同，其发生和消灭的原因也不同。

1. 养父母与养子女的发生和消灭。养父母与养子女是因收养成立而发生。养父母与养子女的拟制血亲关系除因一方死亡而消灭外，还可因收养解除而消灭。

2. 有扶养关系的继父母与继子女的发生和消灭。这种拟制血亲发生的原因：一是因继子女的生母或生父与继父或继母结婚；二是继子女受继父母抚养教育。这两个条件必须同时具备，缺一不可，始发生拟制血亲。但继子女与继父母的近亲属之间并不因此产生亲属关系。

这类拟制血亲的消灭，原因较为复杂。其原因有：

（1）因继父母子女一方死亡而消灭。

（2）未成年的继子女因生母或生父与继父或继母离婚，其被生父或者生母一方带走，继父或继母终止抚养而消灭。根据我国现行法律政策的规定，已被继父母抚养教育成年的继子女，在其生母或生父与继父或继母离婚后，双方形成的扶养关系不消灭。

（3）协议消灭。已形成扶养关系的继父母子女、未成年继子女，经继父母与其生父母协商一致，并经有识别能力的继子女同意，改由未与子女共同生活的生父或生母一方抚养教育；已被继父母抚养成人的继子女与继父或继母达成解除继父母子女关系协议的，其形成的拟制血亲关系也归于消灭。

（4）诉讼解除。已形成扶养关系的未成年继子女，其继父或继母不愿对其继续抚养教育，要求其生母或生父领回抚养，其生父母不同意的；或继子女未与共同生活的生父或生母要求将子女领回自己抚养而继父或继母及共同生活的生母或生父不同意的；或已被继父母抚养成年的继子女，与继父母关系恶化，一方要求解除的；要求解除一方可向人民法院起诉，经诉讼程序审理，符合解除条件的，可以调解或判决解除拟制血亲关系。

三、姻亲的发生和终止

姻亲是以婚姻为中介而产生的亲属关系。男女结婚后，一方与对方的亲属及双方的亲属之间即发生姻亲关系。

姻亲关系除因一方死亡而消灭外，其余原因是否引起消灭，各国法律规定不一致。

（一）姻亲关系是否因离婚而消灭

姻亲关系是否因婚姻中介人离婚而消灭，在现代国家的法律中，有消灭主义和不消灭主义两种。

1. 消灭主义。持消灭主义的国家认为，姻亲关系是因男女结婚而产生的亲属，现既已离婚，已失去其存在的基础，因此应随婚姻中介人离婚而消灭。如《日本民法典》第728条规定："姻亲关系因离婚而终止。夫妻一方死亡，生存配偶有终止姻亲关系的意思表示的，适用前款的规定。"我国现行法律虽未作明文规定，但在法学理论上多采消灭主义。但采消灭主义国家的法律，规定禁止直系姻亲结婚的，其禁婚效力不消灭。例如，《日本民法典》第735条规定，直系姻亲间不得结婚。双方在姻亲关系依法终止后亦不得结婚。

2. 不消灭主义。采不消灭主义的国家认为，姻亲关系一般不发生重大权利义务，其法律效力仅限于禁婚效力和诉讼回避效力，因此，法律没有必要规定消灭。采不消灭主义的国家如德国、瑞士等。[①]

（二）姻亲关系是否因婚姻中介人一方死亡而消灭

姻亲关系是否因婚姻中介人一方死亡而消灭，各国法律规定也不一致。

1. 不消灭主义。我国法律规定姻亲关系不因婚姻中介人一方死亡而消灭，如丧偶的儿媳对公婆、丧偶的女婿对岳父母，无论再婚与否，如尽了主要赡养义务的，公婆或岳父母死亡后可享有继承权，为第一顺序继承人，并且不影响子女的代位继承。中世纪的寺院法亦采不消灭主义。

2. 有条件的消灭主义。婚姻中介人一方死亡后，如果生存配偶一方再婚或表示了消灭姻亲的意思，则归于消灭，如旧《日本民法典》第729条规定："夫妻一方死亡，生存配偶离其家时（即再婚），公婆与儿媳、岳父母与女婿等的姻亲关系消灭。"民国时期的"民法·亲属编"采同样主张。现行《日本民法典》第728条规定："夫妻一方死亡，生存配偶有终止姻亲关系的意思表示的，姻亲关系消灭。"

第五节　亲属关系的法律效力

我国自古以来一直重视道德人伦，法律上对亲属关系赋予法律上的效力，即产生权利义务的法律后果。法律上的效力又可分为公法上的和私法上的效力，公法上的效力包括刑法、行政法以及诉讼法上的效力，私法上的效力则主要是指在民法、婚姻法、继承法上的效力。

关于亲属关系的法律效力，世界各国的规定不尽一致。即使在同一国家，不同的部门法对亲属之间的法律效力也是从不同的角度加以规定，呈现出不同的权利义务关系。为了学习方便，以下我们按照不同部门法的规定对我国亲属关系的法律效力予以阐述。

一、亲属在婚姻家庭继承法上的效力

亲属在婚姻家庭继承法中效力最广，主要有以下几个方面：

（一）扶养效力

我国现行《婚姻法》规定，夫妻之间、父母子女间互负扶养义务，在一定条件下，祖孙之间和兄弟姐妹间也负有扶养义务。

（二）继承效力

我国《继承法》规定，被继承人的配偶、父母、子女是第一顺序法定继承人，兄弟姐妹、祖父母、外祖父母为第二顺序法定继承人，对被继承人死亡后所遗留的财产，除依法丧失继承权之外，享有继承遗产的权利。

（三）共同财产效力

我国现行《婚姻法》规定，夫妻在婚姻关系存续期间，无论双方所得或一方所得的

① 陈苇主编：《外国婚姻家庭法比较研究》，154页，北京：群众出版社，2006。

财产，除另有约定或法律另有规定外，归夫妻双方共同所有。双方都有平等的处理权。

（四）禁婚效力

基于遗传学理论和伦理道德要求，法律禁止一定范围内的近亲属结婚。我国现行《婚姻法》规定，禁止直系血亲和三代以内的旁系血亲结婚。法律拟制的直系血亲，如养父母与养子女、有扶养关系的继父母与继子女间，虽然无自然血缘联系，但基于伦理道德，也禁止结婚。在一些国家的立法中，还有禁止直系姻亲之间和一定范围内不同辈分的旁系姻亲结婚的规定。[①]

二、亲属在民法上的效力

民事法律关系，也受到许多亲属关系的影响。

（一）法定代理效力

近亲属是无民事行为能力人或限制民事行为能力人的法定代理人。我国《民法通则》规定，父母是未成年子女的法定代理人，依法行使代理权，进行民事活动，如父母代理未成年子女缔结合同、代理民事诉讼等。

（二）监护效力

我国《民法通则》规定，近亲属是未成年人和精神病人的法定监护人。根据我国《民法通则》第16、17条的规定，“未成年人的父母是未成年人的监护人。未成年人的父母已经死亡或者没有监护能力的，由下列人员中有监护能力的人担任监护人：（一）祖父母、外祖父母；（二）兄、姐；（三）关系密切的其他亲属、朋友愿意承担监护责任，经未成年人的父、母的所在单位或者未成年人住所地的居民委员会、村民委员会同意的”；“无民事行为能力或者限制民事行为能力的精神病人，由下列人员担任监护人：（一）配偶；（二）父母；（三）成年子女；（四）其他近亲属；（五）关系密切的其他亲属、朋友愿意承担监护责任，经精神病人的所在单位或者住所地的居民委员会、村民委员会同意的”。监护人依法行使监护权，保护被监护人的人身、财产及其他合法权益。被监护人的人身、财产及其他民事权益受到侵害时，监护人有要求加害人停止侵害、赔礼道歉、赔偿损失、恢复原状的权利。可以被监护人的名义向人民法院起诉。当被监护人对国家、集体和他人的人身或财产造成损害时，监护人应承担一定的赔偿财产损失的民事责任。被监护人有财产的，从其财产中支付赔偿费用，不足部分，由监护人承担。

（三）对失踪人、精神病人申请宣告效力

对下落不明达到法律规定期限的人，其近亲属可以向人民法院申请宣告失踪、宣告死亡。对精神病人申请宣告无民事行为能力或限制民事行为能力。当失踪人生还或有生存信息时，本人或近亲属可以向人民法院申请撤销失踪宣告或死亡宣告判决。当被宣告为无民事行为能力的精神病人，已经治愈，具有民事行为能力时，本人或其近亲属可以向人民法院申请撤销其无民事行为能力或限制行为能力的判决。

三、亲属在刑法上的效力

我国刑法中某行为是否构成犯罪，或虽属犯罪，是否必须给予刑罚处罚，与亲属有一

---

① 陈苇主编：《外国婚姻家庭法比较研究》，154页，北京：群众出版社，2006。

定的关系。

（一）犯罪构成效力

我国刑法规定的妨害婚姻家庭罪中的虐待罪、遗弃罪、暴力干涉婚姻自由罪，加害人与被害人必须是家庭成员或有扶养义务的亲属关系才能成立。

（二）告诉效力

我国现行《刑法》第98条规定："本法所称告诉才处理，是指被害人告诉才处理。如果被害人因受强制、威吓无法告诉的，人民检察院和被害人的近亲属也可以告诉。"

不过我国刑法并没有因为罪犯与受害人之间的亲属关系而加重或者减轻刑罚的规定，其他国家则有相关规定。例如，《法国刑法》特别规定，盗窃尊、卑直系亲属和配偶（分居除外）之财物者，不得引起刑事追究；但凡是针对合法直系尊亲属或养父母或者配偶的故意杀害生命罪、故意伤害身体罪和暴力罪的，要加重处罚。德国、意大利以及日本等国家也有相关规定。①

四、亲属在诉讼法上的效力

在刑事诉讼、民事诉讼、行政诉讼中，亲属都会发生一定的效力。

（一）回避效力

在上述三大诉讼中，审判人员、检察人员、侦查人员、书记员、鉴定人和勘验人员如果是本案的当事人或是当事人的近亲属，或者本人或近亲属与本案有直接利害关系，上述人员应自行回避。如果不回避，诉讼当事人可以申请他们回避。申请回避有异议的，应由审判委员会、检察委员会、院长或审判长决定，以裁定形式决定是否回避。

（二）上诉、申诉、刑事自诉效力

第一审人民法院作出的判决、裁定，当事人的近亲属经当事人同意可以提出上诉，对已经发生法律效力的判决、裁定不服的，可以提出申诉。自诉案件中被害人死亡或者丧失行为能力的，被害人的法定代理人、近亲属有权向人民法院起诉。

（三）申请执行效力

民事案件和刑事附带民事案件，行政案件的判决、裁定及调解协议中涉及财产内容的，义务人到期不履行义务，近亲属可以申请强制执行。在强制执行时，应当保留被执行人及其供养亲属的生活费用及必要的财产。

（四）和解效力

我国现行《刑事诉讼法》第206条规定，近亲属之间的虐待、遗弃等自诉案件，虽然情节严重已构成犯罪（除被害人重伤或死亡外），但自诉人在宣告判决前，仍可以同被告人自行和解或者撤回自诉。

五、亲属在国籍法上的效力

公民国籍的取得、丧失和恢复与亲属关系直接相关。根据我国《国籍法》的规定，父母双方或一方为中国公民，本人出生在中国，具有中国国籍。外国人或无国籍人，愿意

---

① 张华贵：《中外亲属关系法律效力比较研究——兼论我国亲属关系法律效力的完善》，载《西南民族大学学报》（人文社科版），2004（12）。

遵守中国宪法和法律，且是中国人的近亲属的，可以经申请批准加入中国国籍。中国公民是外国人的近亲属的，经申请批准可以退出中国国籍。

此外，亲属在劳动法、行政法等法律部门，也会产生一定的效力。

【导入案例要点评析】

本案涉及的是判断要求结婚的当事人是否为法律所禁止结婚的亲属关系的问题。我国现行《婚姻法》第7条规定，“直系血亲和三代以内的旁系血亲”禁止结婚。在本案中，申请结婚的双方当事人刘芳与黄林刚之间属于第四代的旁系血亲关系，故不存在禁止结婚的法定情形，可以结婚。首先，刘芳与黄林刚不属于直系血亲关系。所谓直系血亲是指与己身具有直接血缘联系的亲属，包括生育自己的各代血亲和自己所生育的后代。本案中，黄欣与黄云是出自同一祖父母的堂兄弟姐妹关系，属于旁系血亲，各自的子女当然也属于旁系血亲。其次，刘芳与黄林刚的同源直系血亲是曾祖父母，从黄林刚往上数，己身为一代，数至曾祖父母，其代数是四代，再从曾祖父母下数，曾祖父母为一代，数至刘芳为四代，两边的代数相等，因此，刘芳与黄林刚是属于第四代的旁系血亲，他们之间不存在我国现行《婚姻法》禁止结婚的近亲属关系。

【思考题】

一、单项选择题

1. 甲被宣告死亡后，其妻乙改嫁于丙，其后丙死亡。1年后乙确知甲仍然在世，遂向法院申请撤销对甲的死亡宣告。依我国法律，该死亡宣告撤销后，甲与乙原有的婚姻关系如何？（ ）（2003年国家司法考试试题）

A. 自行恢复　　B. 不得自行恢复

C. 经乙同意后恢复　　D. 经甲同意后恢复

2. 按照寺院法的亲等计算方法，己身与叔叔是属于（ ）

A. 一亲等的旁系血亲　　B. 二亲等的旁系血亲

C. 三亲等的旁系血亲　　D. 四亲等的旁系血亲

二、多项选择题

1. 下列亲属中属于自然血亲的是（ ）

A. 祖父母　　B. 同父异母的兄弟　　C. 父亲与未认领的非婚生子女

D. 侄子女　　E. 同父同母的姐妹

2. 我国婚姻法禁止结婚的三代以内的旁系血亲包括（ ）

A. 全血缘和半血缘的兄弟姐妹　　B. 堂兄弟姐妹

C. 表兄弟姐妹　　D. 伯、叔、姑与侄子女　　E. 舅、姨与外甥子女

三、判断分析题

1. 凡是亲属之间都有血缘联系。

2. 女婿与岳父母互为血亲的配偶。

四、简答题

1. 简述亲属的概念与特征。

2. 简述血亲关系发生和消灭的原因。

3. 简述亲等的概念及其计算方法的种类。

五、论述题

1. 论我国“代”数的计算方法及其不足。

2. 试论罗马法的亲等计算方法与寺院法的亲等计算方法的异同点。

六、案件分析题

参见陈苇主编：《婚姻家庭继承法学案例教程》（第三版）（北京：群众出版社，2017年版）第二单元亲属关系案例。

【阅读参考文献】

1. 巫昌祯：《我与婚姻法》，法律出版社，2001 年版。

2. 李忠芳：《两性法律的源与流》，群众出版社，2002 年版。

3. 马忆南：《婚姻家庭法新论》，北京大学出版社，2002 年版。

4. 金眉：《中国亲属法的近现代转型——从〈大清民律草案·亲属编〉到〈中华人民共和国婚姻法〉》，法律出版社，2010 年版。

5. 曹贤信：《亲属法的伦理性及其限度研究》，群众出版社，2012 年版。

6. 李洪祥：《我国民法典立法之亲属法体系研究》，中国法制出版社，2014 年版。

第三章 婚姻法的基本原则

本章学习重点提示：
婚姻自由原则；一夫一妻制原则；禁止家庭暴力的法律措施。

【导入案例】

郑某与倪某经人介绍相识3个月就于2011年2月14日登记结婚。婚后两人因生活琐事多次发生矛盾。在郑某与倪某共同生活期间，倪某经常击打一个用白布包裹的篮球，上面写着“我要打死郑某”的字句。2015年12月23日，郑某与倪某因家庭琐事发生争执，后倪某将郑某殴打致轻微伤。2016年3月14日，郑某向法院提起离婚诉讼，请求法院判决准予离婚，夫妻共同财产依法分割，倪某赔偿郑某离婚损害赔偿人民币3万元。

请问：倪某的行为是否构成家庭暴力？

婚姻家庭法的基本原则是婚姻家庭立法的指导思想，是制定婚姻家庭法和政策的依据，决定着婚姻家庭立法的性质和内容，也是解释和适用婚姻法的依据。[①]我国有学者指出：“在同一国家内，有关婚姻家庭的立法必须与其基本原则相一致，具体规定应当体现基本原则的立法理念与价值取向。”[②]我国现行《婚姻法》第2条规定：“实行婚姻自由、一夫一妻、男女平等的婚姻制度。保护妇女、儿童和老人的合法权益。实行计划生育。”这是我国婚姻法规定的五项基本原则。为了保障这些基本原则的贯彻实施，我国现行《婚姻法》第3条特别作出规定：“禁止包办、买卖婚姻和其他干涉婚姻自由的行为。禁止借婚姻索取财物。禁止重婚。禁止有配偶者与他人同居。禁止家庭暴力。禁止家庭成员间的虐待和遗弃。”并且明确规定了对实施家庭暴力、虐待、遗弃家庭成员等的救助措施和法律责任。

第一节　婚姻自由原则

婚姻自由是近现代婚姻家庭立法努力推进的一项基本原则，以人格的独立、平等、自

① 主编注：关于我国改革开放三十年婚姻家庭法基本原则研究的主要学术观点，参见陈苇、马钰凤：《改革开放三十年中国婚姻家庭法基础理论研究之回顾与展望》，载陈苇项目负责人：《改革开放三十年（1978~2008）中国婚姻家庭继承法研究之回顾与展望》，78-82页，北京：中国政法大学出版社，2010。

② 参见夏吟兰主编：《民法学卷五·婚姻家庭继承法》，49页，北京：中国政法大学出版社，2009。

由、尊严为基础。① 它是我国宪法赋予当事人的一项基本权利，也是我国婚姻法的一个重要原则，该原则对于建立和巩固以爱情为基础的婚姻关系，保障当事人的合法权益，具有十分重要的作用。

一、婚姻自由的概念和内容

（一）婚姻自由的概念和特征

所谓婚姻自由是指公民有权按照法律的规定，决定自己的婚姻问题，不受任何限制和干涉。婚姻自由具有以下两个特征：

1. 婚姻自由是法律赋予公民的一项人身权利。我国现行《宪法》第 49 条第 4 款规定，“禁止破坏婚姻自由”。我国现行《婚姻法》第 2 条规定，“实行婚姻自由”。第 3 条规定，“禁止包办婚姻、买卖婚姻和其他干涉婚姻自由的行为”。第 5 条规定，“结婚必须男女双方完全自愿”。可见，婚姻自由是法律赋予当事人的一种人身权利，并受法律的保护。当事人有权决定自己婚姻的问题，不受任何强迫、限制和干涉。任何第三者，包括当事人的父母在内，都不能侵犯这种权利，婚姻关系当事人的一方也无权对他方加以强制。

2. 婚姻自由要受法律的约束。婚姻自由与公民的其他权利一样，不是绝对的、无限制的，而是相对的。行使婚姻自由权，必须在法律许可的范围内。我国现行《婚姻法》规定了结婚、离婚的条件与程序，缔结和解除婚姻关系必须依照法律的规定进行，否则就是违法行为，不会受到法律的保护。因此，婚姻自由权不可滥用。当事人在行使婚姻自由的权利时，要受法律的约束，必须在不违反法律的前提下，正确地行使权利。

（二）婚姻自由的内容

婚姻自由包括结婚自由和离婚自由两个方面的内容，两者相辅相成，共同构成婚姻自由的完整内容。

1. 结婚自由。所谓结婚自由，是指当事人有权依照法律的规定，自主自愿地缔结婚姻关系，不受任何人的强制和干涉。我国现行《婚姻法》第 5 条规定：“结婚必须男女双方完全自愿，不许任何一方对他方加以强迫或任何第三者加以干涉。”这一规定是结婚自由的法律保证。只有实行结婚自由，把当事人是否结婚、与谁结婚的决定权完全交给当事人本人，才能保障其按照自己的意愿选择满意的结婚对象，组成幸福美满的家庭。

2. 离婚自由。所谓离婚自由，是指夫妻双方或一方依照法律规定的条件和程序，有权提出解除夫妻关系的请求。婚姻的成立和维系都应该以感情为基础，当双方感情确已破裂，无法继续维持婚姻关系的时候，解除婚姻关系对双方、对社会都是一件幸事。实行离婚自由，能使那些夫妻感情已经破裂，无法在一起共同生活的夫妻，可以通过法律规定的途径解除现有的婚姻关系。

3. 结婚自由与离婚自由的关系。结婚自由和离婚自由共同构成婚姻自由的完整内涵，两者是相辅相成、互为补充的。结婚自由是基础，离婚自由是补充。结婚自由是普遍的行

---

① 主编注：有学者认为，近现代的西风东渐，使国人开始认真思考人格的独立平等与婚姻自由的关系，并提出了婚姻自主，反对强迫包办婚姻的主张。清末民初，进步人士开始主张恋爱自由、婚姻自由，并以实际行动践履婚姻自由，进而使婚姻自由为社会理解和认同。及至 20 世纪 30 年代，婚姻自由开始纳入红色根据地的婚姻立法。参见陈苇项目负责人：《改革开放三十年（1978~2008）中国婚姻家庭继承法研究之回顾与展望》，42 页，北京：中国政法大学出版社，2010。

为，是婚姻自由的主要方面，离婚自由只是少数夫妻不得已而选择的行为，是婚姻自由的次要方面，是结婚自由的必要补充。没有离婚自由，就不可能有完全的结婚自由。但是离婚自由权利的行使不能只凭当事人的主观愿望，处理离婚问题时，应有对社会和家庭的责任感，在对子女和财产作出妥善的处理后方可离婚。我国现行《婚姻法》对结婚、离婚的条件和程序的规定，体现了法律在对待婚姻问题上的自由和约束的统一。

二、保障婚姻自由原则实施的禁止性规定

为了保障婚姻自由原则的贯彻实施，我国现行《婚姻法》第 3 条第 1 款规定："禁止包办、买卖婚姻和其他干涉婚姻自由的行为。禁止借婚姻索取财物。"

（一）禁止包办、买卖婚姻和其他干涉婚姻自由的行为

1. 禁止包办婚姻。所谓包办婚姻，是指包括父母在内的第三者，违背婚姻自由原则，在当事人一方或者双方不愿意结婚的情况下，强迫其缔结的婚姻。包办婚姻的表现形式多样，大多数是父母为子女直接选择结婚对象，在当事人双方或一方不同意时，就采取强制手段，强迫结婚；其他的形式有换亲、订小亲等。包办婚姻的特征主要有三个方面，一是实施包办强迫的行为主体是婚姻当事人以外的第三者；二是婚姻的缔结违背当事人双方或者一方的意愿；三是采取强制手段，强迫当事人结婚。

2. 禁止买卖婚姻。所谓买卖婚姻，是指包括父母在内的第三者以索取大量财物为目的，违背男女双方或一方意愿，包办强迫他人缔结婚姻的行为。其表现形式通常是父母违背女儿的意愿将女儿公开出卖或以要彩礼、辛苦费、养育费等为名向男方或其家属索要高额聘金、聘礼。在我国现实生活中，还有妇女被拐卖而形成的买卖婚姻。买卖婚姻的特征有四：一是索取财物、包办强迫当事人缔结婚姻的行为主体是婚姻当事人以外的第三者；二是违背当事人双方或者一方的意愿；三是采取强制手段，强迫当事人结婚；四是强迫他人缔结婚姻的目的是获取大量财物。

包办婚姻与买卖婚姻既有联系又有区别，两者的共同点有三：一是都违背当事人双方或者一方的意愿；二是都采取强制手段强迫当事人结婚；三是包办强迫的行为主体是婚姻当事人以外的第三者。两者的区别在于，第三者是否以索取大量财物为目的。买卖婚姻以索取大量的财物为目的，而包办婚姻无此特征。包办婚姻仅仅是包办强迫当事人结婚，而不索取财物。

3. 禁止其他干涉婚姻自由的行为。所谓其他干涉婚姻自由的行为是指除包办、买卖婚姻以外的其他违反婚姻自由原则，阻挠、干涉他人行使婚姻自由权的行为。其表现形式主要是父母干涉子女结婚、子女干涉父母再婚、亲属干涉寡妇再婚、干涉非近血亲的同姓男女结婚及干涉他人离婚或复婚等。针对现实生活常见的子女干涉父母再婚的情况，我国现行《婚姻法》第 30 条明确规定，"子女应当尊重父母的婚姻权利"。

4. 对包办婚姻、买卖婚姻及其他干涉婚姻自由的处理。包办、买卖婚姻和其他干涉婚姻自由的行为，都是第三者侵犯当事人的婚姻自主权的违法行为。有关部门和人民法院对这些行为都应依法进行处理，以保护受害人的合法权益。

（1）对第三者的处理。对于父母、近亲属的一般包办、买卖、干涉婚姻自由的行为，可由有关单位给予批评教育或行政处分，如对受害人使用打骂、捆绑、限制人身自由等暴力行为，强迫受害人结婚而构成犯罪的，或拐卖妇女、收买被拐卖妇女的，强迫其结婚

的，应当依据现行《刑法》的有关规定追究刑事责任。①

（2）对婚姻关系的处理。如果当事人共同生活的时间不长或者共同生活的时间虽然较长但确实没有建立起感情的，一方起诉离婚，调解无效的，应准予离婚。②

（3）对财物的处理。凡因包办买卖婚姻的第三者索取的财物，由人民法院依法收缴，上交国家。③ 包办买卖婚姻的当事人在同居期间所得的财产，在离婚时，由双方协议处理，协议不成时，由人民法院根据照顾无过错方的原则判决。

（4）注意划清几个界限。一是要划清包办婚姻与父母主持、经人介绍、本人同意的界限。前者是违法行为，违背婚姻自由原则，强迫当事人结婚；后者是合法行为，符合婚姻自由原则，虽然是父母主持，但是经过双方认识了解，自愿结婚的。二是划清一般干涉婚姻自由和以暴力干涉婚姻自由的界限。虽然两者都是干涉他人的婚姻自由，但前者是一般违法行为，后者是犯罪行为。

（二）禁止借婚姻索取财物

1. 借婚姻索取财物的概念。借婚姻索取财物是指婚姻当事人一方向对方索要一定的财物作为同意结婚的先决条件的行为。借婚姻索取财物是对婚姻权利的滥用，违背婚姻自由原则。在选择结婚对象时，人们可以适当考虑对方的经济条件，如果以索取财物作为结婚的先决条件，会对婚后的家庭幸福生活产生不良影响，因此，我国现行《婚姻法》明确禁止这种行为。

2. 对借婚姻索取财物行为的处理。

（1）对婚姻关系的处理。如果在结婚后，一方要求离婚的，应按自主婚姻处理，经人民法院调解无效时，应按我国现行《婚姻法》第 32 条规定的原则判决是否准予离婚。

（2）对财物的处理。离婚时，婚前一方向对方索要的财物，按最高人民法院司法解释的规定处理。即“借婚姻关系索取的财物。离婚时，如结婚时间不长，或因索要财物造成对方生活困难的，可酌情返还。对取得财物的性质是索取还是赠与难以认定的，可按赠与处理”。④

3. 借婚姻索取财物与几个相关概念的区别。

（1）借婚姻索取财物与买卖婚姻的区别。两者的区别主要有两个方面：一是索要财物的主体不同。借婚姻索取财物一般是婚姻当事人一方索要并归其所有，有时也存在当事人一方的父母向对方索要财物的情况。买卖婚姻都是婚姻当事人以外的第三者索要。二是婚姻关系性质不同。借婚姻索取财物，婚姻当事人双方是自由恋爱、自愿结婚的，无包办强迫行为，属于自主婚姻性质。买卖婚姻中的婚姻当事人一方或双方不愿结婚，由第三者强迫其缔结婚姻关系，属于违法婚姻性质。

（2）借婚姻索要财物与赠与财物的区别。两者的区别主要有两个方面：一是条件不同。借婚姻索要财物是将给付财物作为结婚的先决条件，如对方不给付，则不与之结婚，给付一方是被迫进行给付行为。赠与财物的赠与方是一种主动、自愿行为。二是行为不同。借婚姻索取财物是索要财物一方的单方行为，不存在双方相互索要。赠与财物是双方

① 我国现行《刑法》第 240、241、257 条。

② 1989 年《认定夫妻感情确已破裂的意见》第 6 条。

③ 1984 年《执行民事政策法律的意见》第二部分“离婚时财产的处理问题”（17）。

④ 1993 年《离婚财产分割意见》第 19 条。

为了增强感情联系的双方行为，通常存在互相赠与。

（3）借婚姻索取财物与索要婚后生活用品的区别。两者的区别在于索要财物的归属不同。借婚姻索取的财物是归索要一方所有，作为其婚前财产。索要婚后生活用品通常是女方不顾男方的经济能力要求婚前购置高档婚后用品，如家电、家具、房屋等供婚后双方共同使用，其所有权归购置一方所有。

（4）借婚姻索取财物与以婚骗财的区别。两者的区别在于是否愿意与对方结婚。借婚姻索取财物的当事人有自愿与对方结婚的目的，一旦财物得到满足，便与对方结婚，共同生活。以婚骗财通常是妇女以同意结婚为名，行诈骗对方财物之实，一旦得到财物便逃离。以婚骗财是一种诈骗行为，如果数额较大的，应按诈骗罪追究其刑事责任。

第二节　一夫一妻制原则

一夫一妻制原则是我国现行《婚姻法》的基本原则之一，这一原则对于保障男女平等，保护妇女、儿童的合法权益有重要的意义。

一、一夫一妻制概述

（一）一夫一妻制的概念

一夫一妻制是指一男一女结为夫妻的婚姻制度。这一婚姻制度要求任何人均不得同时有两个或两个以上的配偶；禁止一夫多妻或一妻多夫的结合；已婚男女在婚姻终止（配偶死亡或离婚）以前不得再行结婚；一切公开的或隐蔽的一夫多妻或一妻多夫的两性关系都是非法的。

（二）实行一夫一妻制的必要性

在人类社会，婚姻家庭的发展经过了从群婚制到对偶婚，再从对偶婚到一夫一妻制的发展变化过程。① 一夫一妻制的出现，是历史发展的普遍规律，是迄今为止最文明、最进步的婚姻制度。我国实行一夫一妻制的必要性表现在：

1. 一夫一妻制是婚姻关系本质的必然要求。婚姻的缔结应当以感情为基础，感情的专一性与排他性决定必须实行一夫一妻制。爱情的专一性和排他性，决定了爱情不容许第三人分享和介入。多偶制会带来家庭内部的纷争，破坏家庭的团结。只有严格地实行一夫一妻制，才能使夫妻感情专一、持久，真诚相爱，同心协力抚育子女，承担家庭和社会的责任。

2. 一夫一妻制是保障当事人建立婚姻家庭的必要条件。为了给每个成年人寻求配偶结婚提供均等的机会，以保证其都能建立婚姻家庭，必须实行一夫一妻制。实行多偶制，

---

① 关于婚姻家庭形态发展的历史变化，参见胡平主编：《婚姻家庭继承法论》，14-25页，重庆：重庆大学出版社，2000。

必然会使一部分人成年后无法寻找伴侣而被迫独身，也可能会导致两性冲突和违法犯罪的发生。[①]

3. 一夫一妻制是彻底实现男女平等的重要条件。在私有制的社会中，男女两性的地位是不平等的。例如，中国古代实行的一夫一妻多妾制即为男尊女卑的一个重要体现。我国将男女平等作为基本国策，提倡男女两性在政治、经济、文化及婚姻家庭等各个方面都是平等的。只有实行一夫一妻制，才能提高妇女的地位，保护妇女的权益，实现妇女的彻底解放。

4. 一夫一妻制是婚姻道德的必然要求。夫妻和睦相处、感情专一、恪守贞操是中华民族的传统美德。社会主义婚姻道德和法律也要求人们忠实于夫妻感情。任何公开的或隐蔽的一夫多妻或一妻多夫，以及有配偶者与他人同居、通奸等违法或破坏婚姻道德的行为，历来受到人民群众的谴责。

5. 有利于未成年人的健康成长。一夫多妻或者一妻多夫会使婚姻家庭处于错综复杂的矛盾之中，家庭成员之间的利害冲突、矛盾尖锐，尤其是父母之间的矛盾，会养成子女的冷漠与仇视，不利于其融入社会，处理与他人之间的关系。

二、保障一夫一妻制原则实施的禁止性规定

（一）禁止重婚

1. 重婚的概念。重婚是指有配偶者又与他人缔结婚姻关系，即重婚是建立了前后两个婚姻关系。如果有配偶者与他人形成同居关系的，则不构成重婚。

重婚具有以下特征：一是当事人一方或者双方为有配偶者。所谓有配偶是指男人有妻、女人有夫，且这种夫妻关系被法律承认。在重婚的婚姻关系中，当事人一方或者双方是已经建立了婚姻关系的人。这里的已经建立婚姻关系是指到民政部门办理了结婚登记，取得结婚证或是已经建立了法律认可的事实婚姻关系。我国 2001 年《婚姻法解释（一）》明确规定，事实婚姻是指 1994 年 2 月 1 日前没有办理结婚登记而以夫妻名义同居生活，并且双方在 1994 年 2 月 1 日前均已符合法定结婚实质要件的男女两性结合。[②] 二是行为上实施了违反一夫一妻制的行为。在前婚未解除的情况下，又与他人缔结婚姻关

---

① 主编注：我国有学者认为，人口自身的持续发展需要维持住人口生态的平衡关系……人口的性别以及年龄构成要符合人口自身持续发展的内在要求。就出生人口性别比来说，根据历史的经验，一般要保持在 100：103—100：107 之间，就是每出生 100 个女婴，对应的男婴应该大致是 103 个到 107 个之间。人口安全概念的提出，实际上触及的就是带有根本性意义的人口生态的平衡问题……根据国家人口计生委提供的数据，到 2020 年前后，中国可婚男性人口可能过剩 2400 万左右。这说明从 20 世纪 80 年代中期以来，出生婴儿性别比持续、普遍的升高和偏高趋势已经产生了人口生态的赤字，致使在现有的夫妻婚龄差的文化模式下，女性可婚人口短缺。一些男性的婚姻权利的实现将受到限制甚至剥夺，这是一个面积广大的人道主义灾难。“人口生态失衡”已构成问题，问题的严重性完全可能超过目前的预计。因为理性的预测只能根据现成的有限经验来推断，2000 万以上男性可婚过剩人口是以前从来没有遇到过的严峻问题。参见穆光宗：《矫正出生人口性别比偏高问题的舆论导向》，载 http://www.china.com.cn/ch inese/zhuanti/xxsb/1272314.htm，访问日期：2016 年 10 月 15 日。

② 《婚姻法解释（一）》第 5 条：“未按婚姻法第八条规定办理结婚登记而以夫妻名义共同生活的男女，起诉到人民法院要求离婚的，应当区别对待：（一）1994 年 2 月 1 日民政部《婚姻登记管理条例》公布实施以前，男女双方已经符合结婚实质要件的，按事实婚姻处理。（二）1994 年 2 月 1 日民政部《婚姻登记管理条例》公布实施以后，男女双方符合结婚实质要件的，人民法院应当告知其在案件受理前补办结婚登记；未补办结婚登记的，按解除同居关系处理。”

系。构成重婚有两种情形：一种情形是前婚为登记婚、后婚亦为登记婚。即前后两个婚姻关系都是去民政部门办理了结婚登记，取得结婚证的。另一种情形是前婚为事实婚、后婚为登记婚。即前婚符合《婚姻法解释（一）》第5条所指的具有婚姻效力的事实婚姻关系，在没有解除的情况下再去与他人办理结婚登记，取得结婚证。

必须说明，我国最高人民法院法复〔1994〕10号批复[①]中明确规定，1994年2月1日民政部“《婚姻登记管理条例》发布施行后，有配偶的人与他人以夫妻名义同居生活的，或者明知他人有配偶而与之以夫妻名义同居生活的，仍应按重婚罪定罪处罚”。根据该批复，司法实践中一直将重婚分为法律上的重婚和事实上的重婚。所谓法律上的重婚，是指有配偶者又与他人办理结婚登记。因为我国对婚姻的成立采取的是单一的登记制，对法律上的重婚的认定，关键在于看其是否办理了结婚登记。在当事人一方或双方已有配偶的情况下，只要两人去办理了结婚登记，无论其是否同居、是否公开举行婚礼，都构成法律上的重婚。所谓事实上的重婚，是指前婚未解除的情况下，又与他人以夫妻名义同居生活。判断是否“以夫妻名义共同生活”，主要是看其是否以夫妻名义申报户口、是否公开举行婚礼、是否以夫妻名义去探亲访友、是否以夫妻名义外出旅游等。在法律责任上，不论是法律上的重婚，还是事实上的重婚，两者都承担同样的法律后果，即在法律责任上无轻重之分。但是，必须注意，2013年1月14日最高人民法院发布《关于废止1980年1月1日至1997年6月30日期间发布的部分司法解释和司法解释性质文件（第九批）的决定》（法释〔2013〕2号，2012年11月19日最高人民法院审判委员会第1560次会议通过，2013年1月18日起施行），将上述批复废止。[②] 其废除的理由是《婚姻登记管理条例》已经被废止，刑法对重婚罪已有明确规定。由于该1994年批复的废止，现在处理事实重婚罪已经于法无据。即自2013年1月18日起对于形成事实上重婚的认定，已经没有法律依据。

2. 重婚的法律后果。根据我国现行《婚姻法》及《刑法》的有关规定，重婚行为将产生以下法律后果：

（1）重婚的民事后果。主要有三个方面，第一，重婚行为所形成的婚姻关系不具有婚姻的效力。在我国无效婚姻制度中，重婚是婚姻无效的法定原因。第二，一方的重婚行为是认定夫妻感情破裂的法定情形之一。第三，一方的重婚行为是无过错方要求离婚损害赔偿的法定理由之一。

（2）重婚的刑事责任。我国现行《刑法》第258条明确规定：“有配偶而重婚的，或者明知他人有配偶而与之结婚的，处二年以下有期徒刑或者拘役。”第259条第1款规定：“明知是现役军人的配偶而与之同居或者结婚的，处三年以下有期徒刑或者拘役。”但与有配偶者结婚或者同居的一方，如果其主观上不知道对方有配偶，不追究其刑事责任。对破坏军婚的则要加重处罚。

---

① 《最高人民法院关于〈婚姻登记管理条例〉施行后发生的以夫妻名义非法同居的重婚案件是否以重婚罪定罪处罚的批复》（法复〔1994〕10号），1994年12月14日。

② 最高人民法院官网：《最高人民法院关于废止1980年1月1日至1997年6月30日期间发布的部分司法解释和司法解释性质文件（第九批）的决定》，载 http://www.court.gov.cn/fabu-xiangqing-5030.html，访问日期：2016年10月15日。

3. 处理重婚应注意的几个问题。

（1）对因历史原因或特殊原因形成的重婚，要从实际出发，考虑重婚形成的原因、情节和后果，分别情况，区别对待。第一，1950年5月1日以前形成的重婚。“由于是不合理的婚姻制度所造成的，因此，我们一般是不加干涉的。”① 即当事人相安无事的，法律不予追究；如果当事人提出离婚要求，应准予离婚。第二，1981年以前西藏地区的重婚。对1981年《西藏自治区施行〈中华人民共和国婚姻法〉的变通条例》施行前形成的一夫多妻或一妻多夫关系，凡不主动提出解除婚姻关系者，准予维持。第三，涉台婚姻中的重婚。1949年中华人民共和国成立以后到1981年以前，由于客观原因有夫妻关系的台湾同胞与大陆的配偶无法通信，婚姻关系发生了变化。有的单方在我国台湾地区或者在大陆再婚，在对待这种因为历史原因而造成的重婚时，要灵活掌握政策。一般情况下，不论在台一方或大陆一方再婚，均不以重婚论处。当事人不告诉的，人民法院不主动干预。如果其中一方当事人提出与其配偶离婚的，人民法院应依照现行《婚姻法》的有关规定处理。② 第四，当事人因特殊的客观原因而形成的重婚，不以重婚论处。比如因反抗包办、买卖婚姻等原因而外出与他人重婚的，一贯受虐待者离婚不成外出与他人重婚的，因遭受自然灾害等原因外出与他人重婚的，因被拐卖而与他人重婚等，一般不以重婚罪论处。

（2）重婚罪不属于现行《刑法》规定的告诉才处理的案件。对重婚罪的追究一般应由检察机关提起公诉。如果人民检察院没有提起公诉，受害人在掌握重婚行为证据或证据线索的情况下，也可以直接向人民法院提起重婚案件的刑事自诉。③

（二）禁止有配偶者与他人同居

1. 有配偶者与他人同居的概念和特征。对于有配偶者与他人同居，《婚姻法解释（一）》第2条明确规定，“‘有配偶者与他人同居’的情形，是指有配偶者与婚外异性，不以夫妻名义，持续、稳定地共同居住”。

有配偶者与他人同居的特征主要有以下几点：第一，行为主体，至少有一方为有配偶者。第二，同居的对象是婚外异性，不能是同性。第三，同居者相互间不以夫妻名义相称或以夫妻名义相称。④ 第四，双方当事人持续、稳定地共同居住生活，即共同生活且有持续性和稳定性。

2. 对有配偶者与他人同居的处理。有配偶者与他人同居是破坏一夫一妻制的行为，它不仅败坏社会道德风尚，导致家庭破裂，而且容易激化矛盾，导致家庭暴力，甚至引起

---

① 最高人民法院1952年《婚姻法施行以前重婚的处理原则的规定》。

② 参见1988年8月9日最高人民法院副院长马原：《关于人民法院处理涉台民事案件的几个法律问题》，载《中华人民共和国最高人民法院公报》，1988。

③ 2012年《刑事诉讼法解释》第1条：“人民法院直接受理的自诉案件包括……（二）人民检察院没有提起公诉，被害人有证据证明的轻微刑事案件……4. 重婚案（刑法第二百五十八条规定的）……本项规定的案件，被害人直接向人民法院起诉的，人民法院应当依法受理。对其中证据不足、可以由公安机关受理的，或者认为对被告人可能判处三年有期徒刑以上刑罚的，应当告知被害人向公安机关报案，或者移送公安机关立案侦查……”

④ 《婚姻法解释（一）》颁布于2001年12月，最高人民法院法复〔1994〕10号批复尚未被废止，故《婚姻法解释（一）》将“有配偶者与他人同居”限定在“不以夫妻名义”的范围内。但自2013年1月18日起施行《最高人民法院关于废止1980年1月1日至1997年6月30日期间发布的部分司法解释和司法解释性质文件（第九批）的决定》（其中包括法复〔1994〕10号批复）以来，在此日期后有配偶者与他人以夫妻名义的同居就不应被排除在“有配偶者与他人同居”之外了。

伤害、自杀、杀人等严重刑事犯罪的发生，从而影响社会安定。因此，现行《婚姻法》明确规定禁止有配偶者与他人同居。

（1）刑事处罚。我国现行《刑法》第259条第2款规定，凡与现役军人配偶同居的，按破坏军人婚姻罪处三年以下有期徒刑或者拘役。

（2）民事后果。依现行《婚姻法》规定，有配偶者与他人同居是离婚的法定理由之一，也是离婚损害赔偿的法定理由之一。《婚姻法解释（二）》第1条规定："当事人起诉请求解除同居关系的，人民法院不予受理。但当事人请求解除的同居关系，属于婚姻法第三条、第三十二条、第四十六条规定的'有配偶者与他人同居'的，人民法院应当受理并依法予以解除。当事人因同居期间财产分割或者子女抚养纠纷提起诉讼的，人民法院应当受理。"

第三节　男女平等原则

男女平等原则是我国婚姻法规定的基本原则之一。贯彻执行这一原则，对于保护妇女合法权益，有着十分重要的意义。

一、男女平等原则概述

（一）男女平等的概念

男女平等，从概念上说，有广义和狭义之分。广义的男女平等是指男女两性在政治、经济、文化、社会生活及婚姻家庭等各方面平等地享有权利和承担义务。狭义的男女平等，仅仅是指男女两性在婚姻家庭领域平等地享有权利和承担义务。我国婚姻法中的男女平等即属于狭义的男女平等，它贯穿于整个婚姻家庭领域，既表现在婚姻家庭方面，又表现在人身关系方面和财产关系方面上的平等。

（二）男女平等的内容

1. 夫妻在家庭中地位平等。我国现行《婚姻法》第13条规定："夫妻在家庭中地位平等。"这是我国婚姻法对夫妻地位所作的原则性规定，即夫妻在人身关系和财产关系两个方面的权利与义务都是平等的。

2. 不同性别的家庭成员在家庭中平等地享有权利和承担义务。在我国家庭中，除夫妻外，还有父母与子女，祖父母、外祖父母与孙子女、外孙子女、兄弟姐妹关系。在这些亲属中，无论当事人为男性或女性都平等地享有权利和承担义务。

（三）男女平等的起源与发展

男女两性在婚姻家庭中的地位，是平等关系还是尊卑主从关系，归根结底取决于一定的社会制度。在原始社会，原始公有制经济决定了男女两性是一种朴素的平等关系。进入阶级社会后，在奴隶社会和封建社会，私有制经济决定了男子掌握家长权力，实行公开的男尊女卑、夫权统治，男女两性在家庭中无任何平等可言。

在与封建统治者斗争的过程中，资产阶级提出了男女平等的主张，并在夺取政权后，将男女平等作为一项法律原则写入了法典，并规定了不少反映男女平等的条文。例如，

1804年《法国民法典》规定："夫妻互负忠实、帮助、救援的义务。"① 离婚后"子女不问其托付于何人监护，父母均保有对于子女抚养与教育的监督权。"② 但在早期资本主义国家里，妇女的权利还没有完全与男子平等。这在早期资本主义亲属法中表现十分突出。例如，1804年《法国民法典》规定："夫应保护其妻，妻应顺从其夫。""父母婚姻关系存续中，亲权由父单独行使。"③ 这些规定，将已婚妇女在家庭中的人身权、财产权、对子女的监护权、住所决定权等大部分权利剥夺殆尽。随着妇女运动的发展和妇女就业的增多，许多国家的妇女在社会、工作和家庭的地位不断地提高。④ 一些资本主义国家的亲属法对明显的男女不平等的条款作了删改，但有的仍有歧视妇女的条文。⑤

二、男女平等原则在我国的贯彻实施

1949年中华人民共和国成立，为妇女的彻底解放，实现男女平等创造了条件。中国共产党领导的革命斗争，历来都把妇女解放、实行男女平等作为无产阶级革命的重要组成部分。早在民主革命时期制定的婚姻家庭法中，就将男女平等作为一项基本原则固定下来，在民主革命根据地得到广泛实施。自1949年中华人民共和国成立后，根据《宪法》规定的原则，婚姻法将男女平等原则全面规定在家庭关系之中，使男女平等有了可靠的法律保障。1992年颁布、2005年修正后的《妇女权益保障法》，是我国推进男女平等伟大事业，中国妇女与男性获得平等权利、共享社会资源的一部里程碑式的法律。1995年第四次世界妇女大会的欢迎仪式上，江泽民同志代表政府向全世界庄严承诺，"把男女平等作为促进我国社会发展的一项基本国策"。⑥

在我国，妇女广泛地参加社会生产和国家机关、企事业单位的工作，广大妇女已经成为我国社会主义现代化建设中一支不可缺少的主力军。中国妇女的收入是男子收入的80.4%，到1998年女性从业人员达到34067万人，占社会从业人员的48.7%，⑦ 在我国政治、经济、文化、科学技术、医疗卫生等各条战线上，广大妇女与男子一样，并肩工作发挥自己的才能，妇女地位显著提高，为婚姻家庭领域实现真正的男女平等创造了经济条件。

但是，由于几千年遗留的男尊女卑观念，重男轻女、夫权统治的旧思想、旧习俗在少

---

① 马育民译：《法国民法典》第212条，北京：北京大学出版社，1982。

② 马育民译：《法国民法典》第303条，北京：北京大学出版社，1982。

③ 马育民译：《法国民法典》第213、373条，北京：北京大学出版社，1982。

④ 主编注：19世纪至20世纪，世界经历了两次女性主义运动的高潮。尤其是女性运动的第二次浪潮规模宏大，涉及了各主要发达国家。1979年第34届联合国大会通过了《消除对妇女一切形式的歧视公约》，这是妇女运动的一个重要的国际文件。许多国家陆续成立了有关机构，从事维护女性权益工作。一些国家修改了宪法和法律，删除了原条款中歧视女性的规定。关于女性主义运动的兴起、运动的主要目标和各国女性运动的特色及成就等，参见李银河著：《女性主义》，15-37页，济南：山东人民出版社，2005。

⑤ 主编注：我国有学者分析，中华民国1930年"民法·亲属编"虽然在立法说明中同样表明以"男女平等"为基本原则，但在具体制度中，考虑到固有的国情，仍有妥协之处。例如，夫妻财产制度采联合财产制度，规定联合财产由夫管理；对夫妻姓氏规定为妻子以夫姓冠己姓；在夫妻人身关系方面，明确以丈夫的住所为婚姻住所；在子女监护方面，明确子女的财产由父管理，父亲不能管理时由母亲管理；夫妻离婚后子女由丈夫抚养；形式上保留了家制等。参见许莉：《〈中华民国民法·亲属〉研究》，185页，北京：法律出版社，2009。

⑥ 王丽萍：《男女平等与妇女人权保障》，载陈苇主编：《家事法研究》（2005年卷），北京：群众出版社，2006。

⑦ 中国国务院新闻办公室：《中国人权发展50年》，载http://www.china.com.cn/ch-book/renquan/renquan4.htm，访问日期：2016年10月16日

数人的思想中仍然存在。男女平等在事实与法律之间还有差距，如妇女的经济收入在总体上不如男性；有的人夫权思想严重，不能平等地对待妻子；有的人虐待妇女，遗弃女婴；有的人剥夺、限制妇女应享有的合法权益等。因此，实现真正的男女平等是一项长期的任务，需要全社会共同努力。①

第四节　保护妇女、儿童和老人的合法权益原则

保护妇女、儿童和老人的合法权益原则，对于实现男女平等、建立尊老爱幼、团结和睦的家庭关系有着十分重要的意义。

一、保护妇女的合法权益

（一）保护妇女合法权益的必要性

保护妇女合法权益是对男女平等原则的必要补充，它是使男女平等从法律上的平等向实际生活中的平等过渡的有力保障。之所以要特别规定保护妇女的合法权益，是因为：

1. 社会原因。在我国历史上，经历了几千年的奴隶社会、封建社会，广大妇女深受政权、族权、神权和夫权的重重压迫和束缚，社会地位、家庭地位低下。1949 年中华人民共和国成立后，党和国家采取了一系列社会改革措施，提高了妇女的地位。但是，由于几千年遗留下来的男尊女卑观念并未完全消除，歧视妇女、侵犯妇女合法权益的现象依然在一些地方不同程度地存在。在婚姻家庭中，父母包办女儿的婚姻、阻碍妇女参加工作学习、剥夺妇女的合法继承权、侵犯妇女应享有的夫妻财产权、虐待妇女、拐卖妇女、遗弃女婴等违法犯罪行为仍时有发生。如果法律对妇女不给予特别保护，制裁侵犯妇女合法权益的行为，就很难实现真正的男女平等。

2. 生理原因。男女两性的生理差异，决定了妇女在体力上普遍低于同龄男子。妇女负担着怀孕、生育，实现人口再生产的职能和哺育子女的任务，身体负担和精神负担较男子为重。因此，法律对妇女权益的特殊保护，是妇女生理因素的要求。

3. 充分发挥妇女在社会发展中的作用的需要。妇女占我国人口的半数，是社会经济、政治、文化等发展的一支不可缺少的力量。毛泽东指出："中国的妇女是一种伟大的人力资源"，②"为了建设伟大的社会主义社会，发动广大的妇女群众参加生产活动，具有极大的意义"。③ 保护妇女的婚姻家庭合法权益，有利于发挥妇女的聪明才智，调动妇女参加社会主义建设的积极性。

---

① 主编注：关于我国妇女儿童权益法律保障情况的实证调查研究，参见陈苇主编：《中国妇女儿童权益法律保障情况实证调查研究——以中国五省市被抽样调查地区妇女儿童权益法律保障情况为对象》，北京：群众出版社，2017。

② 《毛泽东选集》第 5 卷，252 页。

③ 《毛泽东选集》第 5 卷，246 页。

（二）妇女合法权益的内容

我国现行《婚姻法》和现行《妇女权益保障法》[①] 对妇女在婚姻家庭方面的合法权益的内容作了较为详细的规定，概括起来主要有以下几方面的内容。

1. 妇女的人身权。妇女的人身权是指妇女在婚姻家庭中与其身份相联系应享有的权利。其主要内容包括姓名权、社会活动权、人身自由权、婚姻自由权、生育权等。这些人身权利受法律的保护。

2. 妇女的财产权。财产权是妇女在婚姻家庭中享有的重要权利，家庭成员不得侵犯或剥夺。妇女在家庭中享有财产权，主要有抚养费、扶养费和赡养费的请求权，共有财产权，遗产继承权，离婚时妇女享有财产分割时的受照顾权等。这些财产权利都受法律保护。

二、保护儿童的合法权益

（一）儿童及未成年人的界定

我国现行《婚姻法》所保护的儿童合法权益，通常是指未成年人的合法权益。我国2012年修正后的《未成年人保护法》[②] 第2条规定："本法所称未成年人是指未满十八周岁的公民。"

（二）保护儿童合法权益的必要性

儿童是祖国的未来。他们正处于长身体、长知识的阶段，不能自食其力，在法律上属于无民事行为能力或限制民事行为能力人。法律对儿童的合法权益进行特别保护，其目的是使他们能够在德、智、体等各方面得到全面发展。保护儿童合法权益既是国家的责任，也是父母及其他家庭成员应尽的法律义务。

在古代中国，子女被当作父母、家庭的私有财产，他们的权益得不到法律应有的保护。礼和法律极力维护的"父为子纲"，使子女一直从属于父母、家长。子女只能唯家长之命是从。非婚生子女、继子女还往往会受到社会的歧视，甚至还受到父母及其他家庭成员的虐待和遗弃。1949年中华人民共和国成立后，儿童的合法权益受到了《宪法》《婚姻法》《未成年人保护法》等法律的全面保护，使儿童在家庭中的权利有了可靠的法律保障。

（三）儿童合法权益的内容

根据我国现行《婚姻法》、现行《未成年人保护法》等法律规定，儿童在家庭中享有的合法权益，主要有人身权和财产权两个方面。

1. 儿童的人身权。儿童的人身权主要包括生存权、发展权、参与权、姓名权、受保护权、受教育权等。这些权利受法律的保护。

2. 儿童的财产权。儿童的财产权主要包括受抚养权、财产所有权、继承权、受赠权等。这些权利受法律的保护。

---

① 《中华人民共和国妇女权益保障法》于1992年4月3日颁布，自1992年10月1日起施行，2005年8月28日经第十届全国人民代表大会常务委员会第十七次会议修正，自2005年12月1日起施行。

② 《中华人民共和国未成年人保护法》于1991年9月4日颁布，自1992年1月1日起施行；于2006年12月29日经第十届全国人民代表大会常务委员会第二十五次会议第一次修订，自2007年6月1日起施行；经2012年10月26日第十一届全国人大常委会第二十九次会议通过修改，自2013年1月1日起施行。

三、保护老年人的合法权益

（一）保护老年人合法权益的必要性

根据我国现行《老年人权益保障法》① 第2条的规定，该法所称老年人是指60周岁以上的公民。尊老、爱老是中华民族的传统美德。老年人为国家的发展付出了辛勤劳动，贡献了毕生精力，为社会创造了财富。在家庭中为培养后代和家庭建设操劳一生，履行了应尽的法律义务。因此，当他们年老丧失劳动能力时，应当受到社会的尊重和关怀，得到后代的尊敬和生活上的赡养扶助，使他们幸福、愉快地安度晚年。现行《老年人权益保障法》第18条第1、2款还特别规定："家庭成员应当关心老年人的精神需求，不得忽视、冷落老年人。与老年人分开居住的家庭成员，应当经常看望或者问候老年人。"特别关注对老年人的精神慰藉。

（二）老年人合法权益的内容

根据我国现行《婚姻法》的规定老年人在家庭中的合法权益主要有婚姻自由权、人身自由权、受赡养权、共同财产权、继承权等。禁止歧视、侮辱、虐待或者遗弃老年人。

根据我国现行《老年人权益保障法》第3条的规定，老年人有从国家和社会获得物质帮助的权利，有享受社会服务和社会优待的权利，有参与社会发展和共享发展成果的权利。这些权利体现了老年人的特殊要求，受到法律的保护。

四、禁止家庭暴力、禁止家庭成员间的虐待和遗弃

我国现行《婚姻法》第3条规定，"禁止家庭暴力。禁止家庭成员间的虐待和遗弃"。并且，我国现行《婚姻法》第43—46条明确地规定了有关家庭暴力、虐待和遗弃的救助措施和法律责任。

（一）家庭暴力、虐待和遗弃的概念和特征

1. 家庭暴力的概念和特征。禁止家庭暴力，是2001年修正后的《婚姻法》新增加的一项禁止性规定。为了更好地预防和制止家庭暴力，保护家庭成员的合法权益，促进家庭的和谐，我国于2015年12月27日颁布了《反家庭暴力法》②

关于"家庭暴力"的概念，《反家庭暴力法》第2条明确规定："本法所称家庭暴力，是指家庭成员之间以殴打、捆绑、残害、限制人身自由以及经常性谩骂、恐吓等方式实施的身体、精神等侵害行为。"③

根据我国《反家庭暴力法》界定的家庭暴力概念，我国的家庭暴力主要具有以下特征：

---

① 《中华人民共和国老年人权益保障法》于1996年8月29日颁布，自1996年10月1日起施行；根据2009年8月27日第十一届全国人民代表大会常务委员会第十次会议《关于修改部分法律的决定》，进行第一次修正；经2012年12月28日第十一届全国人民代表大会常务委员会第三十次会议第二次修订，于2013年7月1日起施行；2015年4月25日《全国人民代表大会常务委员会关于修改〈中华人民共和国电力法〉等六部法律的决定》进行第二次修正。

② 《中华人民共和国反家庭暴力法》由中华人民共和国第十二届全国人民代表大会常务委员会第十八次会议通过，于2015年12月27日颁布，自2016年3月1日起施行。

③ 2001年《婚姻法解释（一）》第1条对家庭暴力的界定为："婚姻法第三条、第三十二条、第四十三条、第四十五条、第四十六条所称的'家庭暴力'，是指行为人以殴打、捆绑、残害、强行限制人身自由或者其他手段，给其家庭成员的身体、精神等方面造成一定伤害后果的行为。持续性、经常性的家庭暴力，构成虐待。"

第一，家庭暴力的主体具有特定性。家庭暴力的施暴主体为家庭成员或共同生活的人。一般情况下家庭暴力的行为人与受害人之间具有家庭成员关系，包括夫妻关系、父母子女关系、兄弟姐妹关系、祖孙关系等。在现实生活中，家庭暴力主要是发生在夫妻之间和父母子女之间。其中，丈夫对妻子、父母对未成年子女、成年子女对老年父母施暴时有发生。目前，随着人们生活方式的多样化，不结婚而同居已经成为一些人选择的一种生活方式，针对现实生活中存在的同居者之间施暴的情况，《反家庭暴力法》第37条明确规定："家庭成员以外共同生活的人之间实施的暴力行为，参照本法规定执行。"这一规定扩大了家庭暴力法的主体适用范围，是《反家庭暴力法》的一大亮点。有着同居关系、扶养照料关系、家庭雇佣关系等共同生活的人之间实施的暴力行为都可以依照《反家庭暴力法》进行规制，这有利于保护亲密关系中受暴人的基本人权。

第二，家庭暴力的行为方式具有多样性。行为人对受害人实施家庭暴力，尽管其原因和使用的手段各不相同，但都是故意实施一定的暴力行为，这些行为不仅包括实施殴打、捆绑、残害、限制人身自由等身体暴力行为，而且包括经常性谩骂、恐吓等精神暴力行为。尤其该法第2条中的"等侵害行为"的表述，给了法官具体情况的自由裁量空间，可以把性暴力、经济控制纳入"等侵害行为"的类型之中，以更好地保护家庭暴力受害人的利益。

2. 虐待的概念和特征。虐待是指行为人经常以打骂、冻饿、禁闭、强迫过度劳动、有病不给治疗或其他方式，折磨、摧残家庭成员，对其身体、精神等方面造成伤害后果的行为。虐待行为人与受害人双方都是家庭中互有权利与义务的家庭成员。虐待主要具有以下特征：

第一，虐待行为可表现为作为的行为与不作为的行为。如果行为人经常对受害人实施打骂、禁闭、强迫过度劳动等行为，属于作为的行为；如果经常对受害人实施有病不给治疗、天冷不给衣穿等行为，则属于不作为的行为。

第二，虐待行为在手段上具有暴力性和非暴力性。行为人对家庭成员进行虐待，在手段上通常有两种：一是使用暴力，如行为人经常对受害人采用殴打、捆绑、强迫从事过度劳动、限制人身自由等暴力手段，使受害人的身体和精神受到伤害；二是使用非暴力，如有扶养能力的行为人经常对有病的受害人不给治疗，使其病情加剧、恶化或死亡，或经常使受害人受冻、挨饿，摧残受害人的身体，造成其精神上的痛苦。一般说来，行为人对受害人进行虐待往往以暴力为主，同时施以非暴力，或两者交替使用。但也有行为人经常使用一种，也足以达到虐待受害人的目的。

第三，虐待行为在时间上具有经常性。行为人对受害人进行虐待，不是偶然的行为，而是经常性的、持续性的侵害，日积月累才会造成一定的损害后果。一次不给饭吃、不给衣穿，一般不会造成伤害后果。

3. 遗弃的概念和特征。遗弃是指负有扶养义务的人，对年老、年幼、患病或其他没有独立生活能力的家庭成员，拒绝履行扶养义务的行为。

遗弃的特征主要有以下几点：

第一，行为人与受害人具有法定的扶养之权利义务关系。我国现行《婚姻法》规定，夫妻、父母子女、祖孙之间、兄弟姐妹之间有相互的扶养义务。只有符合一定条件的义务人对权利人拒绝扶养才能构成遗弃。

第二，实施了对受扶养人进行人身遗弃、经济上拒绝供养、生活上拒绝照料的行为。这里所指的行为包括三种：一是对需要扶养的人进行人身遗弃，即行为人对家庭成员中的婴儿、幼儿或生活不能自理的重症病人等将其丢弃在医院、车站、码头、街道或荒郊野外，以达到推卸扶养义务的目的。二是在经济上拒绝为需要扶养的人提供经济扶助，即行为人对年老、年幼、患病或其他没有独立生活能力的家庭成员，应当提供的生活费、教育费、医疗费等必要的基本生活费用拒绝支付，造成权利人生活极端困难。三是生活上拒绝对午老、年幼、患病生活不能自理的家庭成员进行日常生活上的照料，造成权利人难以维持生活。凡是实施这三种行为之一，都属于遗弃，对受害人都应采取救助措施，行为人都应承担相应的法律责任。

第三，主观上具有故意。行为人有法定扶养义务，而且具有履行义务的条件，比如经济条件好，可以进行经济上扶助供养而不为之；或者经济条件不好，但身体条件尚好，可以在日常生活中照料家庭成员而不为之。在这样的情形下，义务人肯定是具有主观上的故意而不履行。如果是义务人在不知道的情况下没有履行生活照料义务，或者是不小心丢失了被扶养人，不能认定为遗弃。

（二）家庭暴力、虐待和遗弃的救助措施和法律责任

1. 救助措施。救助措施是指依照法律规定，应婚姻家庭违法行为受害人的请求，负有救助义务的机构为其提供救援和帮助措施。我国现行《婚姻法》规定的救助措施主要有劝阻、调解和制止。有关机构应当依照法律规定采取适当措施为婚姻家庭违法行为的受害人提供救助。根据我国现行《婚姻法》、1989 年《城市居民委员会组织法》[①] 和现行《村民委员会组织法》[②] 的规定，居民委员会和村民委员会承担救助责任。

（1）劝阻。劝阻是指有关机关通过劝说、阻止等方式使实施家庭暴力或虐待、遗弃家庭成员的当事人停止违法行为。根据我国现行《婚姻法》第 43[③]、44 条[④]的规定，实施家庭暴力或虐待家庭成员、遗弃家庭成员的，受害人有权提出请求，居民委员会、村民委员会以及所在单位应当予以劝阻。

（2）调解。这里的调解是指人民调解，是指在人民调解委员会主持下，以国家法律、法规、规章和社会公德规范为依据，应家庭暴力、虐待遗弃家庭成员的受害人的请求，在进行劝阻后，对双方当事人之间的纠纷进行调解、宣传法律，对违法行为人进行批评教育，促进改善婚姻家庭关系，维护婚姻家庭的稳定。

---

① 《中华人民共和国城市居民委员会组织法》，1989 年 12 月 26 日经中华人民共和国第七届全国人民代表大会常务委员会第十一次会议通过，自 1990 年 1 月 1 日起施行。

② 《中华人民共和国村民委员会组织法》于 1998 年 11 月 4 日经第九届全国人民代表大会常务委员会第五次会议修订通过，自 1998 年 11 月 4 日起施行。2010 年 10 月 28 日经全国人民代表大会常务委员会第十七次会议修订通过，自 2010 年 10 月 28 日起施行。

③ 《婚姻法》第 43 条规定："实施家庭暴力或虐待家庭成员，受害人有权提出请求，居民委员会、村民委员会以及所在单位应当予以劝阻、调解。对正在实施的家庭暴力，受害人有权提出请求，居民委员会、村民委员会应当予以劝阻；公安机关应当予以制止。实施家庭暴力或虐待家庭成员，受害人提出请求的，公安机关应当依照治安管理处罚的法律规定予以行政处罚。"

④ 《婚姻法》第 44 条规定："对遗弃家庭成员，受害人有权提出请求，居民委员会、村民委员会以及所在单位应当予以劝阻、调解。对遗弃家庭成员，受害人提出请求的，人民法院应当依法作出支付扶养费、抚养费、赡养费的判决。"

（3）制止。制止是指公安机关基于受害人的请求，采取有效措施强迫正在实施家庭暴力、虐待遗弃家庭成员的加害人停止加害行为。根据现行《婚姻法》第 43 条的规定，制止前述加害行为是公安机关特有的法定职权，也是公安机关的法定救助义务。我国《反家庭暴力法》第 15 条第 1 款明确规定："公安机关接到家庭暴力报案后应当及时出警，制止家庭暴力，按照有关规定调查取证，协助受害人就医、鉴定伤情。"

（4）颁发人身安全保护令。所谓人身安全保护令，也称为人身安全保护裁定，是指法院为了保护家庭暴力受害人及其子女和特定亲属的人身安全、确保婚姻案件诉讼程序的正常进行而作出的民事裁定，属于人身安全保护令制度。该制度的设立是我国《反家庭暴力法》的一大亮点，将反家暴工作从事后惩治变为了事前预防，具有重要意义。

我国《反家庭暴力法》第 23 条明确规定："当事人因遭受家庭暴力或者面临家庭暴力的现实危险，向人民法院申请人身安全保护令的，人民法院应当受理。当事人是无民事行为能力人、限制民事行为能力人，或者因受到强制、威吓等原因无法申请人身安全保护令的，其近亲属、公安机关、妇女联合会、居民委员会、村民委员会、救助管理机构可以代为申请。"

人身安全保护令可以包括下列措施：一是禁止被申请人实施家庭暴力；二是禁止被申请人骚扰、跟踪、接触申请人及其相关近亲属；三是责令被申请人迁出申请人住所；四是保护申请人人身安全的其他措施。① 人民法院受理申请后，应当在 72 小时内作出人身安全保护令或者驳回申请；情况紧急的，应当在 24 小时内作出。此外，《反家庭暴力法》对人身安全保护令案件的管辖、申请的方式、发出人身安全保护令的条件、人身安全保护令的有效期等相关问题作出了明确规定。

2. 法律后果与法律责任。我国现行《婚姻法》和《反家庭暴力法》对实施家庭暴力、虐待遗弃家庭成员的行为作出了相关的法律后果和法律责任的规定。

（1）民事后果及民事法律责任。实施家庭暴力或虐待、遗弃家庭成员有以下民事后果和民事责任。第一，离婚的法定理由。依据我国现行《婚姻法》第 32 条的规定，因实施家庭暴力或虐待、遗弃家庭成员，夫妻一方要求离婚的，经调解无效，应准予离婚。第二，过错方承担离婚损害赔偿责任。依据我国现行《婚姻法》第 46 条及《婚姻法解释（一）》的规定，因实施家庭暴力或虐待、遗弃家庭成员导致离婚的，无过错方有权请求损害赔偿，过错方应当承担损害赔偿责任，包括物质损害和精神损害的赔偿。第三，可能丧失继承权。我国《继承法》第 7 条规定，继承人故意杀害被继承人的，或遗弃被继承人的，或者虐待被继承人情节严重的，丧失继承权。第四，承担支付扶养费的责任。遗弃家庭成员的按照现行《婚姻法》的规定，经受遗弃的家庭成员请求，人民法院应当依法判决由遗弃者支付扶养费。拒不执行法院的支付扶养费判决的，由法院依法强制执行。

（2）行政法律责任。实施家庭暴力、虐待遗弃家庭成员的，承担的行政法律责任主要是行政处罚。行政处罚是指行政机关对违反行政法律规范但尚未构成犯罪的行政相对人给予制裁的具体行政行为。根据我国现行《婚姻法》第 43 条的规定，实施家庭暴力、虐

① 主编注：有学者指出，在我国台湾地区，法院得依"家庭暴力防治法"规定核发保护令，"事实上保护令之内容十分广泛，并不限于子女监护或探视，且其中不乏与婚姻事件及亲子关系事件息息相关者。例如，定动产或不动产之使用权、命给付被害人扶养费、子女扶养费、医疗费、财物损害赔偿费用等"。参见高凤仙：《亲属法理论与实务》（第十七版），232-233 页，台北：五南图书出版股份有限公司，2016。

待或遗弃家庭成员的行为尚未构成犯罪的，由公安机关依据治安管理处罚的法律规定予以行政处罚。我国《治安管理处罚法》[①] 第43条规定，殴打他人的，或者故意伤害他人身体的，处5日以上10日以下拘留，并处200元以上500元以下罚款；情节较轻的，处5日以下拘留或者500百元以下罚款，如殴打、伤害残疾人、孕妇、不满十四周岁的人或者六十周岁以上的人或多次殴打、伤害他人或者一次殴打、伤害多人的，处10日以上15日以下拘留，并处500元以上1000元以下罚款。第45条规定，虐待家庭成员，被虐待人要求处理的，以及遗弃没有独立生活能力的被扶养人的，处5日以下拘留或者警告。

（3）刑事法律责任。实施家庭暴力或虐待、遗弃家庭成员，构成犯罪的，应当依法承担刑事责任。我国现行《婚姻法》第45条规定："对重婚的，对实施家庭暴力或虐待、遗弃家庭成员的构成犯罪的，依法追究刑事责任。受害人可以依照现行刑事诉讼法的有关规定，向人民法院自诉；公安机关应当依法侦查，人民检察院应当依法提起公诉。"我国现行《刑法》第260条第1、2款规定："虐待家庭成员，情节恶劣的，处二年以下有期徒刑、拘役或者管制。犯前款罪，致使被害人重伤、死亡的，处二年以上七年以下有期徒刑。"该法第261条规定："对于年老、年幼、患病或者其他没有独立生活能力的人，负有扶养义务而拒绝扶养，情节恶劣的，处五年以下有期徒刑、拘役或管制。"

第五节　计划生育原则

实行计划生育是我国的一项基本国策，我国现行《婚姻法》第2条第3款特别规定："实行计划生育。"为了保障此原则的实施，现行《婚姻法》第16条规定："夫妻双方都有实行计划生育的义务。"为了实现人口与经济、社会、资源、环境的协调发展，推行计划生育，维护公民的合法权益，促进家庭幸福、民族繁荣与社会进步，我国于2001年制定了《人口与计划生育法》，于2015年12月根据我国人口发展新情况的需要，对该法进行修正。[②]

一、计划生育的概念和意义

（一）计划生育的概念

计划生育是指对人的生育实行计划化，做到有计划地生育子女，调节人口发展速度。计划生育包括两个方面的含义：一是节制生育，有计划地降低人口发展速度；二是鼓励生育，有计划地提高人口发展速度。我国目前的计划生育以降低人口发展速度为内容。

（二）实行计划生育的必要性

1. 实行计划生育是两种生产客观规律的要求。恩格斯指出："生产本身有两种，一方面是生活资料即食物、衣物、住房以及由此所必需的工具的生产；另一方面是人类自身的生产，即种的繁衍。一定历史时代和一定地区内的人们生活于其下的社会制度，受着两种

---

① 《中华人民共和国治安管理处罚法》于2005年8月28日中华人民共和国主席令第三十八号公布，自2006年3月1日起施行，2012年10月26日修改，自2013年1月1日起施行。

② 《人口与计划生育法》于2001年12月29日由第九届全国人民代表大会常务委员会第二十五次会议通过，自2002年9月1日起施行。2015年12月27日，根据第十二届全国人民代表大会常务委员会第十八次会议《关于修改〈中华人民共和国人口与计划生育法〉的决定》修正。

生产的制约。"[①] 这两种生产都是以人为主体的，都是人类为了生存和发展所进行的最基本的生产活动。人类为了生存和发展，必须通过人的劳动从自然界获取需要的物质资料。人类为了延续，必须通过生育繁衍后代。这两种生产是互为条件的，两者必须保持一定的发展比例，保持基本平衡，才能协调发展。如果人口的生产速度超过了物质资料生产的发展速度，就会造成资源枯竭，生产、生活资料不足，阻碍社会发展。反之，就会劳动力不足，造成自然资源不能有效利用。因此，有计划地调节人口发展速度，是两种生产客观规律的必然要求。

2. 我国人口状况要求必须实行计划生育。在中国古代社会，在自然经济条件下，生产力极不发达，人民生活贫困。人口生产一直呈现高出生率、高死亡率的自然规律，人口发展速度极为缓慢。自 1949 年中华人民共和国成立后，人民做了国家的主人，人民的物质文化生活水平大大提高，在一定时期内人口猛增。自 20 世纪 70 年代后期以来，我国实行计划生育政策，提倡"一对夫妻只生一个孩子"。根据国家统计局公布的数据，2014 年我国人口已经达到 13 亿 6782 万。[②] 虽然近几年我国人口发展速度有所放缓，自 2015 年以来我国已经全面放开二孩政策，但是我国还是一个人口大国，人口基数大，为了使我国人口的增长速度与经济发展相协调，我国仍然坚持计划生育的基本国策。2015 年 12 月修正的《人口与计划生育法》也明确规定要继续实行计划生育。

3. 实行计划生育是发展国民经济、加快现代化建设的必然要求。人口生产直接关系着国家的发展和人民生活的提高。只有实行计划生育严格控制人口增长，才能发展国民经济积累所需的资金，才能不断地提高人民的物质文化生活水平，从而构建社会主义和谐社会。[③]

二、计划生育的基本要求

我国现行《人口与计划生育法》第 2 条明确规定："我国是人口众多的国家，实行计划生育是国家的基本国策。国家采取综合措施，控制人口数量，提高人口素质。国家依靠宣传教育、科学技术进步、综合服务、建立健全奖励和社会保障制度，开展人口与计划生育工作。"该法第 18 条规定："国家提倡一对夫妻生育两个子女。符合法律、法规规定条件的，可以要求安排再生育子女。具体办法由省、自治区、直辖市人民代表大会或者其常务委员会规定。少数民族也要实行计划生育，具体办法由省、自治区、直辖市人民代表大会或者其常务委员会规定。夫妻双方户籍所在地的省、自治区、直辖市之间关于再生育子女的规定不一致的，按照有利于当事人的原则适用。"按照这些规定，我国计划生育的基本要求仍然是有计划地"控制人口的增长，提高人口素质"。

三、违反计划生育法行为的法律责任

对违反我国现行《人口与计划生育法》的行为，由计划生育行政部门或者卫生行政

---

① 《马克思恩格斯全集》(第 21 卷)，29 页，北京：人民出版社，2003。

② 中华人民共和国国家统计局官网：年度数据，载 http://data.stats.gov.cn/easyquery.htm? cn = C01，访问日期：2016 年 10 月 16 日。

③ 主编注：目前，我国已进入老龄化社会，关于我国人口老龄化问题的法律措施，请参见陈红梅、黄石松：《应加快完善我国老龄工作法律体系》，载《新视野》，2016 (3)。

部门进行处罚，触犯刑法的追究刑事责任。公民、法人或者其他组织认为行政机关在实施计划生育管理过程中侵犯其合法权益的，可以依法申请行政复议或者提起行政诉讼。我国现行《人口与计划生育法》第六章特别规定了法律责任。归纳起来，其主要内容有以下几方面：

（一）医疗机构及医生个人的责任

根据我国现行《人口与计划生育法》第36条的规定，医疗机构、医生个人违反该法规定，实施非法为他人施行计划生育手术的，或利用超声技术和其他技术手段为他人进行非医学需要的胎儿性别鉴定或者选择性别的人工终止妊娠的，或进行假医学鉴定、出具假计划生育证明的，由计划生育行政部门或者卫生行政部门依据职权责令改正，给予警告，没收违法所得；违法所得一万元以上的，处违法所得二倍以上六倍以下的罚款；没有违法所得或者违法所得不足一万元的，处一万元以上三万元以下的罚款；情节严重的，由原发证机关吊销执业证书；构成犯罪的，依法追究刑事责任。该法第38条还规定，计划生育技术服务人员违章操作或者延误抢救、诊治，造成严重后果的，依照有关法律、行政法规的规定承担相应的法律责任。

（二）国家机关工作人员的责任

我国现行《人口与计划生育法》第39条规定，国家机关工作人员在计划生育工作中，有侵犯公民人身权、财产权和其他合法权益的；或滥用职权、玩忽职守、徇私舞弊的；或索取、收受贿赂的；或截留、克扣、挪用、贪污计划生育经费或者社会抚养费的；或虚报、瞒报、伪造、篡改或者拒报人口与计划生育统计数据的等行为之一，构成犯罪的，依法追究刑事责任；尚不构成犯罪的，依法给予行政处分；有违法所得的，没收违法所得。该法第40条还规定，国家机关工作人员违反本法规定，不履行协助计划生育管理义务的，由有关地方人民政府责令改正，并给予通报批评；对直接负责的主管人员和其他直接责任人员依法给予行政处分。

（三）伪造、变造、买卖计划生育证明或以不正当手段取得计划生育证明的责任

我国现行《人口与计划生育法》第37条规定，伪造、变造、买卖计划生育证明，由计划生育行政部门没收违法所得，违法所得5000元以上的，处违法所得二倍以上十倍以下的罚款；没有违法所得或者违法所得不足5000元的，处5000元以上2万元以下的罚款；构成犯罪的，依法追究刑事责任。以不正当手段取得计划生育证明的，由计划生育行政部门取消其计划生育证明；出具证明的单位有过错的，对直接负责的主管人员和其他直接责任人员依法给予行政处分。

（四）征收违法生育公民的社会抚养费

所谓社会抚养费，是指对不符合法定条件生育子女的公民征收的费用，此款费用被用于调节自然资源的利用和保护环境，适当补偿政府在公共社会事业投入的经费。从性质上讲社会抚养费不是一种行政处罚，而是一项行政性收费。我国现行《人口与计划生育法》第41条明确规定，不符合《人口与计划生育法》第18条规定生育子女的公民，应当依法缴纳社会抚养费。未在规定的期限内足额缴纳应当缴纳的社会抚养费的，自欠缴之日起，按照国家有关规定加收滞纳金；仍不缴纳的，由作出征收决定的计划生育行政部门依法向人民法院申请强制执行。

经济限制措施，历来是我国落实计划生育政策的一项重要措施。社会抚养费来源于超

生罚款，1994年《行政处罚法》颁布后，经全国人大常委会法工委认定，计划生育的经济限制措施不属行政处罚的罚款，不在《行政处罚法》的调整范围，其名称随即在地方法规中改称“计划外生育费”；2000年财政部、国家计生委联合下发文件，要求各地将“计划外生育费”更名为“社会抚养费”。社会抚养费属补偿性的行政事业收费，应全部上缴财政。计划生育工作所需经费由国家财政予以保证，以此解决计划外生育费征收管理和使用中存在的问题，彻底实行收支两条线，罚缴分离，票款分开，从源头上纠正和防止在收缴、管理、使用中的腐败现象。为了指导社会抚养费的征收工作，国务院于2002年8月2日颁布《社会抚养费征收管理办法》。① 该办法第3条第2款明确规定：“社会抚养费的征收标准，分别以当地城镇居民年人均可支配收入和农村居民人均纯收入为计征的参考基本标准，结合当事人的实际收入水平和不符合法律、法规规定生育子女的情节，确定征收数额。社会抚养费的具体征收标准由省、自治区、直辖市规定。”各地在其相应的管理办法中明确了征收的规定。

（五）非法施行计划生育手术的责任

我国现行《人口与计划生育法》第36条规定，有关单位或个人非法为他人施行计划生育手术的；或利用技术手段为他人进行非医学需要的胎儿性别鉴定，或者选择性别进行人工终止妊娠的；或实施假节育手术、进行假医学鉴定、出具假计划生育证明的，由计划生育部门或卫生行政部门依据职权责令改正，给予警告，没收违法所得。违法所得一万元以上的，处以二倍以上六倍以下罚款；没收违法所得或违法所得不足一万元的，处一万元以上三万元以下罚款。

（六）其他责任

我国现行《人口与计划生育法》第43条规定，拒绝、阻碍计划生育行政部门及其工作人员依法执行公务的，由计划生育行政部门给予批评教育并予以制止；构成违反治安管理行为的，依法给予治安管理处罚；构成犯罪的，依法追究刑事责任。另外，该法第44条规定，公民、法人或者其他组织认为行政机关在实施计划生育管理过程中侵犯其合法权益，可以依法申请行政复议或者提起行政诉讼。

【导入案例要点评析】

本案涉及对家庭暴力的认定问题。本案要判断郑某和倪某的夫妻感情是否确已破裂，以及倪某是否应对郑某承担离婚损害赔偿责任，必须首先判断倪某的行为是否构成家庭暴力。我国2015年12月27日颁布的《反家庭暴力法》第2条界定了家庭暴力的概念：“本法所称家庭暴力，是指家庭成员之间以殴打、捆绑、残害、限制人身自由以及经常性谩骂、恐吓等方式实施的身体、精神等侵害行为。”与2001年12月实施的《婚姻法解释（一）》所界定的“家庭暴力”相比（行为人以殴打、捆绑、残害、强行限制人身自由或者其他手段，给其家庭成员的身体、精神等方面造成一定伤害后果的行为），《反家庭暴力法》已删除了“造成一定伤害后果”，并增加认定“经常性谩骂、恐吓”等侵害行为也属于家庭暴力。本案中，倪某将一个裹着白布的篮球挂在家中的阳台上，且在白布上写着对郑某具有攻击性和威胁性的字句，采取经常击打篮球的方式，从视觉上、精神上折磨

① 《社会抚养费征收管理办法》由国务院于2002年8月2日公布，自2002年9月1日起施行。

郑某，使郑某产生精神上的恐惧感，该行为已构成家庭暴力。在夫妻发生矛盾时，倪某对郑某实施身体暴力致其轻微伤，最终导致了夫妻感情完全破裂。故本案中倪某的行为除已经构成家庭暴力外，还导致离婚，人民法院应依法判决解除两人的婚姻关系，并判令倪某承担相应的离婚损害赔偿责任。

【思考题】

一、单项选择题

1. 小王的父母从小给他订下娃娃亲，在小王不同意的情况下强迫他与小李结婚，小王父母的行为属于（　）

A. 包办婚姻　　B. 买卖婚姻

C. 借婚姻索取财物　　D. 以上均不正确

2. 甲和乙自由恋爱，但乙的父母要求甲给 3 万元彩礼才同意乙嫁给甲。乙的父母的行为属于（　）

A. 包办婚姻　　B. 买卖婚姻

C. 借婚姻索取财物　　D. 胁迫婚姻

3. 不符合《人口与计划生育法》第 18 条规定生育子女的公民，应当依法缴纳（　）

A. 超生罚款　　B. 社会抚养费

C. 超生抚养费　　D. 超生罚金

二、多项选择题

1. 重婚行为的民事后果包括（　）

A. 重婚的婚姻无效　　B. 重婚的婚姻可撤销

C. 夫妻一方重婚，无过错的另一方可以提出离婚损害赔偿

D. 夫妻一方重婚，无过错的另一方可以提出损害赔偿

E. 夫妻一方重婚，是认定夫妻感情破裂的法定情形

2. 我国现行《婚姻法》中保障基本原则实施的禁止性规定包括（　）

A. 禁止重婚　　B. 禁止家庭暴力

C. 禁止有配偶者与他人同居　　D. 禁止虐待遗弃家庭成员

E. 禁止包办买卖婚姻

3. 对家庭暴力受害人的救助措施包括（　）

A. 劝阻　　B. 追究刑事责任　　C. 调解

D. 制止　　E. 行政处分

4. 以下属于侵害老年人权益的行为是（　）

A. 暴力干涉老年人婚姻自由

B. 对老年人负有赡养义务、扶养义务而拒绝赡养、扶养

C. 捏造事实诽谤老年人或者虐待老年人

D. 家庭成员盗窃、勒索、故意毁坏老年人财物

E. 以暴力或者其他方法公然侮辱老年人

三、判断分析题

1. 夫妻双方在实行计划生育中负有共同的责任。

2. 婚姻自由就是公民有权决定自己的婚姻问题，不受任何限制和干涉。

四、简答题

1. 简述包办婚姻与买卖婚姻的联系与区别。

2. 简述虐待的概念和特征。

3. 简述有配偶者与他人同居的法律特征。

五、论述题

1. 试论违反《人口与计划生育法》的法律责任。

2. 试述家庭暴力的救助措施和法律责任。

六、案件分析题

参见陈苇主编:《婚姻家庭继承法学案例教程》（第三版）（北京：群众出版社，2017年版）第一单元违反婚姻法基本原则案例。

【阅读参考文献】

1. 张希坡著:《中国婚姻立法史》，人民出版社，2004年版。

2. 许莉:《〈中华民国民法·亲属〉研究》，法律出版社，2009年版。

3. 李明舜、林建军主编:《妇女法研究》，法律出版社，2015年版。

4. 陈苇主编:《我国防治家庭暴力情况实证调查研究——以我国六省市被抽样调查地区防治家庭暴力情况为对象》，群众出版社，2014年版。

5. 袁翠清著:《社会性别平等与妇女权益保障制度研究》，中国政法大学出版社，2015年版。

6. 陈苇主编:《中国妇女儿童权益法律保障情况实证调查研究——以中国五省市被抽样调查地区妇女儿童权益法律保障情况为对象》，北京：群众出版社，2017年版。

第四章
结 婚

本章学习重点提示：
婚姻成立的条件和程序；无效婚姻和可撤销婚姻；事实婚姻与同居关系。

【导入案例】

2012年6月，年轻漂亮的陶兰与某中学教师王志一见钟情，在相恋一段时间后，陶兰到王志家去拜见未来的公婆。王志的父母对这位未来的儿媳比较满意，但要求陶兰必须与王志同居怀孕后，才能结婚。陶兰对王家的要求感到很别扭，但想到王志各方面的条件都不错，便顺从了王家的要求。2012年年底，陶兰与王志两人开始同居生活，次年年初陶兰怀孕了。于是，陶兰与王志两人来到陶兰的户籍所在地，共同申请办理了结婚登记并举行了结婚仪式。2013年10月，他们的女儿降生了。但王家人对陶兰生下女儿很不高兴，就对她们母子俩的生活不管不问。陶兰多次找到王志的单位和家里，才发现王志早在2008年1月就已经与邓颂办理了结婚登记。因邓颂一直没有生育，王志才瞒着邓颂与陶兰恋爱结婚，希望陶兰能为王家生下儿子。陶兰要求王志与邓颂离婚，遭到王志的拒绝。

2016年1月，王志所在中学的工会组织向人民法院提起诉讼，请求宣告陶兰与王志的婚姻关系无效。

请问：人民法院依法应如何处理本案？

第一节 结婚概述

结婚不仅关系到男女双方当事人，而且关系到民族的健康和社会的发展。因此，古今中外绝大多数国家都通过法律手段来规范结婚问题，凡是符合结婚要件的男女结合，法律赋予其婚姻的效力，双方依法具有夫妻之间的权利和义务关系。不符合结婚要件的男女结合，则其婚姻关系不能成立，或为无效婚姻，或为可撤销婚姻。

一、结婚的概念

结婚又称婚姻成立，是指男女双方按照法律规定的条件和程序，建立夫妻关系的民事法律行为。结婚的概念，有广义与狭义之分。广义的结婚，包括婚约的订立和夫妻关系的建立两个方面。狭义的结婚，仅指夫妻关系的确立，不包括订婚。我国对结婚的概念，古代法采取“广义说”，近代和现代法采取“狭义说”。现代社会绝大多数的国家采取“狭义说”，订婚已不是结婚的必经程序。

二、结婚的要件

结婚是一种法律行为，必须具备法定的要件，婚姻的成立才具有合法婚姻的法律效力。对结婚要件，可分为以下两类：

（一）结婚的实质要件和形式要件

根据法律规定结婚要件的不同，可分为结婚的实质要件和形式要件。

1. 结婚的实质要件。所谓结婚的实质要件是指结婚当事人本身以及双方之间的关系必须符合的法定条件。

2. 结婚的形式要件。结婚的形式要件，是指婚姻成立的法定程序或方式。它是婚姻取得社会承认的方式。从立法原则上看，婚姻成立的方式有事实婚主义与要式婚主义之别。事实婚主义，是指当事人双方有结婚的意思，并有以夫妻名义共同生活的事实，无须履行任何手续，即有合法婚姻的效力。要式婚主义，是指当事人须履行法定的结婚程序或方式，才能成立合法的婚姻。否则，当事人虽有以夫妻名义共同生活的事实，而未履行法定的结婚方式，仍不受法律的承认和保护。事实婚主义，重事实、轻形式，虽有其合乎情理的一面，但婚姻既为社会公认的正当的男女两性结合关系，为维护婚姻当事人及其子女、家庭的合法权益，并维护社会利益，必须采取一定的方式，公示夫妻关系的成立，故现代社会大多数国家立法均采取要式婚主义，即对婚姻的成立采取国家监督主义。在不同时代，不同国家法律确认的结婚方式有所不同，大体可分为仪式制、登记制和登记与仪式结合制，这三种类型。

（1）仪式制。即指结婚须举行一定的仪式，婚姻才能有效成立的制度。仪式制包括三种形式：第一，世俗仪式。即指结婚须在亲友面前举行婚礼，并有证人参加，婚姻才能有效成立。例如，我国古代实行聘娶仪式婚。① 第二，宗教仪式。即指结婚须在神职人员面前举行仪式，婚姻才能有效成立。例如，在欧洲中世纪的结婚仪式就是实行宗教仪式。② 第三，法律仪式。即指结婚须在政府官员面前举行仪式，婚姻才能有效成立。例如，法国、意大利、瑞士等国就采取法律仪式制。③

（2）登记制。即指结婚须履行法定的登记手续，婚姻才能有效成立的制度。凡未进行结婚登记，即使举行了一定的结婚仪式，婚姻也不能有效成立。按我国现行《婚姻法》规定，合法婚姻成立的唯一形式是结婚登记。日本、俄罗斯等国亦采取登记制。④

（3）登记与仪式结合制。即指结婚须履行法定的登记手续，又须履行法定的仪式，婚姻才能合法有效成立的制度。如只履行其中一种程序，婚姻就不能有效成立。如英国和美国大多数州通常采取登记与仪式结合制。《美国统一结婚离婚法》第201条规定：“按照本法的规定获得批准、举行仪式并进行登记的男女之间的婚姻，在本州有效。”⑤

结婚当事人双方符合结婚的实质要件，是其结合受国家法律承认和保护的前提，而且又具备结婚的形式要件即履行了法定的结婚方式，才能成立合法婚姻。在我国婚姻法学

① 参见杨大文主编：《亲属法》（第四版），69页，北京：法律出版社，2004。
② 参见胡平主编：《婚姻家庭继承法论》，117页，重庆：重庆大学出版社，2000。
③ 陈苇主编：《外国婚姻家庭法比较研究》，98、111-113、117-119页，北京：群众出版社，2006。
④ 陈苇主编：《外国婚姻家庭法比较研究》，123、126页，北京：群众出版社，2006。
⑤ 陈苇主编：《外国婚姻家庭法比较研究》，142页，北京：群众出版社，2006。

中，通常将婚姻成立的实质要件称为结婚条件，将婚姻成立的形式要件称为结婚程序。

(二) 结婚的必备条件和禁止条件

根据结婚的实质要件内容的不同，可以分为必备条件和禁止条件。

1. 结婚的必备条件。又称积极要件，是指结婚双方当事人必须具备的不可缺少的条件。我国现行《婚姻法》规定的结婚必备条件有二：一是必须男女双方完全自愿；二是必须达到法定婚龄。

2. 结婚的禁止条件。又称消极要件，或称婚姻成立的障碍，是指法律规定不允许结婚的事项。我国现行《婚姻法》规定的结婚禁止条件有三：一是禁止近血亲结婚；二是禁止患一定疾病的人结婚；三是禁止有配偶者结婚。

必须指出的是，结婚的必备条件和禁止条件的区分并非是绝对的，而是相对的。例如，可以将必须符合一夫一妻制作为必备条件，也可将重婚作为禁止条件。

(三) 结婚的公益条件和私益条件

根据结婚条件所涉及利益的不同，可将结婚要件分为公益要件与私益要件。

1. 结婚的公益要件，是指法律规定的结婚必须符合社会公共利益的有关要件，如结婚双方必须达到法定婚龄、禁止近亲结婚、禁止重婚等。这些要件不仅与男女双方当事人的利益相关，而且与整个社会利益相关，因此，叫作结婚的公益要件。

2. 结婚的私益要件，是指法律规定的结婚必须具备的要件与社会公共利益无关，仅涉及当事人及其亲属的利益，如结婚必须有双方当事人的合意等，体现的是个人的意思自治，不受国家公权力的干涉。

三、个体婚结婚方式的沿革

人类悠久的结婚历史，演变出了各种各样的结婚制度。结婚制度主要包括结婚条件和结婚形式等内容，它是婚姻制度的重要组成部分。它的性质、内容和特点都是由社会生产方式决定和制约的。有什么样的社会生产方式，就有与之相适应的结婚制度。人类个体婚姻制度下的结婚形式，大体可分为古代社会的结婚方式与近现代的结婚方式。

(一) 古代社会的结婚方式

1. 掠夺婚。掠夺婚亦称抢婚，是指男子以暴力手段劫夺女子为妻的婚姻形式。产生于个体婚形成初期，也是对偶婚向个体婚过渡的重要标志之一。美国学者摩尔根指出："正在对偶婚制家族开始出现……才有买妻和抢妻的现象。"① 恩格斯进一步分析说："在以前的各种家庭②形式下，男子是从来不缺乏女子的……而现在女子却稀少起来，不得不去寻找了。因此，随着对偶婚的发生，开始出现抢劫和购买妇女的现象。"③ 掠夺婚是一种野蛮的、极不文明的求妻方式。在这种婚姻里，没有把女子当作婚姻的主体来对待，而是将女子当作没有人格的客体来对待，女子像物一样被他人抢去占为己有。随着社会的进步与发展，掠夺婚的性质发生了变化，它不再是抢劫的强迫婚姻，而只是在一些地方演变为男方迎娶女方的一种仪式，婚姻当事人双方是自愿结婚的。

---

① [美] 路易斯·亨利·摩尔根：《古代社会》(下册)，杨东莼、马雍、马巨译，432页，北京：商务印书馆，1983。

② 这里的"各种家庭"是指血缘家庭、亚血缘家庭。

③ 恩格斯：《家庭、私有制和国家的起源》，44页，北京：人民出版社，1972。

2. 有偿婚。有偿婚是指男方以向女家给付一定代价为条件而成立的婚姻，其特点是把女子当作物品进行交易。根据给付代价的形式不同，有偿婚又分为买卖婚、交换婚和劳役婚。

（1）买卖婚，是指男方用金钱或实物购买女子为妻的婚姻。由于掠夺婚较为野蛮，且容易发生械斗和伤亡，损失较大，因而买卖婚逐渐成为主要的婚姻形式。这种婚姻把女子当成商品，以一定的财物与之交换，支付的财物便是女子的身价。

（2）交换婚，是指婚姻当事人双方父母各以自己的女儿交换儿媳，或男子各以自己的姐妹换取妻子而成立的婚姻。交换婚表面上并没有金钱、财物的买卖特征，但它仍是将妇女作为交换物，妇女没有人格可言。我国一些地方现存的“换亲”、“转亲”就是交换婚的遗俗。

（3）劳役婚，是指男方为女方家服一定时期的劳役或完成一定的劳务，以此作为娶妻的代价而成立的婚姻。这种求妻的方式是以力代财，仍然属于有偿婚的性质。

3. 无偿婚。无偿婚是指男方家不需要向女方家支付任何代价而结成的婚姻。其形式分为赠与婚、收继婚和强制婚三种。

（1）赠与婚，是指权力者或父母将其可以支配的女子赠与他人为妻而结成的婚姻。赠与婚包括赠婚与赐婚，前者指父母将女儿或男子将侍妾赠与他人为妻或妾的婚姻；后者指帝王将姬妾或美女赐与子弟、功臣等为妻的婚姻。

（2）收继婚，分为逆缘婚和顺缘婚，前者指兄亡弟收继嫂或弟亡兄收弟媳为妻的婚姻；后者是指姐死夫续娶其妹为妻，或妹死夫续娶其姐为妻的婚姻。

（3）强制婚，指官府将罪人之妻女断配给他人为妻妾而缔结的婚姻。

4. 聘娶婚。聘娶婚是指男方以向女方家交付聘金或聘礼作为结婚条件，并依礼制程序嫁娶的婚姻形式。我国自西周开始，在礼制上奠定了聘娶婚的基础，汉唐以来在法律上规定聘娶是婚姻成立的唯一方式。聘娶婚便成为我国盛行几千年的主要结婚方式。

聘娶婚与买卖婚之间既有联系又有区别。两者的联系是，都是以金钱或财物作为婚姻成立的先决条件，且都是由父母做主的包办强迫婚姻。两者的区别是，在婚姻缔结的形式上，买卖婚是公开把女子作为买卖的客体，直接进行讨价还价的交易。只要男方家长向女方家长交付价金，女方家长交付女子，婚姻即行成立；聘娶婚则是由公开的买卖变为男女两家私下协议，提高了女子及其家庭在婚姻成立中的地位，聘金、聘礼要求与男方的地位基本相当，一般不把女子作为买卖的客体，同时，还要求经“六礼”程序，婚姻才能成立。所以，聘娶婚仍是人类结婚形式发展的一个进步。

5. 宗教婚。宗教婚是指在中世纪的欧洲，按照宗教教规而缔结的婚姻。宗教婚是当时占统治地位的结婚方式。教会不仅握有婚姻家庭的立法权，而且操纵婚姻家庭的司法权。结婚必须严格遵守教会法中的有关规定，教会法不仅为婚姻的成立规定了严格的条件，明列了众多的婚姻障碍，而且要求当事人结婚须履行一定的宗教仪式，婚姻才能合法成立。由于婚姻的缔结被认为是“神的旨意”，准备结婚的当事人必须事先按照教规将有关事项在教会布告栏中公告，结婚应当举行仪式，婚礼由神职人员主持并得到其祝福，婚姻始为成立和有效。在现代社会，有的宗教较盛行的国家，宗教仪式虽仍然是法定的结婚形式之一，但已不是结婚的法定必经程序。例如，《意大利民法典》分别对宗教婚礼和世俗婚礼作出规定：“宗教婚礼受与罗马教廷缔结的协议以及有关的特别法的调整。”“世俗婚礼由本章第三节调整，由特别法调整的婚姻除外。”但该法同时明文规定：“任何不出具结婚证书的人，均不得要求取得配偶身份和婚姻效力。即使双方具有配偶身份，也不能免除出示结婚证书的义务。”也就是说，只有进行民事结婚登记而取得的结婚证书，才是婚姻合法成立的唯一法定证明文件。[①]

（二）近代、现代社会的共诺婚

共诺婚，又称自由婚，是指以男女双方合意为条件而成立的婚姻。共诺婚把婚姻缔结权从父母或其他人手中还给了婚姻当事人本人，使其能按自己的意愿自由缔结婚姻。它是人类社会结婚形式的又一个进步。

共诺婚是资产阶级革命胜利的产物。在同封建主义进行斗争的过程中，资产阶级提出了“自由、平等”等政治口号，同时，以契约论为基础，认为婚姻是一种夫妻双方以相互占有、共同生活为目的而自愿订立的契约，必须依男女双方当事人的合意而成立。这种婚姻形式结束了婚姻的主体与权利相分离的时代，把婚姻缔结权交给当事人本人。这对于反对封建婚姻的不自由和中世纪欧洲的宗教神权婚姻观，是一个历史的进步。在我国近代社会，民国时期依 1930 年“民法·亲属编”规定，婚姻的成立须以当事人的合意为要件。但在半殖民地半封建的社会条件下，共诺婚并未普遍通行，依“父母之命、媒妁之言”的聘娶婚仍占统治地位。

第二节 婚 约

一、婚约概述

婚约是男女双方以将来结婚为目的所作的事先约定。订立婚约的行为，称为订婚或定婚。婚约成立后，男女双方产生未婚夫妻身份。

婚约成立后，双方当事人负有按约定缔结婚姻的义务，但是，这并不意味着当事人将来必须结婚。婚约与民法上的财产契约不同，它具有人身性，在现代社会基于婚姻自由原则，当事人任何一方在不履行婚约时，另一方不得请求法院强制其履行。附加在婚约上的任何违约条款，也都不具有法律上的效力。

婚约一般具有以下特征：一是婚约必须由拟结婚的当事人双方亲自订立且意思表示真实；二是婚约当事人双方不得有法定的婚姻障碍；三是婚约不是结婚的必经程序；四是婚约为非要式行为。法律没有规定婚约的形式，当事人可以采取各种方式订婚，凡口头、书面、仪式、交换信物等当事人认可的任何形式，都可视为婚约成立。

二、我国现行法律、政策对婚约的态度

我国 1950 年《婚姻法》、1980 年《婚姻法》和 2001 年修正后的《婚姻法》均未对婚约问题作出规定，即没有设立婚约制度。在司法实践中根据有关司法解释及政策、法律的精神，来处理有关婚约的问题。

---

① 参见费安玲等译：《意大利民法典（2004 年）》，82、83、130 条，北京：中国政法大学出版社，2004。

（一）婚约的效力

1. 订婚不是结婚的必经程序。我国法律对婚约既不提倡，也不禁止。订婚不是结婚的必经程序。是否订婚，听由当事人自便。[①] 我国法律不把订婚作为结婚的必经程序，是为了保障婚姻自由。

2. 婚约不能强制履行。婚约不能强制履行，只有双方完全自愿，婚约才能实际履行。如一方不愿履行婚约，另一方不得请求强制履行。

（二）婚约的解除及其相关财产纠纷的处理

虽然法律没有关于婚约的规定，但是，在现实生活中，由于受传统习惯的影响，民间的订婚现象屡见不鲜。婚约解除时，常常引发各种纠纷，因此，对婚约引发的有关问题应当妥善解决，以保证社会的稳定。根据有关政策法律的规定，从既有利于贯彻婚姻自由原则，又有利于促进社会安定团结出发，对于婚约纠纷应区分不同的情况予以处理。

1. 解除婚约无须经诉讼程序。婚约的解除无须经过诉讼程序。婚约经双方同意即可自行解除；一方要求解除的，只须向对方作出意思表示即可解除，无须征得对方的同意。

2. 对因解除婚约引起的财物纠纷，应区别情况，妥善处理。

（1）对属于包办买卖性质的订婚所收受的财物，属非法所得，应依法收缴国库。

（2）对订婚中自愿赠与的财物，按《民法通则》规定的赠与关系处理。但是，对于双方订情的信物，一方要求归还的，以归还为妥。对因举行订婚仪式花费的钱财，一般不得要求对方赔偿。

（3）对于借婚约关系索取的财物，1993 年《离婚财产分割意见》第 19 条第 1 款规定："借婚姻关系索取的财物，离婚时，如结婚时间不长，或者因索取财物造成对方生活困难的，可酌情返还。"并且，《婚姻法解释（二）》第 10 条第 1 款规定，当事人未办理结婚登记，解除婚约，一方请求返还按照习俗给付的彩礼的，人民法院应当支持。

第三节 结婚条件

基于婚姻关系的自然属性和社会属性，要求男女结婚必须具备一定的条件。如不符合法定的结婚条件，当事人的结婚就不具有婚姻的效力，不能受到法律的保护。婚姻法规定的结婚条件，包括必备条件和禁止条件。

一、结婚的必备条件

结婚的必备条件，又称为结婚的积极要件，是当事人结婚时必须具备的不可缺少的条件。婚姻法规定的结婚的必备条件有二，即必须男女双方完全自愿、必须达到法定婚龄。

（一）结婚必须男女双方完全自愿

所谓结婚必须男女双方完全自愿，是指当事人双方自行对结婚作出意思表示，且双方的意思表示一致。基于人格独立和意思自治原则，许多国家法律大多数把双方合意作为结婚的必备条件。我国现行《婚姻法》第 5 条规定："结婚必须男女双方完全自愿，不许任

---

① 1950 年 6 月 26 日中央及人民政府法制委员会《有关婚姻法施行的若干问题及解答》、1953 年 3 月 19 日该委员会发布的新的《有关婚姻法施行的若干问题及解答》。

何一方对他方加以强迫或任何第三者加以干涉。”这是结婚的首要条件，是婚姻自由原则在结婚问题上的具体体现。通过对这一必备条件的规定，国家把结婚的决定权完全交给了当事人本人。在法律范围内，是否结婚、和谁结婚都由当事人按照自己的意思来决定，这就是结婚必须是男女双方完全自愿的基本要求。

结婚必须男女双方完全自愿，包括以下三层含义：一是结婚是男女双方自愿而不是一厢情愿，这就排除了一方对他方的强迫。二是结婚是男女双方本人自愿而不是父母或第三者的“自愿”，这就排除了父母或其他第三人的强迫包办或者干涉。三是结婚是男女双方完全自愿而不是勉强同意，这就排除了外界各种因素的干涉。

在要求婚姻的成立必须是男女双方完全自愿时，要注意划清两个界限。首先，应当划清第三者的善意帮助和非法干涉的界限。法律把婚姻决定权完全交给当事人本人，并不排除第三人（包括父母）出于关心，对当事人的婚事提参考意见，或当事人就其婚事征求父母、亲友等的意见。对第三者的意见是否采纳，由当事人本人决定。法律禁止的只是包办或非法干涉当事人婚姻的行为。其次，要注意划清一般干涉与非法干涉的界限。暴力干涉是指采用殴打、捆绑、拘禁、抢亲等暴力手段强迫干涉当事人的婚姻，是一种严重的干涉他人婚姻自由的行为，要受到刑事法律的制裁。一般干涉是指暴力干涉以外的干涉行为，如以自杀相威胁强迫自己的儿女结婚等行为，这种行为是属于干涉或者妨害当事人自由表达结婚意愿的违法行为，应当坚决予以制止。

（二）结婚必须达到法定婚龄

1. 法定婚龄的概念。法定婚龄，是指男女结婚必须达到法律规定的最低年龄。男女双方或一方未达法定婚龄的，不得结婚，只有双方达到或高于法定婚龄的，才允许结婚。

我国1950年《婚姻法》第4条规定：“男二十岁，女十八岁，始得结婚。”1980年《婚姻法》第5条规定：“结婚年龄，男不得早于二十二周岁，女不得早于二十周岁……”这一规定比1950年《婚姻法》规定的法定婚龄，男女各提高了两周岁。2001年修正后的《婚姻法》未改变1980年《婚姻法》关于结婚年龄的规定。

2. 确定法定婚龄的依据。古今中外大多数国家确定法定婚龄的依据，主要根据自然因素和社会因素。自然因素主要是指人们的生理和心理发育状况，以及地理、气候等条件。男女只有达到一定年龄，生理和心理才能发育成熟，才会具备适合结婚的生理条件和心理条件，才具有婚姻行为能力，才能履行夫妻义务，承担对家庭和社会的责任。热带地区的人们比寒带地区的人们身心发育成熟较早，故法定结婚年龄比寒带相对偏低。社会因素是指一定的生产方式以及与之相适应的其他社会条件。如政治、经济、人口状况、道德、宗教及民族风俗习惯等。其中最主要的是社会生产力发展状况和人口状况。这是确定法定婚龄的主要依据。如我国古代在小农经济条件下，为适应征丁、服劳役及弥补战争对人口的消耗等需要，一直实行早婚政策，法定婚龄普遍较低。有的封建法律甚至强迫人们早婚。我国在1950年《婚姻法》中将法定婚龄规定为男20岁，女18岁。从1949年中华人民共和国成立到20世纪70年代末期，由于人口的急剧增长和经济状况的变化，为使人口与经济、资源及环境协调发展，必须控制人口增长，故1980年《婚姻法》适当提高了法定婚龄。该法确定男22周岁，女20周岁为法定婚龄。实践证明，这一规定有利于计划生育工作的开展，有利于提高人民的物质文化生活水平，有利于优生优育和提高婚姻质量。2001年修正后的《婚姻法》仍然维持了1980年《婚姻法》规定的法定婚龄。总之，我国确定法定婚龄的依据主要是我国所处的地理环境、气候条件；我国公民的生理发育成熟的客观条件和现实的实际结婚年龄；我国社会生产力的状况；我国的人口状况等因素。①

3. 法定婚龄与晚婚年龄的区别与联系。我国现行《婚姻法》规定的法定婚龄是结婚必须遵守的最低年龄，具有强制效力。同时又规定“晚婚晚育应予鼓励”。法定婚龄是指法律允许结婚的最低年龄，也是划分合法婚姻与无效婚姻的界限之一。晚婚年龄是指有关政策中对男女结婚年龄所作的导向性规定。必须明确，晚婚年龄与法定婚龄是既有区别又有联系的两个概念。两者的相同之处是目的一致，即都是为了控制人口的增长。两者的区别在于：第一，两者的年龄不同，法定婚龄是男22周岁，女20周岁，晚婚年龄是男25周岁，女23周岁。第二，两者的效力不同，法定婚龄是法律规定的最低结婚年龄线，是人们结婚的前提条件，具有强制性，当事人必须遵守，如果属于没有达到法定婚龄的结婚就是违法的，要受到法律的惩罚；晚婚年龄是政策规定的提倡性、鼓励性的措施，是通过宣传教育和采取一定的措施，来引导人们遵守，不具有强制效力。即男女青年可根据自己的实际情况，在达到法定婚龄时就结婚或者自愿实行晚婚晚育。

我国现行《未成年人保护法》第15条规定：“父母或者其他监护人不得允许或者迫使未成年人结婚，不得为未成人订立婚约。”这为预防和制止未成年人早婚提供了法律保障。

二、结婚的禁止条件

结婚的禁止条件又称为结婚的消极要件或婚姻的障碍，是指当事人结婚时不得有法律规定的禁止结婚的婚姻障碍。根据我国现行《婚姻法》第7条的规定，结婚的法定禁止条件有三：禁止一定范围内的血亲结婚、禁止患一定疾病的人结婚、禁止有配偶者结婚。

（一）禁止一定范围的血亲结婚

1. 我国《婚姻法》禁止结婚的血亲范围。1950年《婚姻法》第5条第1款规定，为直系血亲，或为同胞的兄弟姐妹或同父异母或同母异父的兄弟姐妹者，禁止结婚；其他五代以内的旁系血亲间禁止结婚的问题，遵从习惯。1980年《婚姻法》将禁止结婚的血亲范围改为“直系血亲和三代以内的旁系血亲，禁止结婚”。2001年修正后的《婚姻法》沿用此规定。

我国2001年修正后的《婚姻法》禁止结婚的血亲范围，包括以下两类亲属。

（1）直系血亲。是指具有直接血缘联系的亲属，包括父母子女、祖父母和孙子女、外祖父母与外孙子女等。他们之间不同亲等和代数，凡直系血亲之间都禁止结婚。

（2）三代以内的旁系血亲。旁系血亲是指具有间接血缘联系的亲属。按照我国现行《婚姻法》的代数计算法，三代以内的旁系血亲是指与己身出自同一父母或同一祖父母、外祖父母的血亲，除直系血亲外的血亲。其范围包括：

第一，同源于父母的兄弟姐妹，包括同父同母的全血缘兄弟姐妹，以及同父异母或同母异父的半血缘兄弟姐妹。他们是同源于父母的两代旁系血亲。至于异父异母的兄弟姐妹虽然名义上以兄弟姐妹相称，但实际上他们之间并无血缘关系，故不属禁婚亲，可以

① 陈苇主编：《结婚与婚姻无效纠纷的处置》，71-72页，北京：法律出版社，2001。

结婚。

第二，同源于祖父母或外祖父母的辈分不同的伯、叔与侄女，姑与侄子，舅与外甥女，姨与外甥。他们属于三代旁系血亲。

第三，同源于祖父母的辈分相同的堂兄弟姐妹、姑表兄弟姐妹；同源于外祖父母的辈分相同的舅表兄弟姐妹、姨表兄弟姐妹。他们属于三代的旁系血亲。

2. 禁止近血亲结婚的立法理由。禁止一定范围的血亲结婚，是古今中外婚姻家庭立法的通例。其理由主要有三。

（1）这是基于自然选择规律的作用。在古代社会，科学技术不发达，遗传学、优生学尚未产生。但是人们从长期实际生活中基于自然选择规律的作用，体会到近亲婚配的危害。如我国古籍载“男女同姓，其生不蕃。”[①] “同姓不婚，惧不殖也。”[②] 但受宗法制度的影响，我国古代只禁止同姓同宗亲属和异姓不同辈分亲属结婚，对异姓近亲平辈亲属的“中表婚”则不禁止。

（2）这具有遗传学、优生学上的科学根据。到近代、现代社会，遗传学、优生学的原理已经证明，近亲通婚有很大危害。人类有多种遗传病，其中有几百种是隐性遗传病，在正常人群中，几乎每个人都有五六种这种遗传基因。各个个体带有的这种遗传基因并不一定相同，由于有正常的显性基因存在，本身并不发病。但是如果血缘过近的人结婚，容易使双方从共同祖先那里获得较多相同的病态基因，在后代的体内相遇和集中（遗传学上叫作纯合），生出素质低劣的孩子。统计表明，一些隐性遗传病如先天性聋哑的发病率，表兄妹婚配是随机婚配的7.8倍；先天性鱼鳞病的发病率，表兄妹婚配是随机婚配的6.35倍。其他如高血压、精神分裂症、先天性心脏病、无脑儿、脊柱裂、癫痫等多基因遗传病或先天畸形，近亲婚配所生子女的发病率也明显高于非近亲结婚。[③] 据各国发病情况调查资料统计，目前因遗传因素而致的遗传性、先天性疾病已占疾病的第三位，各种类型的人类遗传性病有四千多种，而且发病率高，死亡率也很高，已成为当前婴儿死亡的主要原因。[④] 为提高中华民族的人口质量，保证子孙后代的健康，必须依法保障优生优育。所以，我国现行《婚姻法》禁止近血亲结婚。

（3）这是人类伦理道德观念的要求。根据人类社会生活中长期形成的伦理道德观念，认为近亲结婚有碍风化，为社会道德所不容。例如，我国古代儒家伦理观念认为：“不娶同姓者，重人伦，防淫佚，耻与禽兽同也。”[⑤] “取于异姓，所以附远厚别也。”[⑥] 在结婚问题上我国历来讲究“尊卑有别，长幼有序”，反对不同辈分的亲属通婚。虽这些传统伦理观念不乏封建糟粕，但也有精华内容。从中外许多民族的风俗习惯看，也有很多对近亲结婚的限制。我国婚姻法尊重人们长期形成的婚姻伦理道德，故禁止近血亲结婚。

必须指出，我国2001年修正后的《婚姻法》禁止三代以内旁系血亲结婚，其实际意义在于禁止中表婚。所谓中表婚，是指表兄弟姐妹间缔结的婚姻。我国古代虽禁止近亲结

---

① 《左传·僖公二十三（五）年》。

② 《国语·晋语》。

③ 王廷珍等主编：《优生优育学》，166-167页，北京：人民军医出版社，1989。

④ 王镭主编：《中国卫生法学》，238页，北京：中国人民大学出版社，1988。

⑤ 《白虎通·嫁娶》。

⑥ 《礼记·郊特牲》，载陈戍国点校：《周礼·仪礼·礼记》，385页，长沙：岳麓书社，1989。

婚的范围较广，但表兄弟姐妹除外，故中表婚较盛行。其盛行的主要原因有三：一是受小农经济和封闭型生活环境的制约；二是受宗法制度同宗同姓不婚的限制；三是受“亲上加亲”亲属观念的影响。虽我国古代明、清两朝曾立法禁止中表婚，但积习难改，只得改为规定“听从民便”。在近代社会，民国时期的1930年“民法·亲属编”也不禁止中表婚。1949年中华人民共和国成立后，鉴于当时的实际情况，1950年《婚姻法》规定：“其他五代内的旁系血亲间禁止结婚的问题，从习惯。”1980年《婚姻法》则对此修改规定为，禁止三代以内的旁系血亲结婚。按我国人民的习惯，三代以内的旁系血亲，除表兄弟姐妹通婚外，其余的亲属无论辈分是否相同，一般是不能结婚的。故这一规定的实际意义，就在于禁止中表婚。这有利于保障下一代的健康，提高整个民族的人口质量。

3. 拟制血亲和姻亲间的结婚问题。对于拟制血亲之间能否结婚，我国现行《婚姻法》没有明确规定。国外许多国家对法律拟制的直系血亲，都明文加以禁止。例如，日本、德国、瑞士、意大利、墨西哥和俄罗斯等国就规定被收养者与收养者之间不得结婚。[①] 有些国家还将拟制血亲的禁婚范围扩大到养子女的卑血亲，如德国。甚至有的国家将禁婚范围扩至因收养而发生的其他特定种类的亲属，如法国。禁止拟制直系血亲通婚，符合伦理的要求，我国现行《婚姻法》规定，养父母与养子女、继父母与受其抚养教育的继子女之间的权利和义务，适用婚姻法对亲生父母子女关系的规定。因此，现行《婚姻法》对直系血亲缔结婚姻的限制，也适用于养父母子女之间和有抚养关系的继父母子女之间。

此外，由于受伦理观念的影响，许多国家还禁止一定范围的姻亲结婚。特别是直系姻亲，一般都在禁婚的范围，在夫妻离异或一方死亡他方表示终止姻亲后，也不得结婚。有少数国家将一定亲等的旁系姻亲也列入禁婚的范围，如英国、法国、瑞士等。[②] 综上，在我国法律没有明文禁止直系姻亲间结婚，但基于伦理上的要求，直系姻亲间不宜结婚。旁系姻亲，包括异父异母的兄弟姐妹，只要他们相互之间没有禁止结婚的血缘关系，则应准予结婚。

（二）禁止患一定疾病的人结婚

男女结婚，双方须无禁止结婚的疾病。这是由婚姻的性质和特点决定的。法律规定禁止患有一定疾病的人结婚，取决于婚姻关系的自然属性和特性，其目的是防止和避免疾病的传染和遗传，保护婚姻关系当事人的利益和社会的利益。关于禁止结婚的疾病，可概括为两类：一是严重的精神方面的疾病；二是身体方面的疾病，主要是指足以危害对方和下一代健康的重大不治的且有传染性和遗传性的疾病。此外，有的国家还禁止有生理缺陷不能发生性行为者结婚。

我国1950年《婚姻法》第5条第2、3款规定，有生理缺陷不能发生性行为者；患花柳病、性病或精神失常未经治愈，患麻风或其他在医学上认为不应结婚之疾病者，均禁止结婚。1980年《婚姻法》对此修改规定为，“患麻风病未经治愈或患其他医学上认为不应结婚的疾病”者，“禁止结婚”。2001年修正后的《婚姻法》第7条规定，“患有医学上认为不应当结婚的疾病禁止结婚”。即该法将原来的例示性和概括性相结合的规定，改为

---

① 贺小电、周利民：《婚姻继承适用新论》，152页，北京：中国政法大学出版社，2001。

② 上述各国禁止结婚的亲属范围的相关立法，参见陈苇主编：《外国婚姻家庭法比较研究》，153-154页，北京：群众出版社，2006。

纯粹的概括性规定，将禁止结婚的疾病统称为医学上认为不应当结婚的疾病。删除了1980年《婚姻法》禁止麻风病未治愈者结婚的规定，其主要理由是因为麻风病在现代社会是可以治愈的并且其在我国已经基本消灭。

至于哪些疾病属于医学上认为不应当结婚的疾病，我国2001年修正后的《婚姻法》没有作出明确的列举，实践中不能任意解释，在认定时须有充分的科学依据，必要时应当进行医学技术鉴定。我国实行多年的婚前健康检查制度就是为了诊断当事人是否患有禁止结婚的疾病。这一措施有利于减少出生缺陷，提高人口身体素质。所谓婚前健康检查是指男女双方在结婚登记前进行的身体健康检查。按照1994年的《婚姻登记管理条例》第9条的规定，在实行婚前健康检查的地方，申请结婚登记的当事人，必须到指定的医疗保健机构进行婚前健康检查，向婚姻登记管理机关提交婚前健康检查证明。由此可以看出，在确定开展婚前健康检查的地方，当事人进行婚前体检，是结婚登记的一项法定程序。现行《婚姻登记条例》对婚前健康检查未作规定，使原来的强制婚前健康检查改为由当事人选择。但我们认为，这不是对婚前健康检查的否定，现在不少地方政府免费为即将走进婚姻殿堂的人提供婚前健康检查。为了后代的健康、家庭的幸福，当事人应当进行婚前健康检查。我国《母婴保健法》对婚前医学检查作出了明确的规定，该法第8条规定："婚前医学检查包括对下列疾病的检查：（一）严重遗传性疾病；（二）指定传染病；（三）有关精神病。经婚前医学检查，医疗保健机构应当出具婚前医学检查证明。"第9条规定："经婚前医学检查，对患指定传染病在传染期内或者有关精神病在发病期内的，医师应当提出医学意见；准备结婚的男女双方应当暂缓结婚。"第10条规定："经婚前医学检查，对诊断患医学上认为不宜生育的严重遗传性疾病的，医师应当向男女双方说明情况，提出医学意见；经男女双方同意，采取长效避孕措施或者施行结扎手术后不生育的，可以结婚。但《中华人民共和国婚姻法》规定禁止结婚的除外。"第38条规定："本法下列用语的含义：指定传染病，是指《中华人民共和国传染病防治法》中规定的艾滋病、淋病、梅毒、麻风病以及医学上认为影响结婚和生育的其他传染病。严重遗传性疾病，是指由于遗传因素先天形成，患者全部或者部分丧失自主生活能力，后代再现风险高，医学上认为不宜生育的遗传性疾病。有关精神病，是指精神分裂症、躁狂抑郁型精神病以及其他重型精神病。产前诊断，是指对胎儿进行先天缺陷和遗传性疾病的诊断。"

（三）禁止有配偶者结婚

我国现行《婚姻登记条例》第6条明文规定：一方或者双方已有配偶的，不予登记。这就是说，要求结婚的男女双方，必须是无配偶的人。无配偶包括三种情况：一是未婚，二是丧偶，三是离婚。只有双方都是无配偶的人，才能结婚，否则构成重婚。重婚是法律禁止的，构成重婚罪的，要按照现行《刑法》的有关规定，追究刑事责任。

第四节 结婚程序

结婚登记是我国公民结婚的法定形式要件，即婚姻成立的法定程序。我国现行《婚姻法》第8条规定，"要求结婚的男女双方必须亲自到婚姻登记机关进行结婚登记。符合本法规定的，予以登记，发给结婚证。取得结婚证，即确立夫妻关系……"为保证我国结婚登记制度的实施，我国先后于1955年、1980年、1986年颁布了三部《婚姻登记办法》。我国民政部于1994年颁行了《婚姻登记管理条例》；国务院于2003年颁行《婚姻登记条例》，废止了1994年《婚姻登记管理条例》。

一、结婚程序概述

（一）结婚程序的概念

结婚的程序即结婚的形式要件，是法律规定的缔结婚姻关系必须履行的法定手续，是婚姻取得社会承认的一种方式。婚姻的成立，除要求当事人必须符合结婚的实质要件外，还要符合一定的形式要件。只有履行了法律规定的结婚程序后，婚姻才能合法成立，才能受到法律保护。我国结婚必须履行的法定程序是进行结婚登记。因此，合法婚姻成立的唯一形式要件是结婚登记。当事人只要依法办理了结婚登记，夫妻关系即确立，而不管其是否举行了结婚仪式，或者是否同居生活。

（二）结婚登记的意义

我国现行《婚姻登记条例》第1条指出："为了规范婚姻登记工作，保障婚姻自由、一夫一妻、男女平等的婚姻制度的实施，保护婚姻当事人的合法权益，根据《中华人民共和国婚姻法》（以下简称婚姻法），制定本条例。"结婚登记的意义如下：

1. 保障社会主义婚姻制度的实施。通过结婚登记，国家对婚姻的成立进行指导，可以保障婚姻自由，防止包办、买卖婚姻和其他干涉婚姻自由的行为，保证结婚条件的执行，防止早婚、近亲结婚和患有禁止结婚疾病的人结婚等，以确保社会主义婚姻制度的实施。

2. 保护婚姻当事人的合法权益。结婚登记是我国婚姻成立的法定程序，是合法婚姻成立的唯一形式要件。只有履行了结婚登记，婚姻才能合法成立并具有法律效力。结婚登记简便易行，便于结婚当事人履行。对于符合结婚条件的，婚姻登记管理机关即时予以登记，发给结婚证，并建立结婚登记档案，当事人的夫妻身份记录在案，核查方便。依法履行婚姻登记的婚姻当事人的合法权益受法律保护。

3. 有利于提高当事人的法制观念，防止违反婚姻法的行为发生。实行结婚登记，婚姻登记机关可及时进行法制教育与社会主义道德教育，减少婚姻纠纷的发生，同时还可以及时发现结婚当事人违反婚姻法的行为，从而预防和制止违反婚姻法行为的发生。

总之，结婚登记不是一种可有可无的手续，而是一项严肃的法律制度。我国民间盛行举行结婚仪式的习俗，但必须明确婚礼不能代替结婚登记。如果只举行婚礼而不办理结婚登记，则不能成立合法有效的婚姻关系。对于未办理结婚登记即以夫妻名义共同生活者，可以通过补办结婚登记手续，从而成立合法的婚姻关系。

二、结婚登记的机关和程序

（一）结婚登记的机关

我国现行《婚姻登记条例》第2条第1款规定："内地居民办理婚姻登记的机关是县级人民政府的民政部门或者乡（镇）人民政府，省、自治区、直辖市人民政府可以按照便民原则确定农村居民办理婚姻登记的具体机关。"第4条第1款规定："内地居民结婚，男女双方应当共同到一方当事人常住户口所在地的婚姻登记机关办理结婚登记。"

内地居民结婚，当事人双方的户口在同一地区的，到共同常住户口所在地婚姻登记机关办理结婚登记。结婚当事人的常住户口不在同一地区的，可以到任何一方常住户口所在地的婚姻登记机关办理结婚登记。①

（二）结婚登记的程序

我国现行《婚姻法》第 8 条规定，“要求结婚的男女双方必须亲自到婚姻登记机关进行结婚登记”。即要求结婚登记的当事人双方必须亲自到场，不能由一方或任何第三方代理。

1. 结婚登记的程序。根据现行《婚姻登记条例》的规定，结婚登记分为申请、审查和登记三个环节。

（1）申请。要求结婚的男女双方向有管辖权的婚姻登记机关提出申请，办理结婚登记。

办理结婚登记的内地居民应当出具的证件和证明材料是：本人的户口簿、身份证、本人无配偶以及与对方当事人没有直系血亲和三代以内旁系血亲关系的签字声明。

必须指出，申请结婚登记的当事人，应当如实向婚姻登记机关提供上述有关证件和证明，不得隐瞒真实情况。婚姻登记机关办理结婚登记，也不得要求当事人出具法律规定以外的其他证件和证明。

（2）审查。即婚姻登记机关依法对当事人所出具的证件、证明材料进行审查并询问相关情况。婚姻登记员应对当事人讲明法律规定，并依法对其结婚申请从两个方面进行审查：一方面看当事人所持证件与证明材料是否真实、完备，有无伪造、涂改或冒名顶替的行为，必要时可进行调查核实。另一方面看当事人双方是否都符合法定的结婚条件。

（3）登记。婚姻登记机关对当事人的结婚申请进行审查后，对符合结婚条件的，应当当场予以登记，发给结婚证。取得结婚证，当事人即确立夫妻关系。

关于不予办理结婚登记的法定情形，根据现行《婚姻登记条例》第 6 条的规定，在审查中如果发现申请结婚登记的当事人有下列情形之一的，婚姻登记机关不予登记：（1）未到法定结婚年龄的；（2）非双方自愿的；（3）一方或者双方已有配偶的；（4）属于直系血亲或者三代以内旁系血亲的；（5）患有医学上认为不应当结婚的疾病的。

婚姻登记机关对当事人的结婚登记申请不予登记的，应当向当事人说明理由。

必须指出，结婚当事人认为符合婚姻登记条件而婚姻登记机关不予登记的，可以依照行政复议条例的规定申请复议；对复议决定不服的，可以依照《行政诉讼法》的规定提起诉讼。

2. 结婚登记程序存在瑕疵的处理。《婚姻法解释（三）》第 1 条第 2 款规定：“当事人以结婚登记程序存在瑕疵为由提起民事诉讼，主张撤销结婚登记的，告知其可以依法申请行政复议或者提起行政诉讼。”

（三）补办结婚登记与复婚登记

所谓补办结婚登记，是指依现行《婚姻法》第 8 条的规定，未办理结婚登记以夫妻名义共同生活的男女，可以补办结婚登记。我国现行《婚姻登记条例》第 8 条规定：“男女双方补办结婚登记的，适用本条例结婚登记的规定。”补办结婚登记的当事人双方必须共同到一方常住户口所在地的婚姻登记机关补办结婚登记。婚姻登记机关对结婚当事人补

① 我国《户口登记条例》第 6 条规定：“公民应当在经常居住的地方登记为常住人口，一个公民只能在一个地方登记为常住人口。”

办结婚登记的申请进行审查，双方当事人符合结婚条件的，应当当场（即时）予以登记，发给结婚证。依据《婚姻法解释（一）》第 4 条规定，补办结婚登记后，婚姻关系的效力从双方均符合婚姻法规定的结婚实质要件时起算。

现行《婚姻登记条例》第 14 条规定："离婚的男女双方自愿恢复夫妻关系的，应当到婚姻登记机关办理复婚登记。复婚登记适用本条例结婚登记的规定。"离婚的当事人双方要求恢复夫妻关系，必须双方亲自到一方常住户口所在地的婚姻登记机关申请复婚登记。婚姻登记机关对当事人的复婚申请，按照结婚登记的程序办理。婚姻登记机关对复婚申请进行审查，双方当事人符合结婚条件的，应当当场予以登记，发给结婚证，同时应当注销其离婚证。

三、结婚登记的效力

我国现行《婚姻法》第 8 条规定，取得结婚证，即确立夫妻关系。结婚登记的效力主要是：第一，夫妻身份的确立，即只要男女双方履行了结婚登记手续，取得结婚证，当事人之间就形成合法的夫妻关系。无论是否举行结婚仪式，也无论是否同居生活，他们都是合法的夫妻关系；第二，当事人之间具有夫妻之间的法定权利义务关系，双方的合法权益受法律保护；第三，婚姻关系一经成立不得任意解除，如果一方反悔，要求解除夫妻关系，必须按离婚程序办理。

根据现行《婚姻登记条例》第 17 条规定，结婚证是婚姻登记机关签发的证明婚姻关系成立的法律文书，如果当事人遗失或者损毁结婚证的，可以持户口簿、身份证向原办理婚姻登记的机关或者一方当事人常住户口所在地的婚姻登记机关申请补领。婚姻登记机关对当事人的婚姻登记档案进行审核，确认属实的，应当为当事人补发结婚证。

第五节　无效婚姻与可撤销婚姻

为了制裁和处理违法婚姻，2001 年修正后的《婚姻法》增加了无效婚姻和可撤销婚姻制度，对无效婚姻和可撤销婚姻的法定事由、程序、效力等作出明确规定。这有利于规范当事人结婚行为，预防和减少违法婚姻，保护善意当事人及其子女利益。

一、无效婚姻与可撤销婚姻概述

（一）无效婚姻与可撤销婚姻的概念

所谓无效婚姻，是指不符合结婚实质要件中的公益要件，因而在法律上不具有婚姻效力的男女两性结合。可撤销婚姻是指欠缺结婚实质要件中的私益要件，因而自该婚姻被宣告撤销之日起不具有婚姻效力的男女两性结合。

在国外的立法中，因其欠缺而使婚姻为无效的法定条件，被称为无效要件；因其欠缺而使婚姻为可撤销的法定条件，被称为撤销要件。至于何为婚姻的无效要件和撤销要件，各国立法不尽相同。各国立法对于婚姻无效与撤销的理解不尽一致，以致欠缺同一结婚法定要件，在甲国为无效婚姻，在乙国则为可撤销婚姻。① 虽然各国立法对无效婚姻与可撤销婚姻的分类不尽一致，但在效力上，无效的婚姻为自始无效，具有溯及既往的效力，这是无效婚姻与可撤销婚姻最主要的区别。因为，一般来说，无效婚姻与可撤销婚姻两者欠缺结婚法定要件的情形不同，其损害的利益有公益与私益之别，违法的程度有轻重之差异，故两者的法律后果也有所不同。有的国家单采无效婚姻制度，如法国、意大利及俄罗斯等国；有的国家单采可撤销婚姻制度，如德国；有些国家则采取双轨制，兼采无效婚姻与可撤销婚姻制度，如瑞士、日本和英国等。采双轨制的国家中，无效婚姻与可撤销婚姻的法律后果存在差异。②

与国外立法相比，我国目前规定的无效婚姻和可撤销婚姻有自己的特色，比如，我国兼采无效婚姻与可撤销婚姻制度、两者都欠缺结婚的实质要件、两者在效力上没有区别、可撤销婚姻仅以当事人一方受胁迫为单一的原因等。

（二）我国无效婚姻与可撤销婚姻的立法沿革

男女结合只有符合法定的结婚条件和程序，才具有婚姻的效力。我国 1950 年《婚姻法》和 1980 年《婚姻法》都仅笼统规定，违反本法者，得分别情况，依法予以行政处分或法律制裁。但对当事人违反结婚法定条件而缔结的婚姻的效力，未作规定。20 世纪 60 年代最高人民法院的司法解释首次提到婚姻无效问题，指出应“宣布重婚关系无效”。1986 年 3 月颁行的《婚姻登记办法》第 9 条第 2 款明确规定了婚姻无效问题：“婚姻登记机关发现婚姻当事人有违反婚姻法的行为，或在登记时弄虚作假、骗取《结婚证》的，应宣布该项婚姻无效，收回已骗取的《结婚证》，并对责任者给予批评教育。触犯刑律的，由司法机关依法追究刑事责任。”1994 年 2 月 1 日施行的《婚姻登记管理条例》第 5 章虽规定了婚姻无效的原因及其处理等问题，但仍未建立一套系统完备的无效婚姻制度，对违法婚姻的处理和制裁的力度不够。2001 年修正后的《婚姻法》新增设了无效婚姻制度，填补了此立法的空白。依现行《婚姻法》和《婚姻登记条例》的规定，违反结婚条件的违法婚姻可以分为无效婚姻与可撤销婚姻两大类。③

（三）无效婚姻与可撤销婚姻的联系与区别

无效婚姻与可撤销婚姻是既有区别又有联系的两个概念。它们的联系是：第一，两者的性质相同。婚姻的无效与撤销都是对违法婚姻的处理与制裁，不是对合法婚姻的解除。第二，两者被宣告无效或撤销后的法律后果相同。在我国，根据现行《婚姻法》第 12 条和《婚姻法解释（一）》第 13 条的规定，对婚姻无效与撤销，实行宣告制，婚姻被宣告无效或撤销后都是“自始无效”。

两者的区别在于：第一，形成的原因不同。无效婚姻是指因为重婚、有禁止结婚的亲

① 主编注：关于设立无效婚姻与可撤销婚姻制度的立法理由，参见陈苇主编：《结婚与婚姻无效纠纷的处置》，43-50 页，北京：法律出版社，2001。

② 参见陈苇主编：《外国婚姻家庭法比较研究》，157-160 页，北京：群众出版社，2006。

③ 主编注：关于建立我国无效婚姻制度的设想，在修改我国 1980 年《婚姻法》的讨论中，主要有两种观点：第一种观点主张采取单轨制，不必作婚姻无效与可撤销的区分，在立法上仅设立无效婚姻制度，不设立可撤销婚姻制度，此为 20 世纪 90 年代我国学术界的通说，参见杨大文主编：《亲属法》，104 页，北京：法律出版社，1997；李洪祥、吕大可：《婚姻法律制度研究》，94-111 页，长春：长春出版社，2000。第二种观点主张采取双轨制，同时设立无效婚姻制度和可撤销婚姻制度的二元结构，参见王洪：《婚姻家庭法热点问题研究》，67-77 页，重庆：重庆大学出版社，2000。

属关系、未达到法定婚龄、患有医学上认为不应当结婚的疾病婚后没有治愈等原因而形成的婚姻，可撤销婚姻仅是指当事人一方受到胁迫而形成的婚姻。第二，请求权行使的期限不同。无效婚姻的请求必须在婚姻无效的原因消失前提出。可撤销婚姻的请求必须在婚姻登记后一年内提出。如果当事人被限制人身自由，须在恢复人身自由之日起一年内提出。超过这一时间，当事人就不得再提出请求。第三，请求权行使的主体不同。可撤销婚姻的请求权由被胁迫结婚的当事人本人行使，无效婚姻的请求权由当事人及利害关系人行使。可撤销婚姻的撤销权仅由当事人行使，主要是为了尊重当事人的意愿。第四，程序不同。婚姻无效当事人只能依诉讼的程序请求人民法院宣告婚姻无效。可撤销婚姻可依行政程序，也可依诉讼的程序请求宣告撤销。即当事人既可以向婚姻登记机关提出请求，又可以向人民法院提出请求。

二、我国无效婚姻与可撤销婚姻制度[①]

长期以来，由于在我国的立法中，没有关于无效婚姻制度的规定，司法实践中的许多本应当确定为无效婚姻的，都是按照离婚的程序来处理。这不仅有悖于法理，也有损于法律的严肃性与权威性。我国2001年修正后的《婚姻法》以及《婚姻法解释（一）》新增了无效婚姻和可撤销婚姻制度。我国现行无效婚姻和可撤销婚姻制度的主要内容包括：婚姻无效或被撤销的法定原因、可撤销婚姻的请求权主体及请求权行使的时效期间、可撤销婚姻的宣告机关以及婚姻无效或被撤销的法律后果等。

（一）婚姻无效和婚姻可撤销的原因

根据我国现行《婚姻法》的规定，无效婚姻和可撤销婚姻都只是违反结婚的实质要件，但并不违反结婚的程序，均已办理结婚登记。不同的结婚实质要件，构成了婚姻无效和婚姻可撤销的不同原因。

1. 婚姻无效的原因。现行《婚姻法》第10条规定，有下列情形之一的，婚姻无效：

（1）重婚的；

（2）有禁止结婚的亲属关系的；

（3）婚前患有医学上认为不应当结婚的疾病，婚后尚未治愈的；

（4）未到法定婚龄的。

必须注意，《婚姻法解释（三）》第1条第1款规定：“当事人以婚姻法第十条规定以外的情形申请宣告婚姻无效的，人民法院应当判决驳回当事人的申请。”

2. 婚姻可撤销的原因。现行《婚姻法》第11条规定：“因胁迫结婚的，受胁迫的一方可以向婚姻登记机关或人民法院请求撤销该婚姻。受胁迫的一方撤销婚姻的请求，应当自结婚登记之日起一年内提出。被非法限制人身自由的当事人请求撤销婚姻的，应当自恢复人身自由之日起一年内提出。”按照这一规定，可撤销婚姻的原因是一方受到胁迫。所谓胁迫，“是指行为人以给另一方当事人或者其近亲属的生命、身体健康、名誉、财产等方面造成损害为要挟，迫使另一方当事人违背真实意愿结婚的情况”。[②]

---

① 主编注：关于无效婚姻制度的发展趋势，有学者认为，无效婚姻与可撤销婚姻的区别在缩小。参见马忆南、高庆：《改革开放三十年中国结婚法研究之回顾与展望》，载陈苇主编：《改革开放三十年（1978－2008）中国婚姻家庭继承法研究之回顾与展望》，125页，北京：中国政法大学出版社，2010。

② 《婚姻法解释（一）》第10条。

（二）申请宣告婚姻无效或撤销婚姻的请求权人

1. 申请宣告婚姻无效的请求权人。申请宣告婚姻无效的权利主体是当事人本人和利害关系人。利害关系人包括：以重婚为由申请宣告婚姻无效的，为当事人的近亲属和基层组织；以未达法定婚龄为由申请宣告婚姻无效的，为未达法定婚龄者的近亲属；以有禁止结婚的亲属关系为由申请宣告婚姻无效的，为当事人的近亲属；以婚前患有医学上认为不能结婚的疾病婚后没有治愈为由申请宣告婚姻无效的，为与患病者共同生活的近亲属。[①]

2. 申请宣告撤销婚姻的请求权人[②]。因受到胁迫而请求撤销婚姻的，只能是受胁迫一方的婚姻当事人本人。[③] 将撤销婚姻的请求权赋予受胁迫的当事人一方，这主要是为了尊重当事人对婚姻关系的意愿。受胁迫而结婚的当事人，因与对方共同生活一段时间后可能已经建立起一定的感情，或者已经生育子女，受胁迫的一方当事人本人已愿意继续与对方共同生活，而不愿意解除婚姻关系。在此情况下，如果法律硬性规定一律将该婚姻予以撤销，不利于保护当事人及其子女的利益。

（三）宣告婚姻无效或撤销的机关

根据《婚姻法解释（一）》第9条的规定，婚姻无效只能由人民法院宣告。人民法院审理宣告婚姻无效案件，对婚姻效力的审理不适用调解，应当依法作出判决；有关婚姻效力的判决一经作出，即发生法律效力。涉及财产分割和子女抚养的，可以调解。调解达成协议的，另行制作调解书。对财产分割和子女抚养问题的判决不服的，当事人可以上诉。这样既能及时解除该违法婚姻关系，同时也能妥善处理子女抚养、财产分割和债务清偿等问题，有利于维护当事人及其子女的权益。

根据现行《婚姻登记条例》第9条和《婚姻法解释（一）》第11条的规定，有权撤销婚姻的机关包括婚姻登记机关和人民法院。婚姻登记机关只有在申请撤销婚姻的案件“不涉及子女抚养、财产及债务问题”时，才能依法撤销婚姻；如申请撤销婚姻的案件涉及子女抚养、财产及债务问题的，当事人应向人民法院请求撤销婚姻。

（四）申请宣告婚姻无效或撤销婚姻的请求权之行使

1. 申请宣告婚姻无效请求权的行使。我国《婚姻法解释（一）》第8条规定，“当事人依据婚姻法第十条的规定向人民法院提出宣告无效婚姻的申请时，法定的婚姻无效的情形已经消失的，人民法院不予支持”。按此规定，当事人和利害关系人必须在引起婚姻无效的原因存在时，提出宣告婚姻无效的申请。如果引起婚姻无效的原因已经消失，人民法院对申请宣告婚姻无效的请求就不再支持。另外，根据《婚姻法解释（二）》第5条的规定，“夫妻一方或者双方死亡后一年内，生存一方或者利害关系人依据婚姻法第十条的规定申请宣告婚姻无效的，人民法院应当受理。”

2. 申请撤销婚姻请求权的行使。受胁迫方向婚姻登记机关和人民法院请求撤销婚姻，

---

① 《婚姻法解释（一）》第7条。

② 主编注：必须注意，关于可撤销婚姻的请求权人，有些国家立法规定的可撤销婚姻的法定原因与我国不同，撤销婚姻的请求权人亦与我国不同。例如，依《日本民法典》第743—747条的规定，可撤销婚姻分为公益撤销与私益撤销两种。前者基于公益的理由，对未达法定婚龄的早婚、重婚、近亲婚等，当事人、近亲属和检察官均可请求法院宣告撤销；后者基于私益的理由，对胁迫、欺诈成立的婚姻，仅限于受胁迫、欺诈的婚姻当事人本人有权请求法院宣告撤销。参见陈苇主编：《结婚与婚姻无效纠纷的处置》，46页，北京：法律出版社，2001。

③ 《婚姻法解释（一）》第10条。

必须在结婚登记之日起一年内提出。如果当事人被非法限制人身自由的，应当自恢复人身自由之日起一年内提出。这里的"一年"，不适用诉讼时效中止、中断或者延长的规定。法律规定受胁迫一方当事人行使撤销婚姻请求权须在法定的期限一年内行使，主要是为了促使当事人及时行使请求权，以避免其婚姻关系长期处于不稳定的状态。

根据我国民政部颁布并于2016年2月1日施行的《婚姻登记工作规范》，当事人向婚姻登记机关申请撤销婚姻的，应持有本人的身份证、结婚证，要求撤销婚姻的书面申请，以及公安机关出具的当事人被拐卖、解救的相关材料，或者人民法院作出的能够证明当事人被胁迫结婚的判决书。

（五）婚姻无效与撤销的法律后果

按照我国现行《婚姻法》及相关司法解释的规定，被宣告无效或被撤销的婚姻的法律后果是相同的，均自始无效。所谓自始无效，是指无效或者可撤销婚姻在依法被宣告无效或者可撤销时，才确定该婚姻自始不受法律保护。其法律后果表现在：

1. 当事人不具有夫妻之间的权利和义务关系。双方不具有夫妻之间的人身关系；没有相互的继承权，在同居期间，当事人一方死亡的，另一方不能以配偶身份继承对方遗产，如果符合《继承法》第14条的规定，可酌情分得适当的遗产；也没有相互的扶养义务。现行《婚姻法》第12条规定，"同居期间所得的财产，由当事人协议处理；协议不成时，由人民法院根据照顾无过错方的原则判决"。《婚姻法解释（一）》第15条规定，"当事人同居期间所得的财产，按共同共有处理。但有证据证明为当事人一方所有的除外"。按照这个规定，男女双方在同居期间所得的财产，除依约定或依法应当排除属于一方个人所有的财产外，双方有平等的所有权，在处理时，首先由当事人协议处理；协议不成时，由人民法院根据照顾无过错方的原则判决。

2. 当事人所生子女的抚养问题。按照现行《婚姻法》第12条规定，当事人所生子女适用本法有关父母子女关系的规定。因此，婚姻被宣告无效或婚姻被撤销的当事人所生的子女，其父母子女之间的权利与义务，不受父母没有合法婚姻关系的影响，有关子女的身份和抚养问题均适用婚姻法有关父母子女关系的规定。

3. 对重婚导致的婚姻无效的处理。对重婚导致的婚姻无效的处理，不得侵害合法婚姻当事人的财产权益。《婚姻法解释（一）》第16条规定："人民法院在审理重婚导致的无效婚姻案件时，涉及财产处理的，应当允许合法婚姻当事人作为有独立请求权的第三人参加诉讼。"也就是说，在确认重婚之后婚姻无效的同时，对后婚同居期间的财产进行处理时要保护前一合法婚姻关系当事人的应得财产利益，不得侵害合法婚姻当事人的财产权利。对在婚姻关系存续期间，重婚的一方用夫妻共同财产擅自为重婚的他方购置的财产，应当作为夫妻共同财产，重婚他方无权要求分割。

第六节　事实婚姻

根据我国现行《婚姻法》和有关司法解释的规定，未办理结婚登记而以夫妻名义同居生活的男女两性结合，可分为两种：一是事实婚姻关系，二是同居关系。对于同居关系，我们将在第七节非婚同居关系中进行阐述，本节仅对事实婚姻关系进行阐述。

一、事实婚姻概述

（一）事实婚姻的概念和特征

事实婚姻是相对于法律婚姻而言的，其概念有广义与狭义之分。广义的事实婚姻，是指男女双方未办结婚登记，便以夫妻名义同居生活，群众也认为是夫妻关系的两性结合。狭义的事实婚姻，是指没有配偶的男女未办结婚登记，便以夫妻名义同居生活，群众也认为是夫妻关系，并且双方符合我国结婚法定条件的两性结合。前者包括仅欠缺结婚法定形式要件（单一违法）的事实婚姻，以及既欠缺结婚法定形式要件又欠缺结婚法定实质要件（双重违法）的事实包办、买卖婚姻，事实早婚，事实近亲婚，事实重婚，事实疾病婚等违法婚姻。后者仅指欠缺结婚法定形式要件（单一违法）的事实婚姻。① 由于我国立法采取狭义的事实婚姻的概念，因此，本节仅就狭义的事实婚姻进行阐述。

事实婚姻具有四个方面的特征：第一，欠缺结婚法定形式要件。即当事人双方未办理结婚登记手续。这是其区别于法律婚姻的主要特征。第二，男女双方均无配偶。即当事人双方均处于未婚、丧偶或离婚状态，均属于无配偶的人。这是其区别于事实重婚的主要特征。如果当事人一方有配偶，就是事实重婚。② 第三，具有目的性和公开性，即当事人双方具有长期共同生活的目的，并以夫妻名义公开共同生活，被群众公认为是夫妻关系。这是其区别于其他非婚两性关系的特征之一。例如，通奸具有隐蔽性；有配偶者与他人同居一般不具有终生共同生活的目的，并且有的虽公开同居但相互间不以夫妻名义相称。第四，符合法定结婚条件和符合法定时间条件。这是事实婚姻区别于同居关系的主要特征。根据最高人民法院司法解释的规定，未办理结婚登记手续即以夫妻名义同居的，在1994年2月1日《婚姻登记管理条例》施行之前，双方已经符合结婚的实质要件的，可认定为事实婚姻关系，否则认定为同居关系。③ 据此，构成事实婚姻的条件是双方在1994年2月1日前同居并双方符合法定的结婚实质要件。

综上所述，我国狭义的事实婚姻具有以上四个特征。只要同时具备以上特征，就可认定为事实婚姻。

（二）我国事实婚姻效力的立法沿革

新中国成立以后制定的1950年《婚姻法》和1980年《婚姻法》对事实婚姻均未作明确规定，但在最高人民法院多次司法解释中，曾经在相当长的时间内采取有条件地承认的态度，直到1994年才完全不承认事实婚姻的民事效力，将其视为非法同居。2001年《婚姻法》修正后，才又采取有条件地承认事实婚姻的规定。根据最高人民法院的历次司法解释，对事实婚姻的效力，从承认主义到相对承认主义，再从不承认主义到有条件地相对承认主义，大致经历了以下四个阶段。

第一个阶段，自新中国成立初期至1989年11月21日。在此期间，司法实践中承认

① 参见杨怀英主编：《中国婚姻法论》，215页，重庆：重庆出版社，1989。

② 必须注意，根据《最高人民法院关于废止1980年1月1日至1997年6月30日期间发布的部分司法解释和司法解释性质性文件（第九批）的决定》，自2013年1月18日起，我国已不承认自此以后形成的事实重婚的效力。

③ 《婚姻法解释（一）》第5条。

符合结婚实质要件的事实婚姻的法律效力，并予以保护。①

第二个阶段，1989年11月21日至1994年2月1日。在此期间是有条件地承认事实婚姻，只是采取了逐步从严的政策。最高人民法院1989年1月21日颁布的《审理以夫妻名义同居生活案件的意见》，确立了逐步从严，最终取消承认事实婚姻民事效力的时间表。根据这一时间表，“1986年3月15日《婚姻登记办法》施行之前，未办结婚登记手续即以夫妻名义同居生活，群众也认为是夫妻关系的，一方向人民法院起诉‘离婚’，如起诉时双方均符合结婚的法定条件，可认定为事实婚姻关系；如起诉时一方或双方不符合结婚的法定条件，应认定为非法同居关系。”“1986年3月15日《婚姻登记办法》施行之后，未办结婚登记即以夫妻名义同居生活，群众也认为是夫妻关系的，一方向人民法院起诉‘离婚’，如同居时双方均符合结婚的法定条件，可认定为事实婚姻关系；如同居时一方或双方不符合结婚的法定条件，应认定为非法同居关系。”

第三个阶段，1994年2月1日至2001年12月27日。在此期间，不承认事实婚姻。1994年2月1日民政部的《婚姻登记管理条例》颁布实施，明确规定所有未办理结婚登记手续即以夫妻名义同居生活的均按非法同居对待，不再承认事实婚姻，即事实婚姻关系不再具有婚姻的效力，但事实重婚者仍须承担刑事责任。1994年最高人民法院在给四川省高级人民法院的批复中明确规定：有配偶的人与他人以夫妻名义同居生活的，或者明知他人有配偶而与之以夫妻名义同居生活的，仍应按重婚罪处罚。但自2013年1月18日起，我国已不再承认在此日期后形成的事实重婚的效力，即自此日期后形成的有配偶的人与他人以夫妻名义同居生活的，或者明知他人有配偶而与之以夫妻名义同居生活的，均不认为构成重婚，不以刑罚处理。

第四个阶段，2001年12月27日至今，是采取有条件地承认事实婚姻关系。根据《婚姻法解释（一）》第4、5条的规定，未办理结婚登记手续即以夫妻名义同居的男女，在1994年2月1日《婚姻登记管理条例》施行之前，双方已经符合结婚的实质要件的，可认定为事实婚姻关系，否则认定为同居关系。但如果男女双方根据《婚姻法》第8条规定补办结婚登记的，婚姻关系的效力从双方均符合婚姻法所规定的结婚的实质要件时起算，也即补办结婚登记将使事实婚姻从当事人符合结婚实质要件时起具有合法婚姻的法律效力。可见，自2001年12月27日《婚姻法解释（一）》颁布施行之日起，当事人双方以夫妻名义共同生活，但不符合法定结婚条件和时间条件的不能认定为事实婚姻，而只属于同居关系。此同居关系并非“非法”。

二、事实婚姻的法律效力及处理

（一）事实婚姻的法律效力

由于婚姻的结合是身份关系的结合，具有“事实在先”的特点，无论法律承认与否，这种身份关系都已经存在，鉴于事实婚姻的这个特点，对既存的婚姻关系如何认定、是否

① 详见最高人民法院1979年2月2日《关于贯彻民事政策法律的意见》和1984年《执行民事政策法律的意见》。

保护，也就决定了各国对事实婚姻的立法主义。[①] 从立法原则看，大致有三种：一是承认主义即法律承认其具有与合法婚姻同等效力；二是不承认主义，即法律不承认其具有婚姻的效力；三是限制承认主义，即法律有条件地承认其效力。

（二）我国事实婚姻关系的处理[②]

根据最高人民法院1989年《审理以夫妻名义同居生活案件的意见》的规定，事实婚姻的处理原则如下：

第一，事实婚姻具有违法性。在处理事实婚姻案件时，首先要向双方当事人严肃指出其行为的违法性和危害性，并视其违法情节给予批评教育或民事制裁。然后依法定条件认定其为事实婚姻关系。

第二，事实婚姻关系具有婚姻的效力。凡被认定为事实婚姻关系的，适用婚姻法关于夫妻权利与义务的规定，如相互间有夫妻的身份、互有配偶继承权、互负扶养义务、同居期间一方或双方所得财产除另有约定或者法律另有规定的外属夫妻共同共有财产、双方所生的子女为婚生子女等。

第三，审理事实婚姻关系的离婚案件，应当先进行调解。经调解和好或撤诉的，确认婚姻关系有效，发给调解书或裁定书；经调解不能和好的，应调解或判决准予离婚。必须指出，处理事实婚姻离婚案件与登记结婚的合法婚姻的离婚是所区别的，即对经调解无效的，只能判决准予离婚，而不能像合法婚姻那样以夫妻感情是否确已破裂为标准，还可以判决不准离婚。这种区别划清了合法与违法的界限，如果判决不准离婚，是有悖于法律规定的。[③]

第四，事实婚姻关系离婚时，子女的抚养、财产的分割及对生活困难一定的经济帮助等问题，适用现行《婚姻法》的有关规定，注意照顾妇女和儿童的利益。

第七节 非婚同居关系

一、非婚同居关系概述

在当今社会，不结婚而同居生活，已经成为一些人对家庭生活方式的一种选择。非婚同居作为一种社会现象，在20世纪60年代之前一直受到社会的抑制、道德的非难和法律的禁止，法律仅在极其有限的范围内对其产生的某些后果加以调整。20世纪60年代中后期，由于非婚同居现象的大量增加，一些西方国家开始改变其传统的态度，对非婚同居进行法律上的规范和调整。[④] 在我国，婚姻一直是通向家庭和夫妻性生活的唯一合法桥梁。当事人如果要建立家庭和拥有夫妻性生活，必须首先通过缔结婚姻的方式才能实现。然而从20世纪80年代中后期，尤其是20世纪90年代以来，随着我国社会经济的发展，人口

---

① 夏吟兰：《事实婚姻制度研究》，载夏吟兰、蒋月、薛宁兰：《21世纪婚姻家庭关系新规制》，243页，北京：中国检察出版社，2001。

② 主编注：关于我国事实婚姻制度的立法构想，参见陈苇、高伟：《我国事实婚姻制度之重构——澳大利亚〈事实伴侣关系法〉的启示》，载《法学杂志》，2008（2）。

③ 《最高人民法院对审理婚姻案件作出新的解释》，载《人民司法》，1989（12）。

④ 张民安：《非婚同居在同居配偶间的法律效力》，95页，载《中山大学学报》（社会科学版），1999（2）。

流动的加速以及人们思想观念的转变，我国的婚姻家庭正在经历着前所未有的变化。一方面，婚姻正从稳定转向不稳定，离婚率呈逐年上升趋势；另一方面，非婚同居现象逐渐增多。① 我们甚至可以这样理解，广义的同居是人们的共同生活方式，根据双方当事人之间有无婚姻关系，同居可区分为有婚同居和非婚同居，即婚姻只是同居关系的一种，婚姻是受到法律调整和保护的最常见、最重要的一种生活方式。但是非婚同居关系大量、客观地存在，同居伴侣们之间的关系、同居伴侣与同居关系外第三人的关系，以及在非婚同居关系中出生的子女的地位等问题都对社会有着明显的影响，因此世界许多国家的立法者都在关注并试图调整非婚同居关系。②

（一）非婚同居的概念和特征

非婚同居，指双方当事人不具备结婚形式要件的、较稳定的长期共同生活形式。③ 非婚同居关系包含以下特点：

1. 非婚同居关系是较为稳定的长期共同生活关系。同居当事人的共同生活与婚姻当事人的共同生活相似，一般应有比较稳定的长期共同生活，包括性生活及日常家庭经济生活。如果当事人仅仅是短暂居住在一起，或是只有性的关系而没有共同的日常家庭经济生活的，就不能构成同居关系。

2. 同居是两个人的共同生活而不论双方性别如何。这里的两个人不仅仅指异性当事人，也包括同性当事人。目前，同性稳定的同居关系逐渐得到人们的认同，世界上一些国家承认同性的同居关系具有与通常的异性同居相同的法律后果。④

3. 该同居关系不具备结婚形式要件。由于婚姻是法律认可和鼓励的建立家庭的方式，因此要有效成立婚姻必须符合法律设置的条件和程序。在我国，非婚同居关系不具备结婚的形式要件，虽然有的当事人已具备结婚的实质要件，甚至有的双方当事人以夫妻名义共同生活，但并不能形成合法的婚姻关系。

（二）非婚同居的性质

在历史上，非婚同居在法律性质上可能是违法的，也可能不是违法的。除了违反法律规定的同居关系外，其他的非婚同居不是非法的。随着社会文化和经济生活的不断变迁，婚姻生活也不再是人们建立家庭和维系性生活的唯一渠道，越来越多的人采取非婚姻的方式同居。对这些大量存在的同居关系，国外已经有许多国家通过立法调整和保护，我国立法和司法界也逐渐改变态度，不再一概斥责为“非法同居”，而是换了没有合法与否评价的中性词汇“同居”。例如，1989 年《审理以夫妻名义同居生活案件的意见》规定：“人民法院审理未办结婚登记而以夫妻名义同居生活的案件，应首先向双方当事人严肃指出其行为的违法性和危害性，并视其违法情节给予批评教育或民事制裁”。并且，将这些“未

① 潘绥铭：《中国性现状》，43-45 页，北京：光明日报出版社，1995。

② 主编注：关于人类两性关系的非传统伴侣模式考察，参见王歌雅：《中国亲属立法的伦理意蕴与制度延展》，143-147 页，哈尔滨：黑龙江大学出版社，2008。

③ 这里使用的是广义的非婚同居定义，狭义的非婚同居通常被一些学者限定在“无法律障碍的两性基于合意建立的共同生活模式”之中。参见秦志远：《非婚同居之实质初探》，载陈苇主编：《家事法研究》（2005 年卷），262-263 页，北京：群众出版社，2006。

④ 主编注：关于世界上一些国家和地区对待同性性行为、同性伴侣和同性婚姻态度的情况，参见王森波：《同性法律问题研究》，214-224 页，北京：中国法制出版社，2012；关于西班牙与其他国家同性婚姻合法化的比较，参见陈阳：《西班牙同性婚姻合法化研究》，173-222 页，北京：法律出版社，2015。

办结婚登记而以夫妻名义”的同居根据不同情况区分为两种，一种是“事实婚姻”，另一种则是“非法同居”。在此司法解释中，共 11 次提及非法同居。但至《婚姻法解释（一）》第 5 条的规定，已不再沿用过去的“非法同居”，而是使用了“同居”，即未按现行《婚姻法》第 8 条规定办理结婚登记而以夫妻名义共同生活的男女，起诉到人民法院要求离婚的，应当区别对待为“按事实婚姻处理”，以及“未补办结婚登记的，按解除同居关系处理”。且在《婚姻法解释（一）》中，没有使用一次“非法同居”。实际上，从 1994 年后[①]，最高人民法院就很少使用“非法同居”的概念，到 2001 年修正后的《婚姻法》实施后，更是用“同居”替代了过去的“非法同居”。

另外，容易引起对非婚同居合法性讨论的是非婚同居者的生育问题。虽然，我国的《人口与计划生育法》并没有明确禁止非婚生育，但是其第 18 条第 1 款规定：“国家提倡一对夫妻生育两个子女。”此表明该法调整的计划生育的权利主体只是婚姻当事人。其他各地对《人口与计划生育法》的实施细则，有的规定非婚生育为违法行为。[②] 由于同居和生育行为之间并不是必然的因果关系，因此，即使同居当事人的非计划生育行为是违反法律规定的行为，但相对同居行为本身而言并不必然违法。

（三）非婚同居与相关概念的区别

1. 非婚同居与婚姻。婚姻和非婚同居都是同居生活关系，共同具有如下特征：其一是以两个主体结合为基础；其二是以共同生活为目的。

但是婚姻是重要的社会生活基本制度，受到法律严格调整。因此，婚姻除了具有前两项特征之外，还必须符合结婚的实质要件，如婚姻当事人的性别、年龄、禁婚亲属关系等。另外，婚姻还必须具有夫妻身份的公示性，即必须符合法律明确规定的形式要件。

而非婚同居则简单得多，因为在我们定义时就已经明确，非婚同居关系指双方不具备结婚形式要件的，自愿、稳定的共同生活关系，因此凡是不符合婚姻成立的法定条件和程序的，稳定的双方共同生活关系均为非婚同居。

2. 非婚同居与事实婚姻关系。虽然我国法律明确要求结婚的当事人必须办理登记，但一直都存在没有办理结婚登记而以夫妻名义共同生活的事实同居关系。根据《婚姻法解释（一）》第 5 条的规定，1994 年 2 月 1 日之前，符合结婚实质要件的男女未办理结婚登记就以夫妻名义公开同居生活，起诉到法院要求离婚的，应当按照事实婚姻对待。那么，凡不符合上述时间规定、实质要件规定和形式要件的事实同居关系，就只能按照同居关系对待。

3. 非婚同居与通奸。所谓通奸，是指一方或双方已有配偶的男女自愿、秘密地发生两性关系的行为。非婚同居关系则是一种共同生活关系，包括共同经济生活、共同精神生活和共同性生活。

---

① 从 1957 年起，最高人民法院陆续有十几个司法解释涉及非法同居关系，1989 年到 1994 年比较集中，1994 年以后只有一个司法解释涉及非法同居，即 2000 年的《民事案件案由规定（试行）》，其中第 240 个案由是“解除非法同居关系纠纷”。该案由在 2008 年的《民事案件案由规定》中被修改为“同居关系析产、子女抚养纠纷”。

② 例如，2016 年《湖南省人口与计划生育条例》第 37 条第 1 款第 2 项规定违法生育子女的，将对生育者征收社会抚养费，“违法多生育一个子女的，按照上年度总收入的二至六倍征收，其中经责令限期终止妊娠未及时终止妊娠的，应当从重征收；重婚或者与配偶之外的人生育一个子女的，按照六至八倍征收；每再多生育一个子女的，依次增加三倍征收。”

通奸只是一种婚外性行为，其仅仅是发生性行为并不构成同居关系，当然也不会构成非婚同居关系。

（四）非婚同居的构成

根据上述的定义，非婚同居的构成一般应具备如下要件：

1. 非婚同居的主体要件。首先，非婚同居当事人应为两人，多数国家的同居关系法都不调整两人以上的同居关系。虽然从生活中看，也存在两人以上的同居关系，但法律调整的非婚同居关系只限于两个当事人的双方同居。其次，同居当事人不排除双方当事人为同性，目前多数国家的立法虽然还比较保守，但是已经有一些国家先后承认和调整同性同居关系了。

2. 非婚同居的主观要件。同居双方建立同居关系应当是自愿的，但非自愿的长期稳定生活也可能构成非婚同居。非婚同居的当事人可能希望建立双方的配偶身份，但是也有部分同居关系当事人双方并无组建受法律调整的婚姻关系的主观意思，从同居开始，就没有打算成为丈夫或妻子的角色。这些主观意愿，不影响非婚同居关系的成立和存在。

3. 非婚同居的客观要件。稳定的共同生活是非婚同居的重要“外观”。共同生活以共同的物质、感情和性生活为主要内容。因此暂时的同居，或者仅仅是保持性关系的不能构成非婚同居。也有一些国家规定，同居的双方可以选择登记的方式建立非婚同居关系，如法国基于订立紧密关系民事协议确认的同居关系。①

（五）非婚同居的类别

1. 违法的非婚同居与不违法的非婚同居。非婚同居是对双方当事人共同生活状态的确认，是中性的词汇，根据其是否违反法律的强制性规定，我们将其区分为违法的非婚同居与不违法的非婚同居。

（1）违法的非婚同居。在我国，不符合法律强制性规定的违法的非婚同居，主要包括如下情形：

①根据现行《婚姻法》第3条关于“禁止重婚”以及“禁止有配偶者与他人同居”的规定，同居的双方或一方有法律上的配偶，而与他人公开同居生活，不论是否以夫妻名义，均为非法同居。以上的同居行为，除了构成离婚的法定理由以及离婚损害赔偿的法定事由之外，还可能会触犯现行《刑法》而导致刑事制裁。我国现行《刑法》第258条规定，有配偶而重婚的，或者明知他人有配偶而与之结婚的，处二年以下有期徒刑或者拘役；第259条规定，明知是现役军人的配偶而与之同居或者结婚的，处三年以下有期徒刑或者拘役。

②根据现行《刑法》第236条的规定，奸淫幼女或与不满14周岁幼女同居生活的，将“以强奸论，从重处罚”。考虑到幼女不能判断行为的性质，也难以认识到行为的后果，因此即使是幼女“同意”的同居生活，也将追究同居人的法律责任。

③非自愿的同居。共同生活应当建立在自愿的基础之上，对于违反对方意愿采取欺

---

① 1999年11月15日法国议会通过了第99-944号《关于紧密关系民事协议的法律》，2006年6月23日第2006-728号法律又对其进行了全面修订。紧密关系民事协议是指两个异性或者同性的成年自然人为了其共同生活而缔结的合同。其成立要求缔约双方一起就该契约向缔约人共同居所在地的初审法院的书记室作出申报。紧密关系民事协议生效后，对缔约人和第三人产生法律上效力。参见罗结珍译：《法国民法典》，165-170页，北京：北京大学出版社，2010。

诈、胁迫、乘人之危等手段迫使对方违反意愿与其同居的，其行为不合法。强迫同居行为，如果构成现行《刑法》第 236 条的强奸罪或第 238 条的非法拘禁罪的，将依法追究刑事责任。

（2）不违法的非婚同居。我们认为，只要没有违反法律的强制性规定，当事人双方自愿的同居行为就不具有非法性。“从原则上讲，不应该把所有不是建立在法律规定基础上的事物都宣布为非法……任何法律规定也没有禁止同居。”① 虽然同居双方并不能取得夫妻的合法配偶身份，但也仅仅是不能取得婚姻的效力而已，并不应导致非法。因此我们对这种同居的称谓也不是非法同居，而只是非婚同居。

2. 有婚姻外观的同居和无婚姻外观的同居。以非婚同居当事人是否以夫妻的名义公开同居，可以将非婚同居区分为有婚姻外观的同居和无婚姻外观的同居。

非婚同居关系是否具有婚姻的外观，将直接影响当事人与同居关系之外的第三人的关系。对不知情的第三人而言，同居当事人是否是夫妻，在民事交易上会导致不同的后果。例如，根据《婚姻法解释（二）》第 24 条的规定精神，在同居关系存续期间，同居当事人一方向第三人借债，如果没有约定是个人债务或分别财产制的情况，夫妻将是该债务的连带债务人，而非婚同居当事人则不会。因此，我们将非婚同居区分为有婚姻外观和无婚姻外观的同居。不过，是否具有婚姻的外观与同居关系的合法性没有关系，两种非婚同居都有可能是非法的，前者如事实重婚，后者如有配偶者与他人同居。

（1）有婚姻外观的非婚同居。不论同居当事人是否符合结婚的实质要件，也不论当事人是否具有以夫妻身份相互对待的真实意愿，只要同居的双方当事人以夫妻的名义公开同居生活，使第三人认为其是婚姻关系的，即可构成有婚姻外观的非婚同居。

（2）无婚姻外观的非婚同居。不具有婚姻外观的同居，是指双方当事人没有以夫妻名义公开同居生活。当事人可能根本没有建立婚姻关系的意思，或者因为不符合法律规定的条件而自认无法以夫妻名义公开生活，故其不以夫妻名义共同生活。

3. 公开的非婚同居与秘密的非婚同居。按照同居当事人是否将其同居生活的状况公开，我们可以将非婚同居区分为公开的和秘密的两种。区分的意义在于：其一，秘密的同居伴侣能否享受法律赋予非婚同居者的权利？因为秘密的非婚同居伴侣对同居关系的举证难度比较大，对此法律是否需要规定特殊的举证形式？其二，秘密的非婚同居关系是否会对第三人的利益产生影响？或者第三人是否可以要求秘密的同居者承担法律责任等问题。

二、非婚同居关系的处理

没有婚姻地位的同居关系从古代就有，由于不同的文化和伦理观念、不同的社会经济生活环境，加上非婚同居的具体情况有差别，法律对这些婚姻之外的同居有不同的并且是变化的态度。古代法中，对婚姻关系非常关注，由于家庭的和睦稳定是社会传统和律法所推崇和保护的最高价值，因此严格的婚姻制度在各个历史时期得到执行，尤其是基督教所要求的夫妻一体、一夫一妻制度，在很长时期内婚姻都是当事人双方共同生活的唯一合法模式。立法者禁止非婚姻的同居，严惩非婚姻的两性关系，对子女的身份也以是否在婚姻中出生而区分为婚生子女和非婚生子女。

---

① ［南］米兰・波萨纳茨：《非婚姻家庭》，张大本等译，18 页，北京：中国社会科学出版社，1990。

但也有例外。在罗马法上即有一种没有配偶的男女以永续共同生活为目的的结合，被称为姘合。由于市民法上对正式婚姻有非常严格的条件，使得一些希望结合的男女因条件限制不能结婚，而只好采取事实结合的方式。姘合不是随意的通奸、偶合或一般的姘居（是指男女有同居的事实，但是并无结婚的合意），而是具备万民法规定的结婚条件，遵守一男一女相结合的原则，其法律地位从共和国时期的事实关系，逐步提高到帝政后期的“次等婚姻”。[①] 帝政后期，姘合获得一定法律上的效力，法律不制裁具有永久性的姘合，在大法官法上，承认姘合所产生的父母子女关系，姘合的当事人双方互守贞操义务，可随时离异，优帝一世时男方对女方有一定的遗赠权，子女对生父享有受到限制的继承权等。

除此之外，在没有受到基督教影响的地区，同居关系也一直是伴随着婚姻关系的家庭的常态。我国古代虽然强调一夫一妻，但从不排斥夫与媵、妾的同居关系。媵、妾可能是居住在大家庭内，也可能是单独居住，依据习惯和法律，虽然其与妻及妻的子女相比会有不同的待遇，但她们及她们的子女也可以享受到相当的权利。

随着社会生活的不断变化，自由、平等以及人权观念得到社会的普遍认同，立法对于非婚同居的严格态度也渐渐宽松，20 世纪 60 年代以来在欧洲国家大量出现的非婚同居现象，也促使一些国家改变传统做法，开始对部分非婚同居立法保护。例如，在美国，非婚同居的现象变得越来越普遍，主要原因是非婚同居在同居期间可以自行确定其权利义务关系，而不必考虑法律的规定，作为双份收入的纳税人，同居比婚姻税收更低，并且解除同居关系也无须通过法律程序进行等。在美国，同居伴侣的数量从 1970 年的 50 万增长到 2010 年的 650 万（590 万的异性恋情侣和 58.1 万的同性恋情侣），占所有家户的 6%。目前美国每 8 个新生儿中就有 1 个出生于这样的情侣家庭。[②] 在美国，虽然大部分州对非婚同居，不论异性还是同性，并不承认其法律地位，但一些州也通过合同或公平救济给予非婚同居者以保护。非婚同居者可以通过合同方式约定双方的权利义务关系，如房租的分担、生活费用的负担、扶养费的给付等。只要符合普通法对于合同的要求，非婚同居当事人的约定就是有效的。今天的美国社会只有 30% 的家庭是传统的父母与其子女生活在一起的家庭，其他的 70% 都是由非传统家庭构成，包括单亲家庭、单身家庭以及非婚同居家庭等。因此一些美国城市（如旧金山、西好来坞、纽约、西雅图、华盛顿等）对同居伴侣制定了“同居伴侣关系法令”，对非婚同居者给予有条件的保护。[③] 同居伴侣因此可享受：（1）有权享受家庭健康保险政策；（2）有权作为家庭成员请假照料生病的伴侣；（3）有权作为家庭成员休丧假；（4）有权作为家庭成员到医院和监狱探视；（5）一方死亡后，他方对共同居住的房屋享有继续承租权。[④] 同为英美法系国家的英国，在 1972 年也通过判例允许同居者占有对方的房子，议会也允许同居者在他方死亡后请求扶养费。[⑤]

---

① 周枏：《罗马法原论》，210 页，北京：商务印书馆，1994。

② ［美］约翰·J. 麦休尼斯：《社会学》（第十四版），485 页，北京：中国人民大学出版社，2015。

③ 主编注：必须注意，法律是否对非婚同居者给予一定保护，应当注意尊重非婚同居双方当事人的意愿。正如美国有学者指出的那样，对此“合理解决的关键在于，如果存在一种长期的、类似婚姻的、进行角色分工并生育抚养子女的关系，应当承认这种关系是一种准婚姻的合法关系，尤其是（但不仅仅是）其中有一方死亡时。但如果没有明确证据表明，当事人本身愿意维持这样一种类似婚姻关系的意愿，那么，法院强加其以类似婚姻的法律地位就非常危险”。参见陈苇主持翻译：《美国家庭法精要》（第五版，2007 年），52 页，北京：中国政法大学出版社，2010。

④ 夏吟兰：《美国现代婚姻家庭制度》，31 页，北京：中国政法大学出版社，1998。

⑤ 李志敏主编：《比较家庭法》，95 页，北京：北京大学出版社，1988。

一些欧洲国家则多通过各具特色的“同居伴侣契约”或者“登记伴侣”立法方式对非婚同居关系进行调整。

（一）我国现行立法对非婚同居的处理

我国现行《婚姻法》对非婚同居未予以规定，但现行司法解释对非婚同居的处理，有如下规定：

1. 同居当事人的人身关系。非婚同居者不具有夫妻的身份关系，成立非婚同居不需要特定的条件和法律程序，解除时亦不需要经法定机构的同意。依我国《婚姻法解释（二）》第1条的规定，当事人起诉仅仅请求解除同居关系，不涉及财产纠纷和子女抚养的，人民法院不予受理。除非该同居关系属于“有配偶者与他人同居”，人民法院才应当受理并依法解除。

2. 同居当事人的财产关系。非婚同居当事人解除同居关系在财产问题上发生纠纷的，根据自愿的原则，对同居期间财产归属和使用有约定的，按照约定处理。不能自行处理的，可以根据《婚姻法解释（二）》第1条第2款的规定，当事人因同居期间财产分割或者子女抚养纠纷提起诉讼的，人民法院应当受理，向人民法院起诉。但是该司法解释并没有规定因同居而引起的财产纠纷应当如何处理。

1989年《审理以夫妻名义同居生活案件的意见》对非婚同居关系财产处理的规定，只是针对没有办理结婚登记而以夫妻名义进行的同居。根据该司法解释第8条的精神，具体分割财产时，应照顾妇女、儿童的利益，考虑财产的实际情况和双方的过错程度，妥善分割。依该司法解释第10、11、12、13条规定，同居期间财产的处理办法如下：

第一，解除同居关系时，同居生活期间双方共同所得的收入和购置的财产，按一般共有财产处理。同居生活前，一方自愿赠送给对方的财物可比照赠与关系处理；一方向另一方索取的财物，可参照1984年《执行民事政策法律的意见》第18条规定的精神处理。①

第二，解除同居关系时，一方在共同生活期间患有严重疾病未治愈的，分割财产时，应予适当照顾，或者由另一方给予一次性的经济帮助。

第三，同居生活期间一方死亡，另一方要求继承死者遗产，如符合《继承法》第14条规定的，② 可根据相互扶助的具体情况处理。

3. 同居当事人父母子女的关系。非婚同居期间所生育的子女是当事人双方的子女。但由于子女并非在合法的婚姻关系中出生，因此子女为同居双方的非婚生子女。③ 现行《婚姻法》第25条规定：“非婚生子女享有与婚生子女同等的权利，任何人不得加以危害

---

① 1984年《执行民事政策法律的意见》第18条规定：“借婚姻关系索取的财物，离婚时，如结婚时间不长，或者因索要财物造成对方生活困难的，可酌情返还。”

② 我国《继承法》第14条规定：“对继承人以外的依靠被继承人扶养的缺乏劳动能力又没有生活来源的人，或者继承人以外的对被继承人扶养较多的人，可以分配给他们适当的遗产。”

③ 主编注：必须指出，传统的家庭法主要依据子女是否在亲生父母的婚姻期间受胎或出生，将其区分为“婚生子女”与“非婚生子女”。即子女的称谓和身份，取决于该子女在受胎或出生时其亲生父母有无婚姻关系。但20世纪以来，随着儿童权益保护立法的发展，儿童的法律地位不断提高。国外有些国家如德国等已修改法律，取消了“婚生子女”与“非婚生子女”的称谓，并改为从父母的角度立法，将父母区分为“有婚姻关系的父母”与“无婚姻关系的父母”。无论父母双方是否结婚，其所生的子女一律统称为“生子女”而不再作“婚生子女”与“非婚生子女”的区分。这体现了对儿童予以尊重和保护的立法意旨。参见陈苇：《中国婚姻家庭法立法研究》，315、356-357页，北京：群众出版社，2000。

和歧视。不直接抚养非婚生子女的生父或生母，应当负担子女的生活费和教育费，直至子女能独立生活为止。”依1989年《审理以夫妻名义同居生活案件的意见》第9条规定，解除没有办理结婚登记而以夫妻名义的同居关系时，双方所生的非婚生子女，由哪一方抚养，双方协商；协商不成时，应根据子女的利益和双方的具体情况判决。哺乳期内的子女，原则上应由母方抚养，如父方条件好，母方同意，也可由父方抚养。子女年满10周岁以上的，应征求子女本人的意见。一方将未成年的子女送他人收养，须征得另一方的同意。

4. 同居当事人与第三人的关系。同居当事人中任何一方与第三人之间发生债权债务关系的，依1989年《审理以夫妻名义同居生活案件的意见》第11条规定，在解除未办结婚登记而以夫妻名义进行的同居关系时，同居期间为共同生产、生活而形成的债权、债务，应按共同债权、债务处理。

（二）我国非婚同居之法律效力的立法建议

非婚同居关系作为一种相对持续和稳定的共同生活体，不仅仅对非婚同居当事人本人，而且对子女和同居关系之外第三人的利益都会产生重大影响。我们建议，对非婚同居我国立法应区分不同情况予以规定和处理。

1. 非婚同居者之间的效力。第一，凡属违反法律强制性规定的非婚同居，应当解除其非法的同居关系，并且因为其行为的违法性还应依法予以制裁。现行《婚姻法》和《刑法》对非法的非婚同居已经规定有民事和刑事方面的制裁。

第二，凡属不具有违法性的非婚同居，应当允许其存在而不能予以处罚。借鉴外国的立法，我们建议我国立法对此类的非婚同居者赋予如下权利：

（1）缔结财产契约的权利。当事人双方可自愿根据具体情况，对同居期间的财产等问题进行约定，在没有意思表示不真实以及违反法律规定的前提下，双方应当遵守约定。

（2）凡未对财产进行约定的，同居双方各自的收入归各自所有，共同生活费用应当共同负担。在共同生活过程中，一方自愿对另一方的扶养，视为赠与。

（3）持续公开同居生活超过3年的，一方在另一方死亡后享有与配偶相同的继承权，以及因交通事故死亡等请求死亡抚慰赔偿金的权利。

（4）持续公开同居生活超过3年的，同居双方在解除同居时，一方生活困难的可以请求对方给予以一次性的经济帮助。

另外，建议立法设立“登记同居”关系。如果同居的当事人双方不愿意或者无法建立婚姻关系，可以考虑到登记机关登记为同居关系。已经登记的非婚同居者可以在登记时选择是否相互享有上文提及的第（3）项和第（4）项权利。

2. 非婚同居者与子女之间的法律效力。在非婚同居持续期内受孕或出生的子女视为同居双方的子女，虽然不具有婚生子女的身份，但是任何人不得歧视和虐待。同居者双方应当依现行《婚姻法》第21条规定，承担对该子女的抚养和监护职责，除非有证据证明该子女另有生父母应当承担责任。同居双方解除同居关系时，应当处理好子女的抚养问题（相关内容请参见本书父母子女关系部分内容和离婚部分内容）。

3. 非婚同居者与其他第三人之间的法律效力。非婚同居的外部状态决定了其与第三人之间关系的不同。是否具有婚姻的外观将影响第三人对同居者身份的确认，公开和隐秘的非婚同居者与第三人之间的关系也不一样。我们认为，应当区别非婚同居的不同类型，确认其与第三人之间不同的法律关系。

（1）非婚同居当事人的共同债务。我们建议，如果非婚同居具有婚姻的外观，一方当事人为共同生产、生活所欠的债务可以比照我国现行《婚姻法》第41条规定的夫妻的共同债务之清偿责任处理。

（2）非婚同居当事人的继承权与请求死亡赔偿金。关于继承请求权与死亡赔偿金的请求权，一直是合法配偶的专享权利。我们建议符合一定条件的非婚同居伴侣之间也应该享有：

1）如果我国设立了“登记同居法”，双方登记为同居伴侣，且没有约定排除伴侣的继承请求权与死亡赔偿金的请求权的。

2）公开的合法的持续非婚同居达3年以上，且没有约定排除伴侣的继承请求权与死亡赔偿金的请求权的。

必须指出，对于上述权利，违法的非婚同居者不能享有。①

【导入案例要点评析】

本案涉及的二个问题：一是陶兰与王志的婚姻是否为无效婚姻？二是王志所在的单位是否可以向人民法院提出宣告婚姻无效的请求？

所谓无效婚姻，是指不具备结婚实质要件中的公益要件，因而在法律上不具有婚姻效力的男女两性的结合。我国《婚姻法》及最高人民法院的相关司法解释对无效婚姻的认定和处理有如下规定：第一，宣告婚姻无效的法定原因包括四种：重婚的；未达法定婚龄的；属禁止结婚的亲属关系的；婚前患有医学上认为不应结婚的疾病婚后未治愈的。第二，请求宣告婚姻无效的权利人，为无效婚姻的当事人和利害关系人。这里的“利害关系人”因婚姻无效的原因不同而不同，其中因重婚引起婚姻无效的，利害关系人是当事人的近亲属及基层组织。第三，宣告婚姻无效请求权行使的期限，如果引起婚姻无效的原因已经消失的，或夫妻一方或者双方死亡一年之后，权利人的请求权丧失。第四，须经人民法院审理判决，方可宣告婚姻无效。人民法院审理宣告婚姻无效案件，对婚姻效力的审理不适用调解，有关婚姻效力的判决一经作出，即发生法律效力。第五，婚姻被宣告无效的法律后果，被宣告无效的婚姻，自始无效。当事人不具有夫妻的权利和义务。同居期间所得的财产，由当事人协议处理；协议不成时，由人民法院根据照顾无过错方的原则判决。对重婚导致的婚姻无效的财产处理，不得侵害合法婚姻当事人的财产权益。当事人所生的子女，适用婚姻法有关父母子女的规定。

在本案中，王志欺骗陶兰，隐瞒自己已经登记结婚的情况，与陶兰再次登记结婚，已经形成了重婚。按照我国《婚姻法》的规定，重婚的婚姻关系无效。王志所在的单位有权作为利害关系人向法院请求宣告王志和陶兰的婚姻关系无效。人民法院应当依法判决宣告王志和陶兰的婚姻无效，两人不具有夫妻的权利和义务。父母的婚姻关系无效不影响父

① 主编注：关于我国设立非婚同居法的社会基础、基本思路和立法建议稿，参见陈苇、王薇：《我国设立非婚同居法的社会基础及制度构想》，载《甘肃社会科学》，2008（1）。关于我国非婚同居立法规制障碍之破解，参见何丽新：《我国非婚同居立法规制研究》，271-308页，北京：法律出版社，2010。关于外国非婚同居法律制度的比较评析，参见王薇：《非婚同居法律制度比较研究》，333-404页，北京：人民出版社，2009。

母与子女的法律关系，双方对所生的女儿，应依法享有父母的权利，承担父母的义务。

【思考题】

一、单项选择题

1. 现行《婚姻登记条例》的施行时间是（　）

A. 2003 年 7 月 30 日　　B. 2003 年 10 月 1 日

C. 2001 年 7 月 30 日　　D. 2001 年 10 月 1 日

2. 甲（男，25 周岁）为达到与乙（女，19 周岁）结婚的目的，故意隐瞒乙的真实年龄办理了结婚登记。结婚两年之后，因夫妻双方经常吵架，乙以办理结婚登记时未达到法定结婚年龄为由向法院起诉，请求宣告婚姻无效。人民法院应当（　）（2003 年国家司法考试试题）

A. 以办理结婚登记时未达到法定婚龄为由宣告婚姻无效

B. 对乙的请求不予支持

C. 宣告婚姻无效，确认为非法同居关系，并予以解除

D. 认定为可撤销婚姻，乙可行使撤销权

二、多项选择题

1. 网名"我心飞飞"的 21 岁女子甲与网名"我行我素"的 25 岁男子乙在网上聊天后产生好感，乙秘密将甲裸聊的镜头复制保存。后乙要求与甲结婚，甲不同意。乙威胁要公布其裸聊镜头，甲只好同意结婚并办理了登记。对此，下列哪些说法是错误的？（　）（2003 年国家司法考试试题）

A. 甲可以自婚姻登记之日起 1 年内请求撤销该婚姻

B. 甲可以在婚姻登记后以没有感情基础为由起诉要求离婚

C. 甲有权主张该婚姻无效

D. 乙侵犯了甲的隐私权

2. 现行法对事实婚姻的处理原则是（　）

A. 事实婚姻具有违法性

B. 事实婚姻具有法律的效力

C. 审理事实婚姻当事人的离婚案件，应当先进行调解。经调解和好或撤诉的，确认婚姻关系有效，发给调解书或裁定书；经调解不能和好的，应调解或判决准予离婚

D. 事实婚姻当事人离婚时，子女的抚养、财产的分割及对生活困难一方的经济帮助等，适用婚姻法的有关规定，注意保护妇女和儿童的利益

E. 以上均正确

三、判断分析题

1. 当事人起诉请求解除同居关系的，人民法院一律不予受理。

2. 甲（男，1970 年 1 月出生）与乙（女，1969 年 10 月）于 1990 年 1 月 1 日举行婚礼后共同生活，1994 年 3 月生育一女丙。2008 年 5 月，乙向法院起诉离婚。经法院审理查明，甲乙双方未办理结婚登记，其他条件均符合结婚实质条件，经调解无效，法院判决甲乙双方离婚，丙随乙生活，甲每月支付抚养费若干。人民法院对本案的处理正确。

四、简答题

1. 简述我国现行《婚姻法》规定的结婚的实质要件。

2. 简述我国现行的法律政策对婚约的处理。

3. 简述婚姻无效的法律后果。

五、论述题

1. 试论无效婚姻与可撤销婚姻的联系与区别。

2. 试论非婚同居关系的认定与处理。

六、案件分析题

参见陈苇主编:《婚姻家庭继承法学案例教程》(第三版)(北京:群众出版社,2017年版)第三单元结婚制度案例。

【阅读参考文献】

1. 李银河、马忆南主编:《婚姻法修改论争》,光明日报出版社,1999 年版。

2. 陈苇主编:《当代中国内地与港、澳、台婚姻家庭法比较研究》,群众出版社,2012 年版。

3. 王薇:《非婚同居法律制度比较研究》,人民出版社,2009 年版。

4. 何丽新:《我国非婚同居立法规制研究》,法律出版社,2010 年版。

5. 王森波:《同性婚姻法律问题研究》,中国法制出版社,2012 年版。

6. 高凤仙著:《亲属法理论与实务》(第十七版),五南图书出版股份有限公司,2016 年版。

第五章
婚姻的效力

本章学习重点提示：
夫妻人身关系；我国现行夫妻财产制；夫妻扶养义务。

【导入案例】

2009 年年初，刘力与李艳登记结婚。婚后两人白手起家，经营商业批发，经过 5 年的辛勤劳作，夫妻共同购买了别墅和轿车，并有存款若干。但从 2015 年 2 月起，刘力经商亏损，拖欠王林债务 20 万元。为了逃避债务，2016 年 5 月 3 日，刘力和李艳对夫妻的共同财产进行了书面约定：别墅、车子和存款 10 万元中的 8 万元归李艳所有，2 万元存款归刘力，商业批发经营中所欠王林的债务由刘力承担。

2016 年 6 月 1 日，王林找刘力夫妇讨债，刘力表示愿意承担责任，但无力还款；李艳则称夫妻财产协议已经明确约定债务由刘力承担，她本人不承担债务。王林无奈之下，将刘力夫妇诉至法院，请求法院判令刘力夫妇共同承担偿还 20 万元债务的责任。

请问：刘力夫妻双方对夫妻共同财产及债务的约定，能否对抗债权人王林？

第一节　婚姻效力概述

一、婚姻效力的概念

婚姻效力是指男女因结婚而产生的法律约束力或法律后果。它随婚姻关系的确立而发生，并随婚姻关系的消灭而终止。

婚姻的效力，有广义和狭义之分。广义的婚姻效力，是指婚姻成立后在婚姻家庭法及其他相关部门法中产生的法律后果。例如，《民法》《刑法》《民事诉讼法》《刑事诉讼法》《劳动法》《国籍法》等部门法中都有关于婚姻效力的规定。狭义的婚姻效力，仅指婚姻在婚姻家庭法上的效力。其又可分为婚姻的直接效力和间接效力。前者指因婚姻而产生的夫妻间的权利义务关系；后者指因婚姻引起的其他亲属间的权利义务关系。本章阐述的婚姻效力，专指婚姻的直接效力，即夫妻间的权利义务。

婚姻的直接效力，从性质上可分为两个方面，一是婚姻在身份法上的效力，二是婚姻在财产法上的效力。从国外立法来看，前者包括夫妻的姓氏权、同居义务、忠实义务、婚姻住所决定权及日常家事代理权等；后者包括夫妻财产制、夫妻扶养义务和夫妻继承权，其中夫妻财产制的内容包括夫妻财产的归属、管理和使用、收益及处分等权利，及家庭生活费用的负担和夫妻债务的清偿，以及各种夫妻财产制的设立、变更和终止等法律规定。

夫妻关系即夫妻法律关系，它是夫妻之间的权利和义务的总和。夫妻关系的内容包括人身关系和财产关系两个方面。人身关系指与夫妻的身份相联系而不具有经济内容的权利义务关系。财产关系指夫妻间具有经济内容的权利义务关系。夫妻人身关系是夫妻财产关系产生的基础，夫妻财产关系从属于夫妻人身关系。

我国2001年修正后的《婚姻法》对于婚姻效力，主要集中在第13条至第20条，以及第3、4、9、24条的有关规定之中。其内容包括夫妻人身关系和财产关系两个方面：夫妻人身关系的内容有夫妻姓名权、夫妻人身自由权、婚姻住所决定权、计划生育义务，以及倡导夫妻应当相互忠实等。夫妻财产关系的内容主要有夫妻财产制、夫妻扶养义务、夫妻继承权。2001年12月27日施行的最高人民法院《婚姻法解释（一）》第17条间接承认了夫妻日常家事代理权。2001年的《人口与计划生育法》第17条规定公民（包括夫妻）有生育权，2015年修正后的《人口与计划生育法》根据新形势的需要，进一步修改完善了有关夫妻计划生育的权利义务等内容。为指导人民法院的审判实践，最高人民法院于2003年12月26日颁布、2004年4月1日施行的《婚姻法解释（二）》增补规定：夫妻结婚前为结婚而赠与对方的彩礼之归属、夫妻共同财产中其他应当归夫妻共同所有的财产的范围、离婚时对婚姻期间夫妻一方或双方取得的某些特殊财产的分割包括知识产权的收益、军人的复员费和自主择业费、股票、债券、投资资金份额、股份及合伙财产份额、独资企业财产、房屋产权等，以及当事人结婚前父母为双方购房的出资款的赠与性质、离婚时夫妻个人债务的清偿及夫妻对共同债务的连带清偿责任等。[1] 2011年8月13日施行的《婚姻法解释（三）》进一步对婚内夫妻一方请求分割共同财产的法定条件、夫妻一方个人财产在婚后的孳息及自然增值的归属、婚前或婚后婚姻当事人之间约定的赠与之撤销、婚后父母出资为子女购买的不动产之归属、夫妻的生育纠纷之处理、夫妻一方婚前首付款购买在婚后以共同财产还贷的不动产之归属、夫妻一方擅自出售夫妻共有房屋的效力、夫妻婚后以共同财产购买以一方父母名义参加房改的房屋之归属、夫妻一方养老金期待利益之归属、夫妻之间借款协议的效力等作出了具体的规定。[2]

二、我国婚姻法对夫妻法律地位的规定[3]

现行《婚姻法》第13条规定，“夫妻在家庭中地位平等”。这是男女平等原则的具体体现，是对夫妻法律地位的原则性规定。现行《婚姻法》对夫妻关系的其他具体规定，都体现了这一原则的精神。夫妻是家庭的基本成员，只有在家庭地位平等的基础之上，才能平等地行使权利和平等地履行义务。实现夫妻在家庭中的地位平等，有利于消除夫权统

---

① 《婚姻法解释（二）》第10-27条。

② 《婚姻法解释（三）》第4-7、9-13、16条。

③ 关于夫妻关系立法的演变，参见陈苇主编：《婚姻家庭继承法学》，107-109页，北京：群众出版社，2005；关于我国夫妻人身权利义务的发展，参见马忆南：《论夫妻人身权利义务的发展和我国法律的完善》，载陈苇执行主编：《家事法研究》（2016年卷），28-50页，北京：社会科学文献出版社，2016。

治和家长专制等封建残余影响，建立新型的平等的夫妻关系。[①]

夫妻在家庭中地位平等的内容。根据我国婚姻法规定的精神，夫妻在人身关系和财产关系两个方面的权利和义务都是完全平等的。法律不允许夫妻任何一方只享受权利而不尽义务，或者只尽义务而不享受权利。

在我国，夫妻在家庭中地位平等，既是确定夫妻间权利和义务的总原则，也是处理夫妻间权利和义务纠纷的基本依据。对于夫妻间的权利和义务纠纷，婚姻法有具体规定的，应按具体规定处理；无具体规定的，则应按夫妻在家庭中地位平等原则的精神予以处理。

第二节 夫妻人身关系

关于夫妻人身关系，我国 1980 年《婚姻法》规定有夫妻姓名权、夫妻人身自由权、婚姻住所决定权、计划生育义务四个方面的内容。2001 年修正后的《婚姻法》新增规定，倡导夫妻应当相互忠实。2001 年 12 月最高人民法院《婚姻法解释（一）》的有关规定间接承认了夫妻日常家事代理权。2001 年我国《人口与计划生育法》规定了公民（包括夫妻）有生育权，2015 年修正后的《人口与计划生育法》根据新形势的需要，进一步修改完善了有关夫妻计划生育的权利与义务等立法。2011 年 8 月施行的最高人民法院《婚姻法解释（三）》对夫妻的生育纠纷之处理作出了规定。

一、夫妻的姓名权

姓名权是人格权的重要组成部分，是一项重要的人身权利。所谓姓名，是姓与名的合称。姓（又称姓氏）是表示家族的字，名（又称名字）是代表一个人的语言符号。姓名虽然只是用来表示个人的特定符号，但有无姓名权却是有无独立人格的重要标志。

夫妻的姓氏被作为婚姻的效力之一，主要是基于姓氏在传统习惯上具有特殊意义。有的认为姓是血缘的代表符号，为尊重血统，采取姓氏不因结婚而改变的原则；有的认为姓是一个家族的代号，为保持婚姻共同体的同一性，而采取夫妻同一婚姓的原则；有的认为姓仅是个人的代号，为尊重当事人的意思，实行夫妻既可以夫妻一方的姓为共同婚姓，也可各自保持其本来之姓。正是由于结婚可能使夫妻姓氏发生变化，所以夫妻的姓氏被法律规定为婚姻的效力之一。

---

① 必须指出，夫妻在家庭中地位平等且双方有同等的权利和义务，这是近现代家庭法的发展趋势之一。在英国，1938 年《法律改革（已婚妇女和侵权行为人）法》就废除了“丈夫对妻子侵权、婚前合同及债务的责任”等夫妻在家庭中权利不平等的规定，已婚妇女在行为能力、财产和责任能力方面享有与丈夫同样的权利。参见蒋月等译：《英国婚姻家庭制定法选集》，9-10 页，北京：法律出版社，2008。依联合国 1979 年《消除对妇女一切形式歧视公约》第 2 条（F）款规定，缔约国应当采取一切措施，包括制定法律，以修改或废除构成对妇女歧视的现行法律、规章、习俗和惯例。参见全国妇联编：《国际妇女主要文书选编》，193 页，全国妇联内部印刷，2004。在意大利，法律规定“依据婚姻的效力，夫妻取得同等的权利和义务”。参见费安玲等译：《意大利民法典》第 143 条第 1 款，44 页，北京：中国政法大学出版社，2004。在俄罗斯，法律规定“依照男女自愿结婚、夫妻在家庭中的权利平等……的原则调整家庭关系”。参见鄢一美译：《俄罗斯联邦家庭法典》第 1 条第 3 款，载中国法学会婚姻法学研究会编：《外国婚姻家庭法汇编》，465 页，北京：群众出版社，2000。在葡萄牙，法律规定“婚姻以夫妻双方具有平等的权利和义务为基础”。参见唐晓晴等译：《葡萄牙民法典》第 1671 条第 1 款，293 页，北京：北京大学出版社，2009。在智利，法律规定“夫妻在所有的生活环境中负相互忠实、救援、帮助的义务。夫妻应相互尊重和保护”。参见徐国栋译：《智利共和国民法典》2000 年修订本，第 131 条，21 页，北京：北京大学出版社，2014。

在我国封建社会，婚姻多实行男娶女嫁，女子婚后即加入夫宗，冠以夫姓而丧失姓名权（赘夫则冠以妻姓）。到民国时期，1930年“民法·亲属编”第1000条亦规定：“妻以其本姓冠以夫姓，赘夫以其本姓冠以妻姓，但当事人另有订定者不在此限。”这里虽有但书的规定，但仍带有明显的封建残余。直至1998年6月17日台湾当局修正“民法·亲属编”，修正后的第1000条规定：“夫妻各保有其本姓。但得书面约定以其本姓冠以配偶之姓，并向户政机关登记。冠姓之一方得随时回复其本姓。但于同一婚姻关系存续中以一次为限。”

新中国成立后，先后颁布的1950年《婚姻法》、1980年《婚姻法》及2001年修正后的《婚姻法》均规定：“夫妻双方都有各用自己姓名的权利。”这里虽然是夫妻并提，但其针对性主要是保护已婚妇女的姓名权。这体现了男女平等的原则，有利于破除旧的习俗和法律。当然，此规定并不妨碍夫妻就姓名问题另作约定。只要夫妻双方自愿达成一致的协议，无论是夫妻别姓（各用自己的姓氏）、夫妻同姓（妻随夫姓或夫随妻姓），或相互冠姓，法律都是允许的。

夫妻享有平等的姓名权对子女姓氏的确定有重要意义。现行《婚姻法》第22条规定：“子女可以随父姓，可以随母姓。”子女的姓氏，应当由父母双方协商确定。全国人民代表大会常务委员会《关于〈中华人民共和国民法通则〉第九十九条第一款、〈中华人民共和国婚姻法〉第二十二条的解释》中规定：“公民原则上应随父姓或者母姓。有下列情形之一的，可以在父姓和母姓之外选取姓氏：（一）选取其他直系长辈血亲的姓氏；（二）因由法定扶养人以外的人扶养而选取扶养人姓氏；（三）有不违反公序良俗的其他正当理由。少数民族公民的姓氏可以从本民族的文化传统和民俗习惯。”从历史上看，在我国奴隶社会和封建社会，子女从来都是从父姓，这是宗法制度对姓氏问题的必然要求。到民国时期，1930年“民法·亲属编”也以子女从父姓、赘夫之子女从母姓为一般原则。我国现行《婚姻法》对子女姓氏的规定，体现了夫妻在家庭中法律地位平等的精神，有利于改变子女只能从父姓的旧传统，有利于破除以男系为中心的宗法制度的残余影响。

二、夫妻的人身自由权

夫妻有人身自由权是夫妻家庭地位平等的重要标志。在旧中国，妇女受“男女有别”、“男外女内”、“三从四德”等封建礼教的束缚，只能从事家务，侍奉丈夫和公婆，没有参加工作和社会活动的权利，完全丧失了人身自由，成为家庭奴隶。这不仅摧残了妇女本身，也阻碍了社会经济的发展。

1949年中华人民共和国成立后，1950年《婚姻法》第9条规定：“夫妻双方均有选择职业、参加工作和参加社会活动的自由。”1980年《婚姻法》第11条进一步规定：“夫妻双方都有参加生产、工作、学习和社会活动的自由，一方不得对他方加以限制或干涉。”2001年修正后的《婚姻法》继续沿用此规定。这些规定既是夫妻家庭地位平等的标志，又为夫妻平等地行使权利和承担义务提供了法律保障。夫妻双方都有参加生产、工作、学习和社会活动的自由。它适用于夫妻双方，任何一方均有权参加生产、工作、学习和社会活动，另一方不得对他方行使该项人身自由权利进行限制或干涉。但就其针对性而言，主要是为了保障已婚妇女享有参加生产、工作、学习和社会活动的自由权利，禁止丈夫限制或干涉妻子的人身自由。自1949年中华人民共和国成立以来，我国妇女在政治、经济、文化和婚姻家庭等方面获得了与男子平等的地位，在社会生产劳动中发挥了重要作用。但在现实生活中，由于男女在经济、文化等方面仍存在事实上的差距，在一些家庭的夫妻关系中，封建夫权思想的残余影响仍然存在，有的丈夫对妻子的人身自由常常加以限制。因此，必须进一步破除封建思想在家庭中的影响，这对于保障已婚妇女的人身自由具有积极意义。

在这里还须指出，夫妻双方都必须正当行使上述人身自由权，不得滥用权利损害他方和家庭的利益。任何一方在行使该项权利时，都必须同时履行法律规定的自己对婚姻家庭承担的义务。如果夫妻任何一方不当行使该项权利，对方有权提出意见，进行必要的劝阻。应当把善意的帮助、建议与非法的限制、干涉区别开来。

三、夫妻的婚姻住所决定权

所谓婚姻住所，是指夫妻婚后共同居住和生活的场所。婚姻住所决定权，是指选择、决定夫妻婚后共同生活住所的权利。对于夫妻婚后共同生活的居所由谁决定，古今中外立法有所不同。在奴隶社会和封建社会，夫妻关系是男尊女卑、夫为妻纲，妻子从属于丈夫的不平等关系。婚姻住所的决定权亦专属于丈夫，实行“妻从夫居”的婚居方式。到资本主义社会，资本主义国家早期立法仍将婚姻住所决定权片面授予丈夫。例如，1804年《法国民法典》第214条规定，妻以夫之住所为住所。妻对于夫仍处于从属地位。随着社会的发展，许多资本主义国家先后修改立法，规定婚姻住所由夫妻共同决定。例如，《法国民法典》1975年修改后的第215条第2款规定：“家庭的住所应设在夫妻一致选定的处所。”在社会主义国家，基于男女平等原则，法律规定夫妻双方平等地享有婚姻住所决定权。

在我国，1980年《婚姻法》第8条明确规定：“登记结婚后，根据男女双方约定，女方可以成为男方家庭的成员，男方也可以成为女方家庭的成员。”2001年修正后的《婚姻法》第9条将1980年《婚姻法》第8条“……男方也可以成为女方家庭的成员”的规定，删除了“也”字，修改为：“……男方可以成为女方家庭的成员。”这可以进一步体现夫妻双方平等地享有婚姻住所决定权。其立法精神是提倡男方成为女方的家庭成员，这是对我国传统的“妇从夫居”婚姻居住方式的一项重要改革。

这一规定的含义有二：

第一，登记结婚后，夫妻双方平等地享有婚姻住所决定权。对于婚后夫妻共同生活的住所的选择，应由夫妻双方自愿约定。一方不得对另一方强迫，第三人也不得干涉。

第二，夫妻双方享有互为对方家庭成员的约定权。登记结婚后，根据男女双方的约定，女方可以成为男方家庭的成员，即“女到男家落户”，妻从夫居；男方可以成为女方家庭的成员，即“男到女家落户”，夫从妻居。对于结婚时的约定，婚后夫妻也可以通过协商加以变更。当然夫妻婚后也可另组新家庭，不加入任何一方原来的家庭，即从新居。这里必须明确，一方成为对方家庭成员后，他（她）与对方的亲属间只是姻亲关系，并不因此而产生法律上的权利和义务。

男到女家落户的婚姻与旧式的“入赘婚”有本质区别。所谓入赘婚，又称赘婿婚，指婿入妻家所形成的婚姻。由于赘婿往往为“家贫无聘财，不能娶妇，及身入妇家作质”,[①] 即所谓“家贫子壮出为赘”。[②] 在以男系为中心的封建宗法制度下，入赘违反了男娶女嫁、妇从夫居的通例，故赘婿在社会上和家庭中受到歧视，被称为“无能小子”。旧式“入赘婚”与男到女家落户的婚姻主要有如下区别：

一是两者的性质和目的不同。“入赘婚”是在以男系为中心的宗法制度下，女方家庭招赘婿以达到传宗接代的目的。男方到女家落户的婚姻，是在社会主义男女平等原则的基础上，提倡男到女家落户，其目的主要是树立新型的婚姻家庭观和生育观，解决有女无儿户的实际困难，促进计划生育。

二是两者产生的条件和法律地位不同。“入赘婚”往往是男子被迫的行为，即所谓“家贫子壮出为赘”。其夫妻法律地位也不平等，赘夫往往受到社会和女家的歧视。男方到女家落户的婚姻，是男女双方协商自愿选择婚姻住所的结果，其夫妻法律地位平等，男方在社会和女家不受歧视。

四、夫妻的生育权与计划生育义务

计划生育是我国的一项基本国策，也是社会主义家庭职能的一项重要内容。婚姻家庭担负人口再生产的重要任务。因此，婚姻法既通过调整婚姻家庭关系而间接作用于生育关系，也直接调整生育关系。1980 年《婚姻法》第 12 条规定：“夫妻双方都有实行计划生育的义务。”2001 年修正后的《婚姻法》第 16 条仍沿用此规定。现行《人口与计划生育法》第 17 条规定：“公民有生育的权利，也有依法实行计划生育的义务，夫妻双方在实行计划生育中负有共同的责任。”此规定的基本精神有二：

（一）夫妻有生育的权利

生育权是我国法律赋予公民的一项法定权利。据此，夫妻享有依照法律的规定生育子女的权利，并受国家法律的保护，任何人不得侵犯。现行《人口与计划生育法》第 21 条第 1 款规定：“实行计划生育的育龄夫妻免费享受国家规定的基本项目的计划生育技术服务。”计划生育工作部门应当提供安全、有效的避孕药具和技术，保障实施节育手术的夫妻的健康和安全。该法第 23 条还规定：“国家对实行计划生育的夫妻，按照规定给予奖励。”

同时，夫妻也有不生育的自由。对于生育问题，夫妻任何一方或其他任何人均不得强迫或干涉。我国现行《妇女权益保障法》第 51 条第 1 款规定：“妇女有按照国家有关规定生育子女的权利，也有不生育的自由。”依据《婚姻法解释（三）》第 9 条的规定，夫以妻擅自中止妊娠侵犯其生育权为由请求损害赔偿的，人民法院不予支持。[③]

（二）夫妻有依法实行计划生育的义务

依法实行计划生育是我国法律赋予公民的一项法定义务。夫妻双方在实行计划生育中负有共同的责任。夫妻双方应自觉承担此法定职责，夫妻任何一方都不得拒绝履行该项义务，更不得将计划生育仅视为女方的义务。育龄夫妻应当按照国家有关计划生育的政策和我国现行《人口与计划生育法》第 18 条的规定生育子女，不得在计划外生育。根据现行

---

① 陈鹏：《中国婚姻史稿》，741、742 页，北京：中华书局，1994。

② 《汉书·贾谊传》。

③ 《婚姻法解释（三）》第 9 条还规定：“……夫妻双方因是否生育发生纠纷，致使感情确已破裂，一方请求离婚的，人民法院经调解无效，应依照婚姻法第三十二条第三款第（五）项的规定处理。”

《人口与计划生育法》第41、42、43条的规定，如果夫妻的生育行为违反计划生育法规，应当承担相应的责任。即如不依该法规定生育子女的，应依法缴纳社会抚养费；是国家工作人员的，还应当依法给予行政处分；其他人员还应当由其所在单位或者组织给予纪律处分。如拒绝、阻碍计划生育行政部门及其工作人员依法执行公务的，由计划生育行政部门给予批评教育并予以制止，构成违反治安管理行为的，依法给予治安管理处罚；构成犯罪的，依法追究刑事责任。

育龄夫妇应根据国家的计划生育政策，结合考虑对家庭未来的子女以及社会应负的责任，作出是否生育和何时生育的选择。为了实行计划生育，必须破除重男轻女和只有男子才能传宗接代的旧传统观念。从历史上看，剥削阶级从来就把妇女看作生儿育女的工具，把生育的责任单方面地加在妇女身上。我国封建社会的礼制和法律甚至把“无子”作为出妻的理由之一。解放后，破除了旧的生育观，但其残余影响仍在一些人头脑中存在。妇女婚后如不生育或只生育了女孩，往往受公婆或丈夫的歧视或虐待，甚至成为一些丈夫要求离婚的原因。有些人认为，计划生育只是妇女的事，与男子无关。这不仅违背男女平等原则，也不符合生育的实际情况，以致妨碍计划生育工作的推行。因此，现行《人口与计划生育法》第22条明确规定：“禁止歧视、虐待生育女婴的妇女和不育的妇女。禁止歧视、虐待、遗弃女婴。”有关部门和人民法院应依法保护执行计划生育一方的合法权益，对违法行为一方应给予批评教育或行政处分，或法律制裁。

五、夫妻的日常家事代理权

夫妻的日常家事代理权，又称夫妻家事代理权，指夫妻因日常家庭事务与第三人为一定法律行为时互为代理的权利，即夫妻在日常家庭事务中互为代理人，互有代理权。被代理方须对代理方从事日常家事行为所产生的债务，承担连带责任。

我国1950年《婚姻法》和1980年《婚姻法》对夫妻日常家事代理权均未予规定，尚无夫妻互有日常家事代理权及权利的范围、权利行使的限制、对夫妻及第三人的效力等条款。1980年《婚姻法》于2001年修正后也未规定夫妻日常家事代理权。在社会现实生活中，夫妻参与社会经济活动十分频繁，为保护夫妻双方及第三人的合法权益和维护交易安全，国外许多国家立法明文规定夫妻互有日常家事代理权。有的国家还对夫妻日常家事代理权所产生债务责任的承担以及夫妻日常家事代理权的剥夺等作出了具体规定。例如，依据《德国民法典》的规定，夫妻双方均有权从事满足家庭适当生活需求而效果也影响他方的事务。因从事此种事务，夫妻双方均享有权利并负有义务，但依情形另有决定者，不在此限。① 又如，根据《法国民法典》《日本民法典》和《瑞士民法典》的规定，对夫妻日常家事代理权所产生之债务，夫妻负有连带责任。并且，瑞士法还规定，如果夫妻一方滥用日常家事代理权或者显示不宜其行使时，他方可申请法院全部或部分剥夺其代理权。② 因此，为维护我国市场经济之交易安全，保护夫妻及第三人的利益，我国婚姻法应增设夫妻日常家事代理权的规定。

---

① 参见陈卫佐译注：《德国民法典》（第三版）第1357条，425页，北京：法律出版社，2010。

② 参见罗结珍译：《法国民法典》第220条，68-69页，北京：北京大学出版社，2010；王爱群译：《日本民法典》第761条，120页，北京：法律出版社，2014；于海涌、赵希璇译：《瑞士民法典》第166、174条，64、67页，北京：法律出版社，2016。此外，我国台湾地区“民法”第1003条也有类似的规定。

《婚姻法解释（一）》第17条第1款第1项规定：“夫或妻在处理夫妻共同财产上的权利是平等的。因日常生活需要而处理夫妻共同财产的，任何一方均有权决定。”我们认为，此虽然直接规定的是夫妻日常家事决定权，但也间接地承认了夫妻互有日常家事代理权。但是，此规定还存在以下不足：一是在用语上未直接使用“夫妻日常家事代理权”一词；二是在内容上对日常家事代理权行使的限制、日常家事代理权对夫妻及第三人的效力等未作出具体规定。因此，建议我国立法机关进一步补充、完善有关夫妻日常家事代理权的规定。[①]

六、夫妻的同居义务与忠实义务

关于夫妻同居义务与忠实义务，我国1950年《婚姻法》和1980年《婚姻法》均无规定。1980年《婚姻法》于2001年被修正后第4条新增倡导性规定，“夫妻应当互相忠实，互相尊重”，但对夫妻同居义务仍未作出规定。

（一）夫妻同居义务与忠实义务的概念

1. 夫妻同居义务的概念。夫妻同居义务，从国外立法的规定来看，指夫妻婚后互负共同生活的义务，但有不能同居的正当理由的，不在此限。

2. 夫妻忠实义务的概念。夫妻忠实义务，从国外立法的规定来看，大体有狭义与广义两种解释：狭义的夫妻忠实义务，主要指夫妻贞操义务，也就是夫妻婚后互负专一的性生活义务，不得有婚外性行为。广义的夫妻忠实义务，除指夫妻贞操义务外，还包括不得恶意遗弃配偶以及不得为第三人的利益而损害或牺牲配偶他方的利益。但须注意，在社会学的解释上，夫妻相互忠实是指夫妻于婚后共同生活中在感情上和性生活两方面的相互诚实、专一。

（二）夫妻同居义务与忠实义务的性质

婚姻关系是以“人伦秩序为基础”的亲属身份关系。[②] 夫妻结婚后应当在一起共同生活，以享受婚姻的权利，并承担婚姻的义务。夫妻同居义务，是基于婚姻成立而当然产生的夫妻间的本质性义务。因为，夫妻共同生活是婚姻关系得以维系的基本条件。自人类社会进入个体婚姻时代以来，夫妻相互忠实是维护一夫一妻制、保证夫妻共同生活圆满幸福的基本要求。由于婚姻关系具有伦理性，它既要受法律调整，也要受道德规范。事实上，并非夫妻在婚姻生活中的一切行为都是由法律调整的。道德也是调整夫妻婚姻生活的重要行为规范。婚姻关系作为一种人伦秩序，夫妻在婚姻生活中的许多行为都是由道德来规范的。在近现代社会，虽然不同类型国家的婚姻道德不尽相同，但在不少实行一夫一妻制的国家，占主导地位的婚姻道德都要求夫妻双方互负同居义务与忠实义务，以维护婚姻家庭关系的稳定。如果立法者基于维护一夫一妻制婚姻家庭关系的意旨，把夫妻互负同居义务与忠实义务的道德要求上升成为立法，夫妻同居义务与忠实义务就变成了法定义务。也就是说，夫妻互负同居义务与忠实义务，一般来说是婚姻道德的要求。但如果通过立法对夫妻同居义务与忠实义务作出规定的，则其成为法定义务。

（三）有关夫妻同居义务与忠实义务立法的演变

在古代社会，一般实行妻从夫居。在家长制家庭中，夫妻地位是不平等的，妻子无独

---

① 参见陈苇：《中国婚姻家庭法立法研究》，168页，北京：群众出版社，2000。

② 陈棋炎、黄宗乐、郭振恭：《民法亲属新论》，10-11页，台北：三民书局，1995。

立的人格，必须服从丈夫，妻无正当理由不得擅自离开夫家。例如，《汉穆拉比法典》规定，如妻无正当理由离开夫家，要依法予以处罚。并且，该法仅片面地要求妻子承担贞操义务，如违反者则依法予以处罚。[①] 在古罗马，“妻子因违反配偶间的忠诚义务而受到为通奸行为规定的处罚”。[②] 到近代社会，早期资本主义国家立法规定了夫妻同居义务与忠实义务。但从其规定的内容来看，也是夫妻不平等的，尤其是对夫妻相互忠实的规定是对妻严、对夫宽。例如，根据1804年《法国民法典》第212、214、229、230条之规定，夫妻互负忠实义务，妻负与夫同居的义务。夫可以妻与他人通奸为由诉请离婚，而妻只能以夫与他人通奸，并在婚姻住所姘居为由诉请离婚。随着社会发展，男女平等原则日益深入人心，现代社会一些国家立法规定夫妻互负忠实义务。关于违反夫妻忠实义务的法律责任，由于这种行为涉有第三人，故法律责任可分为两个方面：一是夫妻中有过错方的法律责任，如夫妻一方违反夫妻忠实义务，无过错方除可以此为由提出离婚之诉外，还可以在离婚时请求对方给予精神损害赔偿。但对他方过错表示“宥恕”或超过一定期限者除外。二是与有配偶者通奸或姘居的第三人的法律责任。有的国家如日本1979年的判例认为，第三人与有配偶者通奸或姘居，属对配偶他方的侵权行为，允许无过错的受害配偶向破坏他人婚姻家庭关系的第三人请求损害赔偿。[③] 在美国，北卡罗来纳州法院于1997年8月5日作出了美国司法史上首次“第三者”受罚的判例。[④] 但世界上有的国家，现在已不承认违反夫妻忠实义务要承担法律责任，如英国1970年修正法，删除了1965年《英国婚姻诉讼法》有关因通奸所产生的损害赔偿请求权的规定。[⑤] 根据《英国离婚改革法》（1971年施行）第2条的规定，夫妻一方与他人通奸且夫妻他方不能容忍与之共同生活，是证明婚姻关系破裂的法定情形之一。

（四）国外立法有关夫妻同居义务与忠实义务的规定

目前，国外一些国家立法对夫妻互负同居义务和忠实义务有明文规定，使其成为法定义务。例如，《法国民法典》（1970年修订的法律）第215条规定：“夫妻互负共同生活的义务。”第212条规定：“夫妻互负忠实、帮助、救援的义务。”德国1998年《重新规范结婚法的法律》（第1353条第1款）对婚姻双方的义务增加规定：“婚姻双方相互之间有义务过共同的婚姻生活，婚姻双方相互向对方负责。”该法典（第1314条第2款第5项）还规定：“如果婚姻双方在结婚时一致认为，其无意承担本法第1353条规定的义务，婚姻可以被撤销。”《瑞士民法典》第159条规定：“配偶双方互负婚姻共同生活的义务。”“配偶双方互负忠实及扶助的义务。”《意大利民法典》第143条第2款规定：“基于婚姻的效力，夫妻间互负忠实的义务、相互给予精神和物质扶助的义务、在家庭生活中相互合作和同居的义务。”《阿尔巴尼亚家庭法》第24条则倡导性规定：“夫妻双方享有同样的权利和义务……应当互敬互爱，忠诚于夫妻关系，互相帮助，并共同满足家庭的物质和文

① 《汉穆拉比法典》第129、132、133、143条，载《世界著名法典汉译丛书》编委会：《汉穆拉比法典》，60-62页，北京：法律出版社，2000。

② ［意］彼得罗·彭凡得：《罗马法教科书》，黄风译，146页，北京：中国政法大学出版社，1992。

③ 罗丽：《日本关于第三者插足引起家庭破裂的损害赔偿的理论与实践》，载《法学评论》，1997（3）。

④ 《美国一妇女向第三者索赔百万美元》，载《民主与法制》，1997（21）。

⑤ 丁保庆译：《英国婚姻诉讼法》（1965年）第41条，载任国钧、任瑞华选编：《外国婚姻家庭法资料选编》，49-51页，中国政法大学民法教研室，1984。

化需要。”

（五）我国立法对夫妻同居义务与忠实义务的态度

在我国，1950 年《婚姻法》第 7 条对夫妻共同生活关系也曾经作出规定：“夫妻为共同生活的伴侣，在家庭中地位平等”；第 8 条进一步倡导性规定：“夫妻有互爱互敬、互相帮助……”这对于指导夫妻双方建立平等和睦的共同生活关系起了良好的作用。但我国 1980 年《婚姻法》对于夫妻共同生活关系即同居关系却未予规定，也没有夫妻互负同居义务和忠实义务的条款。而现实生活中如夫妻一方违背同居义务或忠实义务，往往导致夫妻因感情破裂而提出离婚，故 1989 年最高人民法院出台司法解释《认定夫妻感情确已破裂的意见》第 7、8 条规定，因感情不和分居已满三年，确无和好可能的，或者经人民法院判决不准离婚后又分居满一年，互不履行夫妻义务的；以及一方与他人通奸、非法同居等是诉请法院裁判离婚的法定事由之一。这表明间接地承认夫妻互有同居义务和忠实义务。由于我国婚姻法对夫妻同居义务和忠实义务尚无明文规定，故其性质属于道德义务。

必须肯定，1980 年《婚姻法》是 1950 年《婚姻法》的继承和发展。它在夫妻人身关系方面的立法，反映了男女平等原则，体现了夫妻法律地位平等的要求，在一定历史时期和一定程度上满足了调整我国夫妻人身关系的需要。但我们也要看到，由于当时社会条件的限制，该法有关夫妻人身关系的规定，仍存在一些缺失。随着我国社会主义市场经济的发展，人们的物质文化生活水平得到很大提高，人们的婚姻家庭观念也发生了很大变化。在新形势下，夫妻人身关系方面出现了一些新情况、新问题，如有些人的婚姻家庭观念逐渐淡化，婚姻的排他性受到挑战，有配偶的人与他人姘居、重婚的现象增多。[①] 而 1980 年《婚姻法》在夫妻同居义务和忠实义务立法上的空白，使有配偶者重婚或与他人同居而导致离婚者，不能依法承担相应的民事责任。一些深受这些破坏婚姻家庭行为之害的离婚当事人，发出了强烈要求填补此立法漏洞的呼声。[②] 因此，2001 年修正后的《婚姻法》根据男女平等和夫妻法律地位平等原则，适应调整婚姻家庭新情况的需要，总结司法实践经验，借鉴国外立法经验，新增第 4 条倡导性规定，“夫妻应当互相忠实，互相尊重”。这是“从法律的角度，对夫妻提出的规范要求”，是“婚姻家庭道德规范的法律化”。[③] 然而，对于夫妻同居义务，2001 年修正后的《婚姻法》仍无规定，继续由道德予以规范。但该法第 32 条规定，因感情不和分居满二年，调解无效的，为准予离婚的法定情形之一。这表明间接地承认了夫妻应当同居生活，互有同居的义务。我们认为，夫妻同居生活是保障夫妻生活圆满幸福的基本要求。故建议我国借鉴外国立法经验，今后在修改《婚姻法》时增补规定：夫妻互负同居生活的义务。但有不能同居生活的正当理由的，不在此限。[④]

必须指出，重婚、有配偶者与他人同居的行为，既严重违背夫妻忠实义务，又违反我国现行《婚姻法》的禁止性规定，往往可能导致离婚而破坏婚姻家庭，损害无过错配偶的合法权益。因此，在民事责任方面，2001 年修正后的《婚姻法》增设了离婚损害赔偿

---

① 陈敏：《浅谈婚姻家庭案件的特点及审理》，载《法学评论》，1997（5）。

② 《“婚外恋”应受法律制约》，载《民主与法制》，1997（2）；郑红霞：《法律有没有漏洞?》，载《中国妇女》，1997（5）。

③ 全国人大常委会法工委研究室编：《中华人民共和国婚姻法实用问答》，18 页，北京：中国物价出版社，2001；胡康生主编：《中华人民共和国婚姻法释义》，16 页，北京：法律出版社，2001。

④ 陈苇：《中国婚姻家庭法立法研究》，165-166、168 页，北京：群众出版社，2000。

责任，第46条规定，因重婚、有配偶者与他人同居，导致离婚的，无过错方有权请求赔偿。但必须明确，并非一切因违背夫妻忠实义务的婚外性行为导致离婚的，都要承担离婚损害赔偿责任。因为，婚外性行为的表现形式多种多样，性质各有不同。例如，通奸一般属于不道德行为，姘居（有配偶者与他人同居）、重婚则属于违法或犯罪行为，故应区别不同情形，分别采用法律、党纪政纪、道德、教育等多种手段予以处理。只有因配偶一方重婚，或与他人同居而导致离婚的，无过错配偶才有权依法请求离婚损害赔偿。《婚姻法解释（一）》第3条已明确规定："当事人仅以婚姻法第四条为依据提起诉讼的，人民法院不予受理；已经受理的，裁定驳回起诉。"

还须说明的是，在我国修改1980年《婚姻法》的过程中，对于立法是否应规定"夫妻忠实义务"，我国有些学者持否定意见。他们认为，夫妻忠实义务"是一项道德义务"，不应当由法律来规定。"夫妇间是否相互忠诚，应该是夫妇双方之间的私事，也只应由他们私下解决，而不应诉之公堂，寻求公共权力的干预。"[①] 我们认为，诚然，夫妻忠实既包括思想感情上相互忠诚，又包括性行为的专一。夫妻在思想感情上相互忠诚，应当由道德来规范，因为思想感情不是法律调整的对象。但是，夫妻性行为的专一则应由道德和法律共同来规范。因为，婚姻关系不是纯粹的私事，它不仅涉及夫妻双方的利益，而且涉及子女等家庭成员及社会的利益。婚姻家庭关系既是重要的伦理关系，又是重要的法律关系。对于人们在婚姻家庭生活中的行为，既要导之以德，又要约之以法。在婚姻家庭领域，法律与道德的作用是相辅相成的，保护婚姻家庭是法律和道德的共同使命。所以，2001年修正后的《婚姻法》增补规定"夫妻应当相互忠实"是十分必要的。这有利于引导夫妻遵守一夫一妻制原则，在相互忠实、互相尊重的基础上建立平等、和睦、文明的婚姻关系。总之，"夫妻应当相互忠实"，这既是道德的要求，也是法律的要求。如果夫妻有违背忠实义务的行为，应当区别不同性质的行为，分别采取不同的方法处理。即"采用道德调整与法律调整相结合的方式，分层规范"。[②] 例如，通奸，除与现役军人的配偶长期通奸而造成军人婚姻破裂严重后果的构成破坏军婚罪外，一般属于不道德行为，应由道德谴责；有配偶者与他人同居、重婚等则属于违法或者犯罪行为，应当依法予以处理，使其承担相应的法律责任。这样才能达到维护一夫一妻制，促进社会文明进步之目的。[③]

第三节 夫妻财产关系

我国婚姻法有关夫妻财产关系的内容主要包括夫妻财产制、夫妻扶养义务和夫妻继承权三个方面。

---

① 王建勋：《把道德的东西还给道德》、马春华：《公共权力不应干涉私人领域》，载李银河、马忆南主编：《婚姻法修改论争》，27、311页，北京：光明日报出版社，1999。

② 马原主编：《新婚姻法条文释义》，58-61页，北京：人民法院出版社，2002。

③ 关于夫妻忠诚协议的效力，我国最高人民法院在2010年5月制定的《婚姻法解释（三）》（征求意见稿）中，对此曾作出了规定。但由于对此问题社会各方面的意见不一且争议很大，故在2011年8月13日正式公布施行的《婚姻法解释（三）》中已经删除此规定。参见罗杰：《最高人民法院关于适用〈中华人民共和国婚姻法〉若干问题的解释（三）（征求意见稿）专家会议纪要》，载陈苇主编：《家事法研究》（2010年卷），246-249页，北京：群众出版社，2011。

一、夫妻财产制

（一）夫妻财产制概述①

夫妻财产制又称婚姻财产制，是指规定夫妻财产关系的法律制度。其内容包括各种夫妻财产制的设立、变更与废止，夫妻婚前财产和婚后所得财产的归属、管理、使用、收益、处分以及家庭生活费用的负担、夫妻债务的清偿、婚姻终止时夫妻财产的清算和分割等问题。

男女因结婚产生夫妻人身关系，并随之产生夫妻财产关系。法律为确保夫妻地位平等和婚姻生活的圆满，并保障夫妻与第三人交易安全，维护社会秩序，设立夫妻财产制，调整夫妻财产关系。

夫妻财产制的种类。在古代，各国立法对夫妻财产基于夫妻一体主义，多采“吸收财产制”。妻的财产因结婚而为夫家或夫所有，否认妻有独立的财产权。到近现代社会，夫妻财产制随社会的发展而变化，出现了多种形式。对其可从不同的角度，作如下分类：

1. 按夫妻财产制的发生根据分类。按夫妻财产制的发生根据不同，可分为法定财产制与约定财产制。

（1）法定财产制。它指在夫妻婚前或婚后均未就夫妻财产关系作出约定，或所作约定无效时，依法律规定而直接适用的夫妻财产制。由于各国政治、经济、文化及民族传统习惯不同，不同时代、不同国家规定的直接适用的法定财产制形式也不尽相同。

法定财产制按其适用情况不同，又可以分为通常法定财产制与非常法定财产制。②

1）通常法定财产制。它指在通常情况下，婚姻当事人双方无约定时依法律的直接规定而适用的财产制。目前各国的通常法定财产制主要有共同财产制、分别财产制、剩余共同财产制等形式。

2）非常法定财产制。非常法定财产制是指在特殊情况下，当出现法定事由时，依据法律之规定或经夫妻一方的申请由法院宣告，撤销原依法定或约定设立的共同财产制，改设为分别财产制。

非常财产制依产生的程序不同，分为当然的非常财产制和宣告的非常财产制。

①当然的非常财产制。它指夫妻一方受破产宣告时，基于法律的规定，其夫妻财产制当然设定为分别财产制，如依《意大利民法典》第191条的规定，在配偶一方破产的情况下，夫妻共同财产关系终止，实行分别财产制。

②宣告的非常财产制。它指依据法定事由，经夫妻一方或债权人申请，由法院裁决宣告撤销原共同财产制，改为分别财产制。撤销共同财产制之诉的法定事由，不同国家的立法内容不一，大体包括：夫妻一方无能力管理共同财产或滥用管理共同财产的权利；夫妻分居；夫妻不履行扶养家庭的义务；夫或妻的财产不足以清偿其债务或夫妻财产不足以清偿其总债务；夫妻一方无正当理由，拒绝对共同财产的通常管理予以应有的协作或拒绝他方为夫妻财产上之处分；配偶一方受禁治产宣告等，如《德国民法典》第1447、1448、

---

① 此部分系陈苇撰写，载曹诗权主编：《婚姻家庭继承法学》，160-167页，北京：中国法制出版社，1999；陈苇：《中国婚姻家庭法立法研究》，175-180页，北京：群众出版社，2000。

② 我国现行《婚姻法》仅规定有通常法定财产制，而未规定非常法定财产制。参见陈苇：《完善我国夫妻财产制的立法构想》，载《中国法学》，2000（1）。

1469 条之规定。

（2）约定财产制。约定财产制是相对于法定财产制而言的，指由婚姻当事人以约定的方式，选择决定夫妻财产制形式的法律制度。许多国家的立法都规定了约定财产制，它具有优先于法定财产制适用的效力。但苏联的立法，则不允许夫妻就财产关系作出约定，法定财产制是唯一适用的夫妻财产制。在允许实行约定财产制的国家，立法内容不尽相同，有详略之分和宽严之别。从立法限制的程度来看，大体可分为两种情况：一种是立法限制较少的，即对婚姻当事人约定财产关系的范围和内容不予严格限制，立法既未设立几种财产制形式供当事人选择，在程序上也无特别要求，如英国等国立法即属此类。另一种是立法限制较多的，即在约定财产制的范围上，明定了约定时可供选择的财产制种类；在约定的内容上列明了不得相抵触的事由；在程序上，还要求夫妻订立要式契约，如法国、德国、瑞士等国立法即属此类。

2. 按夫妻财产制的内容分类。按夫妻财产制的内容，可分为统一财产制、联合财产制、共同财产制、分别财产制和剩余共同财产制。

（1）统一财产制。统一财产制指婚后除特有财产外，将妻的婚前财产估定价额，转归丈夫所有，妻则保留在婚姻关系终止时，对此项财产原物或价金的返还请求权。此制度为早期资本主义国家法律所采用。因其将妻对婚前财产的所有权转变为婚姻终止时妻对夫的债权，使妻处于不利地位，有悖男女平等原则。故现代国家已少有采用。

（2）联合财产制。联合财产制又称管理共同制，指婚后夫妻的婚前财产和婚后所得财产仍归各自所有，但除特有财产外，将夫妻财产联合在一起，由夫管理。夫对妻的原有财产有占有、使用、管理、收益权，必要时有处分权，而以负担婚姻生活费用为代偿；婚姻关系终止时，妻的财产由其本人收回或由其继承人继承。此制源于中世纪日尔曼法，被近现代一些资本主义国家所沿用并发展。其虽较统一财产制有明显进步，但夫妻在财产关系上仍处于不平等地位，有悖男女平等原则。故现代社会里原采此制的一些国家如德国、日本、瑞士等已废止此制另采新制。

（3）共同财产制。共同财产制指除特有财产外，夫妻的全部财产或部分财产归双方共同所有。依共有的范围不同，又分为一般共同制、动产及所得共同制、婚后所得共同制、婚后劳动所得共同制等形式。

1）一般共同制。它指除特有财产外，夫妻婚前、婚后所得的一切财产（包括动产和不动产）均为夫妻共同所有的财产制。例如，据我国 1950 年《婚姻法》第 10、23 条规定及有关立法解释，所规定的夫妻财产制，就是除法定的或者约定的特有财产外，夫妻婚前财产及夫妻婚后所得财产归双方共有的一般共同制。①

2）动产及所得共同制。它指除夫妻婚前的不动产及特有财产外，夫妻婚前的动产及婚后所得的财产归夫妻共同所有的财产制。②

3）婚后所得共同制。它指除特有财产外，夫妻在婚姻关系存续期间所得的财产（包括劳动所得财产与非劳动所得财产），归夫妻共同所有的财产制。③

---

① 中央人民政府法制委员会：《关于中华人民共和国婚姻法起草经过和起草理由的报告》（1950 年 4 月 14 日）。

② 李浩培、吴传颐、孙鸣岗译：《拿破仑法典》第 1401 条，192 页，北京：商务印书馆，1983。

③ 马骧聪译：《苏俄婚姻和家庭法典》（1968 年）第 20、22 条，载张贤钰主编：《外国婚姻家庭法资料选编》，195 页，上海：复旦大学出版社，1991。

4）婚后劳动所得共同制。它指夫妻婚后劳动所得的财产归夫妻共同所有，非劳动所得的财产如继承、受赠所得财产以及其他特有财产等，则归各方个人所有的财产制。[①]

上述不同共有范围内的共同财产制，为世界上一些国家分别采用。有的被采为法定财产制，如巴西、荷兰、法国等国；有的被采为约定财产制形式之一，如德国、瑞士等国。必须说明，为承认家务劳动的价值，现代夫妻财产制规定婚姻期间夫妻双方或一方所得的财产利益，事实上由夫妻双方平等地享有所有权。这既可以体现为采取婚后所得共同制，如我国、法国即采取婚后所得共同制；也可以体现为离婚时在夫妻之间公平地分配夫妻双方或一方在婚姻期间所得的财产利益，如德国采用剩余共同制、瑞士采用所得分享制。[②]这正如有学者所言，夫妻在婚姻期间积累的“家庭财富”系夫妻双方在婚姻生活中分工合作、同心协力的成果，虽然其贡献的方式不同，但其贡献的价值等同。[③] 然而，共同财产制虽具有符合婚姻生活共同体本质的要求，有利于保障夫妻中经济能力较弱一方的权益，实现夫妻家庭地位事实上的平等等优点，但其缺陷是因夫妻一方不能未经对方同意擅自行使共同财产权，有时不能满足夫妻个人的某些特殊需要。因此，在实行共同财产制的国家，大多对夫妻共有财产的范围设有限制性规定，如法律另有规定或夫妻另有约定者除外。这些规定即属于夫妻特有财产或夫妻约定财产的规定。其目的是保护夫妻个人财产所有权，并满足夫妻个人对财产关系的特殊要求。

（4）分别财产制。分别财产制指夫妻婚前、婚后所得的财产均归各自所有，各自独立行使管理、使用、收益和处分权；但不排斥妻子以契约形式将其个人财产的管理权交付丈夫行使，也不排斥双方拥有一部分共同财产。例如，《美国纽约州家庭法》规定：“已婚妇女现在所有的或其在婚姻存续期间取得的，或者按本章规定取得的财产，不论是动产还是不动产，以及由这些财产产生的租金、利息、收入和利润，如同婚前一样，是她个人所有的财产，既不受丈夫支配或处分，也不对丈夫的债务承担责任。”[④] 英美法系的多数国家及大陆法系的个别国家如日本，以分别财产制为法定财产制，还有部分国家以此制为供选择的约定财产制形式之一。必须指出，分别财产制使夫妻婚后财产各自保持独立，便于夫妻一方独立行使财产权，以尊重其个人意愿和满足其特殊需要，在一定程度上也有利于社会的发展。但其缺陷是，在现代社会，男女两性的经济地位事实上仍然存在差距，实行分别财产制，往往会造成事实上夫妻家庭地位不平等。故一些实行分别财产制的国家已在分别财产制中引入共同财产制的因素，以补救其缺陷。[⑤] 目前，在一些实行分别财产制的英美法系国家，如在澳大利亚，离婚诉讼中法院可以依据公平、平等的原则，作出变更婚姻当事人财产权益的命令，以体现承认家庭中从事家务劳动一方的非直接经济贡献之价值。[⑥] 在加拿大安大略省，离婚时法院可依法对夫妻双方公平分配婚姻期间夫妻一方所得

---

① 仲联译：《南斯拉夫塞尔维亚社会主义共和国婚姻法》第 46 条，载任国均选编：《外国婚姻家庭法典选编》，160 页，北京政法学院民法教研室，1981。

② 陈苇：《中国婚姻家庭法立法研究》，172-173 页，北京：群众出版社，2000。

③ 胡苷用：《婚姻合伙视野下的夫妻共同财产制度研究》，75 页，北京：法律出版社，2010。

④ 罗思荣译：《美国纽约州家庭法》第 50 条，载张贤钰主编：《外国婚姻家庭法资料选编》，125-126 页，上海：复旦大学出版社，1991。

⑤ 夏吟兰：《夫妻关系的沿革比较》，载巫昌祯、杨大文主编：《走向 21 世纪的中国婚姻家庭》，124-126 页，长春：吉林人民出版社，1995。

⑥ 参见陈苇主持翻译：《澳大利亚家庭法》（2008 年修正），244-245 页，北京：群众出版社，2009。

的财产。[①] 在美国，大部分州授予法院在处理离婚案件时有更多的自由裁量权，以“公平”地分配“婚姻财产”。[②] 在日本，婚姻期间夫妻各自所得的财产归各自所有，但基于承认家务劳动价值的理念和公平原则，离婚时夫妻一方依法可以请求夫妻他方分与财产。家庭法院在裁决时根据夫妻双方协力取得的财产数额及其他相关情况，公平合理地确定是否分与财产、分与的数额及分与的方法。[③]

（5）剩余共同财产制。剩余共同财产制指夫妻对于自己的婚前财产及婚后所得财产，各自保留其所有权、管理权、使用收益权及有限制的处分权，夫妻财产制终止时，以夫妻双方增值财产（夫妻各自最终财产多于原有财产的增值部分）的差额为剩余财产，归夫妻双方分享。大陆法系的德国以剩余共同财产制作为法定财产制，法国则为约定财产制之一。[④] 我国台湾地区学者指出，剩余共同财产制“虽名为共同制，而其实为分别财产制”。因为在婚姻期间，夫妻的婚前财产及婚后各自取得的财产均归各自所有，夫妻各自独立管理自己的财产，仅在婚姻解除时，以各配偶最终财产扣除结婚时的原有财产，以计算其剩余额。剩余额较少的配偶，对于剩余额较多的配偶，就剩余差额的二分之一，有债权的请求权（为保全此分配请求权，各配偶之财产处分权受限制）[⑤]。即此制以分别财产制为基础，引进共同财产制的因素，是兼具两种财产制优点的一种复合形态的财产制。

3. 按夫妻财产的归属分类。按夫妻财产的归属不同，可分为特有财产制与共同财产制。

如前所述，不少设有共同财产制的国家，对婚后夫妻共有财产的范围加以限制，把婚后所得的一定范围财产依法定或夫妻约定作为夫妻一方个人所有的财产。所谓夫妻特有财产，又称夫妻保留财产，是指夫妻婚后在实行共同财产制的同时，依法律规定或夫妻约定，夫妻各自保留的一定范围的个人所有财产。特有财产制，就是在夫妻婚后实行夫妻共同财产制时，依法律规定或夫妻约定，夫妻各自保留一定个人所有财产的范围，夫妻对该财产的管理、使用、收益及处分权，以及相应的财产责任，特有财产的效力等相关规定组成的法律制度。[⑥]

根据特有财产发生的原因，可分为法定的特有财产和约定的特有财产：

（1）法定的特有财产。法定的特有财产是依照法律的规定夫妻婚后双方各自保留的个人财产。在国外立法中，其范围大体如下：

1）夫妻个人日常生活用品和职业必需品；

2）具有人身性质的财产和财产权，包括人身损害和精神损害赔偿金、补助金、不可让与的物及债权等；

3）夫妻一方因指定继承或受赠而无偿取得的财产；

---

① 参见加拿大《安大略省家庭法》第5条第6款，载陈苇等译：《加拿大家庭法汇编》，98-99页，北京：群众出版社，2006。

② ［美］哈里·D. 格劳斯、大卫·D. 梅耶：《美国家庭法精要》（第五版，2007年），陈苇等译，218页，北京：中国政法大学出版社，2010。

③ 参见王爱群译：《日本民法典》第768条，121页，北京：法律出版社，2014。

④ 《德国民法典》第1363-1390条；《法国民法典》第1569-1581条。

⑤ 史尚宽：《亲属法论》，331-332页，北京：中国政法大学出版社，2000。

⑥ 史尚宽：《亲属法论》，358-370页，北京：中国政法大学出版社，2000。

4）由特有财产所产生的孳息及代位物等。

（2）约定的特有财产。约定的特有财产是夫妻双方以契约约定归夫妻一方个人所有的财产。

总之，特有财产制是与共同财产制同时并存的，是对共同财产制的限制和补充。特有财产为夫妻各自保留的个人财产，它独立于夫妻共同财产之外，实质上属于部分的分别财产，故其效力适用分别财产制的规定，即夫妻各方对其特有财产，享有独立的占有、使用、收益及处分等权利，他人不得干涉。但对家庭生活费用之负担，在夫妻共同财产不足以负担家庭生活费用时，夫妻得以各自的特有财产分担。

综上可见，夫妻财产制种类繁多、内容多样，但法定财产制与约定财产制是其他财产制发生的根据；法定财产制又分为通常法定财产制与非常法定财产制，前者适用于一般的通常情况，后者则是在特殊情况下对法定财产制或约定财产制的变通；而共同财产制与分别财产制，则是夫妻财产制的两种最基本形态。在现代社会，促进夫妻平等，维护婚姻共同生活之圆满，保护第三人的利益及交易安全，已成为夫妻财产法的立法原则和目的。当代夫妻财产制立法的发展趋势是，分别财产制走向增加夫妻共享权，共同财产制引进分别财产制的因素。可以相信，兼采分别财产制与共同财产制的合理因素，将成为越来越多的国家夫妻财产制的改革方向。①

（二）我国现行夫妻财产制②

1980年《婚姻法》第13条规定："夫妻在婚姻关系存续期间所得的财产，归夫妻共同所有，双方另有约定的除外。夫妻对共同所有的财产，有平等的处理权。"2001年修正后的《婚姻法》仍沿用此规定，并在此基础上作了必要的修改和补充。其立法的基本精神仍然是坚持夫妻在家庭中地位平等，保护夫妻双方的合法财产权益，并根据新形势的需要，注意保护与夫妻交易的第三人的利益和维护交易安全。根据现行《婚姻法》第17、18、19条的规定，我国仍采取法定财产制与约定财产制相结合的夫妻财产制。

1. 法定财产制（婚后所得共同制）。依我国现行《婚姻法》的规定，法定财产制仍实行婚后所得共同制。我国习惯称为夫妻共同财产制。它指在婚姻关系存续期间，夫妻双方或一方所得的财产，除法律规定或当事人另有约定的外，均归夫妻共同所有，夫妻对共同所有的财产，平等地享有占有、使用、收益和处分的权利的财产制度。其内容主要有：夫妻婚前婚后所得财产的归属，夫妻共同财产和夫妻个人财产（又称夫妻特有财产）的范围，夫妻对共同财产和个人财产的权利与义务，以及夫妻共同财产制终止时财产的清算和分割等。

（1）夫妻共同财产的概念和特征。依我国现行《婚姻法》规定，夫妻共同财产是指夫妻双方或一方在婚姻关系存续期间所得的财产，但法律另有规定或当事人另有约定的除

---

① 关于现代夫妻财产制的立法宗旨与立法原则，参见陈苇：《中国婚姻家庭法立法研究》（第二版），217-223页，北京：群众出版社，2010；关于现代夫妻财产制的立法价值取向，参见陈苇、黎乃忠：《现代婚姻家庭法的立法价值取向研究——主要以〈婚姻法解释（三）〉有关夫妻财产关系的规定为对象》，载梁慧星主编：《民商法论丛》第54卷，264-294页，北京：法律出版社，2014。

② 关于中国夫妻财产制的沿革，参见陈苇主编：《婚姻家庭继承法学》，186-189页，北京：法律出版社，2002。关于我国台湾地区夫妻财产制度的变迁，参见陈惠馨：《民法亲属编——理论与实务》，172-174页，台北：元照出版社，2016。

外。夫妻共同财产具有以下特征：

第一，夫妻共同财产所有权的主体，只能是具有婚姻关系的夫妻。被宣告无效的婚姻和被撤销的婚姻、非婚同居或通奸的男女当事人均不能作为其主体。

第二，夫妻共同财产所有权的取得时间，是婚姻关系存续期间，即合法婚姻从领取结婚证之日起（1994 年 2 月 1 日民政部《婚姻登记管理条例》施行前，男女未办结婚登记即以夫妻名义同居，被认定为事实婚姻的，从同居之日起），到配偶一方死亡或离婚生效时止。恋爱或订婚期间，不属婚姻关系存续期间。夫妻分居或离婚判决未生效的期间，仍为婚姻关系存续期间。

第三，夫妻共同财产的来源，包括夫妻双方或一方所得的财产，但法律另有规定或当事人另有约定的除外。这里的“所得”，是指对财产所有权的取得，而非对财产必须实际占有。如果婚前已取得某财产所有权（如继承已开始），即使该财产在婚后才实际占有（如婚后遗产才分割），该财产仍不属于夫妻共同财产。相反，如婚后取得某财产权利，即使婚姻关系终止前未实际占有，该财产也属夫妻共同财产。

以上三个特征同时具备的，才是夫妻共同财产。

（2）夫妻共同财产的范围。现行《婚姻法》第 17 条规定：“夫妻在婚姻关系存续期间所得的下列财产，归夫妻共同所有：（一）工资、奖金；（二）生产、经营的收益；（三）知识产权的收益；（四）继承或赠与所得的财产，但本法第十八条第三项规定的除外；（五）其他应当归共同所有的财产。夫妻对共同所有的财产，有平等的处理权。”

我们理解夫妻共同财产的范围，必须注意以下几点：

第一，工资、奖金[①]，是指夫妻双方或一方在婚后所得的工资和作为工资组成部分的奖金。目前我国职工的基本工资只是个人收入的一部分，在基本工资之外，还有各种形式的奖金、福利补贴费及一些实物分配等收入，这些财产共同构成职工的个人收入，属于夫妻共同财产。

第二，生产、经营的收益，是指夫妻双方或一方在婚后从事生产、经营所得的劳动收入和资本性收入（如买卖股票、债券所得收益或投资于公司、企业的股份分红所得收入）。

第三，知识产权的收益，指夫妻在婚后转让或许可他人使用自己的著作权、专利权、商标专用权和发明权等得到的经济收入。必须注意，“知识产权的收益”属于夫妻共同财产，但一方取得的“知识产权”本身属于该实际取得知识产权的夫妻一方所有，因为“知识产权”本身具有人身性。依《婚姻法解释（二）》第 12 条规定，“婚姻法第十七条第三项规定的‘知识产权的收益’，是指婚姻关系存续期间，实际取得或者已经明确可以取得的财产性收益”。我国司法实务部门的法官认为，所谓“将来可以明确取得的收益。比如，一方在婚姻关系存续期间已经和出版社签订了合同，关于稿酬的约定也是明确具体的，如果离婚时还没有实际拿到这笔稿酬，该稿酬也应属于夫妻共同财产”。[②]

1993 年《离婚财产分割意见》第 15 条规定：“离婚时一方尚未取得经济利益的知识

---

① 关于婚姻期间一方所得及荣誉性奖金，是否归夫妻共同所有，在我国学者中有“肯定说”与“否定说”两种观点，这两种观点的具体内容，参见裴桦：《夫妻共同财产制研究》，131-132 页，北京：法律出版社，2009。

② 转引自黄松有主编：《最高人民法院婚姻法司法解释（二）的理解与适用》，123 页，北京：人民法院出版社，2004。

产权，归一方所有……”因为知识产权具有人身性，与人身不可分离，故婚后一方取得的知识产权本身只能由权利人一方享有。但夫妻婚后一方所得知识产权今后可能带来的预期经济利益是否应属于夫妻共同财产？目前，我国法学界有“肯定说”和“否定说”两种不同意见。①

此外，必须指出，我国有学者认为，“正确界定婚姻关系中的财产范围至关重要”。在婚姻期间，夫妻一方牺牲自己提高人力资本的机会从事家务劳动，或为对方提高人力资本在经济上和生活上予以支持，如果一方因另一方的牺牲而获得的成就和地位没有转化为有形的物质财富，在离婚时，应该把因这些牺牲而导致的人力资本的变化所产生的预期利益作为婚内财产的一种形式进行公平的分割。②

第四，继承或赠与所得的财产，“但本法第十八条第三项规定的除外”。这是指夫妻双方或一方在婚后继承或赠与所得的财产，除遗嘱或赠与合同确定只归夫或妻一方的财产外，均为夫妻共同财产。关于父母对夫妻双方购置房屋出资的性质认定，当事人结婚后，父母为双方购置房屋出资的，该出资应当认定为对夫妻双方的赠与，但父母明确表示赠与一方的除外。③ 关于双方父母出资购买的不动产之权属，《婚姻法解释（三）》第7条第2款规定：“由双方父母出资购买的不动产，产权登记在一方子女名下的，该不动产可认定为双方按照各自父母的出资份额按份共有，但当事人另有约定的除外。”④

此外，关于当事人在婚前或婚后约定的房产赠与，《婚姻法解释（三）》第6条规定：“婚前或者婚姻关系存续期间，当事人约定将一方所有的房产赠与另一方，赠与方在赠与房产变更登记之前撤销赠与，另一方请求判令继续履行的，人民法院可以按照合同法

---

① “否定说”认为，由于婚后一方所得的知识产权具有人身性，权利本身只能归一方所有。“配偶一方未取得经济利益的知识产权不能分割，此时的知识产权只是与配偶的身份不可分割的人身权利，作为一种无形财产无法也不能分割。”因此，该知识产权的预期经济利益只能归该方所有。“肯定说”认为，知识产权除商标权不直接涉及人身权利的内容以外，其他各类知识产权都具有人身权和财产权之双重属性，因此，基于知识产权的人身性，婚后一方所得知识产权权利本身只能归该方个人所有。但由该知识产权取得的经济利益，包括既得利益和期待利益，则应属于夫妻共同财产。因为，我国法定夫妻财产制是婚后所得共同制，只要是夫妻在婚姻期间取得的财产权，包括有形财产权本身和无形财产权所带来的经济利益，都应属于夫妻共同财产。例如，婚后一方所得的工资是有形财产，归夫妻共有；婚后一方完成的著作在发表后取得的稿酬，也归夫妻共有。但如该著作尚未发表，可能取得的稿酬就只是一种期待经济利益，此期待经济利益也应当归夫妻共有才是公平、合理的。参见陈苇：《婚内所得知识产权的财产期待权之归属探讨》，载《现代法学》，2000（4）；余延满：《亲属法原论》，269页，北京：法律出版社，2007。此外，我国还有学者建议，将“未发表的作品，当成婚姻合伙未完成的事业，待作品的经济收益取得后这部分合伙业务才算完成，因而另一方配偶享有将来收益的分割权”。参见胡苷用：《婚姻合伙视野下的夫妻共同财产制研究》，96页，北京：法律出版社，2010。

② 参见夏吟兰：《在国际人权框架下审视中国离婚财产分割方法》，载《环球法律评论》，2005（1）。

③ 《婚姻法解释（二）》第22条第2款。

④ 对此解释的规定，我国有学者提出商榷，认为该“按份共有”的规定是不符合我国现行《婚姻法》规定的婚后所得共同制精神的。参见陈苇：《论双方父母赠与夫妻的不动产之归属——对“〈婚姻法〉司法解释（三）征求意见稿”第11条的商榷》，载《西南政法大学学报》，2011（2）。

第一百八十六条的规定处理。”①

第五，其他应当归共同所有的财产，这是一项概括性规定。因为，随着我国社会经济发展，人们生活水平不断提高，夫妻财产的种类会不断增多，立法难以逐一列举，所以设此概括性的弹性条款。依司法解释的规定，“其他应当归共同所有的财产”包括：①一方以个人财产投资取得的收益；②男女双方实际取得或者应当取得的住房补贴、住房公积金；③男女双方实际取得的养老保险金、破产安置补偿费。② 此外，婚姻期间发放到军人名下的复员费、自主择业费在婚姻期间所得的部分为夫妻共同财产。③ 夫妻一方个人财产在婚后产生的收益，除孳息和自然增值外，应认定为夫妻共同财产。④

第六，夫妻分居两地分别管理、使用的婚后所得财产，应认定为夫妻共同财产。婚后夫妻双方对一方婚前财产上的“添附”，应认定为夫妻共同财产。婚后夫妻双方对婚前一方所有的房屋进行过修缮、装修、原拆原建的，其增值部分或扩建部分，应认定为夫妻共有财产。

第七，由一方婚前承租、婚后用共同财产购买的房屋，房屋权属证书登记在一方名下的，应当认定为夫妻共同财产。⑤

---

① 我国《合同法》第186条规定：“赠与人在赠与财产的权利转移之前可以撤销赠与。具有救灾、扶贫等社会公益、道德义务性质的赠与合同或者经过公证的赠与合同，不适用前款规定。”并且，该法第187条规定：“赠与的财产依法需要办理登记等手续的，应当办理有关手续。”我国《物权法》第9条规定：“不动产物权的设立、变更、转让和消灭，经依法登记，发生效力；未经登记，不发生效力，但法律另有规定的除外。依法属于国家所有的自然资源，所有权可以不登记。”该法第14条规定：“不动产物权的设立、变更、转让和消灭，依照法律规定应当登记的，自记载于不动产登记簿时发生效力。”此外，关于夫妻约定将一方个人所有的不动产赠与另一方的法律适用问题研究，参见张华贵主编：《夫妻财产关系法研究》，191-193页，北京：群众出版社，2017。

② 《婚姻法解释（二）》第11、14条。在此必须说明，依据《婚姻法解释（二）》第11条第3款的规定，男女双方实际取得或者应当取得的养老保险金，一律都属于应当归夫妻共同所有的财产。然而，依2011年8月13日施行的《婚姻法解释（三）》第13条规定，“离婚时夫妻一方尚未退休、不符合领取养老保险金条件，另一方请求按照夫妻共同财产分割养老保险金的，人民法院不予支持”。即现行最新司法解释已经不承认夫妻一方在婚姻期间积累的养老金期待利益为夫妻共同财产。并且，《婚姻法解释（三）》第19条规定：“本解释施行后，最高人民法院此前作出的相关司法解释与本解释相抵触的，以本解释为准。”故这里对养老金保险金，我们专门删除了《婚姻法解释（二）》第11条第3款“应当取得”的修饰词。然而，我们认为，基于我国《婚姻法》规定的婚后所得共同制、基于婚姻期间积累的养老金源于工资、基于承认家务劳动与社会生产劳动具有同等价值的理念、基于联合国文献倡导的夫妻应当平等地共享婚姻期间所得的一切财产权利，夫妻一方在婚姻期间积累的养老金利益包括期待利益，应当属于夫妻共同财产，这才是公平的、合理的。参见陈苇：《婚后积累的养老金期待利益应当由夫妻共享——〈婚姻法解释（三）〉（征求意见稿）第14条之商榷》，载《中国社会科学报》2010年12月7日，第10版。从国外立法来看，在澳大利亚，《1975年家庭法》中于2001年新增了于2002年生效的第ⅧB章“养老金利益”，该法第90MC条将养老金利益界定为婚姻诉讼中的财产，它的财产内容包括期待利益，离婚时由法院依据第90MT条在夫妻之间进行公平分割。参见陈苇等译：《澳大利亚家庭法》（2008年修正），282-293页，北京：群众出版社，2009。并参见陈苇、陈思琴：《澳大利亚夫妻离婚时养老金分割立法及其借鉴》，载《法商研究》，2008（6）。此外，在德国，基于德国《基本法》之男女平等原则和对婚姻的保护原则，夫妻一方在婚姻期间获得的养老金供养请求权包括期待权由夫妻双方共享。离婚时该财产权益将在夫妻之间平等地分配。参见［德］迪特尔·施瓦布：《德国家庭法》，王葆时译，233-245页，北京：法律出版社，2010。

③ 《婚姻法解释（二）》第14条规定：“人民法院审理离婚案件，涉及分割发放到军人名下的复员费、自主择业费等一次性费用的，以夫妻婚姻关系存续年限乘以年平均值，所得数额为夫妻共同财产。前款所称年平均值，是指将发放到军人名下的上述费用总额按具体年限均分得出的数额。其具体年限为人均寿命七十岁与军人入伍时实际年龄的差额。”

④ 《婚姻法解释（三）》第5条。

⑤ 《婚姻法解释（二）》第19条。

此外，对是个人财产还是夫妻共同财产难以确定的，主张权利的一方有责任举证。当事人举不出有力证据，人民法院又无法查实的，按夫妻共同财产处理。①

必须指出，依最高人民法院1993年《离婚财产分割意见》第3、6条的规定，夫妻一方的某些个人财产在一定条件下可以“转化”为夫妻共同财产。但《婚姻法解释（一）》第19条已明确规定：“婚姻法第十八条规定为夫妻一方的所有的财产，不因婚姻关系的延续而转化为夫妻共同财产。但当事人另有约定的除外。”此外，值得注意的是，夫妻一方在婚姻期间获得的学历、文凭及职业资格证书等，是否应当属于夫妻共有的“无形财产”？并且在离婚时对它们予以估价分割？对此，我国学术界目前有“肯定说”与“否定说”两种不同的观点。②

（3）夫妻个人财产的范围。如前所述，夫妻特有财产，又称保留财产，是相对于共同财产而言的，指夫妻婚后在实行共同财产制时，依法律规定或依夫妻约定，夫妻各自保留的一定范围的个人所有财产。特有财产包括法定的特有财产与约定的特有财产，前者指夫妻依法律规定各自保留的个人财产；后者指夫妻依约定各自保留的个人财产。例如，夫妻一方的婚前财产，依现行《婚姻法》的规定，属于该方的个人财产，但夫妻可以通过约定将其约定为夫妻共同财产或夫妻他方的个人财产。我国婚姻法和司法解释虽未使用夫妻特有财产的概念，但允许夫妻在婚后实行共同财产制的同时，按双方约定或依法规定保留一定范围的个人所有财产。这些财产独立于夫妻共同财产之外，实际上就是夫妻特有财产。

关于夫妻个人财产的范围，现行《婚姻法》第18条规定：“有下列情形之一的，为夫妻一方的财产：（一）一方的婚前财产；（二）一方因身体受到伤害获得的医疗费、残疾人生活补助费等费用；（三）遗嘱或赠与合同中确定只归夫或妻一方的财产；（四）一方专用的生活用品；（五）其他应当归一方的财产。”

我们理解前述夫妻个人财产的范围，应注意以下几点：

第一，夫妻婚前的个人财产，包括婚前个人劳动所得财产、继承或受赠的财产及其他合法收入、个人出资购置的结婚物品等都属于夫妻个人特有财产。并且，依《婚姻法解释（三）》第5条的规定，夫妻一方婚前个人财产在婚后所得的孳息和自然增值，属于

---

① 1993年《离婚财产分割意见》第4、7、12条。

② 参见陈苇、曹贤信：《论婚内夫妻一方家务劳动的价值及职业机会利益损失的补偿之道——与学历文凭及职业资格证书之“无形财产说”商榷》，载《甘肃社会科学》，2010（4）。在美国，有学者认为“职业资格证是不可出售的抽象概念”，其代表着专业人士更强的赚钱能力。而未来的赚钱能力完全不符合法律上公认的“财产”内涵。目前，除纽约州外，几乎所有的州都反对将职业资格证或其他说明未来收入能力的证书作为婚姻财产。但这些州都规定法院应当考虑夫妻一方对夫妻他方获得职业技能时所做的贡献，离婚时分割财产应当给予其一定的补偿或判决给付离婚扶养费（此亦意味着予以一定补偿）。参见［美］哈里·D. 格劳斯、大卫·D. 梅耶：《美国家庭法精要》（第五版，2007年），陈苇等译，225-227页，北京：中国政法大学出版社，2010。

夫妻一方的个人财产。①

第二，夫妻一方因身体受到伤害获得的医疗费、残疾人生活补助费等费用，因为这些财产具有人身性，故只能归该方个人所有。

第三，遗嘱或赠与合同中确定只归夫或妻一方的财产，基于私法自治原则，应尊重遗嘱人和赠与人的意愿，依法保护其处分个人财产的权利，故将该财产作为夫妻一方的个人财产。必须注意，当事人结婚前，父母为双方购置房屋出资的，该出资应当认定为对自己子女的个人赠与，但父母明确表示赠与双方的除外。② 婚后由一方父母出资为子女购买的不动产，产权登记在出资人子女名下的，可按照《婚姻法》第18条第3项的规定，视为只对自己子女一方的赠与，该不动产应认定为夫妻一方的个人财产。③

第四，夫妻个人财产中"一方专用的生活用品"，是指夫妻因各自日常生活、职业所需的专用物品，如个人使用的衣物、书籍等。④

第五，其他应当归一方的财产，这是一个概括性规定，包括难以逐一列举的其他个人财产。例如，军人的伤亡保险金、伤残补助金、医药生活补助费均属于其个人财产。⑤

（4）夫妻共同财产和夫妻个人财产的权利义务。第一，夫妻共同财产的权利义务。夫妻对共同财产的权利和义务是平等的。夫妻对共同财产享有平等的所有权。夫妻共同财产的性质是共同共有。夫妻对全部共同财产，不分份额平等地享受权利和承担义务。因此，不能根据夫妻双方收入的有无或高低，来确定其享有共有财产所有权的有无或多少。夫妻双方对于共同财产享有平等的占有、使用、收益、处分的权利。

处分权是所有权的重要权能之一。现行《婚姻法》第17条第2款明确规定："夫妻

① 关于夫妻一方婚前个人财产在婚后所得孳息的归属，在2001年修正后的《婚姻法》施行前，根据1950年《婚姻法》和1980年《婚姻法》规定的婚后所得共同制之精神，夫妻一方婚前财产在婚后所得的孳息一直是作为夫妻共同财产的。2000年8月《中华人民共和国婚姻法（修正案征求意见稿）》第16条曾规定："婚前财产的孳息"归夫妻共同所有，双方另有约定的除外。但2000年10月提请全国人大常委会审议的《中华人民共和国婚姻法修正案（草案）》已删除此规定。2001年1月公布征求广大群众和有关方面意见的《中华人民共和国婚姻法修正案（草案）》和2001年4月28日公布施行的修正后的《中华人民共和国婚姻法》，亦均无"婚前财产的孳息"归夫妻共同所有的规定。全国人大常委会法工委研究室在《中华人民共和国婚姻法实用问答》中指出，一方的婚前财产包括婚后所得的孳息，均为夫妻一方的个人财产。即自2001年修正后的《婚姻法》施行之日起，夫妻一方婚前财产在婚后所得的孳息，属于夫妻一方的个人财产。参见全国人民代表大会常务委员会法工委研究室编：《中华人民共和国婚姻法实用问答》，69页，北京：中国物价出版社，2001。但是，从国外立法来看，夫妻一方婚前财产在婚后所得孳息的所有权之归属，在采取婚后所得共同制的一些国家，主要有以下三种不同的立法例：一是一律属于夫妻共同财产，如《意大利民法典》第177条之规定；二是一律属于夫妻个人财产，如《俄罗斯联邦家庭法典》（1995年）第36条之规定；三是部分共有、部分个人所有，如《法国民法典》第1401、1406条之规定。我们认为，法国立法例似乎更值得我国借鉴，即夫妻婚前个人财产在婚后所得的孳息应区别对待，除不需要夫妻投入劳力的、婚后一方个人财产中的银行存款利息以及不动产的自然增值归属于夫妻的个人财产外，其余的归属于夫妻共同财产，这是较为合理的。这样既有利于保障婚姻家庭生活的圆满幸福，也能兼顾保护夫妻个人财产所有权。参见陈苇主编：《婚姻家庭法继承法学》，197-198页，北京：法律出版社，2002。

② 《婚姻法解释（二）》第22条。

③ 《婚姻法解释（三）》第7条第1款。

④ 但我们认为，基于公平原则，婚后购置的贵重首饰、健身器械、价值较大的图书资料以及摩托车、小汽车等生活资料，虽属个人使用，也应视为夫妻共同财产。今后如分割共同财产，可以采取这些物品归使用方所有，对他方予以作价补偿的方式，以方便生活。在国外，《俄罗斯联邦家庭法典》第36条规定，除贵重物品和其他奢侈品外，个人使用的物（衣服、鞋和其他物品），即使是在婚姻期间用夫妻共同资金购置，也认定为由使用物品的一方所有。此立法值得我国借鉴。

⑤ 《婚姻法解释（二）》第13条。

对共同所有的财产，有平等的处理权。"《婚姻法解释（一）》第 17 条规定："婚姻法第十七条关于'夫妻对夫妻共同所有的财产，有平等的处理权'的规定，应当解释为：（一）夫或妻在处理夫妻共同财产上的权利是平等的。因日常生活需要而处理夫妻共同财产的，任何一方均有权决定。（二）夫或妻非因日常生活需要对夫妻共同财产做重要处理决定，夫妻双方应当平等协商，取得一致意见。他人有理由相信其为夫妻双方共同意思表示的，另一方不得以不同意或不知道为由对抗善意第三人。"也就是说，夫妻对共同财产的处分权是平等的，除在日常家事范围内夫妻一方有权独自决定对夫妻共同财产的处理外，其他非因日常生活需要而对夫妻共同财产做重要处理的，应当经过双方协商，取得一致意见后进行。凡重大财产问题，未经双方同意，任何一方不得擅自处分。夫妻一方未经他方同意擅自处分重要共有财产的，夫妻他方有权否认该处分的法律效力，但如第三人有理由相信其为夫妻双方共同意思表示的，不得对抗该善意第三人。由此给他方配偶造成的损失，应由擅自处分的配偶一方予以赔偿。《婚姻法解释（三）》第 11 条规定："一方未经另一方同意出售夫妻共同共有的房屋，第三人善意购买、支付合理对价并办理产权登记手续，另一方主张追回该房屋的，人民法院不予支持。夫妻一方擅自处分共同共有的房屋造成另一方损失，离婚时另一方请求赔偿损失的，人民法院应予支持。"①

夫妻对共同财产平等地享有权利，同时也平等地承担义务。家庭共同生活费用，应以夫妻共同财产负担，若共同财产不足以负担时，由夫妻双方以个人财产分担。夫妻为共同生活或为履行抚养、赡养义务等所负债务，为夫妻共同债务，应当以夫妻共同财产清偿，夫妻双方应承担连带责任。

此外，关于婚姻期间夫妻一方请求分割共同财产，《婚姻法解释（三）》第 4 条规定："婚姻关系存续期间，夫妻一方请求分割共同财产的，人民法院不予支持，但有下列重大理由且不损害债权人利益的除外：（一）一方有隐藏、转移、变卖、毁损、挥霍夫妻共同财产或者伪造夫妻共同债务等严重损害夫妻共同财产利益行为的；（二）一方负有法定扶养义务的人患重大疾病需要医治，另一方不同意支付相关医疗费用的。"

第二，夫妻个人财产的权利义务。夫妻对其个人财产可依自己的意愿独立行使占有、使用、收益和处分的权利，无须征得对方同意；同时，对婚姻关系存续期间夫妻一方所负的个人债务及其个人特有财产所生债务等，均应由夫妻个人财产承担清偿责任。

（5）夫妻共同财产制的终止及夫妻财产清算。夫妻共同财产制因夫妻一方死亡而终止，也可因离婚或其他原因，如改用其他夫妻财产制，或依共同财产制撤销之诉等终止。夫妻共同财产制终止，意味着夫妻共同财产关系消灭，从而发生夫妻财产的清算。因一方死亡而终止夫妻共同财产制时，夫妻共同财产的分割，按我国《继承法》第 26 条第 1 款的规定："夫妻在婚姻关系存续期间所得的共同所有的财产，除有约定的以外，如果分割遗产，应当先将共同所有的财产的一半分出为配偶所有，其余的为被继承人的遗产。"因离婚而终止夫妻财产制时，关于夫妻财产的清算，详见本书离婚的法律后果的有关内容。

2. 约定财产制。

（1）约定财产制的概念和意义。约定财产制是关于法律允许夫妻用协议的方式，对

---

① 必须说明，对此解释有学者提出了质疑和商榷，主张应当采取例外的"但书"规定，应给予"婚姻家庭住房权优先保护"。参见陈苇：《婚姻家庭住房权的优先保护》，载《法学》，20-23 页，2010（12）。

夫妻在婚姻关系存续期间所得财产所有权的归属、管理、使用、收益、处分权以及家庭生活费用负担和债务清偿、婚姻解除时财产的清算等事项作出约定，排除法定财产制适用的制度。

关于约定财产制的意义，依1980年《婚姻法》规定，夫妻可依双方的意愿，约定处理双方的财产关系。这可以满足新形势下夫妻因各种原因（如个人合伙进行生产经营，再婚夫妻的财产，涉外婚姻及涉及港、澳、台同胞的婚姻等）以多种形式处理双方财产问题的需要，体现了夫妻享有平等的财产权利，有利于减少家庭纠纷，保护当事人的合法权益，促进家庭经济和社会经济的发展。但该法仅规定允许夫妻就财产关系进行约定，而对约定财产制的具体内容，如约定的条件和方式、约定的时间和范围、约定的效力、约定的变更或废止等均未规定，故约定财产制缺乏可操作性。针对此不足，2001年修正后的《婚姻法》进一步补充、完善了约定财产制。

关于约定财产制的立法例，国外主要有三种类型：第一种是概括式，即立法对约定的限制较少，对婚姻当事人约定财产关系的范围和内容均不予严格限制，立法既未设立几种财产制形式供当事人选择，在程序上一般也无特别要求，如英国立法即属此类。第二种是列举式，即立法对约定的限制较多，对于约定财产制的范围，明确规定了约定时可供选择的财产制种类；对于约定的内容，明确了不得相抵触的事由；在程序上，还要求夫妻订立要式契约，如法国、瑞士、意大利等国立法即属此类。第三种是例示式，在此种模式中，既有概括式又有列举式，以列举式对一种或数种夫妻财产制加以具体规定，并以概括式规定夫妻可以对其财产关系作其他约定，如德国立法即属此类。概括式的优点是比较灵活且简便易行，但缺点是缺乏公示性，不利于保护第三人的利益和交易安全。列举式的优点是符合物权法定原则和物权公示原则，有利于保护第三人的利益，但缺点是欠缺一定的灵活性。例示式则在概括式与列举式之间取长补短，保留了两者的优点。① 我国立法机关从实际出发，借鉴外国立法经验，并考虑到人民群众对约定财产制的了解和接受程度，在2001年修正后的《婚姻法》中，原则上规定了约定财产的范围及可供选择约定的财产制内容，并明确规定约定应当采用书面形式，以便今后有据可查；为第三人所明知的约定，才对第三人具有法律效力，即夫妻负有对进行交易的第三人之告知义务。这既能保护夫妻的合法财产权益，又能维护第三人的利益和交易安全。

（2）约定财产制的内容。2001年修正后的《婚姻法》对约定财产制，具体增补了夫妻对财产关系约定的范围、内容、方式、约定的适用及效力（对夫妻的效力和对第三人的效力）等内容。该法第19条规定："夫妻可以约定婚姻关系存续期间所得的财产以及婚前财产归各自所有、共同所有或部分各自所有、部分共同所有。约定应当采用书面形式。没有约定或约定不明确的，适用本法第十七条、第十八条的规定。夫妻对婚姻关系存续期间所得的财产以及婚前财产的约定，对双方具有约束力。夫妻对婚姻关系存续期间所得的财产约定归各自所有的，夫或妻一方对外所负的债务，第三人知道该约定的，以夫或妻一方所有的财产清偿。"《婚姻法解释（一）》第18条规定："婚姻法第十九条所称'第三人知道该约定的'，夫妻一方对此负有举证责任。"根据这些规定和我国《民法通则》关于民事法律行为的一般性规定，对约定财产制应明确以下几点：

① 参见陈苇主编：《外国婚姻家庭法比较研究》，242-243页，北京：群众出版社，2006。

1）约定的条件和方式。夫妻就财产关系进行约定是一种双方民事法律行为，必须符合民事法律行为的以下构成要件，才能有效：

第一，约定的主体必须是具有完全民事行为能力的夫妻双方。约定不得由他人代理。[①]

第二，约定必须双方自愿。夫妻双方对约定的意思表示必须真实自愿，凡以欺诈、胁迫手段或乘人之危使对方违背真实意思作出的约定无效。

第三，约定的内容必须合法。约定不得规避法律，或损害国家、集体和他人的利益。约定的内容不得超出夫妻财产的范围，如不得将其他家庭成员的财产或国家、集体及他人的财产列入约定财产的范围，不得规避养老育幼、清偿第三人债务等法律义务。

第四，约定的方式须符合法律规定。依现行《婚姻法》的规定，约定应当采用书面形式。即约定是要式行为，应当采取书面形式。那么，夫妻双方就财产关系所作的口头约定是否有效？根据现行《婚姻法》和有关司法解释的规定，对此应当区别处理。即如属于夫妻双方有争议的口头约定，不予承认其效力。如属于夫妻双方无争议的口头约定，除规避法律的外，为有效约定。[②] 并且，依现行《婚姻法》第 19 条第 3 款规定的精神，如果第三人知道该口头约定的，对该第三人具有法律效力。

2）约定的时间和范围。现行《婚姻法》对夫妻财产约定的时间无限制。夫妻可以在结婚前、结婚时或婚姻关系存续期间进行约定。关于约定的范围，对夫妻婚前财产或婚后所得财产均可以进行约定。关于约定的具体内容，可以约定婚前财产或婚后所得财产归各自所有、共同所有或部分各自所有、部分共同所有，即可以约定采取分别财产制、一般共同制或限定共同制等。并且，根据民法的意思自治原则，夫妻还可以就财产的使用权、管理权、收益权、处分权等进行约定，也可以约定家庭生活费用的负担、债务清偿责任、婚姻关系终止时财产的清算等。

3）约定的效力。约定的效力，是指夫妻就财产关系进行约定后，对双方当事人及第三人发生的法律约束力。约定的效力可分为对内（指夫妻双方）效力与对外（指第三人）效力。

从对内效力来看，依民法的意思自治原则，夫妻财产关系经双方约定成立后，无论是口头约定，还是书面约定或公证约定，均可立即发生对内效力，对夫妻双方发生法律约束力。《婚姻法解释（三）》第 16 条规定："夫妻之间订立借款协议，以夫妻共同财产出借给一方从事个人经营活动或用于其他个人事务的，应视为双方约定处分夫妻共同财产的行为，离婚时可按照借款协议的约定处理。"

从对外效力来看，为保护第三人的利益和维护交易安全，依现行《婚姻法》第 19 条第 3 款和《婚姻法解释（一）》第 18 条的规定，夫妻约定财产归各自所有的，对第三人负有告知义务，并对第三人知道该约定负有举证责任。即夫妻对财产关系的约定只有已告

---

① 在国外，有的国家有限制地允许他人代为订立夫妻财产契约，如《德国民法典》第 1411 条规定："法定代理人得为无行为能力的夫妻一方订立婚姻契约，但不得对共同财产制作出协议或废除。""法定代理人为监护人者，仅在经监护法院许可后始行订立此种契约。"

② 1993 年《离婚财产分割意见》第 1 条。

知第三人的，才能发生对外效力，对该第三人发生法律约束力。①

4）约定的变更和废止。夫妻对财产关系进行约定后，可以依法对约定进行变更或废止。如果约定时经过公证的，变更或废止约定，也要经过公证，才具有法律效力。

5）约定的无效与撤销。无效的夫妻财产约定，是指已经成立，但欠缺法律行为的有效要件而不能发生法律效力的约定。可撤销的夫妻财产约定，是指因约定欠缺合法性，有撤销权的约定当事人可以诉请法院变更或撤销约定。关于约定的无效及撤销的条件，在现行《婚姻法》未作规定的情况下，应准用《民法通则》有关无效民事行为及可撤销民事行为的规定。

（3）约定的适用。我国实行法定财产制与约定财产制相结合的夫妻财产制。法定财产制与约定财产制两者的适用原则是“有约定从约定，无约定从法定”。也就是说，约定财产制可排斥法定财产制优先适用，前者具有优先于后者适用的效力。

二、夫妻扶养义务

（一）扶养概述

1．扶养的概念和特征

（1）扶养的概念。扶养的概念有广义和狭义之分：

广义的扶养，是指一定范围的亲属间相互在经济上供养和生活上扶助的法定权利义务。它没有身份、辈分的区别，是赡养、扶养、抚养的统称，即包括长辈亲属对晚辈亲属的抚养、晚辈亲属对长辈亲属的赡养和平辈亲属间的扶养。从国外立法看，大多数国家采取广义说。目前，我国《继承法》《刑法》使用的“扶养”一词，也是采取广义的解释。

狭义的扶养，仅指平辈亲属之间相互在经济上供养和生活上扶助的法定权利义务。国外一些国家的立法采取狭义说。我国婚姻法将夫妻间和兄弟姐妹间相互供养和扶助的法定权利义务称为扶养，即亦采取狭义说。必须指出，我国婚姻法使用“扶养”一词采取狭义说，而我国继承法、刑法使用“扶养”一词采取广义说，这种用语不统一，是有悖法律术语使用统一化要求的。故我国学术界不少学者在1980年《婚姻法》修改时，已提出在《婚姻法》中统一使用“扶养”一词的建议。

（2）扶养关系的三要素。婚姻法规定的一定范围内亲属间的扶养关系，是一种民事权利义务法律关系。与其他民事法律关系一样，它由主体、内容和客体三要素组成：

1）扶养关系的主体。所谓扶养关系的主体，是指依法律规定在扶养法律关系中享受权利和承担义务的人。扶养关系的主体可分为两种：一种是享受扶养权利的人，被称为扶养权利人；另一种是承担扶养义务的人，被称为扶养义务人。

2）扶养关系的内容。所谓扶养关系的内容，是指扶养主体依法享有的权利和承担的义务，即扶养权利人享有的受扶养的权利及扶养请求权，扶养义务人承担的扶养义务。也就是说，扶养关系的内容包括扶养权利和扶养义务两个方面，前者是扶养权利人享有的权

---

① 在国外，《瑞士民法典》第181条规定：“夫妻财产契约的缔结、变更及废除，须经公证并经当事人及法定代理人署名后，始得生效。”“夫妻财产契约依夫妻财产制登记后，对第三人产生效力。”《德国民法典》第1412条规定，以婚姻契约已登记或为第三人所明知，始发生对第三人的效力。《日本民法典》第765条规定，夫妻财产契约须结婚申报前进行登记后，始发生对夫妻及第三人的效力。

利，后者是扶养义务人承担的义务。

3）扶养关系的客体。所谓扶养关系的客体，是指扶养关系主体的权利义务所共同指向的对象，包括扶养权利人接受扶养和行使扶养请求权的行为，以及扶养义务人履行扶养义务的行为。在一般情况下，扶养义务由义务人自觉履行。只有在扶养义务人不履行义务时，需要扶养的权利人才行使扶养请求权，要求义务人履行法定的扶养义务。

（3）扶养的特征。婚姻法调整的一定范围的亲属间的扶养民事法律关系，不同于一般的民事法律关系，也不同于国家扶助或社会扶助，它具有以下特征：

1）扶养关系只能发生在法定的近亲属之间。从主体来看，扶养关系只能发生在法律规定的一定范围的近亲属之间。我国婚姻法规定的具有扶养关系的近亲属，包括夫妻、父母子女、兄弟姐妹、祖孙等。如非法定范围的近亲属，虽也可能发生扶养义务，如基于遗赠扶养协议，或者基于友谊、同情而发生扶养，但都不属婚姻法上的扶养，只是一般的民事扶养或道义上的扶养。

2）扶养关系须基于一定亲属身份关系而发生。从发生原因来看，扶养关系是基于一定亲属身份关系而发生的。婚姻法上的扶养关系，因具备法定的要件而当然发生。依法律规定，须扶养权利人符合受扶养的法定条件，且扶养义务人具有扶养能力，即同时具备扶养的两个法定要件，才能发生扶养。例如，兄弟姐妹、祖孙间的扶养必须具备扶养的法定要件才能发生。因此，虽为法定的近亲属，如不具备法定的扶养要件，也不能发生扶养。如果非因具备法定要件而发生扶养，而是基于其他原因如道义上的帮助而扶养，则不属于婚姻法上的扶养。

3）扶养权利义务具有人身专属性。从权利义务的特点来看，扶养权利义务基于一定亲属身份而发生，具有人身专属性。在扶养关系存续期间，其为义务人和权利人的专属权利义务，不得继承、处分（包括放弃）或抵销。但已届清偿期之后，权利人可依其意愿放弃，让与或抵销其债权。①

4）扶养权利义务是私法上的权利义务。从性质来看，扶养权利义务是依婚姻法（国外为亲属法或家庭法）的规定而产生的私法上的权利义务，不同于公法上的国家扶助（如社会保障制度规定的社会救济），也不同于社会扶助（如社区帮助、邻里互助）。亲属法上的扶养权利义务，只能发生于法定的近亲属之间，并具有双向性、对等性的特点。即在相互具有扶养关系的近亲属之间，扶养权利义务是相互对应的，一方享有受对方扶养的权利，同时也承担扶养对方的义务，反之亦然。而国家扶助和社会扶助除发生的依据（或依公法或依道义）不同，权利义务也都是单向的。

2. 扶养的分类。扶养可从不同的角度进行分类。

（1）依扶养主体间的辈分分类。依扶养主体间辈分之不同，可分为长辈亲对晚辈亲的抚养、平辈亲之间的扶养及晚辈亲对长辈亲的赡养。

（2）依扶养的方式分类。依扶养方式之不同，可分为同居共同生活（经济供养与生活扶助）的扶养与不同居共同生活而给付扶养费的扶养。

（3）依扶养的行为内容分类。依扶养行为内容之不同，可分为经济上供养和生活上扶助（照料）。例如，我国继父母与继子女形成抚养教育关系的认定标准之一，就是继父

① 史尚宽：《亲属法论》，752页，北京：中国政法大学出版社，2000。

母对继子女有经济上供养或生活上照料的扶养事实。此外，依现行《老年人权益保障法》第14条的规定："赡养人应当履行对老年人经济上供养、生活上照料和精神上慰藉的义务……"即该法对扶养的内容作了扩张解释，对老年人的赡养包括经济上供养、生活上照料和精神上慰藉三个方面的义务。

（4）依扶养的程度分类。依扶养的程度之不同，可分为生活保持义务与一般生活扶助义务。此种分类，旨在明确扶养的程度，以便于义务人履行义务。世界上有些国家如德国、瑞士等国立法，依扶养关系主体之间亲属关系之远近和权利义务之多少，规定了不同的扶养条件，使义务人承担不同程度的扶养义务。故依扶养程度之不同，扶养义务可分为两类：一是生活保持义务；二是一般生活扶助义务。

1）生活保持义务。所谓生活保持义务，是指夫妻间的扶养和父母对未成年子女的抚养，是义务人必须无条件履行的义务。因为，此种扶养义务为具备夫妻、父母子女身份关系不能缺少的要素，维持对方生活，即为保持自己生活。例如，父母以其子女的生活作为自己生活的一部分而维持；夫扶养妻或妻扶养夫，即为保持自己的生活。其扶养与自己的生活程度相等，虽然因此而降低与自己地位相当的生活水平，也应予以维持。可见，这是一种无条件的在扶养人与被扶养人之间必须保持同一生活水平的扶养，故又称为"共生义务"。

2）一般生活扶助义务。所谓一般生活扶助义务，指除夫妻间的扶养和父母对未成年子女的抚养外，其他法定的亲属间（如我国兄弟姐妹间、祖孙间）的扶养，是有条件的，只有在一方无力维持独立生活，他方有扶养负担能力时，才履行的义务。扶养义务人仅在不降低与自己地位相当的生活水平限度内给予扶养，这是一种相对的、有条件的扶养，扶养人与被扶养人之间无须保持同一生活水平，故称为一般生活扶助义务。

总之，生活保持义务与一般生活扶助义务两者的性质有所不同，两者的发生要件和内容也有不同。立法根据亲属关系的不同情况，规定不同的扶养条件，确定不同的扶养程度，便于义务人更好地履行扶养义务。并且在理论上承认两者的区别，有助于解释婚姻家庭法对不同主体间扶养义务的发生要件作出不同规定的原因。

3. 扶养的要件。所谓扶养的要件，指扶养关系成立的条件。世界上许多国家的立法规定，扶养关系成立的条件有以下两个：

（1）扶养权利人需要扶养。例如，因年老、年幼、病残等原因缺乏劳动能力又无生活来源，不能维持生活者，即属于需要扶养。

（2）扶养义务人具有扶养能力。扶养义务人须为成年人且有劳动能力、经济负担能力，即属于具有扶养能力，能够承担扶养义务。

以上两个条件同时具备的，则扶养关系发生。

这里必须指出，由于生活保持义务与一般生活扶助义务两者的性质不同，两者的发生要件和内容也不同，因此，对于生活保持义务，即使扶养义务人扶养能力不足，其也应尽可能地承担扶养义务，甚至降低自己的生活水平也须履行扶养义务。然而，对于一般生活扶助义务，原则上扶养义务人仅在不降低与自己地位相当的生活水平限度内给予扶养，如其扶养能力不足的，依法可免除其扶养义务，而由社会保障制度予以救济。

4. 扶养的范围和顺序。

（1）扶养的范围。所谓扶养的范围，指负有扶养义务的一定亲属的远近界限。根据我国现行《婚姻法》的规定，在法律上享有扶养权利和承担扶养义务的亲属有：夫妻，父母子女，兄弟姐妹，祖父母、外祖父母、孙子女、外孙子女。

（2）扶养的顺序。所谓扶养的顺序，指扶养义务人或者扶养权利人有数人时，确定履行扶养义务人或享受扶养权利人的先后顺位。我国现行《婚姻法》对扶养的顺序虽无明文规定，但从该法有关夫妻、父母子女、兄弟姐妹及祖孙间扶养的法定条件之规定中，大体可以推出两个顺序：第一顺序，夫妻间和父母子女间的扶养权利义务；第二顺序，兄弟姐妹间及祖孙间的扶养权利义务。[①] 我们认为，为使当事人明确其扶养顺序，便于依法履行义务，我国现行《婚姻法》应对扶养的顺序作出明文规定。

5. 扶养的程度和方式。

（1）扶养的程度。所谓扶养的程度，指供给扶养的水平、标准。根据我国现行《婚姻法》和有关司法解释的精神，确定给付扶养费的数额，首先应由当事人协商决定，协商不成，由人民法院判决。人民法院判决确定给付扶养费的数额，应综合考虑扶养义务人的负担能力、扶养权利人的实际需要和当地的一般生活水平这三个因素来确定。

（2）扶养的方式。关于扶养的方式，主要有两种：

1）同居共同生活的扶养。这是指扶养人与受扶养人同居共同生活，扶养人对受扶养人在经济供养、生活扶助等方面，履行扶养义务。

2）定期给付扶养费的扶养。这是指扶养人与受扶养人不同居共同生活，而采取定期给付扶养费的方式，履行扶养义务。

在现实生活中，夫妻间、父母子女间的扶养，一般采取同居共同生活的方式为主。其他亲属间的扶养，则一般采取定期给付扶养费的方式为主。我国现行《婚姻法》对扶养的方式未作规定，一般是由当事人协商决定，协商不成，由人民法院判决。人民法院应考虑当事人的亲属关系远近、扶养义务人的负担能力、扶养权利人的实际需要等因素而确定采取何种扶养方式。

6. 扶养的变更。所谓扶养的变更，指扶养义务人、扶养权利人的顺序及扶养方式或程度的改变。如前所述，扶养的发生，须具备法定的扶养要件。例如，扶养义务人或扶养权利人的条件发生变化，就会引起扶养义务人、扶养权利人的顺序或扶养方式、程度发生变化。我国现行《婚姻法》虽对“扶养的变更”尚无直接的明确用语，但对某些情况下扶养的变更是有所规定的。例如，根据现行《婚姻法》第 28、29 条对祖孙间、兄弟姐妹间的扶养条件之规定，可知在父母对未成年子女无力抚养时，可以变更由祖父母、外祖父母或兄姐承担抚养义务。这就是扶养义务人的变更。又如，1993 年《子女抚养意见》第 18 条规定，离婚后父或母有给付能力的，子女可依法定情形之一，请求其增加抚养费。这就是扶养程度的变更。而依该司法解释第 16、17 条的规定，离婚后，父母一方可以依法要求变更抚养关系。这属于子女扶养方式的变更。

7. 扶养的消灭。所谓扶养的消灭，指当法定的情形或一定的法律事实出现时，当事人间的扶养权利和扶养义务发生终止。依据法律的有关规定，可引起扶养关系终止的原因如下：

（1）当事人一方死亡。因扶养权利义务具有人身性，故无论是扶养权利人或者扶养义务人一方死亡，均引起扶养关系终止。

---

① 我国有学者主张，直系卑血亲和直系尊血亲无论亲属关系远近如何，均应列于二亲等的旁系血亲即兄弟姐妹之先。其理由参见高留志：《扶养制度研究》，150 页，北京：法律出版社，2006。

（2）扶养要件消灭。如果扶养关系的当事人一方或双方条件发生变化，导致扶养要件不再具备时，如扶养权利人不再需要扶养或扶养义务人丧失扶养能力，扶养关系随之终止。但必须注意，扶养要件消灭是一种相对消灭的原因，如重新具备扶养要件的，又可以恢复扶养关系。

（3）当事人身份关系消灭。因亲属间的扶养是基于一定的身份关系发生的，当此种亲属身份关系消灭时，其亲属扶养关系也随之终止。例如，养父母子女关系依法解除后，养父母对未成年养子女的扶养义务随之终止。夫妻身份关系因离婚而解除时，夫妻间的扶养义务亦随之终止。（但为填补离婚所致夫妻扶养请求权之丧失，国外许多国家的立法规定有离婚扶养费请求权或离婚赡养费请求权，我国则规定有离婚时生活困难的经济帮助请求权，以救济离婚配偶一方的生活困难。参见离婚的法律后果有关部分。）

（二）我国婚姻法对夫妻扶养义务的规定

我国现行《婚姻法》第20条规定："夫妻有互相扶养的义务。一方不履行扶养义务时，需要扶养的一方，有要求对方付给扶养费的权利。"关于夫妻扶养义务应明确以下几点：

1. 夫妻间扶养义务是婚姻的效力之一。从原因来看，夫妻间的扶养义务是基于婚姻的效力而产生的。它是夫妻在经济上相互供养、生活上相互扶助的义务，属于生活保持义务。其目的在于保障夫妻共同生活，是婚姻关系的必然要求。在一般情况下，这种扶养义务是在夫妻共同生活中实现的。①

2. 夫妻间的扶养既是义务也是权利。从性质来看，夫妻间的互相扶养，既是义务也是权利。夫妻都有扶养对方的义务，同时，也都有要求对方扶养的权利。

3. 夫妻扶养义务是法定义务而具有强制性。从履行来看，夫妻相互扶养义务是法定义务，具有法律强制性。例如，夫妻一方不履行义务的，享有扶养请求权的另一方可请求法院强制执行，即当夫妻一方没有固定收入和缺乏生活来源，或者无独立生活能力或生活困难，或因患病、年老等原因需要扶养，另一方不履行扶养义务时，需要扶养的一方有权请求对方扶养。如果夫妻双方因扶养问题发生纠纷，可以经有关部门进行调解，或直接向人民法院提起诉讼。人民法院在审理扶养纠纷案件时，可首先进行调解，如调解无效，人民法院应当及时依法判决。如其仍拒绝履行给付扶养费义务的，可依法强制执行。如义务人拒不履行扶养义务，情节恶劣构成犯罪的，应按现行《刑法》的有关规定追究其刑事责任。

4. 不当履行夫妻扶养义务的处理。无民事行为能力人的配偶不当履行夫妻扶养义务，有虐待、遗弃等严重损害无民事行为能力一方的人身权利或者财产权益行为，其他有监护资格的人可以依照特别程序要求变更监护关系。② 变更后的监护人代理无民事行为能力一方提起离婚诉讼的，人民法院应予受理。

三、夫妻继承权

夫妻继承权，又称配偶继承权，指夫妻结婚后基于配偶身份而依法享有的相互继承遗产的权利。我国现行《婚姻法》第24条规定，"夫妻有相互继承遗产的权利"。夫妻关系

---

① 关于离婚后夫妻一方给付夫妻他方的经济帮助费（在国外称为离婚扶养费），其性质是否属于"夫妻扶养义务"的延伸，我国学者有不同的看法。参见陈苇、冉启玉"中俄离婚扶养制度研究"的相关内容，载陈苇：《中国婚姻家庭法立法研究》（第二版），562-565页，北京：群众出版社，2010。

② 《婚姻法解释（三）》第8条。

是家庭关系的基础和核心，夫妻间具有密切的人身关系和财产关系。夫妻继承权是婚姻的效力之一，它随夫妻人身关系的发生而产生。关于夫妻互有遗产继承权的规定，我国现行《婚姻法》与《继承法》的规定是一致的。我国《继承法》对配偶继承权作了明确具体的规定，配偶与子女、父母同样被列为第一顺序的法定继承人，享有平等的继承权。

处理夫妻相互间的遗产继承应注意以下问题：

第一，夫妻同为第一顺序法定继承人。丈夫去世，任何人不得侵犯或限制妻对夫遗产的继承权，反之亦然。

第二，确定死亡配偶遗产范围时，要注意配偶个人财产与其他财产的区别。死亡配偶遗留的个人财产，才是遗产。继承开始时，应首先对夫妻共同财产和家庭共同财产分别进行分割，分割出死亡配偶享有的份额，作为死亡配偶遗产的组成部分。这可以防止将夫妻共同财产或家庭共同财产作为遗产继承，侵犯生存配偶或其他家庭成员的合法权益。

第三，确定生存配偶遗产继承份额时，对登记结婚后夫妻尚未同居，一方死亡，或同居时间很短，一方死亡，另一方生存配偶的继承权虽应依法予以承认，但应根据同居时间的长短、尽义务的多少，及财产的来源情况，酌情确定其继承份额。

第四，夫妻间的继承权，因结婚而发生，因离婚而消灭。在离婚诉讼中，夫妻一方死亡，他方仍享有配偶继承权。

第五，依我国有关司法解释的规定，1994 年《婚姻登记管理条例》施行前，未办理结婚登记即以夫妻名义同居的男女双方当事人，在同居期间一方死亡，另一方要求继承死者遗产的，如认定为事实婚姻关系，可以配偶身份按继承法的有关规定处理。如认定为同居关系，且符合《继承法》第 14 条规定的，可根据相互扶助的具体情况处理。①

第六，1950 年《婚姻法》施行前的妻和妾，与夫仍保留夫妻关系的，享有同等的继承权。②

【导入案例要点评析】

本案涉及夫妻财产约定的对外效力问题。我国《婚姻法》第 19 条规定夫妻可以采用约定财产制来排除夫妻法定财产制的适用。如果夫妻之间有财产约定，约定的效力高于法定，即遵循“有约定按约定，未约定按法定”的原则。夫妻财产约定的效力分为对内（指夫妻双方）效力和对外（指第三人）效力。依照法律规定，夫妻对婚姻关系存续期间所得的财产约定归各自所有的，夫或妻一方对外所负的债务，第三人知道该约定的，以夫或妻一方个人所有的财产清偿。即在一般情况下，夫妻的财产约定一般不发生对外效力，只有在债权人知道该约定的情况下，夫妻一方或与该债权人产生债权债务关系，该约定对债权人才有法律约束力，由夫妻一方承担债务清偿责任。对第三人是否知道该约定，法律规定由夫妻承担举证责任。

在本案中，刘力和李艳的夫妻财产约定是发生在与王林产生债权债务关系以后，在不能证明债权人事先知道该夫妻有分别财产约定存在的情况下，不能以该约定对抗债权人。

① 《婚姻法解释（一）》第 5 条规定，“未按婚姻法第八条规定办理结婚登记而以夫妻名义共同生活的男女……1994 年 2 月 1 日民政部《婚姻登记管理条例》公布施行以前，男女双方已经符合结婚实质要件的，按事实婚姻处理……”。

② 1950 年《婚姻法》于 1950 年 5 月 1 日公布施行。

依我国现行《婚姻法》和司法解释的规定，在婚姻关系存续期间，因共同经营欠下的债务属于夫妻的共同债务，应由刘力和李艳两人共同承担对王林还款的连带责任。

【思考题】

一、单项选择题

1. 甲乙是夫妻，甲在婚前发表小说《昨天》，婚后获得稿费。乙在婚姻存续期间发表了小说《今天》，离婚后第二天获得稿费。甲在婚姻存续期间创作小说《明天》，离婚后发表并获得稿费。下列哪一选项是正确的？（　）（2007 年国家司法考试试题）

A.《昨天》的稿费属于甲婚前个人财产

B.《今天》的稿费属于夫妻共同财产

C.《明天》的稿费属于夫妻共同财产

D.《昨天》《今天》和《明天》的稿费都属于夫妻共同财产

2. 甲、乙结婚后购得房屋一套，仅以甲的名义进行了登记。后甲、乙感情不和，甲擅自将房屋以时价出售给不知情的丙，并办理了房屋所有权变更登记手续。对此，下列哪一选项是正确的？（　）（2008 年国家司法考试试题）

A. 买卖合同有效，房屋所有权未转移

B. 买卖合同无效，房屋所有权已转移

C. 买卖合同有效，房屋所有权已转移

D. 买卖合同无效，房屋所有权未转移

3. 甲男与乙女通过网聊恋爱，后乙提出分手遭甲威胁，乙无奈遂与甲办理了结婚登记。婚后乙得知，甲婚前就患有医学上不应当结婚的疾病且久治不愈，乙向法院起诉离婚。下列哪一说法是正确的？（　）（2009 年国家司法考试试题）

A. 法院应判决撤销该婚姻

B. 法院应判决宣告该婚姻无效

C. 对该案的审理应当进行调解

D. 当事人可以对法院的处理结果依法提起上诉

4. 甲乙夫妻的下列哪一项婚后增值或所得，属于夫妻共同财产？（　）（2013 年国家司法考试试题）

A. 甲婚前承包果园，婚后果树上结的果实

B. 乙婚前购买的 1 套房屋升值了 50 万元

C. 甲用婚前的 10 万元婚后投资股市，得利 5 万元

D. 乙婚前收藏的玉石升值了 10 万元

二、多项选择题

1. 陈某 1988 年从部队转业，半年后与李某结婚，结婚时李某购置了一套家具。1994 年陈某创作长篇小说《军人》。1999 年李某得知 1986 年陈某的姑妈去世遗留给陈某一套私房，一直由陈某的父母居住。根据以上情况，陈、李二人的夫妻共同财产包括哪些？（　）（2002 年国家司法考试试题）

A. 陈某的转业费　　B. 李某所购置的家具

C. 出版小说《军人》所得的稿费　　D. 陈某姑妈遗留的房屋

2. 王某与赵某于2000年5月结婚。2001年7月，王某出版了一本小说，获得20万元的收入。2002年1月，王某继承了其母亲的一处房产。2002年2月，赵某在一次车祸中造成重伤，获得6万元赔偿金。在赵某受伤后，有许多亲朋好友来探望，共收礼1万多元。对此，下列哪些表述是正确的？（　）（2003年国家司法考试试题）

A. 王某出版小说所得的收入归夫妻共有

B. 王某继承的房产归夫妻共有

C. 赵某获得的6万元赔偿金归赵某个人所有

D. 赵某接受的礼品归赵某个人所有

3. 2003年5月王某（男）与赵某结婚，双方书面约定婚后各自收入归个人所有。2005年10月王某用自己的收入购置一套房屋。2005年11月赵某下岗，负责照料女儿及王某的生活。2008年8月王某提出离婚，赵某得知王某与张某已同居多年。法院应支持赵某的下列哪些主张？（　）（2009年国家司法考试试题）

A. 赵某因抚育女儿、照顾王某生活付出较多义务，王某应予以补偿

B. 离婚后赵某没有住房，应根据公平原则判决王某购买的住房属于夫妻共同财产

C. 王某与张某同居导致离婚，应对赵某进行赔偿

D. 张某与王某同居破坏其家庭，应向赵某赔礼道歉

三、判断分析题

1. 婚姻的效力，仅指因婚姻而产生的夫妻间的权利义务关系。

2. 离婚诉讼中如丈夫死亡，则其妻子相应丧失对其丈夫遗产的法定继承权。

四、简答题

1. 简述夫妻人身关系的内容。

2. 简述夫妻法定个人特有财产的范围。

3. 简述夫妻日常家事代理制度。

五、论述题

1. 试论现代夫妻财产制的立法原则。

2. 论我国现行的夫妻约定财产制。

六、案例分析题

参见陈苇主编：《婚姻家庭继承法学案例教程》（第三版）（北京：群众出版社，2017年版）第五单元家庭关系案例。

【阅读参考文献】

1. 巫昌祯、杨大文主编：《走向21世纪的中国婚姻家庭》，吉林人民出版社，1995年版。

2. 夏吟兰、薛宁兰：《民法典之婚姻家庭编立法研究》，北京大学出版社，2016年版。

3. 陈苇：《中国婚姻家庭法立法研究》（第二版），群众出版社，2010年版。

4. 林秀雄：《夫妻财产制之研究》，群众出版社，2001年版。

5. 高留志：《扶养制度研究》，法律出版社，2006年版。

6. 叶英萍主编：《中国传统亲属法律文化和谐性研究》，法律出版社，2015年版。

第六章
父母子女关系

本章学习重点提示：
父母子女关系的种类；父母子女间的权利义务；继父母子女的法律地位。

【导入案例】

周某（男）与陈某（女）于1985年登记结婚。1986年和1991年先后生有女儿周燕和儿子周军。1995年1月，周某因故意杀人罪被判处无期徒刑。周某入狱后，陈某独自抚养一双儿女，生活非常艰辛。为了让妻子能够再婚，周某提出离婚，由法院判决解除了两人的婚姻关系。2000年10月，陈某与黎某结婚。黎某对陈某带来的两个孩子关爱有加，与陈某共同将两个孩子抚养成人，2014年7月，周燕和周军都已大学毕业参加工作了。2015年2月，周某减刑后出狱。因身体多病无法参加劳动，周某生活很困难，遂向周燕和周军提出赡养自己的要求。周燕和周军拒绝了周某的要求，其理由是周某在他们很小的时候就进了监狱服刑，没有抚养过自己，因此他们姐弟两人也没有义务赡养父亲。周燕还认为，自己已经出嫁了，更没有赡养义务。后来，村民委员会对此多次进行调解，却均无结果。周某无奈，向人民法院提起诉讼。要求周燕和周军每月各给付自己赡养费300元。

请问：

1. 周某因服刑未抚养儿女，儿女是否应当赡养周某？
2. 出嫁的女儿是否有赡养父母的义务？

第一节　父母子女关系概述

一、父母子女关系的概念和种类

父母子女关系，又称为亲子关系，在法律上是指父母和子女之间的权利和义务关系。父母子女是血亲关系中最近的直系血亲，为家庭法律关系的核心。

关于父母子女的分类，现代亲子法一般将父母子女分为两大类：一为自然血亲的父母子女关系，包括父母与婚生子女、生父母与非婚生子女；二为法律拟制的父母子女关系，主要是指养父母与养子女。

根据我国现行《婚姻法》的规定，父母子女关系可分为两大类：

1. 自然血亲的父母子女关系。这是基于子女出生的法律事实而发生的，其中包括父母与婚生子女的关系、生父母与非婚生子女的关系。其特点为：自然血亲的父母子女关系因子女的出生而发生，而以血缘为纽带，其权利义务只能因依法送养子女或父母子女一方死亡而终止。

2. 拟制血亲的父母子女关系。这是基于收养或再婚的法律行为以及事实上抚养关系的形成，由法律认可而人为设定的。包括养父母与养子女关系、有扶养关系的继父母与继子女关系。其特点为：拟制血亲的父母子女关系因法律行为或法定的扶养事实而发生，可因特定的法律行为或法律事实的发生如收养的解除等而终止。

这两类父母子女关系在法律上有共同点，即它们的法律地位相同，均有父母子女之间的权利和义务。但它们也有区别，即两者的产生或成立、终止的原因不同。

上述分类随着现代医学科学的发达，尤其是现代生物工程在医学领域的广泛应用正面临着挑战。人工生育技术使得人类可以用人工方法代替自然生殖过程中某一或某些步骤进行生殖，非由男女两性性行为受孕生育子女的人工生育方式的出现，大大冲击了传统上的以自然生育方式而形成的社会观念和法律制度。对于人工生育子女的法律问题，本章在第四节作专门探讨。

二、父母子女关系立法的演变

调整父母子女关系的法律规范，被称为“亲子法”。它在婚姻家庭法中占有重要地位，通常由父母子女关系的发生、变更、消灭以及父母子女间的权利义务构成。

父母子女的法律地位随着社会形态的更替不断地发展变化。亲子法的立法原则也经历了从“家族本位”到“亲本位”、再到“子本位”变化的过程。在以私有制为基础的社会，可分为以家族为本位和以个人为本位的父母子女关系两个阶段。古罗马法在父母子女关系上以家父权为本位，家父有养育子女的权利和义务，对子女有绝对的支配权。欧洲中世纪时，家父权逐渐被父权所取代，此时的父母子女关系已演变为以父母的利益为中心。近现代立法以个人为本位，并设置了亲权制度，规定了父母子女间的权利义务，涉及出生、姓氏、扶养、收养、继承等各个方面，其内容已呈现由父母的支配权向保护权发展的趋势。亲权从单独由父方行使而演变为由父母双亲共同行使，并且由单纯的权利演变为权利义务的统一体，更重视对子女权利的保护及对子女的教育，故有所谓“子本位的亲子法”的趋势。①

亲子法立法本位的这一演化，突出体现在有关父母子女间的权利义务规范上。近代许多国家的立法例都把重点放在父母的权利而非父母的责任上。父母的权利及权能主要如下②：（1）与子女同住并对子女日常教养的权利；（2）为子女的教育和宗教作决定的权利；（3）施加适度惩罚的权利；（4）管理子女财产的权利；（5）在法律行为和法律程序中代理子女行事的权利；（6）同意让子女接受医疗的权利；（7）其他法定权利，如同意让子女结婚或同意让子女被人收养、安排儿童离开司法管辖区或移居外地、为儿童选择姓氏及委任遗嘱监护人等权利。然而，现代亲子法从过去把重点放在父母权利上改为放在父母责任上。这一转变，从《英格兰 1989 年儿童法》《苏格兰 1995 年儿童法》《澳大利亚

① 史尚宽：《亲属法论》，532-533 页，北京：中国政法大学出版社，2000；陈棋炎、黄宗乐、郭振恭：《民法亲属新论》，247-248 页，台北：三民书局，1987。

② Cretney, Principles of Family Law, 1979, 3rd ed. 廖雅慈, Family Law for the Hong Kong SAR, 211-228 页，香港：香港大学出版社，1999。

1995年家庭法改革法》《1995年俄罗斯联邦家庭法典》等都可见一斑。随着这种思维模式转变而起变化的，是把重点转移到儿童权利方面，并将之与父母权利或父母责任区分开来。①

儿童权利，从性质上来看可分为两类：（1）基本权利：包括生存权、人身自由权、人格权、受教育权、平等权、隐私权等与成人的基本人权完全相同的权利。（2）特殊权利：包括受抚育权、受父母保护权、优先受助权、减免刑责权、游戏权等。这些是根据儿童身心发展的特点，满足儿童应受到特别照顾、保护等特殊需要的权利。从其内容看可分为三类：（1）生存的权利，如儿童需要提供充足的食物、居所、清洁的饮水以及基本的健康照顾等权利。（2）受保护的权利，如儿童需要免于受虐待、疏忽、剥削以及在危难、战争中优先获得保护等权利。（3）发展的权利，如儿童需要拥有安全的环境，接受教育、游戏、良好的健康照顾及对社会、宗教、文化参与的机会，使其获得健康发展的权利。

虽然近现代各国亲子法有不同的发展程度，但一般是从父权主义进展至父母权利平等原则，再发展至子女最佳利益原则（又称儿童最大利益原则）。自1989年联合国《儿童权利公约》中宣布“关于儿童的一切行动……均应以儿童的最大利益为一种首要考虑”（第3条第1款）以来，现代父母子女法更是由一般的保护儿童权益原则发展到儿童最大利益原则。② 子女最佳利益原则的确立，成为国家介入亲子关系时的最高指导原则及具体审酌标准。许多国家相继修改有关父母子女关系的法律规范，以确保未成年子女的最佳利益。

在我国，自1949年中华人民共和国成立后，废除了旧中国的一切法律制度。③ 1950年5月1日施行新中国成立后制定的第一部法律《中华人民共和国婚姻法》。该法设专章规定了“父母子女间的关系”，确立了以保护子女合法权益为原则和父母子女间平等的相互扶养的权利和义务关系。1980年《婚姻法》沿用了前述规定，并增加了关于子女姓氏及父母对子女的管教、保护权利义务的内容，确定了以保护未成年子女合法权益为原则、父母子女间法律地位平等、相互扶养和相互继承的新型亲子法律关系。1991年颁行，经2006年、2012年两次修正的《未成年人保护法》确立了“保障未成年人的合法权益”、“尊重未成年人的人格尊严”的原则。1991年12月29日，全国人大常委会批准我国加入联合国1989年《儿童权利公约》，正式承诺“关于儿童的一切行动，不论是由公私社会福利机构、法院、行政当局或立法机构执行，均应以儿童的最大利益为一种首要考虑”。“确保儿童享有其幸福所必需的保护和照料，考虑到其父母、法定监护人、或任何对其负有法律责任的个人的权利和义务，并为此采取一切适当的立法和行政措施。”④ 以此为契

---

① 主编注：近年我国有学者赞同采取“既不应为亲本位，也不应为子本位，而应为社会本位的亲子法”。参见林晶：《论儿童最大利益原则适用的误区》，载《甘肃社会科学》，2011（3）。

② 主编注：关于儿童最大利益原则的产生和发展，参见王雪梅：《儿童权利保护的“最大利益原则”研究（上、下）》，载《环球法律评论》，2002年冬季号、2003年春季号；王洪：《论子女最佳利益原则》，载《现代法学》，2003（6）。关于儿童最大利益原则的价值取向与功能，参见曹贤余：《儿童最大利益原则下的亲子法研究》，76-80页，北京：群众出版社，2015。

③ 关于中国亲子法的演变，参见陈苇主编：《婚姻家庭继承法学》，220页，北京：法律出版社，2002。

④ 联合国1989年《儿童权利公约》第3条。

机，我国婚姻家庭法也开始从一般的保护儿童权益向保护“儿童最大利益”原则发展。[①]

三、父母子女间的权利义务

现行《婚姻法》第21—27条对父母子女间的权利义务主要规定了以下内容：

（一）父母对子女有抚养教育的义务

现行《婚姻法》第21条第1款、第2款规定：“父母对子女有抚养教育的义务……父母不履行抚养义务时，未成年的或不能独立生活的子女，有要求父母付给抚养费的权利。”父母对子女的抚养教育义务包括：

1. 抚养义务。抚养是指父母从物质上供养子女和在日常生活中照料子女，保障子女的生活，使子女得以健康成长。父母对未成年子女的抚养义务是无条件的。即使父母离婚，对未成年子女仍应履行抚养义务。父母对成年子女的抚养义务则是有条件的。在一般情况下，父母对子女的抚养至子女年满18周岁为止，对成年子女不再负担抚养义务。但是，对于不能独立生活的成年子女，父母又有给付能力的，仍应负担必要的抚育费。所谓“不能独立生活的子女”，依据《婚姻法解释（一）》第20条之规定，是指尚在校接受高中及其以下学历教育，或者丧失或未完全丧失劳动能力等非因主观原因而无法维持正常生活的成年子女。

2. 教育义务。家庭是子女成长的摇篮，父母是子女最直接的启蒙老师，因此，法律赋予父母教育自己子女的权利与义务：父母应引导子女健康成长，促进其德育、智育与体育的全面发展。父母尤其应关心体力或智力发育不全的子女，为他们提供与智力或体力相适应的教育或职业培训。我国2012年修正后的《未成年人保护法》第11条规定：“父母或者其他监护人应当关注未成年人的生理、心理状况和行为习惯，以健康的思想、良好的品行和适当的方法教育和影响未成年人，引导未成年人进行有益身心健康的活动，预防和制止未成年人吸烟、酗酒、流浪、沉迷网络以及赌博、吸毒、卖淫等行为。”

家庭教育与学校教育相比，有其特殊的作用。父母与子女之间存在血缘联系，共同生活中联系紧密，使父母对子女的影响和感染十分强烈。尤其对未成年子女，父母的一言一行直接影响着他们，父母的言行常常成为子女仿效的榜样。家庭生活中，父母应对子女在思想上、品德上、生活技能上加以正确引导和教诲。作为子女的第一任教师，承担对子女的教育义务，是父母应尽的责任，也是法律赋予父母的义务。那种只养不教，甚至对子女的错误言行采取纵容、包庇的做法，都与法律的要求相违背。

不仅如此，父母还应积极为子女提供接受学校教育的条件与机会。适龄儿童，都享有受教育的权利。现行《义务教育法》[②] 第11条第1款规定：“凡年满六周岁的儿童，其父

---

① 主编注：自联合国1959年《儿童权利宣言》最早提出“应以儿童的最大利益为首要考虑”的国际性指导原则以来，联合国1979年《消除对妇女一切形式歧视的公约》和联合国1989年《儿童权利公约》都作出了“儿童最大利益优先原则”的倡导性规定。在当今世界，“更加注意尊重和保护儿童利益”已是现代婚姻家庭法的发展趋势之一。有学者提出，为实现我国2004年“宪法修正案”有关“国家尊重和保障人权”的承诺，在我国婚姻家庭法中……明确规定“儿童最大利益优先原则”是十分必要的。参见陈苇、谢京杰：《论“儿童最大利益优先原则”在我国的确立》，载《法商研究》，2005（5）。

② 《中华人民共和国义务教育法》1986年4月12日通过，同年7月1日施行；2006年6月29日修订，同年9月1日施行；2015年4月24日再次修正。

母或者其他法定监护人应当送其入学接受并完成义务教育；条件不具备的地区的儿童，可以推迟到七周岁。”因此，父母应按时送子女到学校接受教育，并为其提供所需的费用，这也是父母对子女教育义务的组成部分。父母不得以任何借口侵害子女接受法定教育义务的权利。

3. 对不履行抚养义务者的强制措施。现行《婚姻法》第21条第2款规定：“父母不履行抚养义务时，未成年的或不能独立生活的子女，有要求父母付给抚养费的权利。”当未成年子女和不能独立生活的成年子女的受抚养权利被侵犯时，他们有权向父母请求给付抚养费。抚养费包括子女生活费、教育费、医疗费等费用。其追索抚养费的要求，可以经抚养义务人所在单位或有关部门调解，或通过诉讼程序向人民法院提起给付抚养费之诉。人民法院应根据子女的需要和父母的抚养能力，通过调解或判决，确定抚养费的数额、给付期限和方法。对拒不履行抚养义务、恶意遗弃未成年子女，情节恶劣、构成犯罪的，应依法追究其刑事责任。

（二）父母对未成年子女有管教、保护的权利和义务①

现行《婚姻法》第23条规定：“父母有保护和教育未成年子女的权利和义务。在未成年子女对国家、集体或他人造成损害时，父母有承担民事责任的义务。”

1. 教育义务。所谓教育，是指父母按照国家法律和社会公德的要求，采用正确、适当的方法，对子女加以必要的教育、管理和约束，使他们在思想上、品德上得以健康成长。未成年子女在法律上属于无行为能力人或限制行为能力人，他们缺乏对事物的全面理解和处理能力，有时分不清是与非，理智与自控能力差，当子女的言行出现缺点与错误时，父母有责任对其进行批评与帮助，并给予正确的引导。我国2012年修正后的《预防未成年人犯罪法》第14条至第20条（节选）对父母的管教义务作了一系列具体的规定，主要包括：“未成年人的父母或者其他监护人和学校应当教育未成年人不得有下列不良行为：（一）旷课、夜不归宿；（二）携带管制刀具；（三）打架斗殴、辱骂他人；（四）强行向他人索要财物；（五）偷窃、故意毁坏财物；（六）参与赌博或者变相赌博；（七）观看、收听色情、淫秽的音像制品、读物等；（八）进入法律、法规规定未成年人不适宜进入的营业性歌舞厅等场所；（九）其他严重违背社会公德的不良行为。”“未成年人的父母或者其他监护人和学校应当教育未成年人不得吸烟、酗酒。”“未成年人的父母或者其他监护人和学校发现未成年人组织或者参加实施不良行为的团伙的，应当及时予以制止。发现该团伙有违法犯罪行为的，应当向公安机关报告。”“未成年人的父母或者其他监护人，不得让不满十六周岁的未成年人脱离监护单独居住。”“未成年人的父母或者其他监护人对未成年人不得放任不管，不得迫使其离家出走，放弃监护职责。”法律赋予父母管教未成年子女的权利与义务，一方面为了保障子女的健康成长，另一方面也是为了防止未成年子女损害他人或社会利益。

2. 保护义务。保护是指父母应防范和排除来自自然界或他人对未成年子女的人身或财产权益的非法侵害，保护未成年子女的人身安全与合法权益。首先，父母本身不得危害

① 主编注：此属于父母对未成年子女监护职责的规定。目前我国尚未制定系统、全面的未成年子女监护制度，相关立法建议可参见曹诗权：《未成年人监护制度研究》，303-324页，北京：中国政法大学出版社，2004。关于我国监护制度的滞后性和局限性，参见高伟：《私法公法化研究》，174-179页，北京：社会科学文献出版社，2012。

子女的人身安全，侵害未成年子女的财产权益。现行《婚姻法》第 21 条第 4 款规定："禁止溺婴、弃婴和其他残害婴儿的行为。"其次，父母有义务防止和排除来自外界的侵害，当未成年子女的人身和财产权益受到他人的不法侵害时，父母作为其法定代理人，有义务保护子女，使其免受伤害，保障子女的安全和健康；并有权以法定代理人的身份提起诉讼，请求加害人停止侵害、赔偿损失。当未成年子女被人拐骗、脱离家庭或监护人时，父母有权要求拐骗者归还子女，并要求司法机关追究拐骗者的刑事责任。

3. 承担民事责任的义务。在未成年子女对国家、集体或他人造成损害时，父母作为法定监护人有承担民事责任的义务。至于确定损害赔偿的条件、赔偿的数额和方法等，适用 2009 年《侵权责任法》的有关规定。《侵权责任法》第 32 条规定："无民事行为能力人、限制民事行为能力人造成他人损害的，由监护人承担侵权责任。监护人尽到监护责任的，可以减轻其侵权责任。有财产的无民事行为能力人、限制民事行为能力人造成他人损害的，从本人财产中支付赔偿费用。不足部分，由监护人赔偿。"《执行〈民法通则〉意见》第 158 条规定："夫妻离婚后，未成年子女侵害他人权益的，同该子女共同生活的一方应当承担民事责任；如果独立承担民事责任确有困难的，可以责令未与该子女共同生活的一方共同承担民事责任。"第 161 条规定："侵权行为发生时行为人不满 18 周岁，在诉讼时已满 18 周岁，并有经济能力的，应当承担民事责任；行为人没有经济能力的，应当由原监护人承担民事责任。行为人致人损害时年满 18 周岁的，应当由本人承担民事责任；没有经济收入的，由扶养人垫付；垫付有困难的，也可以判决或者调解延期给付。"

4. 父母侵害未成年子女权益行为及其法律责任。父母未尽到监护义务、侵害未成年子女人身和财产权利的，将面临不利的法律后果。自 2015 年 1 月 1 日起实施的《最高人民法院、最高人民检察院、公安部、民政部关于依法处理监护人侵害未成年人权益行为若干问题的意见》，对父母或者其他监护人实施性侵害、出卖、遗弃、虐待、暴力伤害未成年人，教唆、利用未成年人实施违法犯罪行为，胁迫、诱骗、利用未成年人乞讨，以及不履行监护职责严重危害未成年人身心健康等行为（即监护侵害行为）明确规定了相应的法律责任：父母等监护人的监护侵害行为构成违反治安管理行为的，公安机关应当依法给予治安管理处罚，但情节特别轻微不予治安管理处罚的，应当给予批评教育并通报当地村（居）民委员会；构成犯罪的，依法追究刑事责任。父母等监护人有下列情形之一的，经申请，人民法院可以判决撤销其监护人资格：（1）性侵害、出卖、遗弃、虐待、暴力伤害未成年人，严重损害未成年人身心健康的；（2）将未成年人置于无人监管和照看的状态，导致未成年人面临死亡或者严重伤害危险，经教育不改的；（3）拒不履行监护职责长达六个月以上，导致未成年人流离失所或者生活无着的；（4）有吸毒、赌博、长期酗酒等恶习无法正确履行监护职责或者因服刑等原因无法履行监护职责，且拒绝将监护职责部分或者全部委托给他人，致使未成年人处于困境或者危险状态的；（5）胁迫、诱骗、利用未成年人乞讨，经公安机关和未成年人救助保护机构等部门三次以上批评教育拒不改正，严重影响未成年人正常生活和学习的；（6）教唆、利用未成年人实施违法犯罪行为，情节恶劣的；（7）有其他严重侵害未成年人合法权益行为的。

（三）子女对父母有赡养扶助的义务

现行《婚姻法》第 21 条第 1 款规定："……子女对父母有赡养扶助的义务。"子女对父母的赡养、扶助义务应从以下几个方面理解。

1. 赡养扶助义务人。赡养扶助义务人应当是成年子女。现行《婚姻法》第21条虽然没有将子女限制在成年子女范围内，并须具备独立生活的能力，但我国现行《宪法》第49条第3款却明确规定："……成年子女有赡养扶助父母的义务。"由于未成年子女或没有独立生活能力的成年子女本身还需要父母的抚养，不可能对父母承担赡养义务，因此，在解释上应对现行《婚姻法》第21条所规定的承担赡养义务的子女作限制性解释。

2. 赡养扶助的内容。赡养是指子女对父母经济上的供养。即提供必要的生活费用，给予物质上的帮助。扶助，指子女给予父母精神上的安慰和生活上的照料。子女对于丧失劳动能力、生活确有困难的父母，必须自觉地履行赡养扶助义务，使老人能够安度晚年。依据现行《老年人权益保障法》的规定：（1）赡养人应当履行对老年人经济上供养、生活上照顾和精神上慰藉的义务，照顾老年人的特殊需要。[①]（2）赡养人对患病的老年人应当提供医疗费用和护理。（3）赡养人应当妥善安排老年人住房，不得强迫老年人迁居条件低劣的房屋。老年人自有的或者承租的住房，子女或者其他亲属不得擅自改变产权关系或者租赁关系。对老年人自有的住房，赡养人有维修的义务。（4）赡养人有义务耕种老年人承包的田地，照管老年人的林木和牲畜等，收益归老年人所有。（5）家庭成员应当关心老年人的精神需求，不得忽视、冷落老年人。与老年人分开居住的家庭成员，应当经常看望或者问候老年人。

子女赡养扶助父母既是无期限的，也不得附加任何条件。赡养人不得以放弃继承权或者其他理由，拒绝履行赡养义务。无论子女是否与父母居住在一起，都应根据父母的实际需要履行赡养义务。赡养的方式既可以是与父母共同生活直接履行赡养义务，也可采用提供生活费用的方式承担经济责任。如有多个子女，则应根据每个子女的经济状况，共同承担对父母的经济责任。经老年人同意，赡养人之间可以就履行赡养义务签订协议。赡养协议的内容不得违反法律的规定和老年人的意愿。基层群众性自治组织、老年人组织或者赡养人所在单位监督协议的履行。赡养费的数额，既要根据赡养人的经济负担能力，又要照顾父母的实际生活需要。一般而言，应不低于子女本人或当地的平均生活水平，以确保老人的生活需要。赡养费的支付方式，可以根据不同的情况，采取按期或定期给付现金；无固定收入的，可以按收益季节性支付现金或实物。另外法律还强调，老年人的婚姻自主权

---

① 主编注：关于我国现行《老年人权益保障法》第14条规定子女对父母有"精神赡养"的法定义务，有学者对此持否定观点。参见高留志：《扶养制度研究》，9页，北京：法律出版社，2006。但2012年修订之后的《老年人权益保障法》第18条第1款、第2款明确规定了精神赡养："家庭成员应当关心老年人的精神需求，不得忽视、冷落老年人。与老年人分开居住的家庭成员，应当经常看望或者问候老年人。"

受法律保护，赡养人的赡养义务不因老年人的婚姻关系变化而消除。[①]

3. 对拒不履行赡养义务者的强制措施。现行《婚姻法》第21条第3款规定：“子女不履行赡养义务时，无劳动能力的或生活困难的父母，有要求子女付给赡养费的权利。”父母可以直接要求子女给付赡养费，也可以请求居民委员会、村民委员会以及所在单位调解，说服子女给付。如果子女不履行赡养义务时，无劳动能力的或生活困难的父母可以通过诉讼程序提出请求，人民法院应当根据父母的实际需要和子女的经济负担能力，调解或判决，确定赡养费数额和给付方法。对于被赡养人有生活来源，但因丧失劳动能力、生活不能自理而需要劳务扶助，起诉至人民法院的，法院也应当受理，从而促使义务人全面履行义务。义务人有能力赡养而拒绝赡养，构成遗弃，情节恶劣的，应依法追究其刑事责任。

（四）子女应当尊重父母的婚姻权利

实行婚姻自由是我国婚姻法的基本原则之一，公民有权依照法律规定自主决定自己的婚姻问题，不受任何人的非法干涉或强迫。婚姻自由权并非青年人的“专利”，中老年人同样享有。鉴于现实生活中子女干涉父母离婚或者再婚的现象较为突出，损害了父母尤其是老年父母的婚姻自由权，2001年修正后的《婚姻法》增设专条以保护父母的婚姻自由权，其第30条规定：“子女应当尊重父母的婚姻权利，不得干涉父母再婚以及婚后的生活。子女对父母的赡养义务，不因父母的婚姻关系变化而终止。”

（五）父母子女有相互继承遗产的权利

现行《婚姻法》第24条第2款规定：“父母和子女有相互继承遗产的权利。”这一权利是基于双方的特定身份而产生的。依照我国《继承法》的规定，子女和父母互为第一顺序的法定继承人。父母死亡时，子女有继承他们遗产的权利；子女死亡时，父母有继承他们遗产的权利。父母子女均为独立的继承主体。子女，包括婚生子女、非婚生子女、养子女和形成抚养教育关系的继子女；父母，包括生父母、养父母和形成抚养教育关系的继父母。形成抚养教育关系的继子女和继父母，为拟制直系血亲，继子女继承了继父母遗产的，仍可以继承生父母的遗产。

---

① 主编注：2010年，我国台湾地区通过了修改“民法”及“刑法”修正草案，将父母与子女间的赡养义务调整为“相对义务”，即子女如曾遭父母性侵犯、虐待、遗弃或其他不法侵害，可以请求法院减轻或免除其赡养父母的义务；子女若不扶助、养育或保护曾对他们杀人未遂、性侵、虐待或弃养等行为的父母，也可免除遗弃罪的追诉。法律的重要价值之一在于扶助弱者，平衡主体间的利益冲突，以期实现分配正义。我国台湾地区本次修“法”强调扶养义务不再是绝对义务，而是依照个案判断的相对义务，民众传统的“天下无不是父母”也会因为此修正而产生松动，但并不会瓦解扶养义务制度和动摇良善观念，修正反倒能更符合扶养义务的本意，使得父母、子女间能真正为彼此着想，促进双方的情感交流和增进彼此的爱心。根据该修“法”精神，子女减轻或免除对父母的赡养义务，需要具备三个要件：父母对子女、子女的配偶、子女的直系血亲故意虐待、重大侮辱或为其他不法侵害（依据此条文，未来子女也能以父亲虐待母亲或祖父母为由，要求法院减轻其对父亲的赡养义务），或父母曾遗弃养子女；法院可依个案调整减轻子女赡养义务，如父母对子女犯有杀人未遂、强制性交、猥亵、妨害幼童发育等重大情节，法院得完全免除子女的赡养责任；子女遗弃曾对其犯有杀人未遂、性侵害、虐待、弃养等罪行的父母，免除遗弃罪的追诉。参见刘文忠：《台修法免除受虐子女的赡养义务》，载《法制日报》2010年3月23日，第12版。

第二节 生子女[①]

一、有婚姻关系的父母与子女的关系

（一）婚生子女概述

所谓婚生子女是指由婚姻关系受胎而出生的子女。严格意义上的婚生子女应具备下列要件[②]：（1）其父母间须有婚姻关系；（2）其为生父之妻所怀孕分娩；（3）其在父母的婚姻关系存续期间受胎；（4）其为生母之夫的血缘。上述（1）、（2）要件的证明并无困难，但要证明（3）、（4）要件，虽非绝对不可能，但却很困难。因为子女是否确凿无疑地出自生母的丈夫，难以直接以子女出生的事实加以确认。为了解决这一难题，大多数国家婚姻家庭法基于尊重结婚道德和婚姻制度，维护和巩固因合法婚姻关系建立的家庭、保护子女利益的需要，根据医学上的生育经验，设立了婚生子女的推定制度。婚生子女的推定不仅是对子女的婚生身份的推定，同时也是对父亲身份的推定。即受婚生推定的子女既取得婚生子女的法律地位，又推定其母亲的丈夫为该婚生子女法律上的父亲。

（二）婚生亲子关系的推定

我国现行《婚姻法》中虽然有婚生子女这一法律概念，但对于其含义及婚生子女的父母子女关系依据何种法律事实而产生却未作规定。法学理论通说认为系根据子女出生的事实而产生。然而，仅凭子女出生这一事实不可能直接确定子女的父亲。外国立法例大都设立婚生子女的推定制度，从法律上明确婚生子女与其父母关系产生的根据。[③]

所谓婚生推定制度，乃法律为建立婚生亲子关系所设的机制。婚生推定制度建立的最重要前提，是肯定婚姻以及以之为基础所组成的家庭，对生养子女的重要性与必要性。倘无婚姻制度，婚生推定制度将无所依附。在婚生子女的推定中决定父子女关系的主要因素

---

① 传统家庭法将生子女分为“婚生子女”与“非婚生子女”，其理由不但是因为父母是否有婚姻关系对于确定子女法律上的父母身份至关重要，由此确立有婚生子女的推定与否认、非婚生子女的认领与准正等法律制度。更为重要的是，传统父权社会要求已婚妇女对于丈夫的绝对忠贞，婚外性关系被视为罪恶，只有在社会认可的婚姻制度之下所生的子女才视为正统与合法，非婚生子女备受歧视，二者的法律地位及其权利义务差异甚大。自20世纪60年代以来，由于人权保障思想的普及，宪法平等原则的日益落实，各国开始检讨原有立法中对于非婚生子女的歧视性规定，通过修正法律或制定新法赋予非婚生子女与婚生子女平等的法律地位，无论婚生子女与非婚生子女，其与父母间的权利义务平等。一些国家甚至在立法上完全取消了婚生子女与非婚生子女的区分，被统称为“自然子女”、“亲生子女”，非婚生子女之观念被彻底抛弃，可谓现代父母子女关系立法的最新发展趋势。比如，1997年《美国统一亲子关系法》（Uniform Partnership Act），1998年修正后的《德国民法典》家庭编，2000年瑞士修改后的亲子法，2005年法国修改后的民法典，均不再使用“非婚生子女”的称谓。我国婚姻法历来重视对于非婚生子女的保护，实行婚生子女与非婚生子女法律地位平等原则，“非婚生子女享有与婚生子女同等的权利，任何人不得加以危害和歧视。”（现行《婚姻法》第25条）值得注意的是，近年来，我国有些学者开始对婚姻法区分婚生子女与非婚生子女并在法条中使用“非婚生子女”一词提出质疑和批评，主张在法律上完全取消婚生子女与非婚生子女的区分，无论是婚生子女还是非婚生子女均称为“亲生子女”。参见陈苇：《中国婚姻家庭法立法研究》，315、356-357页，北京：群众出版社，2000；王丽萍主编：《婚姻家庭继承法学》，183页，北京：北京大学出版社，2004。鉴于我国现行法仍然将亲生子女区分为婚生子女与非婚生子女，本章仍然依据现行法律的规定进行阐述。

② 陈棋炎、黄宗乐、郭振恭：《民法亲属新论》，202页，台北：三民书局，1987。

③ 主编注：我国有专家曾具体地提出了“建立婚生子女的推定制度和非婚生子女的认领制度”的建议，参见陈明侠：《亲子法基本问题研究》，载梁慧星主编：《民商法论丛》第6卷，北京：法律出版社，1997。

有二，即婚姻关系和血缘关系，而不是单纯取决于父子女间的血缘关系。采用推定的方式决定婚生子女的身份有以下目的：首先，由于欲由外观来证明妻的确自夫受胎，实非容易之事，因此，若生母受胎时与其配偶间存在客观认定的婚姻关系，则“基于医学上之统计”以及“信凭婚姻之道德”①，将子女推定为夫之婚生子女。其次，通过推定制度可尽量使子女在出生后即推定为婚生子女，不至于让子女的身份处于不确定的状态，甚至成为非婚生子女。因此，婚生推定的意义在于，无须逐一确认妻是否事实上自夫受胎，只要妻的受胎是在夫妻婚姻关系的存续期间，法律就推定该子女为生母与其配偶的婚生子女，尽量使子女取得婚生子女的地位，母亲对婚姻的忠诚也不用时时受到质疑。然而，婚生子女的推定只是一种法律上的推定，可以被客观事实推翻。法律允许利害关系人提出否认之诉，但这种否认须经法院判决确认后方可撤销婚生推定，否认权人自行否认没有法律效力。由此，受婚生推定的婚生子女受到法律强有力的保护。

我国婚姻法虽然未明文规定婚生子女的推定制度，但在司法实践中已采用婚生子女推定原则确定婚姻关系中所生子女的父亲。早在1956年《最高人民法院关于徐秀梅所生的小孩应如何断定生父问题的复函》中就指出：“小孩是在双方婚姻关系继续存在中所生的，男方现主张非其所生，应提出证据证明。男方既提不出任何证据而法院亦无法另找证明方法，在这种情况下，法院只能认为男方的主张不能证明，在此认定下对小孩问题予以判决。”这一司法解释明确提出了确认父母与婚生子女关系的法律原则，即在婚姻关系存续期间所生子女，应认定为夫妻双方的子女，丈夫否认子女非其所生，应负证明责任。这一法律原则实际上就是婚生子女推定原则，至今仍为人民法院所遵循。

我们认为，我国婚姻法应在借鉴国外立法与总结我国司法实践经验的基础上，对婚生子女的推定作出明确的规定，以弥补父母子女关系立法的漏洞。② 下面我们参酌外国立法例和学说，从学理上阐述婚生子女的推定制度。

（三）婚生子女的推定原则与方法

婚生子女的推定是指子女系生母在婚姻关系存续期间受胎或出生，该子女被法律推定为生母与生母之夫的婚生子女。为了确定丈夫的父亲身份，最便利和可行的办法就是法律推定，即从一个已经证明的客观事实——子女的出生和生母的婚姻关系出发，对另一个尚

---

① 陈棋炎、黄宗乐、郭振恭：《民法亲属新论》，270页，台北：三民书局，2004。

② 主编注：关于我国是否设立婚生子女的推定与否认制度，国外立法的最新发展动向值得注意。目前在世界上有些国家已经在法律上取消了“婚生子女”与“非婚生子女”的称谓。例如在德国，在法律上已经没有“婚生子女”与“非婚生子女”的称谓，而仅使用“子女”一词，即有婚姻关系的男女所生子女，与无婚姻关系的男女所生子女，其法律地位都是平等的，其称谓也是相同的，以体现法律对儿童的尊重和保护。有学者认为，我国未来有关亲子关系推定与否认制度等相关立法，可借鉴德国立法经验，对子女不再作“婚生”与“非婚生”的区分，而从父母的角度立法，对已结婚的父母所生子女，设立“父母身份的推定”与“父亲身份的撤销”制度；对未结婚的父母所生子女，设立“父母身份的认可”与“父亲身份的确认”制度，这样更能体现子女的法律地位和称谓，不受父母有无婚姻关系的影响，既有利于保护子女的合法权益，又能体现现代法律对儿童尊重和保护的立法意旨。参见陈苇：《中国婚姻家庭法立法研究》，315、356-357页，北京：群众出版社，2000。目前，国外有些国家如埃塞俄比亚、英国、澳大利亚等国已从法律上取消了“婚生子女”与“非婚生子女”的称谓。参见陈苇、靳玉馨：《建立我国亲子关系推定与否认制度研究》，载梁慧星主编：《民商法论丛》第27卷，245-279页，金桥文化出版（香港）有限公司，2003；陈苇主编：《外国婚姻家庭法比较研究》，315-318页，北京：群众出版社，2006；澳大利亚《1975年家庭法》（2008年修正）第60B条第（2）（a）款，载陈苇项目负责人主持翻译：《澳大利亚家庭法》（2008年修正），115页，北京：群众出版社，2009。

待证明的事实——子女与生母之夫具有血缘关系作出推断。只需证明在子女出生或受胎时丈夫与子女的母亲有婚姻关系，且子女是丈夫之妻所生即可。丈夫的父亲身份的推定是法定的后果。即使现在大多数国家已经赋予婚生子女和非婚生子女的身份最大限度的平等，对于从子女出生时起确定其父母身份而言，婚姻仍然具有特别重要的意义。

现代国家的家庭法对子女的婚生推定主要有三种原则与方法：

第一，受胎说。即以子女是否在婚姻关系存续期间受胎所生为标准，只要子女系在婚姻关系存续期间受胎，即推定为婚生子女。该推定系认定生父与子女之关系，母之夫即为该婚生子女的父亲，如有反证，可提起否认之诉。为便于确认是否在婚姻期间受胎，依医学上的经验，在法律上规定受胎期间①，只要子女的受胎期间在婚姻存续中，即受婚生子女的推定。

第二，出生说。即以子女在婚姻关系存续期间出生为标准，而不论是否在婚姻关系中受胎。依照这一推定方法，在母亲已结婚的一切案件中，可对子女作婚生子女的推定，因此由该婚姻所生的子女，被推定为其母亲的丈夫的子女。如果子女在婚前受胎，婚后出生，该子女也被推定为婚生子女。但是，如能证明丈夫不能人道，或在子女可能受胎的时期不在，或通过亲子鉴定等，证实该丈夫不可能是子女的父亲，则可对婚生子女的推定提出否认。

第三，混合说。又可分为两种：第一种是以出生说为原则，以受胎说为补充。即凡是在婚姻关系存续期间出生或在婚姻关系中受胎而在婚姻关系终止或被撤销后出生的子女，皆为婚生子女。例如，《瑞士民法典》第 255 条第 1 款规定，在婚姻存续期间或婚姻解除后 300 天之内所生之子女，推定夫为父。第二种是以受胎说为原则，出生说为补充。即凡是在婚姻关系中受胎，无论在婚姻中出生或在婚姻终止后出生，皆为婚生子女；婚前受胎而在婚后所生的子女，也可推定为婚生子女。又如《意大利民法典》第 231、232 条之规定即以受胎说为原则，但在第 233 条补充规定："如果配偶一方或子女本人不否认生父的身份，则认为自婚礼举行之日起未满 180 日出生的子女为婚生子女。"

比较而言，混合说较为可采。我国婚姻法对婚生子女的推定应以出生说为原则，以受胎说为补充。其理由是：受胎说对婚前受胎而在婚后所生的子女不能推定为婚生子女，此标准过于严格，对保护子女利益及维护婚姻关系的稳定不利。而出生说的明显缺陷在于对婚姻关系中受胎而在婚姻终止后出生的子女不能受婚生子女的推定。由于二者各有利弊，现代社会许多国家的立法及学说大都倾向于采取混合说。

将婚前受胎而在婚后出生的子女也推定为婚生子女，显然是对严格意义上的婚生子女的推定的扩张。② 这一扩张可能使不具有父子女关系者成为法律上的父子女，如果仅以婚生子女的推定否认之诉予以否认，将因否认权人与起诉期间的严格限制，而容易造成父子

---

① 所谓受胎，系精子与卵子结合之时点，发生于母体子宫内，属于生理变化，外观上难以判定其确切时日。由于怀胎期间因孕妇的体质及其他因素的影响而不同，不可能以个别的怀胎期间为标准，因此，采取受胎说的立法例一般依据医学上的统计，怀胎期间最短为 180 天，最长为 300 天左右，以此为标准规定受胎期间，如《日本民法典》第 772 条、我国台湾地区"民法"第 1062 条等。确定法定怀孕期间的原则有二：一是不可分割性原则，即受胎期间内的每一天具有同等价值，都被视为法定期间；二是最有利于子女利益的原则，即当对法定怀孕期间存疑时，应将最利于子女利益的日期视作母亲的怀孕日。

② 按照普通法理论，"男子要与怀胎中之女子结婚，这一行为乃是认该胎儿为己出之严肃的承认行为"，故适用婚生推定亦非毫无理由。参见陈棋炎：《亲属、继承法基本问题》，194 页，台北：三民书局，1980。

女关系名实不符的情形，因此有学者主张对于婚前受胎而婚后出生的子女，应与传统受婚生子女推定的婚生子女加以区别，使之成为“不受婚生子女的推定之婚生子女”，同时不受否认权人及起诉期间的严格限制，应容许利害关系人提起确认父子女关系不存在之诉。①我们认为，婚生子女的推定并非单纯的事实上的推定，而是特殊的法律上的推定。推定婚生子女的目的，在于使子女地位早日获得安定，并保护家庭和平，避免第三人的任意介入，以确保身份关系的安定性。为兼顾身份关系所欲追求的真实性与安定性的立法目的，使生父与子女更能符合真实的血缘关系，以维护被推定为父亲的生母之夫的权益，法律对于婚生子女的推定设有否认制度，如果生母之夫不是子女的真正生父，他可以通过婚生否认之诉否认子女的婚生性。

（四）婚生推定的否认

婚生子女的父亲身份既然只是一种法律上的推定，就有可能被相反的事实所推翻。在现代社会的婚姻关系中，婚外性行为在任何国家或地区都不可能因法律或道德的否定而完全杜绝。因此，受婚生子女的推定的子女有可能不是丈夫的子女。为了维护婚生父母子女关系的血缘真实性，使法律推定与事实尽可能相一致，以保护当事人的权益，让应尽义务的真正生父不致逃脱法律责任，实现法律的公正，许多国家的家庭法在设立婚生子女的推定的同时，也允许提出对婚生子女的否认。但这种否认权须以诉讼方式行使，并经法院裁决确认之后，才能撤销婚生子女的推定，否认权人自行否认不发生法律效力。

第一，否认的原因。现代许多国家的家庭法通说主张采取概括性规定，只要能提出证据证明受婚生子女的推定的子女不是丈夫的亲生子女即可。对于夫之父亲身份，现在可以通过所有方法，尤其是医学鉴定予以证明，只要真正事实与法律上的推定相反。由于婚生否认之诉的性质属确认之诉，即对无血缘关系的事实给予确认，因而我国婚姻家庭法也应采此通说。从而，丈夫无生育能力、在子女受胎期间与妻子无同居的事实、亲子鉴定结论等都可以作为提出否认的证据。

第二，否认权人。如果丈夫不是其妻子所生子女的真正血缘父亲，即使丈夫作为事实上的“父亲”已经与子女建立了社会学上的父亲身份，问题仍然在于决定谁有权对丈夫的父亲身份提出否认。这一问题不但事关丈夫的权益，而且也涉及母亲和子女、真实生父或者有关第三人的权利。在适用父亲身份推定之场合，除了丈夫及其继承人以外，现在很多国家扩大了否认权人的范围，母亲、受推定的子女，甚至第三人等利害关系人都可以提出否认。结果，丈夫传统的否认有关子女为其婚生子女的专属权消失，允许以更加自由的方式确定真正的父亲身份。

我们认为，否认权人的范围事关当事人的权益、亲子关系和家庭的稳定。有的立法例以法律上的亲子关系应尽量符合自然血缘的真实性为主要目的，因而对否认权人及其行使期限并没有一定的限制。多数立法例认为，法律上的亲子关系原则上应以真实的血缘关系为基础，但同时应兼顾身份关系的安定性。如果当事人之间已发生亲子般的亲情和父子女的事实，仍毫无限制地允许任何第三人否认这一亲子关系，一概恢复原来血缘真实的亲子关系，恐怕既伤害当事人之间的感情，不利于子女的健康成长，也无益于婚姻家庭和社会秩序的稳定。故在追求亲子关系的真实性与安定性之间予以平衡，对否认权人及否认权的

① 邓学仁：《亲属法之变革与展望》，233页，台北：月旦出版社，1997。

行使加以一定的限制。我国婚姻家庭法应采取后一主张，对否认权人的范围加以必要的限制。①

第三，否认权的行使期限。为了促使否认权人及时行使权利，早日确定子女的法律身份，绝大多数国家规定了否认权的行使期限，但对于除斥期间的长短及其计算办法的规定差异较大，如《日本民法典》第777条、我国台湾地区“民法”第1063条规定否认之诉应于知悉子女出生之日起1年内提起。《德国民法典》第1600b条规定只能在权利人得知反对此种父亲身份的情况之时起2年之内向法院提出。我们认为，吸取一些国家和地区的立法经验，结合我国国情，否认权的行使期限应当规定为一年，从权利人知道或应当知道受推定的子女非夫的亲生子女之日起算。②

第四，婚生否认之诉。婚生子女的推定只能经婚生否认之诉予以推翻，故否认权的行使，须以诉讼方式为之。否认之诉一经判决确定，子女的婚生被否认，而成为非婚生子女。

必须注意，目前我国关于亲子关系否认的推定规则，《婚姻法解释（三）》第2条第1款规定：“夫妻一方向人民法院起诉请求确认亲子关系不存在，并已提供必要证据予以证明，另一方没有相反证据又拒绝做亲子鉴定的，人民法院可以推定请求确认亲子关系不存在一方的主张成立。”

二、无婚姻关系的父母与子女的关系

（一）非婚生子女概述

非婚生子女，是指没有婚姻关系的男女所生之子女。无婚姻关系的妇女所生的子女、已婚妇女所生但被法院判决否认婚生推定的子女、已婚妇女所生的不受婚生推定的子女，均属于非婚生子女。对于无效婚姻或被撤销婚姻的当事人所生的子女，有的国家将其视为非婚生子女，而多数国家却基于保护子女利益的需要，仍然规定其为婚生子女。

非婚生子女与其生母的法律关系，除少数立法例外（如日本民法），大多数国家基于母卵与子宫一体的原则，遵循罗马法“谁分娩，谁为母亲”之原则，依生理的出生分娩事实发生法律上的母子（女）关系。几乎在所有国家，母亲身份都是基于子女出生的事实或者在出生证上登记母亲的姓名而自动取得。此外，母亲身份还可以通过认领或诉讼程序或者因民事身份占有的事实而确定。③ 非婚生子女的父亲身份的确定必须取决于母亲身份本身是否确定。因为如果没有指明母亲的姓名，实际上不可能确定孩子的父亲。但非婚生子女与生父之关系，无法以分娩之事实而直接确定，因而确定父亲身份是要比证明母亲身份产生更为复杂的法律问题。非婚生子女的父亲身份难以通过推定的方法来确定，常见

① 主编注：关于否认权人的范围限制，有学者主张婚姻期间与婚姻终止后应当有所不同，参见王洪：《从身份到契约》，156页，北京：法律出版社，2009。

② 除斥期间如自知悉子女出生时起算，对丈夫将甚为不公平，因为丈夫虽然知悉子女出生，但往往不知其非由自身所受胎，在子女成长过程中始获知非自己的子女，此时提起否认之诉通常为时已晚，故应自知悉子女非己所生之日起算，始为合理。

③ 身份占有的事实，是指双方一直以母子（女）相称，彼此以母子（女）相待，母亲以此身份负担了该子女的抚养、教育及监护责任，家庭及社会也视他们为母子（女）关系。以身份占有的事实作为确定父母子女关系的根据，以法国立法为其代表。参见《法国民法典》第334条。

的方法是自愿认领和强制认领（司法裁决）。

（二）非婚生子女的认领

认领是指非婚生子女的生父自愿承认或者被法院强制其承认为该子女之父并认领为自己的子女的行为。现代法律确立非婚生子女的认领主要有两种方式：自愿认领与强制认领。

1. 自愿认领。自愿认领，是指非婚生子女的生父自愿承认为该子女之父并认领为自己的子女的行为。其又分为两种：

（1）单独行为的自愿认领。认为生父的认领系生父单独的法律行为，生父享有决定权，不依赖于其他人的同意，也不论母亲或子女是否反对。这种认领单以父亲的意思来决定非婚生子女的法律地位，父亲身份的确定根本上取决于父亲的意愿，含有浓厚的父权主义思想，与保护非婚生子女利益的世界潮流相背离，因而为大多数立法例所不采。

（2）以同意为条件的自愿认领。目前大陆法系国家普遍实行的认领模式是取决于一定条件的认领，其条件之一就是母亲或子女的同意。例如，《德国民法典》第1595条规定，生父的自愿认领必须经母亲同意，如果母亲在此范围内不享有父母照顾权，认领还必须经子女同意。在生父认领被拒绝时，如果该认领不会危害子女和母亲的利益，父亲有得到法律救济的权利，法官可授权父亲认领。

自愿认领具有以下特征：第一，认领的对象是非婚生子女。第二，认领是身份法律行为。只有非婚生子女的父亲才可认领，父亲可委托他人代办认领手续，但受托人所表示的是委托人的意思而非自己的意思。第三，认领是不可废除的法律行为。若认领是在遗嘱中为之，则遗嘱的废除、无效与撤销均不影响认领条款的效力。第四，认领是无条件的法律行为。认领行为中不得附带任何变更或限定法律效果的条款，不得附条件或期限；任何条件、期限或为法律所禁止的条款并不导致认领的无效，法律对条件、期限或受禁止条款“视为无记载”。第五，认领是有追溯力的行为。认领是宣告行为而非形成行为，只是承认事实上存在的状况而不是创设事实上不存在的法律状态，因而具有追溯力。第六，认领是无时效限制的法律行为。认领可在子女出生前、出生后或死亡后的任何时间作出。但在认领胎儿时，必须是在受孕后作出，尚未受孕时不得认领；对已死者的认领只对被认领人的直系卑亲属产生效力。

2. 强制认领。非婚生子女的生父不为自愿认领，经非婚生子女或其生母或其法定代理人向法院请求强制生父认领，即所谓强制认领。强制认领是请求法院以判决代替生父的自愿认领，以确认父母子女关系存在。

自21世纪初始，北欧各国的立法就基于保护母亲和子女免受生父不负责任之害以及减轻国家负担之观念，即使违背母亲的意愿，也允许搜寻非婚生子女的生父。因此，当未婚妇女生育子女后，必须尽可能早地通过认领或者司法裁决确定父亲身份。如果生父不自愿认领，非婚生子女出生地的福利委员会将对其提起确定父亲身份的诉讼，并可以采取包括亲子鉴定（血型鉴定或其他鉴定）在内的所有证明方法。有关当事人有义务接受此类鉴定，必要时，可涉及可能是该非婚生子女之生父的所有男子。强制认领之诉一般在子女出生后一年内提出。因此，无论母亲是否愿意，非婚生子女的父亲身份必须确定。许多国家最近的立法广泛地许可对确认父子关系提起诉讼及通过所有方法予以证明，扩大了非婚生父子关系的确认范围。如果母亲愿意，总是可以（至少为请求子女的抚养费）对非婚生子女的父亲提起诉讼，而不再单纯取决于父亲的自愿认领。

强制认领的原因对保护非婚生子女之利益颇为重要。多数国家采取概括的规定，只要能证明被指控的男子是该非婚生子女的真实生父即可，没有具体法定事由的限制。有的国家则采取列举规定，曾经的典型代表是法国民法。[①] 我国台湾地区“民法”第1067条亦曾有相似的规定。“保护子女之利益，复限定请求认领之原因，以防冒滥。”[②] 但现在该条款已修改为“有事实足认其为非婚生子女之生父者，非婚生子女或其生母或其他法定代理人，得向生父提起认领之诉”。现代外国家庭法学者通说认为，强制认领制度旨在保护非婚生子女的利益，保障其知悉自己出身之权利，且现代科学之发展，已能断定生物学上、血缘上父子关系之存在，故限制请求生父认领的事由，实无必要。

（三）非婚生子女的准正

非婚生子女的准正，是指已出生的非婚生子女因生父母结婚或司法宣告而取得婚生子女地位的制度。即非婚生子女因其生父与生母在其出生后结婚，而被婚生化，使非婚生子女取得婚生子女的身份，被赋予与婚生子女相同的地位。准正乃自罗马法以来大陆法系各国法律所承认的保护非婚生子女的制度。此制度巧妙地将鼓励正式婚姻与保护非婚生子女两种理念相联结，而具有鼓励、促进非婚生子女之生父生母正式结婚之功能。[③] 英美普通法在20世纪前一直拒绝继受罗马法有关非婚生子女于生父母嗣后结婚而准正的法则，直至1926年英国制定《准正法》（Legitimacy Act 1926）后始纷纷继受此制度。目前许多国家的法律多有此例，但就准正的要件而言，至少除结婚之外，生父或生母是否尚须有认领的意思表示，一些国家法律的规定仍未尽一致。

1. 准正的形式。非婚生子女的准正有两种形式：（1）因生父母结婚而准正。它本身又可分为两种情况：一是仅以生父母结婚为准正的要件，如《比利时民法典》第331条。二是以生父母结婚和认领为准正的双重要件，如《日本民法典》第789条第1项规定：“父认领的子女，因其父母结婚而取得婚生子女的身份。”依此规定，准正必须具备生父与生母结婚及生父认领两个要件。从而准正分为婚姻准正和认领准正。婚姻准正即生父与生母结婚在前，生父认领在后；认领准正即生父认领在前，生父与生母结婚在后。但两者在法律上地位完全一样。我国婚姻法对非婚生子女的准正未作规定，但是在司法实践中，生父母在子女出生后补办结婚登记的，该子女视为婚生子女。（2）因法官宣告而准正。法官宣告准正，是指男女订立婚约后，因一方死亡或有婚姻障碍存在，使婚姻准正不能实现时，可依婚约一方当事人或子女的请求，由法官宣告子女为婚生子女。

2. 准正的要件。根据外国立法例，非婚生子女的准正须具备以下要件：（1）须有血缘上的非婚生父母与子女关系；（2）须有生父母的婚姻或司法宣告；（3）准正为法律事件，非法律行为，它为结婚的附随效力，其发生无须生父母有何能力，亦不以任何人批准

---

① 法国原《民法典》第340条严格限制强制认领的原因：“下列情形，婚外父子（女）关系得经裁判宣告之：1. 在妇女被诱拐或被强奸的情况下，此种事实发生时间与怀孕相关时；2. 在借助欺骗手段、滥用职权或允诺婚姻或订婚而进行勾引的情况下；3. 存在出自所谓的父亲之手的信笺或其他文字、字据，完全能确立父子（女）关系的情形；4. 在所谓的父亲与母亲于法定的有关受胎期间内姘居生活，虽无共同的家庭，但有经常的稳定关系之情形；5. 在所谓的父亲以此身份对子女的生活、教育或居住给予或参与负担费用之情形。”但法国民法的这一限制性规定已被1993年1月8日第93-22号法律废止。

② 史尚宽：《亲属法论》，511页，台北：三民书局，1974；陈棋炎、黄宗乐、郭振恭：《民法亲属新论》，271页，台北：三民书局，1987。

③ 陈棋炎、黄宗乐、郭振恭：《民法亲属新论》，270页，台北：三民书局，1987。

为要件，也无须经其他任何程序。

准正在理论上为有血缘关系的非婚生子女始能受准正，应兼顾结婚事实与血缘真实。在尚未判明非婚生子女的生父之前，如何受准正，在实务上确有窒碍难行之处。而且，单以结婚之事实即可准正，生母的非婚生子女若与夫并无血缘关系，也可能一并被准正为夫的婚生子女。正因如此，大多数立法例均采取准正除生父与生母结婚外，尚须生父的认领。

3. 准正的效力。根据世界上一些国家的民法典规定，两种准正均使非婚生子女取得婚生子女资格。但效力发生的时间则有所不同。有的规定从父母结婚或法院宣告为婚生之日起算；有的则规定有溯及力，自子女出生之日起发生婚生效力，如《日本民法典》第784、789条。[①]

（四）我国非婚生子女与生父母关系的确定

在我国，现行《婚姻法》只对非婚生子女的法律地位作了规定，对于非婚生子女与其生父母之间如何确定父母子女身份未作明确规定。过去在实践中的通常做法是：非婚生子女与生母的关系，可以怀孕、分娩的客观事实为根据，一般无须加以证明。但如有生母故意遗弃子女或子女被人拐骗后，发生需要确认生母的情况，可由子女或他人申请，依法定程序提起确认之诉，由人民法院根据事实、证据，判决确定子女与生母的关系。非婚生子女与生父的关系，可以因生父主动承认，或者由其生母或其他监护人提出证据，必要时法院可以要求当事人做“亲子鉴定”，经人民法院查证属实，能证明非婚生子女与生父的关系的，即可判决确认非婚生子女与生父的关系并责令其履行生父应承担的义务。

必须注意，目前我国对于亲子关系确认的推定规则，《婚姻法解释（三）》第2条第2款规定：“当事人一方起诉请求确认亲子关系，并提供必要证据予以证明，另一方没有相反证据又拒绝做亲子鉴定的，人民法院可以推定请求确认亲子关系一方的主张成立。”

（五）非婚生子女的法律地位

关于非婚生子女的法律地位，因时代、国家、宗教、道德、习惯等不同而有所差异。在历史上，非婚生子女与婚生子女因有所区别而受歧视，始于父系、父权社会，特别是从基督教视一夫一妻的婚姻制度为唯一正当的婚姻方式以来，即已经存在。只有在一夫一妻制下所生的子女才受社会承认，而婚姻外男女间的性行为被视为罪恶行为，由此而生的子女也备受歧视。直到近代，基于人道主义之人权思想，开始致力于保护此类无辜子女的人权。自20世纪60年代以来，各国均逐渐转向保护之途。其保护的途径通常有二：一是在尽可能的范围内，使非婚生子女取得婚生子女的身份；二是保障非婚生子女的经济生活，即包括受扶养权及继承权。例如，丹麦在1960年，德国、英国在1969年，均使非婚生子女取得了与婚生子女平等或接近平等的权利。俄罗斯、东欧国家以及北美、拉丁美洲等许多国家均有扶养非婚生子女的规定。尤其是近年来，随着非婚生子女的大量增加，不少国

① 主编注：关于婚生子女的推定与否认制度、非婚生子女的准正和认领制度，值得注意的是，我国澳门地区的民事法律中，对子女无论其父母有无婚姻关系，已没有使用“婚生子女”、“非婚生子女”的称谓，而统一称为“子女”。参见陈苇主编：《当代中国内地与港、澳、台婚姻家庭法比较研究》，333-334、339-341、346-350页，北京：群众出版社，2012；国外的法国、德国、意大利、瑞士、日本、英国、美国对此的相关立法，参见陈苇主编：《外国婚姻家庭法比较研究》，281-283、285-287、289-292、293-295、297-298、302-303、307-308页，北京：群众出版社，2006。

家更致力于非婚生子女与婚生子女法律地位的同等化，甚至于在一些国家和地区，法律上已经完全取消了婚生子女与非婚生子女的区分，统称为“自然子女”、“亲生子女”，非婚生子女之观念被彻底抛弃，可谓现代父母子女关系立法的最新发展趋势。[①] 纵观各国关于非婚生子女法律地位的历史，是从否定出发，经消极的肯定，而臻于今天的积极肯定——与婚生子女完全平等对待。

自中华人民共和国成立以来，法律对非婚生子女亦给予了必要的保护。现行《婚姻法》第25条规定：“非婚生子女享有与婚生子女同等的权利，任何人不得加以危害和歧视。不直接抚养非婚生子女的生父或生母，应当负担子女的生活费和教育费，直至子女能独立生活为止。”现行《继承法》第10条规定：“遗产按照下列顺序继承：第一顺序：配偶、子女、父母……本法所说的子女，包括婚生子女、非婚生子女……”可见，我国的非婚生子女具有与婚生子女完全相同的权利和义务。

第三节 继子女

一、继父母子女的概念及类型

（一）继父母子女的概念

所谓继子女，通常指配偶一方对他方与前配偶所生的子女。所谓继父母，指子女对母亲或父亲的后婚配偶。继父母和继子女之间的关系，是由于生父母一方死亡或生父母离婚后，生父母一方另行再婚而形成的。

（二）继父母子女关系的类型

我国婚姻法以继父母子女间是否形成扶养关系为依据，将继父母子女关系分为两种类型：一种是受继父母抚养教育的继子女，与继父母之间的关系是法律拟制直系血亲关系。另一种是未受继父母抚养教育的继子女，与继父母的关系是直系姻亲关系。

继父母与继子女之间是否形成抚养教育关系，是区分继父母子女之间有无法律上父母子女权利义务的依据。对于在什么情况下继父母与继子女才算形成了扶养关系，婚姻法未作规定，理论上和实践中也未形成统一的标准。主要理论观点有：（1）以继父母负担了继子女全部或部分生活费和教育费为标准；（2）继父母与未成年继子女共同生活，对继子女进行了教育和生活上的照料，即使未负担抚养费用，也应认为形成了扶养关系；（3）认为只要继父母与继子女在一起共同生活，就可以认定他们形成了事实上的抚养教育关系。从婚姻法的立法本意解释，我们基本赞同前面两种观点。此外，继父母对继子女进行抚养教育是否需要达到一定的期限，始能认为形成扶养关系，也是法无明文。如果扶养的时间很短，或是仅为临时性的，或时断时续的，是否可以认为已形成扶养关系呢？这些问题不能解决，不仅直接影响婚姻法的实施，且易引起纷争。近年来有人提出继父或继母与受其扶养达五年以上的继子女间始能确认为形成了扶养关系，以弥补这一缺陷。

在现实生活中，有的继子女在其生父母与继父母结婚时已成年并独立生活，对继父母

① 例如，美国1997年《统一亲子关系法》（Uniform Partnership Act），1998年修正后的《德国民法典》亲属法编以及我国澳门地区《民法典》第1694条的相关规定。

自愿承担了赡养义务（道义上的），或者继父母未抚养教育过继子女，而继子女在成年后对继父母尽了赡养义务的，双方之间是否应认定为形成了扶养关系而产生父母子女间的权利义务，法律也无明文规定。有人把这种情况作为道德上的扶助对待，如继父母死亡，尽过赡养义务的继子女，可以作为继承人以外的人，酌情适当分得遗产。如继子女不愿尽扶养义务，法律上不能强制扶养。我们认为，这种情形与现行《婚姻法》第27条规定的扶养关系并无本质差别，从其立法精神解释，似应作肯定解释为宜，即继子女与受其赡养的继父母间的权利义务，应适用法律关于父母子女关系的有关规定。

二、继父母子女的法律地位

现行《婚姻法》第27条规定："继父母与继子女间，不得虐待或歧视。继父或继母和受其抚养教育的继子女间的权利义务，适用本法对父母子女关系的有关规定。"根据此条的规定，不管是否形成抚养教育关系，继父母子女间均应平等相待，不得虐待或歧视。未形成抚养教育关系的继子女与继父母之间无法定的权利义务。已形成抚养教育关系的继父母子女，双方享有父母子女间的各种权利，承担相应的义务。

值得注意的是，与继父母已形成扶养关系的继子女不同于养子女，该继子女与其生父母间的权利义务关系，并不因这种扶养关系的形成而终止。也就是说，该继子女既与其生父母继续保持父母子女间的权利义务关系，同时又与继父母产生父母子女间的权利义务关系。《执行继承法意见》第21条规定："继子女继承了继父母遗产的，不影响其继承生父母的遗产。继父母继承了继子女遗产的，不影响其继承生子女的遗产。"其依据即在于此。

此外，现行《婚姻法》第27条只规定形成扶养关系的继父母子女之间产生父母子女间的权利义务，并未明确这种继子女与继父母的近亲属之间、继父母与继子女的近亲属之间是否也要产生近亲属间的权利义务。学理上对此有不同的意见。有人认为，继父母如对继子女尽了抚养义务，他们之间就产生了父母子女间的权利义务关系，相应地，与继父母的其他亲属之间也产生了一定的法律关系。① 我们认为，由于这种拟制血亲的继父母子女关系产生的原因在于继父母子女之间业已形成的抚养教育关系，现行《婚姻法》第27条规定的实质正是以继父母子女间是否形成扶养关系作为区分继父母子女间有无权利义务的依据，其形成原理与收养有着本质的区别，仅以继父母子女形成扶养关系的事实为根据认定双方形成拟制血亲关系，而完全不尊重当事人的意愿及其身份行为的同意权，也无须履行任何法律手续。因此，其效力就不应与收养的效力相等同。最高人民法院在《执行继承法意见》第26条对代位继承人的解释中明示："被继承人的养子女、已形成扶养关系的继子女的生子女可代位继承；被继承人亲生子女的养子女可代位继承；被继承人养子女的养子女可代位继承；与被继承人已形成扶养关系的继子女的养子女也可以代位继承。"其中，被代位继承人包括与被继承人形成扶养关系的继子女，而代位继承人却并未包括与被代位继承人（无论是被继承人的亲生子女、养子女还是形成扶养关系的继子女）已形成扶养关系的继子女。第24条解释："继兄弟姐妹之间的继承权，因继兄弟姐妹之间的扶养关系而发生。没有扶养关系的，不能互为第二顺序继承人。"由此可知，该司法解释

---

① 参见曹诗权主编：《婚姻家庭继承法学》，206-207页，北京：中国法制出版社，1999。

不承认拟制血亲的继父母子女关系的效力可及于其他近亲属。

三、继父母子女关系的终止

关于已形成扶养关系的继父母子女之间的权利义务能否解除的问题，现行《婚姻法》未作明文规定。根据有关司法解释及学理通说，继父母子女关系的终止可分为以下几种情况处理：

1. 因继父母子女一方死亡而终止。

2. 未成年的继子女，因生父与继母或生母与继父离婚，而终止其与继父母间的权利义务关系。根据1993年《子女抚养意见》第13条的规定："生父与继母或生母与继父离婚时，对曾受其抚养教育的继子女，继父或继母不同意继续抚养的，仍应由生父母抚养。"

继子女已被继父母抚养成人，已形成的抚养教育关系不能因生父与继母或生母与继父离婚而自然解除。继子女对曾经长期抚养教育过他们的年老体弱、生活困难的继父母，应尽赡养扶助的义务。①

3. 协议解除。已形成扶养关系的继父母子女关系，既然是一种拟制血亲，可以因协议而解除。在继子女未成年时，经生父母、继父母协商一致，并经有识别能力的继子女同意，可以协议解除继父母子女间的权利义务关系。在继子女成年后，成年继子女与继父母关系恶化，双方协商一致同意的也可解除。但由继父母抚养长大的继子女，对年老体弱、生活困难的继父母，应给予其必要的晚年生活费。

4. 诉讼解除。当事人要求解除已形成扶养关系的继父母子女关系，不能达成协议的，可以向人民法院起诉，由法院裁决是否准予解除。审判实践中，当事人因以下原因请求解除继父母子女关系的，人民法院可判决予以解除：

（1）如果继父母不尽抚养义务或有虐待、遗弃继子女的行为，生父母一方要求将子女领回抚养，生父母另一方或继父母不同意的。

（2）继父或继母不愿意对未成年继子女继续抚养教育，要求其生父母领回抚养，其生父母不同意的。

（3）成年继子女与继父母关系恶化，无法继续共同生活的，如继父母子女的权利义务解除后，由继父母抚养成人的继子女，要承担丧失劳动能力、生活困难的继父母的晚年生活费用。

5. 生父母死亡时，继父母与继子女形成抚养教育关系的，不能自行解除。继父母不得因未成年继子女的生父母死亡而停止对未成年继子女的抚养教育。如果继子女的生父母有一个还健在，要求将子女领回抚养的，要经继父母同意。双方协商不成的，由人民法院根据子女的利益判决。如果未成年继子女被生父母生存一方领回抚养，则继父母子女关系解除。如果在生父母死亡时，继子女已经由继父母抚养成人，无论继父母子女关系是否解除，继子女都应对继父母尽赡养扶助义务。

---

① 参见1986年3月21日《最高人民法院关于继母与生父离婚后仍有权要求已与其形成扶养关系的继子女履行赡养义务的批复》。

第四节　人工生育子女

自古以来，人类一直是按照传统的自然生殖方式进行自身繁衍的。但自20世纪以来，随着现代人工生殖技术的问世和应用，大大冲击了传统的自然生殖方式以及围绕这种自然生殖方式而形成的一系列社会观念和法律制度。同时，每一种人工生殖技术又都带来了诸多全新的伦理和法律问题。在亲子法领域，现代人工生殖技术推翻了传统上认定父母子女关系的血缘联系，使得人伦基础的来源有所谓生物学上的母亲（分娩之母）、遗传学上的父母（精子或卵子提供者），以及社会上的父母（不提供生殖细胞且不怀胎的养育者）等不同，对传统亲子法产生挑战。为确保人工生殖技术正确使用，以免造成社会与法律秩序的混乱，一些国家对于人工生殖技术通过立法加以规范。通常可分为两个层次：其一为管制层面，即规范人工生殖技术的实施范围、条件、程序、管理机构、法律责任等；其二为人工生殖技术对传统父母子女关系认定方法的挑战，即如何确定人工生殖子女的法律地位，这是各国亲子法所面临的新问题。①

我国自1982年首例使用冷冻精液进行人工授精获得成功以来，人工授精技术取得了迅速发展。自1988年首例试管婴儿在北京诞生以来，体外授精的研究和应用均有很大进展。医学科技的发展已至相当发达的阶段，法律规范却尚未能跟上脚步。为保证人类辅助生殖技术安全、有效和健康发展，规范人类辅助生殖技术的应用和管理，保障人民健康，我国于2001年2月20日发布《人类辅助生殖技术管理办法》（自2001年8月1日起施行）。该办法第3条规定：“人类辅助生殖技术的应用应当在医疗机构中进行，以医疗为目的，并符合国家计划生育政策、伦理原则和有关法律规定。禁止以任何形式买卖配子、合子、胚胎。医疗机构和医务人员不得实施任何形式的代孕技术。”明确了人工生育技术的实施范围，禁止任何形式的代理母亲。夫妻双方要求实施人类辅助生殖技术，应符合国家计划生育政策、伦理原则和有关法律规定，并须签署同意书。该办法的颁布，对我国人类辅助生殖技术的实施纳入法律管制的轨道，无疑具有重要意义。

由于人工生殖技术的临床应用，已经引发了多例离婚时人工授精子女地位和抚养费给付纠纷。因现行《婚姻法》对于人工生殖子女的法律地位无明确的规定，法院处理时争论极大。1991年7月8日，最高人民法院第一次为此作出司法解释，指出“在夫妻关系存续期间，双方一致同意进行人工授精，所生子女应视为夫妻双方的婚生子女，父母子女间的权利义务关系适用《婚姻法》的有关规定”。② 但是，人工生殖技术纷繁复杂，它在亲子关系中所引发的问题是难以简单地“视为夫妻双方的婚生子女”就能解决的。以下拟针对各种不同的人工生殖技术所生子女的法律身份和地位加以介绍。③

---

① 主编注：关于人工生殖技术的法律问题及对我国生殖技术的立法构想，参见冯建妹：《生殖技术的法律问题研究》，载梁慧星主编：《民商法论丛》第8卷，北京：法律出版社，1997。

② 1991年《最高人民法院关于夫妻离婚后人工授精所生子女的法律地位如何确定的复函》。

③ 主编注：关于当代我国港澳台地区人工生殖立法情况，参见朱凡：《当代中国内地与港澳台人工生殖立法比较研究》，载陈苇主编：《家事法研究》（2010年卷），89-105页，北京：群众出版社，2011。

一、人工体内授精子女

人工体内授精是用人工方法将精液注入女子生殖道内，使精子与卵子自然结合，以达到妊娠目的的一种生殖技术。作为一种治疗男子不育症的技术，是我国目前临床运用的主要人工生育方式。按照所用精液的来源不同，通常将其分为同质人工体内授精和异质人工体内授精，由于两者所涉及的法律问题迥然不同，因此应分别加以讨论。

（一）同质人工体内授精子女

同质授精（AIH）是指用丈夫的精液对妻子进行人工体内授精的一种方法。同质授精与自然生殖的区别仅体现在受精方式上的不同，所生子女的血缘来自夫妻双方，故依据婚生推定理论，该子女当然应解释为夫妻双方的婚生子女。因为婚生推定只要求子女是在婚姻关系存续期间受胎或出生，至于受胎的方式是自然受胎还是人工受胎，并不影响子女的婚生地位。母亲因有分娩的事实，当然为该子女法律上及生理上之母；母之夫即为父。在实践中，由于精子冷藏术的运用，使 AIH 子女地位的确定在某些情况下变得复杂起来。

第一，妻子欺骗丈夫或未得丈夫同意实施 AIH 所生子女的地位。依医疗惯例，实施人工授精夫妻应共同到医院为之，施行人工生殖是一种手术，夫妻应以书面同意之。但如果妻欺瞒其夫或未得夫之同意施行时，所生子女的法律地位如何？史尚宽先生从保障子女利益的角度出发认为，“婚姻生活系以子女的出生及对子女负扶养责任为基础，不应容许夫单方可任意回避子女之出生，故不问已得夫之承诺或在其协力之下施行手术，抑或夫不知之中，甚至违反夫之意思而施行手术，只要在婚姻关系存续中以夫之精子受胎者，均应认为是婚生子女。”① 有的学者则认为，未经丈夫同意出生的 AIH 子女，丈夫有否认权。②我们赞同史尚宽先生的观点，因为依据婚生推定理论，妻子在婚姻关系中受胎或出生的子女为婚生子女，丈夫如果要否认该子女非其亲生，须证明该 AIH 子女与他没有真实的父子女血缘关系。在 AIH 之场合，妻子虽未经丈夫同意而实施手术，但该子女却是丈夫的亲生子女，因而丈夫不能否认。

第二，若能证明该精液非丈夫所有或因医师的过失致使误用第三人的精液注入妻子体内而出生的子女，其地位如何？有学者主张适用婚生子女的否认制度，丈夫有权提起否认之诉，如胜诉，该子女确定为非婚生子女。诚然，这一观点有其合理性，因为在此情形下，丈夫既然与该子女无真实的血缘关系，即符合婚生子女否认之诉的要件，因而丈夫有否认权。但是，我们并不同意这样的观点，因为这种“旧瓶装新酒”的办法对所生的子女严重不利。在自然生殖情形下，婚生子女被否认后虽为非婚生子女，但可以通过其真实生父自愿认领或请求生父强制认领来确定生父；而在人工生殖情形下，该子女一旦被否认，即在法律上被沦为没有父亲的孩子，其法律地位可能连非婚生子女都不如。在医师误用第三人的精液实施人工授精时，对于所生子女的法律地位之确定，不能仅考虑丈夫的利益，这里最关键的是要考虑子女的利益。因此，在此情形下，应排除婚生子女否认的适用，将 AIH 子女仍然视为夫妻双方的婚生子女。对于丈夫利益的损失，可通过由医院承担医疗赔偿责任的途径给予经济上的救济。

---

① 史尚宽：《人工受精在民刑法上之问题》，收录于《史尚宽法学论文选集》之一，525-526 页。

② 吕国强：《生与死：法律探索》，70 页，上海：上海社会科学出版社，1991。

第三，在婚姻关系终止后可否使用前夫冷冻保存的精液实施人工授精？由于人工生殖科技的进步及实施人工授精并非有把握一次即成功，故将精液冷冻起来备用已是必然趋势，且较节省医疗资源。但如妻在夫死亡后或离婚后使用前夫保存的精液所生之子女其法律地位如何认定？依婚生推定原则，在夫死亡或离婚后，妻因实施人工授精而受胎即非在婚姻关系存续中，不得推定为婚生子女。又因夫死亡时尚未受胎，亦不符合民法关于胎儿利益保护之规定，依继承同时存在原则，该所生子女并无继承权，也不得为其保留必要的继承份额。但是，这种使用夫生前储存的精液所生的子女，在血缘上与夫生前所生的婚生子女并无龃龉之处，故其法律地位迥异似有歧视之嫌。针对此问题，大多数立法例偏向禁止使用已死亡之夫所保存的精液，以维护子女的权益及避免争议。其理由在于：（1）关于婚生子女的保护，现行法始自受胎之时，应已相当周全；（2）纵使立法使在婚姻关系消灭后所生的子女具有婚生子女的地位，该子女出生时仍为“事实上无父之子”，对于子女的利益保护仍有不足，似无必要；（3）对于现行法律制度，如胎儿的保护、继承权的取得等不必全盘更迭。但对于夫死后保存精液的归属则应在有关人工生殖法中加以明确规定，或者可将所有权归属于保存机构，但仅能作为研究之用，或予以销毁，不得再为实施人工授精。

第四，事实婚姻当事人协议实施 AIH，所生子女是否可类推适用婚生推定的规定而推定为婚生子女？所谓事实婚姻，即具有婚姻意思的男女，有夫妻共同生活的实质，且社会上一般亦承认其为夫妻，但因未履行法定的婚姻形式，法律上不承认是合法的夫妻关系，又非单纯的同居关系。依我国现行法之规定，自 1994 年 2 月 1 日以后形成的事实婚姻，其婚姻关系无效，从而所生之子女应为非婚生子女。但有学者基于保护子女之立场，认为若该子女在事实婚姻关系存续中受胎而生，应类推适用婚生推定的规定而推定为婚生子女。[①]《瑞典人工授精法》第 2 条即规定，只有已婚的或处于同居状态的妇女才可以在得到夫或同居人的同意后实施人工授精，经由此人工授精所生子女即为婚生子女，可资参考。

（二）异质人工体内授精子女

异质人工体内授精（AID）即使用第三人捐赠的精子注入妻子体内授精、着床、发育及分娩。由于使用第三人捐赠的精子会产生采用血缘真实主义定义认定所生子女与生父关系的困惑，确定由 AID 所生子女的法律地位远较 AIH 子女复杂。依一些国家现行民法规定的婚生推定制度，妻子在婚姻关系存续中受胎所生的子女即受婚生推定，但夫妻一方如能证明非自夫受胎时，得于知悉子女出生后一定期间内提起婚生否认之诉。但是，在通常情况下，夫妻使用第三人捐赠的精子实施人工体内授精是在夫妻共同意愿下为之，如过于坚持事实上的血缘主义而忽视子女身份的安定及婚姻的和谐，在立法政策上则应加以检讨，故学者通常将之区分为两种情况加以分析，一为夫妻双方同意之场合，另一为未经分娩母之夫同意之场合，分别加以观察，作为认定人工生殖子女身份的依据。除 AID 子女的婚生地位之认定外，第三人捐赠精子往往系以匿名方式且由医师筛选而非当事人自行指定，因此人工授精子女与捐精人之间的法律关系为何？均为值得探讨的问题。

1. 夫妻双方同意实施 AID 所生子女的法律地位。由于 AID 人工授精技术所涉及的医学、伦理、法律问题颇为复杂，对于是否允许接受 AID 曾有过激烈的争论，目前许多国

---

① 陈美伶：《人工生殖子女婚生地位之认定》，载《政大法学评论》第 57 期。

家普遍认同的观点是，AID应当接受，但需立法予以适当的法律管制。其中，对于是否必须夫妻双方同意始能实施AID，各国的态度并不一致。英国1988年施行的《家庭法改革法》中对于医师在实施AID手术前是否业已确认夫已同意，始可为之及同意权的行使是否需以书面为之，或仅口头同意即可，并无规定。《美国统一亲子法》第5条则明确规定夫之同意应做成书面形式，且夫妻双方均须签名，医师应在该书面上认证并注明施行手术的日期，以示慎重，但如疏忽未为上述行为时，并不影响所生子女的婚生性。《瑞典人工授精法》第2条规定同意权应于事前以书面形式为之，并送达至实施手术的医师处。我国《人类辅助生殖技术管理办法》规定只为已婚夫妻且经双方同意后实施AID，故绝大多数AID子女均系夫妻双方同意实施AID所生。

关于经夫之同意实施人工授精所生子女是否应受婚生推定，学者们曾提出不同的主张，归纳起来，大体有三种意见。

第一种主张应受婚生推定，但对该子女的法律地位认识不一。多数学者认为丈夫的同意应当认为等同于承认父亲身份，夫丧失婚生子女否认权，人工授精所生子女婚生地位已确定不移。其理由为依英美法上“禁反言”的原则，夫既已同意自不得再为相反的主张，如允许其提起婚生否认之诉，既与诚信原则相违背，且与保护子女利益的宗旨不符。有的学者虽认为该人工授精子女在婚姻关系存续中受胎，应推定为婚生子女，但丈夫在其妻子接受人工授精手术前的同意仅为实施人工生殖的同意，并不包括婚生之承认在内，故在子女出生后尚须有婚生承认始足以确定该子女的婚生地位。还有学者认为该子女虽受婚生推定，但因精子非夫所有，故不受婚生子女否认之诉之时间上的限制，任何人得随时提起亲子关系不存在确认之诉。

第二种主张认为应不受婚生推定。其理由为，依现行法有关婚生推定的规定，婚生推定的前提在于母之夫与子女有真实的血缘联系，而AID基本上与该前提相违背，故不能适用婚生子女的推定。也有学者认为，夫因人工授精所生子女出生后的登记申报，含有认领该子女的意思表示，夫与该子女之母间有婚姻关系存在，该子女可依非婚生子女的准正成为婚生子女。还有学者认为，既然实施AID人工授精子女与母之夫无血缘联系，则依法理其仅能成立收养关系，而无法成为婚生子女。即不应以传统的婚生推定来解决子女的法律身份问题，而主张以收养关系解决。

第三种主张认为应赋予AID子女独立的法律地位。其理由为，AID子女既不像婚生子女那样单纯因婚姻血缘关系而产生，又不像继子女是姻亲关系的产物，也不像养子女那样单纯基于收养行为而产生，更不像非婚生子女那样是非婚性行为的产物。他兼有血缘、婚姻与抚养协议关系的三重性，而他的产生又是合法的，故应是与其他四种子女并列的第五种子女，是独立的法律主体，应赋予其独立的法律地位。①

从一些国家近年来的立法及判例来看，赋予AID子女婚生地位已成为普遍的趋势。1973年《美国统一亲子法》规定，如果已婚妇女使用第三人的精子通过人工授精怀孕，且经过其丈夫同意，由有资格的医生实施手术，该子女即被视为其丈夫的婚生子女，捐精者在法律上不视为该子女的自然父亲。瑞典自1985年3月以来把AID置于法律的管理之下，如果在丈夫或与女方以类似婚姻的状态同居的男子的同意下，进行人工授精，则男方

① 巫昌祯、王德意、杨大文主编：《当代中国婚姻家庭问题》，181页，北京：人民出版社，1990。

这种同意应当认为等同于具有父亲的身份。1988 年《英国家庭法改革法》规定，如果妻子因 AID 而生育子女，丈夫应被视为该子女的父亲，除非丈夫不同意妻子接受人工授精。加拿大、澳大利亚等国法律也有类似规定。我国澳门地区“民法典”第 1724 条明确规定：“一、任何人不得因孩子之孕育系透过得到生殖细胞捐赠人之帮助而经医学辅助达成之事实，而对孩子之亲子关系提起争议。二、然而，如母亲之丈夫未同意医学辅助生育，或证明孩子并非从其所同意进行之医学辅助生育而出生，则母亲之丈夫得对其父亲身份提起争议。”

由此可见，经过多年的讨论与实践，许多国家通说采婚生子女说，除上述理由外，基于子女利益的保护为亲子法的最高指导原则，从家庭法有关婚生子女推定的立法意旨来看，其保护的法益除真实血缘关系外，尚顾及维持家庭、婚姻及社会秩序的和谐，所以在决定父子关系时不应以血缘作为唯一的因素，尚须考量子女的利益、夫妻的名誉与隐私。我们赞同学界的通说，故 AID 子女应被推定为婚生子女，借以维护身份的安定性。再从现实面考量，捐精者仅为帮助他人生育而提供精液，自始即无为他人接受 AID 所生子女法律上的父亲的意思，且一般为匿名，欲使其负起扶养之责任在事实上并不可能，也可能降低捐赠的意愿，不仅徒使问题更加复杂微妙而造成混乱，而且势必危及 AID 人工授精本身的存在，所以我国婚姻家庭法仍应以肯定说为可采。

问题在于，夫妻双方同意 AID 手术所生的子女，是否可依婚生否认而提起否认之诉？有人认为，婚生否认的目的在于维护血缘的真实性。夫妻对于实施手术的同意与以其出生的子女为婚生子女的意思未必相同，而身份秩序应尽可能使其与真实血缘相一致，故夫妻在子女出生后仍可以提起否认之诉。但学界通说及立法例均认为 AID 子女为婚生子女，母之夫不论依诚信原则、禁反言原则或保护子女利益原则均不得提起否认之诉。基于相同的理由也应禁止妻或其他人提起否认之诉。

我国最高人民法院在司法解释中明确指出，“在夫妻关系存续期间，双方一致同意进行人工授精，所生子女应视为夫妻双方的婚生子女”。这里所谓“视为”（不是推定为），即是将“不是”当作“是”的法律拟制，不得以反证推翻。显然，AID 子女的婚生子女地位是不容否认的，可见我国也采纳了通说。

2. 未经母之夫同意而实施体内人工授精子女的法律地位。实际上，妻未得夫的同意或违背夫的意思所为异质人工体内授精的情形极为少见，但在理论上就此情形亦应加以检讨，这主要涉及以下三个问题：

第一，在此情形下，AID 子女是否应受婚生推定。通说认为，由于在 AID 子女受胎或出生时，夫妻有婚姻关系存在，因而依婚生推定制度，该子女仍属于受婚生推定的婚生子女。但由于缺乏丈夫的同意，丈夫对此可适用婚生否认的规定，在知悉该子女出生后提起否认之诉，以推翻其父亲身份的推定。从人工授精本身的特性及尽可能保护 AID 子女之立场出发，通说之解释较为妥当。

第二，在此情形下，提起婚生否认之诉的时效限制问题。为保护子女身份的安定，通说认为夫如未于知悉子女出生后在法定期间内提起否认之诉，该子女的婚生地位即已确定，不得再提起确认之诉以推翻该推定。

第三，丈夫在 AID 子女出生后的承认或追认是否丧失否认权。如果夫虽未同意妻实施 AID 手术，但明示或默示抛弃其否认权时，人工授精子女之婚生地位是否得以确定，可否再提起否认之诉或确认父子关系不存在之诉？一般认为，由于在确定AID子女的父亲身份时丈夫的同意至为关键，为尊重丈夫的意思，丈夫在子女出生后明确表示承认该子女为其婚生子女，即表明其放弃否认权，因而夫的承认或追认应为否认权消灭的原因。

3. AID子女与捐精者的关系。以前曾有人认为，亲子法原则上以血缘主义确定自然血亲关系，如贯彻此原则，则捐精者既是AID子女的生物学上的父亲，理应亦为法律上的父亲，尤其当未经夫或妻同意所实施AID而出生的子女，因夫或妻提起否认之诉获胜诉判决确定后，该人工授精子女即为非婚生子女，以及由单身妇女实施人工授精而出生子女时，如果能证明真实的血缘关系，捐精者可以自愿认领该子女，该子女或其母亲也可以强制认领之诉请求捐精者认领，以保护人工授精子女的利益，避免该子女成为法律上无父之子女。但现代学说却更倾向于认为，人工授精子女与捐精者之间应不发生任何法律上的亲子关系。其理由主要在于：（1）承认捐精者可以认领AID子女，绝非保护人工授精子女之道，且对于生母或其丈夫亦属不利。（2）捐精者提供精液的目的乃在于帮助他人生育，自始并无成为人工授精子女法律上的父亲的意思，如允许认领或强制认领，显属矛盾。为使子女不致成为法律上无父之子，而请求其负担生父的义务未免过于苛刻。（3）捐精者提供精液与自愿为他人献血、捐献器官相似，在捐赠后即不得再主张任何权利。仅具有这种类似血液提供者地位之人则主张其为人工授精子女的父亲，有悖于伦理道德。（4）捐精者提供的精液如被多次为多人使用，要求他认领众多的人工授精子女，显然不合理。况且，由于实施AID手术之际，混合使用数人的精液时，亲子关系的证明极其困难。（5）事实上捐赠者多为匿名，且捐赠记录应予保密，故医疗机构非有法律上的正当理由（如法院命令）不得提供。且决定使用何人的捐赠，为医师的职权，当事人不得自行主张，故如要求捐精者强制认领，原告事实上难以举证。至于AID子女的婚生地位被否定之后或对于单身妇女所生的人工授精子女，全部禁止认领，对子女确有不利，因为他们注定在法律上将成为没有父亲的孩子。但是，在此情形下如许可自愿认领或强制认领，不仅徒使问题更趋于复杂而造成混乱外，而且势必危及人工授精本身的存在。因此，仍以禁止AID子女与捐精者之间发生法律上的父子女关系为妥。

二、人工体外授精子女（试管婴儿）

体外授精（IVF）是指用人工方法将卵子自体内取出，与精子在培养皿中受精，再将受精卵或胚胎植入女性的子宫内，使其着床、发育至分娩。用这种人工生殖技术生育出来的婴儿被称为“试管婴儿”。体外授精技术的问世，使女性不孕症患者看到了曙光。体外授精与体内授精一样都是非自然生殖，但体外授精比体内授精更多地替代了自然生殖过程，人工的成分更多，因此这种技术也被称作“制造婴儿”的技术。在这一过程中，当事人可能有不孕夫妇、精子捐赠人、卵子捐赠人及怀孕分娩者等不同。它引起的法律问题也比体内授精更为复杂。为了分析的方便，我们根据体外授精所使用的卵子的来源不同，将其区分为使用妻卵之体外授精及使用第三人捐赠的卵子之体外授精。二者又可再分为使用夫精之同质体外授精及使用第三人捐赠的精子之异质体外授精。

（一）妻卵体外授精

1. 同质体外授精。指夫妻无法正常体内授精，利用医学科技，将夫的精子与妻的卵子在体外完成受精后再植回妻的子宫着床、发育、分娩。其前提需要妻的子宫有孕育胎儿的能力才可实施。使用此方法完成人工生殖目的与自然受孕的同质体内授精的细胞来源情形相同，均来自受术夫妻，仅其受精地点一在体内，一在体外，因此所生子女的法律地位在解释上与 AIH 子女相同，应为夫妻双方的婚生子女。

2. 异质体外授精。即以第三人捐赠的精子与妻的卵子在体外授精，再将受精卵植入妻的子宫内着床、发育、分娩，其情形与使用第三人捐赠精子之体内授精（AID）相似，其所生人工授精子女的法律地位可作相同逻辑的推论。

（二）捐卵体外授精

卵子捐赠的起源远在精子捐赠之后，其所需的医学技术较捐精更为复杂。传统自然生育过程中卵子与子宫有其不可分离性，故在法律上基于“谁分娩，谁为母亲”的原则，认为凡女性怀孕且分娩子女即被视为所生子女的母亲。因为分娩事实自外观上最容易得知，又与血缘联系相一致，故无争议。但在捐卵之情形下，借助医学科技将母体内的卵子与子宫之间的一体性加以割裂，使怀胎分娩之母体与生殖细胞（卵子）的来源各异，造成一为血缘基因上联系者（捐卵人），另一为生理上联系者（分娩者）。在这种情况下，传统的推定原则即有检讨的必要，究竟应以何人为“法律上的母亲”？学说上有三种不同的主张：

第一种主张认为卵子虽来自第三人的捐赠，但胚胎系移植至妻子的体内，且由妻子分娩子女，故妻子应为该子女的法律上的母亲。因为妻子在怀孕过程中不但供应胎儿生命所需，且有意成为该子女的母亲，故其地位应较捐卵人重要，即生理上的联系因素重于血缘基因的联系，自应以妻（分娩之母）为该子女的母亲。这一解释与传统“谁分娩，谁为母亲”原则相一致。再就人工生殖的目的及法理而言，应类推适用受胎推定之方法扩大解释，以“怀胎的事实”为受胎之推定，使怀胎分娩之妻优先于提供卵子之女性成为该子女的母亲。

第二种主张为贯彻血缘真实主义，认为生殖细胞来源于谁，即为该子女的母亲，故应以捐卵者为该所生子女法律上的母亲。此种主张固然能维持血缘的真实性，但可能有以下后遗症：（1）卵子捐赠人如为未婚女性时，所生子女即成为法律上的非婚生子女，此与保护子女利益的本旨相违；（2）卵子捐赠人为已婚女性时，父子关系的推定应采生殖细胞捐赠人或依受胎时婚姻关系推定解决，二者造成矛盾；（3）与 AID 情形作相同处理是否妥当；（4）与人工生殖治疗不孕的目的相违背。

第三种主张系以意思主义出发，即以是否有成为子女之母的意思为判断标准。换言之，如捐赠人仅有提供卵子的意愿而无成为子女法律上之母的意思时，自不得使其为该子女的母亲。反之，如有成为其母的意愿时，则以其为法律上的母亲。此种以意思主义作为决定身份关系认定的标准，似有不妥，理由有二：（1）此种主张与所谓身份行为之事实先在性不符；（2）此种主张对子女的权益保障不周，如捐卵人与分娩人均有意成为该子女之母时，如何解决其冲突？反之，如二者均无成为母亲之意思时，该子女岂不成为“无母之子”？这不但在事实上不可能，且在法理上亦难自圆其说。故所谓意思决定仅能作为补充，而不能作为唯一的判断标准。

以上三种主张固然第一种较为可采，但我国现行法有关母子血缘关系认定系以分娩事实为唯一判断标准，而无类似父子婚生推定的规定，其理由固然是立法当时尚无此种子宫与卵子分离的情形，但显然已形成法律漏洞，亟待立法加以填补。①

（三）胚胎移植

所谓“胚胎移植”，系指将精子注入第三女性的体内与其卵子结合，并在受精后四天至五天，将受精卵自体内取出注入妻子的子宫内使其着床、发育至分娩。此为人工体内授精与体外授精相混合的人工生殖技术，基本上属于捐卵人工生殖，且捐卵者有时系已知的对象而非绝对匿名，但其精子来源可为夫提供或第三人捐赠，故又可区分为捐卵同质授精与捐卵异质授精，兹分别对其情形加以检讨。

1. 捐卵同质授精。此种人工授精的当事人为不孕之受术夫妻及捐卵之第三女子。就其生殖细胞来源而言，与前述使用第三人捐卵之同质体外授精相同，即夫与该子女有血缘上的联系，可推定为夫的婚生子女。妻虽与该子女无血缘上的联系，但因事前同意实施捐卵人工生殖，且有为该子女之母的意思，又为分娩之母，故基于诚信原则及禁止权利滥用原则，不得提起否认之诉。但妻子如受诈欺或胁迫时，为确保血缘关系的真实性，应允许妻子撤销其同意并提起否认之诉以推翻婚生性。在胚胎移植的场合，如知悉捐卵者为何人时，可由其任意认领该人工生殖子女，但不宜许可强制认领。

2. 捐卵异质授精。此种人工生殖的当事人有四，即不孕夫妻与捐精及捐卵者，在性质上，妻子仅为分娩者，而其生殖细胞来自第三人，与不孕夫妻没有任何血缘上的关系。这种情形下所生子女有两个父亲和两个母亲。供精者和供卵者分别是孩子的遗传父亲和遗传母亲，提供子宫的是孩子的孕育母亲，而孕育母亲的合法丈夫则与孩子没有任何血缘或生物学联系，他是准备充当孩子的养育父亲的角色的。在这里，父亲、母亲角色都发生割裂和矛盾，应如何从这四个不同角色中确定谁是孩子法律上的父母呢?

各国学理通说一般都认为，生下婴儿的妇女应当是该婴儿的合法母亲。至于父权的确定，如同在 AID 子女的法律地位中所作的讨论一样，由于现代生殖技术的问世，传统的以血缘主义确定亲子关系的原则已受到冲击，一个与孩子并没有任何生物学联系的养育父亲在父权竞争中完全强于仅提供精子而不承担养育责任的遗传父亲。尽管所生孩子与采用这种 IVF 技术中准备充当孩子的养育父母的夫妇双方均无任何遗传联系，但仍应确定这对夫妇为孩子的合法父母。这样确定对孩子也是有利的，因为孩子的遗传父母仅仅是分别提供了精子和卵子，他们互不相识，更谈不上有合法的婚姻关系，而养育父母则不同，他们有合法的婚姻关系，通过 IVF 所生子女是他们的婚生子女，享有婚生子女的一切权利。

（四）代理母亲

在妻之子宫无法使受精卵着床时，使用妻卵和夫精、妻卵和供精、供卵和夫精、供卵和供精在体外授精，然后将胚胎植入他人子宫妊娠生育，此分娩者即是代理母亲。通过代理母亲生育子女在外国已有许多实例，它所引起的法律问题则复杂多端。例如，谁是孩子的法律父母，尤其是妻子与代理母亲谁是孩子的法律上的母亲？代孕合同是否有效？可否被强制执行？如果代理母亲有丈夫，其夫与所生子女之间的关系如何？代理母亲如需施行人工流产手术，谁有决定权？在胎儿出生前，如果妻子（意图成为母亲之人）或其丈夫或其他捐精者、捐卵者死亡，是否可作为其胎儿而有继承权？均有待检讨。

---

① 主编注：关于体外受精胚胎的法律地位之相关立法，参见徐国栋：《对体外受精胚胎的法律地位的比较法考察——财产、私生活利益还是人?》，载徐国栋：《民法的精神》，225-242 页，北京：法律出版社，2009。

由于代理母亲有诸多弊端，法律上是否应认可其存在，在立法论上颇有争议。有的国家和地区已通过立法或正在制定法律禁止代理母亲的适用，如美国的路易斯安那州和我国澳门地区。有的国家和地区则为顾及实际需要，并防止其滥用，允许在一定条件下承认其存在，而对有偿代孕合同予以禁止，如英国和美国部分州。还有一些国家承认代孕合同的合法性，且没有禁止有偿代孕，如俄罗斯。[①] 我国《人类辅助生殖技术管理办法》明确规定禁止任何形式的代理孕母，以期根本杜绝其可能产生的弊害。[②]

第五节　父母对未成年子女的照护权

一、父母照护权概述

父母对未成年子女的照护权，也称“父母照护权”，[③] 在历史上许多大陆法系国家的立法中被称为“亲权”，它是指父母对子女的人身和财产所享有的特殊权利。但是现在不少国家都把“亲权”这个原来具有绝对权力性质的权利改为包含权利和义务的“父母的照护权”或者“父母的照顾权”。所谓父母对未成年子女的照护权，是指父母照料其未成年子女的日常生活、保障其人身安全、谨慎管理归未成年子女所有的财产，以及代理其为民事法律行为和诉讼行为的权利和义务。[④]

在我国没有亲权或父母照护权的称谓，而只是把父母称为监护人。监护一词有广义与狭义之分。广义上的监护是对一切未成年人和限制民事行为能力人及无民事行为能力成年人的人身和财产进行监管保护；狭义上的监护则在监护对象的范围上进行了限制，仅包括无父母或父母不能照护的未成年人和其他限制民事行为能力人或无民事行为能力人。罗马法律中的监护是典型的狭义上的监护，罗马人视子女为自己私财的观念使得家父权类似于一种所有权，是绝对的排他的权利，在没有家父管理照顾下的有财产的未成年人需要监护，他的人身由其近亲属照料，罗马的监护人是与被监护人没有继承关系的人，只能照管被监护人的财产。古代日耳曼法中的监护是一种比较独特的制度。监护权是家长权（Munt）之一种，父亲对子女只有提供足够面包和稀饭、给予保护的义务，除此之外没有任何东西来限制父亲的权威。结婚或青年武士参军是子女脱离父权的途径，这一过程被称

① 参见陈苇主编：《外国婚姻家庭法比较研究》，320-321页，北京：群众出版社，2006。

② 主编注：我国有学者主张，我国应当有条件地允许代孕。参见周平：《有限开放代孕之法理分析与制度构建》，载《甘肃社会科学》，2011（3）。

③ 主编注：我国有学者认为，父母照顾权虽然名为权利，但实际上以为他人谋利益为目的，是利他性的权利，是一种“义务权”。参见王丽萍：《亲子法研究》，152页，北京：法律出版社，2004；有学者指出我国台湾地区“民法”第1084条规定：“父母对于未成年子女有保护教养之权利义务。”该“民法将权利义务并列，亦可知亲权之意义已经改变，其本质不只是权利，而且含有义务，具有不可抛弃之性质。”参见林秀雄：《亲属法讲义》，320页，台湾：元照出版社，2011。

④ 主编注：在现代社会，有关父母对未成年子女的“亲权”或称“监护权”立法的变化，以德国最为典型。自20世纪70年代以来，德国亲子法被进行了一系列修改，为尊重和保护儿童利益，1979年7月18日德国的《亲权照顾权新调整法》用“父母照护权”一词取代了原来的“亲权”。此后，1997年修改的《德国民法典》新增的第1697 a条明确规定：法官在处理父母照护权、交往权以及看护等事务方面，“应当考虑……做出最有利于子女利益的裁判”。参见陈苇：《中国婚姻家庭法立法研究》（第二版），31页，北京：群众出版社，2010。

为“赶出面包之外”，也称为“默示解除监护”、“撒克逊式解除监护”。[①] 失去父亲的12岁或14岁以下的日耳曼儿童，身体和财产都转由男系亲族监护。因此仅从家长权（Munt）的字面上看，日耳曼法的监护是广义的，父亲和他的男系亲属对未成年人的照管都是监护。父母和男系亲属的监护都是收益性的监护，监护就意味着保护照管子女，安排他们的婚事，相互继承，监护人占有被监护人的财产，得管理收益并可任意处置动产。[②]

近代与现代各国的立法，既有与罗马法相似的将父母排斥在监护制度以外的狭义监护，如日本、德国及瑞士等，又有与日耳曼法相似的将父母包括在监护人主体范围之内的广义监护，如英国、美国以及一些英美法系国家。[③] 例如，在德国，父母对未成年子女享有父母照顾权，父母之外的是监护人，由父母遗嘱指定或法院选任。在法国，既规定有亲权，也同时规定了监护。从1804年的《拿破仑法典》开始即是这样，其专章规定了亲权，但同时也规定了父母为当然之监护人。现行之法国民法亦专编规定亲权，父母是亲权人，但又称父母为法定管理人，受监护法官监督。法定管理方式不包括亲属会议或监护监督人，且在不损害父母之亲权的情况下，监护规定适用于法定管理（《法国民法典》第389-7条）。在法国，父母与其他监护人的不同在于，父母享有某些特殊权利，如对子女财产的法定用益权，除此之外，父母的职责与监护人大体相同。必须注意，以英、法为代表的广义监护，与狭义监护相比有许多差别。以对未成年人监护为例，美国监护就有以下特点：（1）父母为自然监护人，父母均死亡或无行为能力的，祖父母、外祖父母为自然监护人。（2）父母对子女财产不享有任何用益权，只有在受托或有监护人资格时才能对子女财产行使管理代理权。而父母抚养子女的义务，“作为对价，有受子女勤劳之权利。从而对于子女之勤劳所得，有以为己有之权利”。[④] 可见父母对子女财产享有特别用益权，此正是狭义监护将监护与亲权分开的主要原因。比如，德国的亲权照顾权，其人身照顾权的内容完全适用于未成年人的监护（《德国民法典》第1800条），但财产照顾权因为认可父母对子女某些财产享有管理用益权（《德国民法典》第1649条第2款）而与一般监护人的财产监护不同，限制也较少一些。[⑤]

总之，现代规定了亲权制度的一些国家，亲权也不再是纯粹的权利，而是伴随着义务，并且父母对子女的义务（或称父母责任）已成为亲权的主要内容，在有的国家如德

---

① ［法］安德烈·比尔基埃、克里斯蒂亚娜、克拉比什·朱伯尔、玛尔蒂娜·雪伽兰、弗朗索瓦兹·佐纳邦德主编：《家庭史》第一编下册，袁树仁、赵克非、邵济源、董芳滨译，451页，上海：生活·读书·新知三联出版社，1998。

② 李宜琛：《日耳曼法概说》，196页，北京：中国政法大学出版社，2003。

③ 主编注：除家庭中的父母亲权外，有学者还研究了英、美、法中的国家亲权。参见徐国栋：《普通法中的国家亲权制度及其罗马法根源》，载《甘肃社会科学》，2011（1）。

④ 史尚宽：《亲属法论》，630页，台湾：荣泰印书馆，1980。

⑤ 主编注：在英美法系国家，也从过去重视父母对子女的权利转变为强调父母对子女的责任。例如，在英国，依1989年《儿童法》第2、3条规定，强调父母对子女负有“父母责任”。（参见［英］凯特·斯丹德利：《家庭法》，屈广清译，263页，北京：中国政法大学出版社，2004）；在澳大利亚，1995年《家庭法改革法》用“父母责任”一词取代了过去父母对子女的“监护”概念。依该法第61B条的规定，父母责任是指法律所规定的父母对儿童在人身和财产方面的“权利、义务、责任和职权”，法律强调父母应当依法履行此父母责任。参见陈苇、王鹍：《澳大利亚儿童权益保护立法评介及其对我国立法的启示》，载《甘肃政法学院学报》，2007（3）；并参见澳大利亚《1975年家庭法》（2008年修正）第60B条，载陈苇项目负责人主持翻译：《澳大利亚家庭法》（2008年修正），114、115页，北京：群众出版社，2009。

国，亲权的称谓也改为“父母的照护权”。

二、父母照护权的内容

虽然在我国监护制度是广义的监护，对于未成年人，父母是第一顺序的监护人，但父母与其他监护人一样没有享有特别的权利，也没有承担特别的义务。我们认为，可以通过立法将父母对未成年子女的监护确定为我国父母对未成年子女的照护权，这样更能从亲子关系的环节逐步改善未成年人的成长环境。依我国婚姻法和相关司法解释规定，除父母对未成年子女抚养的权利义务外，父母对未成年子女的其他权利义务即属于外国的亲权或父母照护权的内容。父母对未成年子女的照护权包括人身照护和财产照护两个方面。

（一）父母对未成年子女的人身照护权

父母首先应当保护未成年子女的身体健康，照顾未成年子女的生活，依法维护未成年子女的人身权利不受侵犯。

1. 保护未成年子女的人身安全不受侵犯，保障其健康成长。父母应当照顾未成年子女的生活，使其在一个安全健康的环境中成长，维护其合法权利不被他人侵害，并避免任何自伤、自残等意外事件的发生。父母不仅仅要关注子女的身体健康，还应该关注其心理的健康，对孩子正确引导。

2. 教育管理被照护的未成年人。父母应当教育好子女，也必须保障未成年人的受教育的权利。除此之外，父母还应当对被监护人的不良行为予以教育和制止，不得对被监护人放任不予管教，放弃教育职责。

3. 指定未成年子女的住所。受到照护的未成年人不应当脱离监护单独居住，对于监护人指定的住所，未成年子女应当服从。

4. 交还未成年子女的请求权。为保障父母能够履行其照护职责，法律赋予父母请求交还未成年子女的权利。当未成年子女被他人诱骗、拐卖、绑架、隐藏时，父母依法享有请求其交还未成年子女的权利。

此外，要求父母子女之间应当相互尊重。父母应当尊重子女，子女也应该尊重孝敬父母。未成年子女应在力所能及的范围内帮助父母；而父母也应当在作出决定时考虑子女的意愿，尊重其选择，在重大问题上尽量与有一定识别能力的未成年子女平等交流和协商。

（二）父母对未成年子女的财产照护权

财产管理是父母照护事务的另一主要内容，未成年子女的财产可能来源于受赠与，或者继承，也可能来源于自己的劳动收入，父母对子女的财产应当承担照护义务。

许多欧陆国家在未成年子女财产的管理上区分了父母和其他监护人，与监护人相比，亲权人或父母照护权人在财产管理上确实享有某些特殊权利，而且所受的限制也较少。首先，亲权人或父母照护权人一般不必为子女造具财产清册，而这对于监护人来讲则是必需的。但亦有例外情况，监护权力机构为保护未成年子女利益起见亦可要求亲权人或父母照护权人造具财产清册，如《德国民法典》第1667条规定违反财产管理之义务或因自己陷于无财产致危害子女之财产者，监护法院得命父母提出财产目录及财产管理的计划书。《瑞士民法典》第318条第2款规定，仅由父母一方行使亲权的，该亲权人应向监督机关提出有关子女财产之目录。其次，亲权人或父母照护权人对子女财产有相当的收益使用权。例如，《德国民法典》规定，子女财产之收益除充当通常管理财产费用外，应作子女抚养费；该收益除充当通常管理财产费用及子女之抚养费外，父母得为自己及该子女之未成年又未结婚之兄弟姊妹之抚养而使用之。瑞士法亦规定父母得以子女财产之收益为子女抚养、教育及进修费用，有合于公平原则者，亦能充作家计需要之用。子女财产之收益有剩余者，仍属于子女之财产。除财产的收益外，父母就子女因补偿、损害赔偿及其他给付之所得，视子女经常抚养之需要，得使用其相当的部分，如能证明支出之费用为子女抚养、教育及进修的必要者，监护机构亦得准许父母使用子女其他一定的财产。而在日本，子女的财产收益尽归属于亲权人所有，以补偿其管理财产及养育的费用。

而其他一些国家的监护人行使职责的首要事务是造具财产清册。监护人一般必须在一定的期间内进行，如日本要求“监护人须从速着手调查被监护人的财产，要在 1 个月内结束调查，并制作财产目录”。法国甚至要求在知悉被选任为监护人起 10 日内制作财产清单。这些时间上的要求，防止了他人转移财产，也防止监护人消极不履行职责而导致财产不必要的损失。制作财产清册，一般要求有监护监督人或官员在场，财产清单还必须报监护权力机构备案。财产清册制作完毕后，监护人即享有财产的管理权。管理的一切费用，应从被监护人的财产中支付，为了防止监护人滥用职权，虚报支出，有的国家要求监护人必须就每年的支出数额作出预算。有些国家还要求监护人定期或不定期地向监护监督人或监护当局报告被监护人的财产状况。监护人不得随意处分被监护人的财产，若必须处分，则需要保护被监护人的利益，并未经批准不得处分。对监护人处分财产的行为，不少国家均给予了程度不同的限制，一般物品与贵重物品、动产与不动产、投资与营业、债权与有价证券，都规定得十分详细。

在英美法系国家，“亲之为亲，对于子女财产上无任何权利，即其无管理权代表权”。[①] 父母对子女有抚养的义务，作为对价，子女的勤劳所得则归属于父母所有。除此之外，父母如欲管理子女的财产，则只能以监护人或受托人的资格为之。普通的监护人为了被监护人的利益出卖财产或按信托资金投资一样正确地投资被监护人的财产，以被监护人的财产，偿还各种债务以及管理过程中发生的费用。监护人行使监护职责，受到法院的监督，与欧陆国家监护人一样，都必须制作一份财产清单，定期报告这些财产的增减情况。在解除监护时，需要进行财产清算。在许多情况下，财产所有人为了扶养亲属中的未成年人或成年精神障碍者，会将财产以信托的方式交给受托人，由受托人管理、经营，以财产收益扶养未成年人或成年精神障碍者。[②]

在我国，未成年人的父母是其监护人，因此父母与其他监护人在对未成年人的财产的照护责任和权利是相同的。为保护未成年人的财产权益，法律应该规定，父母在对未成年子女财产进行管理时有如下权利和义务：

第一，开具财产清单。未成年子女获得财产以后，父母双方应在一定时间之内清点其财产，登记造册，并开具财产清单。

第二，管理财产。维护未成年子女的财产权利，不得怠于行使权利而使其财产受损。财产的管理费用，应当从未成年子女的财产中支付。在管理财产的过程中，父母应当尽到善良管理人的注意义务，因父母的过错行为致使未成年子女财产受损的，父母应当承担损

① 史尚宽：《亲属法论》，630 页，台湾：荣泰印书馆，1980。
② 潘华仿：《英美法论》，171 页，北京：中国政法大学出版社，1998。

害赔偿义务。

第三，使用、处分未成年子女财产的限制。在管理财产时，适当的使用和处分行为不可避免，为防止父母滥用权利损害未成年子女利益，父母对未成年子女财产的使用和处分必须受到限制。除非为了未成年子女的利益，不得任意使用和处分未成年子女的财产。

第四，财产状况报告。为督促父母更好地履行监护职责，父母应定期或接到通知时向法院就未成年子女的财产状况作出报告。要求父母报告未成年子女财产状况的还可以是其他利害关系人，他们可以向人民法院提出申请；法院也可依职权要求父母报告。

第五，禁止财产受让。为杜绝父母利用代理人的身份侵害未成年子女的财产，取得不正当利益，应禁止父母受让未成年子女的财产，无论是有偿还是无偿。同时，也禁止父母的近亲属或其他利害关系人受让未成年子女的财产。

【导入案例要点评析】

本案中涉及子女对父母的赡养义务问题。我国现行《婚姻法》第21条规定，父母对子女有抚养教育的义务；子女对父母有赡养扶助的义务。父母不履行抚养义务时，未成年或不能独立生活的子女，有要求父母付给抚养费的权利。子女不履行赡养义务时，无劳动能力的或生活困难的父母，有要求子女付给赡养费的权利。

第一，周某因服刑的客观原因没有抚养儿女，儿女仍然应当赡养周某。婚姻家庭的财产关系不具有等价有偿性，子女对父母的赡养和父母对子女的抚养不具有对等性。当父母丧失劳动能力，或者生活困难时，有权向成年子女请求给付赡养费，并不以父母已经对子女实际承担抚养义务为前提。虽然我国现行《婚姻法》明确规定父母有义务抚养子女，但因为客观原因导致父母没有履行或者无力履行抚养子女义务的，其子女成年后，仍然应该赡养父母。在本案中，周某是在服刑期间，不可能抚养儿女，当周某刑满释放后，生活发生困难，其有独立经济能力的儿女对其父母应当承担赡养义务，这是理所当然的，子女赡养父亲不应附加任何条件，这是做儿女不可推卸的责任。所以，周军和周燕二人应当承担对其父亲的赡养扶助义务。

第二，出嫁的女儿依法仍然有赡养父母的法定义务，周燕不能以已经出嫁为由拒绝赡养父母。子女对父母有赡养扶助义务，是法律对父母子女权利义务的规定之一。只要是成年并具有独立生活能力的子女都必须承担，其出嫁与否，不是免除赡养义务的条件。因此，已经出嫁的周燕仍然要承担法定的赡养义务。

【思考题】

一、单项选择题

1. 关于继父母子女关系，以下说法不正确的是（　）

A. 未受继父母抚养教育的继子女，与继父母的关系是旁系姻亲关系

B. 受继父母抚养教育的继子女，与继父母之间的关系是拟制血亲关系

C. 继父母负担了继子女全部或部分生活费和教育费属于抚养教育继子女

D. 拟制血亲的继父母子女关系的效力不可及于其他近亲属

2. 依照我国法律规定，“不能独立生活的子女”不包括（　）

A. 在校接受高中及其以下教育的子女

B. 丧失部分劳动能力而无法维持正常生活的子女

C. 完全丧失劳动能力的子女

D. 沉迷网游而不参加工作的成年子女

3. 甲的儿子乙（8岁）因遗嘱继承了祖父遗产10万元。某日，乙玩耍时将另一小朋友丙的眼睛划伤。丙的监护人要求甲承担赔偿责任2万元。后法院查明，甲已尽到监护职责。下列哪一说法是正确的？（ ）（2015年国家司法考试试题）

A. 因乙的财产足以赔偿丙，故不需用甲的财产赔偿

B. 甲已尽到监护职责，无须承担侵权责任

C. 用乙的财产向丙赔偿，乙赔偿后可在甲应承担的份额内向甲追偿

D. 应由甲直接赔偿，否则会损害被监护人乙的利益

二、多项选择题

1. 甲与乙离婚并达成协议：婚生男孩丙（3岁）由乙（女方）抚养，如双方中一方再婚，丙则由另一方抚养。后乙在丙6岁时再婚，甲去乙家接丙回去抚养，乙不允许。甲即从幼儿园将丙接回，并电话告知乙。为此，双方发生争执，诉至法院。下列有关论述正确的有哪些？（ ）（2002年国家司法考试试题）

A. 甲、乙均为丙的监护人

B. 乙的行为是违约行为，受合同法调整

C. 甲欲行使对丙的抚养权，应通过诉讼程序解决

D. 甲、乙的协议违反了法律

2. 父母在管理未成年子女的财产时，可以（ ）

A. 开具财产清单　　B. 为子女利益而使用财产

C. 为子女利益而处分财产　　D. 限制子女转让财产

E. 限制子女任意处分财产

三、判断分析题

1. 父母对未成年子女的抚养义务是无条件的。

2. 继父母子女之间的权利义务与自然血亲的父母子女完全相同。

四、简述题

1. 简述我国婚姻法所确认的父母子女关系的种类及其特点。

2. 简述非婚生子女的认领的含义及主要方式。

3. 简述子女对父母赡养扶助义务的内容。

五、论述题

1. 论父母子女之间的权利义务。

2. 论人工生育子女的法律地位及立法完善。

六、案例分析题

参见陈苇主编：《婚姻家庭继承法学案例教程》（第三版）（北京：群众出版社，2017年版）第四单元家庭关系案例。

【阅读参考文献】

1. 王丽萍：《亲子法研究》，法律出版社，2004年版。

2. 曹诗权：《未成年人监护制度研究》，中国政法大学出版社，2004 年版。

3. 李霞：《成年监护制度研究——以人权的视角》，中国政法大学出版社，2012 年版。

4. 胡苷用：《养老保障法研究》，中国政法大学出版社，2011 年版。

5. 赖红梅：《亲子鉴定法制化进程之思考》，法律出版社，2013 年版。

6. 张燕玲：《人工生殖法律问题研究》，法律出版社，2006 年版。

第七章 收养

> 本章学习重点提示：
> 收养成立的条件；收养的法律效力；解除收养的法定条件；解除收养的法律后果。

【导入案例】

吴孝华夫妇有吴刚、吴伟两个儿子。因吴孝华的弟弟吴孝平婚后一直没有生育，吴孝华夫妇在父母的要求下，于1982年将2岁的儿子吴伟送给吴孝平夫妇收养。双方签订了收养协议，并约定双方必须保守收养秘密。在养父母的抚养教育下，吴伟完成了大学学业并参加了工作。2014年1月，吴刚因意外事故身亡，吴孝华万分悲痛，产生将吴伟从弟弟家里要回来的念头。吴孝华将收养的秘密告诉了吴伟，希望吴伟知道身世后能回到自己身边，但吴伟拒绝了吴孝华的请求。吴孝华见吴伟不愿意回到自己身边，便又提出吴刚死亡后，自己年老无收入需要赡养，吴伟虽然送养给了弟弟一家，但毕竟血浓于水，吴伟还是应当赡养亲生父母。吴伟表示可以常去看看他，但自己的收入有限，还要赡养养父母，无力也不愿赡养亲生父母。

2016年4月，吴孝华将吴伟诉至人民法院，要求吴伟履行赡养父母的义务，每月支付自己300元的赡养费。

请问：吴伟对吴孝华是否有法定的赡养义务？

第一节 收养制度概述

一、收养的概念和特征

（一）收养的概念和特征

所谓收养，是指通过法律拟制的方法在本无父母子女关系的人之间创设该关系的法律行为。

收养具有以下法律特征：

1. 从性质上看，收养属于民事法律行为。民事法律行为是指民事主体实施的以设立、变更、终止民事权利义务关系为目的，以意思表示为基本要素的合法行为。① 收养关系的确立，必须建立在收养人、送养人及有识别能力的被收养人自愿就收养行为达成一致意见的基础上。收养行为的最终目的是在原本无自然血亲关系的收养人与被收养人之间创设父

---

① 李开国：《民法总则研究》，222页，北京：法律出版社，2003。

母子女关系。因此从性质上看，收养属于民事法律行为。如果进一步划分，民事法律行为依其效果及性质的不同可分为财产行为和身份行为，收养行为的完成会导致当事人间亲属身份和权利义务关系的变更，因此，收养属于民事身份法律行为的范畴。

2. 从程序上看，收养属于要式法律行为。收养关系的确立不仅与收养人、送养人及被收养人个人切身利益密切相关，而且还涉及社会整体利益，因此现代各国立法无不把收养纳入法律调整范畴，且从收养条件和收养程序上加以严格限制，以避免不法收养行为侵害当事人合法权益乃至影响社会秩序。我国现行《收养法》也明确规定收养为要式行为，收养关系的确立与解除都必须在指定机关进行登记，欠缺法定形式要件的收养行为不能成立。

3. 从后果上看，收养产生法律拟制血亲关系。收养关系一经合法确立即可在收养人与被收养人之间确立法律拟制的父母子女身份，且被收养人与收养人近亲属间也相应形成亲属关系，彼此发生法律上的权利和义务。

4. 从主体上看，收养关系的当事人必须为法律所特定。收养与一般民事法律行为不同，由于其最终以拟制血亲关系的创设为结果，故法律对收养关系当事人往往都设有特别的限定。首先，收养只能发生在非直系血亲之间，如果没有该项限制则可能造成家庭中亲属关系的不适当重叠从而影响家庭内部正常的权利义务，故我国收养法虽未明文规定收养不得发生在直系血亲之间，但根据最高人民法院司法解释的精神，在司法实践中业已确立了该项基本限制。① 其次，由于收养行为是在自然人间创设拟制血亲关系，故法人或者其他社会组织不得作为收养人。同时，我国现行《收养法》也从实质意义上对收养关系各方当事人都规定了较为严格的条件，如年龄限制、人数限制等，只要缺少任何一项条件，收养就不能成立。

（二）收养与其他类似行为之比较

1. 与公养行为之比较。公养是指国家福利机构或社会慈善团体收容养育欠缺经济来源、无独立生活能力的未成年人之行为。收养与公养之间的主要差别在于：

（1）性质不同。收养是民事身份法律行为，属私法范畴。公养则是根据相关行政法规或社团章程而实施的社会福利措施，一般应属于公法范畴。

（2）成立要件不同。收养行为可以在收养人与被收养人间确立父母子女关系，是一种十分重要的身份创设行为，对各方当事人的身份利益甚至财产利益都会产生长远影响，故世界各国收养立法都对收养的成立规定了较为严格的要件，不仅强调程序、当事人资格等条件，还必须要求收养关系各方当事人意思表示的一致。公养作为国家或社会组织提供社会福利的一种手段，其主要目的是希望照顾不幸儿童并保障其正常生活，因此公养在成立要件上相对简约，在当事人意思方面未做过多要求。

（3）法律后果不同。收养行为的完成能够在收养人与被收养人之间乃至收养人的近亲属与被收养人之间形成法律拟制的亲属关系。公养则不能在公养人和被养育人之间产生亲属关系。

2. 与寄养行为之比较。寄养是指父母在因工作、生活条件等非主观原因而不能直接

---

① 最高人民法院 1993 年 1 月 30 日《关于毛玉堂与毛新国的收养关系能否成立的复函》（［92］民他字第 44 号）。

履行对子女的抚养教育义务时，委托他人代为照管抚养子女的行为。收养与寄养的差别主要在于：

（1）目的不同。寄养的目的是委托他人照管子女以保证子女的正常生活，一旦影响父母直接履行抚养义务的情况消失，父母仍必须履行其义务。而在父母作为送养人的收养行为中，父母的目的是将已生子女的抚养义务全部且永久性地转移给他人，完全切断父母子女间法律上的权利义务关系。

（2）法律后果不同。寄养行为不会对既有的父母子女关系产生实质性影响，被寄养的子女与受托抚养人之间也不会如收养一样产生拟制亲属关系。

3. 与认“干亲”行为之比较。认“干亲”是指基于感情因素而在无血缘关系的当事人之间确立某种名义上亲属关系的行为。该行为与收养行为最大的差别在于两者的性质不同，收养是一种法律行为并具有权利义务的内容，而认“干亲”行为是一种法律调整范围以外的民间活动，不具有任何权利义务的内容，毫无法律意义可言。

二、收养的类型

依据不同的划分标准可把收养区分为多种类型。① 现代社会收养主要的类型包括：

（一）完全收养与不完全收养

该分类是以收养的效力为标准。凡收养成立后，在确立收养人与被收养人父母子女关系的同时完全解除被收养人与其生父母间一切权利义务关系的收养，即为完全收养。凡收养成立后，在确立收养人与被收养人父母子女关系的同时仍保留被收养人与其生父母间一定权利义务关系的收养，即为不完全收养。在世界范围内来看，单纯采取完全收养的国家并不多，我国现行《收养法》却正是此类立法之典型，日本、苏联、阿尔巴尼亚及美国纽约州也实行完全收养制。而单独规定不完全收养的国家极为少见，大部分国家都同时设有完全收养和不完全收养两种制度，如法国、阿根廷、保加利亚、罗马尼亚等。完全收养有利于充分保护未成年被收养人的合法权益，而不完全收养则为收养成年人提供了一条可行途径。因此，这两种制度的一并采行可以最大程度地发挥收养制度的社会功能。不过随着保护未成年被收养人利益原则在现代收养制度中重要性的加强，有不少国家开始选择单采完全收养的立法模式。

（二）对未成年人的收养与对成年人的收养

该分类是以收养的对象为标准。凡以未成年人为对象的收养，即为对未成年人的收养。凡以成年人为对象的收养，即为对成年人的收养。这两种收养分别体现了收养制度所具有的“育幼”和“养老”这两方面的功能，尽管现代社会许多国家收养立法的重心偏向于发挥收养制度的育幼功能，但面对社会人口老龄化的挑战，收养制度在“养老”方面的独有功能也不可忽略。我国1991年12月通过，于1992年4月1日起施行的《收养法》第4条规定，“不满十四周岁的未成年人可以被收养”，此明确了收养未成年人是我国收养法确立的主要对象，1998年11月修正的《收养法》第4条仍沿用此规定。同时，

① 中国古代的收养主要包括“立嗣”与“乞养”两种收养方式，前者指无子的男子选定同宗的侄子立为嗣子以传宗接代、承继祖业，也称“过继”、“过房”。后者是收养异姓的弃儿，称为“义子”，《唐律·户婚》规定：“其遗弃小儿，年三岁以下，虽异性，听收养，即从其姓。”另外，还有一种方式是以同宗辈分相当的卑亲属为养子而不立其为嗣子。具体内容参见陈苇主编：《婚姻家庭继承法学》，276-277页，北京：法律出版社，2002。

根据我国现行《收养法》第7条第1款以及第14条的规定，在收养三代以内旁系血亲子女和收养继子女的特殊情况下也允许收养成年人。

（三）单方收养和共同收养

该分类是以收养人人数为标准。凡收养人为单独一人的即为单方收养，包括单身收养和已婚夫妇单方收养两种情况。无配偶者收养子女基本上为各国收养立法所允许，如《德国民法典》第1741条、《法国民法典》第343-1条及《英国收养法》第15条都明确规定了单方收养，我国现行《收养法》第9条也有类似规定。对已婚夫妇单方收养则各国分歧较大，德国、法国和英国等国家允许非婚生子女的生父或生母单独收养，我国现行《收养法》对继父或继母收养继子女的允许也带有单方收养的特征。凡已婚夫妇共同收养的即为共同收养，共同收养是为世界多数国家立法所普遍规定的基本类型，也为众多国际公约所倡导，但值得注意的是共同收养只能由具有配偶身份的夫妻双方来完成，非夫妻者一律不能共同收养。

（四）法定收养和事实收养

该分类是以收养的形式为标准，凡严格依照法律规定的实质要件和形式要件成立的收养即为法定收养。凡仅于事实上形成父母子女关系而欠缺法定要件的收养即为事实收养。前者为世界多数国家立法所普遍确认，而后者尽管在一定历史时期内在不少国家都得以存在，但随着现代收养立法国家监督主义色彩的日趋浓厚，事实收养一般都被认定为无效。我国在1992年4月1日施行《收养法》后一律不承认事实收养的法律效力，但对在此以前已经形成的事实收养关系，原则上如符合收养的实质要件则承认其效力。

三、我国收养立法概况[①]

1949年中华人民共和国成立后颁布的第一部法律1950年《婚姻法》就收养制度作出明文规定，且根据最高人民法院就收养问题而专发的一些司法解释和批复，如最高人民法院发东北分院《关于收养关系诸问题的几点意见》[②] 等来看，收养在我国社会中存在并受法律保护。至1980年我国第二部《婚姻法》在第20条中明文规定："国家保护合法的收养关系。养父母和养子女间的权利和义务，适用本法对父母子女关系的有关规定。养子女和生父母间的权利和义务，因收养关系的成立而消除。"但此原则性规定在实践中往往还需依据有关公证、户籍等方面的办法、规定以及1994年《执行民事政策法律的意见》来办理具体的收养问题。真正使收养制度在我国具备较为完善的法律形式始于《中华人民共和国收养法》的颁行，该法经第七届全国人大常委会第二十三次会议讨论通过，于1991年12月29日公布，自1992年4月1日起正式实施。该法施行6年之后，又根据社会实际及完善收养制度的需要，于1998年11月4日依照第九届全国人大常委会第五次会议通过的《关于修改〈中华人民共和国收养法〉的决定》对其进行了修改，修订后的内容于1999年4月1日起施行。修改后的《收养法》分6章，共计34条。这次修改不但在总则部分增加了"保障被收养人和收养人的合法权益"的规定，而且在收养的形式要件

① 关于当代中国四法域收养法的发展趋势，参见陈苇主编：《当代中国内地与港、澳、台婚姻家庭法比较研究》，424-431页，北京：群众出版社，2012。

② 参见《民事手册》第一辑，560页，最高人民法院民事审判庭编，1984。

和实质要件方面都有所改变。特别是在原《收养法》规定的收养登记和协议收养两种程序中取消了后者，从而使收养登记成为收养成立的唯一法定程序。这一形式要件方面的重大变化充分反映出我国内地对收养行为国家监督作用的加强，从而与现代收养立法的发展趋势相一致，大大增强了我国内地收养制度的科学性。另外，在实质要件方面，通过这次修改，一方面使收养人的年龄和收养子女数目的条件得以适当放宽，即规定收养人的年龄条件为“三十周岁”，以及“收养孤儿、残疾儿童或社会福利机构抚养的查找不到生父母的弃婴和儿童，可以不受收养人无子女和收养一名的限制”；另一方面又增加了收养人的健康条件，要求收养人“未患有医学上认为不应当收养子女的疾病”。从这些主要的修改内容来看，我国的收养制度获得了进一步的发展与完善。不过依然存有一些有待补充之处，如对是否允许监护人收养被监护人的问题未作规定，也欠缺于夫妇共同收养时如一方不能表态是否应视为共同收养的条款等，因此尚有继续加以修改完善的必要。

第二节　我国收养法的基本原则

收养法的基本原则是一个国家或地区收养制度的“灵魂”，它不仅直接反映收养立法的宗旨与指导思想，更是从事收养活动时双方必须遵循的基本准则，同时也为收养法律法规的执行与解释服务。作为基本原则的规定不同于其他具体的收养规范，它不仅在效力上具有普遍适用性，而且对于收养具体规范未涉及却又实际存在的新问题同样可发挥调节作用，从而还具有弥补立法漏洞、填补立法空白的功能。因此，对收养法基本原则的掌握，有利于更全面、深刻地理解一个国家或地区收养制度的实质性内容，也更有利于收养法在现实生活中的正确应用。我国现行《收养法》在其第一章“总则”中主要确定了以下五项基本原则：

一、有利于被收养人的抚养、成长原则

保护未成年养子女利益已成为现代收养立法的根本出发点，而现代收养立法中的各方面趋势无不与其息息相关。我国现行《收养法》颁行较晚，因此有利于吸收世界各国收养立法的先进经验，从而使之具有一定的先进性。因此在我国现行《收养法》中确定保护被收养的未成年人利益这一原则，不但与现代收养立法发展的趋势相符，也正是我国现阶段收养制度以“育幼”功能为重心的一种反映。这一重要原则早在 1991 年《收养法》之中就已确定下来，并在收养关系的解除等各方面得到了贯彻落实。

二、保障被收养人和收养人的合法权益原则

在我国 1998 年对原《收养法》的修改中，在原有保障被收养人利益的第 2 条中加入了“保障被收养人和收养人合法权益”的规定，这表现出立法者在保护未成年养子女利益这一重心确定后，进一步试图谋求收养双方权利保障上的平衡。毕竟收养行为是一种双方当事人意思表示一致的双方行为，对收养人而言，收养绝不等于无条件的施舍，收养人也有自身的权利要求，同样也希望得到法律的保障。进一步来说，在收养制度社会功能的变迁中“养老”功能的复兴，已经引起了不少研究者的注意。在“养老”模式下作为收养人的老年人利益显然又会成为一个新的重心。因此，我国在对《收养法》的修改中增

加的这一规定无疑是合理而科学的，并带有一定的前瞻性，也使我国收养制度中的权利保障机制更加完善。

三、平等自愿原则

平等自愿原则实际含有两方面的内容。第一方面的内容为平等，即要求当事人在收养活动中法律地位平等。收养是一种在各方当事人达成一致意思表示的基础上依法定程序完成的民事法律行为。如果当事人间因彼此社会经济地位的不同而处于不对等的地位，则难以保证各方意思表示的真实性，从而必然影响到收养的合法成立。因此，平等原则可以说是法律调整收养关系最基本的要求。其含义具体而言，包括以下内容：（1）收养人、送养人和被收养人的法律地位一律平等，不允许任何一方享有超越法律的特权；（2）收养当事人应平等协商有关收养之事宜，不得强加己方意志于他方；（3）收养关系当事人合法权益受法律平等保护。这一层含义应该说与上述第二个原则相辅相成，既是一种强调亦有一种补充的性质，因为这里的平等保护包括对送养人合法权利的保护。

第二方面的内容为自愿，即强调当事人在从事收养活动时的意志自由。该原则实际上是意思自治原则这一民法基本原则在收养活动中的具体体现。其含义亦包括三个方面：（1）他人无权干涉收养人与送养人依法从事或不从事收养活动的自由；（2）当事人在收养行为相对人与收养行为方式的选择上享有自由，但须以不与法律相抵触为基本前提；（3）收养关系的成立及协议解除须是收养人、送养人双方自愿之结果，被收养人年满十周岁以上的，应征得其本人同意。

四、不违背社会公德原则

社会公德系指全社会成员在社会公共生活中形成的基本道德规范及行为准则。之所以要求收养行为须符合社会公德，是因为收养行为具有强烈的伦理性。一个拟制血亲家庭是否为当时的社会习惯所包容，这是其可否真正建立的决定性因素之一。不顾社会公德而设立的收养关系非但不能得到法律的承认，甚至会受到法律的制裁，如年幼者收养年长者为养子女，晚辈亲属收养长辈亲属为子女，以及借收养为名行买卖儿童之实的行为等。当然，社会公德并不是一成不变的，随着社会的发展，旧的社会伦理难以包容的事物也可能会在新的社会中畅行无阻，如过去为社会习惯所不容的寡妇再嫁、老年人再婚等在今天则不再遭到非议。同样，在收养制度的发展中也可能会含有某些“变数”。这一原则的确立使我国的收养制度更具弹性，要求收养行为与社会公德的具体内容同步，即使出现了法律条文尚未涉及而业已触犯社会众怒的情况，亦可借此原则加以处理，从而弥补立法可能出现的滞后性。

五、不违背计划生育原则

我国现行《收养法》第 3 条明确规定：“收养不得违背计划生育的法律、法规。”该原则在《收养法》中主要体现在三个方面：一是除法律另有规定外，有子女的人不得再收养子女；二是无子女的人在一般情况下只能收养一名子女，法律另有规定的除外；三是生父母只有在确有特殊困难无力扶养子女时方才将之送给他人收养，而送养后不得又以送养子女为由再生育子女。这一原则的确立深受我国基本国情的影响，我国人口多、基数大，在收养制度中要求当事人恪守这一原则，防止在生父母送养情况下，送养方借此规避计划生育的法律法规，形成实际上的超计划生育。①

第三节 收养的成立

收养是一种对当事人各方身份关系产生实质性影响的行为，也是除婚姻和血缘外一种重要的亲属关系的形成原因，因此世界各国立法无不将之纳入法律调整的范畴，并规定了较为严格的成立要件。其内容往往涉及当事人资格一类的实质要件，也包括收养法定程序在内的形式要件。各国立法都希望通过确立收养成立的条件，以确保收养关系的稳固，为未成年被收养人获得和谐美满的生活环境，以保障其合法权益提供最大便利。

一、收养成立的实质要件

所谓收养成立的实质要件是指根据法律规定，确立收养关系所必须具备的条件。由于世界各国在政治经济制度、民族传统、风俗习惯、伦理观念、宗教意识等方面存有较大的差异，故在收养成立的实质要件上也往往存在很大区别。我国现行《收养法》关于收养成立的实质要件可分为两类：一类是针对普通收养规定的一般成立要件，另一类是针对特殊收养规定的特殊要件。

（一）普通收养关系的成立要件

根据我国现行《收养法》第 4 条至第 6 条的规定，普通收养关系的成立须符合以下条件：

1. 被收养人应当为不满 14 周岁且得不到父母抚养的未成年人。根据我国现行《收养法》第 4 条的规定，在普通收养中的被收养的主体必须符合下列条件：

（1）必须为未满 14 周岁的未成年人。这一规定确定了未成年人收养在我国收养制度中的中心地位，以 14 周岁为最高年龄限制主要是考虑到收养人与被收养人建立起真正父母子女感情的实际需要，也是为了确保收养关系的稳定。

（2）该未成年人得不到父母抚养。所谓得不到父母抚养，主要包括三种情况：一是父母均已死亡；二是被父母遗弃；三是父母确实无力抚养。因此，在 14 周岁以下的未成年人中，我国现行《收养法》将丧失父母的孤儿、查找不到生父母的弃婴和儿童以及生父母有特殊困难无力抚养的子女确认为可被收养的主体。值得注意的是，根据我国民政部发布的《关于在办理收养登记中严格区分孤儿与查找不到生父母的弃婴的通知》之规定，父母的死亡包括经人民法院宣告死亡的情况在内。

2. 送养人应当为法律特别认可的自然人或社会福利机构。我国现行《收养法》第 5 条规定："下列公民、组织可以作送养人：（一）孤儿的监护人；（二）社会福利机构；（三）有特殊困难无力抚养子女的生父母。"由此可见，为我国法律认可的送养人包括：

（1）孤儿的监护人。监护是为我国《民法通则》所确认的一项旨在保护无民事行为能力人和限制民事行为能力人合法权益的专门制度。根据《民法通则》第 16 条的规定，

① 2015 年修订后的《人口与计划生育法》规定，国家提倡一对夫妻生育两个子女。但在现行《收养法》修改之前，依据过去计划生育法律法规所确定的收养实质要件仍然有效。

在未成年人父母死亡的情况下，有资格担任其监护人的包括其祖父母、外祖父母，兄姐，经未成年人的父、母的所在单位或者未成年人住所地的居民委员会、村民委员会同意并愿意承担监护责任的关系密切之其他亲属或朋友。当然，都须以上述主体有抚养能力为前提。如果对担任监护人有争议的，由未成年人的父、母的所在单位或者未成年人住所地的居民委员会、村民委员会在近亲属中指定。对指定不服提起诉讼的，由人民法院裁决。如果没有上述规定的监护人的，由未成年人的父、母的所在单位或者未成年人住所地的居民委员会、村民委员会或者民政部门担任监护人。

为保护孤儿的合法权益，我国现行《收养法》第13条规定："监护人送养未成年孤儿的，须征得有抚养义务的人同意。有抚养义务的人不同意送养、监护人不愿意继续履行监护职责的，应当依照《中华人民共和国民法通则》的规定变更监护人。"该条文中所称的"有抚养义务的人"是指除已被确定为孤儿监护人以外的有充当监护人资格的其他人，如孤儿的有抚养能力的祖父母、外祖父母、成年兄姐等。

（2）社会福利机构。社会福利机构一般由各级人民政府的民政部门举办，以向特定的社会公众提供必要救助为其工作重心。父母死亡且其他亲属均无力抚养的孤儿、查找不到生父母的弃婴与儿童都属于这类机构的救助对象，一般由相关民政部门负责将之接收入社会福利机构，并由接收机构承担养育和监护职责。根据我国收养制度的规定，经符合收养条件的收养人之申请，社会福利机构可送养经其养育监护的孤儿、弃婴和被遗弃儿童。

（3）有特殊困难无力抚养子女的生父母。所谓有特殊困难而无力抚养子女，是指父母因疾病、经济条件恶劣等原因丧失抚养子女能力，难以保证子女的基本生活需求。同时，根据我国现行《收养法》的规定，在有特殊困难无力抚养子女的生父母为送养人时必须双方共同送养，即使父母双方已经离婚，直接抚养子女一方也须征得他方同意方可送养。生父母的单方送养仅在一方死亡或下落不明、查找不到的情况下，才能得到法律承认。

为避免送养行为影响未成年人的合法权益，我国现行《收养法》第12条和第18条还对下列情况下的送养行为进行了严格限制：

1）未成年人的父母均不具备完全民事行为能力的，该未成年人的监护人不得将其送养，但父母对该未成年人有严重危害可能的除外。

2）配偶一方死亡，如死亡一方的父母行使优先抚养权要求抚养孙子女或外孙子女的，生存配偶一方不得送养该子女。

3. 收养人必须具有实际抚养条件。保障未成年被收养人的合法权益是现代各国收养立法的中心环节，而对收养人资格的限制就是实现这一目标的最基本制度设计。只有确定收养人具有实际的抚养条件，才能为未成年待被收养人以后的生活提供最基本的保证。各国衡量收养人抚养能力的标准不一，就我国现行《收养法》的规定而言，收养人必须同时具备以下条件：

（1）无子女。这一规定源于我国宪法、婚姻法以及相关法律法规对计划生育的基本要求，也可看作婚姻家庭法之计划生育原则在收养制度中的具体体现。此处所称的"无子女"是指作为收养人的夫妻未生育子女或所生育子女已死亡。

（2）有抚养教育被收养人的能力。这一规定包括两层含义：第一，收养人应当具有完全民事行为能力且品德良好；第二，收养人应当具有履行抚养义务所需要的相应的经济条件。

（3）未患有在医学上认为不应当收养子女的疾病。该项规定是针对收养人的身体条件所做的限制，收养的完成不仅仅是在经济上保障被收养人的生活，更重要的是要为被收养人创造和谐的适合其健康成长的生活环境，这都需要收养人和被收养人在共同的家庭生活中去缔造，因此，收养人自身身体条件对实现这一目标至关重要。如果收养人所患之疾病可能会影响被收养人的健康，这样的收养行为就有悖于确立未成年人收养制度的初衷。

（4）年满 30 周岁。这是我国现行《收养法》对收养人作出的最低年龄限制，之所以确定这一标准主要是参考了我国婚姻法确定的法定婚龄以及我国传统的民间习惯和普遍社会心理。同时，该年龄也能为判断收养人具备抚养的经济条件提供一个相对适当的计算点。

除了上述基本条件外，我国现行《收养法》还对收养人的条件作出了一些补充性规定：

第一，为更好地贯彻计划生育原则，确保养亲家庭的稳定，现行《收养法》第 8 条第 1 款规定："收养人只能收养一名子女。"但该规定在一些特殊收养行为中不适用。第二，为更好地保护女性被收养人，也为维护传统道德伦理观念，现行《收养法》第 9 条规定："无配偶的男性收养女性的，收养人与被收养人的年龄应当相差四十周岁以上。"第三，为保持养亲家庭的和谐稳定，也为给未成年被收养人提供更好的家庭环境，现行《收养法》第 10 条第 2 款规定："有配偶者收养子女，须夫妻共同收养。"①

4. 必须就收养关系的成立形成一致意见。我国现行《收养法》要求收养关系的成立必须建立在各方当事人就收养达成一致意见的基础上，现行《收养法》第 11 条就明确规定："收养人收养与送养人送养，须双方自愿。收养年满 10 周岁以上未成年人的，应当征得被收养人的同意。"据此可见，如被收养人为十周岁以下的未成年人则须由收养人和送养人在自愿基础上形成收养的合意，如被收养人为 10 周岁以上的未成年人则须由收养人、送养人以及被收养人三方在自愿基础上形成合意。这一要件与收养行为本身的契约性质密切相关。作为一种确认身份关系的民事行为，不经过有相应意思能力的当事人一致同意就加以确立，这本身就构成了对他人权利的侵害，也不符合民法意思自治的基本原则。

（二）特殊收养关系的成立要件

我国现行《收养法》针对普通收养的规定应该说是较为严格的，但在一些特殊情况下，上述的严格规定有适当放宽的必要，这些特殊情况主要如下：

1. 收养三代以内同辈旁系血亲的子女。我国现行《收养法》第 7 条规定："收养三代以内同辈旁系血亲的子女，可以不受本法第四条第三项、第五条第三项、第九条和被收养人不满十四周岁的限制。华侨收养三代以内同辈旁系血亲的子女，还可以不受收养人无子女的限制。"具体而言，在此种特殊收养中放宽的条件是：（1）就被收养人而言，不受被收养人必须不满 14 周岁的年龄限制。换言之，在此类收养中允许收养成年人。（2）就

① 主编注：关于有配偶者的单方收养，在国外，目前许多国家以夫妻共同收养为原则，而以特殊情况下允许夫妻一方收养为例外。例如，在法国如果配偶一方处于不能为意思表示的状态下，另一方可以单方收养；在英国，生父母可共同收养其非婚生子女，但在父母一方下落不明或有其他重大理由时也可由他方单独收养。德国、美国、日本、法国、俄罗斯等国家的法律也有相似的规定。参见陈苇主编：《外国婚姻家庭法比较研究》，337、342、348、351、356、360、364、372 页，北京：群众出版社，2006。

送养人而言，在生父母送养时不受要求其必须有特殊困难无力抚养子女的限制。（3）就收养人而言，如果收养人是华侨的不受要求收养人无子女的限制。如果收养人是无配偶的男性并收养三代以内同辈旁系血亲的女儿的，不受收养人与被收养人年龄必须相差40周岁的限制。

这类收养关系的特殊性在于，收养行为主体间本身就具备一定的身份关系，出于对我国近亲属间收养传统习俗的遵从，也出于照顾华侨利益的需要，在这种情况下适当放宽收养条件，不但不会影响到被收养人利益，反而更有利于促进亲属间关系的和谐。

2. 收养孤儿、残疾儿童或者社会福利机构抚养的查找不到生父母的弃婴和儿童。这类收养具有典型的救助弱者的人道主义性质，同时也有利于减轻国家福利机构的负担，还能够为那些急需救助的未成年人提供相对较好的生活条件，所以该类收养行为理应得到支持和提倡，适当地放宽收养条件就是国家倡导此类行为最直接的体现。根据我国现行《收养法》第8条第2款的规定，此类收养可以不受收养人无子女和只能收养一名子女的限制。

3. 收养继子女。我国现行《收养法》第14条规定："继父或者继母经继子女的生父母同意，可以收养继子女，并可以不受本法第四条第三项、第五条第三项、第六条和被收养人不满十四周岁以及收养一名的限制。"据此可见，收养继子女以征得子女生父母同意为前提。同时，收养条件放宽之处包括：（1）不受被收养人不满14周岁且属于生父母有特殊困难无力抚养的子女的限制；（2）不受送养人应是有特殊困难无力抚养子女的生父母的限制；（3）不受收养人的条件限制，包括继父或继母的子女状况、抚养能力、健康状况、年龄限制；（4）不受只能收养一名子女的限制。

值得注意的问题是，根据我国现行《婚姻法》第27条的规定，如形成了事实上抚养关系的继父母子女就自然形成拟制血亲关系。但如继父母仍决定采取收养方式的，尽管现行《收养法》对此没有明确规定，但基于收养行为外部识别力强且有利于固定继父母子女间权利义务关系的特点，这种情况下的收养也应该允许。

另外，在继子女收养完成后，该子女与其生父母是否终止权利义务关系这一问题我国现行《收养法》没有明确规定，根据我国现行《收养法》第23条的规定似乎应理解为该子女与其生父母解除权利义务关系，因为我国实行的是完全收养制。但这一理解却明显与收养继子女这一特殊情况不相符，在这种收养行为中实际上是子女的继父或继母单方作为收养人进行收养，该子女的生父和生母本来就是其自然血亲自不必再参与收养，因此实际终止的仅是该子女和不与其共同生活一方的生父或生母之间的权利义务关系。

4. 隔代收养。所谓隔代收养，即收养养孙。收养本应在收养人与被收养人间确立父母子女关系，但在现实生活中，由于收养人与被收养人年龄差距较大或者彼此辈分不相当，故收养人与被收养人是以祖孙相称，就形成了隔代收养。针对这一情况，最高人民法院在1984年《执行民事政策法律的意见》第29条中规定："收养人收养他人为孙子女，确已形成养祖父母与养孙子女关系的，应予承认。解决收养纠纷或有关权益纠纷时，可依照婚姻法关于养父母与养子女的有关规定，合情合理地处理。"我国现行《收养法》未对隔代收养作出具体规定，故上述解释依旧可以适用。需要注意的是，收养养孙必须是收养人为自己收养，而不是代子女收养。同时，作为被收养人的"养孙子女"与作为收养人的"养祖父母"之间应适用婚姻法或其他相关法律对父母子女关系的规定。

二、收养成立的形式要件

收养成立的形式要件是指为收养法所确认的，建立收养关系所必须履行的手续。我国现行《收养法》第15条明确规定："收养应当向县级以上人民政府民政部门登记。收养关系自登记之日起成立。收养查找不到生父母的弃婴和儿童的，办理登记的民政部门应当在登记前予以公告。收养关系当事人愿意订立收养协议的，可以订立收养协议。收养关系当事人各方或者一方要求办理收养公证的，应当办理收养公证。"由此可见，收养登记是在我国建立收养关系的唯一法定程序，而收养协议与收养公证则只是一种补充性程序，不直接对收养的成立产生直接影响。

为进一步发挥登记制度的作用规范登记行为，1999年5月民政部又下发了《中国公民收养子女登记办法》，根据该办法的规定，在我国成立收养的具体程序性要求主要包括：

（一）登记机关

我国现行《收养法》尽管已规定县级以上人民政府民政部门是收养的登记机关，而《中国公民收养子女登记办法》第3条则进一步规定：

1. 收养社会福利机构抚养的查找不到生父母的弃婴、儿童和孤儿的，在社会福利机构所在地的收养登记机关登记。

2. 收养非社会福利机构抚养的查找不到生父母的弃婴和儿童的，在弃婴和儿童发现地的收养登记机关办理登记。

3. 收养生父母有特殊困难无力抚养的子女或者由监护人监护的孤儿的，在被收养人生父母或者监护人常住户口所在地（组织做监护人的，在该组织所在地）的收养登记机关办理登记。

4. 收养三代以内同辈旁系血亲的子女，以及继父或者继母收养继子女的，在被收养人生父或者生母常住户口所在地的收养登记机关办理登记。

（二）办理登记的具体程序

收养登记一般包括申请、审查及公告、登记三个具体步骤。

1. 申请。《中国公民收养子女登记办法》第4条规定：收养关系当事人应当亲自到收养登记机关办理登记手续；一方因故不能亲自前往的，应当书面委托另一方办理登记手续，委托书应当经过村民委员会或者居民委员会证明或者经过公证。这一举措主要是为了保证收养关系当事人意思表示的真实性。

根据该登记办法第5条的规定，在申请收养登记时收养人应当向收养登记机关提交收养申请书和下列证件、证明材料：（1）收养人的居民户口簿和居民身份证；（2）收养人所在单位或者村民委员会、居民委员会出具的本人婚姻状况、有无子女和抚养教育被收养人的能力等情况的证明；（3）县级以上医疗机构出具的未患有在医学上认为不应当收养子女的疾病的身体健康检查证明。收养查找不到生父母的弃婴、儿童的，应当提交收养人经常居住地计划生育部门出具的收养人生育情况证明。如果收养社会福利机构抚养的查找不到生父母的弃婴、儿童的，收养人还应当提交下列证明材料：（1）收养人经常居住地计划生育部门出具的收养人无子女的证明；（2）公安机关出具的捡拾弃婴、儿童报案的证明。收养继子女的，可以只提供居民户口簿、居民身份证和收养人与被收养人生父或者生母结婚的证明。

根据该登记办法第6条的规定，在申请收养登记时送养人应当向收养登记机关提交下列证件和证明材料：（1）送养人的居民户口簿和居民身份证；（2）收养法规定送养时应当征得其他有抚养义务的人同意的，提交其他有抚养义务的人同意送养的书面意见。社会福利机构为送养人的，应当提交弃婴、儿童进入社会福利机构的原始记录，公安机关出具的捡拾弃婴、儿童报案的证明，或者孤儿的生父母死亡或者宣告死亡的证明。监护人为送养人的，还应当提交实际承担监护责任的证明，孤儿的父母死亡或者宣告死亡的证明，或者被收养人生父母无完全民事行为能力并对被收养人有严重危害的证明。生父母为送养人的，还应当提交与当地计划生育部门签订的不违反计划生育规定的协议。有特殊困难无力抚养子女的，还应当提交其所在单位或者村民委员会、居民委员会出具的送养人有特殊困难的证明。其中，因丧偶或者一方下落不明由单方送养的，还应当提交配偶死亡或下落不明的证明。被收养人是残疾儿童的，还应当提交县级以上医疗机构出具的该儿童的残疾证明。

2. 审查及公告。根据该登记办法第7条的规定，收养登记机关在收到收养登记申请书及有关材料后，应当自次日起30日内进行审查。这里的审查包括对当事人提供的证明材料是否真实、齐备所进行的形式审查，也包括对该收养关系的成立是否符合我国收养法规定的条件所进行的实质审查。

另外，根据我国现行《收养法》第15条第2款的规定，收养查找不到生父母的弃婴和儿童的，办理登记的民政部门应当在登记前予以公告。根据《收养登记工作规范》的要求，公告应当刊登在收养登记机关所在地设区的市（地区）级以上地方报纸上。公告上有查找不到生父母的弃婴、弃儿的照片。办理公告时收养登记员要保存捡拾证明和捡拾地派出所出具的报案证明。派出所出具的报案证明应当有出具该证明的警员签名和警号。《中国公民收养子女登记办法》进一步明确了公告查找时间为60日，如自公告之日起满60日，弃婴、儿童的生父母或者其他监护人未予认领的，就被视为查找不到生父母的弃婴、儿童。

3. 登记。在收养机关完成了上述的审查及公告之后，对证明材料齐备、符合收养条件的，应准予登记并发给收养登记证，收养关系即从登记完成之日起正式确立。对不符合收养法规定条件的，不予登记，并对当事人说明理由。

第四节　收养的法律效力

收养的法律效力就是收养关系依法成立后在当事人间引起的法律后果，根据其内容的不同，可以分为拟制效力和解消效力两大类。

一、收养的法律效力

收养的法律效力就是收养关系依法成立后在当事人间引起的法律后果，根据其内容的不同，可以分为拟制效力和解消效力两大类。

（一）收养的拟制效力

收养关系本就以在无血缘关系的当事人间创设父母子女关系为直接目的。收养关系一经成立便确立了养父母子女的身份关系并相应产生抚养教育、赡养、继承等具体的权利义务内容，同时，收养的拟制效力还及于养父母之近亲属和养子女之后代。根据我国现行《收养法》的规定，收养的拟制效力表现在以下三个方面：

1. 收养人与被收养人之间产生法律拟制的父母子女关系。收养关系建立的最直接效力即在收养人与被收养人确立父母子女关系，该关系确立后，养父母子女间的权利义务关系主要包括：

（1）养父母对养子女有抚养教育和保护管教的权利和义务。养父母在收养成立后即成为养子女的监护人和法定代理人，不仅不能虐待、遗弃养子女还必须履行自己各项义务保证养子女人身财产权利不受侵害并对未成年养子女致国家、集体或他人损害的行为承担赔偿责任。如养父母无正当理由而不履行抚养义务，未成年或无独立生活能力的养子女有权通过诉讼方式向养父母追索抚养费。

（2）养子女对养父母有赡养扶助的义务。养子女经养父母抚养成年后，在养父母丧失劳动能力或有生活困难时应该履行赡养扶助之义务，如无正当理由而拒绝履行该义务，则养父母有权通过诉讼方式向养子女追索赡养费。

（3）养父母与养子女间有相互继承遗产的权利。我国现行《收养法》第 23 条第 1 款明确规定自收养关系成立之日起，养父母与养子女间的权利义务关系，适用法律关于父母子女关系的规定，而根据我国《继承法》第 10 条的规定，父母子女互为第一顺序的法定继承人，故养父母子女关系也应适用这一规定。

（4）养子女的姓氏可依法变更。我国现行《收养法》第 24 条规定：“养子女可以随养父或者养母的姓，经当事人协商一致，也可以保留原姓。”

2. 被收养人与收养人的近亲属间产生拟制血亲关系。收养关系的确立不仅在养子女与养父母间建立起拟制血亲关系，根据我国现行《收养法》第 23 条第 1 款的规定，养子女与养父母的近亲属间的权利义务关系，适用法律关于子女与父母近亲属关系的规定。也就是说，养子女与收养人的父母形成养祖孙关系，适用婚姻法就祖孙间权利义务的所有规定；养子女与收养人的其他子女（包括婚生子女、非婚生子女、养子女、形成事实上扶养关系的继子女）间形成养兄弟姐妹关系，适用我国婚姻法就兄弟姐妹间权利义务的所有规定。

3. 被收养人的后代与收养人及其近亲属间产生拟制血亲关系。被收养人经收养人抚养成年后如果生育子女且与收养人间始终保持收养关系，根据《执行继承法意见》第 26 条的规定，被继承人的养子女的生子女或养子女均可代位继承。由此可见，尽管我国现行《收养法》未直接规定被收养人的后代与收养人及其近亲属间产生拟制血亲关系，但这一效力却为司法实践所确认。

（二）收养的解消效力

收养的拟制效力使被收养人与收养人及其近亲属间确立了紧密的法律联系，也有利于养父母子女间迅速建立起稳固真挚的感情。然而，要真正从法律角度保证被收养人全面融入养亲家庭，还必须对被收养人与其生父母及其近亲属间原有的权利义务关系加以适当处理，否则不仅会造成权利义务关系的不当重复，而且还可能影响到收养关系的长期稳定。我国现行《收养法》第 23 条第 2 款规定：“养子女与生父母及其他近亲属间的权利义务关系，因收养关系的成立而消除。”由此可见，收养关系一经成立，在被收养人与收养人及其近亲属产生拟制血亲关系的同时，被收养人与其生父母及其近亲属间的权利义务同时断绝。必须注意，被收养人与生父母及其近亲属彼此间存在的血缘关系是法律无法改变的客观事实，不会因收养的成立而消除。因此，我国婚姻法中禁止直系血亲和三代以内旁系血亲结婚的禁婚条款依然对彼此具有约束力。

二、收养行为的无效

（一）收养无效的原因

收养的无效，是指已完成的收养行为因为其欠缺收养法所要求的成立要件而致该行为无法律效力。根据我国现行《收养法》第25条的规定，收养无效的原因包括：

1. 违反《民法通则》第55条规定的收养行为无效。其具体包括以下情况：（1）收养人或送养人不具有相应的民事行为能力。行为人应具有相应行为能力是我国民事基本法要求的，成立民事法律行为的一项基本条件，收养作为一种民事身份法律行为自须遵循这一要求。（2）收养人、送养人或年满10周岁以上的被收养人意思表示不真实。收养关系必须建立在自愿和平等协商的基础上，如一方以欺诈、胁迫等手段使对方有违自己的真实意思而成立的收养无法律效力。（3）违反法律或社会公共利益。这里的“违反法律”是指违反除收养法以外的其他法律，如以收养为名、行买卖儿童之实的收养即为无效。而所谓的违反社会公共利益，则一般是指某种收养行为不符合社会公共秩序或违背善良风俗的基本要求，如收养长辈亲属为养子女的行为即属此类无效收养行为。

2. 违反收养法规定的收养行为无效。具体而言，就是指不具备成立收养关系所必需的实质要件或欠缺形式要件的收养行为。

（二）收养无效的确认程序及其法律后果

根据我国现行《收养法》和《中国公民收养子女登记办法》，我国对无效收养行为采取的是“双轨制”的确认方法：一是由人民法院通过诉讼程序来加以确认。在司法实践中人民法院可依收养关系当事人请求而经确认后判决收养无效，也可在审理有关案件过程中依职权对发现的无效收养加以确认。二是由收养登记机关通过行政程序确认。我国《中国公民收养子女登记办法》第12条规定：“收养关系当事人弄虚作假骗取收养登记的，收养关系无效……”可见，收养登记机关有权确认收养无效，但此确认程序是由收养机关主动依职权审查还是必须由收养关系当事人或利害关系人申请后再依法确认，现行法律法规尚无明文规定。

根据我国现行《收养法》第25条第2款的规定，收养行为被人民法院确认无效的，从行为开始时起就没有法律效力。经收养登记机关确认的无效收养行为亦是自始无效，收养登记机关还应撤销登记、收缴收养登记证，并可根据实际情况对以弄虚作假骗取收养登记的行为人给予必要的行政处罚。另外，对以收养为名、行买卖儿童之实的行为人还须依法追究其刑事责任。

三、收养法施行前形成的收养关系之效力的确认

在我国婚姻家庭立法进程中，1991年《收养法》是一部颁行较晚的法律，直到1992年4月1日起才正式实施，而在此以前我国民间早已存在许多实际的收养行为，由于当时没有相应的法律法规对此类民间收养行为加以调整，因此往往在形式上甚至实质条件方面

与1991年《收养法》的规定存在许多差异。为维持此类养亲家庭的稳定、和睦，也为维护此类收养中各方当事人的实际利益，对《收养法》施行前形成的此类收养也必须根据一定的标准来确定其效力。1992年《最高人民法院关于学习、宣传、贯彻执行〈中华人民共和国收养法〉的通知》第2条规定，“收养法施行前受理，施行时尚未审结的收养案件，或者收养法施行前发生的收养关系，收养法施行后当事人诉请确认收养关系的，审理时应适用当时的有关规定；当时没有规定的，可比照收养法处理”。关于收养法施行前形成的收养关系之效力的确认，从相关司法解释和司法实践中可以总结出以下主要标准：

第一，对依照当时有关规定办理了收养公证或户籍登记手续的收养一律承认其效力。

第二，对于收养法实施前已经形成的事实收养关系应予以承认。1984年《执行民事政策法律的意见》第28条规定：“亲友、群众公认，或有关组织证明确以养父母与养子女关系长期共同生活的，虽未办理合法手续，也应按收养关系对待。”由此可见，在收养法实施前形成的事实收养关系只要符合收养法规定的实质要件，即使欠缺登记这一形式要件仍可承认其效力。但在1991年《收养法》实施后，欠缺形式要件的民间收养行为，即使完全符合收养法规定的实质要件，依然是无效的收养。

第五节　收养的解除

收养关系的建立会导致亲属身份和权利义务的变更。如果允许其可根据当事人意愿而随意解除，势必会在社会范围内造成许多实际问题。特别在未成年人的收养中如果过于随意地解除收养关系，更加会影响到未成年被收养人的健康成长。但是，收养关系毕竟只是一种对血亲关系的法律拟制，养亲家庭内部可能存在着种种问题。如果最终导致了收养关系的恶化或事实解体，不从法律上提供一条可行的解消途径，同样可能损害到收养关系各方当事人的合法权益。正是考虑到收养关系的这一特点，我国现行收养法规定了协议解除和诉讼解除两种收养关系的解除方式，并对收养关系解除后的法律后果作出了较为详细的规定。

一、协议解除

（一）协议解除收养关系的条件

根据现行《收养法》第26条第1款的规定，收养关系可以在养子女成年前在收养人和送养人一致同意的基础上予以解除，如果养子女已年满10周岁的，还必须征得该子女的同意。

根据现行《收养法》第27条的规定，收养关系还可以在养子女成年后在收养人和被收养人一致同意的基础上予以解除。在该情况下，因养子女业已成年故无须征求送养人的意见。

上述的两种情况还都必须以当事人具有完全民事行为能力为条件。另外，在夫妻共同收养且要求解除的情况下，尽管我国现行《收养法》未明文规定，但根据共同收养制度确立的基本立法意旨来看，要求解除收养时如有配偶且能自由表意者，应由夫妻共同终止收养关系。

（二）协议解除收养关系的程序

我国现行《收养法》第28条规定："当事人协议解除收养关系的，应当到民政部门办理解除收养关系的登记。"在办理此类收养关系的解除时，首先要求当事人持居民户口簿、居民身份证、收养登记证和解除收养关系的书面协议共同到被收养人常住户口所在地的收养登记机关办理解除收养关系登记。收养登记机关在收到解除收养关系登记申请书及有关材料后，应当自次日起30日内进行审查，对符合收养法规的，为当事人办理解除收养关系的登记，收回收养登记证，发给解除收养关系证明。

二、诉讼解除

（一）诉讼解除收养关系的条件

根据现行《收养法》第26条第2款的规定，收养人不履行抚养义务，有虐待、遗弃等侵害未成年养子女合法权益行为的，送养人有权要求解除养父母与养子女间的收养关系。送养人、收养人不能达成解除收养关系协议的，送养人可以向人民法院起诉。换言之，在这种情况下，首先基于送养人的请求应先由收养人与其就收养关系的解除进行协商，如果达成协议则适用协议解除的程序，只有在协商不成的情况下方由诉讼方式解决。

根据现行《收养法》第27条的规定，养父母与成年养子女关系恶化、无法共同生活且无法就收养关系的解除达成协议的，当事人双方均可以向人民法院起诉。

（二）诉讼解除收养关系的程序

诉讼解除收养关系首先必须由收养关系当事人一方依照我国《民事诉讼法》的规定向有管辖权的人民法院提起诉讼。人民法院在案件审理过程中，应当认真审查当事人请求解除收养关系的事实和理由，结合相关证据材料，查明事实据法裁判。

在送养人以收养人有不履行抚养义务或其他如虐待、遗弃等侵害未成年养子女合法权益行为为由提起诉讼的情况下，人民法院如查证收养人确实存在该类行为，则应判决解除该收养关系。但如果是在收养关系成立后因送养人反悔而收养人无过错的情况下，则人民法院应基于保护合法收养关系的立场，对送养人的诉讼请求不予支持并应对其进行适当的批评教育。

在养父母与成年养子女因关系恶化、无法共同生活而诉请法院解除收养关系的情况下，人民法院首先应当在当事人间进行调解，只有在调解无效的情况下才可判决解除。

三、解除收养的法律后果

根据我国现行《收养法》的规定，收养关系经协议解除或经诉讼解除都会产生相应的法律后果，其具体内容包括：

（一）收养关系的解除在当事人身份关系上的效力

根据我国现行《收养法》第29条的规定，收养关系解除后，对当事人的身份关系产生以下两个方面的效力：

1. 至收养关系解除之日起，养子女与养父母及其他近亲属间的权利义务关系即行消除。

2. 至收养关系解除之日起，未成年养子女与生父母及其他近亲属间的权利义务关系自行恢复。而成年养子女与生父母及其他近亲属间的权利义务关系是否恢复，可以协商确定。这一规定既考虑到未成年养子女一旦脱离原有收养关系后必须尽快确定其抚养义务人，以有利于该子女健康成长的实际需要，也考虑到了养子女成年后虽解除原有收养关系，但可能因与生父母在情感上的生疏而不愿恢复彼此权利义务关系的正常心态，可以看作是对被收养人利益加以维护的一种延伸。

（二）收养关系的解除在当事人财产关系上的效力

根据我国现行《收养法》的规定，收养关系解除后，对当事人财产关系的效力，主要表现为生活费、抚养费等费用的支付，其内容包括：

1. 收养关系解除后，经养父母抚养的成年养子女，对缺乏劳动能力又缺乏生活来源的养父母，应当给付生活费。

2. 因养子女成年后虐待、遗弃养父母而解除收养关系的，养父母可以要求养子女补偿收养期间支出的生活费和教育费。

3. 生父母要求解除收养关系的，养父母可以要求生父母适当补偿收养期间支出的生活费和教育费，但因养父母虐待、遗弃养子女而解除收养关系的除外。

【导入案例要点评析】

本案涉及收养的效力问题。收养是指公民收养他人的子女为自己的子女，在本无父母子女关系的人之间创设父母子女关系的民事法律行为。我国现行《收养法》第 23 条规定："自收养关系成立之日起，养父母与养子女间的权利义务关系，适用法律关于父母子女关系的规定；养子女与养父母的近亲属间的权利义务关系，适用法律关于子女与父母的近亲属关系的规定。养子女与生父母及其他近亲属间的权利义务关系，因收养关系的成立而消除。"根据上述规定，我国实行完全收养制，合法的收养将会在收养关系当事人之间产生拟制效力和解消效力。其拟制效力表现在：第一，收养人与被收养人之间产生法律拟制的父母子女关系，具有父母子女之间的法定权利和义务；第二，养子女与养父母的近亲属间产生拟制血亲关系；第三，养子女的后代与养父母及其近亲属间产生拟制血亲关系。收养的解消效力表现在：第一，解消了养子女与生父母之间的权利义务关系，相互间法定权利义务消灭。第二，解消了养子女与生父母的近亲属之间的权利义务关系。

在本案中，吴孝华夫妇与吴孝平夫妇签订了送养协议，吴孝平夫妇收养吴伟的行为已经有效成立。吴伟与吴孝平夫妇因收养而产生父母子女的法律关系，而吴伟与吴孝华夫妇之间的父母子女关系因收养而解除。因此，养子吴伟对养父母有赡养扶助义务，而对其生父母吴孝华夫妇无法定的赡养义务。

【思考题】

一、单项选择题

1. 吴某（女）16 岁，父母去世后无其他近亲，吴某的舅舅孙某（50 岁，离异，有一个 19 岁的儿子）提出愿将吴某收养。孙某咨询律师收养是否合法，律师的下列哪一项答复是正确的？（ ）（2008 年国家司法考试试题）

A. 吴某已满 16 岁，不能再被收养

B. 孙某与吴某年龄相差未超过 40 岁，不能收养吴某

C. 孙某已有子女，不能收养吴某

D. 孙某可以收养吴某

2. 王某（女）与李某婚后一直未育，李某想收养一个女童。在律师提供的咨询意见中，下列哪一选项是错误的？（ ）（2008 年国家司法考试四川延期地区试题）

A. 收养必须经王某同意

B. 王某与李某必须年满 30 周岁

C. 收养人不能患有医学上认为不应当收养子女的疾病

D. 李某与被收养女童的年龄应当相差 40 岁以上

3. 张某和李某达成收养协议，约定由李某收养张某 6 岁的孩子小张；任何一方违反约定，均应承担违约责任。双方办理了登记手续，张某依约向李某支付了 10 万元。李某收养小张 1 年后，因小张殴打他人赔偿了 1 万元，李某要求解除收养协议并要求张某赔偿该 1 万元。张某同意解除收养协议但要求李某返还 10 万元。下列哪一表述是正确的？（ ）（2014 年国家司法考试试题）

A. 李某、张某不得解除收养关系

B. 李某应对张某承担违约责任

C. 张某应赔偿李某 1 万元

D. 李某应返还不当得利

二、多项选择题

1. 依据我国现行法律，下列说法正确的是（ ）

A. 父母子女关系可分为自然血亲的父母子女关系和法律拟制的父母子女关系两大类

B. 我国法律拟制的父母子女关系仅指养父母子女关系

C. 自然血亲的父母子女关系可因父母子女一方死亡而终止

D. 自然血亲的父母子女关系包括父母和婚生子女的关系和生父母和非婚生子女的关系两类

E. 受继父母抚养教育的继子女与继父母之间的关系也是一种我国法律拟制的父母子女关系

2. 下列属于《收养法》的基本原则的有（ ）

A. 有利于被收养人的抚养、成长原则

B. 保障被收养人和收养人的合法利益原则

C. 平等自愿原则

D. 不违背计划生育原则

E. 诚实信用原则

三、判断分析题

1. 收养关系解除后，养子女与生父母间的权利义务关系自行恢复。

2. 收养他人的子女为自己的孙子女，收养人和被收养人之间的权利义务适用祖孙之间权利义务的规定。

四、简答题

1. 简述收养的法律特征。

2. 简述继父母收养继子女可以不受哪些收养条件的限制。

3. 简述收养的成立要件。

五、论述题

1. 试述收养的法律效力。

2. 试述解除收养关系的法律后果。

六、案例分析题

参见陈苇主编:《婚姻家庭继承法学案例教程》(第三版)(北京:群众出版社,2017年版)第四单元家庭关系案例。

【阅读参考文献】

1. 蒋新苗:《比较收养法》,湖南人民出版社,1999 年版。

2. 张文娟主编:《中国未成年人保护机制研究》,法律出版社,2008 年版。

3. 陈苇主编:《改革开放三十年中国婚姻家庭继承法研究之回顾与展望》,中国政法大学出版社,2010 年版。

4. 杨立新:《家事法》,法律出版社,2013 年版。

5. 夏吟兰、龙翼飞主编,陈苇执行主编:《家事法研究》(2016 年卷),社会科学文献出版社,2016 年版。

第八章
监 护

本章学习重点：
监护的类型；未成年人和成年人各自法定监护人的范围与顺序；监护人的职责

【导入案例】

2016年4月，南京市高新区男童施某某被养母暴打的一组照片在网上流传。照片显示，一名男童背部、手臂、腿上布满伤痕，像被鞭子抽打过，脚也高高肿起。随后，南京警方介入调查，并以涉嫌故意伤害对李某采取刑事拘留措施。根据警方通报，2015年3月31日，因男童施某某未完成养母布置的课外作业，遭养母用抓痒耙、跳绳抽打及脚踩，致使施某某双手、双脚、背部大面积出现红肿痕迹，造成施某某体表150余处挫伤。后经法医鉴定，男童施某某构成轻伤。养母李某因犯故意伤害罪，一审被南京市浦口区法院判处有期徒刑6个月。养母李某不服一审判决，向南京市中院提起上诉。南京市中院作出终审宣判：驳回上诉，维持原判。

请问：该案中养母李某对施某某的监护人资格能否被申请撤销？有权请求撤销养母李某监护人资格的主体有哪些？

监护制度作为一项民事法律制度，其设立对于保护家庭中特定成员的合法权益，维护社会正常秩序具有重要的意义。因监护关系首先存在于近亲属之间，只有在被监护人的近亲属死亡或监护缺格的情况下才由其他个人或组织履行补充性的监护职责，因此，监护制度是婚姻家庭法律制度的重要内容。目前，对未成年人及无民事行为能力或者限制民事行为能力的成年人的监护制度被规定在我国《民法通则》中，我国2001年修正后的《婚姻法》并未规定亲属间的监护制度。近现代以来，对未成年人监护的国家公权力干预加强，未成年人监护制度改革呈现私法公法化趋势。同时，“保护被监护人利益与尊重被监护人意愿”作为成年人监护的立法原则。[①] 在此背景下，2017年3月颁布的《民法总则》在《民法通则》原有规定的基础上对我国的监护制度进行了修改和补充，增加了父母对未成年人的遗嘱监护、成年人本人的意定监护、监护人资格的撤销等相关规定，为今后在

① 陈苇：《中国婚姻家庭法立法研究》（第二版），37-38页，北京：群众出版社，2010。

"民法典婚姻家庭编"的编制中进一步细化相关监护措施打下了基础。[①]

第一节 监护制度概述

一、监护的概念

监护是对行为能力有欠缺的自然人的人身权益和财产权益进行监督、保护的一项民事法律制度。监护的概念有广义和狭义之分。

广义的监护，是对未成年人、无民事行为能力或者限制民事行为能力的成年人的监督和保护制度，包括父母对未成年子女的监护。[②] 其中父母对未成年子女的监护制度又叫亲权制度。英美法系国家多采纳此种广义的监护概念。目前，我国《民法总则》同时规定了对未成年子女的监护和无民事行为能力或者限制民事行为能力的成年人的监护，采纳的是广义的监护概念。

狭义的监护，是父母对未成年子女监护之外的监护制度，是对无父母或父母无能力监护的未成年子女（不在亲权保护下的未成年人）以及其他限制民事行为能力或无民事行为能力的成年人即禁治产人的人身和财产权益进行监督和保护的法律规范的总和。[③] 在狭义的监护概念之下，父母对未成年子女的监护则通过亲权制度另行规定，因而对亲权和监护分开进行立法。大陆法系的法国、德国等国家采纳此种立法例。

二、监护的类型

根据不同的划分标准，监护类型包括未成年人的监护与成年人的监护、法定监护与意定监护、协议监护与指定监护、临时监护与固定监护。

（一）未成年人的监护与成年人的监护

以被监护对象为标准，监护分为未成年人的监护与成年人的监护。

1. 未成年人的监护。被监护的对象是未成年人的，为未成年人的监护。我国《民法总则》第27条规定，父母是未成年子女的监护人。未成年人的父母已经死亡或者没有监护能力的，由法律所规定的有监护能力的人按顺序担任监护人。我国《民法总则》第29条还规定被监护人的父母担任监护人的，可以通过遗嘱指定监护人。

---

① 主编注：监护制度具有以"亲属监护为主，机构监护为辅"的特点。即法定监护人主要由近亲属担任，监护职责主要由近亲属承担。从国外立法来看，不少国家的监护制度的主要内容是由婚姻家庭法规定的，监护制度是民法典之婚姻家庭法的重要组成部分。例如，德国、瑞士的监护制度被集中规定在各自的民法典"亲属编"（德国）或"家庭编"（瑞士）之中；日本、俄罗斯的监护制度虽然有部分被规定在民法典"总则编"中，但被规定在"总则编"中的主要是监护制度的一般通则性规定（俄罗斯的成年人监护制度被规定在"总则编"），监护制度的具体内容主要被规定在民法典的"亲属编"（如日本）或"家庭法典"（如俄罗斯的未成年人监护制度被规定在《俄罗斯联邦家庭法典》之中）。参见陈苇、李艳：《中国民法典之监护制度立法体系构建研究》，载《西南政法大学学报》2017（2）。

② 不同学者对广义和狭义的监护制度有不同的理解，如有学者认为狭义的监护指为不在亲权之下的未成年子女或宣告为禁治产人设立的人身及财产的保护制度。广义的监护除了狭义的监护外，还包括保护和保佐。保护常指对限制行为能力人的人身和财产权益的监督与保护。保佐有两种，一种与保护大致相同，另一种是指特殊情况下对监护受阻的补救及对特别人或特定财产的监督、保护。参见李双元、温世扬：《比较民法学》，707页，武汉：武汉大学出版社，2016。

③ 杨大文主编：《亲属法》（第四版），266页，北京：法律出版社，2012。

2. 成年人的监护。被监护的对象是成年人的，为对成年人的监护。我国《民法总则》第28条规定，无民事行为能力或者限制民事行为能力的成年人的监护人由法律规定的有监护能力的人担任监护人。此外，《民法总则》第33条规定，具有完全民事行为能力的成年人，可以与其近亲属、其他愿意担任监护人的个人或者组织事先协商，以书面形式确定自己的监护人。

（二）法定监护与意定监护

以确定监护人的依据为标准，监护分为法定监护与意定监护。

1. 法定监护。监护人的范围和顺序由法律直接规定的，为法定监护。根据我国《民法总则》第27、28条的规定，我国的法定监护分为对未成年人的法定监护与对成年人的法定监护。前者是指法律规定未成年人的父母为第一顺序的监护人，未成年人的父母已经死亡或者没有监护能力的，由法律规定的其他有监护能力的人按顺序担任监护人的一种监护方式。后者是指在成年人为无民事行为能力或者限制民事行为能力情况下，由法律规定的有监护能力的人按顺序担任监护人的一种监护方式。

2. 意定监护。根据被监护人本人的意愿或父母监护人的意愿而确定的监护，为意定监护。意定监护可分为被监护人本人的委托监护与父母的遗嘱指定监护。关于被监护人本人的委托监护，《民法总则》第33条规定，具有完全民事行为能力的成年人，可以与其近亲属、其他愿意担任监护人的个人或者组织事先协商，以书面形式确定自己的监护人。协商确定的监护人在该成年人丧失或者部分丧失民事行为能力时，履行监护职责。此被监护人本人的委托监护，体现了对成年人自我决定权的尊重。

关于父母的遗嘱指定监护，我国《民法总则》第29条规定，在父母担任监护人的情况下，可以通过遗嘱指定监护人。此父母的遗嘱指定监护，体现了对父母监护人指定其未成年子女的监护人之意愿的尊重。

（三）协议监护与指定监护

依据确定法定监护人的依据，是由当事人协商决定还是以相关人员、机构的指定为标准，法定监护可分为协议监护与指定监护。

1. 协议监护。协议监护是指在实行法定监护时依法具有监护资格的人之间可以协议确定监护人。《民法总则》第30条规定，在数名法定监护人中，由当事人协议确定监护人。协议确定监护人应当尊重被监护人的真实意愿。

2. 指定监护。指定监护是指在实行法定监护时数名法定监护人对监护人有争议的，由有关机关指定监护人的一种监护。《民法总则》第31条第1、2款规定，数名法定监护人对监护人的确定有争议的，由被监护人住所地的居民委员会、村民委员会或者民政部门指定监护人，有关当事人对指定不服的，可以向人民法院申请指定监护人；有关当事人也可以直接向人民法院申请指定监护人。居民委员会、村民委员会、民政部门或者人民法院应当尊重被监护人的真实意愿，按照最有利于被监护人的原则在依法具有监护资格的人中指定监护人。

（四）临时监护与固定监护

依监护人承担监护职责的时间是否固定为标准，监护可分为临时监护与固定监护。

1. 临时监护。临时监护是指在法定情形下由相关组织临时担任监护人，一旦监护人确定后该临时监护即结束。根据《民法总则》第31条第3款的规定，临时监护的适用情形包括：当数名法定监护人对监护人的确定有争议的，依照第 31 条第 1 款规定指定监护人前，被监护人的人身权利、财产权利以及其他合法权益处于无人保护状态的，由被监护人住所地的居民委员会、村民委员会、法律规定的有关组织或者民政部门担任临时监护人。《民法总则》第 32 条进一步规定，没有依法具有监护资格的人的，监护人由民政部门担任，也可以由具备履行监护职责条件的被监护人住所地的居民委员会、村民委员会担任。此外，《民法总则》第 36 条规定，监护人有严重损害被监护人身心健康行为等法定情形的；或者怠于履行监护职责，或者无法履行监护职责并且拒绝将监护职责部分或者全部委托给他人，导致被监护人处于危困状态的；或者实施严重侵害被监护人合法权益的其他行为的，人民法院根据有关个人或者组织的申请，撤销其监护人资格，安排必要的临时监护措施，并按照最有利于被监护人的原则依法指定监护人。

2. 固定监护。固定监护是指监护人的监护职责在一定时期内相对固定，出现法定情形才可以变更监护人的一种监护。根据《民法总则》的规定，固定监护的适用包括两种情形：第一，法定监护人履行职责。即根据《民法总则》第 27、28、30、31 条确定监护人履行监护职责的为法定的固定监护。第二，根据《民法总则》第 29、33 条父母通过遗嘱指定未成年人的监护人，或者成年人与监护人通过协议确定监护人履行监护职责为意定的固定监护。

三、未成年人的监护与亲权的关系

未成年人的监护人，包括父母及其他监护人。亲权，在过去是指父母对子女的人身和财产所享有的特殊权利。在现代社会，亲权是父母对未成年子女的权利和义务的总称。[①] 现在有的国家如德国已将亲权这个原来具有绝对权力性质的权利改为包含权利和义务的“父母照护权”或“父母的照顾权”。[②] 未成年人的监护，是指父母之外的监护人对未成年人的监督与保护的权利和义务的总称。未成年人的监护与亲权既有相同点也有区别。

第一，两者的共同点。未成年人的监护与亲权的对象都是未成年人，这是二者的共同点。

第二，两者的不同点。不同国家监护立法在监护人的权利和义务方面存在差异性，但综合国内外相关立法，未成年人的监护和亲权的区别主要体现在以下方面：一是两者的关系不同，亲权的行使以亲子关系为基础，监护人与被监护人之间没有此种特定的人身关系和权利义务关系；二是法律对亲权人处分子女财产的限制较宽松，并大多享有对该财产的用益权，而监护人则受到严格限制，并不享有对被监护人的财产的用益权；三是监护人因其监护活动可以得到报酬，而亲权人不可获得报酬；四是亲权人因亲子关系而自然取得对其未成年子女的亲权，只有在特殊情况下，才会受到限制，而监护往往需要经过法律程序才能取得；五是行使亲权一般不需要设专门的监督机构，而监护人行使监护权必须受一定

---

① 主编注：在现代社会，父母对未成年子女的人身和财产进行保护和监督的权利义务，在一些国家仍然被总称为亲权，如法国、瑞士。根据《法国民法典》第 371-1 条的规定，亲权是以子女的利益为最终目的的各项权利和义务之总和。参见罗结珍译：《法国民法典》，114 页，北京：北京大学出版社，2010。根据《瑞士民法典》第 301-304 条的规定，亲权的内容主要包括父母对未成年子女的照顾、保护、教育、法定代理权等。参见于海涌、赵希璇译：《瑞士民法典》，111-112 页，北京：法律出版社，2016。

② 陈苇主编：《婚姻家庭继承法学》（第二版），191 页，北京：群众出版社，2012。

监督机构监督；六是监护人在监护开始时就必须对被监护人的财产开出清单，并受监督机构的监督，而亲权不需要。①

第二节 监护的设立

一、监护的开始

（一）未成年人的监护的开始

未成年人的监护，可分为父母的监护与其他监护人的监护、法定监护与意定监护、固定监护与临时监护，因而不同监护产生的原因和时间不同。父母对未成年子女的监护始于该未成年子女出生之时。其他人对未成年人的监护则以未成年人无亲权人或亲权人丧失亲权为发生原因，因此其他个人或组织对未成年人的监护始于该未成年人的父母已经死亡或者父母监护能力欠缺时，如父母下落不明、父母的监护资格被撤销、父母丧失行为能力等。在父母遗嘱指定监护的情况下，应在遗嘱生效的情况下开始遗嘱监护。临时监护始于对监护人的确定有争议的，指定监护人前，被监护人的人身权利、财产权利以及其他合法权益处于无人保护状态之时。

（二）成年人的监护的开始

成年人的监护在法定监护或意定监护、临时监护等不同情况下开始的原因和时间不同。法定监护始于被监护人丧失行为能力，成为无民事或限制行为能力人之时。意定监护根据被监护人和监护人的约定协商确定，在该成年人丧失或者部分丧失民事行为能力时，履行监护职责。临时监护始于对监护人的确定有争议，指定监护人前，被监护人的人身权利、财产权利以及其他合法权益处于无人保护状态之时。

二、监护人的范围及顺序

关于监护人的范围及顺序，我国《民法总则》在《民法通则》基础上增加了对未成人的遗嘱监护并增加了对成年人的意定监护。此外，对成年人之监护人的顺序也进行了一定的修改。

（一）未成年人之监护人的范围及顺序

根据《民法总则》的规定，法定监护与指定监护情况下未成年人的监护人的范围不同。由于父母与子女之间具有天然的亲缘关系，《民法总则》第 27 条规定父母是未成年子女第一顺序的法定监护人。未成年人的父母已经死亡或者没有监护能力的，由下列有监护能力的人按顺序担任监护人：（1）祖父母、外祖父母；（2）兄、姐；（3）其他愿意担任监护人的个人或者组织。其他个人或者组织担任未成人的监护人需要两个条件：一是需要本人或者该组织同意，二是须经未成人住所地的居民委员会、村民委员会或者民政部门同意。

《民法总则》第 29 条规定，被监护人的父母担任监护人的，可以通过遗嘱指定监护人。该法对遗嘱监护情况下监护人的范围和顺序并没有进行限制，具体内容由遗嘱确定。

① 杨大文主编：《亲属法》（第四版），270-271 页，北京：法律出版社，2012 年版。

（二）成年人之监护人的范围及顺序

根据《民法总则》第28条，无民事行为能力或者限制民事行为能力的成年人，由下列有监护能力的人按顺序担任监护人：（1）配偶；（2）父母、子女；（3）其他近亲属；（4）其他愿意担任监护人的个人或者组织。其他愿意担任监护人的个人或者组织单位需要两个条件：一是个人或者组织同意，二是须经被监护人住所地的居民委员会、村民委员会或者民政部门同意。

《民法总则》第33条规定了对成年人的意定监护，即具有完全民事行为能力的成年人，可以与其近亲属、其他愿意担任监护人的个人或者组织事先协商，以书面形式确定自己的监护人。协商确定的监护人在该成年人丧失或者部分丧失民事行为能力时，履行监护职责。意定监护人的范围和顺序由该成年人与其近亲属或其他愿意担任监护人的个人或者组织签订的协议确定。

第三节　监护人的职责与权利、监护职责的履行与法律责任

一、监护人的职责与权利

根据学界通说，监护的性质不是单纯法律上的权利，也不是纯粹的义务，是权利义务的综合体。因此，监护人对被监护人既享有法定的权利也承担法定的义务。

（一）监护人的职责

《民法总则》第34条规定，监护人的职责是代理被监护人实施民事法律行为，保护被监护人的人身权利、财产权利以及其他合法权益等。监护人的职责主要包括：保护被监护人的人身安全不受侵犯；保护被监护人的财产权利，除非为了被代理人的利益不得擅自处分被代理人的财产；教育和保护未成年子女、保障其健康成长；代理被监护人进行民事活动，享有该民事活动的权利并承担相应的义务；在被监护人遭受损害的情况下代理被监护人提起诉讼；在被监护人致人损害时代理被监护人出庭应诉；无民事行为能力人、限制民事行为能力人造成他人损害的，由监护人承担侵权责任等。①

（二）监护人的权利

《民法总则》第34条规定，监护人依法履行监护职责产生的权利，受法律保护。但它并未规定监护人权利的具体内容。监护人对未成年子女及成年被监护人的权利不同。一般认为，监护人对被监护人的权利即履行监护职责的权利，其主要包括：对被监护人的人身进行照顾和保护的权利、对被监护人的财产进行管理和保护的权利、为被监护人的利益处分其财产的权利、对被监护人的法定代理权、未成年子女的交还请求权、指定未成年子女住所的权利、未成年子女的教育决定权、被监护人接受手术的知情同意权等。

① 主编注：《执行民法通则意见》第10条规定："监护人的监护职责包括：保护被监护人的身体健康，照顾被监护人的生活，管理和保护被监护人的财产，代理被监护人进行民事活动，对被监护人进行管理和教育，在被监护人合法权益受到侵害或者与人发生争议时，代理其进行诉讼。"

二、监护职责的履行与法律责任

（一）监护职责的履行

首先，监护人应当维护被监护人的利益。《民法总则》第35条规定，监护人应当按照最有利于被监护人的原则履行监护职责。监护人除为维护被监护人利益外，不得处分被监护人的财产。

其次，监护人应当尊重被监护人的意愿。《民法总则》第35条规定，未成年人的监护人履行监护职责，在作出与被监护人利益有关的决定时，应当根据被监护人的年龄和智力状况，尊重被监护人的真实意愿。成年人的监护人履行监护职责，应当最大程度地尊重被监护人的真实意愿，保障并协助被监护人实施与其智力、精神健康状况相适应的民事法律行为。对被监护人有能力独立处理的事务，监护人不得干涉。

（二）监护人的责任

《民法总则》第34条第3款规定，监护人不履行监护职责或者侵害被监护人合法权益的，应当承担法律责任。《民法总则》第163条进一步规定，代理包括委托代理和法定代理。委托代理人按照被代理人的委托行使代理权。法定代理人依照法律的规定行使代理权。同时，该法第164条规定，代理人不履行或者不完全履行职责，造成被代理人损害的，应当承担民事责任。代理人和相对人恶意串通，损害被代理人合法权益的，代理人和相对人应当承担连带责任。《民法总则》第190条规定，无民事行为能力人或者限制民事行为能力人对其法定代理人的请求权的诉讼时效期间，自该法定代理终止之日起计算。《民法总则》第191条还规定了未成年人遭受性侵害的特殊诉讼时效期间，即未成年人遭受性侵害的损害赔偿请求权的诉讼时效期间，自受害人年满18周岁之日起计算。

第四节 监护的撤销与恢复、变更与终止

一、监护的撤销与恢复

（一）监护的撤销

1. 监护的撤销之法定情形。监护的撤销，是指对具有撤销监护资格法定情形的监护人，经请求权主体的申请，由法院依法判决撤销其监护人的资格。对于监护人资格的撤销之法定情形，我国《民法总则》采取例示性规定，既概括性地规定了撤销监护资格的情形，同时又具体列举了撤销监护资格的法定事由，这样有利于增强法律的可操作性。《民法总则》第36条规定监护人有严重侵害被监护人合法权益的，根据有关个人或者组织的申请，人民法院撤销监护人资格。申请撤销监护人资格的法定事由包括：（1）实施严重损害被监护人身心健康行为的；（2）怠于履行监护职责，或者无法履行监护职责并且拒绝将监护职责部分或者全部委托给他人，导致被监护人处于危困状态的；（3）实施严重侵害被监护人合法权益的其他行为的。人民法院根据有关个人或者组织的申请，撤销其监护人资格，安排必要的临时监护措施，并按照最有利于被监护人的原则依法指定监护人。

关于申请撤销未成年人监护人资格的具体法定情形，根据2015年《处理监护侵害的意见》第35条的规定，在被监护人是未成年人时，被申请人有下列情形之一的，人民法

院可以判决撤销其监护人资格：（1）性侵害、出卖、遗弃、虐待、暴力伤害未成年人，严重损害未成年人身心健康的；（2）将未成年人置于无人监管和照看的状态，导致未成年人面临死亡或者严重伤害危险，经教育不改的；（3）拒不履行监护职责长达六个月以上，导致未成年人流离失所或者生活无着的；（4）有吸毒、赌博、长期酗酒等恶习无法正确履行监护职责或者因服刑等原因无法履行监护职责，且拒绝将监护职责部分或者全部委托给他人，致使未成年人处于困境或者危险状态的；（5）胁迫、诱骗、利用未成年人乞讨，经公安机关和未成年人救助保护机构等部门三次以上批评教育拒不改正，严重影响未成年人正常生活和学习的；（6）教唆、利用未成年人实施违法犯罪行为，情节恶劣的；（7）有其他严重侵害未成年人合法权益的。

2. 监护的撤销之请求权主体。《民法总则》第36条第2、3款规定有权申请撤销监护人资格的有关个人和组织包括：其他依法具有监护资格的人，居民委员会、村民委员会、学校、医疗机构、妇女联合会、残疾人联合会、未成年人保护组织、依法设立的老年人组织、民政部门等。上述个人和民政部门以外的组织未及时向人民法院申请撤销监护人资格的，民政部门应当向人民法院申请。

此外，根据2015年《办理家庭暴力犯罪案件的意见》第22条的规定，人民法院、人民检察院、公安机关对于监护人实施家庭暴力，严重侵害被监护人合法权益的，在必要时可以告知被监护人及其他有监护资格的人员、单位，向人民法院提出申请，要求撤销监护人资格，依法另行指定监护人。2015年《处理监护侵害的意见》规定，民政部门应当设立未成年人救助保护机构（包括救助管理站、未成年人救助保护中心），对因受到监护侵害进入机构的未成年人承担临时监护责任，必要时向人民法院申请撤销监护人资格。公安机关应当书面告知临时照料人有权依法向人民法院申请撤销监护人资格，临时照料人有权依法向人民法院申请人身安全保护裁定和撤销监护人资格。

3. 监护资格被撤销的法律后果。

（1）被撤销监护资格者停止履行监护职责。监护权被撤销后，监护人应当停止履行监护职责。根据监护人行为的违法性大小及此后的悔改表现，此种监护职责可以是临时性停止，也可能是永久性停止。

（2）被撤销监护资格者的法定扶养义务。被撤销监护资格者仍然有义务扶养被监护人。根据《民法总则》第37条的规定，依法负担被监护人抚养费、赡养费、扶养费的父母、子女、配偶等，被人民法院撤销监护人资格后，应当继续履行负担的义务。

（3）监护资格被撤销后对被监护人的监护安排。根据《民法总则》第36条，符合依法被撤销监护人资格的情形之一的，人民法院根据有关个人或者组织的申请，撤销其监护人资格，安排必要的临时监护措施，并按照最有利于被监护人的原则依法指定监护人。[①]

---

① 2015年《处理监护侵害的意见》第36条规定，判决撤销监护人资格，未成年人有其他监护人的，应当由其他监护人承担监护职责。其他监护人应当采取措施避免未成年人继续受到侵害。没有其他监护人的，人民法院根据最有利于未成年人的原则，在《民法通则》第16条第2、4款规定的人员和单位中指定监护人。必须注意，自2017年10月1日起《民法总则》施行后，应该依据该法的相关规定指定监护人。主编注：《民法通则》第16条第2款规定："未成年人的父母已经死亡或者没有监护能力的，由下列人员中有监护能力的人担任监护人：（一）祖父母、外祖父母；（二）兄、姐；（三）关系密切的其他亲属、朋友愿意承担监护责任，经未成年人的父、母的所在单位或者未成年人住所地的居民委员会、村民委员会同意的。"《民法通则》第16条第4款规定："没有第一款、第二款规定的监护人的，由未成年人的父、母的所在单位或者未成年人住所地的居民委员会、村民委员会或者民政部门担任监护人。"

指定个人担任监护人的，应当综合考虑其意愿、品行、身体状况、经济条件、与未成年人的生活情感联系以及有表达能力的未成年人的意愿等。没有合适人员和其他单位担任监护人的，人民法院应当指定民政部门担任监护人，由其所属儿童福利机构收留抚养。同时，2015 年《处理监护侵害的意见》第 44 条规定，民政部门担任监护人的，承担抚养职责的儿童福利机构可以送养未成年人。送养未成年人应当在人民法院作出撤销监护人资格判决一年后进行。侵害人有 2015 年《处理监护侵害的意见》第 40 条第 2 款规定情形的，不受一年后送养的限制。

（二）监护的恢复

监护的恢复，是指监护人被法院判决撤销监护人的资格后，如其已经具有恢复监护资格的法定情形的，经其申请，法院依法可视情况判决恢复其监护人资格。也就是说，监护人被判决撤销监护人的资格后，其是否能够恢复自己的监护资格，需要由法院依法根据具体情况而定。根据《民法总则》第 38 条的规定，被监护人的父母或者子女被人民法院撤销监护人资格后，除对被监护人实施故意犯罪的外，确有悔改表现的，经其申请，人民法院可以在尊重被监护人真实意愿的前提下，视情况恢复其监护人资格，人民法院指定的监护人与被监护人的监护关系同时终止。①

二、监护的变更与终止

（一）监护的变更

监护的变更，是指在具有法定情形时，经同一顺序的具有监护资格的监护人相互协商同意且在尊重被监护人真实意愿的情况下可以协商变更监护关系；或经具有变更监护正当理由的监护人的申请，由法院判决而变更监护关系。监护关系协商变更或判决变更后，原监护人停止履行监护职责，由新监护人继续对被监护人履行监护职责。《民法总则》第 30 条规定，依法具有监护资格的人之间可以协议确定监护人。协议确定监护人应当尊重被监护人的真实意愿。同时，该法第 31 条第 4 款规定，监护人被指定后，不得擅自变更；擅自变更的，不免除被指定的监护人的责任。

（二）监护的终止

监护的终止，是指在监护人或被监护人具有终止监护的法定情形时，监护关系终止。《民法总则》第 39 条规定，有下列情形之一的，监护关系终止：（1）被监护人取得或者恢复完全民事行为能力；（2）监护人丧失监护能力；（3）被监护人或者监护人死亡；（4）人民法院认定监护关系终止的其他情形。监护关系终止后，被监护人仍然需要监护的，应当依法另行确定监护人。

① 2015 年《处理监护侵害的意见》第 38 条规定，被撤销监护人资格的侵害人，自监护人资格被撤销之日起三个月至一年内，可以书面向人民法院申请恢复监护人资格，并应当提交相关证据。该意见第 40 条规定，人民法院经审理认为申请人确有悔改表现并且适宜担任监护人的，可以判决恢复其监护人资格，原指定监护人的监护人资格终止。申请人具有下列情形之一的，一般不得判决恢复其监护人资格：（1）性侵害、出卖未成年人的；（2）虐待、遗弃未成年人六个月以上、多次遗弃未成年人，并且造成重伤以上严重后果的；（3）因监护侵害行为被判处五年有期徒刑以上刑罚的。

【导入案例要点评析】

根据《民法总则》的相关规定，该案中李某对施某某的监护人资格能够被申请依法撤销。依《民法总则》第36条的规定，监护人有严重侵害被监护人合法权益的，人民法院根据有关个人或者组织的申请，依法撤销监护人的资格。申请撤销监护人资格的法定事由包括：（1）实施严重损害被监护人身心健康行为的；（2）怠于履行监护职责，或者无法履行监护职责并且拒绝将监护职责部分或者全部委托给他人，导致被监护人处于危困状态的；（3）实施严重侵害被监护人合法权益的其他行为的。另根据2015年《处理监护侵害的意见》第35条，在被监护人是未成年人时，被申请人有虐待、暴力伤害未成年人，严重损害未成年人身心健康行为的，人民法院可以判决撤销其监护人资格。因此，本案被监护人养母的监护人资格，可以被申请依法撤销。并且，本案李某的监护人资格被法院判决撤销后，由于其已经构成故意犯罪，根据《民法总则》第38条的规定，人民法院不得判决恢复其监护人资格。

根据《民法总则》第36条第2款的规定，有权申请撤销监护人资格的有关个人和组织包括：其他依法具有监护资格的人，居民委员会、村民委员会、学校、医疗机构、妇女联合会、残疾人联合会、未成年人保护组织、依法设立的老年人组织、民政部门等。

【思考题】

一、单项选择题

1. 关于监护，下列哪一表述是正确的？（ ）

A. 甲委托医院照料其患精神病的配偶乙，医院是委托监护人

B. 甲的幼子乙在寄宿制幼儿园期间，甲的监护职责全部转移给幼儿园

C. 甲丧夫后携幼子乙改嫁，乙的爷爷有权要求法院确定自己为乙的法定监护人

D. 甲、乙之子丙已5周岁，甲、乙离婚后对谁担任丙的监护人发生争议，甲、乙所在的单位有权指定

2. 甲15岁，系不能辨认自己的行为的精神障碍患者。关于其监护问题，下列哪一表述是正确的？（ ）

A. 监护人只能是甲的近亲属或关系密切的其他亲属、朋友

B. 监护人可以是同一顺序中的数人

C. 对担任监护人有争议的，不可直接请求法院裁决

D. 为甲设定监护人，适用关于精神障碍患者监护的规定

二、多项选择题

1. 甲8周岁，多次在国际钢琴大赛中获奖，并获得大量奖金。甲的父母乙、丙为了甲的利益，考虑到甲的奖金存放银行增值有限，遂将奖金全部购买了股票，但恰遇股市暴跌，甲的奖金损失过半。关于乙、丙的行为，下列哪些说法是正确的？（ ）

A. 乙、丙应对投资股票给甲造成的损失承担责任

B. 乙、丙不能随意处分甲的财产

C. 乙、丙的行为构成无因管理，无须承担责任

D. 如主张赔偿，甲对父母的诉讼时效期间自其父母的法定代理终止之日起计算

2. 甲与乙离婚并达成协议：婚生男孩丙3岁由乙女方抚养，如双方中一方再婚，丙

则由另一方抚养。后乙在丙6岁时再婚，甲去乙家接丙回去抚养，乙不允。甲即从幼儿园将丙接回，并电话告知乙。为此，双方发生争执，诉至法院。下列有关论述正确的有哪些？（　）

A. 甲、乙均为丙的监护人

B. 乙的行为是违约行为，受合同法调整

C. 甲欲行使对丙的抚养权，应通过诉讼程序解决

D. 甲、乙的协议违反了法律

3. 对担任无行为能力者的监护人有异议的，由（　）在近亲属中指定。

A. 无行为能力者所在单位

B. 无行为能力者住所地的居民委员会或村民委员会

C. 法院依法

D. 民政部门

三、判断分析题

1. 数名法定监护人对监护人的确定有争议的，必需先由相关组织指定监护人，对指定监护不服的，才能向人民法院申请指定监护人。

2. 在无民事行为能力或者限制民事行为能力的成年人的监护人中，父母的监护顺序先于其子女。

四、简答题

1. 简述监护的法定监护与意定监护。

2. 简述监护人的职责。

3. 简述未成年人之监护人的范围及顺序。

4. 简述成年人之监护人的范围及顺序。

五、论述题

1. 论撤销监护人资格的法定事由。

2. 论对未成年人的监护与亲权的关系。

六、案例分析题

李某某与郭某是夫妻关系，2009年双方生有一子郭某乙。2010年郭某外出打工，同年5月因李某某在家与郭某的父母产生矛盾，李某某去外地找郭某并在外地与郭某共同生活，李某某与郭某之子郭某乙一直由郭某的父母照顾。2012年，李某某与郭某从外地回来后未再外出打工。后因接孩子郭某乙回家，李某某与郭某的父母产生矛盾，郭某的父母坚决不交出孩子。2014年2月14日郭某到父母家中在未告知其父母的情况下将孩子带离父母家中。2014年2月19日郭某的父母到郭某和李某某的楼下，在李某某和郭某不同意的情况下又将郭某乙带回家中。后李某某起诉到法院要求郭某的父母交还孩子并要求郭某的父母承担精神抚慰金。郭某的父母认为，在郭某乙不到一岁时因李某某与自己产生矛盾便将郭某乙丢下，孩子的母亲李某某因自己的私利对孩子不管不问，未尽到监护责任，孩子郭某乙从11个月起就跟自己共同生活，因此要求法院判决郭某乙由自己抚养。①

请问：本案郭某乙的父母是否享有对郭某乙的监护权？该案郭某乙的监护权应由谁

① 本案例来源于中国裁判文书网。

行使?

【阅读参考文献】

1. 杨大文主编:《亲属法》(第四版),法律出版社,2012 年版。

2. 陈苇:《中国婚姻家庭法立法研究》(第二版),群众出版社,2010 年版。

3. 曹诗权:《未成年人监护制度研究》,中国政法大学出版社,2004 年版。

4. 李霞:《成年监护制度研究——以人权的视角》,中国政法大学出版社,2012 年版。

5. 李欣:《私法自治视域下的老年人监护制度研究》,群众出版社,2013 年版。

第九章
祖孙关系和兄弟姐妹关系

本章学习重点：
祖孙间的权利义务；兄弟姐妹间的权利义务。

【导入案例】

曹家惠在丈夫死亡后带着5岁的儿子陈中文与刘某再婚，与刘某及其15岁的女儿刘亚丽共同生活。婚后，刘某非常喜欢陈中文，为使家庭关系更和睦，经陈中文亲生的爷爷奶奶同意后，便收养了陈中文为养子并办理了收养登记，改其姓名为刘中文。9年后，刘某夫妇在一次车祸中双双丧生，此时刘亚丽已经大学毕业在一家外资企业就职，月薪9000余元，刘中文为初一学生。父母丧生后，刘中文失去了生活来源，要求刘亚丽履行扶养义务。刘亚丽则以自己和刘中文只是继兄弟姐妹关系，且无扶养义务为由，拒绝承担对刘中文的扶养责任。刘中文无奈，在亲友的帮助下将刘亚丽告上法庭，要求刘亚丽承担扶养费用。

请问：刘亚丽对刘中文是否负有法定的扶养义务？为什么？

在我国，1980年《婚姻法》将1950年《婚姻法》所调整的家庭关系之范围进行了扩大，除夫妻关系和父母子女关系外，增加了祖孙关系（祖父母、外祖父母与孙子女、外孙子女间的关系）和兄弟姐妹关系的内容。2001年修正后的《婚姻法》又进一步对兄弟姐妹关系的规定进行了补充，在1980年《婚姻法》规定具备法定条件的兄姐对弟妹有扶养义务的基础上，增加规定："由兄姐扶养长大的有负担能力的弟妹，对于缺乏劳动能力又缺乏生活来源的兄姐有扶养的义务。"这些规定有利于更好地实现家庭养老育幼的功能，同时也有利于弘扬我国家庭成员间敬老爱幼、守望相助的民族传统。

第一节　祖孙关系

一、祖孙关系概述

祖孙关系包括祖父母与孙子女间权利义务关系和外祖父母与外孙子女间权利义务关系。从祖孙关系的产生原因看，还可分为属于自然血亲的祖孙关系、拟制血亲的养祖孙关系以及姻亲关系的继祖孙关系。

祖父母、外祖父母与孙子女、外孙子女之间虽存在较近的亲属关系，但在一般情况下彼此间无直接的抚养或赡养义务。我国扶养制度中对祖孙关系权利义务内容的确定在我国现阶段有其重要意义。一方面，尽管三代同居家庭的数量在逐步减少，但由于我国人口基数比较大，所以三代同居的家庭模式在短时间内不会消亡且依然占据较大比例，换言之，祖孙关系仍是一种常见的亲属关系类型且在生活中往往还有较为密切的联系；另一方面，随着我国社会经济的发展和医学水平的进步，普通人的平均寿命都得以普遍延长，因此而产生的人口老龄化问题可以说不可避免，并将在今后相当长的一段历史时期内困扰我国。再加上我国正在完善中的社会保障体系还存在管理分散、监督缺乏、保障薄弱、城乡差距明显等诸多问题，在短时间内要想完全依靠社会的力量来完成对老年人的扶养几无可能。同样，对于父母已经死亡或者无力抚养的孙子女、外孙子女，社会福利院等机构也没有能力完全承担起抚养的义务。因此，确立隔代亲属在法律上的扶养关系是现阶段的最优选择。

二、祖孙间的抚养、赡养义务

我国现行《婚姻法》第28条规定："有负担能力的祖父母、外祖父母，对于父母已经死亡或父母无力抚养的未成年的孙子女、外孙子女，有抚养的义务。有负担能力的孙子女、外孙子女，对于子女已经死亡或子女无力赡养的祖父母、外祖父母，有赡养的义务。"这里的祖父母、外祖父母与孙子女、外孙子女一般是指具有自然血亲的祖孙关系和拟制血亲的祖孙关系。但对在继祖孙之间可否适用本条文来确认其权利义务关系在理论上尚存有争议。我国有学者曾认为，继父母如对继子女尽了抚养义务，他们之间就产生父母子女间的权利义务关系。相应地，与继父母其他亲属也产生一定的法律关系。因此，在继父母死亡后，继祖父母、继外祖父母与继孙子女、继外孙子女间的权利义务问题也适用于法律关于祖孙之间在一定条件下经济责任的规定。① 但我们认为，没有形成扶养关系的继祖孙间在我国属于直系姻亲关系，不适用《婚姻法》关于祖孙间权利义务的相关规定，其理由主要在于，《执行继承法意见》第26条中明文规定："被继承人的养子女、已形成扶养关系的继子女的生子女可代位继承；被继承人亲生子女的养子女可代位继承；被继承人养子女的养子女可代位继承；与被继承人已形成扶养关系的继子女的养子女也可以代位继承。"换言之，与被代位继承人已形成事实上扶养关系的继子女不属于代位继承人。另外，该司法解释第24条第1款还规定："继兄弟姐妹之间的继承权，因继兄弟姐妹之间的扶养关系而发生。没有扶养关系的，不能互为第二顺序继承人。"这表明，继父母子女间尽管可在形成事实上扶养关系后产生血亲拟制的效果，但这一法律拟制的范围却仅局限于继父母与子女之间并不能扩大至其他近亲属，就此而言，因事实扶养关系形成而在继父母子女间产生的拟制效果与收养制度是存在区别的，这也是我国现行收养法同样允许继父母收养继子女并予以特别规定的原因，否则，我们就无法理解为何在功能上完全相同的两项制度要在不同的法律中分别加以规定。因此，无扶养关系的继祖孙之间，其相互的权利义务不适用现行《婚姻法》第28条的规定。

（一）祖父母、外祖父母对孙子女、外孙子女承担抚养义务的条件

根据我国现行《婚姻法》的规定，祖父母、外祖父母对孙子女、外孙子女承担抚养义务的条件包括：

---

① 参见曹诗权主编：《婚姻家庭继承法学》，206-207页，北京：中国法制出版社，1999。

1. 孙子女、外孙子女须未成年，即孙子女、外孙子女必须是不满 18 周岁且无独立生活能力的未成年人。对于已经成年的孙子女、外孙子女，无论其是否具有独立生活能力，其祖父母、外祖父母均无法定抚养义务。

2. 孙子女、外孙子女的父母已经死亡或无力抚养。父母已经死亡或无力抚养，包括父母均已双亡、无抚养能力以及一方死亡而另一方无抚养能力，这三种具体情况。同时，这里所称的“死亡”包括宣告死亡的情况在内。

3. 祖父母、外祖父母有抚养能力，即祖父母、外祖父母在确保自身生活条件的同时还有能力负担抚养孙子女、外孙子女的抚养费用。

上述三项条件必须同时具备才产生祖父母、外祖父母对孙子女、外孙子女的抚养义务，且适用该条款不以同居一家、共同生活为限。

（二）孙子女、外孙子女对祖父母、外祖父母承担赡养义务的条件

根据我国现行《婚姻法》的规定，孙子女、外孙子女对祖父母、外祖父母承担赡养义务的条件包括：

1. 孙子女、外孙子女已成年且具有赡养能力。

2. 祖父母、外祖父母的子女已经死亡或无力赡养。

3. 祖父母、外祖父母有要求赡养的实际需要。①

以上条件必须同时具备才产生孙子女、外孙子女对祖父母、外祖父母的赡养义务。该项条款的适用同样不以同居一家、共同生活为限。

根据此规定确立的扶养关系，在实际操作中往往还需要扶养关系双方当事人就抚养或赡养的程序、抚养或赡养的具体方式等进行协商，在协商一致的情况下，当事人可达成具有约束力的抚养或赡养协议。如果当事人对抚养、赡养义务发生争执达不成协议的，可以请求人民法院判决确定。

此外，在抚养或赡养协议达成后或者人民法院的判决生效后，如果因当事人的经济和生活状况发生变化，当事人可请求变更抚养或赡养协议。当事人首先可以在自愿、平等的基础上进行协商，协商不成的，可以向人民法院提起诉讼，请求依法变更抚养或赡养协议。

三、祖孙间的继承权

根据我国《继承法》第 10 条的规定，祖父母、外祖父母是孙子女、外孙子女第二顺序的法定继承人。依《继承法》第 11 条规定，当孙子女、外孙子女的父母先于祖父母、外祖父母死亡时，该孙子女、外孙子女可以法定代位继承人的身份继承其祖父母、外祖父母的遗产，取得被代位父亲或者母亲有权继承的遗产份额。另据最高人民法院《执行继承法意见》第 27 条之规定，代位继承人缺乏劳动能力又没有生活来源或对被继承人尽过主要赡养义务的，可以多分遗产。

---

① 主编注：关于需要扶养（包括赡养、扶养、抚养）应当如何认定？我国有学者认为，所谓扶养权利人有受扶养的必要，通常是指扶养权利人不能维持生活且无谋生能力。所谓不能维持生活，是指其财产资力不足；无谋生能力则指其工作能力不足。参见余延满：《亲属法原论》，524 页，北京：法律出版社，2007。

此外，依我国《继承法》第14条和《执行继承法意见》第28条的规定①，在被继承人有第一顺序法定继承人且被继承人生前未留有合法有效的遗嘱的情况下，丧失代位继承权的孙子女、外孙子女即使不能以代位继承人身份参与继承，但如其属于依靠被继承人扶养的缺乏劳动能力又无生活来源的人或对被继承人尽赡养义务较多的人，仍可依法酌情分得部分遗产。

第二节 兄弟姐妹关系

一、兄弟姐妹关系概述

兄弟姐妹属于旁系血亲，无论从血缘远近还是感情亲疏方面来说，它是所有旁系血亲中最为亲密的一种。在一般情况下，根据我国现行《婚姻法》关于父母子女关系的相关规定，兄弟姐妹均应由其父母一并抚养，但在某种特殊情况导致父母无力承担抚养义务之时，兄弟姐妹间因为彼此的亲密关系即会在一定条件下产生扶养义务。

尽管我国1950年《婚姻法》未规定兄弟姐妹间的扶养关系，但由于实际生活中兄、姐扶养教育弟、妹现象在我国实际存在，1980年《婚姻法》结合我国家庭成员间关系较为密切的实际，将兄、姐在特定条件下扶养弟、妹的内容纳入了法律的调整范围，在该法第23条中规定："有负担能力的兄、姊，对于父母已经死亡或父母无力抚养的未成年的弟、妹，有抚养的义务。"此后，1984年《执行民事政策法律的意见》第26条作出进一步解释："由兄、姐抚养长大的有负担能力的弟、妹，对丧失劳动能力、孤独无依的兄、姐，有抚养的义务。"根据这一司法解释，由兄、姐扶养长大的有负担能力的弟、妹，与丧失劳动能力、孤独无依的兄、姐间也产生了有条件的扶养关系。由于此规定符合我国的实际国情且在实践中取得了较好的社会效果，2001年修正后的《婚姻法》进一步补充规定了兄弟姐妹间的扶养关系。

二、兄弟姐妹间的扶养义务

我国现行《婚姻法》第29条规定："有负担能力的兄、姐，对于父母已经死亡或父母无力抚养的未成年的弟、妹，有扶养的义务。由兄、姐扶养长大的有负担能力的弟、妹，对于缺乏劳动能力又缺乏生活来源的兄、姐，有扶养的义务。"这里的"兄弟姐妹"，包括同父同母的兄弟姐妹、同父异母的兄弟姐妹、同母异父的兄弟姐妹、养兄弟姐妹以及有扶养关系的继兄弟姐妹。值得注意的是，所谓"有扶养关系的继兄弟姐妹"是指在继兄弟姐妹之间因发生事实上扶养关系而形成的一种拟制血亲关系。换言之，在一个再婚家庭中，如果夫妻均属再婚且各自带有子女，则这些子女应为继兄弟姐妹关系。但如果在该继兄弟姐妹之间未形成事实上的扶养关系，则他们之间只是一种无法律上权利义务的姻亲关系。我国《执行继承法意见》第24条第1款规定："继兄弟姐妹之间的继承权，因继兄弟姐妹之间的扶养关系而发生。没有扶养关系的，不能互为第二顺序继承人。"

---

① 《执行继承法意见》第28条规定："继承人丧失继承权的，其晚辈直系血亲不得代位继承。如该代位继承人缺乏劳动能力又没有生活来源，或对被继承人尽赡养义务较多的，可适当分给遗产。"

（一）兄、姐对弟、妹承担扶养义务的条件

根据现行《婚姻法》的规定，兄、姐对弟、妹承担扶养义务的条件包括：

1. 弟、妹须未成年，即不满18周岁且无独立生活能力。如果弟、妹已经成年，即使仍无独立生活能力，兄、姐也无扶养义务。

2. 父母已经死亡或者父母无力抚养。

3. 兄、姐有扶养能力，即兄、姐在保障自己生活的基础上可负担弟、妹的扶养费用。

上述条件必须同时具备才产生兄、姐对弟、妹的扶养义务，且适用该条款不以同居一家、共同生活为限。

值得注意的是，就某个需要扶养的未成年人而言，如果其兄、姐以及祖父母、外祖父母均有负担能力而其父母已死亡或无力抚养时应确定谁为扶养人？对于这一问题，现行《婚姻法》未作出明确规定，但根据现行《婚姻法》第28、29条的规定来看，只要符合该两项条款规定的条件，即可产生相应的扶养义务，并无顺序上的先后之别。尽管根据我国《民法通则》第16条之规定，未成年人的父母已经死亡或者没有监护能力时，祖父母、外祖父母是第一顺序的法定监护人，兄、姐则排在第二位。但我们不应据此认为祖父母、外祖父母应排在兄、姐之前履行抚养义务。因为监护与扶养是两项立法目的与功能存在相当差异的制度，扶养制度更注重在经济上为被扶养人提供基本的生活保障。多个共同扶养人的存在，不但可以更好地保障这一目的的实现，而且就每个扶养义务人自身而言，也可以相对减轻经济负担。数名扶养人可以就承担扶养义务的事宜进行协商，各自对被扶养人分担相应的扶养义务，如协商不成的，可诉请法院判决。

（二）弟、妹对兄、姐负担扶养义务的条件

根据我国现行《婚姻法》的规定，弟、妹对兄、姐承担扶养义务的条件包括：

1. 兄、姐缺乏劳动能力又缺乏生活来源。如果兄、姐缺乏劳动能力，但能够凭借个人财产生活或虽缺乏生活来源但具备劳动能力者，均无权请求扶养。在此所谓的“缺乏生活来源”，是指缺少维持生活所需的基本物质资料，包括没有第一顺序的扶养义务人，或第一顺序的扶养义务人没有扶养能力。

2. 弟、妹由兄、姐扶养长大。

3. 弟、妹具有扶养能力。

以上条件也必须同时具备才产生弟、妹对兄、姐的扶养义务。该项条款的适用同样不以同居一家、共同生活为限。

总的来说，兄弟姐妹间的扶养义务与祖孙间的扶养义务相同，都是第二顺位的且都属于生活扶助义务，属于在不降低扶养义务人自己生活水平的限度内给予的扶养。但是，如果符合法定条件的扶养义务人不履行其扶养义务的，扶养权利人可诉请法院追索相应的扶养费用。

三、兄弟姐妹间的继承权

根据我国《继承法》第10条的规定，兄弟姐妹互为第二顺序的法定继承人，即在被继承人死亡时未留有合法有效的遗嘱，且其没有第一顺序法定继承人或其第一顺序法定继承人均放弃或丧失继承权的情况下，该被继承人的兄弟姐妹得继承其遗产。

另外，根据我国《继承法》第14条的规定，即使有被继承人第一顺序法定继承人且被继承人生前未留有合法有效的遗嘱的情况下，如果该被继承人的兄弟姐妹对其扶养较多或者该被继承人的兄弟姐妹由于自身缺乏劳动能力又无生活来源一直受其扶养，则也可酌情分给他们适当遗产。

【导入案例要点评析】

本案涉及养兄弟姐妹之间的扶养问题。

第一，本案中刘亚丽和刘中文是养兄弟姐妹关系。根据我国《收养法》第23条第1款规定："自收养关系成立之日起，养父母与养子女之间的权利义务关系，适用法律关于父母子女关系的规定；养子女与养父母的近亲属间的权利义务关系，适用法律关于子女与父母的近亲属关系的规定。"收养成立后会产生收养的拟制效力和解消效力。其中一项拟制效力表现为养子女与养父母的近亲属间产生拟制血亲关系，如养祖孙关系、养兄弟姐妹关系，相互间的权利义务适用现行《婚姻法》的规定。本案中刘亚丽和刘中文本来只是继兄弟姐妹之间的姻亲关系，但刘某经依法收养刘中文后，刘中文与刘某的女儿刘亚丽之间产生了养兄弟姐妹的拟制血亲关系，相互间具有与现行《婚姻法》规定的兄弟姐妹间相同的法定权利义务。

第二，刘亚丽应扶养刘中文。我国现行《婚姻法》第29条规定："有负担能力的兄、姐，对于父母已经死亡或父母无力抚养的未成年的弟、妹，有扶养的义务。由兄、姐扶养长大的有负担能力的弟、妹，对于缺乏劳动能力又缺乏生活来源的兄、姐，有扶养的义务。"按此规定，兄、姐承担扶养弟、妹的条件：一是兄、姐有负担能力；二是弟、妹的父母已经死亡或父母无力抚养；三是弟、妹是未成年人。本案中的养姐弟刘亚丽和刘中文完全符合这三个条件。养姐刘亚丽在父母已经死亡、刘中文尚未成年、而自己又有负担能力的情况下，应当对养弟刘中文承担扶养义务。

【思考题】

一、单项选择题

1. 根据我国《婚姻法》的规定，下列说法正确的是（　）

A. 有负担能力的兄、姐对父母已经死亡或父母无力抚养的未成年的弟、妹，有扶养义务

B. 兄、姐对父母已经死亡或父母无力抚养的未成年的弟、妹有扶养义务

C. 有负担能力的弟、妹对缺乏劳动能力和生活来源的兄、姐有扶养义务

D. 有负担能力的弟、妹对兄、姐有扶养义务

2. 根据我国现行婚姻法的规定，弟、妹对兄、姐承担扶养义务的条件中，不包括（　）

A. 弟、妹由兄、姐扶养长大　　B. 弟、妹无子女

C. 弟、妹有负担能力　　D. 兄、姐缺乏劳动能力又缺乏生活来源

二、多项选择题

1. 根据我国《婚姻法》的规定，祖父母、外祖父母抚养孙子女、外孙子女的条件是（　）

A. 孙子女、外孙子女一直由祖父母、外祖父母抚养

B. 祖父母、外祖父母有负担能力

C. 孙子女、外孙子女的父母已死亡或无力抚养

D. 孙子女、外孙子女未成年

E. 孙子女、外孙子女的父母长期在外地工作

2. 根据我国《婚姻法》的规定，弟、妹对兄、姐承担扶养义务的条件有（　）

A. 弟、妹由兄姐扶养长大

B. 弟、妹已成年

C. 弟、妹有负担能力

D. 兄、姐缺乏劳动能力又缺乏生活来源

E. 兄、姐的父母已经死亡或无力抚养

三、判断分析题

1. 兄弟姐妹之间有相互扶养的义务。

2. 已成年的孙子女应该赡养祖父母。

四、简答题

1. 简述兄、姐对弟、妹承担扶养义务的条件。

2. 简述弟、妹对兄、姐负担扶养义务的条件。

3. 简述祖父母、外祖父母抚养孙子女、外孙子女的条件。

五、论述题

1. 试述亲属间扶养义务的性质。

2. 完善我国亲属扶养制度的思考。

六、案例分析题

参见陈苇主编：《婚姻家庭继承法学案例教程》（第三版）（北京：群众出版社，2017年版）第四单元家庭关系案例。

【阅读参考文献】

1. 杨大文、马忆南主编：《婚姻家庭法》，光明出版社，2008 年版。

2. 何志主编：《婚姻继承法原理精要与实务指南》，人民法院出版社，2008 年版。

3. 胡明玉：《婚姻家庭法律问题专题研究》，法律出版社，2015 年版。

4. 田小梅主编：《以案学法——维护妇女儿童权益典型案例解析》，中国政法大学出版社，2015 年版。

5. 司丹：《亲子关系的体系建构与制度延展》，法律出版社，2016 年版。

第十章
登记离婚与诉讼离婚

本章学习重点提示：

我国离婚立法的指导思想；登记离婚的条件和程序；诉讼离婚中的两项特殊保护；判决离婚的法定理由。

【导入案例】

朱男与李女从小青梅竹马，2004年双方自愿登记结婚。婚后夫妻和睦恩爱，2007年生育一子。2012年年初，朱男因病瘫痪而失去劳动和生活自理能力，李女既要照顾丈夫、儿子，又要下地干活，维持生计。虽然李女对此毫无怨言，但朱男看在眼里，心里感到十分痛苦。他不愿拖累妻子，便与父母商量，打算与李女离婚，父母也通情达理，同意了儿子的安排。李女知道后却坚决反对，后经朱男多次劝说，考虑到家里的具体情况，李女便同意协议离婚，但提出离婚后自己招郎上门，共同与自己照顾朱男和儿子，朱男同意了此建议。朱男与李女两人于2016年6月去婚姻登记机关申请离婚登记。经登记机关工作人员审查，朱男与李女确属自愿离婚，并已达成书面协议，对子女抚养及离婚后朱男的生活问题作出了适当安排。但当婚姻登记员了解到夫妻双方离婚的真正原因后，认为双方当事人的夫妻感情并未破裂，便向其作了调解和好工作，在调解无效后，仍不准他们办理离婚登记手续。

请问：

1. 朱男与李女是否符合办理登记离婚的条件？
2. 婚姻登记机关工作人员的做法是否正确？

第一节 概 述

离婚是夫妻双方生存期间解除夫妻关系的法律行为，这不仅涉及当事人婚姻关系的终止、家庭解体，而且与社会利益息息相关。因此，自人类进入阶级社会以来，许多国家制定了离婚法，将离婚行为纳入了法律的调整范围。

一、婚姻终止的概念和原因

婚姻终止是指合法有效的婚姻关系，因发生一定的法律事由而归于消灭。终止婚姻关系的法律事由有二，一是配偶一方死亡，二是双方离婚。

（一）婚姻因配偶一方死亡而终止

人的死亡是消灭民事法律关系的事件，在法律制度上有两种死亡，即自然死亡和经法定程序被宣告死亡。

1. 婚姻因配偶一方自然死亡终止。配偶一方自然死亡，民事权利能力亦随之消灭，婚姻关系随着主体的消灭而终止。

2. 婚姻因配偶一方被宣告死亡终止。宣告死亡是指公民下落不明达到法定期限，经利害关系人申请，法院按特别程序判决宣告该公民死亡的制度。我国《民法总则》第46条规定，自然人下落不明满四年，或者因意外事件，下落不明满二年的，其利害关系人可以向人民法院申请宣告该自然人死亡。但因意外事件下落不明，经有关机关证明该自然人不可能生存的，申请宣告死亡不受二年时间的限制。现行《民事诉讼法》第184条规定，公民下落不明满四年，或者因意外事故下落不明满二年，或者因意外事故下落不明，经有关机关证明该公民不可能生存，利害关系人申请宣告其死亡的，向下落不明人住所地基层人民法院提出。人民法院依照我国现行《民事诉讼法》第185条规定，应发出查找失踪人公告，公告期为一年。意外事故下落不明的，经有关机关证明该公民不可能生存的，公告期为三个月。公告期满，失踪人仍无下落的，人民法院即判决宣告失踪人死亡。

宣告死亡和自然死亡都产生相同的法律后果。即死亡人的财产作为遗产而发生继承，与生存配偶的婚姻关系终止，生存配偶一方获得再婚的权利。关于宣告死亡后，被宣告死亡人与其生存配偶的婚姻关系何时终止，各国立法不同。有的规定从宣告死亡之日起，婚姻关系即行终止；有的规定，以生存配偶一方再婚而终止。我国《民法总则》第51条规定，被宣告死亡的人的婚姻关系，自死亡宣告之日起消灭。

宣告死亡，从性质上说，仅是一种推定死亡。当被宣告死亡人重新出现或有生存信息时，经本人或利害关系人申请，人民法院应当作出撤销其宣告死亡的判决，恢复其民事权利。死亡宣告撤销后，其财产已经发生继承的，被撤销宣告死亡的人要求返还财产的，依照继承法取得其财产的继承人、其他第三人或者组织，应当返还原物。原物不存在或已被第三人合法取得的，由取得财产的人给予适当补偿。被宣告死亡的人在被宣告死亡期间，其子女被他人依法收养，被宣告死亡的人在死亡宣告被撤销后，仅因未经本人同意而主张收养关系无效的，一般不应准许，但收养人和被收养人同意的除外。要求与原配偶恢复婚姻关系的，我国《民法总则》第51条规定："……死亡宣告被撤销的，婚姻关系自撤销死亡宣告之日起自行恢复，但是其配偶再婚或者向婚姻登记机关书面声明不愿意恢复的除外。"

（二）婚姻因离婚而终止

1. 离婚的概念和特征。离婚又称"离异"，是指配偶生存期间依照法律规定的条件和程序，解除夫妻关系的法律行为，它具有以下特征：

（1）离婚的主体只能是夫妻双方。离婚是夫妻双方享有的民事权利，具有专属性，不可转让和继承，婚姻关系以外的人无权请求他人离婚，但法律另有规定的除外。①

（2）男女双方须有婚姻关系。在我国，法律承认的婚姻关系有两种：一是办理结婚登记而成立的合法婚姻；二是1994年2月1日《婚姻登记管理条例》施行前，符合结婚

① 《婚姻法解释（三）》第8条："无民事行为能力人的配偶有虐待、遗弃等严重损害无民事行为能力一方的人身权利或者财产权益的行为，其他有监护资格的人可以依照特别程序要求变更监护关系；变更后的监护人代理无民事行为能力一方提起离婚诉讼的，人民法院应予受理。"

条件未办结婚登记，男女双方以夫妻名义同居形成的事实婚姻。

（3）必须遵守法定的条件和程序。男女双方自愿离婚的，须对离婚、子女抚养、财产处理自愿达成一致协议，共同到婚姻登记机关申请离婚登记。一方要求离婚的，须向人民法院提出离婚诉讼。是否准许离婚，须经受理离婚的婚姻登记机关或人民法院依法定程序作出决定。

2. 离婚的种类。离婚按不同的标准，可以分为不同的种类：

（1）按离婚当事人的态度区分，可以分为双方自愿的离婚和一方要求的离婚；前者又称“合意离婚”，后者又称“片意离婚”。

（2）从办理离婚的法定程序划分，可以分为行政登记离婚和诉讼离婚。当前，有的国家两种程序同时并用，有的国家只有诉讼离婚而无行政登记离婚程序。“在美国，离婚必须经过诉讼程序，但当事人可以就其离婚及离婚后的各种事宜事先达成协议，由法院批准。”①

（3）按解除婚姻关系的方式划分，可以分为协议离婚和判决离婚。这两种离婚方式，有的国家并用，如法国、日本和俄罗斯等，有的国家只用判决离婚方式，如德国、瑞士、英国等，即使夫妻双方对离婚自愿达成一致协议的，也必须通过诉讼方式，由法院判决离婚。②

允许协议离婚的国家，协议离婚方式一般有以下三种方式：

一是双方当事人协议离婚。此种协议离婚，公权力不介入，只要当事人自愿达成书面离婚协议，并有两人以上证人签名，无须有关机关审查、认可或批准，即发生离婚效力。旧中国民法及我国台湾地区 1985 年修改“民法·亲属编”前，一直采用此种协议离婚。

二是行政登记的协议离婚。即夫妻双方就离婚达成协议，须向政府设立的有关机关申请离婚登记，经审查符合法律规定，准予登记，婚姻即行终止。

三是司法裁决的协议离婚。在仅设诉讼离婚程序的国家，双方自愿离婚，并对子女抚养、财产处理达成协议的，也须向法院申请，经审查裁决准予离婚的即发生离婚效力。有登记离婚程序的国家，如一方要求离婚，双方达不成协议而起诉的，经法院调解达成离婚协议的调解离婚也属于此。

协议离婚是法律充分尊重当事人的意志，离婚程序简便、快捷，无须说明理由，更不需要举证、质证，可以使当事人在平和、友好的气氛中分手。因此，它被一些当事人乐于选择。

3. 离婚与婚姻无效、可撤销婚姻的区别。

（1）性质不同。离婚是对合法有效婚姻的解除，是解救不幸婚姻的救济措施，不具有制裁性质。婚姻无效，是对不符合结婚有效要件的婚姻，从法律上否定其效力，可撤销婚姻是对因受胁迫而缔结的婚姻依法否定其效力，具有对违法婚姻制裁的性质。

（2）原因不同。离婚原因是夫妻感情破裂或具有法定离婚原因。婚姻无效的原因是男女双方或一方违反了结婚的实质要件中的公益要件，不具有婚姻效力。可撤销婚姻的原因是欠缺结婚私益要件，如非因婚姻当事人的自愿而形成的婚姻。

---

① 夏吟兰：《美国现代婚姻家庭制度》，138 页，北京：中国政法大学出版社，1999。

② 陈苇主编：《外国婚姻家庭法比较研究》，438 页，北京：群众出版社，2006。

(3) 发生原因的时间不同。离婚的原因发生在结婚之后，婚姻无效的原因发生在结婚之前，可撤销婚姻的原因也发生在结婚之前。

(4) 请求权人不同。离婚只能由夫妻双方或一方请求。婚姻无效的可以由当事人、利害关系人提出请求。可撤销婚姻只能由受胁迫方当事人本人提出请求。

(5) 请求的期限不同。离婚只能在双方当事人生存期间请求。婚姻无效，既可以在双方当事人生存期间，也可以在一方或双方死亡之后法律规定的期限内请求。可撤销婚姻必须在婚姻登记后一年内提出撤销请求。如果当事人被限制人身自由的，须在恢复人身自由之日起一年内提出。

(6) 适用程序不同。离婚既适用行政登记程序，又适用诉讼程序，在诉讼中法院必须调解，对一审判决不服的，可以上诉，实行两审终审制。婚姻无效只适用诉讼程序，不适用行政程序，且诉讼程序中在我国不适用调解，实行一审终审制。可撤销婚姻既可适用行政登记程序，亦可适用诉讼程序。

(7) 法律效力不同。离婚，自离婚法律文书生效之日起，婚姻关系终止，无溯及力。婚姻无效与可撤销婚姻为自始无效，有溯及力。

二、离婚立法主义的历史演变

离婚立法主义是指法律对离婚的态度和主张。在阶级社会中由于各种原因，各国之间，同一国家不同时期，法律对离婚的态度也不一致，因而形成不同的离婚主义。概括起来，主要有两大离婚主义，一是许可离婚主义，二是禁止离婚主义。

(一) 许可离婚主义

许可离婚主义是指法律允许夫妻在一定条件下，按法定方式解除婚姻关系的立法主张。按其条件和法定方式，又可分为专权离婚主义、限制离婚主义和自由离婚主义。

1. 专权离婚主义。专权离婚主义是指法律只允许丈夫依法享有休妻的特权，妻子无离婚权的立法主张。这是中外古代奴隶社会、封建社会绝大多数国家法律的主张。有的古代法律规定，不需要任何条件，丈夫即可将妻子休弃。例如，古罗马法规定有夫权婚姻的离婚，包括“共食婚”、“买卖婚”和“时效婚”，丈夫享有离弃妻子的绝对权，丈夫休妻不需要任何理由，也无论妻子有无过错，妻子在任何情况下无离婚权。只要按法定方式举行一定的仪式，婚姻即行解除。大多数古代法律规定，妻子必须有法律规定的过错，丈夫方可休妻，如古希伯来法规定“夫可休妻，妻则无此权限。休妻原因主要是妻不孝翁姑、有淫乱之行、有污秽之疾或不生子女。休妻形式是由夫依法定格式缮具休书，交审判官审核属实，即将休书交妻收执，婚姻即告终止。”① 我国古代法律规定丈夫休妻，必须具有“七出”理由②，并且须受“三不去”的限制，方可将妻子休弃。③ 由此可见，实行专权离婚主义的古代法律，有的虽然规定了离婚的条件、形式，但共同之处都是丈夫一方享有离婚特权，妻子在任何情况下均无“休夫”的权利。

---

① 张天福：《希伯来法系之研究》，36页，上海：大东书局，1946。

② 中国古代离婚制度规定的“七出”是男子出妻和男家出妇的七项理由：一、无子；二、淫佚；三、不事舅姑；四、口舌；五、盗窃；六、妒忌；七、恶疾。

③ 中国古代离婚制度规定的“三不去”是对男子出妻和男家出妇的限制条件：一、经持舅姑之丧；二、娶时贱后贵；三、有所受无所归。

2. 限制离婚主义。限制离婚主义是指法律规定要求离婚的一方，必须符合法定理由，有过错一方丧失离婚诉权的立法主张。限制离婚主义与专权离婚主义相比，夫妻双方都享有平等的离婚权。但是，要求离婚的一方要受法定理由的限制，有过错一方受诉权限制。早期资本主义和现代不少资本主义国家的法律仍持这一离婚主义。实行限制离婚主义的法律都要制定出若干法定理由，各国法律规定的理由不尽相同，但都可概括为两类。

一是有责理由，即对方有过错，有责任。有责理由通常有：一方通奸；一方对另一方严重施暴、侮辱、恐吓、虐待或遗弃；一方重婚；一方诬告对方犯罪被处徒刑；一方赌博、嗜酒成性或服用残害健康的毒品；丈夫强迫妻子卖淫、故意允许他人与妻子通奸而接受财物；一方故意腐蚀子女；一方犯不名誉罪被判处徒刑或其他罪被判处长期徒刑；一方侵犯对方财产等。有的国家的有责理由多达近 20 条。只要夫妻一方有法律规定的过错之一，他方就可向法院起诉，并获准离婚。

二是无责理由。即不是一方过错，但足以使对方无法与之共同生活的理由。无责理由通常有：一方患有不治之精神病达一定期限；一方患不治之恶疾，包括性病、麻风病或其他严重传染病；一方患严重生理疾病、无性行为能力；一方失踪达一定期限；经法定程序判决别居达一定期限仍不能和好等。①

3. 自由离婚主义。自由离婚主义是指法律规定要求离婚不需具有法定理由，在诉权上也不受过错限制，只要婚姻破裂，无法共同生活，夫妻双方或一方都可请求离婚的立法主张。

自由离婚主义是俄国十月革命的产物。1926 年颁布的《苏俄婚姻、亲属及监护法典》，废除了限制离婚主义，实行完全的自由离婚主义。在该国当时诉讼离婚制度被废除后，登记离婚为离婚的唯一形式。该法第 18 条规定："夫妻在生存期间，婚姻得由双方同意，以及一方之片面要求消灭。"根据这一规定，夫妻双方同意离婚的，双方向登记局提出离婚登记申请，即可获离婚。一方要求离婚，对方不同意离婚的，登记局依一方申请也准予登记，解除婚姻关系。1944 年该法典对离婚程序进行了修改，恢复了诉讼离婚制度。夫妻双方自愿离婚的，由户政机关登记离婚，发给离婚证。一方要求离婚的，根据该法第 24、25 条的规定，应向人民法院提出离婚诉状，声明离婚原因，经法院前置调解后一方仍然坚持离婚的，原告再向上级法院（特别法院、省法院、州法院、城市法院）诉请离婚。上级法院对原告声明的离婚原因进行审查，并进行公开审理，法院认为有终止婚姻之必要者，即判决准许离婚。由于法律没有规定判决离婚的条件，是否准许离婚，完全由法院自由裁量。②

苏联确立的自由离婚主义，一直为社会主义各国离婚立法所仿效，对我国离婚立法也有深远的影响。早在第二次国内革命战争时期，我国革命根据地颁布的《中华苏维埃共和国婚姻条例》和《中华苏维埃共和国婚姻法》都一致规定："男女双方同意离婚的，即行离婚。男女一方坚决离婚的，即行离婚。""男女离婚，须向乡苏维埃或市、区苏维埃登记。"我国 1950 年《婚姻法》对离婚问题的规定，也是如此。该法第 17 条规定："男

① 1907 年的《瑞士民法典》在规定有责主义的离婚理由之外，还规定了无责主义的离婚原因，被称为"开现代破裂离婚主义之先河"，参见陈苇：《瑞士：无过错方可要求损害赔偿》，载《法制日报》，2011 年 12 月 13 日（10）。

② 徐福基：《苏联亲属法要义》，12 页，上海：大东书局，1949。

女双方自愿离婚的，准予离婚。男女一方坚决要求离婚的，经区人民政府和司法机关调解无效时，亦准予离婚……县或市人民法院审理离婚案件，也应首先进行调解；如调解无效时，即行判决……”人民法院根据什么原则判决离婚，在法律上未作规定，只是后来在司法解释上才规定了一些原则性的判决离婚标准。直到1980年《婚姻法》才将夫妻感情是否破裂作为判决是否离婚的法定准则。

随着社会的发展、婚姻观念的变化，一些国家离婚的法定理由已不能完全概括夫妻离婚的原因，因此，自20世纪60年代以来，不少外国法律摒弃了限制离婚主义而采用自由离婚主义，有的国家以限制离婚主义为主，兼采自由离婚主义。①

（二）禁止离婚主义

禁止离婚主义是指中世纪欧洲基督教教会国的寺院法规定，男女婚姻一经成立，在任何情况下都不得离异，如果夫妻不和，可以请求别居的立法主张，即绝对禁止离婚主义。

1. 禁止离婚主义产生的原因。禁止离婚主义的产生和确立，有着深刻的历史和宗教原因。恩格斯指出：“婚姻的不可离异性，部分地是一夫一妻制所赖以产生的经济状况的结果，部分地是这种经济状况和一夫一妻制之间的联系还没有被正确理解并且被宗教加以夸大的那个时代留下的传统。”② 此论述，高度地概括了禁止离婚主义的根源，既是宗教思想的影响，也是维护统治阶级利益的要求。

2. 别居制度。在一国众多的婚姻中，总会有一些夫妻因种种原因而发生矛盾，无法共同生活，但法律上又不允许离婚。为了缓和夫妻矛盾，“救济”不幸婚姻，寺院法除规定无效婚姻外，又确立了别居制度（在现代社会，有的国家将别居制度称为分居制度）。所谓别居制度，是指夫妻不和，无法共同生活时，经当事人申请，由法庭判决中止夫妻同居义务的制度。未经法庭判决擅自分居的夫妻，因违反了夫妻同居义务，要受法律制裁。

经宗教法庭判决的别居，其法律后果只是在别居期间停止夫妻的同居义务，双方分居、分食。即使被判决终身别居，双方的婚姻关系仍然存在。如果一方或双方与他人再婚，要受到宗教法庭的严厉制裁。夫妻的财产关系、扶养义务、亲权的行使均不消灭。因此，别居又被称为“床桌离婚”。③

3. 禁止离婚主义的衰亡。禁止离婚主义，是对人类性爱的压抑，违背人的理性和自然本能。14世纪的欧洲文艺复兴开始后，人文主义者开始向宗教神学挑战。他们宣称，性爱是人的本能，它和人的其他自然欲望一样，不是必须加以抑制的罪恶，而是人间美好的情感。经过一百多年的斗争，至16世纪时，教会内部以马丁·路德为首的宗教改革派领导人，极力反对教会对世俗婚姻生活的粗暴干预，反对婚姻不可离异的教义，主张让婚姻回到“世俗生活中来”，这一事件，史称“婚姻还俗运动”。在政教分离运动、婚姻契约论思想和女权运动的支持下，宗教改革和婚姻还俗终于获得成功。禁止离婚主义的神话终于被打破，离婚立法权和司法权逐渐从教会转入国家之手。法律婚逐渐取代了宗教婚，

① 参见陈苇：《中国婚姻家庭法立法研究》，236-238页，北京：群众出版社，2000。此外，关于英国现代离婚制度的修改动向，参见石雷：《英国现代离婚制度研究》，38-51页，北京：群众出版社，2015。

② 《马克思恩格斯全集》第21卷，96页。

③ 主编注：关于现代别居制度的特点及依据，参见孟德花：《别居与离婚制度研究》，17-19页，北京：中国人民公安大学出版社，2009。关于我国设立分居制度的必要性及立法构想，参见陈苇、罗晓玲：《设立我国分居制度的社会基础及其制度构想》（上、下），分别载《政法论丛》2011（1）、《政法论丛》2011（2）。

限制离婚主义逐渐取代了禁止离婚主义。资产阶级革命在一些国家成功后，立法承认婚姻是一种民事契约。1792年的法国立法会议宣言认为“婚姻者，得以离婚而解除之契约也”。从此，禁止离婚主义逐步被多数国家的法律所抛弃。当今社会，只有诸如菲律宾共和国、圣马力诺等少数国家至今不允许离婚。①

寺院法确立的别居制度，因有一定的积极作用，至今仍被资本主义法律继承，作为缓和夫妻矛盾、救济婚姻关系的法律制度。② 现代国家的别居制度分为两种：一是与中世纪别居制度完全相同，作为禁止离婚主义的补救手段，如《菲律宾共和国家庭法》第55条至第67条的规定。③ 二是继承传统的别居制度而又有新发展，如大陆法系的法国、瑞士、意大利和英美法系的英国等。其主张别居与离婚并行，别居须达一定期间是准予离婚的法定理由之一。④ 现代国家的别居有司法别居和协议别居，一旦别居，会产生终止夫妻同居义务等法律后果。⑤

必须明确，禁止离婚主义不是古代社会一切国家对待离婚的主张，只是欧洲中世纪教会国的主张。因此，在阶级社会中，离婚立法主义的发展趋势是由专权离婚主义发展到限制离婚主义，再发展到自由离婚主义。⑥

三、我国处理离婚问题的指导思想

离婚不仅涉及夫妻人身关系的解除，而且还涉及对子女的监护以及抚养教育方式的改变，对社会的安定团结和精神文明建设，维护社会的公序良俗有着极大的影响。因此，无论是离婚当事人对待自己的离婚问题，还是婚姻登记机关和人民法院在处理离婚案件时，

---

① 中国法学会婚姻法学研究会编：《外国婚姻家庭法汇编》，225-279页，北京：群众出版社，2000。

② 对别居制度利弊的见解与评价，外国学者主要有三种观点：第一种观点肯定别居制度。认为别居可以缓和夫妻矛盾与冲突，并给夫妻重归于好留有余地，主张别居与离婚可并行不悖，并有相互调剂的效果。第二种观点否定别居制度。认为别居制度使夫妻关系有名无实，容易引发婚外两性关系，导致非婚生子女的增加，也不利于子女的抚养教育，因而主张废除别居制度。第三种观点持折中态度。认为短期别居免除同居义务，可以缓和和减少夫妻双方冲突，以便从中调解，争取夫妻谅解与和好，利多弊少；但长期别居甚至永久别居，会造成部分有妻之鳏夫和有夫之寡妇，利少弊多，不如离婚给双方提供开始新生活的机会，对个人、社会都有好处。20世纪80—90年代，中国内地也有少数学者主张借鉴传统，在我国婚姻法中引进别居制度。参见李志敏主编：《比较家庭法》，205-206页，北京：北京大学出版社，1988；柳经纬主编：《婚姻家庭与继承法》，201页，厦门：厦门大学出版社，2002。

③ 中国法学会婚姻法学研究会编：《外国婚姻家庭法汇编》，238-240页，北京：群众出版社，2000。

④ 主编注：在国外，不少国家的离婚法以别居（分居）达到一定期间作为准予离婚的法定理由之一。例如，在法国，夫妻分居时间已持续达3年，依配偶一方的请求，分居判决当然转为离婚判决。在其他情况下，需根据夫妻双方的请求，分居判决才能转为离婚判决；在德国，如果婚姻双方分居1年并且双方均申请离婚或者被申请人同意离婚，则推定婚姻破裂，此推定为不可驳回之推定。如果婚姻双方分居已逾3年，虽然双方没有离婚合意或被申请人反对离婚，亦推定婚姻已破裂，此推定亦是不可驳回之推定；在瑞士，定期分居的期限已过，或不定期分居的期限已经持续3年的，即使只有配偶一方诉请离婚，也应判决准予离婚；在英国，婚姻当事人双方于提起离婚之诉前已连续别居2年以上且被告同意离婚或婚姻当事人双方于提起离婚之诉前已连续别居5年以上的，法官可认定其婚姻已经无可挽回地破裂。参见陈苇主编：《外国婚姻家庭法比较研究》，401、402、409、420页，北京：群众出版社，2006。此外，在澳大利亚，依澳大利亚《1975年家庭法》第48条规定，申请离婚令应以夫妻分居或别居为理由，当法院确信夫妻分居或别居已持续12个月时，作出离婚令。参见陈苇项目负责人主持翻译：《澳大利亚家庭法》（2008年修正），110-111页，北京：群众出版社，2009。

⑤ 主编注：关于外国法规定的分居的法律效力，参见陈苇、罗晓玲：《设立我国分居制度的社会基础及其制度构想》（上），41页，载《政法论丛》，2011（1）。

⑥ 关于我国离婚制度的沿革，参见陈苇主编：《婚姻家庭继承法学》，319-324页，北京：法律出版社，2002。

都应坚持保障离婚自由，防止轻率离婚这一指导思想。①

（一）保障离婚自由

1. 离婚自由的概念。离婚自由是指婚姻当事人双方或一方，基于夫妻感情破裂，无法共同生活时，有权依照法律的规定，提出解除婚姻关系的请求，受法律保护。离婚自由是婚姻自由的一个重要方面，它与结婚自由共同组成婚姻自由的完整内容。如果法律只保障当事人的结婚自由，而不实行离婚自由，婚姻自由就是片面的、不完全的婚姻自由。保障离婚自由，在符合法律规定的条件下，婚姻登记机关和人民法院让当事人充分行使离婚权，尊重当事人选择法定离婚方式，对双方自愿离婚并对子女、财产等问题达成一致协议的，应当充分尊重双方当事人的意愿，准予离婚，发给离婚证或离婚调解书，解除夫妻关系。一方要求离婚并向人民法院起诉的，人民法院应依法受理。如果经调解无效，符合法定条件，应判决准予离婚。

2. 保障离婚自由的必要性

（1）保障离婚自由是婚姻关系本质的要求。婚姻是夫妻共同生活的伦理实体，包括夫妻间的精神生活、物质生活和性生活等诸多内容，如果某一内容极不和谐，当事人双方无法共同生活，就意味着这一婚姻已经死亡。依法解除这种死亡的婚姻，是婚姻本质的客观要求。

（2）保障离婚自由，是保障当事人基本人身权利的要求。婚姻权，包括结婚权和离婚权，是当事人在婚姻家庭领域内享有的最基本的人身权之一。如果婚姻破裂，保障当事人依照法律规定的途径离婚，不仅能让当事人双方消除不幸婚姻带来的痛苦，减少家庭矛盾，而且会使当事人离婚后，重新慎重选择满意的伴侣，过上美满、团结、和睦的婚姻家庭生活。

（3）保障离婚自由，是促进社会安宁的要求。婚姻家庭是社会的细胞，家庭的安定、和睦、团结与社会的安宁息息相关。离婚自由有着积极的意义，列宁说："实际上离婚自由并不会使家庭瓦解，而相反地会使这种关系在文明社会中唯一可能的坚固民主基础上巩固起来。"② 保障离婚自由，能使那些因种种原因积怨很深、矛盾尖锐的婚姻关系得到解除，不仅能使双方化干戈为玉帛，而且有利于社会的环境安定，促进社会主义精神文明建设。如果当事人的离婚权得不到充分保障，就会使夫妻矛盾、家庭矛盾加剧，让其发展，还可能会导致自杀、伤害和他杀等恶性事件的发生，影响社会的安定。

3. 执行保障离婚自由中的错误倾向。当前在现实生活和司法实践中，在执行保障离婚自由这一指导思想上存在两种倾向，一是婚姻当事人一方，尤其是女方深受旧中国"从一而终"、"嫁鸡随鸡，嫁狗随狗"思想的影响，认为"正经不离婚，离婚不正经"。一方面，对离婚持有一定的偏见，没有认识到离婚的积极意义。因此，无论婚姻破裂到何种程度，宁愿忍辱负重、委曲求全，极力保持毫无实际内容的婚姻外壳，不愿离婚。另一方面，当对方提出离婚时，明知婚姻已经破裂，无法共同生活，虽经法院反复调解，也不愿意离婚。当法院离婚判决生效后，不惜消耗精力、财力和时间，反复申诉、上访，企图

---

① 主编注：关于我国离婚制度的特点及离婚标准的演变，参见金眉：《中国亲属法的近现代转型——从〈大清民律草案·亲属编〉到〈中华人民共和国婚姻法〉》，182-187页，北京：法律出版社，2010。

② 《列宁全集》第20卷，423页。

“讨回公道”，维持早已死亡的婚姻。二是人民法院的个别审判员，认为离婚是“家庭悲剧”，抱着“宁拆十座庙，不破一桩婚”的思想去处理离婚问题。对那些婚姻早已破裂，甚至对毫无感情的包办、买卖婚姻和受家庭暴力、虐待、遗弃不堪共同生活的夫妻，一味强调调解和好，久调不决或判决不准离婚，用法律强行维系死亡的婚姻。

（二）防止轻率离婚

保障离婚自由，绝不意味着可以轻率对待自己的离婚问题或者将离婚作为改善和巩固婚姻关系的唯一手段。列宁说：“承认妇女有离婚自由，并不等于号召所有的妻子都来闹离婚。”①

轻率离婚是指婚姻关系并未破裂，随意提出的离婚请求。马克思指出：“婚姻不能听从已婚者的任性，相反地，已婚者的任性应该服从婚姻的本质。”② 离婚是解除婚姻关系的严肃的法律行为，离婚自由是一种有限制、有条件的自由，只有当“某一婚姻已经死亡，它的存在仅仅是一种外表和骗局”③ 时，才允许使用离婚这一法律手段。而轻率离婚者仅凭个人一时的任性，提出离婚。这是一种对对方、对子女、对家庭和社会不负责任的行为，与离婚自由格格不入。“婚姻关系是一种极其重要的法律关系和伦理关系，夫妻双方相互承担着无可推卸的法律义务和道德责任，轻率离婚是有悖于保障离婚自由原则的。”④ 因此，防止轻率离婚，是维护和巩固社会主义婚姻关系的要求。

在现实生活中，轻率离婚的表现形式很多。有的人喜新厌旧，道德败坏，腐化堕落，不顾子女、家庭，蓄意抛弃感情深厚的配偶，企图另寻新欢；有的视婚姻为儿戏，轻率结婚，草率离婚；有的人因思想狭隘，一时气愤而随意提出离婚；有的并无离婚意图，由于对方有一些不良恶习，试图以通过提出离婚为手段，教育对方改正错误缺点。由此可见，轻率离婚是对离婚自由的曲解，将离婚自由当成一种随心所欲的绝对自由，这是极其错误的。因此，婚姻登记机关和人民法院在处理离婚问题时，必须坚持防止轻率离婚，严肃执法，以维护社会主义婚姻制度。⑤

第二节 我国登记离婚制度

登记离婚制度，又被称为行政登记离婚制度，它是指由国家行政机关按相关规定办理登记解除婚姻关系的制度。我国现行《婚姻法》和《婚姻登记条例》对我国的登记离婚制度作出了规定。

一、登记离婚的条件和程序

我国现行《婚姻法》第31条规定：“男女双方自愿离婚的，准予离婚。双方必须到婚姻登记机关申请离婚。婚姻登记机关查明双方确实是自愿并对子女和财产问题已有适当处理

---

① 《列宁全集》第23卷，67页。

② 《马克思恩格斯全集》第1卷，184页。

③ 《马克思恩格斯全集》第1卷，183页。

④ 杨大文主编：《婚姻家庭法学》，198页，上海：复旦大学出版社，2002。

⑤ 主编注：关于当代中国的三次离婚高峰期及2003—2008年的离婚率，参见陈苇：《中国婚姻家庭法立法研究》（第二版），293-300页，北京：群众出版社，2010。

时，发给离婚证。”2003年10月1日施行的《婚姻登记条例》对登记离婚作了具体的规定。现行《婚姻法》和《婚姻登记条例》，是我国当前办理登记离婚的有效法律、法规。

（一）登记离婚的条件和限制

办理离婚登记，必须符合法律规定的条件，婚姻登记机关才予受理。

1. 登记离婚的条件。根据现行《婚姻法》和《婚姻登记条例》的规定，内地居民申请登记离婚必须具备以下条件：

（1）双方当事人须有合法的夫妻身份。非婚同居当事人、事实婚姻当事人申请的“离婚”，婚姻登记机关不予受理。

（2）双方均具有完全民事行为能力。登记离婚是解除夫妻身份关系的重要民事法律行为，只能由当事人本人亲自实施。申请离婚登记必须由婚姻当事人双方共同实施，不得由他人代理。①

（3）双方须有离婚的合意。婚姻当事人双方一致同意离婚，且意思表示真实、自愿，不是受对方或他人的欺诈、胁迫而作出的。

（4）双方须对离婚后子女及财产问题作出适当处理。双方须对子女的抚养教育达成一致协议，即离婚后子女随何方生活，对方是否负担子女抚养费、负担的数额、给付方式及对子女的探视均须达成协议。双方须对夫妻共同财产分割达成一致协议，对夫妻共同财产各自分得的具体品种、名称、数量须明确达成协议。双方须对债务清偿达成一致协议，有共同债务的夫妻，该债务是用共同财产清偿，还是双方分别清偿，各自清偿何人的债务及数额，都应明白无误，达成协议。双方须对经济帮助费达成一致协议，对离婚后如一方生活困难，有负担能力的一方，需要给付的经济帮助数额、帮助期限、给付办法等有明确的协议。

对上述问题全部达成协议后，双方须签订书面离婚协议，才能向婚姻登记机关申请离婚登记。

2. 登记离婚的限制。根据现行《婚姻登记条例》第12条之规定，婚姻登记机关不受理离婚登记申请的情况是：

（1）未达成离婚协议的；

（2）属于无民事行为能力人或限制民事行为能力人的；

（3）其结婚登记不是在中国内地办理的。

（二）登记离婚的机关和程序

内地婚姻当事人要求办理登记离婚，必须双方亲自到婚姻登记机关，申请离婚登记。

1. 办理离婚登记的机关。《婚姻登记条例》第2条规定，办理内地居民的婚姻登记机关是县级（含市辖区、县级市）人民政府民政部门或乡、镇人民政府。男女双方应当共同到一方当事人常住户口所在地的婚姻登记机关办理离婚登记。2004年3月29日民政部《执行婚姻登记意见》第9、10条规定，办理现役军人的婚姻登记的机关可以是现役军人部队驻地所在地或户口注销前常住户口所在地的婚姻登记机关，也可以是非现役军人一方常住户口所在地的婚姻登记机关。办理服刑人员婚姻登记的机关可以是一方当事人户口所

---

① 主编注：有学者指出，在我国台湾地区“最高法院”否定“代理离婚”，但却允许“使者离婚”（使者代为传达离婚意思，当事人以使者“为其意思表示机关”），此是否妥当，实有疑问。从身份行为之特殊性观之，无论是“代理离婚”还是“使者离婚”，原则上似不应适用于身份行为。参见林秀雄：《婚姻家庭法之研究》，250-254页，北京：中国政法大学出版社，2001。

在地或服刑监狱所在地的婚姻登记机关。

2. 办理离婚登记的程序。民政部2016年2月1日施行的《婚姻登记工作规范》第六章第54条规定："离婚登记按照初审—受理—审查—登记（发证）的程序办理。"

（1）申请。要求离婚登记的婚姻当事人，必须双方亲自到婚姻登记机关提出离婚登记申请。申请时，按现行《婚姻登记条例》第11条规定应提交下列证件：

1）本人的户口簿、身份证。当事人无法出具居民户口簿的，按《执行婚姻登记意见》第2条规定，婚姻登记机关可凭公安部门或有关户籍管理机构出具的加盖印章的户籍证明办理离婚登记；当事人属于集体户口的，婚姻登记机关可凭集体户口簿内本人的户口卡片或加盖单位印章的记载其户籍情况的户口簿复印件办理离婚登记；当事人未办落户手续的，户口迁出地或另一方当事人户口所在地的婚姻登记机关可凭公安部门或有关户籍管理机构出具的证明材料办理离婚登记。

当事人无法提交居民身份证的，婚姻登记机关可根据公安机关为当事人出具的有效临时身份证办理离婚登记。

2）结婚证。按《婚姻登记工作规范》第56条第2款规定，申请办理离婚登记的当事人有一本结婚证丢失的，当事人应当书面声明遗失，婚姻登记机关可以根据另一本结婚证办理离婚登记；申请办理离婚登记的当事人两本结婚证都丢失的，当事人应当书面声明结婚证遗失并提供加盖查档专用章的结婚登记档案复印件，婚姻登记机关可根据当事人提供的上述材料办理离婚登记。

3）离婚协议书。离婚协议书应是当事人双方经过协商，就离婚、子女抚养、财产处理等达成一致的书面协议，双方应签名，一式三份。

（2）初审。婚姻登记机关收到当事人离婚登记申请及提供的证件、证明及离婚协议书后，由婚姻登记员进行初审，主要审查是否属于本婚姻登记机关管辖；当事人提供的证件是否齐全，有无伪造或虚假证件；离婚协议的内容是否完备。

（3）受理。经初审符合离婚登记条件的，婚姻登记机关发给当事人《申请离婚登记声明书》，由当事人在婚姻登记员面前填写，并签名。

（4）审查。婚姻登记员就双方离婚协议书的内容，分开逐项进行询问，对离婚的意思表示是否真实，子女抚养、财产及债务处理是否意见一致。如果符合离婚登记条件的，即予以办理离婚登记。由婚姻登记员填写《离婚登记审查处理表》和《离婚证》。

（5）登记。由婚姻登记员告知当事人双方领取离婚证后的法律关系及离婚后与子女的关系、应尽的义务。当事人双方在《离婚登记审查处理表》领证人栏内签名并捺手印后，向双方颁发《离婚证》，并向双方宣布，取得离婚证，解除夫妻关系。

对不符合离婚条件的，不予受理。申请离婚人要求出具《不予办理离婚登记告知书》的，婚姻登记机关应当出具。当事人有异议的，可告知其向上一级婚姻登记机关申请复议。

登记离婚后，离婚证丢失的，按现行《婚姻登记条例》第17条的规定，当事人可持户口簿、身份证向原办理离婚登记的机关或者一方当事人常住户口所在地的婚姻登记机关申请补领《离婚证》。

二、登记离婚后一方反悔的处理

办理离婚登记后，有的双方当事人经过冷静考虑和反思或经亲朋好友劝解双方自愿恢复婚姻关系的，双方可按结婚程序办理复婚登记。如果登记离婚后，一方反悔要求有关部门处理的，才存在处理问题。

（一）对离婚登记反悔的处理

离婚登记后，有的一方当事人反悔离婚登记，向人民法院起诉要求撤销离婚登记或确认离婚登记无效的，根据最高人民法院复（1985）35号《关于男女登记离婚后，一方翻悔，向人民法院提出诉讼的，人民法院应否受理的批复》指出："男女双方自愿离婚，并对子女和财产问题已有适当处理，领取了离婚证的，其婚姻关系正式解除。一方对这种已经发生法律效力的离婚，及子女和财产问题的处理翻悔，在原婚姻登记机关未撤销离婚登记的情况下，向人民法院提出诉讼的，人民法院不应受理……告知当事人向原婚姻登记机关申请解决。"即人民法院不予受理婚姻登记机关未处理的一方反悔离婚登记的要求。因为，离婚登记是婚姻登记机关按行政程序办理的。婚姻登记机关与人民法院是两个互无隶属关系的机构，各自办理离婚案件的程序和方式不同。人民法院无权撤销离婚登记，因此应由婚姻登记机关处理。婚姻登记机关对一方反悔离婚登记的要求，应根据反悔的具体情况，作出处理。

（二）对财产分割问题的反悔

《婚姻法解释（二）》第9条规定："男女双方协议离婚后一年内就财产分割问题反悔，请求变更或者撤销财产分割协议的，人民法院应当受理。人民法院审理后，未发现订立财产分割协议时存在欺诈、胁迫等情形的，应当依法驳回当事人的诉讼请求。"

第三节　我国诉讼离婚制度

一、诉讼离婚的概念和条件

诉讼离婚是指夫妻一方要求离婚，或双方虽同意离婚但对子女抚养、财产处理未达成协议，由一方向人民法院起诉，人民法院按诉讼程序审理后，调解或判决离婚的方式。"离婚之诉为本质的合并之诉，不但要解决是否准予离婚，而且在准予离婚时必须一并解决离婚的诸多法律后果问题，如共同财产分割、债务清偿、经济帮助、子女抚养、探望权的行使、离婚损害赔偿等。在审理程序上，法院对离婚诉讼更多的采取职权主义，依职权主持调解。"① 在我国，提起诉讼离婚，应当符合法定的条件，人民法院才能受理。

（一）离婚当事人必须有婚姻关系

在我国，请求诉讼离婚的当事人，必须有法律确认的婚姻关系。我国法律确认的婚姻关系有两种，一是经婚姻登记机关办理了结婚登记，领取了结婚证而确立的合法婚姻关系。二是1994年2月1日《婚姻登记管理条例》施行前，没有配偶的男女双方符合结婚条件，未办结婚登记即以夫妻名义同居生活的事实婚姻关系。姘居及其他非婚同居关系的

---

① 王洪：《婚姻家庭法》，164页，北京：法律出版社，2003。

男女双方没有婚姻关系，不能请求离婚。

（二）夫妻一方要求离婚或双方要求离婚但对离婚的事项不能达成协议

夫妻一方要求离婚，对方不同意离婚或夫妻双方虽然自愿离婚但对子女抚养、财产处理未达成协议的，经一方提起诉讼请求，人民法院才予以受理。

一般来说，任何婚姻关系以外的第三人，包括当事人的父母等近亲属，均无权替代婚姻当事人请求离婚。但在特殊情况下，为保护被监护的一方配偶当事人的权益，变更监护后监护人可以依法代理无民事行为能力的配偶一方提起离婚诉讼。《婚姻法解释（三）》第 8 条规定："无民事行为能力人的配偶有虐待、遗弃等严重损害无民事行为能力一方的人身权利或者财产权益行为，其他有监护资格的人可以依照特别程序要求变更监护关系；变更后的监护人代理无民事行为能力一方提起离婚诉讼的，人民法院应予受理。"

（三）须有管辖权的人民法院才能受理离婚请求

根据我国现行《民事诉讼法》第 21 条规定的原告就被告的原则，要求离婚的一方须向被告一方住所地的人民法院起诉。被告住所地与经常居住地不一致的，向被告经常居住地人民法院起诉。

某些特殊情况是，根据我国现行《民事诉讼法》第 22 条的规定，可向原告一方住所地或是经常居住地人民法院起诉：（1）对不在中华人民共和国领域内居住的人提起的有关身份关系的诉讼；（2）对下落不明或者宣告失踪的人提起的有关身份关系的诉讼；（3）对被采取强制性教育措施的人提起的诉讼；（4）对被监禁的人提起的诉讼。另外，2014 年《民事诉讼法解释》第 12 条规定："夫妻一方离开住所地超过一年，另一方起诉离婚的案件，可以由原告住所地人民法院管辖。夫妻双方离开住所地超过一年，一方起诉离婚的案件，由被告经常居住地人民法院管辖；没有经常居住地的，由原告起诉时被告居住地人民法院管辖。"

二、诉讼外的调解

现行《婚姻法》第 32 条第 1 款规定："男女一方要求离婚的，可由有关部门进行调解或直接向人民法院提出离婚诉讼。"这条规定中的"有关部门进行调解"，是指夫妻一方要求离婚，在向人民法院起诉前，由有关部门进行的调解，称为诉讼外的调解或诉前调解。

诉讼外的调解，由当事人双方所在单位进行调解，没有单位的农村或城市居民、个体工商业者由村（居）民委员会或人民调解委员会或乡、镇司法服务所进行调解。这种调解不是人民法院处理离婚案件的必须程序。要求离婚的当事人可以要求或接受有关部门调解，也可拒绝有关部门调解，直接向人民法院起诉离婚。

有关部门对夫妻一方要求的离婚进行调解，可能有三种结果：一是双方和好，要求离婚一方放弃离婚要求。二是双方同意离婚，并对子女抚养、财产处理达成一致协议的，必须双方到婚姻登记机关办理离婚登记才能解除婚姻关系。三是调解无效，要求离婚的一方可直接向人民法院起诉，经法院受理后，进入诉讼离婚程序。[①]

三、诉讼离婚程序

（一）起诉与受理

要求离婚的一方必须向有管辖权的人民法院提交离婚起诉状及副本。书写有困难的可以口头起诉，由人民法院记入笔录，并告知对方当事人。经人民法院审查，起诉状有明确的原被告和住址、职业，有明确的离婚诉讼请求及事实和理由，人民法院便立案受理，并将起诉状副本送达被告人，并要求其在15日内提交答辩状，被告不提交答辩状的不影响审判进行。

（二）调解[②]

现行《婚姻法》第32条第2款规定，人民法院审理离婚案件，应当进行调解。2014年《民事诉讼法解释》第145条第2款规定："人民法院审理离婚案件，应当进行调解，但不应久调不决。"根据这一规定，人民法院对离婚的调解，属于诉讼中的调解，是处理离婚案件的必经程序，不适用该法第145条第1款自愿调解原则。[③]

1. 诉讼中调解的机关。离婚诉讼中，主持调解的机关是人民法院，由具体承办离婚案件的审判员主持调解。必要时，人民法院可以邀请有关单位和个人协助。例如，可以邀请双方的单位或调解委员会成员到庭协助调解。他们比较了解当事人的实际情况，便于做好当事人的工作。

2. 调解的性质。诉讼中的调解，是人民法院处理离婚案件的必经程序，人民法院的调解结果具有法律约束力。

一方要求的离婚，经人民法院调解，也会有三种结果：一是调解和好。根据现行《民事诉讼法》第98条规定，调解和好的离婚案件，人民法院可以不制作调解书，调解和好的协议应当记入笔录，由双方当事人、审判人员、书记员签名或者盖章后，即具有法律效力。二是调解离婚。经人民法院调解，双方同意离婚，并对子女抚养、财产处理达成一致协议的，人民法院应当制作调解书。调解书应写明诉讼请求、案件的事实和调解结果，由审判人员、书记员署名，加盖人民法院印章。凡调解书需经当事人签收后才发生法律效力的，应当以最后收到调解书的当事人签收的日期为调解书生效日期（《民事诉讼法解释》第149条）。离婚调解书与离婚生效判决书和离婚证具有同等效力。三是调解无效。经人民法院调解，当事人双方既不能和好，又不能达成离婚协议的，法官应当开庭审理，作出判决。

（三）审理和判决

经调解无效的离婚案件，人民法院应按诉讼程序进行开庭审理，根据现行《婚姻法》

---

① 主编注：关于我国香港地区的家庭调解情况，参见岳云：《家庭调解——适用于华人家庭的理论与实践》，苌英丽等译，24-29页，北京：中国社会科学出版社，2005。关于西方国家与东方国家的家事调解之立法与实践，参见来文彬：《家事调解制度研究》，83-162页，北京：群众出版社，2014。

② 主编注：关于离婚诉讼中的调解，参见张学军：《离婚诉讼中的调解研究》，载梁慧星主编：《民商法论丛》第7卷，北京：法律出版社，1997。

③ 2014年《民事诉讼法解释》第145条第1款规定，"人民法院审理民事案件，应当根据自愿、合法的原则进行调解。当事人一方或者双方坚持不愿调解的，应当及时裁判"。

第32条第2款规定，“……如感情确已破裂，调解无效，应准予离婚”。当事人不服一审判决的，可在收到判决书次日起15日内向上级人民法院提出上诉。过期不上诉的，离婚判决生效，双方的婚姻关系终止。如果对一审判决不服，提出上诉的，经二审法院调解仍达不成和好或离婚协议的，由二审法院判决。二审法院的判决，属于终审判决，一经送达双方，立即发生法律效力。

根据现行《民事诉讼法》第202条的规定，当事人对已经发生法律效力的解除婚姻关系的判决、调解书，不得申请再审。这是因为，离婚判决与一般民事判决不同，离婚涉及当事人双方的人身关系解除，判决生效后，可能一方当事人已经再婚，与他人建立了合法婚姻关系。即使没有再婚，因离婚造成的感情伤害也很难愈合。因此，即使判决认定的事实有误，也不允许申请再审。如果双方自愿恢复婚姻关系的，应办理复婚手续。

（四）对调解和好、撤诉和判决不准离婚后的再次起诉离婚的限制

现行《民事诉讼法》第124条规定，判决不准离婚或经法院调解和好的离婚案件，没有新情况、新理由的，原告在6个月内又起诉要求离婚的，人民法院不予受理。2014年《民事诉讼法解释》第214条第2款规定：“原告撤诉或者按撤诉处理的离婚案件，没有新情况、新理由，六个月内又起诉的……不予受理。”这是为了给原告一个冷静考虑的机会，以挽救感情尚未完全破裂的婚姻，同时，避免当事人“缠讼”，增加法院的负担。必须明确，这一限制规定，只是针对离婚原告作出的规定。如果被告提出离婚的，或原告以新情况、新理由提出离婚的，均不受此限制。

四、诉讼离婚中的两项特殊保护

（一）诉讼离婚中对现役军人婚姻的特殊保护

现行《婚姻法》第33条规定：“现役军人的配偶要求离婚，须得军人同意。但军人一方有重大过错的除外。”这是法律保护现役军人婚姻的特别规定。

1. 保护现役军人婚姻的意义。现役军人担负着保卫祖国、保卫四化建设、巩固国防的特殊使命，保护他们的婚姻有着重要的意义。

（1）有利于现役军人安心服役。现役军人大多远离家园，远离配偶。日夜战斗在保卫祖国的岗位上，默默奉献。法律保护他们的婚姻，能使现役军人解除后顾之忧，安心服役，增强部队战斗力。

（2）有利于现役军人婚姻的稳定。现役军人与其配偶大多长期分居两地，有的军人因工作需要，多年才享有探亲的机会，团聚时间较短，使军人与配偶无法履行正常的扶养义务，使配偶在日常生活中比一般人遇到更多的困难。保护他们的婚姻，可以使他们的婚姻稳定。

（3）保护现役军人婚姻是我国立法的传统。早在民主革命、抗日战争和解放战争各时期的婚姻家庭立法，一直把红军、抗日军人的婚姻作为立法保护的对象。新中国成立后颁布的两部《婚姻法》，对现役军人的配偶要求离婚都作了保护性规定。保护现役军人婚姻，体现了党和国家对现役军人的关怀。

2. 现役军人的范围。现役军人是指在中国人民解放军和中国人民武装警察部队服现役，具有军籍的军官、士官和士兵。已经转业、复员的退伍军人、离退休军人及退役的革命伤残军人和在部队没有军籍从事后勤管理、生产、经营的人员，都不属于现役军人的

范围。

3. 保护军人婚姻的适用。保护军人婚姻只适用非军人一方要求与军人一方的离婚。军人要求与非军人一方离婚，或双方自愿离婚以及双方都是现役军人一方要求的离婚，均按一般离婚对待。

4. 现役军人婚姻的特殊保护内容。非军人一方要求与现役军人离婚，须征得军人同意。军人不同意离婚，又无重大过错时，在调解中，应多做非军人一方的工作，劝其珍惜与军人的感情，如果调解无效，一般应判决不准离婚。因此，现役军人配偶的离婚胜诉权受到限制。

5. 保护军人婚姻的除外情形。现行《婚姻法》第33条规定“但军人一方有重大过错的除外”。根据最高人民法院《婚姻法解释（一）》第23条规定：“婚姻法第三十三条所称的‘军人一方有重大过错’，可以依据婚姻法第三十二条第三款前三项规定及军人有其他重大过错导致夫妻感情破裂的情形予以判断。”根据这一解释，只有军人一方重婚、与他人公开同居，实施家庭暴力或虐待、遗弃家庭成员和军人有赌博、吸毒等恶习屡教不改这三种法定情形，或其他重大过错，如通奸、卖淫、嫖娼、犯罪等严重影响夫妻感情的行为，非军人一方不堪忍受要求离婚的，经法院调解无效，军人一方仍坚持不离的，才可以判决准予离婚。

（二）诉讼离婚中对女方的特殊保护

现行《婚姻法》第34条规定：“女方在怀孕期间、分娩后一年内或中止妊娠后六个月内，男方不得提出离婚。女方提出离婚的，或人民法院认为确有必要受理男方离婚请求的，不在此限。”这一规定表明，离婚诉讼中，暂时限制男方的离婚诉权，对女方实行特殊保护。

1. 诉讼离婚中对女方特殊保护的意义。女方在怀孕期间和分娩后一年内或中止妊娠后六个月内，这时身体上和精神上都有一定的负担，更需要男方的主动配合、支持，以利于胎儿的正常发育和婴儿的哺育，以及女方身体康复。因此，法律暂时限制男方的离婚诉权，这是十分必要的。

2. 对女方特殊保护的内容和适用。在女方怀孕期间、分娩后一年内或女方中止妊娠后六个月内，男方不得提出离婚。只有超过这一期间，才恢复男方的离婚诉权。但在这一限制时期内，如果女方提出要求离婚，或双方自愿离婚，则不受限制。

必须明确，限制男方的离婚诉权不是绝对的，在此期间，如果人民法院认为确有必要受理男方离婚请求的，不受限制。这里所说的“确有必要”，包括两种情况：

（1）夫妻矛盾十分尖锐。如果夫妻矛盾十分尖锐，人民法院如果不立即受理男方的离婚请求，可能会使矛盾激化，危及女方、胎儿或婴儿的安全，会发生伤害、杀人或自杀的严重后果。因此，人民法院应及时受理男方的离婚请求，做好工作，可以缓和矛盾。但是否准许离婚，应按《婚姻法》第32条规定处理。

（2）女方怀孕和分娩的婴儿系与他人的非法两性关系所为。这一情况，需要男方向人民法院提供充分证据证明，女方怀孕和分娩的婴儿是与他人的非法两性关系所为。根据最高人民法院1955年5月18日《关于女方因通奸怀孕，男方能否提出离婚问题的批复》明确规定：“男方提出离婚时，婚后通奸怀孕的事实为女方所不争执或经调查属实，则法院应该受理。”

3. 几种特殊情况的处理。

(1) 婴儿死亡后男方可否提出离婚。婴儿出生后不久死亡或未满一岁死亡的，根据最高人民法院1957年8月17日的司法解释精神，仍然适用分娩后一年内男方不得提出离婚的规定。

(2) 在离婚诉讼中发现女方怀孕的处理。有的女方怀孕后，没有生理反应，不知自己已经怀孕。当男方提出离婚，一审期间，未发现女方怀孕。法院判决离婚后，在上诉期间女方发现怀孕的，根据最高人民法院1957年7月18日的司法解释规定："关于原审人民法院在未发现女方怀孕时判决离婚，判决后女方发现自己怀孕，不服原判提起上诉应如何处理的问题……我们意见，应即撤销原判，驳回原告人请求。"

五、判决离婚的立法原则

(一) 判决离婚立法原则概述

离婚法律原则是规定法院判决离婚的具体法定理由时应当遵循的准则。在现代社会各国立法中，有过错原则、无过错原则和破裂原则。

1. 过错原则。过错离婚原则是因夫妻一方有一定的过错行为，造成夫妻不和，对方无法与之共同生活提出离婚，即可获准离婚的立法准则。过错原则须夫妻一方有过错，对离婚负有直接责任，因此，又称有责原则。按这一原则的要求，法律只赋予无过错一方有离婚请求权，有过错一方无权提出离婚诉讼。从实质上说，过错原则是用剥夺离婚权的方式对过错方给予的法律制裁和惩罚，对无过错一方用获准离婚的方法给予支持。但同时也要作出某些限制，即纵然一方有法定过错，基于特定事由，他方也不得提请判决离婚。[①]

采过错离婚原则的法律，都用例示主义（又称列举主义）将过错行为明确加以界定，制定出若干具体法定理由作为判决离婚的标准。未经法律例示的过错，不能作为离婚的理由。

由于各国国情不同，采过错离婚原则的国家，不同时期法律规定的法定理由不尽一致。例如，1804年的《法国民法典》第229条至第232条规定的过错理由有：(1) 妻子通奸；(2) 丈夫在夫妻共同居所实行姘居；(3) 夫妻一方对他方有重大暴行、虐待与侮辱；(4) 夫妻一方受名誉刑宣告。1871年德国《全普鲁士法典》规定的离婚理由只有夫妻一方有通奸、遗弃、虐待三种行为。日本明治31年（1898年）颁布的旧《日本民法典·亲属编》第813条规定的离婚理由是：(1) 配偶重婚；(2) 妻通奸；(3) 夫因奸淫罪被判刑；(4) 配偶一方因犯伪造、贿赂、猥亵、盗窃、强盗、诈欺取财、消费寄托物、赃物等罪，或因犯其他罪被处三年以上徒刑；(5) 重大虐待或重大侮辱；(6) 恶意遗弃配偶；(7) 受配偶的直系尊亲属虐待或重大侮辱；(8) 虐待或侮辱配偶的直系尊亲属；(9) 生死不明在三年以上；(10) 收养招婿者收养解除或撤销。

将过错原则作为准予离婚的法定理由，是早期资本主义国家从禁止离婚主义或专权离

① 主编注：例如，法国法规定："夫妻一方，因另一方反复严重违反婚姻权利与义务的事实，致使夫妻共同生活不能忍受时，得请求离婚。此外，配偶一方被判决《刑法典》第131-1条所指的刑罚（1992年12月16日第92-1336号法律第136条）之时，另一方配偶得请求离婚（1994年3月1日起生效）（第243条）。但是，如果夫妻双方自发生上述事实后已经和解的，则不得再援用这些事实作为请求离婚的理由，否则，法官可宣告离婚申请不予受理。"参见陈苇主编：《外国婚姻家庭法比较研究》，390-391页，北京：群众出版社，2006。

婚主义向许可离婚主义转变的立法通例。对离婚限制较严并反映出在法律上男女不平等，如前述法国、日本民法规定的通奸理由，只要妻子与人通奸的即构成离婚过错，丈夫即可诉请离婚。而丈夫通奸，则不构成离婚理由。1804 年《法国民法典》规定，只有丈夫将姘妇带入夫妻住所姘居，才成为离婚过错。日本旧民法规定丈夫通奸只有构成犯罪才成为离婚法定理由。

2. 无过错原则。无过错原则又称为干扰原则或目的主义，是指夫妻一方由于某些客观事实，足以妨害婚姻关系，使对方难以与之共同生活时，即可诉请离婚并获准离婚的离婚立法准则。按这一原则要求离婚不是一方有过错，而是客观事由导致婚姻难以维持。

无过错原则与过错原则一样，也采例示主义，法律规定若干具体客观事实作为准予离婚的法定理由。这些理由在法学理论上被称为无责理由，通常是夫妻一方患不治之精神病、不治之恶疾（包括性病、严重传染病）、精神耗竭、不能人道（即无性行为能力）、法定别居期满仍不能和好、下落不明达一定期限等。只要夫妻一方有法律规定的这些事实，对方即可获准离婚。

3. 破裂原则。破裂原则，是指法律上无须具有任何离婚理由，也不受有过错的限制，只要婚姻关系达到无可挽回的破裂时，夫妻双方或一方都可请求离婚的立法准则。破裂原则的具体内容，有婚姻关系破裂和夫妻感情破裂两种。我国的离婚原则是夫妻感情破裂。

随着社会的发展，自由离婚的逐步实现，自第二次世界大战结束以来，不少国家改变了离婚立法原则，逐步由过错原则、无过错原则向破裂原则发展。有的单采破裂原则，如英国、澳大利亚、美国的一些州和我国。有的兼采用过错原则、无过错原则和破裂原则，如日本、法国等。①

（二）我国判决离婚的立法原则

我国现行《婚姻法》第 32 条第 2 款规定："人民法院审理离婚案件，应当进行调解；如感情确已破裂，调解无效，应准予离婚。"这一规定包括两层含义，一是如果夫妻感情确已破裂，经人民法院调解无效，应判决准予离婚；二是如果夫妻感情尚未破裂，即使调解无效，也应判决不准予离婚。由此可见，夫妻感情破裂是我国判决离婚的法律原则。②

1. 将夫妻感情破裂作为判决离婚的立法理由。

（1）这是婚姻本质的要求。马克思主义认为，婚姻关系从本质上说，是一种感情关系，夫妻感情是婚姻存在的基础，如果夫妻感情已经破裂，就意味着婚姻从本质上已经死

① 主编注：关于外国离婚法立法特点之比较评析和现代离婚法的发展趋势，参见陈苇主编：《外国婚姻家庭法比较研究》，438-449 页，北京：群众出版社，2006。关于离婚法律制度中的自由与正义，参见邓丽：《婚姻法中的个人自由与社会正义——以婚姻契约论为中心》，274-289 页，北京：知识产权出版社，2008。

② 在对 1980 年《婚姻法》的修改过程中，对应采"感情破裂"还是"婚姻关系破裂"，我国学者有争论。持"感情破裂说"者认为，以感情破裂作为离婚的法定理由是我国离婚立法的重要成果；它符合马克思主义离婚的基本理论，是我们制定离婚立法的指导思想；完全符合具有中国特色社会主义法律体系的内容要求，符合立法的科学性、客观性和可操作性的要求。持"婚姻关系破裂说"者认为，离婚立法的对象是夫妻之间的婚姻关系，而不只是感情关系，婚姻的破裂不只是感情出了问题；感情破裂标准不符合我国婚姻关系的现状，不能包括所有的离婚原因，感情破裂的理论根据是婚姻必须以爱情为基础，而此类婚姻，我国现阶段还远远没有普及；采"感情破裂说"是对马克思主义婚姻观的误解，其理论均是在伦理学范畴内对未来公有制社会婚姻观的论述，并不能直接移植到法学领域。2001 年《婚姻法》修正后仍坚持采用感情确已破裂原则。参见夏吟兰、蒋月、薛宁兰：《21 世纪婚姻家庭关系新规制》，289-290 页，北京：中国检察出版社，2001。

亡。正如马克思所说："某一婚姻已经死亡，它的存在仅仅是一种外表和骗局。"① 恩格斯指出："如果感情确实已经消灭或者已经被新的热烈的爱情所排挤，那就会使离婚无论对于双方或对于社会都成为幸事。"② 因此，将夫妻感情破裂作为离婚原则符合婚姻本质的要求。

（2）这是我国立法经验的总结。我国1950年《婚姻法》第17条第3款规定："……县或市人民法院对离婚案件，也应首先进行调解；如调解无效时，即行判决。"从这条规定看出，该《婚姻法》没有规定判决离婚原则。那么，人民法院依照什么离婚原则或什么标准判决离婚？1950年《关于婚姻法起草经过和理由的报告》中说："有正当原因不能继续夫妻关系的，作准予离婚的判决；否则作不准离婚的判决。"这一内容为1950年6月26日中央法制委员会所作的《关于婚姻法施行的若干问题与解答》所肯定，作为人民法院判决离婚的标准。1953年3月19日中央法制委员会《有关婚姻问题的解答》规定："人民法院对于一方坚决要求离婚，如经调解无效而又确实不能继续维持夫妻关系的，应准予离婚。"与1950年司法解答相比，离婚标准中去掉了"正当理由"。1963年8月28日最高人民法院《关于贯彻执行民事政策几个问题的意见》中，在总结十年多的审判经验的基础上规定："在处理离婚案件中，最主要最难掌握的问题是如何划清离与不离的基本原则界限问题。……对于那些感情还没有完全破裂，离婚理由不当……不要判决离婚。"这一规定的含义是指夫妻感情完全破裂，离婚理由正当的，即可判决离婚。这一离婚标准，初步提出了将夫妻感情破裂作为离婚标准，但又强调需要正当理由。1979年2月2日最高人民法院《执行民事政策法律的意见》明确规定了："人民法院审理离婚案件准离与不准离婚的基本界限，要以夫妻感情是否确已破裂和能否恢复和好为原则。"

从1950年《婚姻法》施行以来的30年间，我国司法解释有过多种离婚原则和标准。1980年修改《婚姻法》时，总结了这些离婚立法原则，将夫妻感情破裂作为准予离婚的原则。2001年修正后的《婚姻法》仍然坚持这一原则。

（3）这是我国30年司法实践经验的总结。在30年的司法实践中，长期以来，人民法院在处理离婚案件时，一直存在"正当理由"和"感情破裂"两种不同的标准。什么是正当理由，法律没有作出具体的解释。在极左思潮的影响下，我国司法机关一直强调将政治标准作为离婚标准。将离婚中的夫妻矛盾视为无产阶级与资产阶级"两个阶级、两条路线、两种思想的斗争"。因此，当夫妻一方犯有政治错误即使夫妻感情并未破裂，对方为了避免牵连自己和子女，以划清政治界限为由要求离婚的，一律给予支持，判决离婚。而对那些夫妻感情真正破裂，没有正当理由要求离婚的，却长期得不到解决。那些坚持以感情破裂为离婚原则的审判人员，反而要受到严厉的责难。1963年8月28日，最高人民法院《关于民事审判工作若干问题的意见》中指出："目前法院干部中，有的同志在处理民事案件时，缺少明确的阶级观点和阶级分析方法，认为民事案件'没有什么立场观点问题'，对于应该支持什么，反对什么，缺乏明确的认识。只看到民事案件大量是人民内部的是非问题，先进与落后的问题，而忽视了相当一部分民事案件是属于两个阶级、两条道路、两种思想的斗争，这是错误的。"

---

① 《马克思恩格斯全集》第1卷，184页。
② 《马克思恩格斯全集》第21卷，96页。

由此可见，我国的司法解释中，先后将“不能继续维持夫妻关系”、“夫妻感情破裂”作为离婚标准。党的十一届三中全会后，经过拨乱反正，在1980年修改《婚姻法》时，经过认真总结30年司法实践的经验、教训，认识到“正当理由”具有极大的弊端，只有以“夫妻感情破裂”作为判决准予离婚的原则，才符合婚姻的本质。

（4）这符合世界离婚立法原则的发展趋势。自进入20世纪60年代以来，许多国家的离婚立法摒弃了限制离婚主义，实行自由离婚主义。在离婚原则上摒弃了过错离婚原则，转向破裂离婚原则。我国婚姻法吸收了国外离婚立法的经验，充分总结了我国几十年的离婚立法情况和司法实践的教训，将夫妻感情破裂作为离婚法律原则，明确规定在婚姻法中，符合我国国情和世界离婚立法原则的发展趋势。

2. 正确认识感情破裂与调解无效的关系。现行《婚姻法》第32条规定的离婚标准中，有感情确已破裂和调解无效两个方面的内容。准确理解两者的关系，对于正确贯彻离婚标准，有着重要的意义。

必须明确，感情破裂与调解无效是两个不同的内容，它们没有必然的因果关系。绝不能认为夫妻感情破裂，必然调解无效，也不能理解为调解无效，必然是夫妻感情破裂。

（1）夫妻感情破裂是离婚标准中的实体性规定。夫妻感情破裂是夫妻关系客观存在的事实，这一事实在起诉离婚之前已经客观存在，不是调解无效造成的。在离婚原则中，夫妻感情破裂是法院判决离婚的依据，只有当夫妻感情破裂，且经调解无效时才能判决离婚。如果夫妻感情未破裂，或尚未完全破裂，还有和好的可能，即使调解无效，法院应判决不准离婚。因此，不能将调解无效作为认定夫妻感情破裂的标准，更不能作为判决离婚的事实依据。

（2）调解无效是离婚标准中的程序性规定。调解是人民法院处理离婚案件的必经程序，是法院对离婚当事人必须做的劝解工作。在离婚诉讼中，无论夫妻感情是否破裂，法官必须针对当事人引起离婚纠纷的原因进行劝解。首先，应当调解做双方的和好工作，劝导离婚的一方放弃离婚要求，劝解不愿离婚的一方主动配合法院工作，避免轻率离婚。如果双方感情确已破裂，经调解和好无效，法院可做不愿离婚一方的工作，让双方达成离婚协议。经过法院按离婚程序调解，夫妻感情破裂的，可能调解有效。夫妻感情尚未破裂的，可能会调解无效。

（3）调解无效的原因是多方面的。在司法实践中，造成调解无效可能有审判人员的态度、方法上的原因，也可能有当事人思想问题和外界干扰原因。如果审判人员对夫妻感情破裂的当事人进行耐心细致的工作，方法得当，可能使不愿离婚的一方当事人同意离婚，达到调解离婚的效果。反之，会使当事人明知夫妻感情破裂，仍然坚持不离，造成调解无效。对那些夫妻感情并未破裂的当事人，除审判人员的工作方法欠妥外，造成调解无效的原因与当事人的思想状况有很大关系。尤其是那些因一时感情冲动起诉离婚的当事人，当经过调解，冷静思考之后，本想同意和好或撤诉，又担心外界舆论，因而坚持离婚，希望让法院判决不离，可以挽回面子。因此，夫妻感情尚未破裂的也会造成调解无效。

3. 认定夫妻感情破裂的方法。我国现行《婚姻法》将夫妻感情破裂作为准予离婚原则是在立法上采概括主义。最高人民法院在1989年《认定夫妻感情确已破裂的意见》中指出：“判断夫妻感情是否确已破裂，应当从婚姻基础、婚后感情、离婚原因、夫妻关系的现状和有无和好可能等方面综合分析。”这一规定，即是司法实践中认定夫妻感情是否破裂的“四看”方法。

（1）看婚姻基础。婚姻基础是指双方结婚前的感情状况。在司法实践中，一般将婚姻基础分为好与不好两类。婚姻基础好是指那些结婚自主自愿，并经过较长时间恋爱，彼此互相了解，志同道合，情投意合而结婚的，没有受到包办、强迫。一般说来，婚姻基础好的，婚后感情比较融洽，对一方要求离婚的，法院容易做调解和好工作。

婚姻基础不好是指双方婚姻属包办、买卖、强迫结婚，婚后又未建立起一定的夫妻感情；或虽属自主婚姻，但婚前互不了解，一见钟情，匆忙草率成婚或结婚动机是贪图对方金钱、地位、权势及容貌等。婚姻基础不好，必然影响婚后夫妻感情，甚至直接成为离婚原因。

夫妻感情是夫妻之间的理性感受，属于意识形态范畴，具有可变性，可以由坏变好，也可以由好变坏。婚姻基础好，婚后感情可能会不好。婚姻基础不好，婚后双方在共同生活中，可能会建立一定感情，甚至感情真挚、深厚。因此，在认定夫妻感情是否破裂时，要辩证地看婚姻基础。

（2）看婚后感情。这是看婚后夫妻双方的感情发展变化状况。在司法实践中，将婚后感情分为夫妻感情好、一般和不好这三种类型。

婚后感情好的夫妻，在婚后生活中能互敬互爱、互相尊重，关心体贴，共同承担抚养子女、赡养老人的责任。这类夫妻一方要求离婚的，应多做调解和好工作。如果调解无效，以判决不准离婚为宜。

婚后感情一般的夫妻，在婚后生活中，感情时好时坏，有矛盾，也有和谐；有纠纷，也有恩爱。发生纠纷后，经过双方自我反思或批评与自我批评，或经过亲友、领导劝解，往往会摒弃前嫌，和好如初。这类感情状况的夫妻一方要求离婚的，如果没有难以排除的特别重大原因，如果调解无效，一般不宜急于判决离婚，以便给当事人留有冷静思考、争取和好的余地。

婚后感情不好的夫妻，在婚后生活中，夫妻感情一直呈下降趋势。从感情好，逐渐变为淡漠、冷漠。到一方起诉离婚时，通常是矛盾尖锐、势不两立，导致离婚的原因无法排除，确无和好可能。如果不立即解除双方的婚姻，将会导致矛盾进一步激化，发生意外事件，法院往往难以调解和好。

（3）看离婚原因。任何一对夫妻要求离婚的一方，都会向法庭呈诉许多离婚原因，这些离婚原因有真实的，也有虚假的；有主要的，也有次要的；有直接的，也有间接的。

必须明确，看离婚原因不是将离婚原因正当与否，作为认定夫妻感情是否破裂的依据。而是在于找出引起离婚的主要原因、真实原因和直接原因后，便于分清是非，明确责任，对症下药，做好调解工作，正确解决离婚纠纷。

（4）看夫妻关系的现状和有无和好可能。在上述“三看”的基础上，法官应对离婚夫妻的婚姻现状和发展前途作出夫妻感情是否破裂的正确估计和对判决的效果作出预测，估计有和好因素和发展前途的，在调解无效的情况下，判决不准离婚，反之应准予离婚。

“四看”方法，应当全面进行，不能以点概面、偏听偏信，才能正确认定夫妻感情是否破裂。

4. 认定夫妻感情确已破裂的法定条件。我国现行《婚姻法》规定夫妻感情确已破裂是判决准予离婚的法律原则。虽然司法解释总结出了认定夫妻感情破裂的方法，但是要准确认定某一婚姻的夫妻感情是否确已破裂，仍然具有一定的难度。审判实践中需要有具体的认定标准，以便统一执法。根据最高人民法院多年行之有效的司法解释和各级人民法院审判实践经验，现行《婚姻法》第32条规定了认定夫妻感情确已破裂，判决准予离婚的五项法定条件。符合以下法定条件之一的，经人民法院调解无效，均应判决准予离婚。

（1）重婚或有配偶者与他人同居的。重婚、有配偶者与他人同居，这两种行为不仅严重违反夫妻的忠实义务，造成对无过错方的感情伤害，而且违反了法律规定的一夫一妻制，破坏了公序良俗。因此，当夫妻一方重婚或与他人同居引起离婚诉讼的，经法院调解无效时，应认定夫妻感情确已破裂。

（2）实施家庭暴力或虐待、遗弃家庭成员的。实施家庭暴力、虐待、遗弃，这些行为不仅严重伤害夫妻感情，而且造成受害人身体上和精神上的极大痛苦。如果已超过夫妻通常所能忍受的程度而有侵害人格尊严与人身安全的情形，即应认为夫妻感情确已破裂。

（3）有赌博、吸毒等恶习，屡教不改的。赌博、吸毒及其他恶习，如酗酒成性，屡教不改，不仅挥霍夫妻共同财产，造成家庭生活困难，丧失维持婚姻关系的物质基础，而且赌博、吸毒行为是违法行为。必须明确，只有在屡教不改的情况下，造成他方不堪与之共同生活的，才能认定为夫妻感情确已破裂。

（4）因感情不和分居满二年的。夫妻因感情不和分居二年以上，认定时应当具备三个方面的因素，一是双方客观上已经分居、分食，同居义务、共同生活中止。二是主观上有分居的故意，即主观上拒绝同居生活，这种主观意愿，可能是双方的，也可能是一方的。但是，由于客观原因如因工作、学习、生病住院、出国等原因而分居的，没有分居的主观意愿，则不属因感情不和而分居。三是分居须具有连续性，即连续二年以上分居。如果因感情不和分居后又同居再分居的，从最后一次分居起连续二年以上，不得将多次分居的时间累计计算。

（5）其他导致夫妻感情破裂的情形。在现实生活中，造成夫妻感情破裂的情形是多种多样的，法律不可能一一列举。因此，《婚姻法》除规定了上述四项列举性法定离婚情形外，又用概括方式规定了其他导致夫妻感情破裂的情形。参照最高人民法院1989年《认定夫妻感情确已破裂的意见》，这些情形主要是指：

第一，一方患有恶性传染性疾病的；①

第二，患有严重疾病，且久治不愈的；②

第三，草率结婚，婚后未建立夫妻感情，难以共同生活的；

第四，双方办理结婚登记未同居生活，即要求离婚的；

第五，一方与他人通奸或婚外恋，经教育批评后，屡教不改的；

第六，一方犯罪，被处长期徒刑，或其违法犯罪严重伤害夫妻感情的；

第七，一方下落不明满二年，经人民法院宣告失踪后，对方起诉离婚的；

---

① 这些疾病主要是指性病、麻风病等传染力极强的传染病且久治不愈，不仅会传染给对方，还会传染给子女及其他家庭成员的。

② 此类疾病主要是指，一方患精神病，或婚前隐瞒了精神病，或明知对方患精神病而与之结婚的；一方有生理缺陷或生理疾病或肢体残疾无性行为能力的；或一方患有严重心脏疾病，不宜过夫妻生活的。夫妻性生活是夫妻关系的重要内容，如果一方患有这些严重疾病，且久治不愈，会直接影响夫妻感情。

第八，性格、兴趣不合难以共同生活的。

《婚姻法解释（三）》第9条规定："……夫妻双方因是否生育发生纠纷，致使感情确已破裂，一方请求离婚的，人民法院经调解无效，应依照婚姻法第三十二条第三款第（五）项的规定处理。"

此外，现行《婚姻法》第32条第4款还规定："一方被宣告失踪，另一方提出离婚诉讼的，应准予离婚。"现实生活中，有的夫妻一方下落不明二年以上，未达到4年以上宣告死亡条件的，另一方可向人民法院申请宣告其失踪，经法院审理宣告失踪的，双方的婚姻关系仍然存续。如果另一方要求解除婚姻关系的，应另行向人民法院起诉离婚，人民法院应认定其夫妻感情确已破裂，缺席判决离婚。

依《婚姻法解释（一）》第22条规定，人民法院审理离婚案件，符合《婚姻法》第32条第2款规定"应准予离婚"情形的，不应因当事人有过错而判决不准离婚。有学者认为，为惩罚过错方，对其提出的离婚诉讼请求要予以驳回，从而达到弘扬正气、抑制道德败坏的行为。并且，"日本学者锻冶教授认为，若自行作出离婚原因事实，并得以之为离婚之请求，则规定离婚原因等于毫无意义，亦可谓裁判离婚制度的自杀"。① 然而，现代社会采用的是破裂原则，不能因为当事人有过错就剥夺其法律赋予的婚姻自由的权利。"我国离婚的唯一法定标准是夫妻感情是否确已破裂，而不应当考虑当事人一方是否有过错。无论是过错方还是无过错方提出离婚，只要符合离婚的法定情形，经调解无效的，一般应当准予离婚。"② 但是，这并不意味着，只要当事人一方有过错，就一定判决离婚。有过错一方提出离婚的，如原来夫妻关系融洽，感情尚未破裂，对方谅解，应着重做调解和好的工作，即使调解无效，也可以判决不准离婚。如果双方当事人的夫妻感情确已破裂，勉强维持夫妻关系不仅使双方长期痛苦，还可能使矛盾激化的，则应会同有关方面，做好思想工作和防范工作，调解离婚无效，应判决离婚。

【导入案例要点评析】

本案涉及行政登记离婚的条件和程序问题。行政登记离婚，也称登记离婚，是指由国家行政机关按相关规定办理登记解除婚姻关系。我国现行《婚姻法》第31条规定，"男女双方自愿离婚的，准予离婚。双方必须到婚姻登记机关申请离婚。婚姻登记机关查明双方确实是自愿并对子女和财产问题已有适当处理时，发给离婚证。"据此，现行《婚姻登记条例》对行政登记离婚的条件和程序作出了具体的规定。

第一，朱男与李女符合办理登记离婚的条件。根据现行《婚姻登记条例》第11、12条的规定，男女双方办理行政登记离婚的条件是：双方当事人的结婚登记是在中国内地办理；双方均具有完全民事行为能力；双方须有离婚的合意；双方须达成离婚协议，已对离婚后子女及财产债务问题作出适当处理。

第二，婚姻登记机关工作人员的做法不正确。夫妻感情破裂是人民法院判决准予离婚的法定条件，而不是婚姻登记机关准予离婚的法定条件。根据现行《婚姻登记条例》第13条的规定，"婚姻登记机关应当对离婚登记当事人出具的证件、证明材料进行审查并询

---

① 林秀雄：《婚姻家庭法之研究》，75页，北京：中国政法大学出版社，2001。

② 黄松有主编：《婚姻法司法解释的理解与适用》，77页，北京：中国法制出版社，2002。

问相关情况。对当事人确属自愿离婚，并已对子女抚养、财产、债务等问题达成一致处理意见的，应当当场予以登记，发给离婚证”。本案中，朱男与李女符合办理登记离婚的条件，婚姻登记机关工作人员应当场予以登记并发给离婚证，不需要工作人员调解，更不能调解无效后以夫妻感情并未破裂为由拒绝办理离婚登记。

【思考题】

一、单项选择题

1. 甲乙夫妻双方协议离婚，甲委托丙去婚姻登记机关代为办理离婚登记手续。丙（　）

A. 可以代理　　B. 在取得公证授权委托书的情况下可以代理

C. 不能代理　　D. 如果婚姻登记机关不反对可以代理

2. 甲是现役军人，2012 年 2 月甲与乙结婚，婚后长期分居两地，甲与驻地一女子同居，后被乙知悉，遂于 2016 年向人民法院提出离婚，法院应当（　）

A. 判决不得离婚　　B. 是否判决离婚须征得甲的同意

C. 调解无效的，应准予离婚

D. 是否判决离婚应由甲所在部队团以上政治机关同意

二、多项选择题

1. 人民法院审理离婚案件，应进行调解，有下列情形之一，调解无效的，应准予离婚（　）

A. 重婚或有配偶者与他人同居的　　B. 有赌博、吸毒等恶习屡教不改的

C. 因工作分居满 2 年的　　D. 对家庭成员实施暴力的

E. 虐待、遗弃家庭成员的

2. 根据《婚姻登记条例》，婚姻登记机关不予办理离婚登记的情形包括（　）

A. 当事人未达成离婚协议的

B. 当事人属于无民事行为能力人或者限制民事行为能力人的

C. 当事人的结婚登记不是在中国内地办理的

D. 当事人未办理结婚登记的

E. 当事人一方不能亲自到场申请的

三、判断分析题

1. 被宣告死亡的人与配偶的婚姻关系，自配偶向人民法院起诉之日起消灭。

2. 男女双方协议离婚后一年内对离婚问题及财产分割问题反悔，向人民法院提出起诉的，人民法院应予受理。

四、简述题

1. 简述我国登记离婚的条件。

2. 简述诉讼离婚中的两项特殊保护。

3. 简述离婚与婚姻无效的区别。

五、论述题

1. 试述我国法律处理离婚问题的指导思想。

2. 试述判决离婚的法定理由。

六、案例分析题

参见陈苇主编：《婚姻家庭继承法学案例教程》（第三版）（北京：群众出版社，2017年版）第五单元离婚制度案例。

【阅读参考文献】

1. 夏吟兰：《离婚自由与限制论》，中国政法大学出版社，2007年版。

2. 蒋月：《婚姻家庭法前沿导论》，科学出版社，2007年版。

3. 余延满：《亲属法原论》，法律出版社，2007年版。

4. 胡志超：《中国破裂主义离婚法律制度》，法律出版社，2010年版。

5. 常怡主编：《中国调解制度》，法律出版社，2013年版。

6. [美] 玛萨·艾伯森·法曼：《虚幻的平等：离婚法改革的修辞与现实》，王新宇等译，中国政法大学出版社，2014年版。

第十一章
离婚的效力

本章学习重点提示：

离婚对当事人身份上的效力；离婚对当事人财产上的效力；离婚损害赔偿；离婚对父母子女的效力

【导入案例】

女青年朱某2003年7月大学毕业时，父母为了让其以后工作方便，为她购买了一套二居室的住房A。2007年5月，朱某与陈某登记结婚，结婚后夫妻两人一直居住在住房A。2008年12月，朱某生育一子陈剑。陈剑出生时，他的祖父母和外祖父母共赠与孩子6万元用于将来的教育，朱某单独开户存入银行。因公司人事调动，陈某于2010年3月到深圳工作，同朱某母子分开生活，一直用电话联系。陈某在深圳工作期间，与同事彭某发生了婚外情。2012年12月，陈某和彭某共同出资购买了一套商品房B用于两人居住。2013年5月，因为陈剑生病，朱某以个人名义向朋友万某借款5万元用于陈剑住院治疗。2016年4月，陈某回家要求与朱某离婚，朱某同意离婚，也同意儿子陈剑由自己直接抚养，陈某每月支付600元的扶养费。但双方在财产分割和债务清偿的问题上争执不下。陈某遂向法院起诉要求离婚，要求分割朱某婚前的住房A及家里的6万元存款，并称朱某借的5万元债务自己不知情，不应当承担清偿责任。朱某辩称，6万元的存款是双方父母赠与儿子陈剑的，陈某无权要求分割。同时提出要求分割陈某在深圳的房产B，并要求陈某共同承担因陈剑生病住院所欠的5万元债务。

请问：人民法院应如何处理本案？为什么？

离婚的效力又称为离婚的法律后果，指离婚对婚姻当事人在人身关系和财产关系以及对父母子女关系所产生的解除或变更的法律效力。在我国，婚姻当事人无论是登记离婚，还是诉讼离婚，都会产生相同的法律后果。

第一节　离婚对当事人的效力

一、离婚对当事人身份上的效力

离婚对当事人身份上的效力，是指夫妻之间的身份关系因离婚而解除，基于夫妻身份而产生的夫妻间的人身关系也随之消灭。当代各国法律规定的人身关系有所不同，因此离婚对当事人产生的身份后果不尽一致。外国家庭立法例及学说通常认为包括以下六个方面的效力：（1）夫妻姓氏之恢复与保留。（2）同居义务终止。（3）再婚权及其限制。（4）继承人资格的丧失。（5）日常家事代理权的消灭。（6）姻亲关系的消灭。

依我国现行《婚姻法》及其他法律，离婚后对当事人的身份后果，主要有以下几个方面：

（一）夫妻身份关系消灭

男女结婚后，便产生夫妻（即配偶）身份关系，这种身份有固定的称谓，女方称男方为丈夫，男方称女方为妻子。以夫妻身份为基础，发生夫妻人身上、财产上的权利义务。离婚后，婚姻关系终止，夫妻间的身份、称谓随之消灭，彼此不再有配偶身份。

（二）获得再婚的权利

再婚权是指有配偶的人，因配偶一方死亡（丧偶）或双方依法离婚，享有再行与他人结婚的权利。我国现行法律实行一夫一妻制，夫妻在婚姻关系存续期间，无论在何种情况下，任何一方或双方都不得与第三人结婚，否则即构成重婚，会受到法律的制裁。只有夫妻一方死亡或双方依法定程序离婚后，无配偶的男女，才享有法律赋予的再婚权，男女双方均有权与他人再次缔结婚姻关系。

（三）夫妻忠实义务终止

夫妻忠实义务又称贞操义务。夫妻互负忠实义务，是我国2001年修正后的《婚姻法》增加的夫妻人身关系的内容之一。现行《婚姻法》第4条规定："夫妻应当互相忠实，互相尊重……"。该法第3条第2款规定："禁止重婚。禁止有配偶者与他人同居……"。这些规定说明，夫妻应当相互忠实是夫妻双方基于身份关系应当遵守的法定义务。其立法理念在于巩固和发展夫妻感情，约束夫妻与第三人的婚外性行为。离婚后，这一身份行为义务也不复存在。

（四）夫妻日常家事代理权终止

离婚后，双方不再共同生活，夫妻共同财产一经分割，即变成各自所有的财产，因此，家事代理权也不复存在。

（五）姻亲关系消灭

我国法律未将姻亲关系纳入法律调整的范围，离婚后，姻亲关系是否消灭也未作明确的规定。按法学理论来说，发生姻亲关系的婚姻中介已不复存在，姻亲关系失去了存在的基础，因此，姻亲关系无论是血亲的配偶、配偶的血亲，还是配偶的血亲的配偶都应因离婚而消灭。按我国民众的习惯，夫妻离婚后，一方与对方的亲属关系一般也会自行终止，不再往来。

二、离婚对当事人财产上的效力

男女结婚后，共同生活，互相扶助，发生一系列的具有经济内容的财产关系。离婚后，对当事人的财产关系直接发生终止或变更的法律后果。根据我国现行《婚姻法》的规定，这些后果主要有夫妻扶养义务终止、继承资格丧失、夫妻共同财产关系消灭等后果。

（一）夫妻扶养义务终止

离婚后，当事人彼此不再是夫妻，因此扶养义务终止。离婚后，当事人一方如果生活困难不能维持生活，对方没有给付扶养费的义务，只能在离婚时，根据一方的困难程度和对方的经济负担能力适当给予一定的经济帮助费，执行完毕后，不得再请求增加。[①]

（二）配偶继承权丧失

离婚后，配偶身份关系解除，双方的继承资格随之丧失。如果离婚后一方死亡，则对方无权继承死者遗产。关于配偶继承资格丧失的时间，应从离婚法律文书生效之日起算。登记离婚的，从领取离婚证之日起丧失；经法院调解离婚的，从双方收到调解书之日起丧失；经法院判决离婚的，从判决书生效之日起丧失。如果一方未收到离婚调解书或对调解反悔的，或经一审法院判决离婚在上诉期未满或二审终审判决之前，当事人一方死亡的，其离婚法律文书并未生效，生存一方的配偶继承资格不丧失。

（三）夫妻财产制终止

我国现行《婚姻法》规定的法定夫妻财产制，仍然是夫妻共同财产制。离婚后，夫妻共同财产关系消灭，必须对共同财产进行清算和分割。分割后，双方所得财产及离婚后所得财产均为个人财产。

1. 夫妻财产清算。夫妻结婚后所得财产种类繁多，有夫妻共同财产、有个人财产。不少夫妻与其他家庭成员共同生活、生产、经营形成家庭共同财产，性质复杂。这些财产中有夫妻共同财产，有父母、子女、兄弟姐妹等其他家庭成员的财产及共同债务，离婚时，必须进行清算，将其他家庭成员的财产析出，只有属于夫妻共同的财产才能进行分割。

（1）确定可以分割的夫妻共同财产范围。离婚时分割的财产应是夫妻共同财产。凡夫妻个人的财产、子女的财产和其他家庭成员的财产，不能作为夫妻的共同财产加以分割。因此，确定夫妻共同财产的范围是正确处理分割夫妻共同财产的前提（有关夫妻共同财产的范围，参见本书第五章相关部分内容）。

（2）家庭共同财产与夫妻共同财产的区分。家庭共同财产是指包括夫妻在内的家庭成员财产的总和。家庭财产的外延、范围要比夫妻共同财产范围广泛，既包括夫妻个人财产、夫妻共同财产，又包括夫妻之外其他家庭成员的个人财产以及全体家庭成员共有的财产。我国现实生活中，不少夫妻婚后与一方父母、子女、祖父母、兄弟姐妹等共同生活、生产、经营，形成家庭共同财产。这些财产中，有夫妻共同财产，夫妻个人财产，子女受赠、继承、获奖或劳动所得财产，有一方父母、祖父母等其他家庭成员的财产或收入。离婚时，对夫妻共同财产认定发生争议的，应当中止离婚诉讼，由主张权利一方另案向人民法院起诉分家析产。经人民法院调解或判决确定夫妻共同财产并从家庭财产中分离后，始得恢复离婚诉讼，进行夫妻共同财产分割。值得注意的是，未成年子女通过受赠、继承、获奖所得财产，属于其个人财产，不能列入夫妻共同财产。离婚后，随子女共同生活的父或母一方，对子女财产只有管理权无处分权。即使未成年子女有价值较大的财产，离婚后，其抚养费也应由父母承担，这是父母应尽的法定义务。

（3）夫妻共同财产确定的方法。在离婚诉讼中，确认夫妻共同财产时，由审判人员主持，当事人双方申报，对双方无争议的，即可认定为夫妻共同财产。当事人对共同财

① 主编注：关于离婚后的扶养或离婚后的经济帮助，其性质是否属于夫妻扶养义务的延伸，有“肯定说”与“否定说”两种观点。参见陈苇、冉启玉：《离婚扶养制度研究——中国法与俄罗斯法之比较》，载王利明、郭明瑞、潘维大主编：《中国民法典基本理论问题研究》，316-335页，北京：人民法院出版社，2004。

产、个人财产发生争议的，或一方有隐藏、转移共同财产，虚报共同债务，不能达成共识的，由主张权利的一方负举证责任。对夫妻一方隐藏转移存款、记名证券、合伙、入股资金等，主张权利的一方无法取得证据时，可以请求法院调查取证。经庭审质证后由人民法院认定有争议的财产是否属于夫妻共同财产。

2. 夫妻共同财产的分割方法。现行《婚姻法》第39条第1款规定："离婚时，夫妻的共同财产由双方协议处理；协议不成时，由人民法院根据财产的具体情况，照顾子女和女方权益的原则判决。"根据这一规定，分割夫妻共同财产有两种方法，一是协议分割，二是判决分割。

（1）协议分割。夫妻无论是登记离婚还是诉讼离婚，都应对夫妻共同财产分割进行协商，双方自愿达成一致协议的，经婚姻登记机关或人民法院审查，只要没有欺诈、胁迫、蓄意损害债权人利益等虚假行为，都应充分尊重当事人的意愿，承认协议分割的效力。但是，《婚姻法解释（三）》第14条规定："当事人达成的以登记离婚或者到人民法院协议离婚为条件的财产分割协议，如果双方协议离婚未成，一方在离婚诉讼中反悔的，人民法院应当认定该财产分割协议没有生效，并根据实际情况依法对夫妻共同财产进行分割。"

《婚姻法解释（二）》第8条规定："离婚协议中关于财产分割的条款或者当事人因离婚就财产分割达成的协议，对男女双方具有法律约束力。当事人因履行上述财产分割协议发生纠纷的，人民法院应当受理。"

离婚后一方对离婚登记时协议分割夫妻共同财产问题反悔，请求人民法院变更或撤销财产分割协议的，根据《婚姻法解释（二）》第9条规定，反悔一方在离婚之日起一年内请求的，人民法院应当受理。人民法院审理后，未发现订立财产分割协议时存在欺诈、胁迫等情形的，应当驳回当事人的诉讼请求。反之，如果发现有欺诈、胁迫等情形订立的协议，人民法院可依法变更或撤销该财产分割协议，调解或判决重新分割。

（2）判决分割。离婚时，当事人双方对夫妻共同财产不愿协议分割或协商不成时，应由人民法院判决分割。

第一，判决分割的原则。根据2001年修正后的《婚姻法》第39条和1993年《离婚财产分割意见》的规定，人民法院判决分割夫妻共同财产，"应当坚持男女平等、保护妇女和儿童合法权益，照顾无过错方，尊重当事人意愿，有利生产，方便生活的原则"。

1）坚持男女平等原则。男女平等是婚姻法的基本原则，它贯穿于婚姻家庭各个方面。在处理离婚财产分割时，男女双方当事人对夫妻共同财产都应平等地享有分割权。只要属于夫妻共同财产，其财产无论是一方所得还是双方所得，也不论一方或双方所得的多少，在双方均无过错时，原则上平均分割。

2）照顾女方和儿童原则。在我国现实生活中，妇女由于受到经济、社会及传统观念以及生理特点等影响，在社会、家庭生活中仍处于弱势地位，无论在接受教育、就业、劳动报酬等各方面，与男子还有一定的差距，对无经济收入或收入较少的妇女，在分割共同财产时，应适当多分，使之离婚后有一定的经济保障。离婚后，随未成年子女生活的一方，无论在经济上、生活上都会付出较多的代价，不直接与子女生活的一方除应负担子女必要的抚养费外，在分割夫妻共同财产时，应当让随子女生活的一方适当多分财产，以保障子女健康成长。

3）照顾无过错一方原则。对离婚问题，我国婚姻法一直采用自由离婚主义，不论当事人有无过错，也不论一方或双方要求的离婚，只要夫妻感情确已破裂，婚姻从本质上已经死亡，都应准予离婚。因一方过错引起的离婚，在分割夫妻共同财产时，应适当照顾无过错方多分财产，使之感情上得到慰藉。必须明确，“照顾”不是一种民事责任，不同于离婚损害赔偿责任。

4）有利于生产、方便生活原则。在现阶段，我国不少夫妻双方或一方开办独立企业，有的投资股份制企业，有的与人开办合伙企业，承包经营企业，有的投资承包土地、滩涂、沙漠、草原或水域，从事种植、养殖或土地开发，有的从事个人经营，有的出租经营场地、生产资料或住房。当夫妻离婚分割夫妻共同财产时，往往都存在互争所有权和经营权，对这些夫妻共同财产的分割不能达成协议。人民法院应当从有利于继续发挥财产的效用出发，在不损害生产、经营财产的经济价值的前提下，当事人无论是否有离婚过错，原则上应判决给有经营能力的一方所有。

对住房、家具、家用电器、生活用车和价值较大的个人专业用的仪器、计算机、图书资料等生活用品，原则上应分给需要的一方。

无论是生产、经营财产，还是住房等生活用品，离婚时，都应通过有关部门估价，将价值计入夫妻共同财产总额，进行分割。分得实物一方如超过其应分的价值份额，应当以现金、有价证券或其他实物补偿给对方。

第二，有价证券及投资企业财产的处理。在市场经济条件下，夫妻共同财产以多种形式存在，经离婚分割后，有的不能立即实现财产所有权，为了规范某些具体财产的处理，《婚姻法解释（二）》作了相关规定：

1）夫妻以一方名义投资设立独资企业的，人民法院分割夫妻在该独资企业中的共同财产时，应当按照以下情形分别处理：“（一）一方主张经营该企业的，对企业资产进行评估后，由取得企业一方给予另一方相应的补偿；（二）双方均主张经营该企业的，在双方竞价基础上，由取得企业的一方给予另一方相应的补偿；（三）双方均不愿意经营该企业的，按照《中华人民共和国个人独资企业法》等有关规定办理。”①

2）夫妻分割共同财产中的股票、债券、投资基金份额等有价证券以及未上市股份有限公司股份时，依《婚姻法解释（二）》第15条规定，双方协商不成或者按市价分配有困难的，人民法院可以根据数量按比例分配。②

3）人民法院审理离婚案件，涉及分割夫妻共同财产中以一方名义在有限责任公司的出资额，另一方不是该公司股东的，按以下情形分别处理：“（一）夫妻双方协商一致将出资额部分或者全部转让给该股东的配偶，过半数股东同意、其他股东明确表示放弃优先购买权的，该股东的配偶可以成为该公司股东；（二）夫妻双方就出资额转让份额和转让价格等事项协商一致后，过半数股东不同意转让，但愿意以同等价格购买该出资额的，人民法院可以对转让出资所得财产进行分割。过半数股东不同意转让，也不愿意以同等价格购买该出资额的，视为其同意转让，该股东的配偶可以成为该公司股东。用于证明前款规

① 《婚姻法解释（二）》第18条。

② 主编注：关于离婚时夫妻共同股权分割的原则和分割方法，参见陈苇、谢京杰：《论离婚案件中夫妻共同股权分割》，载《广东社会科学》，2004（3）。

定的过半数股东同意的证据，可以是股东会决议，也可以是当事人通过其他合法途径取得的股东的书面声明材料。”①

4）人民法院审理离婚案件，涉及分割夫妻共同财产中以一方名义在合伙企业中的出资额，另一方不是该企业合伙人的，当夫妻双方协商一致，将其合伙企业中的财产份额全部或者部分转让给对方时，按以下情形分别处理：“（一）其他合伙人一致同意的，该配偶依法取得合伙人地位；（二）其他合伙人不同意转让，在同等条件下行使优先受让权的，可以对转让所得的财产进行分割；（三）其他合伙人不同意转让，也不行使优先受让权，但同意该合伙人退伙或者退还部分财产份额的，可以对退还的财产进行分割；（四）其他合伙人既不同意转让，也不行使优先受让权，又不同意该合伙人退伙或者退还部分财产份额的，视为全体合伙人同意转让，该配偶依法取得合伙人地位。”②

第三，离婚时对公房的使用、承租权的处理。公房是指属于国家或集体所有的房屋，夫妻共同使用、承租的公房，双方无所有权，只有使用权。离婚时，当事人经单位和房屋部门调解达不成协议的，人民法院也应在处理离婚案件中一并裁决。为此，1996 年《公房使用、承租问题解答》规定了处理原则。

1）离婚时，双方享有公房承租权的条件。离婚后当事人双方对共同居住的公房均有承租权的条件是：婚前由一方承租的公房，婚姻关系存续 5 年以上的；婚前一方承租的本单位的房屋，离婚时，双方均为本单位职工的；一方婚前借款投资建房取得的公房承租权，婚后夫妻共同偿还借款的；婚后一方或双方申请取得公房承租权的；婚前一方承租的公房，婚后因该承租房屋拆迁而取得房屋承租权的；夫妻双方单位投资联建或联合购置的共有房屋的；一方将其承租的本单位的房屋，交回本单位或交给另一方单位后，另一方单位另外给调换房屋的；婚前双方均租有公房，婚后合并调换房屋的；其他应当认定为夫妻双方均可承租的情形。③

2）双方享有承租权的公房，离婚时人民法院的处理原则。其包括：照顾抚养子女的一方；男女双方在同等条件下，照顾女方；照顾残疾或生活困难的一方；照顾无过错一方。④ 该解答第 5 条规定：“……夫妻双方均可承租的公房，如其面积较大能够隔开分室居住使用的，可由双方分别租住；对可以另调房屋分别租住或承租方给另一方解决住房的，可予准许。”

3）对一方无承租公房权的处理。离婚时，一方对另一方婚前承租的公房无权承租而解决住房确有困难的，人民法院可调解或判决其暂时居住，暂住期限一般不超过两年。暂住期间，暂住方应交纳与房屋租金等额的使用费及其他必要的费用。离婚时，一方对另一方婚前承租的公房无权承租，另行租房经济上确有困难的，如承租公房一方有负担能力，应给予一次性经济帮助。⑤

---

① 主编注：有学者认为，该条规定纯粹针对离婚时夫妻双方就该股权转让份额和转让价格达成一致意见的情况而设立，如双方达不成一致意见法院应如何处理则没有涉及，而后一种情况则更需要探讨。参见张伟、叶名怡：《离婚时夫妻所持公司股权分割问题研究》，载《法商研究》，2009（3）。

② 《婚姻法解释（二）》第 17 条。

③ 《公房使用、承租问题解答》第 2 款。

④ 《公房使用、承租问题解答》第 3 款。

⑤ 《公房使用、承租问题解答》第 6、7 款。

4）对夫妻双方共同出资而取得“部分产权”的房屋的处理。对夫妻共同出资而取得“部分产权”的房屋，人民法院可参照上述有关解答，予以妥善处理。但分得房屋“部分产权”的一方，一般应按所得房屋产权的比例，依照离婚时当地政府有关部门公布的同类住房标准价，给予对方一半价值的补偿。对夫妻双方均争房屋“部分产权”的，如双方同意或者双方经济、住房条件基本相同，可采取竞价方式解决。[①]

第四，离婚时农村土地承包经营权的处理。[②] 我国自20世纪80年代初以来，农村普遍实行了土地承包经营制，以家庭为单位与国家、集体签订土地承包合同，取得承包经营权，从事种植、养殖业，长期不变。我国《土地承包法》第20条规定：“耕地的承包期为三十年。草地的承包期为三十年至五十年。林地的承包期为三十年至七十年……”夫妻是家庭承包户的主要成员，与其他家庭成员共同享有承包权及应承包的土地份额，共同生产、经营。土地承包经营权受法律保护，在承包期内，其合法权益不受任何人侵犯。在现实生活中，农村妇女结婚后，大多与丈夫及其家庭成员共同生活。离婚后，侵犯妇女承包权的行为较为普遍，妇女离婚、丧偶再婚后，不少承包方往往收回其承包地，使再婚妇女无地耕种，丧失生活来源。另外，离婚时，以家庭户为单位从事的养殖、种殖业未获得经济效益的，不让分割。为此，现行《婚姻法》第39条第2款明确规定：“夫或妻在家庭土地承包经营中享有的权益等，应当依法予以保护。”《土地承包法》第30条特别规定：“……妇女离婚或丧偶，仍在原居住地生活或不在原居住地生活但在新居住地未取得承包地的，发包方不得收回其原承包地。”因此，离婚时，夫妻承包的土地，应进行协商或由人民法院判决，将家庭承包土地中当事人的份额析出，由一方自主经营。1993年《离婚财产分割意见》第11条规定：“对夫妻共同经营的当年无收益的养殖、种植业等，离婚时应从有利于发展生产、有利于经营管理考虑，予以合理分割或折价处理。”

第五，离婚时夫妻一方婚前签订不动产买卖合同，以个人财产支付首付款并在银行贷款，婚后用夫妻共同财产还贷的不动产之处理。夫妻一方婚前签订不动产买卖合同，以个人财产支付首付款并在银行贷款，婚后用夫妻共同财产还贷，不动产登记于首付款支付方名下的，离婚时该不动产由双方协议处理。[③] 依前款规定不能达成协议的，人民法院可以判决该不动产归产权登记一方，尚未归还的贷款为产权登记一方的个人债务。双方婚后共同还贷支付的款项及其相对应财产增值部分，离婚时应根据《婚姻法》第39条第1款规定的原则，由产权登记一方对另一方进行补偿。[④]

第六，离婚时对夫妻共同财产出资购买以一方父母名义参加房改的房屋的处理。婚姻关系存续期间，双方用夫妻共同财产出资购买以一方父母名义参加房改的房屋，产权登记在一方父母名下，离婚时另一方主张按照夫妻共同财产对该房屋进行分割的，人民法院不

---

① 《公房使用、承租问题解答》第9、10款。

② 主编注：关于农村妇女土地承包经营权得不到有效保护并被侵犯的情况，参见郭建梅、李莹：《农村妇女土地权益问题及法律保护的探索与思考》，载李明舜、林建军主编：《妇女法研究》（2008），98-104页，中国社会科学出版社，2008；关于农村妇女土地承包权的保护及相关建议，参见陈小君：《我国妇女农地权利法律制度运作的实证研究与完善路径》，载《现代法学》，2010（5）。

③ 主编注：在国外，对于夫妻一方个人所有的供婚姻家庭使用的住房，离婚时不能将无此房屋产权的夫妻他方赶出该住房，为保障无房屋产权的夫妻他方的正常生活，法院有权依据公平原则作出转移该房屋的所有权或居住权等不同的判决。参见冉启玉：《英国：根据公平原则分配财产》，载《法制日报》，2011年10月18日（10）。

④ 《婚姻法解释（三）》第10条。

予支持。购买该房屋时的出资，可以作为债权处理。①

第七，离婚时夫妻一方在婚姻期间积累的领取养老保险金期待利益的处理。离婚时夫妻一方尚未退休、不符合领取养老保险金条件，另一方请求按照夫妻共同财产分割养老保险金的，人民法院不予支持②；婚后以夫妻共同财产缴付养老保险费，离婚时一方主张将养老金账户中婚姻关系存续期间个人实际缴付部分作为夫妻共同财产分割的，人民法院应予支持。③

第八，离婚时夫妻一方在婚姻存续期间继承但尚未分割的遗产的处理。婚姻关系存续期间，夫妻一方作为继承人依法可以继承的遗产，在继承人之间尚未实际分割，起诉离婚时另一方请求分割的，人民法院应当告知当事人在继承人之间实际分割遗产后另行起诉。④

第九，离婚后对尚未分割的夫妻共同财产的处理。离婚后，一方以尚有夫妻共同财产未处理为由向人民法院起诉请求分割的，经审查该财产确属离婚时未涉及的夫妻共同财产，人民法院应当依法予以分割。⑤

3. 离婚时的债务清偿。离婚时，不仅有夫妻共同财产需要分割，有的夫妻还欠有债务，需要负责清偿，以保护交易安全。现行《婚姻法》第 41 条规定："离婚时，原为夫妻共同生活所负的债务，应当共同偿还。共同财产不足清偿的，或财产归各自所有的，由双方协议清偿；协议不成时，由人民法院判决。"根据这一规定，明确了离婚时夫妻债务的处理原则。

（1）离婚时的夫妻共同债务清偿。夫妻共同债务是指夫妻共同生活中，因生活、生产、经营所欠的债务，离婚时，应当进行清偿。

第一，夫妻共同债务的种类。在现实生活中，由于生活、生产、经营的多样性，夫妻共同债务，大体可以分为以下几类：

1）为共同生活所负债务。夫妻在日常生活中，因家庭日常生活开支所负的债务，包括夫妻扶养、赡养老人、抚养子女、医疗保健、保险、文化娱乐、教育、购置生活住房、车辆、装饰及家具、家用电器等所负的债务；

2）为共同生产、经营所负的债务。夫妻一方或双方在婚姻期间从事生产、经营所欠的贷款、借款、货款、职工工资、职工保险金、税金、管理费、运输费等债务；

3）因夫妻双方共同生活所负的其他债务。⑥

---

① 《婚姻法解释（三）》第 12 条。

② 主编注：在国外，一些国家已将夫妻一方在婚姻期间积累的养老金期待利益在离婚时列入夫妻分割财产的范围。参见陈苇：《澳大利亚：离婚时养老金利益列入分割》，载《法制日报》，2011 年 10 月 18 日（10）。

③ 《婚姻法解释（三）》第 13 条。

④ 《婚姻法解释（三）》第 15 条。

⑤ 《婚姻法解释（三）》第 18 条。

⑥ 主编注：我国有学者认为对夫妻债务性质的认定有三个规则：一是考察目的；二是界定期间；三是家事管理。参见王歌雅：《离婚债务清偿：法律规制与伦理关怀》，载中南财经政法大学、湖北警官学院编：《中国法学会婚姻法学研究会 2013 年年会论文集》，341 页，2013 年内部印刷。王礼仁：《破解夫妻共同债务司法困境之构想》，载王歌雅执行主编：《家事法研究》（2013 年卷），151-157 页，北京：社会科学文献出版社。此外，关于我国夫妻共同债务认定规则重构的建议，参见陈法：《我国夫妻共同债务认定规则之检讨与重构》，126-133 页，载《法商研究》，2017（1）。

第二，共同债务的清偿方法。在司法实践中，离婚时，夫妻共同债务的清偿可以有两种清偿方法。一是在处理共同财产时，先将共同财产用于清偿债务，再分割夫妻共同财产，如共同财产不足清偿债务时，不足部分由双方合理分摊。二是离婚时，先分割夫妻共同财产，再将共同债务按各自分得的共同财产比例分摊，各自向债权人清偿，但双方应向债权人承担连带责任。

第三，夫妻共同债务的性质及清偿的效力。现行《婚姻法》第41条规定："离婚时，原为夫妻共同生活所负的债务，应当共同偿还。"这一规定，表明了不论夫妻是以双方名义共同所欠债务还是以一方个人名义所欠债务，夫妻共同债务均为法定的连带债务。这种债务，不因离婚而消灭，离婚后，双方仍负有共同清偿的责任。在离婚时，少数夫妻故意隐瞒债务，或以协议方式由一方清偿，离婚后，当一方的财产不足以清偿债务时，为了保障债权人的利益，有利于交易安全，依现行司法解释的规定，当事人的离婚协议或者人民法院的判决书、裁定书、调解书已经对夫妻财产分割问题作出处理的，债权人仍有权就夫妻共同债务向男女双方主张权利。一方就共同债务承担连带清偿责任后，基于离婚协议或者人民法院的法律文书向另一方主张追偿的，人民法院应当支持。夫或妻一方死亡的，生存一方应当对婚姻关系存续期间的共同债务承担连带清偿责任。①

综上，我们必须明确离婚时共同债务清偿的效力，以确保债权人的合法权益。

1）离婚时双方具有共同财产的，对于已届清偿期的共同债务应由共同财产偿还，若有剩余部分，由双方分割。

2）双方共同财产不足以清偿，或者财产归各自所有的，或离婚时尚未到期的共同债务，一方或双方不愿意提前清偿，由双方协议确定各自分担共同债务的比例。双方的清偿协议除非经债权人同意并免除其连带责任，否则仅具有对内的效力而无对外效力，离婚后，该项债务仍为离婚当事人双方的连带债务。

3）双方协议不成时，由人民法院判决。法院根据夫妻双方的经济状况、经济能力及照顾子女和女方原则判决由一方承担全部或大部分债务，亦仅具有对内效力，债权人要求偿还的，离婚当事人双方仍负连带责任。

4）离婚后，一方就共同债务承担超过自己应负份额时，有权向另一方请求追偿。

（2）离婚时个人债务的清偿。夫妻离婚时，夫妻一方所负债务是指婚前或婚后以个人名义与夫妻共同生活、生产、经营无关所负的债务。

第一，个人债务的范围。依1993年《离婚财产分割意见》及有关的规定，主要有以下几个方面：

1）婚前一方所负债务。即当事人结婚前，一方所欠的债务，离婚时，对方不负清偿责任；

2）婚后双方约定归一方清偿的债务。夫妻双方婚后约定归一方清偿的债务，仅对夫妻双方有法律约束力；

3）一方未经对方同意，擅自资助与其没有扶养义务的亲朋所负的债务；

4）一方未经对方同意，独自筹资从事经营活动，其收入确实未用于共同生活所负的债务；

---

① 《婚姻法解释（二）》第25、26条。

5）其他应由个人承担的债务。这些债务包括一方为满足个人私欲而奢侈挥霍所负的债务和个人违法行为，如因吸毒、赌博、伤害、包养情人、嫖娼等行为所负债务。

第二，个人债务的清偿。离婚时，个人债务由个人财产负清偿责任。个人负债一方不得要求以共同财产清偿。如果对方同意以共同财产清偿的，法律亦不禁止。

（3）离婚时夫妻债务清偿的特殊规定。

1）根据《婚姻法解释（二）》第23条的规定："债权人就一方婚前所负个人债务向债务人的配偶主张权利的，人民法院不予支持。但债权人能够证明所负债务用于婚后家庭共同生活的除外。"

2）根据《婚姻法解释（二）》第24条的规定，债权人就婚姻关系存续期间夫妻一方以个人名义所负债务主张权利的，应当按夫妻共同债务处理。但夫妻一方能够证明债权人与债务人明确约定为个人债务，或者能够证明债权人知道夫妻对婚姻关系存续期间所得的财产约定归各自所有的除外。[①] 我们认为，如果夫妻双方对上述债务承担了共同清偿的连带责任，而该债务确实应当属于夫妻一方的个人债务的，承担了清偿责任的另一方有权向应单独承担债务的一方追偿。

3）根据《婚姻法解释（三）》第16条规定，夫妻之间订立借款协议，以夫妻共同财产出借给一方从事个人经营活动或用于其他个人事务的，应视为双方约定处分夫妻共同财产的行为，离婚时可按照借款协议的约定处理。

4. 离婚时一方侵犯对方财产权的处理。夫妻离婚时，有的夫妻一方为了多分共同财产，隐藏、转移、变卖、毁损夫妻共同财产，或伪造共同债务，使对方少分夫妻共同财产；有的在离婚诉讼中妨害民事诉讼，将人民法院清查后责令一方管理或依法采取诉讼保全措施的夫妻共同财产，进行隐藏、转移、变卖、毁损，造成妨害民事诉讼的后果。为了制裁这些不法行为，维护离婚当事人一方的财产权益，现行《婚姻法》和其他法律对这些行为作了明确的处理规定。

（1）对一方侵犯对方财产权的行为。第一，侵犯共有财产权行为。夫妻共同财产无论在离婚前或在离婚诉讼中，未经协议或判决分割前，夫妻双方都享有平等的权利。在离婚时（包括登记离婚），一方故意隐藏、转移、变卖、毁损夫妻共同财产的行为，从实质上说是一种侵犯对方共同财产权的行为。隐藏是指将夫妻共同财产藏匿，不让对方知道，如在外用夫妻共同财产购置房屋供"二奶"、"二爷"使用；将存款、有价证券、现金或其他财产隐瞒，离婚时故意不作申报；转移是将夫妻共同财产由原存放、存入地转移至他处，使对方不知其财产的下落。变卖是指将共同财产在对方不知情的情况下转让给第三

---

① 主编注：为指导司法实践，2014年7月，《最高人民法院民一庭对江苏省高级人民法院关于婚姻关系存续期间夫妻一方以个人名义所负债务性质如何认定问题的请示》所作回复［（2014）民一他字第10号］中作出明确规定："在不涉及他人的离婚案件中，由以个人名义举债的配偶一方负责举证证明所借债务用于夫妻共同生活，如证据不足，则其配偶一方不承担偿还责任。在债权人以夫妻一方为被告起诉的债务纠纷中，对于案涉债务是否属于夫妻共同债务，应当按照《最高人民法院关于适用〈中华人民共和国婚姻法〉若干问题的解释（二）》第二十四条规定认定。如果举债人的配偶举证证明所借债务并非用于夫妻共同生活，则其不承担偿还责任。"为进一步指导司法实践，2017年3月1日起施行《最高人民法院关于适用〈中华人民共和国婚姻法〉若干问题的解释（二）的补充规定》，此规定在2004年《婚姻解释（二）》第24条原有规定的基础上增加两款，分别作为该条第2款和第3款："夫妻一方与第三人串通，虚构债务，第三人主张权利的，人民法院不予支持。""夫妻一方在从事赌博、吸毒等违法犯罪活动中所负债务，第三人主张权利的，人民法院不予支持。"

人，所获得价款归一方支配。毁损是指对夫妻财产故意毁灭、损坏，使财产不复存在或失去使用价值。

第二，侵占对方财产权行为。侵占对方财产行为主要是指离婚时，一方伪造债务，提供假证据、假证人等，让对方共同承担债务的行为。伪造债务除离婚当事人一方外，通常需要第三人，即假债权人、证人等恶意串通，共谋欺骗对方和人民法院才能实施这一侵权行为。一旦依据虚假的证据和证人、证言而被法院认定为共同债务，就会使对方承担虚假债务，少分或不分夫妻共同财产。这一行为从性质上说，是一种侵占对方财产权的行为。

第三，妨害民事诉讼的行为。在离婚诉讼中，法院已经依法定程序冻结、查封或实行诉讼保全的或经清点责令当事人一方保管的夫妻共同财产，在离婚案件终结之前，当事人或其他诉讼参与人将已经实行诉讼保全或责令保管的夫妻共同财产，擅自隐藏、转移、变卖、毁损，或者隐藏、毁灭重要证据，指使、贿赂、胁迫他人作伪证等行为，使法院审理离婚案件和执行上造成困难。

（2）对一方侵犯对方财产权的处理。现行《婚姻法》第 47 条第 1 款规定：“离婚时，一方隐藏、转移、变卖、毁损夫妻共同财产，或伪造债务企图侵占另一方财产的，分割夫妻共同财产时，对隐藏、转移、变卖、毁损夫妻共同财产或伪造债务的一方，可以少分或不分……”

离婚后一方才发现对方在离婚时有上述侵害财产的行为，根据《婚姻法解释（一）》第 31 条的规定，可以从发现之次日起两年内向人民法院起诉，请求再次分割夫妻共同财产。

此外，根据现行《民事诉讼法》第 100 条的规定，如果当事人发现对方有隐藏、转移、变卖、毁损夫妻共同财产行为的，还可以向人民法院申请财产保全。如果对方当事人隐藏、转移、变卖、毁损已被查封、扣押的财产，或者已被清点并责令其保管的财产，转移已被冻结的财产；或伪造、毁灭重要证据妨碍人民法院审理案件；以非法方式阻止证人作证或者指使、贿赂、胁迫他人作伪证的，构成妨害民事诉讼的行为的，根据该法第 111 条的规定，人民法院可以根据情节轻重予以罚款、拘留；构成犯罪的，依法追究刑事责任。

5. 离婚时的经济补偿请求权[①]。在我国，随着民众法制观念的增强，婚姻家庭生活的多样性，不少夫妻各自都有一定的独立收入，尤其是再婚夫妻，一方或双方往往需要抚养与前配偶所生子女或赡养老人，为了避免经济纠纷，双方依法约定婚后所得财产归各自所有和支配，其生活费用共同负担。在婚姻关系存续中，一方因从事家务、抚养子女、照料老人，支持对方工作、学习尽了较多的义务，使对方获得了较多的经济利益或期待经济利益。当他们离婚时，因不存在夫妻共同财产分割，根据民法的公平原则，法律必须赋予尽义务较多的一方享有离婚经济补偿请求权。[②]“建立补偿请求权制度的目的在于协调婚姻当事人双方利益，维护社会公平，防止有人利用婚姻关系‘系统地剥削’对方的劳动和

① 主编注：对于“离婚经济补偿制度”，近年我国有不少学者肯定其具有积极功能，但也有学者提出建议废除此制度。对此制度的“存废论”之争，参见陈苇项目负责人：《改革开放三十年（1978-2008）中国婚姻家庭继承法研究之回顾与展望》，164-167、190-194 页，北京：中国政法大学出版社，2010。

② 陈苇：《完善我国夫妻财产制的立法构想》，载《中国法学》，2000（1）。

财产以谋取婚姻正当利益之外的额外利益。”①

(1) 离婚经济补偿请求权的概念和立法理念。第一，离婚经济补偿请求权的概念。离婚经济补偿请求权是指约定婚后实行分别财产制的夫妻，在婚姻关系存续中一方对家庭或对方尽了较多的义务，离婚时，享有请求对方给予经济补偿的权利。现行《婚姻法》第40条规定：“夫妻书面约定婚姻关系存续期间所得的财产归各自所有时，一方因抚育子女、照料老人，协助另一方工作等付出较多义务的，离婚时有权向另一方请求补偿，另一方应当予以补偿。”离婚经济补偿请求权与离婚时的经济帮助请求权和离婚损害赔偿请求权，三者都是一方享有的独立请求权，其性质、条件等有所不同，三者不能混淆。

第二，设立离婚经济补偿请求权的立法理由。我国现行《婚姻法》增设的离婚经济补偿请求权，其立法理念主要在于：

1) 遵循民法公平原则。民法公平原则在于公平维护当事人的利益。在婚姻家庭中，根据现行《婚姻法》的规定，夫妻双方都有平等负担家庭生活的义务。这一义务，不仅是经济上的，还包括操持家务、抚育、照料、支持和协助等精力、精神上的付出。但是在现实生活中，由于各种条件的限制，夫妻双方不可能完全平衡履行家庭义务，往往一方为履行家庭义务，支持协助对方工作、学习等要付出较多的精力，使对方获得更多的经济利益，或提高知识、技能获得经济上的期待利益。由于家庭义务和支持、协助对方工作、学习等，不能获得经济收益，更无经济上的期待利益。当双方离婚时，由于实行约定的分别财产制，其经济收益归各自所有，无共同财产分割，尽了较多家庭义务的一方，在经济收入上受到一定程度的损失。只有法律赋予尽了较多义务的一方离婚时，有要求对方给予经济补偿的权利，才符合民法的公平原则。

2) 这是法律尊重家务劳动价值的要求。夫妻一方料理家务、抚养子女、照料老人和支持协助另一方工作、学习，都是不直接产生经济效益的劳动。如果一方精打细算，勤俭持家，还会节约家庭开支，减少家庭费用。因此，婚姻法对实行法定财产制的夫妻，在婚姻关系存续期间一方从事家务劳动，另一方从事社会生产经营劳动有经济收入的，其所得收入均归夫妻共同享有，这在实质上承认了家务劳动的经济价值。如果法律对约定实行分别财产制的夫妻，离婚时对主要从事家务劳动、作出较大贡献的一方不赋予经济补偿请求权，不仅在立法上互相矛盾，而且会导致法律允许一方无偿占有另一方的劳动。因此，法律确立离婚经济补偿请求权，是尊重家务劳动价值、平衡夫妻经济利益的必然要求。②

3) 这是维护妇女合法权益的需要。在我国婚姻家庭中，由于受到“男主外、女主内”的夫妻分工模式观念的影响及妇女的生理特点，在现实家庭生活中，从事家务劳动，抚育子女、照料老人，协助对方工作、学习的绝大多数是妇女。由于妇女尽了较多的家庭义务，往往会使妇女在社会生产、工作、学习、晋升等方面受到一定影响，甚至在市场经济激烈竞争的条件下，往往被淘汰出局，成为下岗、待岗或失业者。使那些实行约定分别财产制的夫妻中的女方，在经济上更处于弱势地位。因此，法律赋予其离婚经济补偿请求

---

① 柳经纬主编：《婚姻家庭与继承法》，238页，厦门：厦门大学出版社，2002。

② 这一制度设立以后，有学者通过实证研究发现，现实生活中能够获得经济补偿者数量极少，在有些地方甚至为零，其主要原因在于其只适用于分别财产制之下的离婚夫妻，而我国选择分别财产制的夫妻很少，故认为要使经济补偿请求制度发挥其应有的作用，有必要扩大适用范围，也即只要对家务劳动付出较多，离婚时即可请求经济补偿而不问其所采用的财产制形式。参见夏吟兰：《离婚自由与限制论》，216-223页，北京：中国政法大学出版社，2007。

权，能有效地维护妇女在婚姻家庭中的合法权益，有利于实现男女平等。

（2）离婚经济补偿请求权的条件。离婚时，夫妻一方享有离婚补偿请求权，应当具备现行《婚姻法》第40条规定的下列条件：

第一，夫妻必须有婚后所得财产归夫妻各自所有的书面约定。这是产生离婚经济补偿请求权的前提条件。如果夫妻实行法定的夫妻共同财产制，或虽有书面约定但只约定婚后所得财产部分共有，部分归各自所有的，即使一方尽了较多家庭义务的，均不享有这一权利，只能在分割夫妻共同财产时给予适当照顾。①

第二，必须尽了较多的家庭义务。只要具备了这一实质要件，无论多尽义务的一方是否有离婚过错，也无论有无收入及收入多少，都不影响离婚时这一权利的行使。

第三，经济补偿请求权只能在离婚时行使。这是经济补偿请求权行使的时间条件。夫妻离婚时尽了较多义务的一方为离婚原告的，应在请求离婚时同时提出；如果作为离婚被告的，应在离婚诉讼中提出反诉，要求原告给予经济补偿；如果其在离婚诉讼中没有提出而在离婚后提出的，视为放弃该权利。如果不提出离婚而在婚姻存续期间单纯向法院起诉要求对方给予经济补偿的，人民法院可依法不予受理。

（3）经济补偿的数额与方法。符合条件的享有离婚经济补偿请求权提出的经济补偿数额、给付方式应当由双方协议，按协议执行；协议不成时，由人民法院判决。人民法院应当根据一方付出的义务对家庭贡献的大小，对方获得经济利益（包括期待利益）的多少及现有财产状况和经济负担能力综合确定。②

（四）离婚时对生活困难一方的经济帮助

夫妻离婚后，扶养义务终止，双方由共同生活变为各自独立生活，互相之间不再有扶养的权利和义务。当离婚时，因各种原因导致当事人一方生活困难的，法律有必要采取一定救济措施，赋予困难的一方要求对方给予一定的经济帮助费的权利，以解决离婚后的生活困难。③

1. 离婚经济帮助请求权的概念和立法理念。

（1）离婚经济帮助请求权的概念。离婚经济帮助请求权是指离婚时经济困难的一方，有权要求对方给予经济帮助费的权利。现行《婚姻法》第42条规定："离婚时，如一方生活困难，另一方应从其住房等个人财产中给予适当帮助，具体办法由双方协议；协议不成时，由人民法院判决。"这一规定，确立了我国的离婚经济帮助请求权。

离婚经济补偿请求权与离婚经济帮助请求权不同。其主要区别在于：

第一，条件不同。前者仅指适用夫妻约定实行分别财产制，权利人对家庭尽了较多义务，无论离婚后是否经济困难，均享有这一权利；后者既适用夫妻共同财产制，又适用约定分别财产制，离婚时，权利人一方有经济困难。

---

① 也有学者认为，"我国需解决既参加社会工作，又承担家务劳动的双重负担方是否能得到补偿的问题。因此，建议将离婚经济补偿制度扩大适用到夫妻共同财产制中。"参见何俊萍：《论我国离婚补偿制度应适用夫妻共同财产制》，载陈苇主编：《家事法研究》（2007年卷），78-90页，北京：群众出版社，2008。

② 主编注：由于离婚经济补偿制度在我国司法实践中很少被适用，近年来有学者提出建议废除此制度。参见宋豫：《试论我国离婚经济补偿制度之存废》，载《现代法学》，2008（5）。但我国另外有些学者则主张应进一步完善此制度。参见陈苇、于林洋：《论我国离婚经济补偿制度的命运——完善抑或废除》，载《法学》，2011（6）。

③ 主编注：在现代社会，基于保障婚姻家庭弱势群体基本人权的理念，为保障婚姻当事人离婚后的正常生活，许多国家均设立有比较完善的离婚扶养制度。参见陈苇：《俄罗斯：离婚扶养费具体且执行力强》，载《法制日报》，2011年10月11日（10）；冉启玉：《德国：保障离婚后弱势方的生活》，载《法制日报》，2011年10月11日（10）。

第二，性质不同。前者是因尽了较多家庭义务，在经济收入上受到一定的损失，具有经济补偿性质；后者是基于离婚后对生活困难一方的一种经济救助措施。

（2）离婚经济帮助请求权的立法理念。离婚是不可避免的社会现象，法律实行离婚自由，允许那些夫妻感情确已破裂的夫妻，通过法定程序离婚，以解除双方的痛苦。但是，没有经济收入或收入较低的当事人一方通常会担忧在我国社会保障制度不够健全的情况下，离婚后由于夫妻扶养义务终止，其失去了维持基本生活的条件。因此，不少人尽管夫妻感情已经破裂，婚姻名存实亡，都极力忍辱负重，委曲求全，不愿离婚。法律设立离婚经济帮助制度，赋予离婚时生活困难的一方享有经济帮助请求权，以解决其离婚后的经济困难，保障当事人离婚自由的权利。①

2. 离婚经济帮助请求权应当具备的条件。根据现行《婚姻法》第42条的规定，离婚当事人一方享有经济帮助请求权，必须具备以下条件：

（1）须离婚的一方生活有困难。生活困难是指夫妻离婚后，包括共同财产分割获得的一切个人财产，受谋生条件及能力的限制，不能维持基本生活。《婚姻法解释（一）》第27条第2、3款规定："婚姻法第二十四条所称的'一方生活困难'，是指依靠个人财产和离婚时分得的财产无法维持当地基本生活水平。一方离婚后没有住处的，属于生活困难。"造成生活困难的原因很多，有的是因年老、病残丧失劳动力；有的是没有工作、生产、经营的条件；有的是因下岗、失业无经济收入。无论何种原因，只要离婚时一方具备生活困难这一条件，就享有法律赋予的离婚经济帮助请求权。

（2）须生活困难在离婚时已发生。一方生活困难是指在离婚时已经发生，即离婚时就不能独立维持基本生活。如果离婚时生活并不困难，而离婚后由于各种原因才发生生活困难的，不享有离婚经济帮助请求权。

（3）须义务方具有负担能力。离婚时，一方生活困难，负有经济帮助义务的对方须具有提供帮助的经济能力，对方所得的个人财产和离婚分得的财产除能维持基本生活外，有经济负担能力的才能承担经济帮助的义务。

（4）须在离婚时行使请求权。符合法定条件的，享有离婚经济帮助请求权的一方，只有在离婚时行使这一权利。离婚时没有行使请求权的，即视为放弃。离婚后，其无权要求对方给予经济帮助。

3. 经济帮助费数额确定与变更。

（1）经济帮助费的确定。符合条件的离婚当事人，经权利人一方要求后，根据现行《婚姻法》第42条的规定："……具体办法由双方协议；协议不成时，由人民法院判决。"由于我国各地城乡生活水平的差异和当事人的具体经济状况不同，人民法院应根据双方的财产现状、经济条件、谋生能力及当地基本生活水平，综合考虑作出判决。经济帮助费可以是货币，也可以是实物。对住房困难的，可以判决暂住期限（不超过两年）或给予一次性的租金补贴。判决给予经济帮助费是货币的，应根据困难的一方具体情况判决：②

第一，一方有劳动能力，只是生活暂时有困难的，另一方可给予短期的或一次性的经

① 主编注：日本有些学者已明确指出，离婚后对经济困难一方的扶养，对承担义务的一方而言则是一种经济负担，在一定程度上限制了该方的离婚自由。参见陈苇、冉启玉：《离婚扶养制度研究》，载《月旦民商法》（台湾），2004（6）。

② 1984年《执行民事政策法律的意见》第14条。

济帮助。

第二，结婚多年，一方因年老、疾病或失去劳动能力而无生活来源的，另一方应在居住和生活方面，给予适当的安排。

（2）离婚经济帮助费的变更。由双方协议或人民法院判决的经济帮助费，执行完毕，受帮助的一方如果生活继续困难，无权再要求对方再行帮助。其困难应通过社会保险、“五保”和其他方式解决。

经济帮助尚未执行完毕，接受帮助的一方已经再婚，或经济收入足以维持基本生活的，或给付经济帮助一方条件发生变化，如经济困难、病残或失去经济来源的，给付一方对尚未给付的经济帮助费，有权向人民法院请求减少或免除。

三、离婚损害赔偿

离婚损害赔偿制度是我国现行2001年修正后的《婚姻法》所增设的一项法律制度，其立法宗旨是保障婚姻关系中受害人合法权益和对过错方给予民事制裁。[①]

（一）离婚损害赔偿概述

1. 离婚损害赔偿的概念和特征。离婚损害赔偿是指在婚姻关系存续期间，夫妻一方有法定过错行为导致离婚的，无过错方有权要求过错方以个人财产给予经济赔偿的法律制度。

离婚损害赔偿除与一般损害赔偿具有相同的特征外，还具有其独有的特征：

（1）权利主体与义务主体是夫妻。离婚损害赔偿中享有请求权的一方与承担赔偿义务的一方，有合法的婚姻关系，包括1994年2月1日《婚姻登记管理条例》施行前受法律确认和保护的事实婚姻关系，双方具有夫妻身份。没有婚姻关系的家庭成员间的损害赔偿，如父母对子女、子女对父母、儿媳对公婆、女婿对岳父母等以及家庭成员以外的一般自然人间的损害赔偿，不属于离婚损害赔偿。

（2）损害行为须发生在婚姻存续期间。行为人的损害侵权行为必须是在双方结婚后，离婚前发生的。结婚前和离婚后发生的侵权损害赔偿，属于一般损害赔偿范围。

（3）侵权行为的损害后果须是直接导致离婚。夫妻一方婚姻期间实施侵权行为，无过错方不要求离婚而单纯请求离婚损害赔偿的，人民法院不予受理。[②] 但是，必须指出，如果夫妻一方在婚姻期间实施人身侵权行为，造成受害人人身受到损害需要的医药费、生活费等费用，应由侵权一方的个人财产支付。如果侵权一方拒绝支付的，受害方可以诉请法院依法处理。[③]

（4）离婚损害赔偿只能由夫妻侵权一方承担。离婚损害赔偿的义务人，根据《婚姻

---

① 在国外，一些国家也有离婚损害赔偿制度。参见陈苇：《法国：过错方要承担更多经济负担》，载《法制日报》，2011年9月27日（10）。

② 《婚姻法解释（一）》第29条第3款规定：“在婚姻关系存续期间，当事人不起诉离婚而单独依据该条规定提起损害赔偿请求的，人民法院不予受理。”

③ 《民法通则》第119条规定：“侵害公民身体造成伤害的，应当赔偿医疗费、因误工减少的收入、残废者生活补助费等费用；造成死亡的，并应当支付丧葬费、死者生前扶养的人必要的生活费等费用。”《侵权责任法》第20条规定：“侵害他人人身权益造成财产损失的，按照被侵权人因此受到的损失赔偿；被侵权人的损失难以确定，侵权人因此获得利益的，按照其获得的利益赔偿；侵权人因此获得的利益难以确定，被侵权人和侵权人就赔偿数额协商不一致，向人民法院提起诉讼的，由人民法院根据实际情况确定赔偿数额。”

法解释（一）》第29条第1款的规定："承担婚姻法第四十六条规定的损害赔偿责任的主体，为离婚诉讼当事人中无过错方的配偶。"即离婚损害赔偿不适用于婚姻关系以外的第三人共同侵权。如果婚姻关系以外的第三人，如与夫妻一方重婚的、公开同居的，对无过错方共同实施了人身侵权造成后果的，应另行起诉，按一般损害赔偿处理。

（5）请求权具有不可转让性。离婚损害赔偿请求权，是离婚时无过错一方享有的专属权，是否请求损害赔偿，完全由权利人决定。任何人均不得享有此项权利。如果无过错方无民事行为能力，依法由其监护人或委托代理人代为行使。①

2. 确立离婚损害赔偿制度的立法意义。我国现行《婚姻法》确立的离婚损害赔偿制度，具有重要的理论意义和现实意义。

（1）这是维护我国婚姻家庭制度的必然要求。我国现行《婚姻法》第2条明确规定："实行婚姻自由、一夫一妻、男女平等的婚姻家庭制度。保护妇女、儿童和老人的合法权益。实行计划生育。"此规定不仅是婚姻法的基本原则，而且也是我国婚姻家庭的基本制度。为了维护和巩固我国的婚姻家庭制度，对破坏这一制度的重婚者，有配偶与他人同居者，实施家庭暴力或虐待、遗弃家庭成员者的违法行为，必须进行制裁。我国刑法早已规定了暴力干涉婚姻自由罪、重婚罪、虐待遗弃罪，而民事制裁上极不完善。从民事上确立离婚损害赔偿制度，让夫妻一方有法定过错的行为人，无论是否构成刑事犯罪，离婚时，都应承担相应的损害赔偿责任，进行民事经济制裁。刑事责任与民事责任结合，更能有效地维护和巩固我国的婚姻家庭制度。

（2）这是维护婚姻当事人合法权益的要求。我国宪法及其他法律规定，公民的人身自由不受侵犯，婚姻法对婚姻家庭领域中的夫妻规定了一系列人身、财产上的权利义务。夫妻一方不履行夫妻义务，进而重婚、与他人同居或实施家庭暴力虐待、遗弃对方，使受害方精神、身体和财产造成严重损害的，如果离婚时，无过错方不能获得经济赔偿，往往会使那些明知感情确已破裂的受害方，因经济原因不愿离婚，其合法权益会继续受到侵犯，影响离婚自由的实现。实行离婚损害赔偿，不仅可以免除无过错方的顾虑，而且还能使其得到精神上的慰藉，愈合精神、身体受到的伤害和痛苦。

（3）这是健全法制的要求。我国现行《婚姻法》确立离婚损害赔偿制度，是健全法制的必然要求。对因离婚当事人一方的法定过错行为导致离婚的，对无过错方予以救济。但是必须明确，在我国，自然人在人身、财产上受到损害，有权获得损害赔偿，而夫妻也是自然人，对夫妻间的侵权行为给予民事上的经济救济，符合法律规定的公平、平等原则。我国《民法通则》和《侵权责任法》等相关法律，对自然人间的侵权行为，已确立了损害赔偿制度，这些规定可适用于夫妻间的婚内侵权行为的处理。

---

① 离婚损害赔偿请求权是否可以转让或继承，有学者认为：在其未决定行使前，不得让予或继承。但权利一经行使，则与普通债权无异，具有转移性，是可以转让与继承的，此谓专属性之解除。参见王泽鉴：《民法学说判例二》，268-269页，北京：中国政法大学出版社，1998。我们认为，离婚损害赔偿请求权，既然是专属权，一经行使，就不能转让给他人。因为离婚诉讼只涉及当事人双方，如果转让给他人行使，受让人在离婚诉讼中，处于何种地位行使请求权，这是离婚中无法解决的问题，因此，此种权利不能转让，更不可能继承，继承是被继承人死亡后其继承人才享有的民事权利。在离婚诉讼中，如果享有离婚损害赔偿请求权人死亡，婚姻关系自然终止，离婚案件亦随其终止，不可能再由权利人的继承人向过错方行使赔偿权。因此，离婚损害赔偿请求权具有不可转让性。可以转让的，只是离婚诉讼终结后权利人获得的赔偿财产，而不是离婚诉讼中的权利。这是离婚损害赔偿请求权与一般损害赔偿请求权的区别之一。

（4）这是司法裁决的迫切要求。在司法实践中，人民法院在处理大量婚内侵权行为导致的离婚案件时，由于无法可依，离婚时无法追究过错方的民事责任，对离婚当事人和社会造成了婚内侵权合法的重大误解，放纵了过错方的违法行为。确立离婚损害赔偿制度，能使人民法院处理过错离婚案件时，责令过错方承担离婚损害赔偿责任有法可依、有法必依、违法必究，有效地保护无过错方的合法权益。

必须指出，离婚损害赔偿制度，是一些外国法律早已确立的一项法律制度。例如法国、瑞士等国，早已将离婚损害赔偿作为处理、制裁婚内夫妻侵权行为的法律依据，法国详尽地规定了侵权行为的法定条件、请求权的行使、赔偿范围等内容。[①] 结合我国实际，借鉴外国立法经验，建立离婚损害赔偿制度具有重要的现实意义。

（二）离婚损害赔偿请求权的成立条件

1. 离婚损害赔偿的构成要件。应包括以下三个方面：

（1）一方须有法定的过错。婚姻法中的过错不仅指行为人主观上的过错，而且还意味着行为人的行为违反了法律的规定，并造成了对他人的损害，体现了法律和道德对行为人行为的否定评价。该过错是指现行《婚姻法》第46条规定的四项严重法定过错，即重婚，有配偶者与他人同居，实施家庭暴力，虐待、遗弃。只有具有上述法定过错的行为人，才能承担离婚损害赔偿责任，无过错方才能在离婚时，请求损害赔偿。除上述四项法定过错以外的如通奸、吸毒、赌博等其他过错，都不构成离婚损害赔偿的条件。

（2）另一方须无过错。享有离婚损害赔偿请求权的一方，须无现行《婚姻法》第46条规定的法定过错，这是构成离婚损害赔偿的又一条件。《婚姻法解释（三）》第17条规定："夫妻双方均有婚姻法第四十六条规定的过错情形，一方或者双方向对方提出离婚损害赔偿请求的，人民法院不予支持。"如果夫妻双方都有法定的过错行为，如妻子与他人公开同居，丈夫对其实施家庭暴力或虐待、遗弃，离婚时双方都无权以对方有法定过错为由，请求损害赔偿。我国离婚损害赔偿不适用过错相抵原则。

（3）一方的法定过错行为导致了离婚，从而给无过错方造成了现实的、客观的损害。[②] 有配偶一方实施的重婚，有配偶者与他人同居，实施家庭暴力、虐待、遗弃的违法行为是导致婚姻关系破裂并造成无过错配偶遭受损害的直接原因。若配偶一方虽实施了上述损害行为，但并没有导致离婚，就不能获得损害赔偿。在我国台湾地区，"依判例及通说，无论损害赔偿或赡养费，均以判决离婚为其请求权发生之原因，于婚姻关系存续中不得请求之"。[③] 有损害才有赔偿，无损害就无赔偿，但这种损害既包括财产上的损害，亦包括非财产上的损害。财产损害仅限于受害方所遭受的直接财产减损，如个人财产被损害或数量上的减少。不包括将来期待利益的损失，如遗产继承权、保险受益权的损失。非财产上的损害，包括精神损害。离婚精神损害是"名义上的精神损害"，而不是"需证明的精神损害"。如果受害方所受的损害，是他人的过错引起的，或是夫妻一方的过错，但不是法定过错引起的，就不构成离婚损害赔偿。

---

① 陈苇：《建立我国离婚损害赔偿制度研究》，载《现代法学》，1998（6）。

② 主编注：关于财产损害的范围，学界有不同意见。有的认为应包括直接损失和间接损失，而有的认为应包括所持财产的减少和可期待利益的丧失，还有的学者认为是否包括可期待利益的丧失则应当区别对待。参见陈苇：《中国婚姻家庭法立法研究》（第二版），372-373页，北京：群众出版社，2010。

③ 陈棋炎、黄宗乐、郭振恭：《民法亲属新论》，241页，台北：中印书局，1995。

2. 离婚损害赔偿的范围。损害赔偿作为离婚救济制度，“不仅具有对受害方填补损害、精神慰抚的功能，还具有制裁与遏制违法行为的功能”。[①]《婚姻法解释（一）》第28条规定：“婚姻法第四十六条规定的‘损害赔偿’，包括物质损害赔偿和精神损害赔偿……”这表明，离婚损害赔偿的范围，包括物质损害赔偿和精神损害赔偿。[②]

（1）物质损害赔偿。离婚物质损害赔偿，是指婚姻期间过错方因实施的家庭暴力、虐待和遗弃使无过错方身体受到损害，离婚时过错方应当赔偿的一切经济损失。根据最高人民法院2004年《关于审理人身损害赔偿案件适用法律若干问题的解释》第17条第1、2款规定：“受害人遭受人身损害，因就医治疗支出的各项费用以及因误工减少的收入，包括医疗费、误工费、护理费、交通费、住宿费、住院伙食补助费、必要的营养费，赔偿义务人应当予以赔偿。受害人因伤致残的，其因增加生活上需要所支出的必要费用以及因丧失劳动能力导致的收入损失，包括残疾赔偿金、残疾辅助器具费、被扶养人生活费，以及因康复护理、继续治疗实际发生的必要的康复费、护理费、后续治疗费，赔偿义务人也应当予以赔偿。”

（2）精神损害赔偿。离婚精神损害，包括两种情况的损害。一是过错方对于无过错方实施人身损害后，引起的痛苦、恐惧、悲伤等精神上的损害。离婚时，过错方除承担物质损害赔偿责任外，同时还应承担精神损害赔偿责任。二是单纯的精神损害。即过错方对无过错方没有进行人身伤害，因实施了法定过错中的重婚，有配偶者与人同居的行为，使无过错方精神上受到伤害，离婚时也应承担精神损害赔偿责任。

（三）离婚损害赔偿请求权的行使

凡因离婚当事人一方的法定过错行为导致离婚的，无论是物质损害，还是精神损害，离婚时无过错方都有权要求过错方承担损害赔偿责任，给付损害赔偿费。

1. 离婚损害赔偿请求权的行使。根据《婚姻法解释（一）》第30条和《婚姻法解释（二）》第27条的规定，离婚损害赔偿请求权的行使，有以下几个方面的内容：

（1）人民法院负有告知义务。由于有些离婚当事人不知道法律的有关规定，人民法院审理离婚案件时，应当将《婚姻法》第46条规定的离婚损害赔偿的条件、当事人有关的权利义务，以书面形式告知当事人。其目的是使无过错方知道自己享有这一权利，以决定是否行使离婚损害赔偿请求权，同时使过错方明确应当依法承担离婚损害赔偿的义务。

（2）无过错一方作为离婚原告的，离婚损害赔偿请求权的行使方式和期限。无过错一方作为原告向人民法院要求与过错一方离婚并主张要求过错方承担离婚损害赔偿的，应当在起诉离婚时提出或离婚诉讼中经人民法院书面告知其权利后随即提出。过时不提出的，视为放弃该权利。

（3）无过错方作为离婚被告的，离婚损害赔偿请求权的行使方式和期限。过错一方作为原告向人民法院起诉要求与无过错一方离婚的，无过错一方可以在一审离婚诉讼中提出离婚损害赔偿请求。无过错方既不同意离婚，也不提出损害赔偿请求的，可以在离婚后一年内单独提出离婚损害赔偿请求。对一审法院判决离婚不服提出上诉的，可以在二审期间提出请求。经二审法院对离婚损害赔偿调解不成或没有提出的，可在离婚后一年内提出

① 夏吟兰、蒋月、薛宁兰：《21世纪婚姻家庭关系新规制》，297页，北京：中国检察出版社，2001。
② 陈苇：《离婚损害赔偿法律适用若干问题探讨》，载《法商研究》，2002（2）。

请求。过期提出的，人民法院不予受理。

(4) 登记离婚后无过错方向人民法院请求损害赔偿的处理。当事人双方协议离婚，并在婚姻登记机关办理了离婚登记手续后，无过错方以过错方有法定过错为由向人民法院提出损害赔偿请求的，如果在离婚登记后一年内提出的，人民法院应当受理。经人民法院审理查明，双方在登记离婚时，未就离婚损害赔偿进行协议或协议不成的，应当按照现行《婚姻法》第46条的规定作出处理。如果双方登记离婚时，无过错方已明确表示放弃了损害赔偿请求权的，或在离婚登记一年后提出的，人民法院不予支持。

2. 离婚损害赔偿费数额的确定。凡符合离婚损害赔偿的法定条件，经无过错方在离婚诉讼中或离婚后一年内提出请求的，人民法院应当对赔偿请求进行调解，调解不成的，人民法院对物质损害应判决过错方据实承担赔偿金。《婚姻法解释（一）》第28条规定："婚姻法第四十六条规定的'损害赔偿'，包括物质损害和精神损害赔偿。涉及精神损害赔偿的，适用最高人民法院《关于确定民事侵权精神损害赔偿责任若干问题的解释》的有关规定。"其抚慰金的数额，由于各具体案件情况不同，法律不可能作出统一标准。人民法院应当根据侵权人的过错程度、伤害手段、场合、行为方式、造成的后果及侵权人承担责任的经济能力和当地平均生活水平综合平衡确定抚慰金的数额。

(四) 离婚损害赔偿与照顾无过错一方原则的适用

现行《婚姻法》确立了离婚损害赔偿制度，1993年《离婚财产分割意见》又规定了在分割夫妻共同财产时"照顾无过错一方原则"。这二者都是离婚主体中夫妻一方有过错，处理结果都是使无过错一方获得一定的财产。对于在同一离婚案件中如何适用赔偿与照顾，法律没有作出明确的规定。法学理论界争议很大，其中主要的争议问题是具有法定离婚损害赔偿的四项过错，无过错一方依法获得损害赔偿费的同时，在分割夫妻共同财产时，是否还可获得照顾多分夫妻共同财产？对此，学术界主要有以下两种观点：

持"否定说"的学者主张，只能坚持离婚损害赔偿制度，彻底否定照顾无过错一方原则。其理由是现行《婚姻法》中对分割夫妻共同财产，只规定了照顾子女权益和女方权益，没有规定照顾无过错一方原则。因此，司法解释过去规定的照顾无过错一方原则已经失去了存在的价值。[①] 若无过错一方请求了离婚损害赔偿，就不应在共同财产分割时，再用照顾无过错方的原则。[②]

持"肯定说"观点的学者认为，照顾无过错一方原则是分割夫妻共同财产的原则之一，与离婚损害赔偿在性质上虽然有所不同，但在离婚过错行为中，有法定的四种离婚过错，还有包括通奸、吸毒、赌博等其他非法定过错行为。因此，"一方有过错行为，在分割夫妻共同财产时，要照顾无过错方一方。如果该过错行为属于承担离婚损害赔偿责任的

---

① 持否定照顾无过错一方的认为：根据2001年修正后的《婚姻法》的规定："在财产分割时，法院考虑的因素仅是子女的权益和女方权益，不涉及过错或无过错因素。但为了体现公平原则，照顾无过错方的利益，本法第46条已规定了离婚损害赔偿制度。""也就是说在共同财产分割中，不考虑引起离婚的个人责任，而是采取离婚过错赔偿原则，无过错方有权请求赔偿损失。""在婚姻法修改前，由于没有明确地支持无过错一方的精神损害赔偿权，所以在共同财产分割上，体现了照顾无过错方原则，其实质就是对无过错方的赔偿。但是《婚姻法》修改后确立了配偶要求精神损害赔偿制度，所以照顾无过错方的财产分割原则，已失去了存在的价值。"参见胡康生主编：《中华人民共和国婚姻法释义》，162-163页，北京：法律出版社，2001。郑晶：《中华人民共和国婚姻讲话》，139页，北京：中国政法大学出版社，2001。

② 杨立新、秦秀敏主编：《中华人民共和国婚姻法释义与适用》，474页，吉林：吉林人民出版社，2001。

四种法定情形之一，还应该承担离婚损害赔偿责任。因此，二者在一定条件下可以并用，并非绝对的排斥或互相否定”。①

我们认为，上述两种观点都有失偏颇，持“否定说”者忽视了离婚过错的多样性与法定离婚损害赔偿过错的有限性。持“肯定说”者主张赔偿与照顾两者同时并用，有失公平。现行《婚姻法》虽然规定了离婚损害赔偿制度，但仅适用法定的四项过错行为。在现实生活和司法实践中，除法定过错引起离婚外，还有通奸、婚外恋、嫖娼、吸毒、赌博、严重挥霍浪费夫妻共同财产、犯罪等多种过错行为引起夫妻感情破裂而离婚。过错方在实施这些过错行为时，有的耗费了大量的夫妻共同财产。这不仅使无过错方受到精神痛苦，而且侵犯了夫妻共同财产权。因此，离婚时，应当适用照顾无过错方原则，让无过错方适当多分共同财产，以弥补其财产损失，从而体现法律的公平和正义。然而，由法定离婚损害赔偿四项过错引起离婚的，过错方既要承担赔偿责任，又要在夫妻共同财产分割时少分财产，这种两者同时并用的主张，有失公平和正义。从实质上说，过错方承担的损害赔偿和少分夫妻共同财产，其后果都是承担民事责任，使其所得财产减少。根据民法理论，同一过错不能承担两种财产后果。如果两者同时并用，极不公平。所以，我们认为，离婚损害赔偿与照顾无过错方原则，应当分别适用不同的过错情形，在同一离婚案件中不能同时并用。即有离婚损害赔偿法定过错的，离婚时，适用离婚损害赔偿；没有离婚损害赔偿的法定过错，只有其他一般过错的，适用照顾无过错方原则。②

第二节 离婚对父母子女的效力

夫妻离婚后，涉及子女抚养教育等方式的改变，子女由随父母双方共同生活改变为随父或母一方生活，不随子女生活的父或母则以给付抚养费的方式履行对子女的抚养义务。因此，离婚后会产生子女随何方父母生活、子女抚养费的负担、子女抚养关系变更及探望权等一系列法律后果。

一、离婚后的父母子女关系

现行《婚姻法》第 36 条第 1 款规定：“父母子女间的关系，不因父母离婚而消除。离婚后，子女无论由父或母直接抚养，仍是父母双方的子女。”这一规定是对离婚后父母子女关系的原则性规定，但是在现实生活中，父母子女的种类繁多，离婚对父母子女关系的后果不尽一致。

（一）离婚后的自然血亲父母子女关系

离婚后的自然血亲父母子女关系，包括婚生子女与父母关系、非婚生子女与父母关系

---

① 滕蔓、丁慧、刘艺：《离婚纠纷及其后果的处理》，136-137 页，北京：法律出版社，2001；王洪：《婚姻家庭法》，201-202 页，北京：法律出版社，2003。

② 关于离婚损害赔偿费的数额，我国有的地方高级人民法院根据本地实际情况都作出了明确规定，除物质损害据实赔偿外，精神损害赔偿费数额规定较低。例如，重庆市高级人民法院 2000 年 1 月 14 日发布《关于审理精神损害赔偿案件若干问题的意见（试行）》规定：单纯精神损害赔偿金额不超过 1000 元；情节恶劣后果严重的为 1000—5000 元；对公民身体健康造成的精神损害一般不超过 1000 元，造成轻微伤残的，不超过 10000 元，严重伤残的，最高不超过 10 万元。离婚损害赔偿费包括物质和精神损害，离婚案件中，既有离婚损害赔偿过错又有其他过错的，如果无过错方所获得赔偿费与照顾适当多分共同财产所得相比，差距较大的，应当允许无过错方选择照顾原则。

及夫妻双方同意人工生育的子女与父母的关系。自然血亲父母子女间的权利义务关系，除因一方死亡或收养而消除外，不因人为的原因而消灭。因此，父母离婚后，父母子女关系仍然存在。这是因为父母的婚姻关系与父母子女关系是两个不同性质的社会关系。婚姻关系是男女双方依法律行为而成立，也可依法律行为而解除，离婚只涉及婚姻关系的消灭，不涉及具有血缘联系的亲属。因此，父母与亲生子女的关系，不因父母离婚而消灭。离婚后，子女无论随父或母方生活，父母子女间的权利义务仍然存在。

（二）离婚后的拟制血亲父母子女关系

1. 离婚后的养父母子女关系。养父母离婚后，只涉及双方的婚姻关系解除，养父母与其养子女的关系不受任何影响，无论离婚时的协议或判决确定子女随养父或养母何方生活，养父母子女关系仍然存在。养父母双方都有抚养教育养子女的权利义务。

关于婚姻关系存续期间夫妻一方单方收养的子女，离婚后应由何方抚养的问题，1993年《离婚子女抚养意见》第14条明确规定："《中华人民共和国收养法》施行前，夫或妻一方收养的子女，对方未表示反对，并与该子女形成事实收养关系的，离婚后，应由双方负担子女的抚养费；夫或妻一方收养的子女，对方始终反对的，离婚后，应由收养方抚养该子女。"此为1992年4月1日我国收养法实施以前夫妻一方收养的子女离婚时的处理原则。收养法实施后，有配偶者收养子女的，须夫妻双方同意，收养关系才能成立，因此，不承认夫妻一方收养子女的效力。

2. 离婚后的继父母子女关系。在现实生活中，继父母子女有两类：一是未受继父或继母抚养教育的继子女，双方属于直系姻亲关系，双方无权利义务关系，可因继子女生父或生母离婚而消灭。二是受继父或继母抚养教育的继子女，双方属于拟制血亲关系。根据现行《婚姻法》第27条第2款的规定："继父或继母和受其抚养教育的继子女间的权利和义务，适用本法对父母子女关系的规定。"生父或生母与继母或继父离婚，继父母与受其抚养教育的继子女关系是否存在，根据有关司法解释和1993年《离婚子女抚养意见》第13条的规定有两种不同情况：

（1）继父母与形成抚养关系的成年继子女的关系。继父母与受其抚养教育已成年的继子女关系，不因继子女的生父母与继父母离婚而消灭，双方仍然有父母子女间的权利义务。如果继父母年老、生活困难，成年的继子女应承担继父母晚年的生活费用。

（2）继父母与形成抚养关系的未成年继子女的关系。继父母与受其抚养教育的未成年继子女，当继子女的生父母与继父母离婚后，如果继父母不愿继续抚养继子女，或愿意继续抚养继子女但其生父母不同意，导致扶养关系终止的，则双方形成的继父母子女关系随离婚而终止，双方不再有父母子女间的权利和义务。如果继父母愿意继续抚养未成年的继子女，并经子女的生父母一致同意的，离婚后继父母与继子女双方形成的父母子女间的权利义务关系仍继续存续。

二、离婚后子女随何方生活的确定

关于离婚后父母对未成年子女监护权的行使原则，从现代国外立法来看，大体可分为以下三种立法类型：

第一种立法类型采用单方行使原则，即离婚时法院确定由父或母方单方行使未成年子女的监护权或亲权。第二种立法类型采用双方行使的原则，即离婚后父母双方仍有权行使对未成年子女的监护权或亲权。第三种立法类型兼采用单方行使原则和双方行使原则。即离婚时，在符合未成年子女利益的前提下，法院决定由父母双方共同或一方单独行使未成年子女的监护权或亲权。① 究竟采用哪一种原则，应以子女最佳利益作为设定准则。关于离婚父母对未成年子女共同行使监护权，有人认为："要使这种新型的监护获得成功，父母双方住所必须相近，而且有必要存在协力的关系。这是共同监护的前提条件。"②

在我国，离婚后未成年子女由原来随父母双方生活改变为随父母一方生活。在司法实践中，离婚时，基于各种原因，大多数当事人双方都争养未成年子女。其原因很多，有的基于对子女的深厚感情，有的担心子女随对方生活将会受继父母的虐待、遗弃；有的基于"老有所依"；有的借与子女生活作为不同意离婚或多分共同财产的条件。因此，有的当事人在离婚诉讼中极力争讼，甚至将子女转移、隐藏。也有少数离婚当事人，从极端个人利益出发，认为与未成年子女生活会影响再婚或再婚夫妻的感情，耗费精力和增加经济负担，影响自己的生活、工作、娱乐，因此，双方都不愿与未成年子女生活。为了保障未成年子女身心健康成长，保护子女的合法权益，现行《婚姻法》和1993年《离婚子女抚养意见》对离婚后子女随何方生活作出了明确规定。

（一）哺乳期内的子女随母方生活为原则

哺乳期内的子女系婴幼儿，因其处于发育初期，身体娇弱，完全靠母乳和其他食物精心喂养，才能健康成长，哺养婴幼儿是母亲的"天职"。因此，现行《婚姻法》第36条第3款规定："……哺乳期内的子女，以随哺乳的母亲抚养为原则……"1993年《离婚子女抚养意见》第1条规定："2周岁以下的子女，一般随母方生活……"即明确了哺乳期内的子女为两周岁以下的子女。离婚时，凡是父母双方对两周岁以下的子女随何方生活达不成协议的，无论双方都争养还是不愿抚养的，人民法院一般都应判决由母方抚养。但1993年《离婚子女抚养意见》第1、2条规定："2周岁以下的子女，一般随母方生活。母方有下列情形之一的，可随父方生活：（1）患有久治不愈的传染性疾病或其他严重疾病，子女不宜与其共同生活的；（2）有抚养条件不尽抚养义务，而父方要求子女随其生活的；（3）因其他原因，子女确无法随母方生活的。""父母双方协议2周以下子女随父方生活，并对子女健康成长无不利影响的，可予准许。"

（二）哺乳期后的子女随何方生活的确定

现行《婚姻法》第36条规定："……哺乳期后的子女，如双方因抚养问题发生争执，不能达成协议时，由人民法院根据子女的权益和双方的具体情况判决。"根据这一规定，离婚时双方对两周岁以上的未成年子女，首先由双方协商随何方生活，协商不成，由人民法院判决随何方生活，应根据双方的具体情况和有识别能力的子女意见综合考虑、判决确定。

1. 判决子女随父或母生活应优先考虑的法定情形。依1993年《离婚子女抚养意见》第3、4条规定，法院判决子女随父或母生活应优先考虑的法定情形如下：

（1）已做绝育手术或因其他原因丧失生育能力的；

（2）子女随其生活时间较长，改变生活环境对子女健康成长明显不利的；

（3）无其他子女，而另一方有其他子女的；

① 陈苇：《离婚后父母对未成年子女监护权问题研究》，载《中国法学》，1998（3）。

② ［日］利谷信义等，陈明侠、许继华译：《离婚法社会学》，120-121页，北京：北京大学出版社，1991。

（4）子女随其生活，对子女成长有利，而另一方患有久治不愈的传染性疾病或其他严重疾病，或者有不利于子女身心健康的情形，不宜与子女共同生活的；

（5）父方与母方抚养子女的条件基本相同，双方均要求子女与其共同生活，但子女单独随祖父母、外祖父母生活多年，且祖父母、外祖父母要求并且有能力帮助子女照顾孙子女、外孙子女的。

2. 考虑子女意见确定。1993 年《离婚子女抚养意见》第 5 条规定："父母双方对 10 周岁以上的未成年子女随父或随母生活发生争议的，应考虑子女的意见。" 10 周岁以上的未成年子女，已有一定的识别能力，在民法上属于限制民事行为能力人。其父母离婚后，本人对随何方生活更有利于自己健康成长，能够作出一定的判断选择。

3. 协议子女轮流随父母生活。离婚后，当事人双方仍在同一地区居住生活的，在不改变子女学习环境和不影响子女生活安定的情况下，通过协议决定子女随父母双方轮流生活的，应当允许。如果双方不在同一地区生活，协议决定子女轮流随父母一方生活的，会涉及频繁转学，造成子女生活、学习环境时常变更，生活不安定的，可不予准许。

4. 在离婚诉讼中争抢或拒绝抚养子女的处理。在离婚诉讼中，当事人双方都争抢子女，为争取子女随其生活，有的将子女转移、隐藏或者双方都不愿随子女生活，将子女互相推给对方，互相推诿，妨害未成年子女学习、生活的，根据《离婚子女抚养意见》第 20 条的规定，可以由人民法院先行裁定，暂时由一方抚养，待离婚案件审理终止，确定子女随何方生活。

综上所述，虽然我国现行《婚姻法》和上述司法解释关于子女抚养问题的规定是从有利于子女身心健康、保障子女的合法权益为出发点来考虑的，但有学者指出，我国有些规定仍体现出"父母本位"的立法痕迹，与真正实现子女最大利益原则，在立法上尚存在差距。① 例如，在立法体系方面，子女抚养应是亲子关系问题，应作为亲子法的内容而不是离婚法的内容来规定；在确定子女归谁抚养的问题上，法律和司法解释更多考虑的是父母的情况而非子女的利益等。②

三、离婚后父母一方对子女的探望权

夫妻离婚后，直接抚养子女的一方，有的不让或刁难对方探望子女，造成对方不了解子女的生活、学习等情况，给其精神上造成伤害。为此，现行《婚姻法》第 38 条第 1 款特别规定："离婚后，不直接抚养子女的父或母，有探望子女的权利，另一方有协助的义务。"这一规定，确立了我国离婚父母对子女的探望权。

---

① 主编注：我国有些学者认为，我国现行《婚姻法》中还没有明确确立"儿童最大利益优先原则"；在法律中没有取消"非婚生子女"的称谓；关于夫妻生育权的行使没有以"儿童最大利益优先原则"为指引；未成年子女抚养关系的确定和变更未规定应依据"儿童最大利益优先原则"；未成年人的收养关系之解除没有规定应依"儿童最大利益优先原则"等，这些都有待修改、完善相关立法。参见陈苇、谢京杰：《论"儿童最大利益优先原则"在我国的确立——兼论婚姻法等相关法律的不足及其完善》，载《法商研究》，2005（5）。

② 主编注：参见夏吟兰：《离婚亲子关系立法趋势之研究》，载《吉林大学社会科学学报》，2007（4）；孙若军：《父母离婚后的子女监护问题研究》，载《法学家》，2005（6）。有些学者建议，父母离婚时，应依据"保护未成年子女最大利益原则"，决定未成年子女的监护权由父或母单方行使或由父母双方共同行使。参见陈苇、冉启玉：《公共政策中的社会性别——婚姻法的社会性别分析及其立法完善》，载《甘肃政法学院学报》，2005（1）。

（一）探望权的概念和特征

探望权又称探视权或父母与子女的交往权，是指离婚后，不随子女生活的一方享有对子女进行探视、看望和交往的权利。[①] 探望权属于人身权，与其他人身权相比较，其具有以下特征：

1. 探望权是夫妻离婚后才产生的人身权。夫妻在婚姻存续期间，子女随父母共同生活，受父母双方的抚养教育，因此，任何一方不存在探望问题，因而也不存在探望权。夫妻离婚后，子女随一方生活，不与子女生活一方才产生探视与子女交往的权利。这一权利，是随夫妻离婚而产生的。[②]

2. 探望权只由不直接抚养子女的父母一方享有。离婚后，由于子女随父母一方生活，另一方对子女有探望、看望和交往的权利。其目的是使享有探望权一方增强对子女的感情，了解子女生活、学习情况和正确教育子女。依我国《婚姻法》第38条的规定，探望权只属于离婚后不直接抚养子女的父母一方享有。其他近亲属如祖父母、外祖父母、兄弟姐妹是否享有探望权，现行《婚姻法》没有明文规定。[③] 有的外国法律对此作了明确规定，如《俄罗斯联邦家庭法典》第67条明确规定："1. 祖父母、外祖父母、兄弟姐妹和其他亲属有权与儿童来往。2. 如果儿童的父母（父母一方）拒绝向近亲属提供与儿童来往的机会，监护和保护机关可责成父母（父母一方）不得妨害该往来。3. 如果父母（父母一方）不服监护和保护机关的决定，儿童的近亲属或监护和保护机关，有权向法院提起排除该妨碍的诉讼。法院应从儿童的利益出发，并考虑儿童的意见解决争议。"

我国婚姻法对近亲属是否享有探望权未作明确规定。我们认为，按照我国民众的传统习惯和祖孙之间、兄弟姐妹间存在法律上的权利义务，因此，这些法定近亲属也应享有探望权。

3. 探望权行使的义务主体是直接抚养子女的父母一方。探望权行使时，直接抚养子女的一方负有协助义务，应按照双方协议或人民法院判决探视的时间、地点、方式，为探望权人行使权利，提供方便条件，不得拒绝、阻挠、刁难探望。否则，探望权人有权要求义务人履行协助义务，或请求人民法院裁决履行协助义务。

4. 探望权行使不得影响子女身心健康。探望权是一项附随义务的人身权，行使时，不得影响子女正常的生活和学习，不得将子女带入禁止未成年人入内的娱乐场所，不得挑拨子女与随其生活一方的关系等。否则，负协助义务一方有权利制止，直至向人民法院申请中止其探望权。

（二）探望权的行使、中止和恢复

1. 探望权的行使。享有探望权的一方，在探望子女时，应当按照协议或人民法院判决确定的时间、地点、探视方式进行。如果需要临时变更，应征得负协助义务一方及子女

---

① 主编注，有关国外一些国家和我国台湾地区对离婚父母一方与子女的探视权或交往权的状况，参见陈苇：《中国婚姻家庭法立法研究》，288-291页，北京：群众出版社，2000。

② 主编注：我国有学者提出，父母子女间的探望权（会面交往权），在夫妻分居期间，不与子女共同生活的分居夫妻一方，也应享有对子女的探望权。参见陈苇：《离婚后父母对未成年子女监护权问题研究》，载《中国法学》，1998（3）。

③ 有学者建议，祖父母对孙子女应享有探望权。参见付琴、杨遂全：《祖父母对孙子女应享有探视权》，载陈苇主编：《家事法研究》（2005年卷），134-141页，北京：群众出版社，2006。

的同意（如外出旅游）。如果协议或判决节假日携子女同住，应按时接送，为子女提供生活、学习和娱乐的条件，子女生病时，应及时治疗，遵守这些探望的附随义务。探望时间结束，应按时送回，并向义务人交流探望情况，如果发现子女存在缺点、错误或其他不良习惯和问题，离婚的父母双方应共同研讨对策，以保障子女健康成长。

2. 探望权的中止和恢复。享有探望权的一方，在探望子女时，未按双方协议的探视方式、时间、地点探望，或在探视中违反探望附随义务，有不利于子女学习、生活和健康，严重损害子女权益的行为时，负协助探望的义务人有权要求改正，必要时，可向人民法院申请中止对方的探望权。现行《婚姻法》第38条第3款规定："父或母探望子女，不利于子女身心健康的，由人民法院依法中止探望权利……"中止探望的情形消失后，根据当事人的申请，可以通知恢复探望权。

（1）中止探望权的条件。现行《婚姻法》第38条规定的探望权人"有不利于子女身心健康"这一概括性中止探望权的法定条件，在现实生活中，其行为表现主要如下：

1）探望权人患有严重传染病，不宜探望子女的；

2）探望权人不按协议或判决确定的探望方式、时间、地点探望，严重影响子女生活、学习的；

3）探望权人将子女带入色情场所或让子女观看不健康的影视、书刊的；

4）探望权人道德败坏、通奸、姘居、卖淫、嫖娼、吸毒、赌博，对子女身心健康造成不利影响的；

5）探望权人对子女实施家庭暴力或虐待、遗弃的；

6）探望权人教唆、胁迫、引诱子女实施不良行为或违法犯罪行为的；

7）探望权人发现子女有不良行为或违法犯罪行为不教育制止的。

凡属上述行为之一的，均可作为中止探望权的理由。

（2）中止探望权的程序。探望权人，具有了上述不利于子女健康的行为，享有中止探望权的请求权人，都可以向人民法院申请，中止探望权人的探望权。根据《婚姻法解释（一）》第26条规定："未成年子女、直接抚养子女的父或母及其他对未成年子女负担抚养、教育义务的法定监护人，有权向人民法院提出中止探望权的请求。"可见，享有中止探望权请求权的人包括10周岁以上未成年子女、随子女生活的父或母，及祖父母、外祖父母、成年的兄姐。除此之外，其他任何单位和个人，都不享有中止探望权的请求权。

人民法院受理中止探望权的请求后，应当依法审理，《婚姻法解释（一）》第25条规定："……请求中止探望权的，人民法院在征询双方当事人意见后，认为需要中止行使探望权的，依法作出裁定……"

（3）探望权的恢复。经人民法院裁决中止探望权，只是暂时停止享有探望权人探望子女的权利。《婚姻法解释（一）》第25条规定："……中止探望的情形消失后，人民法院应当根据当事人的申请通知其恢复探望权的行使。"

（三）探望权的强制执行

探望权人按双方协议或人民法院的判决探视子女，是依法享有的人身权利，任何人不得剥夺或阻挠，随子女生活的一方负有协助的义务。义务人如果不履行协助义务，剥夺、阻挠权利人探望的，不仅使权利人的探望权无法行使，而且直接影响到子女受探望的权利。为保障探望权人和子女的合法权益，现行《婚姻法》第48条规定："对拒不执行有关扶养费、抚养费、赡养费、财产分割、遗产继承、探望子女等判决或裁定的，由人民法院得依法强制执行。有关个人和单位应负协助执行的责任。"《婚姻法解释（一）》第32条规定："婚姻法第四十八条关于对拒不执行有关探望子女等判决和裁定的，由人民法院依法强制执行的规定，是指对拒不履行协助另一方行使探望权的有关个人和单位采取拘留、罚款等强制措施，不能对子女的人身、探望行为进行强制执行。"现行《民事诉讼法》第111条也明确规定，诉讼参与人或者其他人拒不履行人民法院已经发生法律效力的判决、裁定的，人民法院可以根据情节轻重予以罚款、拘留；构成犯罪的，依法追究刑事责任。

四、子女抚养关系的变更

离婚时，无论当事人双方协议还是人民法院判决确定的子女随父母一方生活和子女抚养费，离婚后，由于情况发生变化，要求变更抚养关系或抚养费的，只要符合法律规定的条件均可依法变更。其变更方式有协议变更和诉讼变更。

（一）协议变更

离婚后，父母双方均要求变更子女抚养关系的，应当双方协商一致，达成书面变更子女抚养关系协议。10周岁以上子女还应征得子女同意。协议内容应当包括变更事由、变更子女随何方生活、变更起始时间，变更后不随子女生活的父方或母方是否负担子女抚养费及抚养费的数额、给付方式、探望方式等。双方及10周岁以上子女均应在协议上签名。1993年《离婚子女抚养意见》第17条规定："父母双方协议变更子女抚养关系的，应予准许。"

（二）诉讼变更

1993年《离婚子女抚养意见》第15条规定："……一方要求变更子女抚养关系的，或者子女要求增加抚育费的，应另行起诉。"第16条规定："一方要求变更子女抚养关系有下列情形之一的，应予支持。（1）与子女共同生活的一方因患严重疾病或因伤残无力继续抚养子女的；（2）与子女共同生活的一方不尽抚养义务或有虐待子女行为，或其与子女共同生活对子女身心健康确有不利影响的；（3）10周岁以上未成年子女，愿随另一方生活，该方又有抚养能力的；（4）有其他正当理由需要变更的。"

凡符合上述条件之一的，人民法院应依法判决变更，否则可判决不予变更。

五、子女抚养费的负担与变更

（一）子女抚养费的负担

离婚时，子女随一方生活确定后，不直接随子女生活的一方，应依法承担子女的抚养费。

1. 享有受抚养权子女的范围。根据现行《婚姻法》第21条和有关司法解释的规定，享有抚养权的子女范围包括：

（1）未成年子女。即不满18周岁的子女。

（2）成年但不能独立生活的子女。成年子女因在接受高中及其以下学历教育，或者丧失或未完全丧失劳动能力等非主观原因而无法维持正常生活的，享有受抚养权。

已经独立生活或虽未独立生活但正在接受高等学历教育，或待业的成年子女，不享有受抚养权。父母如果自愿负担其生活费、教育费等费用，听其自便。

2. 子女抚养费的范围和负担原则。《婚姻法解释（一）》第21条规定："婚姻法第二十一条所称'抚养费'，包括子女生活费、教育费、医疗费等费用。"现行《婚姻法》第37条规定："离婚后，一方抚养的子女，另一方应负担必要的生活费和教育费的一部或全部……"1993年《离婚子女抚养意见》第7条第1款规定："子女抚养费的数额，可根据子女的实际需要、父母双方的负担能力和当地的实际生活水平确定。"这些规定，明确了子女抚养费的负担原则，是以满足子女生活、教育需要和父母双方负担能力为原则。无论不与子女共同生活的父母一方，还是与子女共同生活的父母一方，原则上都应当负担子女抚养费的义务。基于父母双方的实际收入不同，对于子女抚养费的负担，收入较多的一方应当多负担或全部负担，收入少的或无收入的一方可以少负担或不负担。

3. 子女抚养费数额确定方式。现行《婚姻法》第37条规定，子女抚养费数额由双方协议确定，协议不成时，由人民法院判决。根据这一规定，确定子女抚养费数额的方式有两种，一是双方协议确定，二是判决确定。[①]

（1）协议确定。当事人离婚时，经双方协议对一方负担的子女抚养费自愿达成协议的，只要不违背上述子女抚养费的负担原则，应予准许。但1993年《离婚子女抚养意见》第10条规定："父母双方可以协议子女随一方生活并由抚养方负担子女全部抚育费。但经查实，抚养方的抚养能力明显不能保障子女所需费用，影响子女健康成长的，不予准许。"

（2）判决确定。离婚时，当事人对子女抚养费数额达不成协议的，由人民法院判决确定。不与子女共同生活的父母一方应负担子女抚养费的数额，根据《离婚子女抚养意见》第7条规定："子女抚育费的数额，可根据子女的实际需要、父母双方的负担能力和当地的实际生活水平确定。有固定收入的，抚育费一般可按其月总收入的20%至30%的比例给付。负担两个以上子女抚育费的，比例可适当提高，但一般不得超过月总收入的50%。无固定收入的，抚育费的数额可依据当年总收入或同行业平均收入，参照上述比例确定。有特殊情况的，可适当提高或降低上述比例。"

4. 子女抚养费负担的期限及执行。

（1）子女抚养费负担的期限。子女抚养费一般给付至子女年满18周岁为止。成年但不能独立生活的子女在其结束高中及其以下学历教育后，或恢复劳动能力后，父母也可停止给付。

（2）子女抚养费的执行。《婚姻法解释（三）》第3条规定："婚姻关系存续期间，父母双方或者一方拒不履行抚养子女义务，未成年或者不能独立生活的子女请求支付抚养费的，人民法院应予支持。"无论协议还是法院判决所确定的子女抚养费，负担子女抚养费的父母一方拒不执行或不按期执行的，子女都有权请求给付，必要时，可持协议或判决向人民法院申请强制执行。对负担子女抚养费的父母一方因违法犯罪服刑无经济收入或下落不明的，可用其离婚时应分得的共同财产或个人财产折抵子女抚养费。

（二）子女抚养费的变更

离婚时经协议或判决确定的子女抚养费，由于父母一方或双方，及子女的情况发生变

---

① 在美国，"父母在离婚时就子女抚养费达成的协议，必须符合法律规定，不可自行约定，否则法院不予认可"。参见夏吟兰：《美国现代婚姻家庭制度》，193页，北京：中国政法大学出版社，1999。

化，要求变更子女抚养费的，可以依法变更。其变更方式有协议变更和诉讼变更，其变更的内容包括增加、减少或免除抚养费。

1. 协议变更。父母双方对离婚时确定的子女抚养费数额、给付方式，经过双方协议达成增加、减少或免除及给付方式一致协议的，应订立书面协议。其内容应包括增加、减少或免除的事由、数额、给付方式，双方签名即可发生法律约束力。必要时，可报婚姻登记机关或人民法院备案。

2. 诉讼变更。一方要求变更子女抚养费，另一方不同意的，要求变更的一方必须向人民法院起诉。经人民法院调解达成变更协议的，按调解书变更的事项执行。调解无效，人民法院应当判决。

（1）判决增加抚养费的条件。随子女生活的一方代子女起诉要求增加抚养费，另一方不同意的，根据 1993 年《离婚子女抚养意见》第 18 条规定："子女要求增加抚养费有下列情形之一，父或母有给付能力的，应予支持。（1）原定抚养费不足以维持当地实际生活水平的；（2）因子女患病、上学，实际需要已超过原定数额的；（3）其他有正当理由应当增加的。"

（2）子女抚养费的减少或免除。对离婚时确定的子女抚养费数额，负担给付义务的一方基于双方或一方条件发生变化，请求减少或免除子女抚养费，对方不同意的，根据司法实践凡具备下列条件，可以向人民法院请求减少或免除：负担子女抚养费一方因患病、伤残丧失全部或部分劳动能力或其他原因，无经济收入或经济收入大为减少，确实无力按原协议或判决确定的数额给付的；离婚时，随子女生活一方无经济收入或收入较少，现经济条件好转，收入较多的；随子女生活一方再婚后，继父或继母自愿抚养该子女的；负担子女抚养费一方因违法犯罪服刑失去经济来源的。

3. 子女姓氏被擅自变更而拒付抚养费的处理。现行《婚姻法》第 22 条规定："子女可以随父姓，可以随母姓。"这一规定是我国《婚姻法》在子女姓氏上对男女平等原则的具体体现。子女的姓氏是其出生后由父母双方协商一致确定的。在现实生活中，绝大多数子女都是从父姓。离婚后，随子女生活的一方未经父母双方协商一致，无权更改子女的姓氏。1993 年《离婚子女抚养意见》第 19 条规定："父母不得因子女变更姓氏而拒付子女抚育费。父或母一方擅自将子女姓氏改为继母或继父姓氏而引起纠纷的，应责令恢复原姓氏。"

六、离婚后父母对未成年子女致人损害民事责任的承担

我国《民法通则》第 133 条规定："无民事行为能力人、限制民事行为能力人造成他人损害的，由监护人承担民事责任。监护人尽了监护责任的，可以适当减少他的民事责任。有财产的无民事行为能力人，限制民事行为能力人造成他人损害的，从本人的财产中支付赔偿费用。不足部分，由监护人适当赔偿，但单位担任监护人的除外。"《执行民法通则意见》第 158 规定："夫妻离婚后，未成年子女侵害他人权益的，同该子女共同生活的一方应当承担民事责任；如果独立承担民事责任确有困难的，可以责令未与该子女共同生活的一方共同承担民事责任。"《侵权责任法》第 32 条第 1 款规定："无民事行为能力人、限制民事行为能力人造成他人损害的，由监护人承担侵权责任。监护人尽到监护责任的，可以减轻其侵权责任。"可见，夫妻离婚后，未成年子女致人损害的，首先应由与该

子女共同生活的直接抚养一方承担民事责任。只有在该方无力独立承担民事责任时，才由未与子女共同生活的非直接抚养一方共同承担民事责任。

【导入案例要点评析】

本案涉及离婚时夫妻共同财产分割、共同债务承担等问题。我国现行《婚姻法》第39条第1款规定："离婚时，夫妻的共同财产由双方协议处理；协议不成时，由人民法院根据财产的具体情况，照顾子女和女方权益的原则判决。"第41条规定："离婚时，原为夫妻共同生活所负的债务，应当共同偿还。共同财产不足清偿的，或财产归各自所有的，由双方协议清偿；协议不成时，由人民法院判决。"根据上述规定，夫妻离婚时分割的只能是夫妻的共同财产，而夫妻共同债务也应由夫妻共同分担。

本案中，朱某和陈某有权请求分割的财产仅限于夫妻共同财产，双方争执的财产主要有房产A、房产B和6万元的存款，分析如下：第一，房产A是否为夫妻共同财产。我国现行《婚姻法》第18条规定，一方的婚前财产属于一方个人所有的财产。本案中的住房A，是朱某婚前父母为其购买的住房，属于朱某的婚前个人财产，陈某无权分割。第二，房产B是否为夫妻共同财产。虽然房产B是陈某与彭某共同出资购买，但是对于陈某出资的份额部分，属于陈某与朱某的夫妻共同财产，朱某可以就属于陈某份额的部分请求分割。第三，6万元的存款是否为夫妻共同财产。未成年子女通过受赠、继承、获奖所得财产，属于子女的个人财产。父母作为监护人，对子女财产只有管理权而无处分权。夫妻二人争议的6万元，是陈某与朱某的儿子陈剑通过受赠所得财产，属于其个人财产，不能列入夫妻共同财产，所以父母无权请求分割。

本案中，朱某和陈某争议的5万元债务属于夫妻共同债务，应共同分担。陈剑系朱某和陈某的婚生子女，夫妻双方作为父母对儿子陈剑共同负有法定抚养义务。因陈剑生病治疗所欠的5万元债务虽为朱某以个人名义举债，但其是为履行法定抚养义务所欠，属于夫妻共同债务。所以，陈某应当承担共同清偿责任。

根据案件所述情况，人民法院应判决准予双方离婚，陈剑由朱某直接抚养，陈某按月支付抚养费600元。陈某要求分割房产A和6万元的存款的请求于法无据，应予驳回。朱某提出分割房产B中陈某出资的份额部分，以及陈某应分担5万元债务的请求，符合法律规定，应予以支持。

【思考题】

一、单项选择题

1. 甲于1990年与乙结婚，1991年以个人名义向其弟借款10万元购买商品房一套，夫妻共同居住。2003年，甲乙离婚。甲向其弟所借的钱，离婚时应如何处理？（　）（2004年国家司法考试试题）

A. 由甲偿还　　B. 由乙偿还

C. 以夫妻共同财产偿还　　D. 主要由甲偿还

2. 王某以个人名义向张某独资设立的飞跃百货有限公司借款10万元，借期1年。不久，王某与李某登记结婚，将上述借款全部用于婚房的装修。婚后半年，王某与李某协议离婚，未对债务的偿还作出约定。下列哪一选项是正确的？（　）（2008年国家司法考试

试题）

A. 由张某向王某请求偿还

B. 由张某向王某和李某请求偿还

C. 飞跃公司只能向王某请求偿还

D. 由飞跃公司向王某和李某请求偿还

3. 甲（男）、乙（女）结婚后，甲承诺，在子女出生后，将其婚前所有的一间门面房，变更登记为夫妻共同财产。后女儿丙出生，但甲不愿兑现承诺，导致夫妻感情破裂离婚，女儿丙随乙一起生活。后甲又与丁（女）结婚。未成年的丙因生重病住院急需医疗费20万元，甲与丁签订借款协议从夫妻共同财产中支取该20万元。下列哪一表述是错误的？（　）（2014年国家司法考试试题）

A. 甲与乙离婚时，乙无权请求将门面房作为夫妻共同财产分割

B. 甲与丁的协议应视为双方约定处分共同财产

C. 如甲、丁离婚，有关医疗费按借款协议约定处理

D. 如丁不同意甲支付医疗费，甲无权要求分割共有财产

4. 胡某与黄某长期保持同性恋关系，胡某创作同性恋题材的小说发表。后胡某迫于父母压力娶陈某为妻，结婚时陈某父母赠与一套房屋，登记在陈某和胡某名下。婚后，胡某收到出版社支付的小说版税10万元。此后，陈某得知胡某在婚前和婚后一直与黄某保持同性恋关系，非常痛苦。下列哪一说法是正确的？（　）（2015年国家司法考试试题）

A. 胡某隐瞒同性恋重大事实，导致陈某结婚的意思表示不真实，陈某可请求撤销该婚姻

B. 陈某受欺诈而登记结婚，导致陈某父母赠与房屋意思表示不真实，陈某父母可撤销赠与

C. 该房屋不属于夫妻共同财产

D. 10万元版税属于夫妻共同财产

二、多项选择题

1. 丁某与付某在结婚时签订了一份书面协议，约定婚后所得财产归各自所有。付某生育一子后为照顾儿子与公婆，遂辞去工作，在家操持家务，照料家人。丁某长期在外出差，在外地与钟某同居，付某知道后遂向法院起诉要求离婚。付某以下可得到法院支持的请求是（　）

A. 因离婚导致自己生活困难，因此请求丁某支付经济帮助

B. 因丁某与他人同居而导致双方离婚，因此请求离婚损害赔偿

C. 因自己为操持家务，付出较多的义务，因此请求离婚时给予经济补偿

D. 因自己为照料子女与公婆而辞职，导致未有收入，请求法院判决确认双方订立的书面协议显失公平而无效

E. 因自己无收入，要求先把家庭财产平均分配，再考虑到自己在家照顾老人应予多分

2. 下列说法正确的是（　）

A. 生父与继母或生母与继父离婚时，对曾受其抚养教育的子女，继父或继母不同意继续抚养的，由生父母抚养

B. 生父与继母或生母与继父离婚时，对曾受其抚养教育的子女，继父或继母不同意继续抚养的，仍由生父（母）与继母（父）共同抚养

C.《收养法》施行前，夫或妻一方收养子女，对方未表示反对，并与该子女形成事实收养关系的，离婚后，应由双方负担子女的抚养费

D.《收养法》施行前，夫或妻一方收养子女，对方始终反对的，离婚后，应由收养方抚养该子女

E. 生父与继母或生母与继父离婚时，对曾受其抚养教育并成年的子女，随着其离婚自动解除二者已经形成的抚养关系

3. 董楠（男）和申蓓（女）是美术学院同学，共同创作一幅油画作品《爱你一千年》。毕业后二人结婚育有一女。董楠染上吸毒恶习，未经申蓓同意变卖了《爱你一千年》，所得款项用于吸毒。因董楠恶习不改，申蓓在女儿不满1周岁时提起离婚诉讼。下列哪些说法是正确的？（　）（2015年国家司法考试试题）

A. 申蓓虽在分娩后1年内提出离婚，法院应予受理

B. 如调解无效，应准予离婚

C. 董楠出售《爱你一千年》侵犯了申蓓的物权和著作权

D. 对董楠吸毒恶习，申蓓有权请求离婚损害赔偿

三、判断分析题

1. 当事人的离婚协议或者人民法院的离婚判决书或离婚调解书对夫妻财产分割问题作出的处理不得对抗夫妻的债权人。

2. 离婚后一方发现对方在离婚时有侵害财产的行为，可随时向人民法院起诉，请求再次分割夫妻共同财产。

四、简述题

1. 简述离婚损害赔偿责任的构成要件。

2. 简述探望权的特征。

3. 简述夫妻一方行使离婚经济帮助请求权必须具备的条件。

五、论述题

1. 试述离婚诉讼中人民法院判决分割夫妻共同财产的原则和方法。

2. 试述离婚的法律后果。

六、案例分析题

参见陈苇主编：《婚姻家庭继承法学案例教程》（第三版）（北京：群众出版社，2017年版）第五单元离婚制度案例。

【阅读参考文献】

1. 张学军：《论离婚后的扶养立法》，法律出版社，2004年版。

2. 李俊：《离婚救济制度研究》，法律出版社，2008年版。

3. 陈爱武：《家事法院制度研究》，北京大学出版社，2010年版。

4. 冉启玉：《离婚扶养制度研究》，群众出版社，2013年版。

5. 梁小平：《离婚损害赔偿制度研究》，中国政法大学出版社，2015年版。

6. 姜大伟：《我国夫妻分居法律制度建构研究》，中国政法大学出版社，2015年版。

第十二章 继承制度概述

本章学习重点提示：
我国继承法的基本原则；继承权的取得、行使与丧失；遗产的范围。

【导入案例】

李某早年丧偶，因自己有修车技术，开了个体修车部，生意红火，有了一些积蓄。李某有甲、乙、丙三个儿子。小儿子丙不务正业，游手好闲，经常找李某要钱。2015 年 2 月的一天，丙再次向李某要钱，李某没给，丙举刀就砍，致李某当场死亡，二儿子乙去修车铺，恰巧看见此情形，气愤之下，当即将丙打成重伤，后丙因伤势太重，不治而亡。二儿子乙因此被判刑 13 年。大儿子甲在办理父亲丧事时，发现其父已立遗嘱，遗嘱中明确其遗产由三个儿子均分。大儿子甲在遗嘱上稍作了改动，将两个弟弟的数额各减少 1 万元，给自己增加了 2 万元的应继份。乙的妻子认为只有自己的丈夫才有资格继承父亲的遗产，为此发生争议。

请问：李某的遗产应当由谁继承？为什么？

第一节 继承概述

一、继承的概念

“继承”一词的含义，有广义与狭义之分。广义的继承，是指生者对于死者生前享有的权利和承担的义务的承受。其内容不仅有财产继承，还有身份继承。身份继承指生者承袭死者的身份如继承王位、爵位或家长身份等，如中国古代的继承就是以身份继承为主。狭义的继承，即财产继承，是指生者对死者财产权利和义务的承受。在古代社会以身份继承为主，是广义的继承。现代社会绝大多数国家已无身份继承而专行财产继承，故当代的“继承”一词是指狭义的继承，即财产继承的简称。

所谓继承制度，是指将死者生前遗留的财产权利和义务，依法律的规定或依死者的遗嘱指定转移给他人承受的有关法律制度。在继承关系中，遗留财产的死者称为被继承人，死者遗留的个人合法财产称为遗产，依法或依遗嘱继承遗产的人称为继承人，继承人依法或依遗嘱取得遗产的权利称为法定继承权或遗嘱继承权。继承制度的内容主要包括有关遗产的转移方式（法定继承、遗嘱继承、遗赠等）、法定继承人的范围和顺序、遗产的范围、遗产的处理原则和分割方法，以及被继承人债务的清偿等法律制度。继承法则是调整公民死亡后所发生的财产移转关系的法律规范的总称。

二、继承的特征

继承是民事法律关系的重要组成部分之一，这种民事法律关系具有不同于其他民事法律关系的特征，主要如下：

(一) 财产继承关系的发生以被继承人死亡为原因

一般民事法律关系的发生原因，多数是民事法律行为。而财产继承关系的发生原因，则是被继承人死亡这一法律事实的出现。因为财产继承关系是以财产所有权为基础的，是财产所有权的延伸和继续。只有当被继承人死亡后，其遗留的个人所有合法财产才是遗产，才能发生遗产所有权转移给继承人的财产继承关系。

(二) 财产继承人只能是与被继承人有一定亲属身份关系的自然人

一般民事法律关系的主体，可以是自然人、法人或国家。而财产继承人只能是自然人。因为财产继承与一定的亲属身份关系相联系。按我国《继承法》的规定，财产继承人只能是与被继承人之间存在婚姻、血缘或扶养关系的自然人。[①] 国家、法人及其他社会组织都不能成为财产继承人，只能作为遗赠受领人。此外，国家或集体组织对于无人继承又无人受遗赠的遗产，可作为取得该遗产的主体。

(三) 财产继承的内容是财产权利和财产义务的全面承受

与单务民事法律关系的权利主体只享有财产权利不同，财产继承关系的权利主体即继承人，既享有继承遗产的权利，又承担在遗产实际价值范围内清偿被继承人生前所负债务的义务，但实行概括继承的除外。即财产继承关系的内容是继承人对财产权利和财产义务的全面承受，是取得财产权利和履行财产义务的统一。因此，财产继承的标的，即权利义务指向的对象，不仅包括积极财产即遗产，而且包括消极财产即被继承人遗留的个人债务及应缴纳的税款。此外，在附随义务的遗嘱继承情况下，财产继承的标的，除包括积极财产和消极财产外，还可以是遗嘱人指定遗嘱继承人必须履行的某些行为。

(四) 财产继承的结果是继承人无偿取得遗产所有权

财产继承是财产所有权转移的一种方式。它既不同于有偿民事法律关系中需给付相应代价才能取得财产所有权，也不同于赠与财产关系是自然人生前赠与其个人所有财产，使受赠人无偿取得该财产所有权。它是于被继承人死亡后由其继承人依法或依遗嘱无偿取得遗产，即财产继承的结果是继承人无偿取得遗产的所有权。

财产继承也不同于分家析产。两者的主要区别是，其一，从发生的原因来看，前者是基于被继承人死亡而发生；后者是基于家庭共有财产人请求而发生。其二，从财产关系的性质来看，前者是被继承人的遗产通过继承转移给继承人所有；后者是家庭共有财产通过分家析产变为家庭成员分别所有，不发生财产所有权的转移。其三，从财产的范围来看，遗产仅限于被继承人死亡后遗留的个人合法财产，应把夫妻共有财产和家庭共有财产中被继承人享有的份额分离出来，先析产后继承；而分家析产的财产范围仅限于家庭共有财产。

---

① 我国《继承法》第10、11、12、16条。

第二节　我国继承法的基本原则

财产继承法律制度是人类社会出现私有制和阶级以后，随国家的产生而产生的。它同其他法律制度一样，是一定社会经济基础的上层建筑，由经济基础所决定，又为一定的经济基础服务。财产继承法律制度的性质和特点，随着经济基础的发展而变化。在不同性质的社会，有着不同性质的财产继承法律制度。①

在我国，《继承法》以我国《宪法》为根据，总结了我国长期以来有关继承立法、司法经验，使之系统化、法律化，并具有一定的民族特色。其内容分为五章，共37条（其内容详见本书第11章至第15章及其他有关章节）。为指导《继承法》的施行，1985年最高人民法院颁布了《执行继承法意见》，供各级人民法院在审理继承案件时试行。1986年4月颁布的《民法通则》，为继承法和其他民事单行法提供了共同的基本准则。贯彻执行《民法通则》和《继承法》，对保护我国公民的个人财产所有权，保障家庭职能的实现，促进社会经济的发展与和谐社会的构建都具有重要意义。

我国1950年《婚姻法》和1980年《婚姻法》均规定，夫妻、父母子女有互相继承遗产的权利。我国1954年《宪法》和1982年《宪法》也确认，国家保护公民的私有财产的继承权。我国《继承法》以《宪法》为根据，与《民法通则》《婚姻法》的有关规定相一致，全面贯穿着保护公民私有财产继承权、继承权男女平等、养老育幼、权利义务相一致、互谅互让协商处理遗产等基本原则。这些基本原则是制定、解释、执行和研究我国《继承法》的出发点和依据。②

一、保护公民私有财产继承权原则

我国现行《宪法》第13条第2款规定："国家依照法律规定保护公民的私有财产权和继承权"。宪法确立的保护公民私有财产继承权的原则，是我国社会主义继承法的立法依据。我国《继承法》第1条明确规定："根据《中华人民共和国宪法》规定，为保护公民的私有财产的继承权，制定本法。"我国继承法始终贯穿了"保护公民私有财产继承权"这一宪法规定的原则，反映了民法的所有权神圣原则之精神。

（一）保护公民私有财产继承权的必要性③

1. 这是保护公民个人财产所有权的需要。保护公民私有财产继承权，是在我国社会主义经济条件下保护公民个人财产所有权的需要。在我国社会主义初级阶段，坚持以公有制为主体、多种所有制经济共同发展的基本经济制度，坚持按劳分配为主体、多种分配方式并存的分配制度。公民的个人所有财产受法律保护，可以调动人们的劳动积极性，促进

① 关于我国继承制度的立法演变，参见陈苇主编：《婚姻家庭继承法学》，406-415页，北京：法律出版社，2002。

② 关于外国继承法基本原则的比较研究，参见陈苇主编：《外国继承法比较与中国民法典继承编制定研究》，44-82页，北京：北京大学出版社，2011。

③ 近年来，我国有学者主张，将"保护公民私有财产继承权原则"修改为"保护私有财产继承权原则"，因为前者将继承权的权利主体界定为"公民"，这与民法的平等精神和民间国际交往的需要不符，应当以"自然人"的概念取代"公民"的概念。参见陈苇主编：《外国继承法比较与中国民法典继承编制定研究》，71-72页，北京：北京大学出版社，2011。

经济发展。法律允许将公民死后遗留的个人所有财产，转移给他的继承人，这是保护公民个人财产所有权的必然要求。

2. 这有利于调动人们积累财富的积极性。保护公民私有财产继承权，有利于调动人们为社会、家庭和个人积累财富的积极性，有利于增加生产、厉行节约。

3. 这是实现社会主义家庭职能的需要。保护公民私有财产继承权，是实现社会主义家庭职能的需要。在我国现阶段，家庭仍然承担着养老育幼、生产、消费等职能。保护公民私有财产继承权，可保证家庭实现这些职能有一定的物质条件。

（二）保护公民私有财产继承权原则在我国继承法中的体现

保护公民私有财产继承权原则，在我国《继承法》中主要体现在以下方面：

1. 公民死亡时遗留的个人所有财产依法可作为遗产。公民死亡时遗留的个人所有财产可作为遗产，由其法定继承人或遗嘱继承人继承，以保护公民私有财产继承权。

2. 公民的遗产继承权不得非法剥夺。公民的继承权，如不具有法定事由，不得被法院判决剥夺或自然丧失。即在遗产继承中，继承人如有故意杀害被继承人，为争夺遗产而杀害其他继承人，伪造或篡改或销毁遗嘱且情节严重等行为，则丧失继承权。并且，公民的继承权，非依合法有效的遗嘱，不得被取消。

3. 公民的遗产继承权受法律保护。在我国，公民的遗产继承权受法律保护。公民的继承权受到非法侵害时，公民有权请求人民法院依法予以保护。

二、继承权男女平等原则

我国现行《宪法》第 48 条第 1 款规定："中华人民共和国妇女在政治的、经济的、文化的、社会的和家庭的生活等各方面享有同男子平等的权利"。我国现行《婚姻法》第 13、17、24 条明确规定了夫妻在家庭中地位平等；夫妻对共同所有的财产，有平等的处理权；夫妻有相互继承遗产的权利等内容。我国《继承法》第 9 条规定："继承权男女平等。"

（一）继承权男女平等原则的意义

男女平等原则，既是我国宪法和婚姻法的一项重要原则，也是我国继承法的一项重要原则，它反映了民法的平等原则之精神。继承权男女平等，是我国社会主义继承制度区别于以往剥削阶级继承制度的一个显著标志。在旧中国，从西周到民国初期的制度，都是实行宗祧继承，遗产的继承以嫡长子为主，女儿一般无继承权，只有在"户绝"的情况下，才由女儿继承。而立嗣制度又排斥了女儿的继承权。至民国时期的"1930 年民法继承编"，始废除了宗祧继承，主张男女有平等的继承权，但在半殖民地半封建社会条件下，实际上未能得到贯彻执行。1949 年中华人民共和国成立后，颁布了 1950 年《婚姻法》，废除了封建婚姻家庭制度，确立了婚姻自由、男女平等的原则，旧中国以男子为中心的宗祧继承制度也被彻底废除，妇女享有与男子平等的继承权。在司法实践中，我国各级人民法院审理婚姻家庭继承案件，始终坚持继承权男女平等原则。但由于封建思想的残余影响，在我国有些地方，尤其是有些偏远农村地区，还存在忽视妇女财产继承权或否定妇女财产继承权的情况。因此，我国继承法明确规定继承权男女平等。这有利于消除歧视妇女继承权的封建思想的影响，保护妇女的合法权益。①

（二）继承权男女平等原则在我国继承法中的体现

继承权男女平等原则在我国《继承法》中主要体现为以下几个方面：

1. 法定继承权男女平等。在法定继承时，确定法定继承人的范围、顺序，不因男女性别的不同而有差异，并且继承遗产的份额是男女平等。即不以性别决定自然人有无继承权或继承顺序的先后。每一类继承人和每一顺序继承人中，既有男性也有女性。例如，夫与妻、子与女、父与母都平等地作为第一顺序法定继承人。同时继承遗产份额的多少也不因男女性别不同而有差异。在法定继承人所尽义务大体相同且无其他特殊情况时，男女继承人继承遗产的份额应大体均等。

2. 代位继承权男女平等。男性、女性自然人均可作为代位继承人。适用于父系的代位继承，同样也适用于母系。

3. 立遗嘱权男女平等。在遗嘱继承时，男女自然人均平等地享有按自己的意志依法立遗嘱处分个人所有财产的权利。并且，男女自然人都可以按遗嘱人的指定成为遗嘱继承人。

4. 死亡配偶的遗产与生存配偶的财产平等地受法律保护。我国《继承法》规定，对夫妻共同财产，“除有约定的以外，如果分割遗产，应当先将共同所有的财产的一半分出为配偶所有，其余的为被继承人的遗产”。

5. 丧偶男女平等地享有带产再婚的权利。我国《继承法》规定，夫妻一方死亡后另一方再婚的，有权处分所继承的财产，任何人不得干涉。这有利于预防和减少现实生活中一些地方存在的干涉寡妇带产再婚的违法行为。

三、养老育幼原则

养老育幼，即赡养老人、抚育未成年子女及照顾病残者，是我国家庭的重要职能之一，也是我们中华民族的传统美德。

（一）养老育幼原则的意义

保护老人和儿童的利益是我国现行法律的一项重要原则。我国现行《宪法》第45、49条规定，“中华人民共和国公民在年老、疾病或者丧失劳动能力的情况下，有从国家和社会获得物质帮助的权利……”“……父母有抚养教育未成年子女的义务。成年子女有赡养扶助父母的义务。……禁止虐待老人、妇女和儿童。”我国现行《婚姻法》第21、28、29条亦明确规定了父母子女之间、祖孙之间、兄弟姐妹之间的扶养义务。

（二）养老育幼原则在我国继承法中的体现

我国《继承法》将养老育幼原则贯穿在以下方面：

1. 养老育幼是确定法定继承人的范围、顺序等的依据。我国《继承法》规定，子女、父母、配偶为第一顺序继承人；兄弟姐妹、祖父母、外祖父母为第二顺序继承人。丧偶儿媳对公、婆，丧偶女婿对岳父母尽了主要赡养义务的，作为第一顺序继承人。并规定，被

---

① 主编注：近年我国有些学者主张采用“继承权平等原则”一词代替“继承权男女平等原则”一词。因为继承权平等，应当既包括男女的继承权是平等的，还包括非婚生子女与婚生子女，以及其他家庭成员的继承权都是平等的。所以，“继承权平等原则”与“继承权男女平等原则”两者相比，前者更能完整地反映继承权平等的立法精神。参见陈苇、宋豫主编：《中国大陆与港、澳、台继承法比较研究》，41-43页，北京：群众出版社，2007。

继承人的子女先于被继承人死亡的，由被继承人的子女的晚辈直系血亲代位继承。即根据养老育幼的需要，确定法定继承人的范围和顺序以及代位继承。

2. 在遗产分配上照顾老弱病残者适当多分。我国《继承法》规定，同一顺序继承人分配遗产时，一般应当均等。对生活有特殊困难的缺乏劳动能力的继承人，分配遗产时，应当予以照顾。对继承人以外的依靠被继承人扶养的缺乏劳动能力又没有生活来源的人，可以分给他们适当的遗产。遗产分割时，应当保留胎儿的继承份额。即在遗产分配份额上，照顾老弱病残者适当多分。

3. 遗嘱必须为某些法定继承人保留必要的份额。依我国《继承法》规定，遗嘱应当对缺乏劳动能力又没有生活来源的继承人保留必要的遗产份额，以保障老弱病残者的生活。

4. 设立遗赠扶养协议制度以保障老人、病残者的生活。我国《继承法》还规定了具有中国特色的遗赠扶养协议，老人、病残者或其他公民可以与扶养人或集体所有制组织签订遗赠扶养协议。按照协议，扶养人承担该公民生养死葬的义务，享有受遗赠（即被扶养人死后其遗产遗赠给扶养人）的权利。即通过遗赠扶养协议，可使老人、病残者生有所养、死有所葬。

四、权利义务相一致原则[①]

权利与义务相一致原则是我国《宪法》的一个重要原则，也是我国《继承法》的一个重要原则。马克思主义认为，“没有无义务的权利，也没有无权利的义务”。[②] 权利与义务是紧密联系在一起的，不允许任何公民只享受权利而不尽义务。权利与义务相一致原则在我国《继承法》中主要体现在以下方面：

1. 权利与义务一致是法定继承某些规定的依据之一。权利与义务一致是法定继承时确定某些法定继承人的身份、应继份额，以及继承人以外的人酌分遗产的依据之一。这在法定继承中主要表现为：

（1）有扶养关系是发生继承权的根据之一。丧偶的儿媳对公婆、丧偶的女婿对岳父母尽了主要赡养义务的，作为第一顺序继承人。继兄弟姐妹之间的继承权，因继兄弟姐妹之间的扶养关系而发生。没有扶养关系的，不能互为第二顺序继承人。[③]

（2）对被继承人尽扶养义务的多少，是在同一顺序法定继承人中确定分配遗产份额的依据之一。对被继承人尽了主要扶养义务或与被继承人共同生活的继承人，分配遗产时，可以多分。有扶养能力和有扶养条件的继承人，不尽扶养义务的，分配遗产时，应当不分或者少分。

（3）对被继承人尽扶养义务是确定酌分遗产人及其酌分遗产份额的依据。继承人以外的对被继承人扶养较多的人，可以分给他们适当的遗产。分给他们遗产时，按具体情况

① 主编注：近年我国有些学者认为“权利义务相一致原则”不是继承法的基本原则。因为继承法的基本原则在效力方面具有完全性，它贯穿于继承法的始终。“权利义务相一致原则”在法定继承时或遗嘱继承中都不能完全适用。所以，它“只能作为遗产分配的一项具体原则”。参见陈苇、宋豫主编：《中国大陆与港、澳、台继承法比较研究》，37页，北京：群众出版社，2007。

② 《马克思恩格斯选集》第2卷，137页。

③ 《执行继承法意见》第24条。

可多于或少于继承人。①

2. 接受遗嘱继承或遗赠须以履行遗嘱所附义务为前提条件。遗嘱继承或者遗赠附有义务的，继承人或者受遗赠人应当履行义务。没有正当理由不履行义务的，经有关单位或者个人请求，人民法院可以取消其接受遗产的权利。

3. 继承遗产应同时承担清偿被继承人债务的义务。继承人继承遗产，同时应在遗产实标价值范围内承担清偿被继承人依法应当缴纳的税款和债务的义务。继承人放弃继承的，对被继承人依法应当缴纳的税款和债务可以不负偿还责任。

4. 对被继承人有故意杀害、遗弃、严重虐待等行为的丧失继承权。故意杀害被继承人的，或者遗弃被继承人的，或者虐待被继承人情节严重的继承人，丧失继承权。

5. 依遗赠扶养协议履行了扶养义务的享有受遗赠的权利。依遗赠扶养协议，扶养人承担该公民生养死葬的义务，享有受遗赠的权利。扶养人依遗赠扶养协议履行了扶养义务的，在该受扶养人死亡后，扶养人取得受遗赠的财产。

五、互谅互让、协商处理遗产的原则②

我国《继承法》规定："继承人应当本着互谅互让，和睦团结的精神，协商处理继承问题"。这反映了我国社会主义家庭关系和社会主义道德风尚的要求。并且，当事人协商处理继承问题，也体现了民法的意思自治原则之精神。互谅互让、协商处理遗产的原则在我国《继承法》中主要表现在：

1. 在法定继承时由共同继承人协商确定各自继承的遗产份额。在法定继承时，由同一顺序继承人协商确定各自继承的遗产份额。同一顺序继承人继承遗产的份额，一般应当均等。但继承人协商同意的，也可以不均等。

2. 遗产分割的具体时间和办法由继承人协商确定。继承从被继承人死亡时开始，但无论是实行法定继承或者是实行遗嘱继承（除遗嘱另有指定外），遗产分割的具体时间和办法都可以由继承人协商确定。在我国现实生活中，实行法定继承时较为普遍的做法是，当父母一方死亡，另一方尚生存时，子女们一般互相协商不进行遗产分割，待父母双亡后再分割遗产。③

第三节 继承的开始

一、继承开始的时间

（一）继承开始时间的确定

我国《继承法》第2条规定："继承从被继承人死亡时开始。"即确定继承开始的时

① 《执行继承法意见》第31条。

② 主编注：近年我国有些学者认为"互谅互让、协商处理遗产的原则"不是继承法的基本原则。因为继承法的基本原则在效力方面具有完全性，它贯穿于继承法的始终。"互谅互让、协商处理遗产则是对法定继承人分割遗产的倡导性规定，不适用于遗嘱继承。"所以，它不能成为继承法的基本原则。参见陈苇、宋豫主编：《中国大陆与港、澳、台继承法比较研究》，37页，北京：群众出版社，2007。

③ 主编注：关于当代中国民众继承习惯的特点及发展趋势预测，参见陈苇项目负责人：《当代中国民众继承习惯调查实证研究》，37-75页，北京：群众出版社，2008。

间，应以被继承人死亡的时间为准。

被继承人死亡包括自然死亡（即生理死亡）和宣告死亡两种情况，自然人的“生理死亡时间”，应以医学上公认的方法所确定的生命终止时间为准。被宣告死亡的人，人民法院宣告死亡的判决作出之日视为其死亡的日期；因意外事件下落不明宣告死亡的，意外事件发生之日视为其死亡的日期。[①]

我国司法解释还规定：相互有继承关系的几个人在同一事件中死亡，如不能确定死亡先后时间的，推定没有继承人的先死亡。死亡人各自都有继承人的，如几个死亡人辈分不同，推定长辈先死亡；几个死亡人辈分相同，推定同时死亡，彼此不发生继承，由他们各自的继承人分别继承。[②]

（二）继承开始时间的法律意义

由于继承从被继承人死亡时开始，继承开始的时间具有以下法律意义：

1. 继承开始的时间是遗产所有权开始转移给继承人的时间。继承开始的时间是继承权从期待权变为既得权的时间，是遗产所有权开始转移给继承人的时间。在继承开始前，继承人对被继承人的遗产仅有期待权，具有将来承受遗产的可能性。只有在继承开始时，继承人的继承权既未放弃也未丧失的，其继承遗产的期待权则转化为既得权，继承人才有资格实际参加继承被继承人的遗产。也就是说，继承开始时，被继承人生前个人所有的财产转化为遗产，其所有权转移给有权获得该遗产的人所有。

2. 继承开始的时间是确定遗产范围的时间。在被继承人死亡前，遗产的范围不能被确定。因为随着情况的变化，被继承人生前的个人所有财产可能会有变动。只有在被继承人死亡时，其遗留的个人财产范围才能被确定下来。被继承人死亡时遗留的个人所有财产才是遗产。

3. 继承开始的时间是确定继承人范围的时间。只有在继承开始时尚生存着的继承人才有资格参加继承，取得被继承人的遗产。在继承人先于被继承人死亡的情况下，如果先亡者为被继承人的子女，则由被继承人的子女的晚辈直系血亲代位继承；如果先亡者为除被继承人的子女外的其他继承人，则不能发生代位继承。

4. 继承开始的时间是确定遗产转移方式和遗嘱是否有执行效力的时间。继承开始时，才能确定遗产转移的方式，有遗赠扶养协议的，按协议办理；无协议而有遗嘱的，按遗嘱继承或遗赠办理；没有协议和遗嘱，或协议和遗嘱未处分的遗产，适用法定继承。同时，继承开始时间也是确定遗嘱是否有效的时间，只有在被继承人死亡时符合法定条件和形式的遗嘱，才具有法律效力，才能够被执行。

5. 继承开始的时间是确定保护继承权 20 年诉讼时效期间的起算点。我国《继承法》第 8 条规定：“继承权纠纷提起诉讼的期限为两年，自继承人知道或者应当知道其权利被侵犯之日起计算。但是，自继承开始之日起超过二十年的，不得再提起诉讼。”[③] 即继承

---

① 《民法总则》第 48 条。

② 《执行继承法意见》第 2 条。

③ 《民法总则》第 188 条规定：“向人民法院请求保护民事权利的诉讼时效期间为三年。法律另有规定的，依照其规定。诉讼时效期间自权利人知道或者应当知道权利受到损害以及义务人之日起计算。法律另有规定的，依照其规定。但是自权利受到损害之日起超过二十年的，人民法院不予保护；有特殊情况的，人民法院可以根据权利人的申请决定延长。”

权请求保护的（20 年）长期时效的起算点，始于继承开始的时间。

最后必须明确，继承开始的时间与遗产的分割时间既有区别又有联系。其一，两者的区别在于，继承开始的时间，是被继承人遗产所有权转移给继承人、受遗赠人等人所有的时间。这个时间是不能由继承人或其他任何人加以改变的。遗产分割的时间，是继承人实际取得被继承人遗产的时间。这个时间可以由继承人经过协商加以确定。所以，继承开始的时间与遗产分割的时间往往是不一致的，它们之间或长或短都有一定的时间距离。在这段时间里，继承开始后，继承人没有表示放弃继承，并于遗产分割前死亡的，其继承遗产的权利转移给他的合法继承人。因为在继承开始后，该继承人已取得了其应继承的遗产所有权，故如其于遗产分割前死亡的，他享有遗产份额应当由其合法继承人继承。这就是“转继承”。其二，两者的联系在于，继承开始之时，亦为遗产分割的效力开始之时。即使遗产分割的实际时间晚于继承开始的时间，遗产分割的效力也应溯及至继承开始时起算。因而如果遗产在分割前产生了孳息或债务，那么，该孳息或债务应随遗产一起转移给该遗产的继承人。

二、继承开始的地点

继承开始的地点是指继承开始的地方。我国《继承法》对此无明文规定。在我国司法实践中，通常以被继承人生前最后住所地（一般也为户籍所在地）为继承开始的地点。如果主要遗产不在被继承人生前最后住所地或被继承人最后住所地不明的，则以被继承人主要遗产所在地为继承开始的地点。

确定继承开始的地点其法律意义在于，首先，继承开始的地点是召集继承人、受遗赠人等有权取得遗产的人，前来接受遗产的场所。其次，继承开始的地点是清点被继承人的遗产，并加以妥善保管，清偿被继承人的债务，执行遗赠，继承人协商分割遗产的场所。最后，继承开始的地点是继承遗产纠纷的诉讼地。按我国现行《民事诉讼法》的规定，继承遗产的诉讼，由被继承人死亡时住所地或者主要遗产所在地人民法院管辖。

三、继承的通知

继承的通知，是指将被继承人死亡、继承开始的情况告诉继承人、遗嘱执行人的行为。我国《继承法》第 23 条规定：“继承开始后，知道被继承人死亡的继承人应及时通知其他继承人和遗嘱执行人。继承人中无人知道被继承人死亡或者知道被继承人死亡而不能通知的，由被继承人生前所在单位或者住所地的居民委员会、村民委员会负责通知。”通知的形式可以是书信、电报、电话、口传等，也可以采用公告形式，以便继承人、遗嘱执行人及时前来参加继承，执行遗嘱。

第四节　继承法律关系

一、继承法律关系的概念

继承法律关系是指由继承法律规范调整的社会关系，它是因被继承人死亡而在继承人、受遗赠人、继承参与人等之间，以及他们与继承人以外的其他自然人、社会组织之间所发生的权利义务关系。

二、继承法律关系三要素

继承法律关系同其他民事法律关系一样，由主体、客体、内容三个要素组成。

（一）继承法律关系的主体

继承法律关系的主体是指在财产继承中，享有一定的权利和承担一定的义务的人。继承法律关系的主体与继承的主体不同。前者的范围较广，包括继承人（法定继承人、遗嘱继承人）、受遗赠人、继承参与人，以及一切社会组织和其他自然人。后者专指继承人。在继承法律关系主体中，继承人、受遗赠人是基本主体。他们既是最基本的权利主体，即遗产的最基本的受益人，也是最基本的义务主体，即履行清偿被继承人债务或遗嘱所附义务的承担者。继承参与人是指继承人、受遗赠人以外的所有参加继承的人，包括遗产管理人、遗嘱见证人、遗嘱执行人、酌分遗产人、遗产债权人、遗产债务人等。他们在参与继承活动中，有的享有一定权利，有的承担一定义务。而一切社会组织和其他自然人，都是继承法律关系的义务主体，都负有不得侵犯权利主体享有权利的义务。

必须明确，被继承人不是继承法律关系的主体。因为自然人的民事权利能力始于出生，终于死亡。继承是从被继承人死亡时开始的，当继承法律关系发生之时，也就是被继承人的民事权利能力终止之时，故被继承人不是继承法律关系的主体。此外，应明确每一个权利主体相对于其他权利主体而言，也是义务主体，同样负有不得侵犯其他继承人继承权利的义务。

（二）继承法律关系的内容

继承法律关系的内容是指遗产继承中的权利义务关系。即继承法律关系的主体如继承人、受遗赠人、继承参与人等，在遗产继承活动中享有的权利和承担的义务。继承法律关系中的权利，包括对被继承人遗产的继承权、受遗赠权、酌分遗产权、债权等；继承法律关系中的义务，包括清偿被继承人依法应当缴纳的税款和债务的义务，以及被继承人在遗嘱中所附的义务（可以是财产性义务，也可以是某种行为）等。

必须指出，继承法律关系中的权利与义务往往是紧密联系，不可分割的。继承法律关系的权利主体，往往又是义务主体。例如，继承人享有继承遗产的权利，承担清偿死者债务（包括缴纳税款）的义务；在附义务的遗赠中，受遗赠人享有取得遗赠的权利，承担遗嘱指定必须履行的义务等。并且继承法律关系中的各种主体，如继承人、受遗赠人、酌分遗产人、遗嘱执行人等，他们所享有的权利和承担的义务是不尽相同的。

根据继承法律关系的主体不同，继承法律关系大体可以分为：继承人与继承人以外的不特定的第三人之间的权利义务关系；共同继承人之间的权利义务关系；继承人与受遗赠人之间的权利义务关系；继承人与遗产酌分请求权人之间的权利义务关系；继承人与被继承人的债权人之间的权利义务关系等因被继承人死亡而发生的民事法律关系。①

（三）继承法律关系的客体

根据民法原理，民事法律关系的客体是指权利义务所指向的对象或标的。继承法律关系的客体，则是指继承法律关系中权利义务所指向的对象或标的。如前所述，继承法律关

---

① 张玉敏：《继承法律制度研究》，20-21页，北京：法律出版社，1999。

系依主体的不同可以划分为不同种类的民事法律关系。而不同性质的民事法律关系，其权利义务所指向的对象或标的是不同的。

就继承的客体而言，是指在继承开始后继承人承受的权利和义务所指向的对象。即其权利指向的对象是遗产及死者遗留的其他不具有人身专属性的财产法律地位等，其义务指向的对象包括死者的债务（包括应缴纳的税款）、遗嘱指定的继承人必须履行的某些行为等。我国《继承法》第3条规定："遗产是公民死亡时遗留的个人合法财产……"；第33条规定："继承遗产应当清偿被继承人依法应当缴纳的税款和债务……"；第21条规定："遗嘱继承或者遗赠附有义务的，继承人或者受遗赠人应当履行义务……"。此外，依据民法原理，被继承人死亡时遗留的不具有人身专属性质的其他财产法律地位，继承人也得继承。例如，被继承人权利取得权源之瑕疵、被继承人所负担出卖人之瑕疵担保责任、被继承人处分不动产尚未履行登记之地位、所有权转移之登记义务等，均得继承。又如，有限责任股东的法律地位，以及为诉讼之权利义务得移转于继承人而该诉讼因当事人之死亡而中断的诉讼法律地位，继承人也得继承。① 根据我国现行《民事诉讼法》第150条及2015年2月施行的《民事诉讼法解释》第55条的规定，在民事诉讼中，一方当事人死亡，人民法院应及时通知其继承人作为当事人承担诉讼，被继承人已经进行的诉讼行为对承担诉讼的继承人有效。总之，继承人在继承开始后所继承的对象，既包括遗产和被继承人遗留的其他财产法律地位（包括某些诉讼法律地位），又包括被继承人的债务（应缴纳的税款在内）和遗嘱对遗嘱继承人、受遗赠人所附加的某些负担（履行某些行为）。因此，我国有些学者指出，继承的客体是继承开始后被继承人财产法上的法律地位。也就是说，继承人在继承开始后概括地承受被继承人遗留的财产上的一切权利义务，但权利义务专属于被继承人本人者除外。

必须指出，我国学术界对继承的客体目前有三种学说：遗产说、遗产和债务说、法律地位说。我们赞同法律地位说。② 总之，这种法律地位，是在继承开始时被继承人遗留的、依其性质和法律规定是可以继承的、专属于被继承人个人的财产法律地位。

第五节　继承权

一、继承权的概念和特征

（一）继承权的概念和种类

继承权是公民依照法律的规定或被继承人生前所立合法有效遗嘱的指定，享有的继承被继承人遗产的权利。

---

① 史尚宽：《继承法论》，159-161页，北京：中国政法大学出版社，2000。

② 台湾学者史尚宽先生指出："继承的客体，只须是继承开始时属于被继承人的权利义务，不以其效力确定为必要。故附条件或未届期之权利义务，不妨为继承之标的。只须属于财产上之权利义务，其种类在所不问。财产法之形成权，抗辩权，亦为继承之对象。虽非具体的权利义务，仅为法律地位，亦不妨继承。但属于身份之权利义务，不在其内。故个人的人格权，亲属的身份权，不得继承。扶养之权利义务内容，虽与财产有关，然性格上基于身份，亦原则上不得继承。唯扶养义务人迟延给付之已现实化的扶养费债务，与通常之债权债务同样，由继承人继承。被继承人一身专属之权利，因被继承人死亡而消灭，亦不为继承之对象……法律上禁止让与之权利义务，亦不认有继承。"史尚宽：《继承法论》，153-154页，北京：中国政法大学出版社，2000。

“继承权”一词经常在两种意义上被使用，一是客观意义上的继承权；二是主观意义上的继承权。

1. 客观意义上的继承权。客观意义上的继承权，又称继承期待权，是指继承开始前推定继承人法律上的地位，为将来继承开始时得为继承之希望的地位。它的产生是基于法律的规定（如法定继承权），或遗嘱的指定（如遗嘱继承权），与继承人本人的主观意志无关，具有客观性，并且它本身并不具有直接的财产内容，仅仅是一种将来具有实现可能性的财产权利，即继承人有将来参加继承、取得遗产的可能性。史尚宽先生指出：“推定继承人对被继承人财产之处分，不得为任何异议，仅特留分权人在继承开始后得为特留分之保全，得请求被继承人处分之扣减，因此无论此种继承权为期待权或为附条件之权利，不发生被侵害之问题，不得为处分之标的，其性质甚为薄弱。加之，推定继承人之地位因死亡或继承权丧失而被剥夺，因先顺序或同顺序继承人之出现全部或一部被削减。”① 即由于法定继承人可能因法定事由而丧失其继承遗产的权利，遗嘱继承人也可能因遗嘱的变更、撤销或无效，而丧失遗嘱继承权等，故继承人将来继承取得遗产只是一种可能性。只有当具备法定条件，即出现了一定的法律事实时，这种可能性继承权才转化为现实性继承权（即主观意义上的继承权），才能给继承人带来实际的财产利益。所以，客观意义上的继承权又被一些学者称为“继承期待权”。

2. 主观意义上的继承权。主观意义上的继承权，又称继承既得权，是指继承开始时，继承人享有的对被继承人的遗产实际取得的权利。它反映了继承开始后继承人的法律地位。这种继承权与继承人的主观意志相联系，继承人既可以接受，也可以放弃，并且它是一种具有现实性的财产权利，可以给继承人带来实际财产利益，即实际取得被继承人遗产的继承权。所以，主观意义上的继承权又被一些学者称为“继承既得权”。

总之，继承人享有客观意义上的继承权，只表明推定他具有取得被继承人遗产的法律地位，但并未实际取得被继承人的遗产；只有当继承人享有主观意义上的继承权时，他才能实际取得被继承人的遗产。由客观意义上的继承权转化为主观意义上的继承权，必须具备以下两个条件：

第一，必须是被继承人已经死亡（如系遗嘱继承，还须被继承人生前立有合法有效的遗嘱）。因为，继承始于被继承人死亡之时。如被继承人尚生存的，则不能发生继承。

第二，必须是被继承人遗留有遗产。如果未留有遗产，继承权则因无具体的标的而无法实现。

当上述两个条件同时具备时，客观意义上的可能性继承权，则转化为主观意义上的现实性继承权。

（二）继承权的法律特征

继承权有以下法律特征：

1. 继承权是一种财产权。继承权是继承人通过继承取得被继承人遗产所有权的一种财产权利。即继承权是所有权的延伸，是所有权派生出来的一种财产权，而非身份权。

2. 继承权属于绝对权而具有排他性。继承权的权利主体是特定的，即继承人，如法定继承人或遗嘱继承人；义务主体是不特定的，是除继承人以外的其他民事主体包括公

---

① 史尚宽：《继承法论》，84-85页，北京：中国政法大学出版社，2000。

民、法人及其他社会组织等。权利主体无须经义务主体实施一定行为即可实现其权利；义务主体则负有不妨碍权利主体行使继承权和不得侵犯继承权的义务。在共同继承的情况下，每一个共同继承人，相对其他共同继承人而言，也是义务主体，负有不妨碍其他共同继承人行使其继承权和不侵犯他人继承权的义务。

3. 继承权的权利主体只能是与被继承人有一定亲属关系的自然人。按我国《继承法》的规定，能够作为法定继承人和遗嘱继承人成为继承权的权利主体的只能是自然人。因为继承权的享有以与被继承人之间有一定亲属身份关系为前提。亲属关系只能发生在自然人之间，只有与被继承人有一定亲属身份关系的自然人才能作为继承人。国家、法人、社团等均不能作为继承权的权利主体。它们接受遗产时，只能以受遗赠人的身份取得遗赠财产，或以其原来固有的身份取得无人继承的遗产。

4. 继承权的客体只能是遗产。继承权属于一种财产权，其客体只能是被继承人的遗产，包括死者遗留的财产和财产权利。至于死者的债务，属于继承法律关系中义务所指向的客体，而非继承权的客体。凡属于人身权以及某些与人身不可分离的财产权，均不能作为继承权的客体，只能随被继承人的死亡而消灭。

5. 继承权的实现以特定的法律事实出现为前提。继承从被继承人死亡时开始。在被继承人死亡前，法律规定或遗嘱指定的继承权，还只是自然人具有的将来继承遗产的法律地位，即其具有将来继承被继承人遗产的可能性，但并未实际取得任何财产利益。只有当被继承人死亡且留有遗产这一法律事实出现时，继承才自此开始。享有继承权的自然人即直接当然地取得被继承人的遗产，但表示放弃继承或丧失继承权的除外。至此，继承权得以最终实现。

二、继承权的取得

继承权的取得根据有两种：一是法律的直接规定；二是合法有效遗嘱的指定。因法律直接规定而取得的继承权，是法定继承权；因合法有效遗嘱的指定而取得的继承权，是遗嘱继承权。

（一）法定继承权的取得

法定继承权的取得是基于法律的直接规定。取得法定继承权的根据，主要是血缘关系和婚姻关系。古今中外各国立法概莫能外。但现代一些国家立法已突破了传统的根据范围，规定与被继承人形成扶养关系（或共同生活关系）也是取得法定继承权的根据之一。按我国现行《婚姻法》和《继承法》规定的精神，我国自然人的法定继承权取得的根据有三，即婚姻关系、血缘关系和扶养关系。

1. 因婚姻关系而取得法定继承权。根据我国现行《婚姻法》和《继承法》的规定，夫妻有相互继承遗产的权利。配偶为第一顺序法定继承人。夫妻间的遗产继承权，又称配偶继承权，它是基于合法婚姻关系的成立而产生的一种财产权利。婚姻关系是家庭关系的基础和核心，夫妻之间具有密切的人身关系和财产关系。当配偶一方死亡时，生存配偶依法律规定为死亡配偶的法定继承人，有利于保护生存配偶的合法权益。

2. 因血缘关系而取得法定继承权。血缘关系是以婚姻关系为前提，基于出生而产生的亲属关系，如父母子女关系、兄弟姐妹关系、祖孙关系。因血缘关系而取得继承权，是古今中外各国立法的通例，一般都是按照血缘关系的远近确定法定继承人的范围和顺序。

其目的是保证实现家庭养老育幼的职能，使人类社会得以延续。从现实生活中看，血缘关系较近的亲属相互关系密切，生活上相互关心和帮助，经济上往往相互扶助和依赖，有的还共同生活在一个家庭之中。所以，我国现行《婚姻法》和《继承法》以血缘关系为根据规定，父母子女、兄弟姐妹、祖孙等近血缘亲属作为法定继承人，相互享有继承权。这有利于实现家庭养老育幼的职能。

3. 因扶养关系而取得法定继承权。按我国现行《婚姻法》和《继承法》规定的精神，扶养关系也是取得法定继承权的根据之一。《继承法》第12条规定："丧偶儿媳对公、婆，丧偶女婿对岳父、岳母，尽了主要赡养义务的，作为第一顺序继承人。"诚然，丧偶儿婿、丧偶女婿与公婆、岳父母之间没有血缘关系，是姻亲关系，相互间本无继承权。但如果前者对后者尽了主要赡养义务，则相互间形成扶养关系，依法律的规定前者可作为后者的法定继承人，享有法定继承权。又如，继父母与继子女之间本为姻亲关系，如前者对后者尽了抚养教育义务，则相互间形成扶养关系，依法享有与父母子女相同的权利和义务，包括互有法定继承权。此外，我国《收养法》施行前（1992年4月1日施行）形成的事实收养关系（包括过继子女与过继父母之间已形成事实收养关系的），按我国有关司法解释，应承认其效力。即事实收养关系双方当事人依法享有与养父母子女、父母子女关系相同的权利和义务，包括互有法定继承权。在这里，事实收养关系双方当事人之间本无血缘关系，他们取得法定继承权的根据是扶养关系。以扶养关系为根据取得法定继承权，体现了权利与义务相一致原则的要求，也是发扬社会主义道德、实现家庭养老育幼职能的需要。目前，我国家庭仍是社会的基本细胞，担负着养老育幼，包括照顾病残者和生活特殊困难者的职能。社会主义道德亦提倡尊老爱幼，要求家庭成员之间互相关心和互相帮助。我国法律正是基于这些理由将扶养关系作为取得法定继承权的根据之一。

（二）遗嘱继承权的取得

遗嘱继承权的取得根据是基于合法有效的遗嘱指定。按我国《继承法》第16条的规定，我国遗嘱继承人的范围与法定继承人的范围相同，即遗嘱人只能在法定继承人的范围内，指定遗嘱继承人。也就是说，在我国，取得遗嘱继承权的人，只能是法定继承人范围以内的人。从现实生活中的大多数遗嘱来看，遗嘱人往往都指定与自己最亲近的人（如配偶、父母、子女等近血亲），或最需要扶养的人（如遗嘱人的病残子女、年老多病的父母等），或曾经扶养过自己的人作为遗嘱继承人。这表明遗嘱人指定继承人的主要根据仍然是婚姻关系、血缘关系和扶养关系。当然，这只是一般情况。在特殊情况下，某些遗嘱人也会根据自己的个人好恶、继承人的才德等来指定其继承人。例如，遗嘱人指定某个自己最喜欢的人作为遗嘱继承人并使其继承更多的遗产份额、指定会生产经营的人继承生产资料等。在此情况下，只要该遗嘱合法有效，则其指定的继承人就可取得遗嘱继承权。

三、继承权的行使

（一）继承权行使的概念

继承权的行使是指继承人或其法定代理人通过实施一定的行为使继承权得以实现。继承权行使的内容包括表示接受或放弃继承、占有和管理遗产，请求分割遗产等行为。

（二）继承权行使的方式

继承权行使的方式与自然人是否具有民事行为能力密切相关。确定自然人是否具有民事行为能力，有两个标准：一是年龄；二是智力。我国《民法通则》根据自然人年龄和智力的不同情况，把自然人的民事行为能力分为三种：完全民事行为能力、限制民事行为能力和无民事行为能力。自然人的民事行为能力不同，对继承权的行使方式也有所不同。

1. 完全民事行为能力人的继承权的行使。根据我国《民法总则》第18条规定的精神，凡具有完全民事行为能力的人都可以依法独立地行使继承权。在继承开始后，他们可以根据自己的意志独立地表示接受或放弃继承、参加遗产管理、请求分割遗产等。他们在行使继承权时，无须征得他人同意，也不受他人干预。①

2. 限制民事行为能力人的继承权的行使。我国《继承法》第6条第2款规定："限制行为能力人的继承权、受遗赠权，由他的法定代理人代为行使，或者征得法定代理人同意后行使。"即限制民事行为能力人不能独立行使继承权。限制民事行为能力人的继承权，如由本人行使，首先必须征得其法定代理人的同意，或者只能由其法定代理人代为行使。②

3. 无民事行为能力人的继承权的行使。我国《继承法》第6条第1款规定："无行为能力人的继承权、受遗赠权，由他的法定代理人代为行使。"即无民事行为能力人不能行使继承权。其继承权只能由其法定代理人代为行使。③

为保护限制行为能力人和无行为能力人的合法利益，我国司法解释还规定，"法定代理人代理被代理人行使继承权、受遗赠权，不得损害被代理人的利益。法定代理人一般不能代理被代理人放弃继承权、受遗赠权。明显地损害被代理人利益的，应认定其代理行为无效"。④

四、继承权的丧失

（一）继承权丧失的概念。

"继承权的丧失"这一概念，有狭义和广义之分。狭义的继承权的丧失，是指依照法律规定在发生法定事由时，由法院取消继承人的继承权或其自然丧失继承权，又称为继承权的剥夺。广义的继承权的丧失，包括继承权的依法被剥夺，以及其他非继承人自己的意志所决定的原因而使继承人不得享有继承权（如被遗嘱取消继承权）。以下阐述仅限于狭义的继承权丧失，即继承权的剥夺问题。

（二）继承权丧失的法定事由

根据我国《继承法》第7条的规定，继承人有下列行为之一的，丧失继承权：

1. 故意杀害被继承人的。构成故意杀害被继承人的行为必须具备两个要件：

（1）主观上具有杀害被继承人的故意，不论其基于什么动机。如果只具有伤害的故意或只具有过失，则不具备主观要件。

---

① 《民法总则》第18条规定："成年人为完全民事行为能力人，可以独立实施民事法律行为。十六周岁以上的未成年人，以自己的劳动收入为主要生活来源的，视为完全民事行为能力人。"

② 《民法总则》第22条规定："不能完全辨认自己行为的成年人为限制民事行为能力人，实施民事法律行为由其法定代理人代理或者经其法定代理人同意、追认，但是可以独立实施纯获利益的民事法律行为或者与其智力、精神健康状况相适应的民事法律行为。"

③ 《民法总则》第21条规定："不能辨认自己行为的成年人为无民事行为能力人，由其法定代理人代理实施民事法律行为。八周岁以上的未成年人不能辨认自己行为的，适用前款规定。"

④ 《执行继承法意见》第8条。

（2）客观上实施了非法剥夺被继承人生命的行为，不论其手段是作为或不作为，也不论其结果是既遂或未遂。如因执行公务或正当防卫等合法行为致被继承人死亡的，则不具备客观要件。

只有同时具备上述主客观犯罪要件的继承人，才依法丧失对被继承人遗产的继承权。但必须注意，该继承人对于其他近亲属的遗产继承权，不得被一并予以剥夺。

2. 为争夺遗产而杀害其他继承人的。构成为争夺遗产而杀害其他继承人的行为必须具备两个要件：

（1）主观上有杀害其他继承人的故意，且具有争夺遗产的动机。如果主观上只有伤害的故意，或只有过失，或虽有杀害的故意，但无争夺遗产的动机而是出于其他动机，如泄愤报复等，则不具备主观要件。

（2）客观上实施了非法剥夺其他继承人生命的行为，不论既遂还是未遂。被害人与加害人不论是否为同一顺序继承人，也不论是法定继承人还是遗嘱继承人。如果被害人不是法定继承人（包括遗嘱继承人）以内的人，则不具备客观要件。只有同时具备上述主、客观犯罪要件的继承人，才依法丧失继承权。

3. 遗弃被继承人的，或者虐待被继承人情节严重的。

（1）遗弃被继承人的。遗弃被继承人，是指依法负有法定义务且具有扶养能力的继承人，对没有独立生活能力的被继承人，故意不履行扶养义务的行为。凡继承人有遗弃被继承人的行为，不论其情节是否恶劣、后果是否严重，也不论其是否构成犯罪，均依法丧失继承权。

（2）虐待被继承人情节严重的。虐待被继承人，是指继承人对被继承人进行精神上或肉体上的摧残与折磨。我国《继承法》规定，虐待被继承人情节严重的，丧失继承权。虐待被继承人情节是否严重，可以从实施虐待行为的时间长短、手段恶劣程度、后果是否严重、社会影响的大小等方面认定。虐待继承人情节严重的，不论是否追究刑事责任，均可确认其丧失继承权。但是，继承人虐待被继承人情节严重的，或者遗弃被继承人的，如以后确有悔改表现，而且被虐待人、被遗弃人生前又表示宽恕的，可以不确认其丧失继承权。①

4. 伪造、篡改或者销毁遗嘱，情节严重的。

（1）伪造遗嘱。这是指继承人为了夺取或独占遗产而以被继承人的名义制造假遗嘱的行为。

（2）篡改遗嘱。这是指被继承人生前立有遗嘱，但继承人认为遗嘱内容对自己不利，为夺取或独占遗产而擅自改变原遗嘱内容的行为。

（3）销毁遗嘱。这是指被继承人生前立有遗嘱，继承人为了争夺或独占遗产而将该遗嘱破坏、毁灭的行为。

上述三种违法行为均违背了被继承人的真实意志。② 这些行为侵犯了被继承人生前依法处分个人合法财产的权利，侵害了其他继承人和受遗赠人的合法权益，其中情节严重的

① 《执行继承法意见》第10、13条。

② 有学者认为，我国《继承法》所规定的伪造、篡改、销毁遗嘱固然应该丧失继承权，但其他阻碍被继承人以遗嘱所表示的最后意志实现的其他行为也应当丧失继承权。参见宋豫：《完善我国继承权丧失制度的若干思考》，载陈苇主编：《家事法研究》（2005年卷），55页，北京：群众出版社，2006。

即侵害了缺乏劳动能力又无生活来源的继承人利益，并造成其生活困难的，应依法丧失继承权。①

（三）继承权丧失的形式

继承权丧失的形式，是指继承权丧失的方式或程序。即继承权的丧失通过何种方式或程序实现。从国外立法来看主要有两种方式：一是继承权当然丧失，即基于法定事由的发生，继承人当然丧失继承权，无须经诉讼程序宣告；二是继承权宣告丧失，即基于法定事由的发生，由其他继承人或利害关系人请求，经诉讼程序宣告继承人丧失继承权。

根据我国《继承法》第7条的规定，我国立法采取继承权当然丧失，即继承人有丧失继承权的法定事由之一的，则当然丧失继承权，无须经诉讼程序宣告。但是，如果在遗产继承中继承人之间因是否丧失继承权而发生纠纷，诉讼到人民法院的，则由人民法院根据《继承法》第7条的规定，判决确认其是否丧失继承权。②

在这里必须明确，第一，判决确认丧失继承权，不是丧失继承权的法定必经程序。继承人基于丧失继承权法定事由的发生，依法当然丧失继承权，而无须经诉讼程序宣告。不论该继承人本人是否仍主张其继承权，均不影响其继承权的依法当然丧失。如其与其他继承人（或利害关系人）对是否丧失继承权有争议的，可经诉讼程序，由人民法院依法确认其是否丧失继承权。第二，确认丧失继承权的机关，只能是人民法院。

（四）继承权丧失的效力

根据我国《继承法》第7条规定的精神，继承权丧失的时间效力，应始于继承人具有丧失继承权的法定事由之时。即当继承人具有丧失继承权的法定事由时，其继承权依法当然丧失。但如丧失继承权的法定事由发生于继承开始以后的，其丧失继承权（包括当然丧失继承权或确认丧失继承权）的效力应溯及至继承开始之时。如该不当继承人在继承开始后已占有遗产的，应予以返还。在对人的效力方面，目前，我国继承权丧失的效力及于继承人晚辈直系血亲的代位继承权。继承人丧失继承权的，其晚辈直系血亲不得代位继承。③ 但是，特定继承权丧失的效力并不及于继承人对其他被继承人的继承权。例如，某甲因杀害父亲而丧失对其父的遗产继承权，但他对其母及其他被继承人无丧失继承权的行为，则对其母及其他被继承人仍然享有继承权。

五、继承权的保护

（一）继承恢复请求权的概念

继承权的保护，又称继承恢复请求权的保护。所谓继承恢复请求权，又称遗产诉权或继承回复权，是指合法继承人的财产继承权被他人侵害时，有请求恢复到继承开始时状态的权利。继承恢复请求权的内容包括两个方面：一是请求确认继承人的继承资格和继承地位的权利；二是请求恢复其继承标的即对遗产的返还请求权利。因此，继承恢复请求权的意义在于，既能使继承人请求依法确认其继承人的地位和资格，又能根据这种继承人的地位和资格，请求侵权人返还被其非法占有的遗产，从而达到保护继承人合法权益的目的。

---

① 《执行继承法意见》第14条。

② 《执行继承法意见》第9条。

③ 《执行继承法意见》第28条。

继承人的继承权被侵犯主要有以下情况：

第一，在共同继承时，同一顺序继承人中的一人或数人非法侵吞了另一部分继承人应得的遗产份额。

第二，第二顺序的法定继承人非法排斥了第一顺序法定继承人的继承权。

第三，已丧失继承权的人或非继承人没有法律根据地取得被继承人的遗产又拒不返还等。

当继承人的继承权被上述情形侵犯时，继承人有继承恢复请求权，并受到法律保护。

（二）继承恢复请求权的保护期限

继承恢复请求权的保护期限，是指继承人在其继承权受侵害时，享有依法请求恢复其继承权、返还被侵占遗产的请求权的有效期限。在法定的保护期限届满前，被侵权人享有向人民法院提起诉讼要求恢复继承的请求权，并受法律保护；在法定的保护期限届满后则此权利不再受法律保护。

我国《继承法》第 8 条规定："继承权纠纷提起诉讼的期限为两年，自继承人知道或者应当知道其权利被侵犯之日起计算。但是，自继承开始之日起超过二十年的，不得再提起诉讼。"① 此外，我国《民法通则》和有关司法解释还规定了继承权诉讼时效的中止、中断和延长。

1. 继承诉讼时效的中止。在诉讼时效期间内，因不可抗拒的事由导致继承人无法主张继承权利的，人民法院可按中止诉讼时效处理；继承人在知道自己的权利受侵犯之日起两年之内，其遗产继承纠纷在人民调解委员会进行调解期间，可按中止诉讼时效处理。②

2. 继承诉讼时效的中断。继承人因遗产继承纠纷向人民法院提起诉讼，诉讼时效即为中断。③

3. 继承诉讼时效期间的届满与延长。自继承开始之日起的第 18 年至第 20 年期间内，继承人才知道自己的权利被侵犯的，其提起诉讼的权利，应当在继承开始之日起的 20 年之内行使，超过 20 年的，不得再提起诉讼。④ 即从权利被侵害之日起超过 20 年的，人民法院不予保护。但有特殊情况的，人民法院可以延长诉讼时效期间。超过诉讼时效期间，当事人自愿履行的，不受诉讼时效限制。⑤

---

① 《民法总则》第 188 条规定："向人民法院请求保护民事权利的诉讼时效期间为三年。法律另有规定的，依照其规定。诉讼时效期间自权利人知道或者应当知道权利受到损害以及义务人之日起计算。法律另有规定的，依照其规定。但是自权利受到损害之日起超过二十年的，人民法院不予保护；有特殊情况的，人民法院可以根据权利人的申请决定延长。"

② 《民法总则》第 194 条规定："在诉讼时效期间的最后六个月内，因下列障碍，不能行使请求权的，诉讼时效中止：（一）不可抗力；（二）无民事行为能力人或者限制民事行为能力人没有法定代理人，或者法定代理人死亡、丧失民事行为能力、丧失代理权；（三）继承开始后未确定继承人或者遗产管理人；（四）权利人被义务人或者其他人控制；（五）其他导致权利人不能行使请求权的障碍。自中止时效的原因消除之日起满六个月，诉讼时效期间届满。"

③ 《民法总则》第 195 条规定："有下列情形之一的，诉讼时效中断，从中断、有关程序终结时起，诉讼时效期间重新计算：（一）权利人向义务人提出履行请求；（二）义务人同意履行义务；（三）权利人提起诉讼或者申请仲裁；（四）与提起诉讼或者申请仲裁具有同等效力的其他情形。"

④ 《执行继承法意见》第 15、16、17、18 条。

⑤ 《民法通则》第 137、138 条。

（三）对去台人员和台湾同胞继承权的保护

台湾地区是中国领土的一部分，台湾人民与大陆人民是骨肉同胞，都具有共同的中国国籍。由于特殊的历史原因，海峡两岸同胞隔绝近40年，但两岸人民的婚姻、血缘关系依然存在。自1987年11月台湾当局采取放宽台湾同胞到大陆探亲的措施以来，两岸同胞的交往日益频繁。保护去台人员和台湾同胞的合法继承权是大陆一贯遵循的基本原则。根据1988年8月我国最高人民法院的有关规定，对去台人员和台湾同胞的继承权从以下方面予以保护：

第一，按照我国的规定，去台人员和台胞与大陆同胞一样，享有同等的继承权，不能因为继承人去我国台湾地区而影响他们对在大陆遗产的继承。去台人员或者台胞对大陆遗产主张继承权的，人民法院依法给予保护。

第二，人民法院过去处理的继承案件中已经给去台人员或者台胞保留了遗产份额的，他们可以向人民法院申请执行而取得。过去未经人民法院处理过的继承问题，去台人员或者台胞回大陆后均可以向人民法院起诉。

第三，今后人民法院处理继承案件时，对在我国台湾地区的合法继承人，要设法通知其参加诉讼；无法通知的，应为其保留应继承的份额，并指定财产代管人。

第四，在适用诉讼时效方面，对涉台民事案件作了特别规定。根据《民法通则》的规定，从权利被侵害之日起超过20年，权利人才向人民法院提起诉讼的，人民法院不予保护。由于涉及去台人员和台湾同胞的案件，许多已经超过20年了，因此，对去台人员和台湾同胞的诉讼时效期间问题，根据《民法通则》第137条的规定，人民法院可以作为特殊情况予以适当延长。①

（四）关于台湾当局对大陆地区人民继承台湾地区人民遗产的限制性规定

1992年7月17日台湾当局公布实施“台湾地区与大陆地区人民关系条例”②（以下简称“条例”），其中对大陆地区人民继承台湾地区人民的遗产主要有如下限制性规定：

1. 对表示继承的方式和期限的限制。“条例”第66条规定：“大陆地区人民继承台湾地区人民之遗产，应于继承开始起三年内以书面向被继承人住所地之法院为继承之表示；逾期视为抛弃其继承权。大陆地区人民继承本条例施行前已由主管机关处理，且在台湾地区无继承人之现役军人或退役官兵遗产者，前项继承表示之期间为四年。”“继承在本条例施行前开始者，前项期间自本条例施行之日起算。”也就是说，大陆地区人民继承台湾地区人民的遗产，表示接受继承，必须以明示的方式，且必须是书面方式向被继承人住所地的法院为之；表示接受继承的期限为继承开始起三年内。在此期限内未有接受继承的意思表示的，则视为放弃继承权。这不同于我国大陆地区《继承法》对接受或放弃继承方式和期限的规定。该法第25条规定，“继承开始后，继承人放弃继承的，应当在遗产处理前，作出放弃继承的表示。没有表示的，视为接受继承”。即我国公民（包括台湾地区人民）接受继承的方式，可以是明示的，也可以是默示的，只要在继承开始后、遗产分割前这一法定期限内，没有作出放弃继承的表示，均视为接受继承。而放弃继承的方式，

---

① 1988年8月9日最高人民法院副院长马原：《关于人民法院处理涉台民事案件的几个法律问题》。

② 1992年7月17日台湾当局公布实施的“台湾地区与大陆地区人民关系条例”，已于2010年由台湾当局修订并实施。以下所称“条例”内容均为2010年修正后“台湾地区与大陆地区人民关系条例”。

则必须用明示的方式，并且必须在继承开始后、遗产分割前这一法定期限内，作出放弃继承的意思表示。

2. 对继承遗产价值总额的限制。“条例”第67条第1、3项分别规定：“被继承人在台湾地区之遗产，由大陆地区人民依法继承者，其所得财产总额，每人不得逾新台币二百万元。超过部分，归属台湾地区同为继承之人；台湾地区无同为继承之人者，归属台湾地区后顺序之继承人；台湾地区无继承人者，归属国库。”“遗嘱人以其台湾地区之财产遗赠大陆地区人民、法人、团体或其他机构者，其总额不得逾新台币二百万元。”也就是说，大陆地区人民继承台湾地区人民的遗产或接受遗赠，其所得财产的最高额限于新台币二百万元。这不同于我国大陆地区《继承法》对继承遗产所得价值的总额，无论继承人的户籍在何地或居住在何地（包括台湾地区），均无对最高数额的限制性规定。

3. 对继承遗产标的种类的限制。“条例”第69、67条第4、5项分别规定：“大陆地区人民、法人、团体或其他机构，或其于第三地区投资之公司，非经主管机关许可，不得在台湾地区取得、设定或移转不动产物权……”“（第67条）第一项遗产中，有以不动产为标的者，应将大陆地区继承人之继承权利折算为价额。但其为我国台湾地区继承人赖以居住之不动产者，大陆地区继承人不得继承之，于定大陆地区继承人应得部分时，其价额不计入遗产总额。”也就是说，大陆地区人民继承台湾地区人民的遗产，其继承标的仅限于动产，如为不动产（除台湾地区继承人赖以居住之不动产外），应折价计算。但继承遗产总额，须将不动产折价数额与其他遗产数额合并计算以新台币二百万元为限。这不同于我国大陆地区《继承法》对继承遗产的标的种类，无论该继承人是大陆地区人民或台湾地区人民，均无限制性规定。

海峡两岸都承认只有一个中国，大陆人民和台湾地区人民是骨肉同胞，我国大陆地区《继承法》对两岸人民的继承权，应一视同仁予以保护。而台湾当局公布施行的“条例”却对大陆地区人民继承台湾地区人民的遗产，作出种种限制性规定。这不但使大陆人民深表遗憾，而且台湾地区的许多有识之士也纷纷表示异议，认为这些限制太不公平。我们认为，在处理两岸人民的民事权益时，必须同样对待，不能厚此薄彼、相互歧视。只有形成这样的共识，才有利于保护两岸人民的合法权益，才有利于祖国的和平统一。因此，在处理两岸人民的财产继承问题时，应当首先适用原有法律，即我国台湾地区人民来大陆继承遗产或接受遗赠，适用大陆地区《继承法》的有关规定；大陆人民到台湾去继承遗产或接受遗赠，适用台湾地区现行“民法继承编”的有关规定。对于在适用过程中出现的法律冲突或问题，可本着平等协商的原则，由大陆和台湾地区的法律专家、学者共同研讨修订海峡两岸人民都能接受的财产继承条款，经过法定程序，分别作为我国大陆地区《继承法》和台湾地区“条例”的补充，由大陆和台湾地区同时公布实施，这样更有利于海峡两岸人民继承权的保护。

第六节 遗　产

一、遗产的概念和特征

“遗产”一词，从各国立法来看，大体有两种含义：广义的遗产，是指被继承人死亡时遗留下来的财产权利（又称积极财产）和财产义务（又称消极财产）；狭义的遗产，专指被继承人死亡时遗留下的财产权利，不包括财产义务。我国《继承法》第3条规定，“遗产是公民死亡时遗留的个人合法财产”。即遗产作为继承权的客体，是指被继承人死亡时遗留的个人合法财产和依法可以继承的财产权利。[①] 遗产具有以下法律特征：

（一）遗产具有特定的时间性和财产性

遗产是被继承人死亡时遗留的财产，具有特定的时间性和财产性。被继承人死亡这一法律事实的出现，是被继承人生前个人财产转化为遗产的法定时间界限。在被继承人死亡之前，其拥有的一切财产都不属于遗产，而属个人所有财产。只有在被继承人死亡后，其遗留的个人所有财产才转化为遗产。而财产性则是区别公民遗留的物或权利能否作为遗产的标准之一。死者遗留的物或权利中，凡具有财产性的物或权利（如房屋、家具或所有权、债权等）都可作为遗产；反之，凡不具有财产性的物或权利（如死者消费后已丧失使用价值的废物，或具有人身性质的权利如死者的姓名权、肖像权、监护权等）都不能作为遗产。

（二）遗产具有专属性和合法性

遗产是被继承人遗留的个人合法所有财产，具有专属性和合法性。死者遗留的财产和财产权利中，凡属其个人所有的部分，包括死者单独所有或在共有财产中死者享有的份额都属于遗产。反之，凡属他人所有的部分，如租赁物、借用物及在共有财产中他人享有的份额等都不能作为遗产。同时，在死者遗留的财产中，凡属法律允许为被继承人个人所有且系其合法取得的财产，都可作为遗产。反之，凡属法律规定不得为被继承人个人所有的财产（如土地、森林、矿藏资源等），或被继承人无合法根据取得的财产（如盗窃或非法侵占国家、集体、他人的财产）都不能作为遗产。

（三）遗产具有限定性

遗产是被继承人遗留的依法能够转移给他人的财产，具有限定性。被继承人死亡时遗留的个人合法所有财产和财产权利，凡属法律允许转移给他人所有的（如房屋、家具、所有权、债权等），都可作为遗产。反之，凡属法律不允许转移给他人的，如某些具有人身性质的财产权（夫妻间领取扶养费的权利、公伤职工领取劳保费的权利、残废军人领取医疗费的权利等）都不能作为遗产。

以上三个特征同时具备的，才能确定为遗产，而缺少其中任何一个特征的，都不能确定为遗产。

二、遗产的范围[②]

根据我国《继承法》第3条的规定，遗产的范围如下：

---

① 主编注：必须说明，随着对继承法理论研究的深入，近年我国有些学者对我国《继承法》有关遗产的概念提出了质疑，其认为我国立法之不足有：（1）未从正反两方面对遗产进行界定；（2）对遗产正面列举的内容不够科学；（3）对遗产的合法性规定不合理。并且提出修改立法的建议：（1）从正反两个方面界定遗产的范围；（2）增加对遗产排除范围的规定；（3）对属于遗产的某些特殊财产进行适度列举；（4）删除遗产的“合法性”限制语。参见陈苇、宋豫主编：《中国大陆与港、澳、台继承法比较研究》，223-224页，北京：群众出版社，2007。

② 关于外国法对遗产范围的规定，参见陈苇主编：《外国继承法比较与中国民法典继承编制定研究》，228-260页，北京：北京大学出版社，2011。关于遗产范围的立法探讨，参见陈苇、魏小军：《论我国遗产范围立法的完善》，载《河南财经政法大学学报》，2013（6）。

（一）被继承人的收入

包括被继承人的工资、奖金存款的利息、从事合法经营的收入，以及接受赠与、继承等所得的财产。

（二）被继承人的房屋、储蓄和生活用品

被继承人的房屋包括公民个人所有的自住房、出租房、营业用房。（仅指地上建筑部分，不包括宅基地。宅基地为公有，被继承人只有使用权。）公民的储蓄即公民个人所有的存款。公民的生活用品指公民个人所有的日常生活用品，如家具、衣服、手饰、家用电器等。

（三）被继承人的林木、牲畜和家禽

被继承人的林木是指公民在住宅前后自种的林木和自留地、自留山上所种的林木。被继承人的牲畜指公民自己饲养的马、牛、羊、猪等。公民的家禽指公民自己喂养的鸡、鸭、鹅等。

（四）被继承人的文物、图书资料

被继承人的文物指公民自己收藏的书画、古玩、艺术品。如果其中有国家规定的珍贵文物，应遵守《中华人民共和国文物保护法》的有关规定，严禁倒卖牟利，严禁私自卖给外国人。被继承人的图书资料指公民个人所有的书籍、手稿、笔记等。如果涉及国家机密的，应按国家有关保密的规定处理。

（五）法律允许被继承人个人所有的生产资料

一般指国家法律允许从事工商经营的或农副业生产的个人拥有的汽车、拖拉机、船舶及饲料加工机等各种交通运输工具、农用机具、饲养设备等，以及华侨、港澳台同胞、外国人在我国内地投资所拥有的各种生产资料。

（六）被继承人的著作权、专利权中的财产权利

一般指被继承人享有的知识产权（著作权、专利权、商标权等）中的财产权利。但依法律规定，知识产权具有时间性，其财产权只在一定时间内受法律保护。故被继承人对知识产权的财产权的享有，只限于法定的保护期限内。（如我国对著作权的财产权保护期为作者终生及其死后50年、对发明专利权的财产权保护期为20年等。）凡法定保护期届满，知识产权中的财产权利归于消灭，该智力成果则成为公共财富，任何人都可以无偿地自由使用。

（七）被继承人的其他合法财产

包括国库券、债券、支票、股票等有价证券和履行标的为财物的债权等。

此外，被继承人个人承包应得的个人收益，为其合法收入的组成部分，也属于遗产的范围。我国《继承法》第4条规定："个人承包应得的个人收益。依照本法规定继承。个人承包，依照法律允许由继承人继续承包的，按照承包合同办理。"也就是说，被继承人个人承包经营所得的个人收入，属于遗产可以被继承。但承包合同包括承包权，不属于遗产，不能继承。因为，承包合同是基于双方当事人意思表示一致而达成的协议。承包权利则是基于承包合同享有的承包经营土地、山林、果园、鱼塘等的权利，不能让渡给他人，故不能作为遗产被继承。例如，作为一方当事人的被继承人死亡，或双方当事人均为被继承人而一方死亡，则合同关系终止。如承包人死亡后，其继承人想继续承包而又为法律允许的，可与原发包人协商，变更当事人而续包，但这不是继承问题，而是承包合同的主体

变更问题。除非依照法律明确允许由继承人继续承包的，如《土地承包法》第31条第2款规定："林地承包的承包人死亡，其继承人可以在承包期内继续承包。"还须明确的是，被继承人个人承包应得的个人收益，从是否已经实际取得的角度，可分为已取得的收益和未取得的收益两部分。前者指被继承人对其应得的个人收益中实际取得的部分。如承包人死亡，该收益可直接作为遗产；后者指被继承人对其应得的个人承包收益中尚未实际取得的部分。因某些承包合同，经营周期长，收益慢，如植树造林等。承包人虽然对该收益享有所有权，但在未收获前，并不能实际取得利益。在未取得个人承包收益前，如承包人死亡，可把死者生前对承包所投入的资金和所付出的劳动及其增值和孳息，由发包单位或者接续承包合同的个人合理折价、补偿，其价额作为遗产。①

三、认定遗产应注意的问题

（一）被继承人的遗产与公共财产的区别

遗产的范围只限于被继承人生前个人所有的财产。即被继承人生前享有所有权的财产，才属于遗产。而被继承人生前享有使用权的自留地、自留山、宅基地等，或享有承包权的土地、荒山、滩涂、果园、鱼塘等，因属国家或集体所有的财产即公共财产，均不能作为被继承人的遗产。

（二）被继承人的遗产与共有财产的区别

共有财产包括夫妻共有、家庭共有、合伙共有等财产。当被继承人为共有财产的权利人之一时，其死亡后，应把死者享有的份额从共有财产中分出，作为死者遗产的组成部分，此即财产分离。我国《继承法》第26条第1款规定："夫妻在婚姻关系存续期间所得的共同所有的财产，除有约定的以外，如果分割遗产，应当先将共同所有财产的一半分出为配偶所有，其余的为被继承人的遗产。"也就是说，当夫妻一方死亡时，只能将夫妻共同财产的二分之一作为死者的遗产，其余的二分之一则为生存配偶的个人所有财产。该条第2款还规定："遗产在家庭共同财产之中的，遗产分割时，应当先分出他人的财产。"也就是说，只有把家庭共有财产中属于其他家庭成员的财产分出后，其余的部分才是死亡的家庭成员的遗产。同样，当合伙共有财产关系中某合伙人死亡时，只能把其在合伙财产中享有的份额分出，作为其遗产，而不能把其他合伙人享有的财产份额都作为死者的遗产。

（三）被继承人的遗产与保险金、抚恤金的区别

被继承人生前和保险公司签订的人身保险合同，如果在合同中投保人已指定受益人，被保险人死亡后，则由合同所指定的受益人取得保险金并享有所有权。即该保险金因死者生前不享有所有权，故不能作为死者的遗产。如果没有指定受益人，则被保险人死亡后，给付的保险金可作为死者的遗产。②

---

① 《执行继承法意见》第4条。

② 保险金作为遗产的情形，请参见2009年《保险法》第42条："被保险人死亡后，有下列情形之一的，保险金作为被保险人的遗产，由保险人依照《中华人民共和国继承法》的规定履行给付保险金的义务：（一）没有指定受益人，或者受益人指定不明无法确定的；（二）受益人先于被保险人死亡，没有其他受益人的；（三）受益人依法丧失受益权或者放弃受益权，没有其他受益人的。受益人与被保险人在同一事件中死亡，且不能确定死亡先后顺序的，推定受益人死亡在先。"

抚恤金是职工因公死亡、革命军人牺牲或病故，公民因交通事故或其他事故死亡时，国家或死者生前所在单位等给予死者家属的精神抚慰和物质帮助费，不是死者生前的个人财产，故不能作为遗产。

四、遗产的保管[①]

继承开始后至遗产分割前的这一期间内，为防止遗产毁损、灭失或被隐匿、侵吞，应对遗产妥善保管。我国《继承法》第 24 条规定："存有遗产的人，应当妥善保管遗产，任何人不得侵吞或者争抢。"《执行继承法意见》第 44 条规定："人民法院在审理继承案件时，如果知道有继承人而无法通知的，分割遗产时，要保留其应继承的份额，并确定该遗产的保管人或保管单位。"因保管遗产而支出的必要费用，应当从遗产中扣除或由继承人支付。该意见第 59 条还规定："人民法院对故意隐匿、侵吞或争抢遗产的继承人，可以酌情减少其应继承的遗产。"如果有继承人以外的人或组织非法侵占、损坏遗产的，也应追究其法律责任。

【导入案例要点评析】

本案涉及继承权丧失的法律问题。继承权的丧失是指对被继承人或其他继承人犯有某种罪行或其他违法行为的继承人，依法取消其原有的法定继承权和遗嘱继承权。我国《继承法》第 7 条规定："继承人有下列行为之一的，丧失继承权：（一）故意杀害被继承人的；（二）为争夺遗产而杀害其他继承人的；（三）遗弃被继承人的，或者虐待被继承人情节严重的；（四）伪造、篡改或者销毁遗嘱，情节严重的。"同时，按照《执行继承法意见》第 11 条之规定，继承人故意杀害被继承人的，不论是既遂还是未遂，均应确认其丧失继承权。继承人虐待被继承人情节是否严重，从实施虐待行为的时间、手段、后果和社会影响等方面认定。不过，虐待被继承人情节严重的或者遗弃被继承人的继承人，如确有悔改表现，而且被虐待人、被遗弃人生前又表示宽恕的，可不确认其丧失继承权。继承人伪造、篡改或者销毁遗嘱，侵害了缺乏劳动能力又无生活来源的继承人利益，并造成其生活困难的，属于情节严重的情形。根据以上规定，我们对本案当事人甲、乙、丙是否丧失继承权进行逐一分析。

第一，甲有继承权，且未丧失继承权。本案中甲是李某的法定第一顺序继承人，也是李某在遗嘱中所指定的继承人。虽然甲有篡改遗嘱的行为，但是尚不构成情节严重。依据《执行继承法意见》第 14 条的规定，"继承人伪造、篡改或者销毁遗嘱，侵害了缺乏劳动能力又无生活来源的继承人的利益，并造成其生活困难的，应认定其行为情节严重。"本案中甲的行为并未造成此情节严重的后果，所以甲未丧失继承权，有权继承李某的遗产。

第二，乙有继承权，且未丧失继承权。本案中乙是李某的法定第一顺序继承人，也是李某在遗嘱中所指定的继承人。乙虽然有将其他继承人丙打成重伤且不治而亡的行为，但乙是基于义愤而伤人的，主观上没有争夺遗产的目的，所以乙未丧失继承权，有权继承李某的遗产。

---

① 目前，我国尚未设立遗产管理制度，关于我国遗产管理制度的立法构想，参见石婷：《遗产管理制度研究》，北京：群众出版社，2017。

第三，丙丧失继承权。本案中丙原是李某的法定第一顺序继承人，也是李某在遗嘱中所指定的继承人。但因为丙实施了故意杀害被继承人李某的行为，依照《继承法》第7条第1项的规定，丙依法丧失了对李某遗产的继承权，无权继承李某的遗产。

【思考题】

一、单项选择题

1. 甲死后留有房屋一间和存款若干，法定继承人为其子乙。甲生前立有遗嘱，将其存款赠予侄女丙。乙和丙被告知3个月后参与甲的遗产分割，但直到遗产分割时，乙与丙均未作出是否接受遗产的意思表示。下列说法哪一个是正确的？（ ）（2004年国家司法考试试题）

A. 乙、丙视为放弃接受遗产

B. 乙视为接受继承，丙视为放弃接受遗赠

C. 乙视为放弃继承，丙视为接受遗赠

D. 乙、丙均应视为接受遗产

2. 继承开始时间的意义不包括（ ）

A. 是遗产所有权转移给被继承人的时间

B. 是确定继承人和遗产范围的时间

C. 是确定保护继承权20年诉讼时效期间的起算点

D. 是分割遗产的时间

二、多项选择题

1. 我国《继承法》的基本原则是（ ）

A. 保护公民合法财产继承权的原则

B. 继承权男女平等的原则

C. 权利义务相一致的原则

D. 养老育幼的原则

E. 互谅互让、协商一致的原则

2. 相互有继承关系的几个人在同一事件中死亡，又无法确定他们死亡的先后顺序，各自都有继承权的，辈分不同的，推定（ ）

A. 长辈先死

B. 晚辈后死

C. 同时死亡

D. 按性别来确定死亡的先后

E. 年幼的先死

3. 甲自书遗嘱将所有遗产全部留给长子乙，并明确次子丙不能继承。乙与丁婚后育有一女戊、一子己。后乙、丁遇车祸，死亡先后时间不能确定。甲悲痛成疾，不久去世。丁母健在。下列哪些表述是正确的？（ ）（2013年国家司法考试试题）

A. 甲、戊、己有权继承乙的遗产

B. 丁母有权转继承乙的遗产

C. 戊、己、丁母有权继承丁的遗产

D. 丙有权继承、戊和己有权代位继承甲的遗产

三、判断分析题

1. 被继承人死亡后获得的抚恤金属于遗产。

2. 继承人虐待遗弃被继承人且情节严重的，依法丧失继承权。

四、简答题

1. 简述我国《继承法》中遗产的范围。

2. 简述继承权取得的依据。

3. 简述确定继承开始的地点的意义。

五、论述题

1. 试述继承恢复请求权。

2. 试述继承权丧失的法定事由。

六、案例分析题

参见陈苇主编:《婚姻家庭继承法学案例教程》(第三版)(北京:群众出版社,2017年版)第六单元继承制度案例。

【阅读参考文献】

1. 刘春茂主编:《中国民法学·财产继承》(修订版),人民法院出版社,2008年版。

2. 郭明瑞、房绍坤、关涛:《继承法研究》,中国人民大学出版社,2003年版。

3. 张玉敏:《继承法律制度研究》(第二版),华中科技大学出版社,2016年版。

4. 陈苇主编:《外国继承法比较与中国民法典继承编制定研究》,北京大学出版社,2011年版。

5. 杨立新主编:《继承法修改入典之重点问题》,中国法制出版社,2015年版。

6. 石婷:《遗产管理制度研究》,群众出版社,2017年版。

第十三章
法定继承

本章学习重点提示：
我国法定继承人的范围及顺序；法定继承遗产分配的原则；代位继承的法定条件。

【导入案例】

2008 年 1 月，陆某经人介绍认识刘某。二人于 2009 年 1 月 5 日登记结婚，婚后生育一女刘莉。2015 年 5 月，刘某被诊断出患有脑癌，经过多方治疗无效，于 2015 年 6 月 1 日死亡。刘某留下价值约 40 万元的遗产，由于刘某没有遗嘱，陆某与刘某的父母就遗产分割发生争议。在遗产还未进行分割的情况下，刘某的母亲因为悲伤过度突然中风死亡。刘某的弟弟认为自己应当与父亲各自分得母亲的遗产的一半，陆某则认为孙女也有权继承奶奶的遗产。一家人对遗产的分割发生纠纷。

请问：

1. 本案哪些人有权继承刘某的遗产？
2. 刘某母亲的遗产应当由哪些人继承？

第一节　法定继承概述

一、法定继承的概念和特征

法定继承是遗嘱继承的对称，是指在无遗嘱的情况下，直接依据法律规定的继承人范围、继承顺序及遗产分配原则进行的一种继承方式。这种继承只能在无遗嘱时才能发生，故又被称为无遗嘱继承。根据我国《继承法》的规定，法定继承具有以下两个特征：

第一，法定继承以一定的人身关系为前提。即法定继承权的取得根据，是被继承人与继承人之间存在的婚姻关系、血缘关系或扶养关系。根据我国现行《婚姻法》和《继承法》的规定，夫妻之间、父母子女之间、兄弟姐妹之间、祖父母、外祖父母与孙子女、外孙子女之间有法定的扶养义务，他们是主要的法定继承人。可见，我国法定继承人被严格限定在法律上有相互扶养权利和义务的近亲属范围内。

第二，法定继承人的范围、继承顺序、继承份额和遗产分配原则等都由法律明确规定，属于强制性规范，除法律另有规定外，其他任何单位组织和个人均无权变更。

二、法定继承的适用范围

法定继承是我国现实生活中继承遗产的一种主要方式。①

我国《继承法》第5条规定："继承开始后，按照法定继承办理；有遗嘱的，按照遗嘱继承或者遗赠办理；有遗赠扶养协议的，按照协议办理。"根据《继承法》第27条及有关规定，法定继承的方式适用以下情况：

第一，被继承人生前未同他人订立遗赠扶养协议，或已订立的遗赠扶养协议无效的；

第二，被继承人生前未立遗嘱的；

第三，遗嘱继承人放弃继承权、丧失继承权或者受遗赠人放弃受遗赠权的；

第四，遗嘱继承人、受遗赠人先于遗嘱人死亡的；

第五，遗嘱无效部分所涉及的遗产，以及遗嘱未处分的遗产。

第二节　法定继承人的范围及顺序

一、法定继承人的范围

法定继承人的范围是指适用法定继承方式时，哪些人可以作为被继承人遗产的继承人。确定法定继承人的范围，是法定继承的首要问题。确定法定继承人范围的依据，主要有婚姻关系、血缘关系和扶养关系。根据我国《继承法》第10、11、12条的规定，我国法定继承人的范围包括：配偶、子女、父母、兄弟姐妹、祖父母、外祖父母；孙子女、外孙子女及其直系晚辈血亲（为代位继承人）；对公婆或岳父母尽了主要赡养义务的丧偶儿媳或丧偶女婿。②

（一）配偶

夫妻是共同生活的伴侣，夫妻双方互称配偶。夫妻是家庭的基本成员，相互间有着密切的人身关系和财产关系。我国现行《婚姻法》第24条和《继承法》第10条规定，夫妻有相互继承遗产的权利。配偶是法定继承人。配偶继承权的取得，是基于合法有效的婚姻关系成立和存续。只有存在合法婚姻关系的夫妻，才能享有配偶继承权。如果男女之间没有合法有效的婚姻关系，双方不具有合法配偶的身份，则不能享有配偶继承权。如果在继承开始之前，夫妻已依法解除了婚姻关系，配偶身份随之终止，则配偶继承权也归于消

① 我国有学者指出，我国现行法定继承制度坚持继承权男女平等、养老育幼等原则，以保护被继承人和继承人及相关第三人的合法权益。但其仍然存在某些缺陷，主要表现为：我国法定继承人的范围较窄、法定继承的顺序不够科学、法定应继份的分配和代位继承的条件也不尽合理，这已不适应当前我国新的历史时期新情况的需要。建议根据我国实际，借鉴外国有益的立法经验，对其予以修改和完善。参见陈苇、杜江涌：《我国法定继承制度的立法构想》，载《现代法学》，2002（3）；陈苇、冉启玉：《外国无遗嘱继承人范围与顺序制度比较研究》，载陈苇主编：《家事法研究》（2007年卷），170-189页，北京：群众出版社，2008。

② 关于我国法定继承人的范围，我国有些学者提出了修改立法不同的建议，参见张玉敏：《继承法律制度研究》，207-211页，北京：法律出版社，1999；陈苇、杜江涌：《我国法定继承制度的立法构想》，载《现代法学》，2002（3）；郭明瑞、房绍坤、关涛：《继承法研究》，72-76页，北京：中国人民大学出版社，2003；杨立新、朱呈义：《继承法专论》，161-162页，北京：高等教育出版社，2006；陈苇、冉启玉：《完善我国法定继承人范围和顺序立法的思考》，载陈苇主编：《中国继承法修改热点难点问题研究》，180-194页，北京：群众出版社，2013。

灭。因此，如男女双方或一方系有配偶者与他人同居、重婚等违法的两性关系，则不具有婚姻的效力，双方当事人之间则不具有配偶身份，当然也不能享有配偶继承权。但对于1994年2月1日民政部新的《婚姻登记管理条例》施行前形成的、符合我国有关司法解释规定条件的事实婚姻，因系比照“合法”婚姻关系处理，有条件地承认其效力，故事实婚姻双方当事人互相享有配偶继承权。[①] 此外，对在解放前或解放后1950年《婚姻法》施行前形成的重婚、纳妾等，属历史遗留问题，如本人未提出解除该关系的，一般不予干涉。[②] 应承认妻、妾对丈夫的遗产均享有继承权，且妻与妾对夫的遗产享有同等的配偶继承权。

（二）子女

子女与父母有着最近的血缘关系，是父母最近的晚辈直系血亲。他们之间有密切的人身关系和财产关系，故我国现行《婚姻法》第24条和《继承法》第10条都规定，父母子女有相互继承遗产的权利。子女是父母的法定继承人，不论其已婚或未婚，也不论其是男是女，均享有平等的继承权。我国《继承法》第10条第3款规定：“本法所说的子女，包括婚生子女、非婚生子女、养子女和有扶养关系的继子女。”

1. 亲生子女。亲生子女包括婚生子女和非婚生子女。他们都享有平等的继承权。即子女无论是婚生还是非婚生，不论是儿子还是女儿，也不论是否结婚，他们享有的继承权都是平等的。任何否定或限制非婚生子女继承权的行为，否定或限制女儿包括已婚女儿继承权的行为，都是违法的。

被继承人的亲生子女，不仅包括被继承人死亡前已出生的，也包括被继承人死亡前已怀孕、在其死亡时尚未出生的胎儿。公民的民事权利，始于出生。胎儿虽不是现实的民事权利主体，但可能是将来的民事权利主体。根据养老育幼原则，我国《继承法》第28条规定：“遗产分割时，应当保留胎儿的继承份额。胎儿出生时是死体的，保留的份额按照法定继承办理。”

2. 养子女。根据我国现行《婚姻法》第26条规定，养父母和养子女间的权利义务，适用对父母子女关系的有关规定。我国《继承法》把养子女作为法定继承人之一，养子女享有与亲生子女同等的继承权。根据我国现行《婚姻法》第26条第2款的规定，养子女与生父母及其他近亲属的权利义务，因收养关系的成立而消除。故收养关系成立后，养子女在享有对养父母的遗产继承权的同时，对其生父母及其他近亲属的遗产继承权随之消灭。但是，养子女虽无权继承生父母的遗产，如果对养父母尽了赡养义务，同时又对生父母扶养较多的，除可依《继承法》第10条的规定继承养父母的遗产外，还可依《继承法》第14条的规定分得生父母的适当的遗产。[③] 在养子女与养父母的收养关系解除后，则他们之间的继承权随之消灭；养子女如恢复了与生父母的权利义务关系，则对生父母的遗产享有继承权。

在收养关系中，还有一种养孙子女。这种养孙子女是指收养人在没有亲生子女或养子女的情况下，直接收养的养孙子女。由于收养人与被收养人之间年龄相差悬殊、辈分不

① 1989年《审理以夫妻名义同居生活案件的意见》第13条。

② 1952年《婚姻法施行前重婚处理原则的规定》。

③ 《执行继承法意见》第19条。

同，民间习惯上称为“养孙子女”。我国法律视这种隔代收养的养祖孙关系具有与养父母子女关系相同的权利义务，养祖孙之间具有与养父母子女之间相同的遗产继承权。

对于我国《收养法》施行前（自1992年4月1日起施行）形成的事实收养关系，如果不违背当时有关法律政策规定的条件，应予承认。事实收养关系的养父母与养子女及其近亲属间互有遗产继承权。

关于“过继”子女的继承权问题，根据有关司法解释，应当区别对待。“过继”子女与“过继”父母形成扶养关系的，即为养父母子女，互有继承权；如系封建性的“过继”、“立嗣”，没有形成扶养关系的，不能享有继承权。①

3. 有扶养关系的继子女. 继父母子女关系分为，形成扶养关系的和未形成扶养关系的两种。根据我国现行《婚姻法》第27条第2款的规定：“继父或继母和受其抚养教育的继子女间的权利和义务，适用本法对父母子女关系的有关规定。”② 也就是说，继父母与继子女之间形成扶养关系的，就具有父母子女的权利和义务，也包括有相互继承遗产的权利；没有形成扶养关系的，就不具有父母子女的权利和义务，也包括没有相互继承遗产的权利。必须指出，有扶养关系的继子女除有权继承继父母的遗产外，还有权继承生父母的遗产（即享有双重继承权）。③

此外，我国司法解释还规定，“在旧社会形成的一夫多妻家庭中，子女与生母以外的父亲的其他配偶之间形成扶养关系的，互有继承权”。④

（三）父母

父母是子女最亲近的直系尊血亲，我国现行《婚姻法》第24条和《继承法》第10条规定，父母为子女的法定继承人。《继承法》第10条第4款还规定，对子女有遗产继承权的父母，“包括生父母、养父母和有扶养关系的继父母”。父母子女互有继承权，父母能否取得子女遗产继承权与子女能否取得父母遗产继承权两者要求的条件是完全一致的。例如，有扶养关系的继子女，享有对继父母和生父母的遗产继承权，同样，有扶养关系的继父母，也享有对继子女和生子女的遗产继承权。因此。可以参照子女继承父母遗产的条件来确定父母对子女的遗产继承权。

（四）兄弟姐妹

兄弟姐妹是最亲近的旁系血亲，在生活中往往互相扶养。我国现行《婚姻法》第29条和《继承法》第10条规定，兄弟姐妹有互相继承遗产的权利，互为法定继承人。根据《继承法》第10条的规定，兄弟姐妹包括：

1. 亲兄弟姐妹。亲兄弟姐妹包括：同父同母的兄弟姐妹、同父异母或同母异父的兄

① 1984年《执行民事政策法律的意见》第33条。

② 关于有扶养关系的继父母子女之间的法定继承权，我国学者有“肯定说”与“否定说”两种观点：“肯定说”认为，继父母与继子女形成扶养关系，相互间产生法律上的权利义务关系，应当互有法定继承权。参见杨立新：《家事法研究》，471-472页，北京：法律出版社，2013。“否定说”认为，此规定不利于离婚一方的再婚，且可能影响夫妻关系，损害扶养继子女的继父母一方的亲生子女的利益。并且，根据我国学者对当代中国民众继承习惯的调查，仍有部分被调查者不承认继子女的继承权，或认为应当视情况而定“是否承认继子女的继承权”。参见张玉敏主编：《中国继承法立法建议稿及理由》，92页，北京：人民出版社，2006；陈苇、冉启玉：《完善我国法定继承人范围和顺序立法的思考》，载陈苇主编：《中国继承法修改热点难点问题研究》，189-190页，北京：群众出版社，2013。

③ 《执行继承法意见》第21条。

④ 《执行继承法意见》第20条。

弟姐妹。他们之间具有血缘联系，是自然血亲关系，互有遗产继承权。

2. 养兄弟姐妹。养兄弟姐妹包括：养子女与养子女、养子女与生子女两种，他们是基于收养关系的成立而产生的法律拟制旁系血亲关系，互有继承权。但被收养人与其亲兄弟姐妹间的权利义务关系，因收养关系的成立而消除，故互无继承权。

3. 有扶养关系的继兄弟姐妹。[①] 有扶养关系的继兄弟姐妹之间的继承权，是基于继兄弟姐妹之间的扶养关系而发生的，故没有形成扶养关系的，不能互有继承权。例如，继兄弟姐妹仅与其继父母形成扶养关系，而继兄弟姐妹间未形成扶养关系的，则不能互为遗产继承人。有扶养关系的继兄弟姐妹，如有亲兄弟姐妹的，除继兄弟姐妹间可互相继承遗产外，还可继承亲兄弟姐妹的遗产（即享有双重继承权）。[②]

（五）祖父母、外祖父母

祖父母、外祖父母是除父母以外的血缘关系最近的直系尊亲属。我国现行《婚姻法》第28条规定，“有负担能力的祖父母、外祖父母，对于父母已经死亡或父母无力抚养的未成年的孙子女、外孙子女，有抚养义务”。我国《继承法》第10条规定，祖父母、外祖父母为法定继承人。这里的祖父母、外祖父母包括：生祖父母和生外祖父母；养祖父母和养外祖父母。法律规定祖父母、外祖父母享有继承孙子女、外孙子女遗产的权利，有利于发挥家庭养老育幼的职能。

（六）孙子女、外孙子女及其晚辈直系血亲

孙子女、外孙子女是隔代直系卑亲属，他们具有平等的法律地位。根据我国《继承法》第11条和有关司法解释的规定，孙子女、外孙子女及其晚辈直系血亲均为法定的代位继承人，代位继承人不受辈数限制。代位继承人包括：被继承人的子女（生子女、养子女和有扶养关系的继子女）的晚辈直系自然血亲和晚辈直系养亲。[③]

（七）对公婆尽了主要赡养义务的丧偶儿媳和对岳父母尽了主要赡养义务的丧偶女婿

儿媳与公婆、女婿与岳父母是直系姻亲关系，他们之间本无法律上的权利和义务，故在一般情况下，不论其是否丧偶对公婆或岳父母均无遗产继承权。但在现实生活中，有些儿媳或女婿在丧偶以后仍然继续对公婆或岳父母尽主要赡养义务。对此，我国《继承法》第12条规定：“丧偶儿媳对公、婆，丧偶女婿对岳父、岳母，尽了主要赡养义务的，作为第一顺序继承人。”

认定“尽了主要赡养义务”一般可从以下两方面综合考虑：

---

① 对于继兄弟姐妹之间的继承权，我国有“否定说”与“肯定说”两种观点：“否定说”认为，形成扶养的继兄弟姐妹在实际中是很少见的，因而提出不把他们作为法定继承人，而是赋予其遗产酌给请求权，按《继承法》第14条的规定取得遗产。参见张玉敏：《继承制度研究》，253页，成都：成都科技大学出版社，1994。并且有学者提出，对有扶养关系的继兄弟姐妹，可以直接规定他们“享有酌分遗产请求权”，酌分遗产的“量”应根据其曾为赡养行为或扶养行为的程度有所区分。参见杨立新主编：《继承法修订入典之重点问题》，80页，北京：中国法制出版社，2015。但“肯定说”认为，继兄弟姐妹间虽没有血缘关系，但由于其父母再次结婚而形成姻亲关系，形成扶养关系的继兄弟姐妹间也就产生了权利义务。根据权利义务一致的原则，形成扶养关系的继兄弟姐妹间应当相互有继承权。参见郭明瑞、房绍坤、关涛：《继承法研究》，68页，北京：中国人民大学出版社，2003。有的学者亦赞同后一种观点，认为我国未来继承立法应继续维持现行《继承法》关于兄弟姐妹的继承权之规定。参见张平华、刘耀东：《继承法原理》，172-173页，北京：中国法制出版社，2009。

② 《执行继承法意见》第24条。

③ 《执行继承法意见》第25、26条。

第一，在物质上尽了主要供养义务。在经济上对公婆或岳父母的生活提供了主要经济来源；或者在生活上对公婆或岳父母提供了照料、扶助等主要劳务帮助。

第二，尽供养义务具有长期性、经常性。儿媳或女婿在丧偶后，仍然继续对公婆或岳父母尽主要赡养义务，并且尽赡养义务不是临时性的，而是具有长期性、经常性的。

以上两个条件同时具备的，即可认定为尽了主要赡养义务。尽了主要赡养义务的丧偶儿媳或丧偶女婿，依法享有对公婆或岳父母遗产的继承权，不论他们是否再婚，均为第一顺序法定继承人。① 必须指出，丧偶儿媳或丧偶女婿依《继承法》第 12 条规定作第一顺序法定继承人时，既不影响其子女代位继承，也不影响他们本人对其父母的遗产继承。②

二、法定继承人的顺序

法定继承人的顺序，是指法律规定的各法定继承人继承遗产的先后次序。继承开始后并非所有的法定继承人都同时参加继承，而是根据法律规定的先后顺序，依次参加继承。继承顺序在前的法定继承人，有优先参加遗产继承的权利。继承顺序在后的法定继承人，只有在无前一顺序继承人或前一顺序继承人全部丧失继承权或全部放弃继承权的情况下，才能参加遗产继承。

我国《继承法》第 10 条第 1 款规定："遗产按照下列顺序继承：第一顺序：配偶、子女、父母。③ 第二顺序：兄弟姐妹、祖父母、外祖父母。"第 12 条规定："丧偶儿媳对公、婆，丧偶女婿对岳父、岳母，尽了主要赡养义务的，作为第一顺序继承人。"我国《继承法》确定以上继承顺序的依据主要有二：一是亲属关系的亲疏远近；二是近亲属间扶养关系的密切程度。亲属关系近的，扶养关系最密切的配偶、父母、子女，以及尽了主要扶养义务的丧偶儿媳或丧偶女婿被列为第一顺序继承人。与第一顺序继承人相对而言，亲属关系稍远的、扶养关系不够密切的（尽扶养义务是有条件的）兄弟姐妹、祖父母、

---

① 关于尽了主要赡养义务的丧偶儿媳、丧偶女婿之法定继承权，我国有些学者提出质疑，因他们仅为直系姻亲，主张将他们不作为法定继承人，而作为酌分遗产人。参见张玉敏：《继承法律制度研究》，207-211 页，北京：法律出版社，1999；陈苇、杜江涌：《我国法定继承制度的立法构想》，载《现代法学》，2002（3）；杨立新主编：《继承法修订入典之重点问题》，80-81 页，北京：中国法制出版社，2015。

② 《执行继承法意见》第 29、30 条。

③ 关于配偶的继承顺序，目前在世界上有两种立法例，一是将配偶作为固定顺序的继承人，其仅可与某一顺序（多为第一顺序）的血亲继承人共同继承遗产，如我国和俄罗斯的立法采此立法例；二是将配偶不作为固定顺序的继承人，其可与参加继承的任一顺序（有的英美法系国家仅限于第一、二顺序）的血亲继承人共同继承遗产，多数国家如德国、瑞士、日本、美国等国的立法采此立法例。参见刘春茂主编：《中国民法学·财产继承》，250-257 页，北京：中国人民公安大学出版社，1990；张玉敏主编：《继承法教程》，197 页，北京：中国政法大学出版社，1998；郭明瑞、房绍坤、关涛：《继承法研究》，71 页，北京：中国人民大学出版社，2003；陈苇主编：《外国继承法比较与中国民法典继承编制定研究》，407-408 页，北京：北京大学出版社，2011；刘文：《继承法律制度研究》，122-124 页，北京：中国政法大学出版社，2016。

外祖父母被列为第二顺序继承人。① 至于孙子女、外孙子女虽与祖父母、外祖父母同是被继承人的隔代直系血亲，都属二亲等，其法律上的权利义务都一样（现行《婚姻法》第28条），但因《继承法》第11条规定其为代位继承人，他们不是基于自己固有的继承地位而继承，所以未将他们列入继承顺序。②

第三节 法定继承的份额与酌分遗产

一、法定继承的份额

在法定继承时，如数人共同继承，就产生了在同一顺序数名法定继承人之间确定各自继承份额的问题。根据我国《继承法》第13条的规定，法定继承中遗产分配，应遵循以下原则：

第一，同一顺序继承人继承遗产的份额，一般应当均等。即当同一顺序的各个法定继承人，在生活状况、劳动能力以及对被继承人尽扶养义务等条件大体相同时，其继承遗产的份额应当均等。

第二，对生活有特殊困难的缺乏劳动能力的继承人，分配遗产时，应当予以照顾。即对没有独立经济来源或其他经济收入而难以维持最低生活水平，并且因年幼或年迈、病残等没有劳动能力的继承人，应照顾多分遗产，其所得份额应大于平均份额。

第三，根据继承人尽扶养义务的情况确定其继承遗产的份额。我国《继承法》第13条规定，对被继承人尽了主要扶养义务或者与被继承人共同生活的继承人，分配遗产时，可以多分，有扶养能力和有扶养条件的继承人，不尽扶养义务的，分配遗产时，应当不分或者少分。即在被继承人生前，对被继承人在经济上承担了主要生活费用或生活上提供了主要劳务帮助，以及与被继承人共同生活的继承人，可以多分遗产。有扶养能力和扶养条件的继承人，对需要扶养的被继承人不尽扶养义务的，应当不分或少分遗产。但适用上述规定有两种情况应除外：一是继承人有扶养能力和条件，愿意尽扶养义务，但被继承人因有固定收入和劳动能力，明确表示不要求其扶养的，分配遗产时，一般不应因此而影响其继承份额；二是有扶养能力和扶养条件的继承人，虽然与被继承人共同生活，但对需要扶养的被继承人不尽扶养义务，分配遗产时，可以少分或者不分。③

---

① 对于配偶和血亲继承人的继承顺序，我国学者们提出了修改立法的不同建议。有些学者认为，为保证遗产被保留在被继承人的家庭内部，宜将子女作为第一顺序继承人，父母作为第二顺序继承人，并且为兼顾保护配偶和血亲继承人的利益，宜采取不固定配偶的顺序的立法例，参见张玉敏：《继承法律制度研究》，207-208、211-212页，北京：法律出版社，1999；陈苇、杜江涌：《我国法定继承制度的立法构想》，载《现代法学》，2002（3）；陈苇、宋豫主编：《中国大陆与港、澳、台继承法比较研究》，292-293页，北京：群众出版社，2007；陈苇主编：《中国继承法修改热点难点问题研究》，194页，北京：群众出版社，2013。但有些学者则认为，从有利于保障老年人的赡养角度出发，应当继续坚持配偶、父母、子女都作为第一顺序法定继承人的立法例。参见郭明瑞、房绍坤、关涛：《继承法研究》，72-73页，北京：中国人民大学出版社，2003；杨立新、朱呈义：《继承法专论》，170页，高等教育出版社，2006；杨立新等："中华人民共和国继承法修正草案建议稿"，载《河南财经政法大学学报》，2012（5）。

② 关于外国法定继承制度（无遗嘱继承制度）的比较研究，参见陈苇主编：《外国继承法比较与中国民法典继承编制定研究》，362-426页，北京：北京大学出版社，2011。

③ 《执行继承法意见》第33、34条。

第四，继承人协商同意的，也可以不均等。即同一顺序法定继承人经平等协商，互谅互让，自愿达成遗产分配份额协议的，即使分配份额不均等，也应当按协议处理。

二、法定继承人以外的人酌分遗产

（一）酌分遗产人与酌分遗产权的概念

酌分遗产人是指除法定继承人外，与被继承人生前形成过一定扶养关系，依法可以分得适当遗产的人。酌分遗产权是指酌分遗产人依法享有的可以酌情分得适当遗产的权利。我国《继承法》第14条规定："对继承人以外的依靠被继承人扶养的缺乏劳动能力又没有生活来源的人，或者继承人以外的对被继承人扶养较多的人，可以分给他们适当的遗产。"

（二）酌分遗产权的法律特征

根据我国《继承法》第14条的规定，酌分遗产权具有以下法律特征：

1. 酌分遗产权的权利主体是特定的。酌分遗产权的权利主体，仅限于除法定继承人以外的两种人：一是继承人以外的依靠被继承人扶养的缺乏劳动能力又无生活来源的人；二是继承人以外的对被继承人扶养较多的人。这里的法定继承人是指应召继承人，即有权参与法定继承的人。例如，根据我国《执行继承法意见》第28条的规定："继承人丧失继承权的，其晚辈直系血亲不得代位继承。如该代位继承人缺乏劳动能力又没有生活来源，或对被继承人尽赡养义务较多的，可适当分给遗产。"又如，被继承人的兄弟姐妹虽然是被继承人的第二顺序法定继承人，但在有第一顺序法定继承人的情况下不能参与继承，即不是应召继承人。因此，如果被继承人的兄弟姐妹属于应召继承人以外的依靠被继承人扶养的缺乏劳动能力又无生活来源的人，也可以成为酌分遗产权的权利主体。

2. 酌分遗产权的取得依据是形成了一定的扶养关系。酌分遗产权的取得依据是在被继承人生前与其形成了一定扶养关系，包括依靠被继承人扶养或对被继承人扶养较多两种情况。

3. 酌分遗产权的标的数额是不确定的。酌分遗产权的标的，即酌分的遗产，其数额是不确定的。这主要取决于酌分遗产人依靠被继承人扶养的程度或对被继承人进行扶养的程度，以及遗产总额的多少。在一般情况下，酌分遗产人的份额应少于继承人的平均份额。但在酌分遗产人完全依靠或主要依靠被继承人扶养、或者酌分遗产人对被继承人扶养较多或完全扶养时，其酌分遗产的份额，也可以等于或高于继承人的平均份额。[①] 在特定情况下酌分遗产人甚至可以取得全部遗产份额。[②]

（三）酌分遗产的适用范围

酌分遗产只能在法定继承时适用，而不能在遗嘱继承时适用。我国《继承法》第14条把酌分遗产问题规定在法定继承一章里，这表明在法定继承时，法定继承人以外的人可依法酌分遗产。但对遗嘱继承，《继承法》第19条仅规定："遗嘱应当对缺乏劳动能力又没有生活来源的继承人保留必要的遗产份额。"而未规定为法定继承人以外的酌分遗产人

---

① 《执行继承法意见》第31条。

② 参见1992年《最高人民法院关于被继承人死亡后没有法定继承人，分享遗产人能否分得全部遗产的复函》。

保留遗产份额，故酌分遗产不能适用于遗嘱继承。①

（四）酌分遗产权的保护

为保护酌分遗产人的合法权益，我国司法解释规定："依继承法第十四条规定可以分给适当遗产的人，在其依法取得被继承人遗产的权利受到侵犯时，本人有权以独立的诉讼主体的资格向人民法院提起诉讼。但在遗产分割时，明知而未提出请求的，一般不予受理；不知而未提出请求，在二年以内起诉的，应予受理。"② 即酌分遗产人享有独立的诉权，当其酌分遗产权受到侵犯时，有权在法定诉讼时效期间内，向人民法院起诉，请求保护其酌分遗产权。

第四节 代位继承与转继承

一、代位继承的概念和条件

代位继承是指被继承人的子女先于被继承人死亡，继承开始后，由被继承人子女的晚辈直系血亲代替被继承人子女继承被继承人的遗产。在代位继承中，先于被继承人死亡的继承人，称为被代位继承人或被代位人；代替被代位人继承遗产的人称为代位继承人或代位人；代位人代替被代位人继承遗产的权利，叫代位继承权。

我国《继承法》第11条规定："被继承人的子女先于被继承人死亡的，由被继承人的子女的晚辈直系血亲代位继承。代位继承人一般只能继承他的父亲或者母亲有权继承的遗产份额。"由此可见，代位继承必须具备以下条件：

第一，代位继承的发生原因，是在法定继承时被继承人的子女先于被继承人死亡。代位继承制度是法定继承制度的组成部分，代位继承只适用于法定继承，不适用于遗嘱继承和遗赠。遗嘱继承人和受遗赠人如先于立遗嘱人死亡，则遗嘱不发生效力。即遗嘱继承人未取得继承权，受遗赠人也未取得受遗赠权，故均不发生代位继承问题。在我国，代位继承的目的，旨在保护被继承人已失去父母的晚辈直系血亲的继承权益。因此，只有在法定继承时，被继承人的子女先于被继承人死亡的，才能发生代位继承。例如，被继承人的长辈直系亲属（父母）或旁系亲属（兄弟姐妹），以及被继承人的配偶等，在法定继承时，先于被继承人死亡的。均不能发生代位继承。

第二，被代位人只能是被继承人的晚辈直系亲属。在我国，代位继承不受代数限制。只有先于被继承人死亡者是被继承人的子女或孙子女、外孙子女等晚辈直系亲属，才能作为被代位人。被继承人的子女包括生子女、养子女和形成扶养关系的继子女。

第三，代位继承人只能是被代位人的晚辈直系亲属。代位继承人不受辈数的限制，被

① 此外，必须注意，如果既是受酌给遗产人又是受遗赠人，应当依何种顺序交付遗产？有学者认为，酌给遗产含有死后扶养之思想，以受酌给人不能维持生活而无谋生能力为必要，而受遗赠不以此为要件。因此，受遗赠之顺序应在受酌给遗产之后。但是，因受有相当之遗赠，而无法受酌给遗产，若采通说之见解，该受赠人将沦为最后顺序之受偿者，此不仅使其居于不利之地位，且有违背被继承人特为赠与之意思。因此，如果受遗赠人未受遗赠时，本有受酌给之权利者，其受偿之顺序宜与受酌给遗产之顺序相同，较为合理。参见林秀雄：《继承法讲义》，95页，台北：元照出版有限公司，2005。

② 《执行继承法意见》第32条。

代位人的子女、孙子女、外孙子女、曾孙子女、外曾孙子女等，均可作为代位继承人。代位继承人包括被代位人的晚辈直系自然血亲和晚辈直系养亲。即被继承人子女（包括生子女、养子女、已形成扶养关系的继子女）的生子女或养子女均可作为代位继承人。[①]

第四，被代位人必须有继承权。代位继承人只能继承被代位人有权继承的遗产份额。根据我国司法解释，我国的代位继承人不是基于自己固有的继承顺序直接取得继承权，而是基于代替被代位人的地位取得的继承权。因此，被代位人必须有继承权，代位继承人才有位可代。被代位人丧失继承权的，其晚辈直系血亲不得代位继承。[②] 并且，代位继承人只能继承他的父亲或者母亲有权继承的遗产份额。代位继承人有二人以上的，则由数个代位继承人共同继承和分割被代位人应得的遗产份额。

二、转继承

转继承是指继承人在被继承人死亡之后，遗产分割前死亡，其应继承的遗产份额由他的继承人继承。我国司法解释规定："继承开始后，继承人没有表示放弃继承，并于遗产分割前死亡的，其继承遗产的权利转移给他的合法继承人。"[③] 在转继承中，死亡的继承人称为原继承人，原继承人的继承人称为转继承人。转继承权的标的是原继承人继承遗产的权利。当数名同一顺序转继承人共同继承时，则应由他们共同继承和分割原继承人享有的遗产份额。可见，转继承是原继承人继承遗产权利的转移，所以，它又被称为再继承或第二次继承。

三、代位继承与转继承的区别

如前所述，代位继承是指被继承人的子女先于被继承人死亡，继承开始后，由被继承人子女的晚辈直系血亲代替已亡父母继承被继承人的遗产。转继承则是指继承人在被继承人死亡之后，遗产分割前死亡，其应继承的遗产份额由他的继承人继承。代位继承与转继承主要有如下区别：

（一）两者的发生根据不同

代位继承的发生是基于继承人（被代位人）先于被继承人死亡的事实；转继承的发生是基于继承人（原继承人）后于被继承人死亡（继承开始后，遗产分割前死亡）且未表示放弃继承权的事实。

（二）两者死亡的继承人范围不同

代位继承死亡的继承人即被代位人，仅限于被继承人的晚辈直系血亲；转继承死亡的继承人即原继承人，既可以是被继承人的晚辈直系血亲，也可以是被继承人的配偶、父母等其他继承人。

---

① 《执行继承法意见》第26条。

② 参见《执行继承法意见》第28条的有关规定。对于该规定，被代位人丧失继承权则其晚辈直系血亲不得代位继承，我国有学者认为，此规定与现代法律的责任原则精神相悖，是不合理的。这实际上是让子女承担了自己死亡父母的违法或犯罪行为的部分不利后果。参见陈苇、宋豫主编：《中国大陆与港、澳、台继承法比较研究》，294页，北京：群众出版社，2007；杨立新等：《〈中华人民共和国继承法〉修正草案建议稿》，载《河南财经政法大学学报》，2012（5）。

③ 《执行继承法意见》第52条。

（三）两者继承遗产的权利主体不同

代位继承人继承遗产的权利主体即代位继承人，只限于被代位人的晚辈直系亲属；转继承中继承遗产的权利主体即转继承人，既可以是原继承人的晚辈直系亲属，也可以是原继承人的配偶、父母等其他法定继承人。

（四）两者适用的范围不同

代位继承只适用于法定继承；转继承既适用于法定继承，又适用于遗嘱继承。也就是说，就转继承而言，无论是法定继承或是遗嘱继承，只要在继承开始后，继承人未表示放弃继承而于遗产分割前死亡的，原继承人继承遗产的权利可由其转继承人（包括其法定继承人和遗嘱继承人）继承。

【导入案例要点评析】

本案涉及法定继承人的范围、顺序以及代位继承问题。我国《继承法》第10条规定了法定继承人的范围和顺序，“遗产按照下列顺序继承：第一顺序：配偶、子女、父母。第二顺序：兄弟姐妹、祖父母、外祖父母。继承开始后，由第一顺序继承人继承，第二顺序继承人不继承。没有第一顺序继承人继承的，由第二顺序继承人继承”。同时，我国《继承法》第11条规定了法定继承中的特殊情形——代位继承，即“被继承人的子女先于被继承人死亡的，由被继承人的子女的晚辈直系血亲代位继承。代位继承人一般只能继承他的父亲或者母亲有权继承的遗产份额”。

本案中，刘某的第一顺序法定继承人为其父母、妻子陆某及女儿刘莉。刘某的弟弟属于第二顺序的法定继承人，在有第一顺序的法定继承人的情况下，其不能继承。故，有权继承刘某遗产的人有：刘某的父母、陆某和刘莉。

本案中，刘某母亲的第一顺序法定继承人尚生存的有其配偶和刘某的弟弟。刘某虽然先于其母亲死亡，但根据《继承法》第11条的规定，刘某的晚辈直系血亲女儿刘莉有权代刘某的地位继承刘某母亲的遗产。所以，有权继承刘某母亲遗产的人有：刘某母亲的配偶、刘某弟弟和刘莉。

【思考题】

一、单项选择题

1. 丧偶儿媳对公婆，丧偶女婿对岳父、岳母，尽了主要赡养义务（）

A. 不能作为继承人　　B. 可以作为第一顺序继承人

C. 不能作为第一顺序继承人，只能作为第二顺序继承人

D. 不能作为继承人，但可酌情分给适当的遗产

2. 某工人李某死亡，遗产由其妻甲和孩子乙、李某的父母继承。当时甲正怀孕，为胎儿保留继承份额人民币1万元。胎儿出生后三天死亡，这1万元应（　）

A. 甲、乙两人继承　　B. 甲、乙、李某的父母4人继承

C. 由甲继承　　D. 李某的父母和甲继承

二、多项选择题

1. 李某死后留下一套房屋和数十万元存款，生前未立遗嘱。李某有三个女儿，并收养了一子。大女儿中年病故，留下一子。养子收入丰厚，却拒绝赡养李某。在两个女儿办

理丧事期间，小女儿因交通事故意外身亡，留下一女。下列哪些选项是正确的？（　）（2007 年国家司法考试试题）

A. 二女儿和小女儿之女均是第一顺序继承人

B. 大女儿之子对李某遗产的继承属于代位继承

C. 小女儿之女属于转继承人

D. 分配遗产时，养子应当不分或少分

2. 钱某与胡某婚后生有子女甲和乙，后钱某与胡某离婚，甲、乙归胡某抚养。胡某与吴某结婚，当时甲已参加工作而乙尚未成年，乙跟随胡某与吴某居住，后胡某与吴某生下一女丙，吴某与前妻生有一子丁。钱某和吴某先后去世，下列哪些说法是正确的？（　）（2009 年国家司法考试试题）

A. 胡某、甲、乙可以继承钱某的遗产

B. 甲和乙可以继承吴某的遗产

C. 胡某和丙可以继承吴某的遗产

D. 乙和丁可以继承吴某的遗产

3. 郭大爷的女儿五年前病故，留下一子甲。女婿乙一直与郭大爷共同生活，尽了主要赡养义务。郭大爷继子丙虽然与其无扶养关系，但也不时从外地回来探望。郭大爷还有一丧失劳动能力的养子丁。郭大爷病故，关于其遗产的继承，下列哪些选项是正确的？（　）（2010 年国家司法考试试题）

A. 甲为第一顺序继承人　　B. 乙在分配财产时，可多分

C. 丙无权继承遗产　　D. 分配遗产时应该对丁予以照顾

4. 甲（男）与乙（女）结婚，其子小明 20 周岁时，甲与乙离婚。后甲与丙（女）再婚，丙子小亮 8 周岁，随甲、丙共同生活。小亮成年成家后，甲与丙甚感孤寂，收养孤儿小光为养子，视同己出，未办理收养手续。丙去世，其遗产的第一顺序继承人有哪些？（　）（2014 年国家司法考试试题）

A. 小明　　B. 小亮　　C. 甲　　D. 小光

三、判断分析题

1. 酌分遗产人只能是法定继承人以外的人。

2. 代位继承和转继承均适用于法定继承和遗嘱继承。

四、简答题

1. 简述酌分遗产权的法律特征。

2. 简述代位继承的条件。

3. 简述代位继承与转继承的区别。

五、论述题

1. 试述我国法定继承人的范围和顺序。

2. 试述法定继承的份额。

六、案例分析题

参见陈苇主编：《婚姻家庭继承法学案例教程》（第三版）（北京：群众出版社，2017 年版）第六单元继承制度案例。

【阅读参考文献】

1. 杨立新、朱呈义：《继承法专论》，高等教育出版社，2006年版。

2. 陈苇、宋豫主编：《中国大陆与港、澳、台继承法比较研究》，群众出版社，2007年版。

3. 张平华、刘耀东：《继承法原理》，中国法制出版社，2009年版。

4. 蒋月主编：《继承法：案例评析与问题研究》，中国法制出版社，2009年版。

5. 刘耀东：《继承法修改中的疑难问题研究》，法律出版社，2014年版。

第十四章
遗嘱继承

本章学习重点提示：
遗嘱自由原则；遗嘱的有效要件。

【导入案例】

甲从1985年起开了一个裁缝铺，1988年与乙结婚后，生有一个女儿，1990年乙因病去世，1991年，甲与李某再婚，1992年又生一子。甲一直是以开裁缝铺维持全家的生活。2014年儿子在外地念完大学后，在当地工作安家，甲夫妇则一直和女儿生活在一起。2008年，甲在妻子李某的帮助下，创办了一家服装公司，因夫妻俩的齐心协力，公司很快盈利，半年内还清了借款。两年后，甲买了一栋三层的别墅，登记的产权人是甲和妻子李某。2015年年初，甲突然感觉身体不适，经检查发现是肺癌，情况很不乐观。甲亲笔写下一份书面遗嘱，其内容是：本人去世后，留下的别墅由女儿一人继承，但女儿应当承担对继母的生养死葬义务。后面有其签名和明确的日期。2016年3月，甲病故。女儿遵从父亲之遗愿，精心照顾继母。但是，由于父亲的去世其继母悲痛欲绝，于2016年8月也离开了人世。甲的儿子因继承别墅与其姐发生争执。甲的儿子随即向法院起诉，要求确认父亲遗嘱无效，并按照法定继承方式与姐姐共同继承父母遗留的房产。

请问：

1. 甲所立的遗嘱是否有效？

2. 该别墅到底应该由谁来继承？

第一节　遗嘱和遗嘱继承

一、遗嘱的概念

（一）遗嘱的含义

遗嘱是公民生前处分其遗产并于死后生效的单方民事法律行为。

根据我国《继承法》第16条的规定，公民可以依法立遗嘱处分个人财产，可以立遗嘱将个人财产指定由法定继承人的一人或者数人继承，也可以立遗嘱将个人财产赠给国家、集体或者法定继承人以外的人。在这里，依法用遗嘱方式处分个人财产的人称为遗嘱人，依遗嘱取得遗嘱继承权的人称为遗嘱继承人，依遗嘱取得受遗赠权的人称为受遗赠人或遗赠受领人。[①]

（二）遗嘱的特征

1. 遗嘱是单方民事法律行为。单方民事法律行为，是指基于当事人一方的意思表示就可以成立的民事法律行为。其特点在于只要当事人单方作出意思表示，无须再有他方当事人同意就可以产生预期的民事法律后果。

遗嘱是基于遗嘱人单方的意思表示就可以产生民事法律后果的法律行为，遗嘱人在立遗嘱时无须征得任何组织或个人的同意，只要所立遗嘱具备法律规定的有效条件，就能在其死后发生法律效力。所以遗嘱是单方民事法律行为。

2. 遗嘱是遗嘱人亲自进行的法律行为。遗嘱不同于其他一般的民事法律行为，它是遗嘱人对自己财产所作的最终处分，具有严格的人身性质。为确保遗嘱出于遗嘱人的真实意愿，法律要求遗嘱必须由遗嘱人本人亲自设立，既不需要征得他人的同意，也不能由他人代为设立。

3. 遗嘱是遗嘱人死亡时生效的法律行为。遗嘱是立遗嘱人生前以遗嘱方式对其死后的财产所作的处分。遗嘱人生前，对其遗嘱内容有权加以变更或撤销。因此，遗嘱人的死亡是遗嘱生效的前提条件。[②]

4. 遗嘱是要式民事法律行为。要式民事法律行为，是指必须具备法律要求的特定形式才能成立的民事法律行为。

由于合法有效的遗嘱有改变法定继承关系的效力，遗嘱又往往可能会被篡改和伪造，所以各国立法都对遗嘱的形式要件予以严格的限制，规定了遗嘱必须采用的方式。我国《继承法》对遗嘱的形式也作了具体规定。根据《继承法》第 17 条的规定，遗嘱人订立遗嘱，必须依照法定的形式进行，违反法定形式的遗嘱不发生法律效力。

（三）遗嘱的内容

遗嘱的内容，是指遗嘱人在遗嘱中所表现出来的对自己财产处分的意思表示。基于私法自治原则，是否设立遗嘱以及遗嘱中包括哪些内容，可由立遗嘱人自己决定，但法律另有限制性规定的除外。目前绝大多数国家对遗嘱内容设立有限制性的规定，如特留份或必留份的规定。根据我国《继承法》的相关规定，遗嘱内容通常包括：指定继承人或受遗赠人；明确遗产的名称、数量、特征、存放地点，同时指定各遗嘱继承人应得的遗产份额或遗产的分配方法；规定立遗嘱人对遗嘱继承人和受遗赠人的附加义务[③]；指定补充继承人、补充受遗赠人。[④] 同时，遗嘱应当对缺乏劳动能力又没有生活来源的继承人保留必要的继承份额。[⑤] 此外，在国外，遗嘱可以指定遗嘱执行人；确定遗嘱信托的受托人和受益

---

① 关于遗嘱继承制度的历史沿革，参见刘素萍主编：《继承法》，249 页，北京：中国人民大学出版社，1988；史尚宽：《继承法论》，395 页，北京：中国政法大学出版社，2000；杜江涌：《继承法的发展趋势研究》，载《现代法学》，2003 年第 25 卷（民商法专刊）；杨立新：《家事法》，423-425 页，北京：法律出版社，2013。

② 正因为遗嘱在遗嘱人死亡时才发生效力，因此，遗嘱人可以随时变更或撤销遗嘱。学者称遗嘱的这一特点为遗嘱的撤回性。遗嘱人一旦死亡，遗嘱即发生法律效力，任何人不得变更或撤销遗嘱。

③ 《执行继承法意见》第 34 条。

④ 世界上有些国家承认补充继承制度。例如，《德国民法典》第 2095 条规定："被继承人得在继承人于继承开始前或继承开始后失格的情形，指定另一人为继承人。"

⑤ 《继承法》第 19 条："遗嘱应当对缺乏劳动能力又没有生活来源的继承人保留必要的遗产份额。"

人[①]；其他事项。[②]

二、遗嘱继承的概念

遗嘱继承，是法定继承的对称，它是指按照被继承人生前所立的遗嘱来指定继承人及其继承的遗产种类、数额的继承方式。我国《继承法》第16条第2款规定："公民可以立遗嘱将个人财产指定由法定继承人的一人或者数人继承。"依此规定，遗嘱继承人的范围和顺序、继承人的应继份、遗产的管理和分割均可由遗嘱人在遗嘱中加以指定，因此，又称指定继承。与法定继承相比，遗嘱继承有以下法律特征：

第一，遗嘱继承的发生需要被继承人生前立有有效遗嘱和被继承人死亡两个法律事实。而法定继承的发生只需要被继承人死亡一个法律事实。

第二，遗嘱继承在适用上优先于法定继承。凡被继承人留有合法有效遗嘱的，都必须先执行遗嘱。只有被继承人生前没有立遗嘱或虽立遗嘱但遗嘱无效时，才按法定继承办理。

第三，我国遗嘱继承人与法定继承人虽然范围相同，但遗嘱继承人不受法定继承顺序的限制。遗嘱继承人继承遗产的数量也不受法定继承中遗产分配原则的限制。

第四，在我国遗嘱继承人的法律地位不能被替代。遗嘱继承人先于遗嘱人死亡的，其作为遗嘱继承人的法律地位不能由他的晚辈直系亲属替代。目前，我国《继承法》未规定遗嘱指定替补继承人制度。法定继承中，"被继承人的子女先于被继承人死亡的，由被继承人的子女的晚辈直系血亲代位继承"。[③]

三、遗嘱继承的适用

根据我国《继承法》的规定，遗嘱继承在适用时应具备以下条件：

第一，必须有被继承人生前所立的合法有效的遗嘱。

第二，必须无遗赠扶养协议。《执行继承法意见》第5条规定："被继承人生前与他人订有遗赠扶养协议，同时又立有遗嘱的，继承开始后，如果遗赠扶养协议与遗嘱继承没有抵触，遗产分割按协议和遗嘱处理；如果有抵触，按协议处理，与协议抵触的遗嘱全部或部分无效。"

第三，遗嘱继承人没有放弃继承权，也没有依法丧失继承权。遗嘱继承要求继承人必须具备继承资格。遗嘱继承人在继承开始后，以明示的方式表示放弃继承权的，其遗嘱继承权因其放弃而消灭，不产生遗嘱继承的效力。根据《继承法》第25条的规定，遗嘱继承人放弃继承权必须符合一定的条件，即（1）只能在继承开始后，遗产分割前作出放弃继承的意思表示；（2）放弃继承必须以明示的方式，遗嘱继承人没有明确表示放弃继承的，视为接受继承。同时，遗嘱继承人依据法律的规定而丧失继承权的，其无权继承被继承人的遗产，该部分的遗产只能根据法定继承来进行。

第四，遗嘱继承人后于被继承人死亡。若遗嘱继承人先于立遗嘱人死亡的，根据

① 依我国信托法规定，信托可依照遗嘱设立。

② 如对丧葬事项的安排和要求，对某一继承人的某一过错表示原谅等。

③ 《继承法》第11条。

《继承法》第 27 条的规定，遗产中的有关部分适用法定继承。[①] 所以，遗嘱继承要求遗嘱继承人后于立遗嘱人死亡。

四、遗嘱自由原则

（一）遗嘱自由原则的确立

所谓的“意思自治”是指当事人有权依其意志作出自由选择，当事人的自我意志可以而且应该成为约束其契约关系的准则，当事人可以而且应该对依其自我意志作出的选择负责。

意思自治作为私法自治的核心和灵魂，是民法的一项基本原则，体现在民法领域的各个方面。在继承领域，则表现为遗嘱自由。[②]

遗嘱自由的内容主要包括：遗嘱人可以通过订立遗嘱变更继承人的继承顺序和应继份额，甚至可以取消法定继承人的继承权；可以将财产赠与法定继承人以外的其他公民或赠与给国家、集体组织、用于社会公共福利事业等。之所以把遗嘱自由看作意思自治原则的体现，就是因为建构在遗嘱自由基础之上的遗嘱继承制度与法定继承相比，更能直接体现被继承人的意志。遗嘱自由原则与意思自治原则一样体现了对公民个人财产所有权的保护和尊重，这有利于保护被继承人、遗嘱继承人以及社会的利益。

（二）对遗嘱自由限制的发展

在世界上，对待遗嘱自由的态度，有以下两种不同的主张：其一，近代英美法系国家主张偏重于强调保护遗嘱人的自由意志，使之享有自由处分自己财产的绝对权利，这种主张被称作为遗嘱自由主义，或绝对的遗嘱自由主义。[③] 这种主张的理由是，既然遗嘱人生前可以自由处分自己的财产，那么，遗嘱人将财产遗留给自己的遗嘱继承人或受遗赠人，法律就不应当加以干涉。其二，大部分的大陆法系国家，如法国、德国、日本等则主张，财产所有人以遗嘱的方式处理财产，不得违反法律关于法定继承人的“特留份”或“保留份”的规定。遗嘱人用遗嘱处分的只能是遗产的一部分，而不能是全部，否则就要受到法律的干预。此种主张被称为相对的遗嘱自由主义，或有限制的遗嘱自由主义。

在大陆法系国家，遗嘱自由要受到特留份的限制，而且比英美法系国家对遗嘱自由的限制更为严格。法国、日本和德国分别规定了“特留份”和“保留份”对遗嘱自由加以限制。即一般说来，在设立了“特留份”“保留份”的国家，如果被继承人有配偶、子女、父母等近亲属存在时，遗嘱人能用遗嘱方式处分的财产仅是其财产的二分之一或三分之一。超越法律规定的遗嘱处分没有法律效力。如果被继承人损害了特留份权利人的利益，德国规定特留份权利人有权请求继承人补足特留份，法国则规定遗嘱处分超过有权处分部分者无效。

---

① 《继承法》第 27 条规定：“有下列情形之一的，遗产中的有关部分按照法定继承办理：（一）遗嘱继承人放弃继承或者受遗赠人放弃受遗赠的；（二）遗嘱继承人丧失继承权的；（三）遗嘱继承人、受遗赠人先于遗嘱人死亡的；（四）遗嘱无效部分所涉及的遗产；（五）遗嘱未处分的遗产。”

② 杜江涌：《论意思自治原则在遗嘱继承中的贯彻》，载《西华师范大学学报》，2005（1）。

③ 实际上从来就没有过绝对的遗嘱自由，从古到今，遗嘱自由都要受到家庭制度和伦理道德的限制。古罗马法中也有“遗嘱逆伦之诉”制度对遗嘱自由加以限制。即被继承人没有正当理由而取消处于家长权之下的子孙的继承权被认为是违背人伦的，被取消继承权之人得提起“遗嘱逆伦之诉”，若胜诉，则遗嘱将被宣告无效。

自20世纪以来，英国和美国对遗嘱自由规定了较为严格的限制。根据英国1938年《家庭供养条例》和1952年修正该条例的“无遗嘱继承”条例，法院可以违反遗嘱人的意愿，甚至可以不顾遗嘱继承的一般法规，根据申请人的要求，判决从遗产收益中，甚至从遗产本金中，支付扶养费给予生存的配偶、未婚女儿、未成年儿子以及因身体或精神上的疾病，不能养活自己的子女。在1958年的“婚姻诉讼（财产和扶养）条例”中，此项原则被扩展到被继承人生前已离婚的配偶。可见，英国继承法在20世纪内已经从绝对的遗嘱自由原则转变为相对的遗嘱自由原则。美国1969年的《统一继承法典》，赋予生存配偶应继份选择权，这种选择权是不可剥夺的，除非生存配偶自动放弃。该《统一继承法典》还规定生存配偶和未成年子女享有宅院特留份和家庭特留份，这些都是《统一继承法典》对遗嘱自由的限制。[①]

（三）我国继承法对遗嘱自由的限制

根据我国《继承法》第16条的规定，赋予遗嘱人有订立遗嘱的自由，允许公民可以遗嘱的方式处理自己的财产，可以变更法定继承人的继承顺序和应继份额，甚至还可以取消法定继承人的继承权，将遗产赠予法定继承人以外的公民。但在我国，遗嘱自由也要受到一定的限制。我国《继承法》对遗嘱自由的限制表现在：遗嘱的内容不得违反法律的限制性规定，即遗嘱必须为缺乏劳动能力又无生活来源的继承人保留必要的继承份额。[②]

可见，我国《继承法》赋予遗嘱人处分自己身后财产的充分自由。从其法律限制的方式来看，更接近于英美法系国家的规定，即不是规定统一的特留份比例，而是根据需要灵活处理，但对于享有保留份的条件，却比英美法系国家规定得更加严格。与世界上一些主要国家立法一致的是，遗嘱自由要受法律的约束。而为我国所特有的是，我国《继承法》规定，实行遗嘱自由，不得剥夺法定继承人中无独立生活能力又无独立生活来源者的必要的遗产份额。我国《继承法》第19条规定：“遗嘱应当对缺乏劳动能力又没有生活来源的继承人保留必要的遗产份额。”《执行继承法意见》第37条规定：“遗嘱人未保留缺乏劳动能力又没有生活来源的继承人的遗产份额，遗产处理时，应当为该继承人留下必要的遗产，所剩余的部分，才可参照遗嘱确定的分配原则处理。继承人是否缺乏劳动能力又没有生活来源，应按遗嘱生效时该继承人的具体情况确定。”上述规定的立法宗旨是保护缺乏劳动能力又没有生活来源的继承人的权益，以求实现遗产的扶养功能，防止遗嘱人通过立遗嘱的方式将应当由家庭承担的义务推向社会，其积极作用是毋庸置疑的。[③]

第二节　遗嘱成立的条件

遗嘱人处分自己身后财产的法律行为，对相关当事人的利益有重要的影响，因此，法律对遗嘱的有效条件设计了相应要求。

---

① 素心学苑收集整理，古今有关遗嘱与继承的各种思想第七章，中国法律网，chinalaw.com.cn。

② 我国《继承法》第19条。

③ 我国现行规定过于原则化，具体阐释详见杜江涌：《论意思自治原则在遗嘱继承中的贯彻》，载《西华师范大学学报》，2005（1）。

一、遗嘱人在立遗嘱时必须具有遗嘱能力

遗嘱能力是指被继承人依法享有的，通过设立遗嘱自由处分自己财产的资格。我国《继承法》没有明确规定被继承人的遗嘱能力，但该法第22条第1款规定："无行为能力人或者限制行为能力人所立的遗嘱无效。"也就是说，只有完全行为能力人才具有立遗嘱的能力，无行为能力人和限制行为能力人没有遗嘱能力，所立遗嘱无效。

《民法通则》第11条规定："十八周岁以上的公民是成年人，具有完全民事行为能力，可以独立进行民事活动，是完全民事行为能力人。十六周岁以上不满十八周岁的公民，以自己的劳动收入为主要生活来源的，视为完全民事行为能力人。"因此，在没有因精神疾病导致民事行为能力欠缺的一般情况下，成年人和十六周岁以上并以自己的劳动收入为主要生活来源的未成年人，可以设立遗嘱处分自己的财产。

遗嘱人是否具有遗嘱能力，只能以立遗嘱时的情况为标准来确定。遗嘱人立遗嘱时有行为能力而以后又丧失其行为能力的，不影响其遗嘱的效力；立遗嘱时无行为能力，即使以后取得或恢复了行为能力，原来所立的遗嘱仍然无效。[①]

二、遗嘱必须是遗嘱人的真实意思表示

遗嘱必须是遗嘱人的真实意思表示。原因在于：

第一，设立遗嘱的行为是与特定身份相联系的单方法律行为，遗嘱只与某个个人的人身相联系并完全取决于他本人的意愿，不能由他人代理。

第二，只有真实的意思表示才能代表人的意愿，才有利于保护遗嘱人自由处分其财产的合法权益，同时也有利于保护继承人的合法继承权。

三、遗嘱的内容必须合法

正如历史上存在过的任何一种制度都有其存在的客观必然性一样，遗嘱人以遗嘱指定继承人及继承份额既有其积极的一面，同时也有其弊端。在强调私权自治、私权神圣的时代，赋予遗嘱人遗嘱自由的权利无疑是充分地尊重了遗嘱人的自由意志，但是如果对遗嘱人的遗嘱自由行为丝毫不加限制，遗嘱人往往会根据自己的好恶、偏爱或由于一时的感情冲动而滥用遗嘱自由的权利。因此，法律必须对遗嘱继承设定一定的限制，使遗嘱人在法律允许的范围内行使遗嘱自由的权利。

遗嘱内容必须合法，主要表现在以下三个方面：

第一，遗嘱只能处分遗嘱人自己个人所有的财产。遗嘱人不能处分属于他人、集体或

---

① 就公民的遗嘱能力而言，虽然我国民法通则没有设计法律意义上的禁治产制度，但对不能辨认或不能完全辨认自己行为的精神病人做无行为能力或限制行为能力宣告，正好与西方民法中对精神丧失者，精神耗弱者作禁治产或准禁治产宣告制度一一对应。我们欠缺的是对浪费、酗酒、吸毒等不良习惯者的禁治产的宣告制度。不良生活习惯显然不是意思能力欠缺，而是可导致限制行为能力的其他原因，因为，只要不是精神病或确实没有判断能力的未成年人，对浪费、吸毒、酗酒、赌博等行为的性质及后果几乎都有清醒认知。实际上，不良习惯者是在明知行为性质及后果的前提下，对其财产及生命健康的一种处分，但是这一处分却威胁到其家庭生计，危害了社会的公序良俗，是滥用了权利，加之其习惯性反复进行，故须从行为能力上加以限制，而范围，主要以直接受到威胁的财产为限。可见，对浪费、酗酒、吸毒等不良习惯者的禁治产的宣告制度，主要是出于对利害关系人的保护，较之其他能力限制制度，这便带上了几分制裁的性质。

国家所有的财产。

第二，遗嘱应当对缺乏劳动能力又没有生活来源的继承人保留必要的遗产份额。如果遗嘱人未保留必要的遗产份额，遗产处理时，应当为该继承人留下必要的遗产，剩余部分才可参照遗嘱确定的分配原则处理。

第三，遗嘱的内容不得违反法律、社会公德和公共利益。

四、遗嘱的形式必须符合法律规定

遗嘱的形式是指遗嘱人表述处分自己财产意愿的方式。由于执行遗嘱时遗嘱人已经死亡，遗嘱的真伪无法直接查证。因此，为保证遗嘱的真实性，避免或减少遗嘱纠纷的发生，我国《继承法》第17条明确规定了遗嘱的五种形式，并对每种形式都提出了严格的要求。

（一）公证遗嘱

公证遗嘱是经过国家公证机关办理了公证的遗嘱。公证遗嘱的程序为：①

第一，遗嘱人应当亲自到其住所地或遗嘱行为发生地的公证机关②办理遗嘱公证，不得委托他人代理。如果遗嘱人确有困难不能亲自去公证处的，经遗嘱人请求，公证员可到遗嘱人住所或临时住所办理公证事务。（居住在国外的我国公民要订立公证遗嘱，可以到我国驻外国大使馆、领事馆办理遗嘱公证。）

第二，公证处应当按照《公证程序规则》的规定进行审查，并着重审查遗嘱人的身份及意思表示是否真实、有无受胁迫或者受欺骗等情况。公证人员询问遗嘱人，除见证人、翻译人员外，其他人员一般不得在场。公证人员应当依法制作谈话笔录。

第三，对于符合法定条件的，公证机关应出具公证书。公证书应制成一式两份，分别由公证机关和遗嘱人保存。遗嘱人也可以委托公证机关代为保存。

（二）自书遗嘱

自书遗嘱，又称亲笔遗嘱，是遗嘱人亲笔书写的遗嘱。立遗嘱人应在遗嘱上签名，并注明年、月、日。在实际生活中，对于涉及死者个人财产处分内容的遗书，如果确实反映了死者真实意思表示，又有死者个人的签名并注明了年、月、日，且无相反证据的，可按自书遗嘱对待。

（三）代书遗嘱

代书遗嘱，又称代笔遗嘱，是由遗嘱人口述遗嘱的内容，他人代为书写制作成的遗嘱。在遗嘱人无文字书写能力或者由于其他原因不能亲笔书写遗嘱的情况下，遗嘱人可以请求他人代为书写遗嘱，订立代书遗嘱。法律要求代书遗嘱必须有两个以上见证人在场见证，由其中一人代书，注明年、月、日，并由代书人、其他见证人和遗嘱人签名。

（四）录音遗嘱

录音遗嘱是指遗嘱人以录音形式制作的遗嘱。法律要求以录音形式立遗嘱，应当有两

---

① 有关公证遗嘱程序的规定，参见2006年3月1日施行的《公证法》、2006年7月1日施行的《公证程序规则》以及2000年7月1日实施的《遗嘱公证细则》。

② 2006年《公证程序规则》第14条："公证事项由当事人住所地、经常居住地、行为地或者事实发生地的公证机构受理。涉及不动产的公证事项，由不动产所在地的公证机构受理；涉及不动产的委托、声明、赠与、遗嘱的公证事项，可以适用前款规定。"《遗嘱公证细则》第4条："遗嘱公证由遗嘱人住所地或者遗嘱行为发生地公证处管辖。"

个以上的见证人在场见证。所谓“在场见证”，是指见证人要亲自参加遗嘱人制作录音遗嘱的全过程，并在录音遗嘱中由见证人亲口录下自己的姓名、见证的时间和地点。随着录音设备的普及，录音遗嘱也将会越来越多。但是，录音遗嘱又极易通过剪辑、复制等方式被伪造、篡改。因此，审判实践中对于这种遗嘱的真实性，必须严格审查。

（五）口头遗嘱①

口头遗嘱是由遗嘱人口头表达并不以任何方式记载的遗嘱。由于口头遗嘱无文字记载，完全靠见证人证明，容易被他人篡改、伪造，也容易发生纠纷。遗嘱系要式法律行为，涉及遗嘱人死后遗产的处理等一系列重大事务的安排，因而一般不允许遗嘱人以口头的方式设立遗嘱。但在现实生活中又经常出现遗嘱人生命垂危、与外界联系隔绝等紧急情况，无法以其他方式订立遗嘱。此时，如不允许遗嘱人订立口头遗嘱，则有失公允。根据我国《继承法》第17条第5款的规定，口头遗嘱必须有两个以上见证人在场见证，并且只能在危急情况下才能采用。如果危急情况解除后，遗嘱人能够用书面形式或录音形式立遗嘱的，不管遗嘱人事实上是否另立遗嘱，原立口头遗嘱归于无效。这里所指的“危急情况”，一般是指遗嘱人生命垂危或者其他紧急情况，如重大军事行动等。

我国《继承法》第17条规定，代书遗嘱、录音遗嘱、口头遗嘱在订立的时候，必须有两个以上的见证人在场作证。见证人的证明是否真实，直接关系到遗嘱的法律效力。因此，法律规定见证人必须具备一定的条件，不具备这些条件不能作为遗嘱见证人，且其所见证的遗嘱无效。根据我国《继承法》第18条的规定，下列人员不能作为遗嘱见证人：1. 无行为能力人、限制行为能力人；2. 继承人、受遗赠人；3. 与继承人、受遗赠人有利害关系的人。根据司法解释，与继承人、受遗赠人有利害关系的人包括下列人员：继承人、受遗赠人的配偶、父母、子女、祖父母、外祖父母、兄弟姐妹以及继承人、受遗赠人的债权人、债务人、共同经营的合伙人等。②

第三节 遗嘱的效力

一、遗嘱效力概述

（一）遗嘱效力的概念

遗嘱的效力，是指遗嘱人在遗嘱中所作的意思表示得以实现的效力，亦即遗嘱的生效。此种效力实际上就是遗嘱的执行效力，即遗嘱从何时起可以执行。

遗嘱的生效与遗嘱的成立是两个相互联系但又不同的概念。遗嘱的成立属于事实判断的问题，其着眼点在于遗嘱行为是否已经存在；而遗嘱的生效属于价值判断的问题，其着眼点在于遗嘱行为能否获得法律的认可和保障。

---

① 主编注：对于口授遗嘱，我国台湾地区明确要求通过书面或录音方式予以记录并且见证人必须签名。参见陈苇、宋豫主编：《中国大陆与港、澳、台继承法比较研究》，354页，北京：群众出版社，2007。

② 我国《继承法》对遗嘱见证人的规定，还有以下几个问题需要立法加以完善和解决。第一，聋、哑、盲人，能否作为见证人？第二，不通晓遗嘱所用语言的人，能否作为见证人？第三，法律只是从实体上保证了见证人的公正性，但程序上的公正也不可忽视。

（二）遗嘱发生法律效力的时间标准

由于遗嘱是遗嘱人按照法律规定的方式处分遗产或其他事务，并于遗嘱人死亡时发生法律效力的一种法律行为。因此，遗嘱的法律效力始于遗嘱人死亡之时，遗嘱人死亡之前，遗嘱不发生法律效力。遗嘱人死亡，包括两种情况：一是自然死亡，也就是说遗嘱人因疾病、年老等原因而生命终结；二是经人民法院宣告死亡，也就是指自然人下落不明满法定期限，人民法院根据利害关系人的申请，以审判程序宣告该自然人死亡。遗嘱人自然死亡时，遗嘱从其自然死亡时起发生法律效力。遗嘱人经人民法院宣告死亡的，自人民法院的判决中所确定的遗嘱人死亡之日起，遗嘱发生法律效力。

二、遗嘱的无效

遗嘱的无效，是指遗嘱不能发生当事人预期的法律效力。

如果设立的遗嘱违反了法定遗嘱的实质要件和形式要件，那么，该遗嘱当然全部或部分无效。具体而言，主要有以下几种情形：

（一）无行为能力者、限制行为能力者所立的遗嘱无效

无行为能力者、限制行为能力者属于无遗嘱能力的人，不具有以遗嘱处分其财产的资格，因此，其所立的遗嘱是无效的。①

（二）不反映立遗嘱人真实意志的遗嘱无效

具体而言，主要包括：

第一，受欺诈、胁迫所立的遗嘱无效。所谓受欺诈所立的遗嘱，是指遗嘱人因受他人歪曲的、虚假的行为或言辞的错误导向而产生错误的认识，作出了与自己的真实意愿不相符合的意思表示。所谓受胁迫所立的遗嘱，是指遗嘱人受到他人非法的威胁、要挟，为避免自己或亲人的财产或生命健康遭受侵害，违心地作出与自己的真实意思相悖的遗嘱。

第二，伪造的遗嘱无效。伪造的遗嘱，也就是假遗嘱，是指以被继承人的名义设立的但根本不是被继承人意思表示的遗嘱。

第三，被篡改的遗嘱内容无效。被篡改的遗嘱，是指遗嘱的内容被遗嘱人以外的其他人作了更改的遗嘱。例如，对遗嘱的修改、删节、补充等。

（三）遗嘱人处分了国家、集体或他人所有的财产，该部分遗嘱应认定为无效②

遗嘱是遗嘱人处分自己个人所有财产的意思表示，不能处分不属于遗嘱人自己个人所有的财产。当然，若遗嘱人设立遗嘱时其处分的财产不为自己所有，但由于遗嘱人死亡时其已取得该财产的所有权的，则不属于处分他人的财产，遗嘱有效。

（四）遗嘱没有对缺乏劳动能力又没有生活来源的继承人保留必要份额的，对应当保留的必要份额的处分无效③

我国现行《继承法》第19条规定："遗嘱应当对缺乏劳动能力又没有生活来源的继承人保留必要的遗产份额。"因此，遗嘱不符合法律该条规定的，不能有效。但遗嘱未为缺乏劳动能力又没有生活来源的继承人保留必要的遗产份额的，其并非全部无效，而仅是

① 遗嘱人是否具有遗嘱能力，只能根据立遗嘱时的情况为标准来确定。

② 《执行继承法意见》第38条。

③ 参见张华贵：《关于设立"特留份"制度的立法构想》，载《现代法学》，2004（4）。

涉及处分应保留份额遗产的遗嘱内容无效。

（五）违反我国法律和社会公共利益的遗嘱无效

按照私法自治原则，法律无明文规定皆自由。遗嘱如果违反了法律的强行性、禁止性规定，则其无效。凡不违反社会公共利益，当事人所立的遗嘱就是合法的。

（六）违反法定程序所立的遗嘱无效

订立遗嘱是要式法律行为，如果违反了订立遗嘱所必须遵守的法定程序，则不具备遗嘱生效的必要条件，当然不会产生当事人预期的法律效果。

三、遗嘱的不生效

遗嘱的不生效，是指不能产生当事人预期的法律效果的遗嘱。

具体而言，不生效的遗嘱主要有以下几种表现形式：

第一，遗嘱的继承人、受遗赠人在遗嘱继承开始前均已死亡，则遗嘱不发生法律效力。因为在此种情形下，因无人可依照遗嘱的内容继承或受遗赠，遗嘱的内容也就不能生效。

第二，附有解除条件的遗嘱，如果在遗嘱人死亡以前条件已经成就，则遗嘱不发生法律效力。因为附解除条件的民事法律行为在条件成就时其效力停止，因此，该遗嘱内容也不会发生效力。

第三，附有停止条件的遗嘱，遗嘱继承人、受遗赠人在条件成就前已经死亡，则遗嘱不发生法律效力。

第四，遗嘱的继承人、受遗赠人在遗嘱成立后，由于实施了某种丧失继承权的不法行为而被剥夺继承权，则遗嘱不发生法律效力。

第五，在继承开始时，遗嘱的标的物已经不存在。如果该财产为遗嘱人生前以事实行为或法律行为所处分，推定遗嘱人变更遗嘱，但若该财产系因其他原因而不复存在，则涉及该财产处分的遗嘱内容不发生效力。

第四节 遗嘱的变更、撤销和执行

一、遗嘱的变更和撤销

（一）遗嘱变更和撤销的含义

遗嘱的变更和撤销，是指遗嘱人以一定的方式对原来所立遗嘱的部分或全部内容予以废止的行为。遗嘱是遗嘱人个人意志的体现，因此，遗嘱人在遗嘱订立后完全可以根据自己的意志对遗嘱加以变更或撤销

我国《继承法》第 20 条第 1 款规定：“遗嘱人可以撤销、变更自己所立的遗嘱。”但从严格意义上讲，“撤回”较“撤销”更为科学。因为“撤销”一词一般是针对已经生效的意思表示而言，而对于尚未生效的遗嘱而言，“撤回”一词显然更恰当。

（二）遗嘱的变更和撤销的方式

遗嘱的变更和撤销的方式有以下情形：

第一，遗嘱人另立新的遗嘱，并且在新的遗嘱中明确声明撤销或变更原来所立的遗

嘱。我国《继承法》第 20 条第 3 款规定:“自书、代书、录音、口头遗嘱,不得撤销、变更公证遗嘱。”即遗嘱人若要撤销、变更公证遗嘱,必须再经公证程序,否则不发生撤销、变更的效力。

第二,遗嘱人前后立了几个遗嘱,虽然在后面的遗嘱中并未明确宣布前面的遗嘱被撤销或变更,但是,前后遗嘱的内容相抵触时,则应当以最后所立的合法有效遗嘱为准,前面的遗嘱视为被撤销;前后遗嘱的内容部分相抵触的,则视为遗嘱的部分变更。

《执行继承法意见》第 42 条规定:“遗嘱人以不同形式立有数份内容相抵触的遗嘱,其中有公证遗嘱的,以最后所立公证遗嘱为准;没有公证遗嘱的,以最后所立的遗嘱为准。”

第三,遗嘱人可以通过自己的与遗嘱内容相抵触的行为,变更、撤销原来所立的遗嘱。《执行继承法意见》第 39 条中规定:“遗嘱人生前的行为与遗嘱的意思表示相反,而使遗嘱处分的财产在继承开始前灭失、部分灭失或所有权转移、部分转移的,遗嘱视为被撤销或部分被撤销。”

(三)遗嘱变更或撤销的效力

只要符合变更或撤销的条件,遗嘱变更或撤销作出之时即可发生效力。遗嘱变更或撤销的效力,就在于使被变更或撤销的遗嘱内容不发生效力。

遗嘱变更的,自变更生效时起,应以变更后的遗嘱内容为准。

遗嘱撤销的,自撤销生效时起,原设立的遗嘱作废,相当于遗嘱人未设立遗嘱。遗嘱人撤销原立遗嘱另立遗嘱的,以新设立的遗嘱内容确定遗嘱的效力;遗嘱人撤销原立遗嘱而未立遗嘱的,视其未立遗嘱。

二、遗嘱的执行

遗嘱执行是遗嘱生效后,使遗嘱中规定的内容得以实现的行为和程序。遗嘱的执行是实现遗嘱继承的重要步骤,不仅对确保遗嘱人意志的最终实现有决定性意义,而且对于保障遗嘱继承人及其利害关系人的利益也是必不可少的。

遗嘱由遗嘱执行人执行。一些国家设立有遗嘱执行人制度,是因为遗嘱人不可能执行遗嘱,而遗产继承人与遗嘱规定的内容有利害关系,加之继承人有可能是无行为能力人,由与遗嘱没有利害关系的第三人来执行遗嘱,有利于全面公正地执行遗嘱。

(一)遗嘱执行人的资格

遗嘱执行人的资格,是指遗嘱执行人在执行遗嘱时应具备的民事行为能力。遗嘱的执行是一种民事法律行为,因此,遗嘱执行人应具备一定的条件和资格。

1. 自然人

依我国《民法通则》的有关规定,遗嘱执行人应当具备完全民事行为能力,具有一定的社会生活经验,能独立管理并按遗嘱执行遗产分配。

2. 法人和其他组织

遗嘱执行人不限于自然人,遗嘱人生前所在的单位或居住地的居民委员会或村民委员会在没有自然人担任遗嘱执行人或自然人不适合担任遗嘱执行人时,可担任执行人。

(二)遗嘱执行人的产生方式

我国《继承法》第 23 条虽然承认遗嘱执行人的存在,但对与之相关的一系列规则均未作出明确的规定。我国司法实践中通常的做法是，遗嘱没有指定遗嘱执行人的，一般以法定继承人为遗嘱执行人。

（三）遗嘱执行人的职责

总的来说，执行人为执行遗嘱之必要，有权实施一切与执行有关的行为，同时对不当执行行为所产生的损害后果承担赔偿责任。具体来说，主要包括以下几个方面：

第一，执行人为执行遗产时可占有遗产，但其有妥善保管的义务。

第二，为执行遗嘱的必要，遗嘱执行人可以独立为诉讼行为。

第三，执行人应当严格按照遗嘱人的遗嘱处理遗产，确保遗嘱人意愿的实现。

第四，执行人应在遗嘱开始执行时，应尽快将遗产予以执行，有放弃继承者，将其放弃份额登记造册，以便转入法定继承。

（四）对遗嘱执行人的保护和限制

遗嘱执行人按照法律规定和遗嘱内容执行遗嘱时，任何人不得妨碍和干涉。继承人或继承人以外的其他人妨害遗嘱执行人执行其职务时，遗嘱执行人有权请求法院予以排除妨碍，并有权请求人民法院责令妨碍活动的人承担由于其行为而给自己和遗嘱继承人造成财产损失的赔偿责任，以保证遗嘱工作的顺利进行。

遗嘱执行人在执行遗嘱时，必须遵守法律的要求和按照遗嘱人的指示，妥善管理和处理遗产，以维护遗嘱人、遗嘱继承人和受遗赠人的合法权益。遗嘱继承人和受遗赠人如果发现遗嘱执行人在执行遗嘱时违背了法律规定和遗嘱内容，可以依法向人民法院提起诉讼，要求解除其职务并赔偿由于执行人的违法行为而给自己造成的财产损失。

遗嘱执行人如执行遗嘱不当而给遗嘱继承人或受遗赠人造成损害的，应当承担相应的赔偿责任。由于遗嘱执行人执行遗嘱一般是无偿的，因此，其应仅就自己的故意或重大过失而给继承人或受遗赠人造成的损失进行赔偿。但如果遗嘱执行人是有偿执行遗嘱的，还应包括就自己的轻过失所造成的损失承担赔偿责任。①

【导入案例要点评析】

本案涉及被继承人通过遗嘱处分了他人的财产，该遗嘱的效力问题，亦即遗嘱无效的法律后果问题。根据我国《继承法》第16条的规定，公民有权立遗嘱处分个人所有的财产，可以将个人财产指定由法定继承人的一人或者数人继承，也可以立遗嘱将个人财产赠给国家、集体或者法定继承人以外的人。但遗嘱要发生法律效力，必须符合相应的条件。遗嘱部分或全部无效，所涉及的遗产按照法定继承办理。

本案中，甲留下的自书遗嘱只是部分有效的遗嘱。甲留下的遗嘱符合遗嘱有效的部分要件，如甲在书写遗嘱的时候是一个具有完全民事行为能力的人，具有遗嘱能力；该遗嘱是其真实的意思表示，没有受到任何限制和干涉；遗嘱符合法定的形式，采取自己亲笔书写的方式，有签名和明确的日期等。但是，该遗嘱在内容上不完全符合法律规定。因为发生继承纠纷的这栋别墅是属于甲与妻子李某的夫妻共同财产。根据《执行继承法意见》

① 主编注：关于外国遗嘱继承制度的比较研究，参见陈苇主编：《外国继承法比较与中国民法典继承编制定研究》，261-361页，北京：北京大学出版社，2011；关于我国遗嘱执行人制度的立法建议，参见吴国平：《遗嘱执行人制度的不足及其完善》，载陈苇主编：《中国继承法修改热点难点问题研究》，281-295页，北京：群众出版社，2013。

第38条的规定："遗嘱人以遗嘱处分了属于国家、集体或他人所有的财产，遗嘱的这部分，应认定无效。"甲未取得李某的同意，擅自用遗嘱处分夫妻共同财产，其中遗嘱处分的属于李某的份额部分无效，处分其个人财产份额的部分有效。

本案中别墅应由甲的女儿和儿子按照不同份额共同继承。别墅中属于甲个人所有的部分遗嘱已经指定给女儿继承，而且女儿也按照遗嘱，履行了对继母李某的照顾义务，应当得到别墅的一半。而属于李某的另一半别墅，则属于李某的遗产。由于李某死亡时没有留下遗嘱，别墅中属于李某的份额应按照法定继承处理。李某的法定继承人是第一顺序的儿子和与之已经形成抚养关系的继女二人，因此别墅中李某的份额由其儿子和继女共同继承，两人可按照《继承法》第13条的规定协商确定法定继承的份额。

【思考题】

一、单项选择题

1. 甲死后留有房屋1套、存款3万元和古画1幅。甲生前立有遗嘱，将房屋分给儿子乙，存款分给女儿丙，古画赠予好友丁，并要求丁帮丙找份工作。下列哪种说法是正确的？（　）（2006年国家司法考试试题）

A. 甲的遗嘱部分无效

B. 若丁在知道受遗赠后2个月内没有作出接受的意思表示，则视为接受遗赠

C. 如古画在交付丁前由乙代为保管，若意外灭失，丁无权要求乙赔偿

D. 如丁在作出了接受遗赠的意思表示后死亡，则其接受遗赠的权利归于消灭

2. 甲立下一份公证遗嘱，将大部分财产留给儿子乙，少部分的存款留给女儿丙。后乙因盗窃而被判刑，甲伤心至极，在病榻上当着众亲友的面将遗嘱烧毁，不久去世。乙出狱后要求按照遗嘱的内容继承遗产。对此，下列哪一选项是正确的？（　）（2008年国家司法考试试题）

A. 乙有权依据遗嘱的内容继承遗产

B. 乙只能依据法定继承的规定继承遗产

C. 乙无权继承任何遗产

D. 可以分给乙适当的遗产

3. 甲有乙、丙和丁三个女儿。甲于2013年1月1日亲笔书写一份遗嘱，写明其全部遗产由乙继承，并签名和注明年月日。同年3月2日，甲又请张律师代书一份遗嘱，写明其全部遗产由丙继承。同年5月3日，甲因病被丁送至医院急救，甲又立口头遗嘱一份，内容是其全部遗产由丁继承，在场的赵医生和李护士见证。甲病好转后出院休养，未立新遗嘱。如甲死亡，下列哪一选项是甲遗产的继承权人？（　）（2014年国家司法考试试题）

A. 乙　　B. 丙　　C. 丁　　D. 乙、丙、丁

4. 老夫妇王冬与张霞有一子王希、一女王楠，王希婚后育有一子王小力。王冬和张霞曾约定，自家的门面房和住房属于王冬所有。2012年8月9日，王冬办理了公证遗嘱，确定门面房由张霞和王希共同继承。2013年7月10日，王冬将门面房卖给他人并办理了过户手续。2013年12月，王冬去世，不久王希也去世。关于住房和出售门面房价款的继承，下列哪一说法是错误的？（　）（2015年国家司法考试试题）

A. 张霞有部分继承权

B. 王楠有部分继承权

C. 王小力有部分继承权

D. 王小力对住房有部分继承权、对出售门面房的价款有全部继承权

二、多项选择题

1. 甲有一子一女，二人请了保姆乙照顾甲。甲为感谢乙，自书遗嘱，表示其三间房屋由两个子女平分，所有现金都赠给乙。后甲又立下书面遗嘱将其全部现金分给两个子女。不久甲去世。下列哪些选项是错误的？（ ）（2007 年国家司法考试试题）

A. 甲的前一遗嘱无效

B. 甲的后一遗嘱无效

C. 所有现金应归甲的两个子女所有

D. 所有现金应归乙所有

2. 根据《继承法》规定，关于遗嘱继承和法定继承的异同点，下列表述中正确的有：（ ）

A. 继承人范围相同

B. 遗嘱继承不受继承顺序的限制

C. 继承人可以是公民或法人

D. 遗嘱继承中，遗产份额由被继承人确定

E. 法定继承人不受继承顺序的限制

三、判断分析题

1. 除公证遗嘱外，其他的遗嘱形式均需要见证人在场见证。

2. 遗嘱继承人必须是法定继承人范围内的人。

四、简答题

1. 简述遗嘱继承与法定继承的区别。

2. 简述法律对遗嘱的形式要求。

3. 简述遗嘱执行人的职责。

五、论述题

1. 试述遗嘱成立的条件。

2. 试述我国现行法对遗嘱自由的限制及立法之完善。

六、案例分析题

参见陈苇主编：《婚姻家庭继承法学案例教程》（第三版）（北京：群众出版社，2017 年版）第六单元继承制度案例。

【阅读参考文献】

1. 龙翼飞：《比较继承法》，吉林人民出版，1996 年版。

2. 刘文：《继承法律制度研究》，中国政法大学出版社，2016 年版。

3. 李宏：《遗嘱继承的法理研究》，中国法制出版社，2010 年版。

4. 魏小军：《遗嘱有效要件研究》，中国法制出版社，2010 年版。

5. 葛俏：《我国继承法遗嘱信托制度构建》，法律出版社，2015 年版。

6. 林秀雄：《继承法讲义》，元照出版有限公司，2009 年版。

第十五章

遗赠和遗赠扶养协议

本章学习重点提示：
遗赠的特征；遗赠扶养协议当事人的权利、义务。

【导入案例】

陈墨是一位知名老艺术家，其一子一女均已结婚成家，各自独立生活，于2012年3月7日七十岁大寿时亲笔立下遗嘱，将自己的个人财产作如下处理：（1）将收藏的张大千名画一幅遗赠给市博物馆；（2）存款20万元捐给其老家A市B县C镇陈家屯的一所养老院；（3）自己创作的4幅山水画作品遗赠给至交好友王丹青。2016年5月16日陈墨因病去世。2016年6月2日A市博物馆、A市B县C镇陈家屯村委会以及王丹青分别向陈墨的子女主张张大千的名画、20万元的存款和4幅山水作品的所有权。

请问：陈墨的子女是否应该按照遗嘱，向上述受遗赠人转移遗产所有权？

第一节　遗　　赠

一、遗赠的概念和特征

（一）遗赠的概念

遗赠是指公民以遗嘱的方式将其财产的一部分或全部赠送给国家、集体或法定继承人以外的人，并在其死后生效的法律行为。立遗嘱人称为遗赠人，按照遗嘱接受遗产的人称为受遗赠人或遗赠受领人。遗赠制度最初始于罗马法，后被中世纪教会作为取得教会财产的重要手段。现代各国继承立法中均有关于遗赠制度的规定，我国继承法也不例外。我国《继承法》第16条第3款规定："公民可以立遗嘱将个人财产赠给国家、集体或者法定继承人以外的人。"

（二）遗赠的法律特征

1. 遗赠是单方法律行为。遗赠人以遗嘱方式将自己的财产赠给受遗赠人时，不受任何人意思的影响，也不需要征得受遗赠人的同意。在遗赠生效后，受遗赠人是否接受遗赠则是受遗赠人的自由。因此，遗赠是单方法律行为。

2. 遗赠是无偿法律行为。遗赠人给与受遗赠人的财产利益，既可以是财产权利，也可以是财产义务的免除，但遗赠人不能只将财产义务（如债务）赠与他人，遗赠必须是无偿的。

3. 遗赠是遗赠人死后生效的法律行为。遗赠人死亡是受遗赠人取得财产的前提条件。

如果遗赠人尚未死亡，即使遗赠人已经设立了遗赠，受遗赠人也无权请求执行遗赠。

4. 遗赠的标的是遗赠人的遗产。

5. 受遗赠权不能由他人代替行使。受遗赠权是遗赠人指定将其财产的一部分或全部赠送给国家、特定的组织和特定的个人的，其主体具有不可替代性。如果受遗赠人是自然人，当他先于遗赠人死亡时，则其受遗赠权便自然消失。同样，如果受遗赠人不愿意接受遗赠财产，则该项财产由遗赠人的法定继承人继承。但是，如果在继承开始后，受遗赠人表示接受遗赠，虽然在遗产分割前死亡，由于他实际上已经取得了接受遗赠财产的权利，因而其接受的财产可以转移给他的继承人。

（三）遗赠的效力

1. 遗赠的生效条件。

（1）从主体来看，遗赠人在设立遗嘱时，必须具有完全行为能力。受遗赠人则要求没有丧失受遗赠权。因为如果受遗赠人对遗嘱人或其直系亲属有违法行为或严重的不道德行为时，若允许其继续保有受遗赠权，则不符合法律的规定和公序良俗的法律原则。

（2）从内容来看，遗嘱不得违反法律的强行性和禁止性规定，不得违反社会的公共道德和准则。如我国《继承法》第19条规定，遗嘱应当为缺乏劳动能力又没有生活来源的人保留必要的遗产份额。

（3）从时间来看，遗赠是一种死后生效的法律行为，因而遗赠发生法律效力（即生效）的时间标准，一般是遗赠人死亡时，除非有停止条件的遗赠，其条件在遗赠人死亡后成就的，于条件成就时发生效力。

2. 遗赠的无效和不生效。遗赠的无效。如果设立遗赠的遗嘱违反了法定的遗嘱的实质要件和形式要件，那么，该遗赠当然全部或部分无效。

遗赠不生效的情形如下：（1）受遗赠人先于遗赠人死亡的；（2）受遗赠人丧失受遗赠权的；（3）由于种种原因遗赠物已不属于遗产的范围的；（4）附有解除条件的遗赠，遗赠人死亡以前条件已经成就的；（5）附有停止条件的遗赠，受遗赠人在条件成就以前已经死亡的。

二、遗赠与遗嘱继承、赠与的区别

（一）遗赠与遗嘱继承的区别

1. 遗赠与遗嘱继承的相同之处为：两者都是遗嘱人用立遗嘱的方式处分其财产，并于其死后发生法律效力的单方法律行为，都是遗产所有权转移的方式，都可以附有义务。

2. 遗赠与遗嘱继承的区别：

（1）主体的范围不同。遗嘱继承人只能是法定继承人中的一人或数人；而受遗赠人则是国家、集体或法定继承人以外的人。

（2）是否承担义务不同。在我国，遗嘱继承人在继承被继承人的遗产时，要负责清偿被继承人的债务；而受遗赠人只享有受遗赠财产的权利，不承担偿还债务的义务。但根据《继承法》第34条的规定，执行遗赠时，须先偿还被继承人的债务，然后将剩余财产执行遗赠。若遗产不足以清偿债务，受遗赠人则不能接受遗赠。

（3）取得遗产的方式不同。遗嘱继承人可以直接参与遗产的分配而取得遗产；而受遗赠人则一般不直接参与遗产的分配，而是从遗嘱执行人或遗嘱继承人处取得遗产。

（4）接受或放弃权利的要求不同。遗嘱继承人须在遗产处理前作出放弃继承的表示，不表示放弃的，视为接受；而受遗赠人应在知道受遗赠后两个月内作出接受的表示，到期没有表示接受的，视为放弃接受遗赠。

（二）遗赠与赠与的区别

1. 遗赠与赠与的相同之处，两者都是财产所有人无偿处分个人财产的法律行为。

2. 遗赠与赠与的区别主要如下：

（1）性质不同。遗赠是单方法律行为；赠与是双方法律行为。

（2）生效时间不同。遗赠是赠与人死后生效的法律行为；赠与则是赠与人生前完成的法律行为。

（3）方式不同。遗赠只能采取遗嘱的方式；赠与则可采取遗嘱以外的多种方式。

（4）处分财产的范围不同。遗赠须采用遗嘱的方式，因而遗赠不得剥夺无独立生活能力又无生活来源的法定继承人的必要的遗产份额；而赠与则无此限制。①

第二节　遗赠扶养协议

一、遗赠扶养协议概述

（一）遗赠扶养协议的概念

所谓遗赠扶养协议，是指遗赠人与扶养人签订的，由遗赠人遗赠个人财产给扶养人所有，扶养人承担遗赠人生养死葬义务的协议。遗赠扶养协议有两种：一是公民与公民之间签订的遗赠扶养协议；二是公民与集体所有制组织之间签订的遗赠扶养协议。

我国《继承法》第 31 条规定："公民可以与扶养人签订遗赠扶养协议。按照协议，扶养人承担该公民生养死葬的义务，享有受遗赠的权利。公民可以与集体所有制组织签订遗赠扶养协议。按照协议，集体所有制组织承担该公民生养死葬的义务，享有受遗赠的权利。"这一规定，充分体现了我国继承立法的中国特色。有利于弱势群体生活的保障，减轻了社会负担，弥补了社会救济的不足。

（二）遗赠扶养协议的法律特征

1. 遗赠扶养协议是双务、有偿的双方法律行为。遗赠扶养协议的双方当事人是在平等自愿的基础上经过协商，在意思表示一致的基础上签订协议的。在遗赠扶养协议中，遗赠人和扶养人相互享有权利的同时又都相互负有义务，且双方当事人在从对方获得权益时都支付了相应的代价，因此，遗赠扶养协议是双务、有偿的双方法律行为。双方法律行为也就是合同行为，只因遗赠扶养协议具有强烈的人身属性，所以是一种特殊的合同。②

2. 遗赠扶养协议是从协议签订时生效的诺成性法律行为。虽然遗赠扶养协议中所规定的遗赠财产转移要到遗赠人死亡时才能实现。但是，协议一经签订，遗赠扶养协议中的扶养部分，即扶养人在协议中承担的对遗赠人生养死葬义务的那一部分内容，则在协议达

① 主编注：关于外国遗赠制度与继承合同制度的比较研究，参见陈苇主编：《外国继承法比较与中国民法典继承编制定研究》，427-496 页，北京：北京大学出版社，2011。

② 另有观点认为，我国的遗赠扶养协议具有继承合同的性质。参见朱凡：《继承合同效力研究及我国继承合同制度的构想》，载陈苇主编：《家事法研究》（2006 年卷），148 页，北京：群众出版社，2007。

成之后，遗赠人生存时就要履行。并且，遗赠人对在遗赠扶养协议中确定的遗赠财产，从协议签订生效之日起不得再行处分。

3. 遗赠扶养协议是继承法规定的效力最高的遗产转移方式。《继承法》第5条规定："继承开始后，按法定继承办理；有遗嘱的，按照遗嘱继承或者遗赠办理；有遗赠扶养协议的，按照协议办理。"这一规定说明，继承开始后，首先要看被继承人是否与他人签订有遗赠扶养协议。如果被继承人与他人签订有遗赠扶养协议的，则应按遗赠扶养协议办理。如果没有遗赠扶养协议，再看被继承人是否立有遗嘱，如果被继承人生前立有遗嘱，按遗嘱继承。如果被继承人生前既签订有遗赠扶养协议，又立有遗嘱，继承开始后，分两种情况：一是遗赠扶养协议与遗嘱内容不相矛盾的，应分别按遗赠扶养协议与遗嘱办理；二是遗赠扶养协议与遗嘱内容相抵触的，应按遗赠扶养协议办理，与遗赠扶养协议相抵触的遗嘱全部或部分无效。如果被继承人生前既没有签订遗赠扶养协议，又没有立遗嘱的，其遗产才按法定继承办理。

（三）遗赠扶养协议与遗赠的区别

1. 性质不同。遗赠扶养协议是双方法律行为；而遗赠是单方法律行为。

2. 是否支付代价不同。遗赠扶养协议是有偿法律行为；而遗赠是无偿法律行为。遗赠扶养协议中的双方当事人从对方获得权益时都支付了一定的代价；而遗赠中的受赠人是单方面的接受某种利益，并不为此支付一定代价。

3. 效力不同。遗赠扶养协议的效力高于遗赠。当遗赠人生前既签订有遗赠扶养协议又有遗赠时，如果遗赠扶养协议与遗赠的内容没有抵触的，遗赠人的遗产可分别按遗赠扶养协议和遗赠办理；如果遗赠扶养协议与遗赠内容有抵触的，需根据《继承法》第5条的规定，遗赠人的遗产只能按遗赠扶养协议处理，与遗赠扶养协议有抵触的遗嘱全部或部分无效。

4. 主体不同。遗赠扶养协议中的受赠人（扶养人）只能是法定继承人以外的公民和集体组织；而遗赠当中的遗赠受领人可以是国家、集体和法定继承人以外的人。

5. 生效时间不同。遗赠扶养协议是从协议签订时起发生法律效力；而遗赠是在遗嘱人死后才发生法律效力。

二、遗赠扶养协议当事人的权利义务

（一）扶养人的权利义务

扶养人的主要义务是对遗赠人负责生养死葬；扶养人的主要权利是在遗赠人死后接受遗赠扶养协议中确定的遗赠财产。

（二）遗赠人的权利义务

遗赠人的主要义务是生前确保遗赠扶养协议中确定的遗赠财产在其死后有效地转移给扶养人；遗赠人的主要权利是生前接受扶养人的扶养，死后得到扶养人的安葬。

遗赠扶养协议一经签订，就具有法律约束力，双方当事人都必须按协议的规定履行自己的义务。扶养人不得有虐待等不利于遗赠人的行为，也不得随意中断对遗赠人的扶养、照顾或随意降低扶养标准。遗赠人应当妥善保管遗赠财产，不得任意毁坏。遗赠人对遗赠财产除继续享有占有、使用、收益权外，不得再将遗赠财产另行处分。如果因一方或双方不履行义务发生纠纷的，可先进行调解；经调解无效，双方当事人不能继续相处的，可解除遗赠扶养协议。

三、遗赠扶养协议的解除

遗赠扶养协议是双方法律行为，它必须在双方自愿协商一致的基础上才能成立。同样，它的解除也必须经过双方协商一致才能解除。否则，任何一方无权任意变更或解除协议。

遗赠扶养协议的解除，一般有以下两种情况：

第一，双方协商同意，致协议解除。如果遗赠扶养协议当事人一方的情况发生变化(包括遗赠人另由亲属抚养或扶养人丧失扶养能力等)，一方当事人有正当理由，可以要求双方协商解除协议。在双方当事人共同协商一致同意后，遗赠扶养协议即可解除。

第二，一方无正当理由不履行，致协议解除。扶养人或集体组织与公民订有遗赠扶养协议，扶养人或集体组织无正当理由不履行，致协议解除的，不能享有受遗赠的权利，其支付的供养费一般不予补偿。遗赠人无正当理由不履行，致协议解除的，则应偿还扶养人或集体组织已支付的供养费用。①

【导入案例要点评析】

本案涉及遗赠的生效及遗赠的接受。我国《继承法》第16条第3款规定："公民可以立遗嘱将个人财产赠给国家、集体或者法定继承人以外的人。"因此，立遗嘱人可以通过遗嘱将其遗产遗赠给法定继承人以外的其他公民、国家或集体组织。《继承法》第25条第2款还规定："受遗赠人应当在知道受遗赠后两个月内，作出接受或者放弃受遗赠的表示。到期没有表示的，视为放弃受遗赠。"受遗赠人在法定期限内表示接受遗赠的，遗嘱执行人按照遗嘱的指示将遗产转移给受遗赠人。

本案中，陈墨的遗嘱于2012年3月7日订立，该遗嘱是其真实的意思表示，遗嘱的内容合法，形式符合法定的条件，遗嘱合法成立。2016年5月16日陈墨死亡时，没有发生遗嘱不能生效的情形，陈墨的遗嘱生效。受遗赠人A市博物馆、A市B县C镇陈家屯村委会以及王丹青在2016年6月2日，即在遗嘱生效后2个月以内向遗赠人陈墨的子女表示接受遗赠。陈墨的子女应当按照遗嘱的内容向受遗赠人转移财产所有权。

【思考题】

一、单项选择题

1. 梁某已八十多岁，老伴和子女都已过世，年老体弱，生活拮据，欲立一份遗赠扶养协议，死后将三间房屋送给在生活和经济上照顾自己的人。梁某的外孙子女、侄子、侄女及干儿子等都争着要做扶养人。这些人中谁不应作遗赠扶养协议的扶养人？（　）(2004年国家司法考试试题)

A. 外孙子女　　B. 侄子　　C. 侄女　　D. 干儿子

2. 甲妻病故，膝下无子女，养子乙成年后常年在外地工作。甲与村委会签订遗赠扶养协议，约定甲的生养死葬由村委会负责，死后遗产归村委会所有。后甲又自书一份遗

① 《执行继承法意见》第56条。

嘱，将其全部财产赠与侄子丙。甲死后，乙就甲的遗产与村委会以及丙发生争议。对此，下列哪一选项是正确的？（　）（2010年国家司法考试试题）

A. 甲的遗产应归村委会所有

B. 甲所立遗嘱应予撤销

C. 村委会、乙和丙共同分割遗产，村委会可适当多分

D. 村委会和丙平分遗产，乙无权分得任何遗产

二、多项选择题

1. 王某立有遗嘱，表示将遗产50万元留给妹妹甲，但此款须全部用于资助贫困大学生。王某死后，甲取得王某的50万元遗产，但并未履行资助义务且无正当理由。王某有一子一女。下列哪些选项是正确的？（　）（2008年国家司法考试四川延期地区试题）

A. 王某的儿子或女儿可以请求法院取消甲取得遗产的权利

B. 甲的继承权被取消后，按照法定继承原则分配王某的遗产

C. 甲的继承权被取消后，王某的儿子和女儿继承甲的遗产

D. 王某的儿子或女儿必须按照王某的要求履行义务，才能取得王某的遗产

2. 关于遗赠和遗赠扶养协议的区别，以下说法正确的是（　）

A. 是否支付代价的不同

B. 遗赠扶养协议的效力高于遗赠

C. 二者取得遗产的主体不同

D. 二者的法律行为的性质不同

E. 二者生效的时间不同

三、判断分析题

1. 遗赠扶养协议是《继承法》规定的效力最高的遗产转移方式。

2. 甲在遗嘱中指定由好朋友张某在其死亡后取得其价值8万元的花瓶一个。张某在甲死亡时，知道受遗赠的事，但张某认为花瓶的价值太贵重了，表示其不接受该遗赠。该花瓶应当被甲的法定继承人继承。

四、简答题

1. 简述遗赠的法律特征。

2. 简述遗赠扶养协议的特征。

3. 简述遗赠与赠与的区别。

五、论述题

1. 试述遗嘱继承与遗赠的区别。

2. 试述遗赠扶养协议的效力。

六、案例分析题

参见陈苇主编：《婚姻家庭继承法学案例教程》（第三版）（北京：群众出版社，2017年版）第六单元继承制度案例。

【阅读参考文献】

1. 史尚宽：《继承法论》，中国政法大学出版社，2000年版。

2. 陈苇主编：《中国继承修改热点难点问题研究》，群众出版社，2013年版。

3. 杨立新等主编：《继承法的现代化》，人民法院出版社，2013年版。

4. 熊英：《婚姻家庭继承法判例与制度研究》，法律出版社，2015年版。

第十六章
遗产的处理

本章学习重点提示：
遗产的接受、放弃；遗产的分割；被继承人债务的清偿；无人继承的遗产的处理。

【导入案例】

吴林与罗丽于2002年春节结婚，2005年5月离婚，两人没有生育子女。2006年1月，吴林与廖敏结婚，次年生育一子吴建。2016年2月，吴林因病去世。生前他立下自书遗嘱：将自己遗产中的3万元留给前妻罗丽；3万元留给儿子吴建；对其余的财产则没有作出处理。吴林死亡时的夫妻共同财产包括：价值20万元的旧房屋一套、存款8万元，其他财物折合人民币4万元。罗丽知道吴林的遗嘱后，表示要接受遗赠。廖敏首先依照遗嘱交付了遗赠的财产3万元后，才将剩余的遗产与吴建分割继承。遗产分割后，吴林的朋友张某找上门来，拿出一张欠条，说是吴林因为2015年12月底修缮家里的住房，在卖建材的张某处拿的材料费，共1.2万元。上面有吴林的亲笔签名。张某要求清偿死者的债务时，廖敏认为，罗丽不是死者的继承人而取得了遗产，死者的债务应由罗丽负责清偿，自己与儿子不应承担偿还该债务的义务。

请问：1.2万元的债务应该由谁负责承担清偿的义务？

第一节　遗产的接受和放弃

一、遗产的接受

（一）遗产接受的概念

遗产的接受，包括继承的接受和遗赠的接受，是指继承人或受遗赠人为意思表示愿意继承或受遗赠而接受遗产。即继承开始后，依法或依照遗嘱享有继承资格的法定继承人或遗嘱继承人，是否实际参加继承取得遗产，应以其是否表示接受继承为依据；受遗赠人是否能实际取得遗产，也应以其是否表示接受遗赠为依据。

（二）遗产接受的法定期限

我国《继承法》第25条规定："继承开始后，继承人放弃继承的，应当在遗产处理前，作出放弃继承的表示。没有表示的，视为接受继承。受遗赠人应当在知道受遗赠后两个月内，作出接受或者放弃受遗赠的表示。到期没有表示的，视为放弃受遗赠。"也就是说，继承的接受，不论是法定继承还是遗嘱继承，只要继承人没有在继承开始之后遗产分割之前表示放弃，则视为接受继承；而遗赠的接受，必须在法定期限内表示，才具有法律效力。

（三）遗产接受的方式

接受继承的表示方式，可以是明示的，也可以是默示的。继承开始后，继承人既可以明确表示接受继承，也可以不表示放弃继承而视为接受继承。而遗赠的接受，必须以明示的方式表示，才具有法律效力。

二、遗产的放弃

（一）遗产放弃的概念

遗产的放弃，包括继承的放弃和受遗赠的放弃，是指继承人或受遗赠人为不接受被继承人遗产的意思表示。继承权或受遗赠权是继承人或受遗赠人享有的一项民事权利，当事人可以根据自己的意愿予以放弃。

（二）放弃遗产的法定期限

放弃继承意思表示的期限，始于继承开始之时，止于遗产分割之前。因为，在继承开始之前，继承人享有的是继承期待权，只是一种将来具有实现可能性的财产权利，即继承人有将来参加继承取得遗产的可能性，并不享有继承权，因此无法放弃。遗产分割后，继承人表示放弃的已不是继承权，而是其个人财产的所有权。

放弃遗赠的意思表示，受遗赠人应当在知道受遗赠后两个月内作出，到期未作出的，视为放弃。

（三）放弃遗产的方式

《继承法》第25条规定："继承开始后，继承人放弃继承的，应当在遗产处理前，作出放弃继承的表示。没有表示的，视为接受继承。受遗赠人应当在知道受遗赠后两个月内，作出接受或者放弃受遗赠的表示。到期没有表示的，视为放弃受遗赠。"

放弃继承的意思表示方式，只能是明示的方式。继承人放弃继承应当以书面形式向其他继承人表示。如果用口头方式表示放弃继承，本人承认，或有其他充分证据证明的，也应当认定其放弃有效。在诉讼中，继承人向人民法院以口头方式表示放弃继承的，要制作笔录，由放弃继承的人签名。而受遗赠权的放弃，既可以用明示的方式，也可以用默示的方式。

三、接受和放弃遗产的效力

继承人表示接受或放弃遗产后，将产生一定的法律效力。继承人表示接受遗产，则继承人取得其应继份额的所有权。继承人表示放弃遗产的，放弃遗产的效力，要追溯到继承开始的时间。根据相关司法解释，"遗产处理前或在诉讼进行中，继承人对放弃继承翻悔的，由人民法院根据其提出的具体理由，决定是否承认。遗产处理后，继承人对放弃继承翻悔的，不予承认"。[①]

---

① 《执行继承法意见》第50条。

第二节　遗产的分割

一、遗产分割概述

（一）遗产分割的概念

遗产的分割，是指继承开始后，依法在各继承人之间进行遗产分配的法律行为。遗产分割发生在多数继承人共同继承的场合，遗产分割的效果是各共同继承人的共同共有关系的消灭，遗产上的权利义务分别归属于各个继承人。因此，分割遗产是遗产处理中的一个重要步骤。

遗产分割不同于实际生活中的分家析产，二者的区别在于：

第一，主体不同。分家析产的主体是家庭共有财产的共有人；参与遗产分割的是共同继承人和受遗赠人等。

第二，标的不同。分家析产的标的是家庭共有财产；遗产分割的是死者死亡时遗留的个人所有财产。

第三，产生原因不同。分家析产是基于共有人分割家产的合意而发生；遗产分割则因被继承人死亡并留有遗产，依遗嘱或依法进行。

（二）遗产分割的时间

我国《继承法》规定，遗产继承从被继承人死亡时开始。在继承人有数人的情况下，遗产的分割在被继承人死亡时即可开始。然而在现实生活中，基于我国的风俗习惯，在遗产分割之前，往往要经过一个短暂的共同所有时期。由于遗产分割的目的在于结束各继承人的共同所有，使被继承人遗产上的权利义务各有归属，因此，遗产的共有时间的长短完全取决于继承人的意愿，在继承开始以后，共同继承人可以随时请求分割遗产。

如果共同继承人之间在遗产分割时间上达不成协议，可以由人民调解委员会调解；同时，共同继承人中的一人或数人也有权向人民法院提起诉讼，由人民法院根据遗产的性质、状况及各继承人对遗产需要的实际情况，依法确定遗产分割时间。

（三）遗产分割的原则

第一，尊重被继承人意愿的原则。被继承人在遗嘱中指定遗产的分割方法的，应按遗嘱指定的分割方法进行。

第二，兼顾继承人的具体情况和发挥遗产效用的原则。我国《继承法》第29条第1款规定："遗产分割应当有利于生产和生活需要。"被继承人未指定分割方法的，对于生产资料的分割要从有利生产的目的出发，要考虑生产的需要和财产的用途，将生产资料尽量分配给具有生产经营能力的人；对生活资料也要考虑继承人的实际需要，尽量分给有特殊需要的人，然后由接受该项遗产的人采取折价付款的方式予以补偿。最高人民法院《执行继承法意见》第58条规定："人民法院在分割遗产中的房屋、生产资料和特定职业所需要的财产时，应依据有利于发挥其使用效益和继承人的实际需要，兼顾各继承人的利益进行处理。”并且，遗产分割应当“不损害遗产的效用”。①

第三，应当保留胎儿的继承份额的原则。我国《继承法》第28条规定：“遗产分割时，应当保留胎儿的继承份额，胎儿出生时是死体的，保留的份额按法定继承办理。”即如果死亡的被继承人留有尚未出生的胎儿，继承人在分割遗产时，就应当为该胎儿保留一定的遗产份额。所保留的遗产份额，一般应等同于各继承人所取得的遗产份额的平均数。如果继承人明知被继承人留有胎儿，但在分割遗产时，却未为胎儿保留继承份额，则要从继承人已取得的遗产中扣回。为胎儿保留的遗产份额，如胎儿出生后死亡的，由其继承人继承；如胎儿出生时就是死体的，由被继承人的继承人继承。

（四）遗产分割的方法

1. 遗产分割的依据。遗产分割的依据，是确定遗产分割方法的重要前提。综观世界各国的立法例，遗产的分割依据有三种：

（1）依被继承人的指示分割。意思自治是继承法的基本原则之一，依此，被继承人可以在遗嘱中规定遗产分割的方式。对此，在进行遗产分割时，应充分尊重被继承人的意思，按其指示进行分割。

（2）依共同继承人的协议分割。在无前一种情形的情况下，共同继承人可以通过协商，就遗产分割的相关内容达成一致意见。但该协议必须合法，不能损害他人的合法权益。

（3）依法院的裁决分割。共同继承人无法就遗产分割的相关事项达成一致意见时，或有继承人认为分割的方法损害自己利益时，均有权起诉到人民法院请求裁决分割。人民法院关于遗产分割的裁决结果，具有法律约束力，各继承人应予以执行。

2. 遗产分割的方法。我国《继承法》第29条第2款规定：“不宜分割的遗产，可以采取折价、适当补偿或者共有等方法处理。”根据该项法律规定，在分割被继承人的遗产时，应当针对遗产的性质来采取相应的分割方法。

（1）对于适宜进行实物分割的遗产，可采用实物分割方法。

（2）对于不适宜进行实物分割的遗产，应采用折价、补偿和共有等方法处理。

二、遗产分割的效力

（一）遗产分割的溯及力

遗产分割的效力应溯及至继承开始之时。因为在继承开始后，遗产分割前，遗产为各共同继承人暂时的共同财产。各共同继承人对遗产的整体享有潜在的不确定的应继份，而对各个具体的财产没有应继份。因此，非经全体共同继承人同意，任何一个继承人都无权单独处分共有遗产。遗产分割的过程，就是各共同继承人将其应继份从共同财产中特定化的过程。遗产分割后，各共同继承人间的应继份就从共同财产中分离出来，为各继承人实际取得而占有，至此，财产共有关系消灭，并视为自始未发生。②

在遗产分割后，各共同继承人对其分得的遗产有权进行处分，故各继承人对其取得的

① 主编注：关于家族企业继承问题，我国有学者主张，在平等继承的前提下，通过鼓励家族企业制订完善的继承人培养计划来缓解家族企业的继承困境……应尽量采取保持企业完整性的分割方法。参见吴高庆：《家族企业继承法律制度研究》，载《浙江工商大学学报》，2004（5）。

② 刘春茂主编：《中国民法学·财产继承》，596页，北京：中国人民公安大学出版社，1990。

遗产有权出卖或赠与。

（二）遗产分割后各共同继承人相互间对遗产的担保责任

我国《继承法》对遗产分割后共同继承人相互间对遗产的担保责任未予规定，但在现实生活中，往往出现遗产分割后，某继承人分得的遗产有瑕疵，或被追夺，或债权不能被偿付等情况。为维护各共同继承人应得的利益，使遗产的分割公平合理，各共同继承人相互之间对分得的遗产应承担一定的担保责任。这样，在遗产分割后，如某继承人分得的遗产有瑕疵，或被追夺，或债权不能被偿付等，他有权请求其他共同继承人重新（按各自应继份）分割遗产。而其他共同继承人则负有按其请求重新分割遗产，或按各自应继份的比例分别对该继承人予以补偿的义务。

1. 对遗产瑕疵的担保责任。这是指遗产分割后，各共同继承人对其他继承人因分割所得的遗产瑕疵，在一定条件下负有担保责任。承担此担保责任必须具备以下条件：

第一，遗产的瑕疵必须是在遗产分割前就已经存在。

第二，遗产的瑕疵必须是非因分得该物或权利的继承人本人的过失而产生。

第三，遗产的瑕疵必须是分得该遗产的继承人在遗产分割时不知其存在。

第四，各共同继承人之间对遗产瑕疵的担保责任，未经被继承人用遗嘱予以免除，也未被各共同继承人以契约加以限制。

2. 对遗产被追夺的担保责任。这是指遗产分割后，各共同继承人对其他继承人所分得的遗产，承担因遗产被追夺的担保责任。现实生活中继承人所分得的遗产有时会发生被追夺的情况，或是因为其分得的财产，原来并不是被继承人的财产；或是因为其分得的财产虽原来是被继承人的财产，但被继承人生前对该财产已进行了处分（已出卖或赠与他人），但在遗产分割时，各继承人因不知情，误认为属于遗产加以分割，以致出现某继承人分得的遗产被追夺，对此其他共同继承人应负担保责任。

3. 对债权的担保责任。各共同继承人对其他继承人分得的债权应负的担保责任，有以下两种情况：

第一，对未附停止条件而已届清偿期或不定期的债权，各共同继承人就遗产分割时债务人的支付能力，承担担保责任。[①]

第二，对附有停止条件或尚未到期的债权，各共同继承人对分得此种债权的继承人，仅就条件成立时或清偿期到来时债务人的支付能力承担担保责任。

第三节 被继承人债务的清偿

债权人利益保护问题从根本上说是一个社会经济秩序问题。这个问题存在于社会经济生活的各个领域。随着财产继承制度的确立，其在财产继承领域的表现尤为突出。继承制度的目的不仅要保护继承人的利益，而且还要保护被继承人的债权人的利益。

---

① 主编注：关于外国遗产分割制度的比较研究，参见陈苇主编：《外国继承法比较与中国民法典继承编制定研究》，497-568页，北京：北京大学出版社，2011；关于遗产管理制度的立法探讨，参见陈苇、石婷：《我国设立遗产管理制度的社会基础及其制度》，载《河北法学》2013（7）；关于设立共同继承人之间公平分割遗产之归扣制度的立法探讨，参见陈苇、杜志红：《我国设立归扣制度的基础与制度构建研究》，载《政法论丛》2013（2）。

一、被继承人债务的确定

（一）被继承人债务的概念

被继承人的债务，是指被继承人生前应当偿还到死亡时尚未偿还的债务。无论是公法上的债务，还是私法上的债务，在被继承人死亡后，均应由接受遗产的继承人承担清偿责任。

（二）被继承人债务的特征

1. 被继承人的债务是其生前所欠的。关于被继承人的殡葬费是否属于被继承人的个人债务，应当区分两种情况：第一种情况，被继承人死亡时，有应当对被继承人履行法定义务人的，其对被继承人应当履行生养死葬的义务。当被继承人死亡时，法定义务人殡葬被继承人欠下的债务，是其履行法定义务欠下的个人债务，应由其本人偿还，而不是被继承人的债务。第二种情况，被继承人死亡时，被继承人没有法定义务人，殡葬被继承人欠下的债务，应当属于被继承人的个人债务，应用被继承人的遗产来清偿。

2. 被继承人的债务是为满足被继承人个人需要所欠的。即指与家庭共同生活需要或增加家庭共有财产、偿还家庭共同债务无关，只是用来满足被继承人个人某种特殊需要而欠下的债务。否则，无论是否以被继承人名义欠下的，均应属于家庭共同债务，应以家庭共有财产清偿。如果家庭共同财产不足以清偿的，则由家庭成员分担偿还责任，只有被继承人应当分担的部分才属于被继承人遗产债务的范围。

二、清偿被继承人债务的原则

（一）基本原则

1. 诚实信用原则。诚实信用原则是民法的基本原则，适用于民事活动的各个领域。诚实信用原则要求人们在民事活动中恪守信用、诚实不欺，善意地行使权利，善意地履行义务。如果继承人违反这一原则，欺诈债权人，即应承担不利的法律后果。继承制度，特别是关于债权人利益保护制度的设计应体现诚实信用的原则。这是保护债权人利益的需要，也是维持社会经济秩序的需要。

2. 基本生活保障原则。生存权是最基本的人权。一个人死后，他的遗产应当首先用于解决依靠死者生活且没有生活来源的继承人的生活之所必需。也就是说，如果继承人中有缺乏劳动能力又无生活来源的人，即使死者的财产不足以清偿债务时，也应当为这些缺乏劳动能力又无生活来源的继承人保留适当的财产。因为人的基本生活保障应当放在最优先的位置。

3. 公平原则。这一原则包括两方面的内容。一方面，债务的清偿以积极财产的现存价值为限；另一方面，申报债权的各债权人，在积极财产的现存实际价值范围内按比例受偿。

（二）清偿被继承人债务的具体原则

1. 继承人清偿被继承人的债务，以接受继承为前提。我国《继承法》第 33 条规定，“继承遗产应当清偿被继承人依法应当缴纳的税款和债务”。“继承人放弃继承的，对被继承人依法应当缴纳的税款和债务可以不负偿还责任。”因此，只有继承人接受继承，才依法承担清偿被继承人债务的义务，反之，则不承担此义务。

2. 清偿被继承人债务，以遗产的实际价值为限。我国《继承法》第33条第1款规定："继承遗产应当清偿被继承人依法应当缴纳的税款和债务，缴纳税款和清偿债务以他的遗产实际价值为限。超过遗产实际价值部分，继承人自愿偿还的不在此限。"这表明，我国采取限定继承原则，即接受遗产的继承人对被继承人的债务不是承担无限清偿责任，而只在他所接受遗产的实际价值范围内承担清偿被继承人债务的责任。当然，法律也并不禁止继承人自愿以自己的财产，清偿超过被继承人遗产实际价值范围的债务。

3. 清偿被继承人的债务，应当为"双无"人员保留适当遗产。根据《执行继承法意见》第61条规定，继承人中有缺乏劳动能力又没有生活来源的人，即使遗产不足以清偿债务，也应为其保留适当遗产。

4. 清偿被继承人债务，优先于执行遗赠。我国《继承法》第34条规定："执行遗赠不得妨碍清偿遗赠人依法应当缴纳的税款和债务。"因此，在处理遗产时，应首先清偿被继承人的债务，清偿债务后剩余的遗产，才能执行遗赠。

必须指出，清偿被继承人债务优先于执行遗赠的原则，应只适用于遗嘱中的遗赠，而不能适用于遗赠扶养协议中的"遗赠"。

三、清偿被继承人债务的方法

我国《继承法》上没有明确规定遗产债务的清偿方法，司法实践中一般采用下列方法：①

第一种方法是先清偿债务后分割遗产。按照这种清偿方式，共同继承人首先从遗产中清算出遗产债务，并将清算出的相当于遗产债务数额的遗产交付给债权人。然后，根据各继承人应继承的份额，分配剩余遗产。

第二种方法是先分割遗产后清偿债务。按照这种清偿方式，共同继承人首先根据他们应当继承的遗产份额，分割遗产，同时分摊遗产债务。然后，各继承人根据自己分摊的债务数额向债权人清偿，但共同继承人承担连带责任。

四、清偿被继承人债务的顺序

当债权人为一人，或者遗产足以清偿全部债务时，继承顺序的确定无实际意义。但是，当有多个债权人存在，且遗产又不足以清偿全部遗产债务时，就会发生债务的清偿顺序问题。

尽管我国《继承法》第33条对遗产债务的清偿问题只作了原则性规定，但根据现行《企业破产法》的规定来看，对遗产债务的清偿顺序应为：第一顺序是工资和劳保费用；第二顺序是国家税款；第三顺序是其他债权。

遗产已被分割而未清偿债务时，为了保护债权人的利益，同时考虑到各种继承方式的法律效力，清偿被继承人的债务应当遵循如下顺序：

第一，由法定继承人首先在遗产实际价值范围内负担清偿被继承人的债务。如果法定继承人所取得的遗产实际价值不足以清偿被继承人的全部债务，则不足部分再由遗嘱继承人和受遗赠人按所得遗产份额的比例负责清偿。

---

① 郭明瑞、房绍坤：《继承法》，215页，北京：法律出版社，1996。

第二，如果仅有遗嘱继承人和受遗赠人取得了遗产，应当由遗嘱继承人和受遗赠人按照各自取得遗产份额的比例清偿被继承人债务。这是因为，“限定继承原则”同样适用于遗嘱继承方式。在被继承人用遗嘱仅指定遗嘱继承人取得其遗产中的财产权利而对其财产义务的负担未做任何安排的情况下，为了保护债权人的合法权益，就必须由表示接受继承的遗嘱继承人承担清偿被继承人债务的责任。至于受遗赠人之所以也要在遗产分割后以其取得的遗产承担清偿被继承人债务的责任，这是由清偿被继承人债务优先于遗赠的法律原则所决定的。①

第四节　无人承受的遗产和“五保户”遗产的处理

一、无人承受遗产的处理

（一）无人承受遗产的概念

无人承受的遗产，又称绝产，是指死亡被继承人遗留的财产既无人承受又无人受遗赠。被继承人死亡后，出现下列情况之一时，其遗产便成为无人承受的遗产。②

第一，被继承人没有法定继承人、遗嘱继承人或受遗赠人。

第二，法定继承人、遗嘱继承人或受遗赠人都放弃继承或拒绝受遗赠。

第三，法定继承人、遗嘱继承人都丧失了继承权。

第四，被继承人以遗嘱取消了所有继承人的继承权。

第五，遗嘱只处分了部分财产而又无法定继承人时，未作处分的遗产即属无人继承的遗产。

（二）无人承受遗产的处理

《继承法》第32条规定：“无人继承又无人受遗赠的遗产，归国家所有；死者生前是集体所有制组织成员的，归所在集体所有制组织所有。”

无人继承又无人受遗赠的遗产，无论归国家所有或为集体组织所有，死者生前所欠下的债务，应首先从遗产中清偿。对债务的清偿也同样适用限定继承的原则，即清偿债务以遗产的实际价值为限，超过部分，国家或集体所有制组织不负偿还责任。

同时，最高人民法院在司法解释中又说明，遗产因无人继承收归国家或集体组织所有时，按《继承法》第14条的规定可以分给遗产的人提出取得遗产要求的，人民法院应视情况适当分给遗产。③

---

① 主编注：关于外国遗产债务清偿制度的比较研究，参见陈苇主编：《外国继承法比较与中国民法典继承编制定研究》，497-568页，北京：北京大学出版社，2011。关于我国遗产债务清偿顺序的立法建议，参见陈苇：《我国遗产债务清偿顺序的立法构建》，载《法学》2012（8）。

② 主编注：关于“无人承受遗产”的含义，中国内地学者主要有四种观点，参见陈苇、宋豫主编：《中国大陆与港、澳、台继承法比较研究》，439-441页，北京：群众出版社，2007。

③ 主编注：关于外国无人继承遗产制度的比较研究，参见陈苇主编：《外国继承法比较与中国民法典继承编制定研究》，646-679页，北京：北京大学出版社，2011。关于我国内地无人承受遗产制度的立法建议，参见陈苇、高伟：《我国内地无人承受遗产制度之重构——以中国内地与港、澳、台地区立法比较为视角》，载《学术交流》，2008（1）。

二、五保户遗产的处理

（一）五保制度概述

五保制度是我国农村集体经济组织的一项社会保障制度。根据2006年《农村五保供养工作条例》[①] 第6条规定："老年、残疾或者未满16周岁的村民，无劳动能力、无生活来源又无法定赡养、抚养、扶养义务人，或者其法定赡养、抚养、扶养义务人无赡养、抚养、扶养能力的，享受农村五保供养待遇。"五保供养的内容包括保吃、保穿、保住、保医、保葬。

（二）遗赠扶养协议与"五保"协议的区别

总的来看，遗赠扶养协议与"五保"协议不能等同。两者的区别在于：一是"五保"协议是单务协议；二是"五保"协议强调合同的监督、管理；三是"五保"协议具有强烈的社会福利性。

（三）五保户遗产的处理

集体组织对五保户实行五保时，双方有扶养协议的，按协议处理；没有扶养协议，死者有遗嘱继承人或法定继承人要求继承的，按遗嘱继承或法定继承处理，但集体组织有权要求扣回"五保"费用。[②]

【导入案例要点评析】

本案涉及被继承人债务的清偿问题。需要明确两个问题：第一，该债务是否为被继承人的个人债务；第二，谁应该是清偿责任人。

第一，该债务是否属于被继承人的个人债务。被继承人的债务，是指被继承人生前所欠，到死亡时没有偿还的个人债务。被继承人债务的性质属于个人债务，它往往由两部分构成：一是以被继承人个人名义发生的，与家庭共同生活无关的债务；二是在共同债务中，应由被继承人个人承担的债务份额。在本案件中，吴林所欠的债务是因修缮房屋购买材料而产生的。也就是说产生该债务的原因是家庭生活所需，属于吴林与廖敏夫妻二人的共同债务，应当由夫妻二人共同承担偿还责任。该1.2万元的债务中应属于吴林承担的个人份额部分为6000元。

第二，关于该债务的清偿责任承担。前文已述，1.2万元债务中的一半应该由廖敏负责清偿，另一半应由被继承人吴林负责清偿。对于吴林的6000元债务，根据我国《继承法》第33条及最高人民法院《执行继承法意见》第62条的规定，遗产已被分割而未清偿债务时，如有法定继承又有遗嘱继承和遗赠的，首先由法定继承人用其所得遗产清偿债务；不足清偿时，剩余的债务由遗嘱继承人和受遗赠人按比例用所得遗产偿还；如果只有遗嘱继承和遗赠的，由遗嘱继承人和受遗赠人按比例用所得遗产偿还。在本案中既有遗嘱继承，也有法定继承和遗赠，遗产也已经被分割，因此该6000元债务，应当首先由法定继承人廖敏和吴建二人共同承担清偿责任；在该二人依法定继承所分得的遗产不足清偿债

---

① 根据国务院令第456号，2006年3月1日实施的《农村五保供养工作条例》取代了1994年1月23日国务院发布的《农村五保供养工作条例》。

② 《执行继承法意见》第55条。

务时，才由遗嘱继承人吴建和受遗赠人罗丽按照比例清偿剩余部分。

【思考题】

一、单项选择题

1. 甲有二子乙、丙，甲于1996年立下遗嘱将其全部财产留给乙。甲于2004年4月死亡。经查，甲立遗嘱时乙17岁，丙14岁，现乙、丙均已工作。甲的遗产应如何处理？（　）（2004年国家司法考试试题）

A. 乙、丙各得二分之一

B. 乙得三分之二，丙得三分之一

C. 乙获得全部遗产

D. 丙获得全部遗产

2. 甲被法院宣告死亡，甲父乙、甲妻丙、甲子丁分割了其遗产。后乙病故，丁代位继承了乙的部分遗产。丙与戊再婚后因车祸遇难，丁、戊又分割了丙的遗产。现甲重新出现，法院撤销死亡宣告。下列哪种说法是正确的？（　）（2006年国家司法考试试题）

A. 丁应将其从甲、乙、丙处继承的全部财产返还给甲

B. 丁只应将其从甲、乙处继承的全部财产返还给甲

C. 戊从丙处继承的全部财产都应返还给甲

D. 丁、戊应将从丙处继承的而丙从甲处继承的财产返还给甲

3. 徐某死后留有遗产100万元。徐某立有遗嘱，将价值50万元的房产留给女儿，将价值10万元的汽车留给侄子。遗嘱未处分的剩余40万元存款由妻子刘某与女儿按照法定继承各分得一半。遗产处理完毕后，张某通知刘某等人，徐某死亡前1年向其借款，本息累计70万元至今未还。经查，张某所言属实，此借款系徐某个人债务。女儿应向张某偿还多少钱？（　）（2008年国家司法考试四川延期地区试题）

A. 20万元　　B. 40万元　　C. 49万元　　D. 50万元

4. 甲与乙结婚，女儿丙三岁时，甲因医疗事故死亡，获得60万元赔款。甲生前留有遗书，载明其死亡后的全部财产由其母丁继承。经查，甲与乙婚后除共同购买了一套住房外，另有20万元存款。下列哪一说法是正确的？（　）（2013年国家司法考试试题）

A. 60万元赔款属于遗产

B. 甲的遗嘱未保留丙的遗产份额，遗嘱全部无效

C. 住房和存款的各一半属于遗产

D. 乙有权继承甲的遗产

二、多项选择题

1. 何某死后留下一间价值六万元的房屋和四万元现金。何某立有遗嘱，4万元现金由四个子女平分，房屋的归属未作处理。何某女儿主动提出放弃对房屋的继承权，于是三个儿子将房屋变卖，每人分得2万元。现债权人主张何某生前曾向其借款12万元，并有借据为证。下列哪些说法是错误的？（　）（2009年国家司法考试试题）

A. 何某已死，债权债务关系消灭

B. 四个子女平均分担，每人偿还3万元

C. 四个子女各自以继承所得用于清偿债务，剩下2万元由四人平均分担

D. 四个子女各自以继承所得用于清偿债务，剩下2万元四人可以不予清偿

2. 根据《继承法》的规定，不宜分割的遗产可以采取（ ）等方式处理。

A. 折价出卖后分割价金
B. 共有
C. 折价后一方取得，对其他继承人适当补偿
D. 实物分割
E. 以上选项均正确

三、判断分析题

1. 接受继承和接受遗赠都必须采取明示的方式。

2. 遗产已被分割而未清偿债务时，清偿债务首先由受遗赠人承担。

四、简答题

1. 简述遗产分割的效力。

2. 简述清偿被继承人债务的方法。

3. 简述无人继承的遗产的范围。

五、论述题

1. 试述清偿被继承人债务的原则。

2. 试述遗产分割的原则和方式。

六、案例分析题

参见陈苇主编：《婚姻家庭继承法学案例教程》（第三版）（北京：群众出版社，2017年版）第六单元继承制度案例。

【阅读参考文献】

1. 孟令志、曹诗权、麻昌华：《婚姻家庭与继承法》，北京大学出版社，2012年版。

2. 杜江涌：《遗产债务法律制度研究》，群众出版社，2013年版。

3. 吴国平：《我国财产继承制度立法研究》，厦门大学出版社，2014年版。

4. 石婷：《遗产管理制度研究》，群众出版社，2017年版。

5. 黎乃忠：《限定继承制度研究》，群众出版社，2017年版。

第十七章 少数民族、华侨、港澳台同胞的婚姻家庭

本章学习重点提示：
少数民族、华侨、涉港澳台同胞婚姻问题的处理。

【导入案例】

2008年6月，汉族22岁的男青年张某到内蒙古某地打工，认识了蒙古族姑娘齐齐格，经过一段时间的交往，两人建立了明确的恋爱关系。经双方父母同意后，二人于2010年7月在内蒙古某地办理了结婚登记，并举行了结婚仪式。结婚时齐齐格刚好18周岁。张某2014年7月在出差时遇到了一个家乡的姑娘刘某，二人谈话投机互生爱慕。为了达到与刘某结婚的目的，张某于2016年8月8日诉至法院，要求确认其与齐齐格的婚姻关系无效，理由是双方登记结婚时女方只有18周岁。女方认为自己在结婚时符合法定的结婚条件，不是无效婚姻。

请问：张某与齐齐格的婚姻是否属于无效婚姻?

第一节　少数民族婚姻家庭

我国是一个多民族的国家，尊重少数民族健康的婚姻家庭习俗，正确处理少数民族婚姻家庭关系，对于增进民族团结，调动各族同胞建设祖国的积极性，促进和谐社会的构建，有着十分重要的意义。

一、少数民族婚姻家庭的概念和特点

少数民族婚姻家庭，是指少数民族之间或少数民族与汉族之间的婚姻家庭关系。少数民族婚姻家庭关系与汉族婚姻家庭关系相比，具有以下特征：

（一）婚姻家庭关系主体中双方或一方是少数民族

在少数民族婚姻家庭中，婚姻当事人有的主体双方都是少数民族，有的主体中一方是少数民族，一方为汉族。

（二）婚姻家庭形态具有民族性

我国各少数民族都具有本民族特色的传统文化、宗教信仰、生活方式和婚姻家庭习俗，这决定了不同少数民族婚姻家庭的民族性。

（三）同一少数民族婚姻家庭形态具有差异性

我国的少数民族中的同一民族，有的聚居，有的与其他少数民族或汉族杂居，互相通婚，互相影响，因而同一少数民族受其他民族的影响，使同一少数民族的婚姻家庭形态具

有差异性。

二、民族自治地方对婚姻法的变通性立法

为了照顾少数民族婚姻家庭的实际情况，尊重少数民族健康有益的婚姻家庭形态和传统习俗，我国现行《婚姻法》第50条规定："民族自治地方的人民代表大会有权结合当地民族婚姻家庭的具体情况，制定变通规定。"

（一）民族自治地方制定变通规定的机关和程序

我国民族自治地方分为自治区、自治州、自治县。这三级民族自治机关的人民代表大会或其他的常务委员会都可依法制定执行《婚姻法》的变通规定。自治区制定的变通规定，须报全国人民代表大会常务委员会批准后生效施行。自治州、自治县制定的变通规定，须报省、自治区、直辖市人民代表大会常务委员会批准后生效施行。但自治区、自治州、自治县的变通规定，不得违背法律或者行政法规的基本原则。①

（二）民族自治地方制定变通规定的适用

民族自治地方制定的执行《婚姻法》的变通规定中，对《婚姻法》已作出变通规定的内容，按变通规定执行，未变通规定的内容仍然适用《婚姻法》的规定。民族自治地方制定的变通规定，一般只适用本自治地方行政区域内的少数民族，有的变通规定还适用与少数民族结婚的汉族。未作变通规定地方的少数民族，仍然适用《婚姻法》。例如，已作变通规定的西藏自治区规定的结婚年龄是男20周岁，女18周岁。居住在西藏自治区的男女与居住在四川省成都市内的藏族男女结婚，由于四川省和成都市均未作变通规定，故居住在成都市内的藏族男女仍然执行《婚姻法》规定的男22周岁、女20周岁始得结婚的法定婚龄。

（三）我国民族自治地方已经制定执行婚姻法变通规定的情况

自1980年《婚姻法》实施以来，根据《婚姻法》《民族区域自治法》和《立法法》的规定，许多民族自治地方先后制定了执行婚姻法的变通或补充规定。

自治区一级已制定执行婚姻法变通规定的，有西藏自治区、新疆维吾尔自治区、宁夏回族自治区和内蒙古自治区。只有广西壮族自治区没有制定执行婚姻法的变通规定。

自治州一级已制定执行婚姻法变通规定的，有四川省凉山、阿坝、甘孜自治州；青海省果洛、玉树、海南、海西、海北、黄南自治州；新疆伊犁自治州；贵州省黔南自治州等。

自治县一级已制定执行婚姻法变通规定的，主要有云南省澜沧、耿马、西盟、孟连、宁蒗、沧源、南涧自治县；贵州省镇宁、松桃、紫云自治县；② 甘肃省阿塞克自治县；青海省河南、门源、民和、互助、循化自治县等。

这些地方法规的颁布施行，加强了少数民族自治地方婚姻家庭的法制建设，促进了民族自治地方婚姻家庭制度的改革。

---

① 2000年《中华人民共和国立法法》第66条。

② 贵州省人民代表大会常务委员会2002年5月26日批准废止《松桃苗族自治县执行〈中华人民共和国婚姻法〉变通规定》。贵州省人民代表大会常务委员会2003年7月26日批准废止《紫云苗族布依族自治县执行〈中华人民共和国婚姻法〉变通规定》。

三、民族自治地方变通规定的主要内容

民族自治地方根据本行政区域少数民族婚姻家庭具体情况所作的变通规定内容，各地不尽相同，其主要变通内容有以下几个方面：

（一）有关基本原则内容的变通规定

1. 坚持婚姻自由原则。婚姻自由是我国婚姻法的一项基本原则，历史上有的少数民族盛行不准寡妇再婚或强迫寡妇转房，妇女丧偶后，必须按顺序将寡妇转给亡夫家的男性，如其不顺从，将要受到亡夫家族的残酷处罚。有的少数民族盛行包办买卖婚姻，严重侵犯当事人之婚姻自由权的行为时有发生。为了保障婚姻自由原则，新疆自治区补充规定："禁止买卖婚姻和借婚姻索取财物。""寡妇有再婚的自由，任何人不得以任何借口进行干涉。"宁夏回族自治区规定："保护寡妇的婚姻自由，任何人不得以任何借口进行干涉。"四川省凉山州规定："禁止干涉丧偶妇女的婚姻自由，不许强迫丧偶妇女转房。"四川省阿坝州规定："禁止强迫、包办、买卖、转房婚姻。"这些有针对性的补充规定，使少数民族当事人的婚姻自由权得到更好的保护。

2. 坚持一夫一妻制原则。由于历史原因和民族习惯，我国个别少数民族残存着兄弟共妻、朋友共妻、姐妹共夫的"一妻多夫制"和"一夫多妻制"。这些婚姻关系有深刻的历史根源，必须慎重对待。为此，西藏自治区变通条例规定："废除一妻多夫、一夫多妻等封建婚姻，对执行本条例之前形成的上述婚姻关系，凡不主动提出解除婚姻关系者，准予维持。"四川阿坝州变通规定："实行一夫一妻制，禁止重婚。对实施本规定前形成的一夫多妻和一妻多夫的婚姻关系，当事人不提出解除的，不予置理。"该州人大常委会施行补充规定的说明中解释："如有男女一方提出解除，就应坚决支持，予以解除。""在本规定实施以后，如再发生一夫多妻或一妻多夫的婚姻关系，应以重婚罪论处。"

3. 坚持实行计划生育原则。计划生育是我国的一项基本国策，也是婚姻法规定的夫妻双方的法定义务。由于少数民族地区自然条件、经济文化和医疗保健事业发展不同，各民族在计划生育各方面不搞一刀切，实行分类指导。根据各民族自治地方分别情况，制定不同的计划生育要求，实行不同的计划生育政策，一般比对汉族的计划生育要求适当放宽。（参见本书第三章计划生育原则）

（二）有关结婚、离婚的变通规定

1. 适当降低法定婚龄。我国许多少数民族都有早恋、早婚的习俗，男女一般在十六七岁就结婚，现行《婚姻法》规定的男不得早于22周岁，女不得早于20周岁的法定婚龄，对有的少数民族要求太高，难以执行。为此，我国各民族自治地方制定的执行《婚姻法》的变通或补充规定，都将少数民族男女的结婚年龄规定为男不得早于20周岁，女不得早于18周岁。自愿晚婚、晚育的，国家给予鼓励。

2. 提倡三代以内的旁系血亲不结婚。我国少数民族居住地区大多交通不便，人口稀少，因而聚族而居，长期盛行近亲通婚，尤其是表兄弟姐妹结婚成了不少民族的共同习惯。现行《婚姻法》规定的禁止三代以内的旁系血亲结婚，难以实行。因此，有的民族自治地方对此作了变通规定。内蒙古自治区规定："大力提倡三代以内的旁系血亲不结婚。"西藏自治区人大常委会法制小组对变通条例的说明中指出："我区地域辽阔，交通不便，有些偏远地区和外界往来很困难，当地人口又少，硬性规定三代以内旁系血亲禁止

结婚，事实上难以办到……少数地方确因特殊情况难以贯彻执行的，可由县人民代表大会或它的常务委员会根据当地的实际情况提出变通办法，报自治区人大常委会批准后施行。”

3. 尊重少数民族传统习惯。我国有的少数民族有“近亲不婚”的传统习惯。为了尊重少数民族这一有利于优生的习惯，甘肃省阿塞克哈萨克自治县制定的《施行〈中华人民共和国婚姻法〉部份条款的变通规定》第 3 条规定：“自治县境内的哈萨克族直系血亲和四代以内的旁系血亲禁止结婚，并继续提倡七代以内的旁系血亲不结婚的传统习惯。”《新疆的伊犁哈萨克自治州施行〈中华人民共和国婚姻法〉的补充规定》第 4 条第 2 款规定：“保持哈萨克族七代以内不结婚的传统习惯。”

4. 坚持结婚、离婚必须履行法定程序。有的少数民族男女结婚、离婚，一般只按民族习俗举行一定结婚、离婚仪式或宗教仪式，不按法定程序办理法律手续。为了加强对少数民族婚姻关系的法律调整，保护合法婚姻，新疆自治区规定：“结婚、离婚必须履行法律手续。禁止一方用口头或文字通知对方的方法离婚。”“禁止宗教干涉婚姻家庭。禁止以宗教仪式代替法定的结婚登记。”西藏自治区规定：“结婚、离婚必须履行登记手续。”“对各少数民族传统的婚嫁仪式，在不妨害婚姻自由原则的前提下，应予尊重。”

（三）其他方面的变通规定

1. 禁止为未成年人订婚。我国许多少数民族，大都有恋爱男女自由订婚的习俗，法律当然应予尊重。但也盛行父母或其他亲属为未成年人包办订婚，违反婚姻自由，法律应予禁止。新疆自治区规定：“禁止未达结婚年龄的男女预先订婚。”

2. 强调维护非婚生子女的合法权益。我国有的少数民族，对非婚生子女习惯上由生母抚养，生父不负担任何抚养义务。为了保障非婚生子女的合法权益，西藏自治区变通规定：“对非婚生子女生活费和教育费的负担，应按婚姻法第十九条规定执行。改变全由生母负担的习惯。”四川省阿坝州变通规定：“非婚生子女的父母均有抚养其子女的责任，生父必须负担其子女的生活费和教育费的一部分或全部，直至子女独立生活为止。”

四、处理民族婚姻家庭纠纷应注意的问题

民族婚姻家庭纠纷不单纯是一个法律问题，在处理这类纠纷时，还要按照国家的民族政策、尊重少数民族风俗习惯办事，正确处理民族婚姻家庭纠纷。

（一）不同民族通婚问题

我国各少数民族自古以来大都有互相通婚的习惯，不同民族之间，少数民族与汉族之间的通婚，对民族之间的互相融合，和睦相处，共同发展，发挥了重要的作用。但是，也有个别少数民族由于历史原因造成的民族隔阂或宗教信仰，生活习惯的不同，长期盛行“族内婚”，不允许本民族男女与外族男女恋爱结婚组成家庭，否则会受到各方面的干预。根据 1950 年 12 月内务部《关于对少数民族婚姻处理的批复》指出：“法律上并不限制不同民族间结婚，但如因民族的风俗习惯或教规关系，不准与外族通婚时，应本着个人利益服从整体利益的原则，说服男女双方当事人尊重民族习俗，不要勉强结合，以免引起群众反感及民族纠纷。”“不同民族间发生婚姻纠纷时，当地人民政府应……以照顾民族风俗习惯为原则，邀集当地民族代表人物及男女双方当事人进行调解。”

（二）不同民族男女所生子女的民族从属问题

不同民族男女结婚所生子女或收养的子女，有关子女的民族从属，内蒙古自治区补充规定：“不同民族男女结婚的，所生子女的民族从属由父母商定。”根据《国家民族事务委员会关于中国公民确定民族成分的规定》，个人的民族成分，只能依据父或母的民族成分确定。不同民族的公民结婚所生子女，或收养其他民族的幼儿，其民族成分在年满18周岁以前由父母或养父母商定，满18周岁者由本人确定，年满20周岁者不再改变民族成分。不同民族的成年人之间发生的收养关系、婚姻关系，不改变各自的民族成分。

（三）离婚时，少数民族一方与汉族争养子女的问题

少数民族一方与汉族一方离婚，双方对抚养子女不能达成协议的，根据最高人民法院1957年12月26日给辽宁省高级人民法院的复函①规定，凡少数民族一方与汉族一方离婚后，对子女抚养发生争执的，应尽量调解解决。如调解不成时，应本着保障贯彻少数民族政策和保障子女的利益出发进行处理，哺乳期内的子女一般判决由母方抚养，哺乳期后的子女，除显然对子女不利者外，应判决由少数民族一方母方或父方抚养。

第二节 涉及华侨、港澳台居民的婚姻和收养

华侨是指定居在国外，并取得了驻在国永久居留权的中国公民。港澳居民是指定居在我国香港、澳门特别行政区的居民。我国台湾居民是指定居在我国台湾省的居民。他们在国内、内地办理的婚姻、收养和继承事项，都属于中国公民之间的婚姻、收养和继承，在法律上都一律适用婚姻法、收养法和继承法的有关法律规定。但是，由于华侨居住国的法律与我国法律规定不同，香港、澳门两特别行政区实行一国两制，我国台湾地区实施的是台湾地区“民法·亲属编”和“继承编”，“婚姻家庭法”和“继承法”与内地法律不同。因此，1983年3月10日，民政部颁布了《华侨同国内公民、港澳同胞同内地公民之间办理婚姻登记的几项规定》。1998年12月10日，民政部发布了《大陆居民与台湾居民婚姻登记管理暂行办法》。2003年10月1日以后，内地居民同香港居民、澳门居民、台湾居民、华侨在中国内地办理婚姻登记均适用《婚姻登记条例》。收养法颁布后，1999年5月25日，民政部颁布了《华侨以及居住在香港、澳门、台湾地区的中国公民办理收养登记的管辖以及所需出具的证件和证明材料的规定》等法规，作为具体办理此类婚姻与收养的法律依据。

一、涉及华侨、港澳台居民的婚姻

（一）华侨同国内公民婚姻

1. 华侨结婚问题。

（1）鼓励华侨在国外结婚。根据1983年11月23日我国外交部、最高人民法院、民政部、司法部和国务院侨务办公室发布了《关于驻外使、领馆处理华侨婚姻问题的若干规定》（以下简称《华侨婚姻规定》），鼓励华侨按居住国的法律在当地办理结婚登记或

---

① 1957年12月26日《最高人民法院关于回族男方与汉族女方离婚后对子女抚养问题发生争执如何处理的复函》（法研字第24120号）。

举行结婚仪式。只要他们的婚姻不违反我国婚姻自由原则和一夫一妻制原则，承认其婚姻效力。

男女双方都是华侨，要求在我国驻该国使、领馆办理结婚登记的，只要居住国承认外国使领馆办理结婚登记有效的，当事人双方符合婚姻法规定的结婚条件的，可为其办理结婚登记，发给结婚证。如男女一方是华侨，一方是外国人的（包括外籍华人），申请结婚登记的，我国驻外使、领馆不予受理。

（2）华侨同国内公民结婚。华侨同国内公民在国内申请结婚登记的，一律适用婚姻法规定的结婚条件和程序，并按现行《婚姻登记条例》办理结婚登记。

1）办理结婚登记的机关。根据现行《婚姻登记条例》第2条规定，华侨同国内公民结婚，由国内公民一方户籍所在地的省、自治区、直辖市人民政府民政部门或者省、自治区、直辖市人民政府民政部门确定的机关办理。

2）需要持交有关证件。国内公民一方须持本人身份证和户口簿；本人无配偶以及与对方当事人没有直系血亲和三代以内旁系血亲关系的签字声明。

华侨一方须持我国驻该国使、领馆颁发的本人护照；经我国驻该国使、领馆认证的居住国公证机关公证的本人无配偶以及与对方当事人没有直系血亲和三代以内旁系血亲关系的证明，或者中华人民共和国驻该国使领馆出具的本人无配偶以及与对方当事人没有直系血亲和三代以旁系血亲关系的证明。如果华侨来自和我国无外交关系的国家与国内公民申请结婚登记的，须持有华侨居住国公证机关公证的，并经与我国和华侨居住国都有外交关系的我国驻第三国使、领馆认证的无配偶证明。取得这一证明有困难的，可由华侨在国内原居住乡（镇）人民政府或街道办事处了解后所出具的婚姻状况证明，两位了解情况的亲友为其出具的无配偶保证和华侨本人出具的无配偶声明书，经民政部门和侨务部门共同审查后，可予办理结婚登记。

华侨一方是离婚后申请与国内公民再婚的，根据1998年12月18日民政部、外交部《关于离婚当事人申请再婚登记的补充规定的通知》的规定，华侨一方还应提供离婚证件。如果华侨原是经外国法院调解或判决离婚的，其离婚证件须经我国人民法院承认，被裁定承认离婚效力的，方可申请再婚登记。如果华侨原是经外国登记离婚的，则须经其居住国外交部或外交部授权机构认证和我国驻该国使、领馆认证，方可申请再婚登记。凡华侨居住国与我国签订了司法协助条约的，其离婚证件按条约规定办理。

华侨一方系配偶死亡申请与国内公民再婚的，须有配偶死亡证件。有过同居关系的，须有脱离同居关系协议书。这些证件也须居住国公证机关公证和我国驻该国使、领馆认证。

只要双方证件齐全，符合结婚条件，婚姻登记机关就可依法予以登记，发给结婚证，婚姻关系即行确立。

2. 华侨离婚问题。华侨离婚情况较为复杂，根据《华侨婚姻规定》应分别处理：

（1）夫妻双方均是定居在国外的华侨离婚。无论双方是自愿离婚，还是一方要求离婚，原则上应向居住国有关机关申请办理离婚手续。如果他们原来是由我国驻外使、领馆办理结婚登记的，由于某种原因居住国有关机关不受理其离婚请求的，如双方自愿离婚并对子女、财产处理达成一致协议的，可向原办理结婚登记的我国驻外使、领馆申请离婚登记。如果属于夫妻一方要求的离婚，则要求离婚的一方应向出国定居前最后户籍所在地或住所地的人民法院起诉，按我国《民事诉讼法》规定的离婚程序审理裁决。

（2）夫妻一方是定居在国外的华侨，一方是居住在国内的公民离婚。如果双方自愿离婚并对子女、财产处理达成协议的，应向国内一方公民常住户口所在地的省、自治区、直辖市人民政府民政部门或者省、自治区、直辖市人民政府民政部门确定的机关申请离婚登记，但如果其结婚登记不是在中国内地办理的，婚姻登记机关不予受理离婚登记申请。一方要求离婚的，应向人民法院起诉，依诉讼程序办理。

如果华侨一方向居住国法院起诉与国内公民离婚，外国法院判决双方无异议的，不予干预。如果国内一方持外国法院的离婚判决，向人民法院申请承认其效力的，根据1990年8月28日最高人民法院《关于中国当事人向人民法院申请承认外国法院离婚判决效力问题的批复》规定："应由中级人民法院受理。经审查，如外国法院判决不违反我国法律的基本准则或我国国家利益、社会利益，裁定承认其效力。否则，裁定驳回申请。裁定后不得上诉。"

（二）港、澳同胞同内地公民的婚姻

1. 港、澳同胞同内地公民在内地结婚。港、澳同胞同内地公民在内地结婚，一律适用现行《婚姻法》和《婚姻登记条例》规定的结婚条件和程序。1983年8月30日民政部发布的《华侨同国内公民、港、澳同胞同内地公民之间办理婚姻登记的几项规定》及其他法律，作了一些特别规定。

（1）办理婚姻登记的机关。港、澳同胞同内地公民结婚和复婚，须共同到内地公民一方户口所在地的省、自治区、直辖市人民政府民政部门或者省、自治区、直辖市人民政府民政部门指定的机关申请婚姻登记。

（2）男女双方须持交必要的证明。国内公民一方须持本人身份证、户口簿；本人无配偶以及与对方当事人没有直系血亲和三代以内旁系血亲关系的签字声明。

港、澳同胞一方须持交的证件：①本人有效通行证、身份证；②经居住地公证机构公证的本人无配偶以及与对方当事人没有直系血亲和三代以内旁系血亲关系的声明。

此外，当事人离过婚的，须持有离婚证件；丧偶的，须持有配偶死亡之证件；有过同居关系的，须持有脱离同居关系协议书。

如果双方当事人证件齐全，经婚姻登记机关审查符合结婚条件的，发给结婚证，婚姻即行成立。

（3）内地公民与香港同胞在香港地区结婚。内地公民去香港地区与香港同胞在香港地区依照香港《婚姻条例》规定结婚的，根据1985年5月2日民政部《关于双程去香港的人员在港结婚和申请出境问题的复函》规定："对双程去香港探亲的内地公民在香港婚姻注册处注册与香港居民结婚，并持有香港注册处结婚证书的，只要内地居民一方没有重婚的违法行为，均承认其为合法的婚姻关系。"

2. 内地公民与港、澳同胞的离婚。

（1）内地公民与港、澳同胞双方自愿离婚。夫妻一方是内地公民，一方是港、澳同胞，双方自愿离婚的，并对子女抚养、财产处理达成了一致书面协议的，凭双方有关证件，共同亲自到内地公民一方常住户口所在地省、自治区、直辖市人民政府民政部门或者省、自治区、直辖市人民政府民政部门确定的机关申请离婚登记，婚姻登记机关按现行《婚姻登记条例》的规定审查，符合规定的，予以登记，发给离婚证，婚姻关系解除。但如果其结婚登记不是在中国内地办理的，婚姻登记机关不予受理离婚登记申请。

（2）内地公民与港、澳同胞一方要求的离婚。夫妻一方是内地公民，一方是港、澳同胞，一方要求离婚的，或双方自愿离婚，但对子女、财产处理未达成协议的，或虽达成协议，一方不能亲自申请离婚登记的，应向内地公民一方户籍所在地的基层人民法院起诉。人民法院按现行《婚姻法》的规定进行调解或判决。如果判决离婚，为保障当事人双方和子女权益，子女抚养费，共同财产分割所得财产及一方对另一方的经济帮助费、损害赔偿费，为避免执行上的困难，原则上应一次性给付。如一次性给付有困难的，应出在内地有相当财产的公民担保，到期不给付的，由担保人承担给付责任。

夫妻双方都是港、澳同胞，如果他们原系在内地办理结婚登记的，因特殊情况，要求回内地办理离婚登记的，由原婚姻登记机关受理。如果一方要求离婚的，应向原办理结婚登记的机关所在地的人民法院起诉。

（三）内地居民与我国台湾地区居民的婚姻

内地居民（又称大陆居民）与我国台湾地区居民的婚姻，都是中国公民的婚姻。为了加强大陆公民与我国台湾地区居民的婚姻登记管理，1998 年 12 月 10 日经国务院批准，民政部发布了《大陆居民与台湾居民婚姻登记管理暂行办法》，并随即生效施行。过去颁布的有关涉台婚姻登记管理的规定与暂行办法不同的，以暂行办法为准。2003 年《婚姻登记条例》施行以后，依该条例规定，内地居民与我国台湾地区居民在中国内地办理婚姻登记均适用该条例。

1. 内地居民与我国台湾地区居民的结婚。

（1）办理结婚登记的机关。内地居民与我国台湾地区居民结婚、复婚，根据《婚姻登记条例》第 5 条规定：内地居民与我国台湾地区居民在内地结婚登记、离婚登记、复婚登记，应当双方共同到内地一方户口所在地的省、自治区、直辖市民政部门或省、自治区、直辖市人民政府民政部门指定的机关申请婚姻登记。

（2）双方应持交必要的证件。内地居民应当持交的证件是：本人居民身份证；居民户口簿；本人无配偶以及与对方当事人没有直系血亲和三代以内旁系血亲关系的声明。我国台湾地区居民应持交的证件：本人有效通行证、身份证；经居住地公证机构公证的本人无配偶以及与对方当事人无直系血亲和三代以内旁系血亲关系的声明。

如果我国台湾地区居民在申请结婚登记时，已在内地连续停留 6 个月以上的，还应提交内地公证机关公证的无配偶声明；在香港、澳门地区连续停留 6 个月以上来内地的，还应提交香港地区婚姻注册处或澳门地区婚姻及死亡登记局出具的婚姻状况证明；在国外连续停留 6 个月以上来内地的，还应提交居住国出具并经公证机关公证和我国驻该国使、领馆认证的婚姻状况证明。

我国台湾地区居民一方如果是离过婚的，还应提交离婚证件。离婚证件系我国台湾地区离婚协议书的，应经台湾地区公证机关公证。无法提交离婚协议书的，可提交经台湾地区公证机关公证的我国台湾地区报纸刊登的当事人离婚声明书或公告。离婚证件是我国台湾地区法院的离婚判决书或离婚调解书的，如离婚的一方系内地居民的，该离婚判决书或离婚调解书应经人民法院认可方为有效的离婚证件；是外国登记离婚证书的，应经外国公证机关公证和我国驻该国使、领馆认证；是外国法院的离婚调解书或判决书的，应经人民法院裁定承认方为有效。

我国台湾地区居民一方如果是丧偶申请再婚的，应提交配偶的死亡证明。该证明系我国台湾地区有关机关出具的，应经我国台湾地区公证机关公证。是外国有关机关出具的，应经该国公证机关公证和我国驻该国使、领馆认证方为有效。

只要双方证件齐全，经内地婚姻登记机关审查，符合结婚条件的，准予登记，发给结婚证，婚姻关系即行确立。

2. 内地居民与我国台湾地区居民的离婚。双方自愿离婚。内地居民与我国台湾地区居民夫妻双方自愿离婚，并对子女抚养、财产处理达成一致书面离婚协议的，双方需共同到内地居民一方常住户口所在地省、自治区、直辖市人民政府民政部门或者省、自治区、直辖市人民政府民政部门确定的机关申请离婚登记。申请时，双方应持交必要的证件。内地居民应提交的证件是：居民身份证、居民户口簿、结婚证、离婚协议书。我国台湾地区居民应提交的证件是：我国台湾地区居民来往内地通行证或其他有效旅行证件、在我国台湾地区居住的有效身份证明和出入境证件、结婚证、离婚协议书。

如果夫妻双方不是在内地办理结婚登记的，或双方对财产、子女抚养未达成协议的，或一方是无民事行为能力或限制民事行为能力的，婚姻登记机关均不受理双方的离婚申请。

只要双方证件齐全、符合登记离婚要求的，婚姻登记机关自受理双方的离婚申请后，依法审查，符合登记离婚条件的，自受理申请之日起30日内办理离婚登记，发给离婚证。

3. 内地居民与我国台湾地区居民一方要求的离婚。内地居民与我国台湾地区居民一方要求离婚的，须向内地居民一方户口所在地人民法院起诉，按《民事诉讼法》和《婚姻法》的规定调解或审理判决。一方负担的子女抚养费、应给付分割的共同财产和经济帮助费、损害赔偿费，应一次性给付，有困难的，可以找人担保。

4. 去台人员与留在大陆的配偶之间婚姻家庭关系的处理。大陆解放前一些在大陆已有配偶的人员（不包括解放后偷渡去台人员）随国民党军政机关撤退到我国台湾地区后，由于海峡两岸的政治原因，无法往来及通信，互相隔离近40年。有的一方或双方分别办理了离婚手续，有的未办理离婚手续，一方或双方分别在大陆或我国台湾地区缔结了婚姻关系，有的子女被他人收养，致使双方的婚姻家庭关系发生了变化。1987年11月1日，我国台湾地区对大陆开放后，去台人员与留在大陆的配偶可以互相往来，发现双方或一方已经再婚，纷纷要求处理其婚姻家庭关系。对于这种特殊历史条件下的婚姻家庭纠纷，海峡两岸都充分注意到长期隔绝、分离的情况，从有利于稳定现有的婚姻家庭关系出发，1988年4月16日民政部、司法部制定了《关于去台人员与其留在大陆的配偶之间婚姻关系问题处理意见的通知》，最高人民法院1988年8月对处理去台人员与大陆的配偶之间的家庭关系，作出了规定。2003年修正的《台湾地区与大陆地区人民关系条例》（以下简称《海峡两岸关系条例》），对去台人员与大陆的配偶婚姻关系作了相应的规定。

（1）去台人员与留在大陆的配偶婚姻关系的处理。

1）双方分离后，未办理离婚手续，且均未再婚的，承认其婚姻关系存续。

2）双方分离后，留在大陆一方依据法律与去台一方解除了婚姻关系，但双方均未再婚的，现双方自愿恢复婚姻关系的，按复婚的有关规定处理。

3）双方分离后，去台一方依照我国台湾地区有关规定与留在大陆的一方解除了婚姻关系，但双方均未再婚的，可承认其婚姻关系存续。

4）双方分离后，一方或双方的再婚配偶已离婚或死亡，现双方自愿恢复婚姻关系的，应重新办理结婚登记。

5）双方分离后，一方或双方的再婚配偶健在，现双方自愿恢复与原配偶的婚姻关系，应按照一夫一妻制的原则，先与再婚配偶解除婚姻关系，再按结婚的有关规定办理。

6）双方分离后未办离婚手续，一方或双方分别在大陆地区或我国台湾地区再婚的，不以重婚对待。当事人不主动告诉的，人民法院不予干预。如果一方当事人提出离婚，人民法院应当支持，准予离婚。

对上述问题，《海峡两岸关系条例》第64条也作了规定："夫妻因一方在台湾地区，一方在大陆地区，不能同居，而一方于民国七十四年（1985年）六月四日以前重婚者，利害关系人不得申请撤销；其于七十四年六月五日以后，七十六年（1987）年十一月一日以前重婚者，该后婚视为有效。前项情形，如夫妻双方为重婚者，于后婚者重婚之日起，原婚姻关系消灭。"

（2）去台人员家庭关系的处理。

1）抚养、赡养费的处理。由于特殊情况，去台人员未履行抚养子女、赡养父母的义务。去台人员回大陆后，大陆配偶一方向其索要已成年子女的抚养费或赡养老人的赡养费的，法院不予支持。

2）子女被收养问题的处理。去台人员留在大陆的子女，已被他人合法收养，去台人员以未经本人同意要求解除收养关系的，应根据养父母、成年养子女和生父母三方的实际情况，慎重处理。

3）继承问题的处理。去台人员在大陆的被继承人死亡后，要求主张继承遗产起诉到人民法院的，按继承法去台人员与大陆的继承人都有平等的继承权，人民法院应分别情况处理。如果在处理遗产继承时，已给去台人员保留了遗产份额由其他继承人代管的，可按执行程序执行。如果未给去台人员保留遗产份额的，按遗产总额重新分割遗产。遗产原物尚在的，按原物执行或分割。原物不在的，折价补偿。

今后人民法院处理继承案件时，对在我国台湾地区有合法继承人的，应设法通知我国台湾地区继承人参加诉讼，无法通知的，应保留其应继份额，并指定财产代管人。

二、涉及华侨、港澳台居民的收养

华侨收养国内公民的子女、港澳台居民收养内地公民子女，都是中国公民之间的收养，一律按我国《收养法》和1999年5月25日民政部发布的《中国公民收养子女登记办法》的规定办理。鉴于华侨、港、澳、台居民的特殊情况，为此，1999年5月25日，民政部又发布了《华侨以及居住在香港、澳门、台湾地区的中国公民办理收养登记的管辖以及所需出具的证件和证明材料的规定》。对办理收养登记的机关和所需证明材料，作了明确规定。

（一）办理收养登记的机关

华侨收养国内公民为养子女、港澳台居民收养内地公民为养子女的，一律由被收养人户籍所在地的直辖市、设区的市、自治州人民政府民政部门或者地区（盟）行政公署民政部门办理。

如果被收养人是社会福利机构抚养的，查不到生父母的弃婴、儿童和孤儿，由社会福利机构所在地的直辖市、设区的市、自治州人民政府民政部门或者地区（盟）行政公署民政部门办理。

（二）收养人应提供的证件和证明

1. 华侨应提供的收养证件和证明。本人护照和收养证明。华侨回国收养子女，必须提供华侨居住国有权机构出具的收养证明。其证明内容包括收养人姓名、年龄、有无子女、职业、财产、健康、有无受过刑事处罚等。该证明材料必须经其居住国外交机关或者外交机关授权的机构认证，并经中国驻该国使、领馆认证。如果华侨来自与我国无外交关系的国家，其收养证明须经华侨居住国与中国都有外交关系的第三国的我国使、领馆认证方为有效。

2. 香港居民应提供的收养证件和证明。香港居民身份证；香港居民来往内地的通行证或者香港同胞回乡证；经国家主管机关委托的香港委托公证人（律师）证明的收养证明（其证明内容包括收养人的姓名、年龄、婚姻、有无子女、职业、财产、健康、有无受过刑事处罚等）。

3. 澳门居民应提供的收养证件和证明。澳门居民身份证、澳门居民通行证或者澳门同胞回乡证；澳门地区有权机构出具的收养证明（其内容包括收养人姓名、年龄、婚姻、有无子女、职业、财产、健康、有无受过刑事处罚等）。

4. 我国台湾地区居民应提供的收养证件和证明。在我国台湾地区居住的有效证件；中华人民共和国主管机关签发或签注的在有效期内的旅行证件；经我国台湾公证机构公证的收养人的年龄、婚姻、有无子女、职业、财产、健康、有无受过刑事处罚等状况的证明材料。

5. 送养人应提供的证明和证件。送养人即被收养人的生父母、监护人或社会福利机构应提供的送养证件和证明，与本书第七章的内容相同。

（三）收养的条件、程序和效力

华侨、港、澳、台居民回国内（内地）收养子女，除他们需要持交上述与国内（内地）公民之间收养子女所提供的证件，除证明和办理收养登记的机关不同外，收养人、被收养人、送养人应当具备的条件，收养程序和收养效力与国内（内地）公民之间的收养完全相同。

【导入案例要点评析】

本案涉及的是无效婚姻的认定问题。汉族与少数民族通婚，属于民族婚姻。所谓民族婚姻是指少数民族之间、少数民族与汉族之间建立的婚姻关系。由于少数民族的风俗习惯的特殊性，我国现行《婚姻法》第50条规定：“民族自治地方的人民代表大会有权结合当地民族婚姻家庭的具体情况，制定变通规定。自治州、自治县制定的变通规定，报省、自治区、直辖市人民代表大会常务委员会批准后生效。自治区制定的变通规定，报全国人民代表大会常务委员会批准后生效。”那么，内蒙古对此有何变通性的规定呢？根据内蒙古自治区人大常委会2003年11月30日修正的《内蒙古自治区执行〈中华人民共和国婚姻法〉的补充规定》第3条规定：“结婚年龄，男不得早于二十周岁，女不得早于十八周岁。”并且第2条明确规定：“本规定适用于居住在内蒙古自治区的蒙古族和其他少数民族。”本案中，齐齐格与张某结婚时已经达到了内蒙古自治区规定的法定婚龄，不属于无效婚姻。

【思考题】

一、单项选择题

1. 关于少数民族婚姻，以下说法错误的是（　）

A. 少数民族婚姻主体一方或者双方是少数民族

B. 民族自治地方可以规定结婚离婚不登记，按照习俗即可

C. 民族自治地方规定的结婚年龄低于婚姻法的规定

D. 民族自治地方的人民代表大会可以制定变通性规定

2. 关于内地居民与台湾居民的婚姻，以下说法错误的是（　）

A. 办理婚姻登记的机关是省级人民政府的民政部门

B. 内地居民与台湾居民离婚，婚姻登记机关有审查期

C. 没有在内地进行结婚登记的，在达成离婚协议时，也可办理登记离婚

D. 一方要求离婚的，必须向内地居民一方户口所在地的人民法院起诉

二、多项选择题

1. 民族自治地方对婚姻家庭的变通性规定的主要内容包括（　）

A. 适当降低法定婚龄

B. 提倡三代以内的旁系血亲不能结婚

C. 尊重少数民族的婚姻习惯

D. 坚持离婚必须经过法定程序

E. 坚持结婚必须经过法定程序

2. 关于涉及华侨、港澳台居民的收养，以下说法正确的是（　）

A. 华侨、港澳台居民收养内地居民，都是中国公民直接的收养

B. 收养的效力与内地居民间的收养完全一样

C. 收养的程序与内地居民间的收养完全一样

D. 收养人必须向收养登记机关出示相关证件证明

E. 华侨收养内地居民条件有一定的放宽

三、判断分析题

1. 民族自治地方的人民代表大会有权制定婚姻法的变通性规定。

2. 华侨与我国内地居民结婚，必须到内地一方户口所在地的县级人民政府的民政部门办理。

四、简答题

1. 简述民族自治地方变通婚姻法的主要内容。

2. 简述我国大陆居民与台湾居民登记结婚的法律规定。

3. 根据《关于驻外使领馆处理华侨婚姻问题的若干规定》，简述华侨离婚的法律程序。

五、论述题

1. 试述处理少数民族婚姻家庭纠纷应当注意的问题。

2. 试述涉及华侨、港澳台收养的主要规定。

六、案例分析题

参见陈苇主编:《婚姻家庭继承法学案例教程》(第三版)(北京:群众出版社,2017年版)第七单元涉及少数民族、华侨、港澳台同胞的婚姻家庭继承案例。

【阅读参考文献】

1. 陈苇主编:《当代中国内地与港、澳、台婚姻家庭法比较研究》,群众出版社,2012年版。

2. 雷明光:《中国少数民族婚姻家庭法律制度研究》,中央民族大学出版社,2009年版。

3. 肖建飞:《多元文化城区的离婚诉讼变迁——基于乌鲁木齐市天山区的实证分析》,法律出版社,2015年版。

第十八章
涉外婚姻、涉外收养与涉外继承

> 本章学习重点提示：
> 涉外结婚条件；涉外离婚的程序及涉外离婚案件的处理；涉外继承的法律适用。

【导入案例】

2012年3月，德国商人马克来重庆经商，他与重庆女子李丹结识，于2012年10月结婚并定居在重庆。2013年9月，夫妻两人生有一个女儿，取的中文姓名为李妮。2015年7月20日，马克因车祸不幸去世，其父母从德国赶到重庆为马克办理丧事后，因继承问题与李丹发生纠纷。李丹认为，按德国法律规定，第一顺序继承人只包括被继承人的配偶和子女，不包括被继承人的父母。所以，马克的全部遗产应由李丹、李妮两人继承，其父母无权继承。马克的父母却认为，马克死亡时住所地在中国，应按中国法律处理遗产继承。按照中国法律的规定，被继承人的配偶、子女、父母同为第一顺序继承人，应当共同继承马克的遗产，双方对此无法达成一致意见。2016年1月，马克的父母向重庆市某区人民法院提起诉讼。李丹得知此事后，认为由中国法院审理此案会对自己及其女儿不利，于是便向马克原住所地的德国某法院提起诉讼。据查，马克死亡时主要遗产均在重庆，包括商品房一套和五十多万元的存款，此外，在德国马克还有少量存款和一些动产。

请问：本案中被继承人马克的遗产应当如何处理？为什么？

在涉外婚姻、涉外收养及涉外继承中，因涉及主体或地域等涉外因素，需要通过冲突法来解决相应的法律适用问题。为明确涉外民事关系的法律适用，我国于2010年10月28日颁布了《涉外民事关系法律适用法》。并于2012年12月10日通过了最高人民法院颁布的《涉外民事关系法律适用法解释（一）》，其第1条规定：“民事关系具有下列情形之一的，人民法院可以认定为涉外民事关系：（一）当事人一方或双方是外国公民、外国法人或者其他组织、无国籍人；（二）当事人一方或双方的经常居所地在中华人民共和国领域外；（三）标的物在中华人民共和国领域外；（四）产生、变更或者消灭民事关系的法律事实发生在中华人民共和国领域外；（五）可以认定为涉外民事关系的其他情形。”这些对涉外民事关系的明确规定，有助于保障各国当事人的正常民事交往，以维护当事人的合法权益。

第一节　涉外婚姻

一、涉外婚姻的概念和特征

涉外婚姻的概念有广义和狭义之分，其概念、特征及适用法律均不相同。

（一）广义涉外婚姻的概念和特征

广义的涉外婚姻是指具有涉外因素的婚姻，其婚姻事项包括结婚、离婚和复婚。广义涉外婚姻的特征如下：

1. 婚姻主体涉外。即婚姻事项的主体中，一方为本国人，一方为外国人或双方均为外国人。这里所指的外国人，是指不具有本国国籍的人。

2. 地域涉外。即本国人与外国人办理结婚、离婚或复婚有一方或双方是在国外，并按国外法律或国际条约冲突规范的规定办理的。

3. 法律适用涉外。涉外婚姻涉及本国和外国两个国家的法律规定不同，通常由国际私法中的冲突规范来调整。当前涉外婚姻关系没有统一适用的国际范围的实体法规范，而主要依据各国缔结国际条约规定的冲突规范来调整。冲突规范规定调整涉外婚姻关系适用某个国家的实体法规范，但在国际条约中，本国保留的条款除外。没有缔结国际条约的国家，适用国际惯例。《涉外民事关系法律适用法》第 21 条规定："结婚条件，适用当事人共同经常居所地①法律；没有共同经常居所地的，适用共同国籍国法律；没有共同国籍，在一方当事人经常居所地或者国籍国缔结婚姻的，适用婚姻缔结地法律。"第 26 条规定："协议离婚，当事人可以协议选择适用一方当事人经常居所地法律或者国籍国法律。当事人没有选择的，适用共同经常居所地法律；没有共同经常居所地的，适用共同国籍国法律；没有共同国籍的，适用办理离婚手续机构所在地法律。"第 27 条规定："诉讼离婚，适用法院地法律。"我国《民法通则》第 150 条规定："依照本章规定适用外国法律或者国际惯例的，不得违背中华人民共和国的社会公共利益。"

（二）狭义涉外婚姻的概念和特征

狭义的涉外婚姻是指中国公民同外国人或双方都是外国人在中国境内办理的结婚、离婚和复婚。狭义的涉外婚姻有以下特征：

1. 婚姻主体一方或双方涉外。即婚姻主体中，一方为中国人（包括具有外国血统退出本国国籍，已取得中国国籍的人），一方为外国人，或双方都是外国人。这里所指的外国人，是不具有中华人民共和国国籍的人，包括外国血统外籍人、中国血统外籍人（外籍华人）、在中国取得永久居留权并定居在中国的外国侨民和无国籍人。

2. 婚姻事项在我国办理。狭义的涉外婚姻，不存在地域涉外。中国公民同外国人的婚姻，历史悠久，他们之间的婚姻，对于增进中外两国人民的友好关系，起着重要的作用。解放后，我国政府十分重视涉外婚姻，国务院和有关部门根据《婚姻法》的规定，

---

① 2012 年《涉外民事关系法律适用法解释（一）》第 15 条规定，自然人在涉外民事关系产生或者变更、终止时已经连续居住一年以上且作为其生活中心的地方，人民法院可以认定为涉外民事关系法律适用法规定的自然人的经常居所地，但就医、劳务派遣、公务等情形除外。

先后颁布了一系列的有关涉外婚姻的政策、法令，为正确处理涉外婚姻，保护当事人的合法权益发挥了重要作用。自改革开放以来，我国涉外婚姻逐年增多，为了适应涉外婚姻的要求，鉴于涉外婚姻具有一定的特殊性，经国务院批准，民政部于1983年8月26日颁布了《中国公民同外国人办理婚姻登记的几项规定》。[①] 我国《民法通则》《民事诉讼法》等法律，也对此分别作了规定。2003年10月1日以后，内地居民同香港居民、澳门居民、台湾居民、华侨在中国内地办理婚姻登记均适用《婚姻登记条例》。这些法律，为处理涉外婚姻提供了法律依据。

3. 适用我国法律。中国公民与外国人或外国人与外国人在我国境内结婚、离婚或复婚，一律适用我国现行《婚姻法》和2003年《婚姻登记条例》规定的条件和程序，一般不适用外国人一方本国法。

二、涉外结婚

（一）涉外结婚条件

《涉外民事关系法律适用法》第21条规定："结婚条件，适用当事人共同经常居所地法律；没有共同经常居所地的，适用共同国籍国法律；没有共同国籍，在一方当事人经常居所地或者国籍国缔结婚姻的，适用婚姻缔结地法律。"中国公民同外国人或外国人与外国人在我国境内申请结婚登记，一律适用我国现行《婚姻法》和《婚姻登记条例》等法律规定的结婚条件。在不违背我国法律规定的条件下，可适当考虑外国人一方本国法的有关规定，以免该项婚姻被外国法律认定为无效。

（二）涉外结婚程序

1. 办理涉外结婚登记的机关。现行《婚姻登记条例》第2、4条规定，办理涉外婚姻登记的机关是中国公民一方户籍所在地的省、自治区、直辖市人民政府民政部门或者省、自治区、直辖市人民政府民政部门确定的机关。

2. 涉外结婚登记程序。《涉外民事关系法律适用法》第22条规定："结婚手续，符合婚姻缔结地法律、一方当事人经常居所地法律或者国籍国法律的，均为有效。"中国公民同外国人或外国人与外国人在中国结婚，其程序分为三个环节：

（1）申请。结婚的男女双方必须亲自到婚姻登记机关申请结婚登记。申请时，双方必须提交法律规定的证件和证明。

1）中国公民应提交的证件、证明：本人身份证和户口簿；本人无配偶以及与对方没有直系血亲和三代以内的旁系血亲关系的签字声明。

2）外国公民应提交的证件和证明：外国公民应提交本人的有效护照或其他有效的国际旅行证件；所在国公证机构或者有权机关出具的，经中华人民共和国驻该国使、领馆认证或者该国驻华使、领馆认证的本人无配偶证明，或者该国驻华使、领馆出具的本人无配偶证明。与中国无外交关系的国家出具的有关证明，应当经与该国及中国均有外交关系的第三国驻该国使、领馆和中国驻第三国使、领馆认证，或者经第三国驻华使、领馆认证。

定居在中国的外国侨民应提交本人护照或代替护照的身份证、国籍证件（无国籍者

---

① 1983年8月17日国务院批准，同年8月26日民政部颁布的《中国公民同外国人办理婚姻登记的几项规定》（民［1983］民94号）已于2008年1月15日被《国务院关于废止部分行政法规的决定》废止。

免交)；公安机关签发的《外国人居留证》；在我国的本人户口簿；本人无配偶以及与对方没有直系血亲和三代以内旁系血亲关系的声明书。

如果外国人（包括外国侨民）是已离婚申请再婚的，根据民政部、外交部1998年12月18日《关于离婚当事人申请再婚登记的补充规定的通知》规定，外国人如果前次婚姻是在外国，按当地法律通过司法程序解除的，须同时提供经我国驻该国使、领馆认证的，其原配偶的国籍证明。其原配偶是中国公民的，其离婚证书（法院出具的离婚调解书或判决书），须经我国人民法院承认，方为有效。凡与我国签订民事司法协助条约的外国法院出具的离婚证件，按条约的有关规定办理。其原配偶是外国公民的，或者其前次婚姻是在外国婚姻登记机关登记离婚的，其离婚证件须经本国公证机关公证，并经本国外交部或外交部授权机构认证和我国驻该国使、领馆认证。如是经中国法院判决离婚的，须提供判决书发生法律效力的证明。

（2）审查。婚姻登记机关受理当事人的结婚申请后，对双方当事人的证件和证明，首先进行审查。证件和证明真实、符合法律规定要求的，再按我国《婚姻法》规定的结婚条件，进行审查。如果证件、证明不齐或双方不符合结婚条件的，应向当事人讲明理由不予登记，发给双方当事人《不予办理结婚登记通知单》，并说明不予登记的理由。有争议的，可以向上级婚姻登记机关申请复议。

（3）登记。根据现行《婚姻登记条例》第7条规定，婚姻登记机关应当对结婚登记当事人出具的证件、证明材料进行审查并询问相关情况。对当事人符合结婚条件的，应当当场予以登记，发给结婚证。

三、涉外离婚

中国公民同外国人或外国人与外国人在我国境内要求离婚的，一律适用我国现行《婚姻法》《婚姻登记条例》《民事诉讼法》和其他法律有关规定。

（一）涉外离婚程序

1. 涉外离婚登记。《涉外民事关系法律适用法》第26条规定："协议离婚，当事人可以协议选择适用一方当事人经常居所地法律或者国籍国法律。当事人没有选择的，适用共同经常居所地法律；没有共同经常居所地的，适用共同国籍国法律；没有共同国籍的，适用办理离婚手续机构所在地法律。"中国公民同外国人或双方都是外国人自愿在中国办理离婚登记的，双方应亲自到中国公民常住户口所在地省、自治区、直辖市人民政府民政部门或者省、自治区、直辖市人民政府民政部门确定的机关申请离婚登记。根据《婚姻登记条例》第11条规定，申请离婚时，双方应出具必要的证件和证明。

中国公民应当出具本人的户口簿、身份证、本人的结婚证和双方当事人共同签署的离婚协议书。外国人除应当出具本人结婚证和双方签订的离婚协议书外，还应当出具本人的有效护照或其他有效国际旅行证件。

根据现行《婚姻登记条例》第12条规定："办理离婚登记的当事人有下列情形之一的，婚姻登记机关不予受理：（一）未达成协议的；（二）属于无民事行为能力人或者限制民事行为能力人的；（三）其结婚登记不是在中国内地办理的。"

对符合现行《婚姻登记条例》第11条规定的，婚姻登记机关按申请、审查、登记三个环节进行审查，符合法律规定的，予以登记，发给离婚证，当事人婚姻关系即行终止。

对不予登记的，发给《不予办理离婚登记通知单》并说明不予登记的理由。当事人有异议的，根据《行政复议法》第 6 条第 11 款的规定，可向上级婚姻登记机关提出行政复议。

2. 涉外诉讼离婚。《涉外民事关系法律适用法》第 27 条规定："诉讼离婚，适用法院地法律。"如果在我国法院起诉离婚，应当适用我国法律。中国公民同外国人双方自愿离婚但不符合行政登记离婚条件的，或一方要求离婚的，要求离婚的一方应向中国公民一方或居住在我国的外国侨民一方户籍所在地的有管辖权的人民法院起诉。根据《民事诉讼法解释》第 533 条规定，离婚的"一方当事人向外国法院起诉，而另一方当事人向中华人民共和国法院起诉的，人民法院可予受理。判决后，外国法院申请或者当事人请求人民法院承认和执行外国法院对本案的判决、裁定的，不予准许；但双方共同缔结或者参加的国际条约另有规定的除外"。

关于涉外诉讼离婚案件中的委托代理事项，现行《民事诉讼法》第 263 条规定："外国人、无国籍人、外国企业和组织在人民法院起诉、应诉，需要委托律师代理诉讼的，必须委托中华人民共和国的律师。"第 264 条规定："在中华人民共和国领域内没有住所的外国人、无国籍人、外国企业和组织委托中华人民共和国律师或者其他人代理诉讼，从中华人民共和国领域外寄交或者托交的授权委托书，应当经所在国公证机关证明，并经中华人民共和国驻该国使领馆认证，或者履行中华人民共和国与该所在国订立的有关条约中规定的证明手续后，才具有效力。"《民事诉讼法解释》第 526 条规定，外国人、外国企业或者组织的代表人在中华人民共和国境内签署授权委托书，委托代理人进行民事诉讼，经中华人民共和国公证机构公证的，人民法院应予认可。该法第 528 条规定，涉外民事诉讼中的外籍当事人，可以委托本国人为诉讼代理人，也可以委托本国律师以非律师身份担任诉讼代理人；外国驻华使领馆官员，受本国公民的委托，可以个人名义担任诉讼代理人，但在诉讼中不享有外交或者领事特权和豁免。

人民法院处理涉外离婚案件，按我国现行《民事诉讼法》的规定进行审理，经调解无效，按我国现行《婚姻法》第 32 条规定的离婚条件进行判决。

（二）涉外离婚案件的有关问题

1. 上诉期问题。根据现行《民事诉讼法》第 164、269 条的规定，居住在中国领域内的中国公民或外国人，不服一审判决的，自收到判决之日起 15 日内向上级人民法院提出上诉。不在中国境内居住的外国人一方，不服我国一审人民法院的判决的，有权在判决书送达之日起 30 日内提出上诉。申请延期的，是否准许，由人民法院决定。双方上诉期届满没有上诉的，即发生法律效力。

2. 有关财产内容的执行问题。现行《民事诉讼法》第 280 条第 1 款规定："人民法院作出的发生法律效力的判决、裁定，如果被执行人或者其财产不在中华人民共和国领域内，当事人请求执行的，可以由当事人直接向有管辖权的外国法院申请承认和执行，也可以由人民法院依照中华人民共和国缔结或者参加的国际条约的规定，或者按照互惠原则，请求外国法院承认和执行。"中国公民与外国人经人民法院判决离婚，鉴于我国当前与有些国家尚未签订司法协助条约，人民法院判决外国人一方应负担的子女抚养费，夫妻共同财产分割应给付的数额和经济帮助费、损害赔偿费等，宜一次性给付。给付有困难的，可找在中国有相当财产的中国公民或外国公民担保。到期不履行的，由担保人承担清偿责任。

四、涉外复婚

中国公民与外国人离婚后，双方自愿恢复婚姻关系的，按涉外结婚程序办理。

有的夫妻中，外国人一方下落不明的，经中国公民一方请求被人民法院缺席判决离婚并公告送达判决书的，外国人一方无论是否知道或收到判决书，均视为婚姻关系终止。现外国公民一方知其情况后，要求复婚的，应分别处理。

1. 中国公民一方离婚后已经再婚的。中国公民与外国人离婚后，已经再婚的，其再婚配偶健在的，又不愿恢复原婚姻关系的，不再处理。

2. 中国公民一方与再婚配偶离婚或死亡的。中国公民一方与外国人离婚后又再婚的，其再婚配偶已经依法离婚或已经死亡的。如果双方自愿恢复婚姻关系的，应重新办理复婚登记。所需证件和证明与涉外结婚相同。

3. 双方离婚后均未再婚的。中国公民与外国人被人民法院缺席判决离婚后，双方均未再婚，自愿恢复婚姻关系的，经人民法院调查确认属实的，可注销原离婚判决，准予复婚。但外国人一方须提供经公证、认证的无配偶证明。

第二节　涉外收养

外国人在中国收养子女，在法律上一律适用我国《收养法》的规定。为了保障收养当事人的合法权益，鉴于涉外收养的特殊性，规范涉外收养登记行为，经国务院批准，民政部于 1999 年 5 月 25 日颁布的《涉外收养办法》是办理涉外收养的法律依据。

一、涉外收养概述

涉外收养当事人，包括外国一方收养人和中国一方被收养人、送养人，除必须符合我国《收养法》规定的收养条件和送养条件外，收养人和送养人还必须提供必要的收养证明。

（一）外国收养人应提供的收养证明

根据 1999 年《涉外收养办法》第 4 条的规定，外国收养人在中国收养子女，必须提供收养人申请书，家庭情况报告和证明，这些证明必须由外国人所在国授权机构出具，经其所在国外交机关或外交机关授权的机构认证，并经我国驻该国使、领馆认证方为有效。证明材料具体包括八种：跨国收养申请书；出生证明；婚姻状况证明；职业、经济收入和财产状况证明；身体健康检查证明；有无受过刑事处罚的证明；收养人所在国主管机关同意跨国收养子女的证明；家庭情况报告。

外国收养人如果在中国工作或学习连续居住一年以上的，除须提交上列证明外，还要提交在中国所在单位或有关部门出具的婚姻状况证明、职业、经济收入或财产状况证明、有无受过刑事处罚证明和县级医疗机构出具的健康检查证明。

（二）中国送养人应提供的证明

根据 1999 年《涉外收养办法》第 5 条的规定，中国送养人应向户籍所在地的省、自治区、直辖市人民政府民政部门提交本人户口簿和居民身份证（社会福利机构作为送养人的，须提交其负责人的身份证件)、被收养人户籍证明。此外，按送养人的不同情况，分别送交下列证明：

1. 被收养人的生父母为送养人。被收养人的生父母（包括离婚的生父母、没有婚姻关系的生父母）应提供的证明：(1) 生父母有特殊困难，无力抚养其子女的证明；(2) 父母双方同意送养的书面意见。其中，被收养人的生父或生母一方死亡或下落不明的，还须提供死亡或失踪一方的父母不行使优先抚养权的声明书。

2. 监护人作送养人。被收养人的父母均已丧失民事行为能力，由被收养人的监护人（祖父母、外祖父母或成年兄、姐等）作送养人的，应提供：(1) 被收养人父母丧失民事行为能力和对被收养人有严重危害的证明；(2) 监护人有监护权证明。

被收养人的父母均已死亡系孤儿的，监护人应提供：(1) 被收养人的生父母死亡证明；(2) 监护人实际承担监护责任的证明；(3) 其他对被收养人有抚养义务的人同意送养的书面意见。

3. 社会福利机构作送养人。如果被收养人是弃婴、弃儿的，应提交：(1) 弃婴、儿童被遗弃和发现情况证明；(2) 查找其生父母或监护人的情况证明。

如果被收养人是孤儿的，应提交：(1) 孤儿父母的死亡（包括宣告死亡）证明；(2) 有抚养孤儿义务的其他人同意送养的书面意见。

送养残疾儿童的，还应提交县级以上医疗机构出具的该儿童的残疾证明。

省级民政部门收到送养人的上述证明后，经审查符合送养条件的，将全部材料报送中国收养组织。

二、涉外收养的条件和程序

《涉外民事关系法律适用法》第28条规定："收养的条件和手续，适用收养人和被收养人经常居所地法律。收养的效力，适用收养时收养人经常居所地法律。收养关系的解除，适用收养时被收养人经常居所地法律或者法院地法律。"

(一) 涉外收养的条件

按照《涉外民事关系法律适用法》第28条规定，外国人在中国收养子女的条件既要适用收养人经常居所地法律，又要适用我国《收养法》的规定。外国人在中国收养儿童，不允许直接到中国选择收养对象，中国公民送养子女，也不允许直接与外国收养人协商收养事宜，必须经过两国的收养组织办理。

外国收养组织是外国政府设立的或经外国政府委托办理跨国收养事宜的机构。中国收养组织是中国政府委托办理涉外收养事宜的组织。

外国人在中国收养子女，必须将收养申请书和收养证明提交给本国收养组织，再由该组织将收养证明转交给中国收养组织。中国收养组织对外国收养人的收养申请和有关证明进行审查，认为符合我国收养条件的，应当在省、自治区、直辖市人民政府民政部门报送的符合《收养法》规定条件的被收养人中，参照外国收养人的意愿，选择适当的被收养人，并将被收养人的有关情况通过外国收养组织转送给外国收养人，供其选择被收养人。外国收养人选定被收养人并同意收养的，由中国收养组织直接向其发出来华接收养子女通知书，同时书面告知被收养人所在地的省级民政部门，由其向送养人发出被收养人已被外国人同意收养的通知。

（二）涉外收养的程序

按照《涉外民事关系法律适用法》第28条的规定，外国人在中国收养子女的程序既要适用收养人经常居所地法律，又要适用我国《收养法》的规定。

1. 订立收养协议书。外国收养人收到中国收养组织的收养子女通知书后，必须亲自来华办理收养手续。夫妻共同收养的，应共同来华办理，如一方因故不能来华，应当书面委托来华一方，委托书须经所在国公证机构公证和我国驻该国使、领馆认证。外国收养人来华后，直接与中国送养人协商订立书面收养协议。协议一式三份，收养人、送养人和收养登记机关各执一份。

2. 收养程序。

（1）办理涉外收养登记的机关。涉外收养登记的机关，是被收养人户籍所在地的省、自治区、直辖市民政部门。

（2）办理涉外收养的程序。收养程序与国内公民收养相同。

1）申请。收养当事人，包括外国收养人，中国送养人和有识别能力的被收养人，共同到收养登记机关申请收养登记，填写外国人来华收养子女登记申请书，并提交收养协议书。此外，外国收养人应提供中国收养组织发给的来华接收养子女通知书、本人身份证件和照片。中国送养人应提供省级民政部门发给的被收养人已被外国人同意收养的通知、送养人的居民身份证、户口簿（社会福利机构送养的，为其负责人身份证件）和被收养人的照片。

2）审查登记。收养登记机关收到外国人来华收养子女申请书和收养人、被收养人及其送养人的有关材料后，应当自次日起7日内进行审查。对证件齐全又符合我国法律规定的，即为当事人办理收养登记，发给收养证，收养关系自登记之日起成立。

3. 有关其他证件的办理。

（1）收养公证的办理。收养登记后，收养关系当事人各方或一方要求办理收养公证的，应当共同到收养登记地具有涉外公证资格的公证机构办理收养公证。其公证程序按涉外公证程序办理。

（2）被收养人出境手续的办理。收养成立后，外国收养人如果将被收养人带回本国抚养的，外国收养人必须凭收养证及相关证明到收养登记地的公安机关办理被收养人的出境手续。

第三节　涉外继承

一、涉外继承的概念和特征

（一）涉外继承的概念

涉外继承是指继承要素中的一个或几个具有涉外因素的继承。所谓涉外因素，是指在继承法律关系的构成要素中或继承遗产有关的法律事实涉及国外。通常表现为：一是主体涉外，即在涉外继承中主体上通常涉及两国或两国以上公民。二是客体涉外，继承客体即遗产。被继承人死亡，其遗产在外国。三是法律事实涉外。法律事实涉外，就是指法律事实发生在国外。

涉外继承较之国内继承复杂，只要有上述一种继承因素存在，都会发生涉外继承法律关系，受涉外法律规范调整，从而形成涉外继承的复杂性。

(二) 涉外继承的特征

涉外继承与国内继承相比较，具有显著不同的如下特征：

1. 具有涉外因素。涉外继承关系中所具有的涉外因素，即主体涉外、客体涉外和法律事实涉外中，可能只有某一因素涉外，可能几个因素均涉外。在我国改革开放的形势下，外国人在中国投资、工作、结婚，中国人在外国投资、工作、结婚的均日益增多。当被继承人死亡，涉及单一涉外继承因素的较少，大多涉及多个涉外继承因素。

2. 国际或国内法不直接全面调整继承关系。当前，世界各国的继承法都不能直接调整涉外继承关系，都不能直接确定当事人的具体权利义务，而是用国际司法中的冲突规范去解决。在国际上没有统一的国际私法，只能通过冲突规范所援引的某个国家的国内实体法去处理涉外继承关系，使继承问题得到最后解决。两国有国际条约或协议的，按条约或协议办理。

3. 涉外继承案件实行专属管辖。涉外继承案件的管辖直接关系到处理涉外继承案件的结果。因此，许多国家都从保护本国公民或者在本国境内的财产利益出发，对涉外继承案件规定为专属管辖。一个涉外继承案件，往往涉及被继承人的国籍、住所、遗产所在地和继承发生地。因此，对某一涉外继承案件，被继承人本国法院、被继承人住所地法院、遗产所在地法院都对该继承案件享有管辖权。某一继承案件应由哪国法院管辖，要根据国内立法或国际条约中有关规定来确定。一般说来，不动产的涉外继承案件，由不动产所在地国家的法院管辖，这是国际上公认的管辖原则。因此，不少国家都将在本国境内的不动产继承案件列为本国法院专属管辖。

我国涉外继承案件，也实行专属管辖。我国现行《民事诉讼法》第 33 条规定："……因不动产纠纷提起的诉讼，由不动产所在地人民法院管辖……因继承遗产纠纷提起的诉讼，由被继承人死亡时住所地或者主要遗产所在地人民法院管辖。"

二、涉外继承的法律适用

(一) 涉外继承准据法的选择

不同国家的法律对法定继承法律关系的规定，有很大的差别，处理涉外法定继承案件，适用哪一国的法律，如何确定这个法律关系的准据法，十分重要。不同国家的法律在处理涉外法定继承时，对准据法的选择有所不同。目前对此主要有单一制和区别制两种。

1. 单一制准据法。实行单一制法定继承准据法的国家，不论动产和不动产，都适用统一的准据法。单一制的适用，又有两种，一是按属人法原则适用被继承人本国法；二是按属地原则适用被继承人住所在地法。这两种适用中，大多数国家为了保护本国公民在国外居住地的财产权益，采用属人法原则。

2. 区别制准据法。区别制准据法是指在涉外继承中，按遗产的动产和不动产，分别适用不同的准据法。动产适用属人原则，即适用被继承人本国法，不动产适用属地原则，即适用不动产所在地国法律。

区别制准据法，较单一制准据法的优点在于，同一继承案件适用不同的法律，尤其是对不动产判决有利于执行。但是，由于分别适用不同的准据法，使涉外继承关系变得较为复杂，使案件处理增加了难度。

（二）我国涉外继承的法律适用

我国《继承法》第36条第1款规定："中国公民继承在中华人民共和国境外的遗产或者继承在中华人民共和国境内的外国人遗产，动产适用被继承人住所地法律，不动产适用不动产所在地法律。"根据《执行继承法意见》第63条规定："涉外继承，遗产为动产的，适用被继承人住所地法律，即适用被继承人生前最后住所地国家的法律。"《涉外民事关系法律适用法》第31条规定，法定继承，适用被继承人死亡时经常居所地法律，但不动产法定继承，适用不动产所在地法律。其第51条规定，《继承法》第36条，与本法的规定不一致的，适用本法。因此，外国人继承在中华人民共和国境内的遗产或者继承在中华人民共和国境外的中国公民的遗产，动产适用被继承人经常居所地法律，不动产适用不动产所在地法律。中华人民共和国与外国订有条约、协定的，按照条约、协定办理。由此可见，《涉外民事关系法律适用法》规定处理涉外法定继承的法律适用，遵守国际条约的优先适用原则，这是我国严守"条约必须信守"这一国际法原则在继承关系中的具体体现。没有国际条约的，或虽有国际条约，但我国声明保留条款的，适用区别制准据法。

三、涉外法定继承

《涉外民事关系法律适用法》第31条规定："法定继承，适用被继承人死亡时经常居所地法律，但不动产法定继承，适用不动产所在地法律。"

处理我国境内的涉外继承，应注意以下问题：

1. 遗产范围。外国人死后，其遗留在中国境内的遗产范围，按我国《继承法》第3条规定办理。但是根据司法实践和司法解释，外国人生前在中国境内占有的某些财产不能作为遗产。

（1）土地。外国人生前占有的土地为我国国有财产，不属于外国人在华遗产，外国人死亡，任何人不得继承。[①]

（2）禁止出境物。外国人在华遗产中的动产，原则上可以继承。但是，遗产中的禁止出境物，如禁止出境的文物、字画、古玩等，外国继承人不得携带出境。

2. 外国继承人到中国主张继承的，应持交亲属关系证明书和继承权证明书。

（1）亲属关系证明书。外国继承人来华申请继承，必须持有继承人与被继承人的亲属关系证明书。该证明书由本国公证机构出具，证明申请人的姓名、职业、住址和与被继承人的亲属关系。该公证书须经居住国外交部或外交部指定的其他官方机构认证，并经我国驻该国使、领馆认证方为有效。如果被继承人在国外死亡在中国留有遗产的，继承人还须持经过公证、认证的被继承人死亡证明。

（2）继承权证明书。继承权证明书是证明外国申请继承人有无继承权的法律文书。外国继承人持经过本国公证、认证的亲属关系证明书和被继承人死亡证明书，可亲自来华到中国主要遗产所在地的公证机关，申请办理继承权证明书。如果被继承人在中国死亡的，外国继承人须持亲属关系证明书，直接到被继承人死亡地的公证机关申请，由公证机关核发继承权证明书。外国继承人取得继承权证明书后，到遗产管理部门如房地产管理

---

① 1954年9月28日最高人民法院、外交部颁发的《外人在华遗产继承问题处理原则》第2条。

局、银行、工商局等，办理产权转移手续。

如果外国继承人不能亲自来华办理继承事项的，可以委托在华亲友或律师代为办理。委托书包括受托人姓名、住址、委托权限等。委托书必须办理公证、认证方为有效。

四、涉外遗嘱继承

根据《涉外民事关系法律适用法》第32条规定，遗嘱方式，符合遗嘱人立遗嘱时或者死亡时经常居所地法律、国籍国法律或者遗嘱行为地法律的，遗嘱均为成立。第33条规定，遗嘱效力，适用遗嘱人立遗嘱时或者死亡时经常居所地法律或者国籍国法律。外国人在华所立遗嘱，在继承开始前，应经我法院认证。外国人在国外所立遗嘱，如系建交国人所立，在继承开始前，应经我驻外使领馆或国内外事机构认证。如系未建交国人所立，在继承开始前，应转经我驻建交国家使领馆或国内外事机构认证。①

最后，必须注意，外国人在华遗产中的动产，原则上可以继承。但继承人在取得遗产后如果遗产中有被国家禁止的出境物，则其不得被携带出境。②

五、有关在我国之外国人无人承受的遗产的处理

《涉外民事关系法律适用法》第35条规定，无人继承遗产的归属，适用被继承人死亡时遗产所在地法律。外国人死后在我国的遗产，包括动产和不动产遗产，继承人有无不明的，或有继承人但继承人下落不明，或有合法继承人和受遗赠人，放弃继承权或受遗赠权，或丧失继承权，其他继承人有无不明的，应由人民法院公告查找继承人，一般应登报公告。如果遗产价值不大的，可分别在死者住所地和法院公告栏刊登公告。公告期为6个月，公告期满，无人主张继承和受遗赠的，即视为绝产，收归国家所有。如果死者本国与我国有外交关系的，其死者遗产中的动产遗产，在互惠原则下，可交给其本国驻华使、领馆接受，不动产遗产仍收归国有。③

【导入案例要点评析】

第一，本案的管辖权。我国《民事诉讼法》第33条规定："下列案件，由本条规定的人民法院专属管辖：（一）因不动产纠纷提起的诉讼，由不动产所在地人民法院管辖……（三）因继承遗产纠纷提起的诉讼，由被继承人死亡时住所地或者主要遗产所在

---

① 《外人在华遗产继承问题处理原则》第5条。

② 主编注：根据我国文化部《文物进出境审核管理办法》（2007年7月13日施行）第8条的规定，下列文物出境，应当经过审核：（一）1949年（含）以前的各类艺术品、工艺美术品；（二）1949年（含）以前的手稿、文献资料和图书资料；（三）1949年（含）以前的与各民族社会制度、社会生产、社会生活有关的实物；（四）1949年以后的与重大事件或著名人物有关的代表性实物；（五）1949年以后的反映各民族生产活动、生活习俗、文化艺术和宗教信仰的代表性实物；（六）国家文物局公布限制出境的已故现代著名书画家、工艺美术家作品；（七）古猿化石、古人类化石，以及与人类活动有关的第四纪古脊椎动物化石。国家文物局《文物出境审核标准》（2007年6月5日公布实施）规定，凡在1949年以前（含1949年）生产、制作的具有一定历史、艺术、科学价值的文物，原则上禁止出境。其中，1911年以前（含1911年）生产、制作的文物一律禁止出境。少数民族文物以1966年为主要标准线。凡在1966年以前（含1966年）生产、制作的有代表性的少数民族文物禁止出境。国务院《国家货币出入境管理办法》（1993年3月1日施行）规定，外国人入出境，每人每次携带的人民币不得超出限额。

③ 《外人在华遗产继承问题处理原则》第6、7条。

地人民法院管辖。”在本案中，马克的父母向重庆某区人民法院提起诉讼，李丹向德国法院提起诉讼，但由于该案属于专属管辖，所以我国法院有权受理该案。并且，重庆市是被继承人死亡时的住所地和主要遗产所在地，因此，重庆市某区人民法院对此案享有专属管辖权。第二，本案的准据法。我国《涉外民事关系法律适用法》第31条规定：“法定继承，适用被继承人死亡时经常居所地法律，但不动产法定继承，适用不动产所在地法律。”本案被继承人死亡时经常居所地为中国重庆市，不动产也在中国重庆市，所以应当按照中国的法律来处理相关的遗产继承。由于马克未立遗嘱，应按法定继承处理其遗产。按中国的法律，马克的父、母，配偶李丹及女儿李妮四人同为第一顺序法定继承人，均有权继承马克的遗产。

【思考题】

一、单项选择题

1. 狭义涉外婚姻的特征不包括（ ）

A. 婚姻主体一方或者双方涉外　　B. 婚姻事项在我国办理

C. 适用外国法律　　D. 适用我国法律

2. 关于涉外收养，以下说法错误的是（ ）

A. 外国人在我国收养子女，一律适用我国收养法

B. 涉外收养的当事人必须符合我国收养法规定的条件

C. 不允许外国人直接到中国选择收养对象

D. 中国人可以直接与外国收养人协商收养事宜

二、多项选择题

1. 根据《涉外民事关系法律适用法》的规定，有共同经常居住地的我国公民和外国人结婚不应当适用（ ）

A. 当事人属人法　　B. 婚姻缔结地法

C. 兼采A、B的混合制　　D. 共同经常居所地法

E. 依当事人的意愿

2. 关于涉外继承，以下说法正确的是（ ）

A. 外国继承人来中国主张继承权的应当持有亲属关系证明书和继承权证明书

B. 外国人不能亲自来中国的，可以公证委托在华亲友或律师代为办理

C. 涉外继承一律适用被继承人所在地法

D. 外国人在中国境内所立的遗嘱，必须经过我国公证机关的公证

E. 涉外继承是指继承要素中的一个或者几个具有涉外因素的继承

三、判断分析题

1. 涉外收养必须办理收养公证。

2. 外国人在中国所有的财物都可以作为其遗产。

四、简答题

1. 简述涉外结婚的登记程序。

2. 简述涉外收养的条件和程序。

3. 简述涉外离婚程序。

五、论述题

1. 试述我国法律规定的涉外结婚的条件。

2. 试述涉外继承准据法的选择。

六、案例分析题

参见陈苇主编《婚姻家庭继承法学案例教程》（第三版）（北京：群众出版社，2017年版）第八单元涉外婚姻、涉外继承、涉外收养案例。

【阅读参考文献】

1. 袁发强：《人权保护与现代家庭关系中的国际私法》，北京大学出版社，2010年版。

2. 陈苇主编：《外国婚姻家庭法比较研究》，群众出版社，2006年版。

3. 王俊凯著：《涉外离婚案件法律实务》，中国法制出版社，2014年版。

主要参考文献

一、中文教材、著作

1. 杨大文、马忆南编著：《婚姻家庭法》，北京：北京大学出版社，2004。
2. 陈苇主编：《婚姻家庭继承法学》，北京：法律出版社，2002。
3. 王洪：《婚姻家庭法》，北京：法律出版社，2003。
4. 杨大文主编：《亲属法》（第三版），北京：法律出版社，2003。
5. 法学教材编辑部：《婚姻立法资料选编》，北京：群众出版社，1983。
6. 冯建妹：《现代医学与法律研究》，南京：南京大学出版社，1994。
7. 刘达临、鲁龙光主编：《中国同性恋研究》，北京：中国社会出版社，2005。
8. 巫昌祯主编：《婚姻与继承法学》，北京：中国政法大学出版社，1997。
9. 杨大文主编：《婚姻家庭法学》，上海：复旦大学出版社，2002。
10. 史尚宽：《亲属法论》，台北：荣泰印书馆股份有限公司，1980。
11. 陈苇：《中国婚姻家庭法立法研究》，北京：群众出版社，2000。
12. 胡平主编：《婚姻家庭继承法论》，重庆：重庆大学出版社，2000。
13. 史尚宽：《亲属法论》，北京：中国政法大学出版社，2000。
14. 中央人民政府法制委员会：《婚姻法起草经过和理由的报告》。载西南政法学院民法教研室编：《中华人民共和国婚姻法教学参考资料（第一辑）》，西南政法学院内部印刷，1984。
15. 杨大文主编：《亲属法》（第四版），北京：法律出版社，2004。
16. 张希坡：《中国婚姻立法史》，北京：人民出版社，2004。
17. 李忠芳主编：《外国婚姻家庭法汇编》，北京：群众出版社，2000。
18. 法学教材编辑部《民法原理》资料组：《外国民法资料选编》，法律出版社，1983。
19. 张天民：《俄罗斯法律发达史》，北京：法律出版社，2000。
20. 由嵘主编：《外国法制史》，北京：北京大学出版社，2000。
21. 陈苇：《中国婚姻家庭法立法研究》（第二版），北京：群众出版社，2010。
22. 宋豫主编：《国家干预与家庭自治：现代婚姻家庭法发展方向研究》，郑州：河南人民出版社，2011。
23. 巫昌桢：《我与婚姻法》，北京：法律出版社，2001。
24. 蒋月：《20世纪婚姻家庭法：从传统到现代》，北京：中国社会科学出版社，2015。
25. 叶英萍主编：《中国传统亲属法律文化和谐性研究》，北京：法律出版社，2015。

26. 陈苇主编：《21世纪家庭法与家事司法：实践与变革》，北京：群众出版社，2016。

27. 戴炎辉：《中国法制史》，台北：三民书局，2000。

28. 陈苇主编：《外国婚姻家庭法比较研究》，北京：群众出版社，2006。

29. 陈苇项目负责人：《改革开放三十年（1978-2008）中国婚姻家庭继承法研究之回顾与展望》，北京：中国政法大学出版社，2010。

30. 夏吟兰主编：《民法学卷五·婚姻家庭继承法》，北京：中国政法大学出版社，2009。

31. 李银河：《女性主义》，济南：山东人民出版社，2005。

32. 陈苇主编：《中国妇女儿童权益法律保障情况实证调查研究——以中国五省市被抽样调查地区妇女儿童权益法律保障情况为对象》，北京：群众出版社，2017。

33. 许莉：《〈中华民国民法·亲属〉研究》，北京：法律出版社，2009。

34. 高凤仙：《亲属法理论与实务》（第十七版），台北：五南图书出版股份有限公司，2016。

35. 陈苇主编：《结婚与婚姻无效纠纷的处置》，北京：法律出版社，2001。

36. 王廷珍等主编：《优生优育学》，北京：人民军医出版社，1989。

37. 王镭主编：《中国卫生法学》，北京：中国人民大学出版社，1988。

38. 贺小电、周利民：《婚姻继承适用新论》，北京：中国政法大学出版社，2001。

39. 杨大文主编：《亲属法》（第四版），北京：法律出版社，1997。

40. 李洪祥、吕大可：《婚姻法律制度研究》，长春：长春出版社，2000。

41. 王洪：《婚姻家庭法热点问题研究》，重庆：重庆大学出版社，2000。

42. 杨怀英主编：《中国婚姻法论》，重庆：重庆出版社，1989。

43. 潘绥铭：《中国性现状》，北京：光明日报出版社，1995。

44. 王歌雅：《中国亲属立法的伦理意蕴与制度延展》，哈尔滨：黑龙江大学出版社，2008。

45. 王森波：《同性婚姻法律问题研究》，北京：中国法制出版社，2012。

46. 陈阳：《西班牙同性婚姻合法化研究》，北京：法律出版社，2015。

47. 周枏：《罗马法原论》，北京：商务印书馆，1994。

48. 夏吟兰：《美国现代婚姻家庭制度》，北京：中国政法大学出版社，1998。

49. 李志敏主编：《比较家庭法》，北京：北京大学出版社，1988。

50. 何丽新：《我国非婚同居立法规制研究》，北京：法律出版社，2010。

51. 王薇：《非婚同居法律制度比较研究》，北京：人民出版社，2009。

52. 陈苇主编：《婚姻家庭法学》，北京：群众出版社，2005。

53. 中国法学会婚姻法学研究会编：《外国婚姻家庭法汇编》，北京：群众出版社，2000。

54. 陈鹏：《中国婚姻史稿》，北京：中华书局，1994。

55. 陈棋炎、郭振恭、黄宗乐：《民法亲属新论》，台北：三民书局，1995。

56. 全国人大常务委员会法工委研究室编：《中华人民共和国婚姻法实用问答》，北京：中国物价出版社，2001。

57. 胡康生主编:《中华人民共和国婚姻法释义》，北京：法律出版社，2001。
58. 马原主编:《新婚姻法条文释义》，北京：人民法院出版社，2002。
59. 曹诗权主编:《婚姻家庭继承法学》，北京：中国法制出版社，1999。
60. 张贤钰:《外国婚姻家庭法资料选编》，上海：复旦大学出版社，1991。
61. 胡苷用:《婚姻合伙视野下的夫妻共同财产制度研究》，北京：法律出版社，2010。
62. 史尚宽:《继承法论》，北京：中国政法大学出版社，2000。
63. 陈惠馨:《民法亲属编——理论与实务》，台北：元照出版社，2016。
64. 张华贵主编:《夫妻财产关系法研究》，北京：群众出版社，2017。
65. 裴桦:《夫妻共同财产制研究》，北京：法律出版社，2009。
66. 黄松有主编:《最高人民法院婚姻法司法解释（二）的理解与适用》，北京：人民法院出版社，2004。
67. 余延满:《亲属法原论》，北京：法律出版社，2007。
68. 高留志:《扶养制度研究》，北京：法律出版社，2006。
69. 陈苇主编:《当代中国内地与港、澳、台婚姻家庭法比较研究》，北京：群众出版社，2012。
70. 王丽萍主编:《婚姻家庭继承法学》，北京：北京大学出版社，2004。
71. 陈棋炎:《亲属、继承法基本问题》，台北：三民书局，1980。
72. 邓学仁:《亲属法之变革与展望》，台北：月旦出版社，1997。
73. 王洪:《从身份到契约》，北京：法律出版社，2009。
74. 林菊枝:《我国民法亲属编修正法评论》，台北：五南图书出版公司，1986。
75. 林秀雄:《亲属法讲义》，台北：元照出版社，2011。
76. 陈棋炎、黄宗乐、郭振恭:《民法亲属新论》，台北：三民书局，2004。
77. 巫昌祯、王德意、杨大文主编:《当代中国婚姻家庭问题》，北京：人民出版社，1990。
78. 王丽萍:《亲子法研究》，北京：法律出版社，2004。
79. 曹贤余:《儿童最大利益原则下的亲子法研究》，北京：群众出版社，2015。
80. 李宜琛:《日耳曼法概说》，北京：中国政法大学出版社，2003。
81. 潘华仿:《英美法论》，北京：中国政法大学出版社，1998。
82. 李开国:《民法总则研究》，北京：法律出版社，2003。
83. 最高人民法院民事审判庭编:《民事手册》第一辑，1984。
84. 张天福:《希伯来法系之研究》，上海：大东书局，1946。
85. 徐福基:《苏联亲属法要义》，上海：大东书局，1949。
86. 孟德花:《别居与离婚制度研究》，北京：中国人民公安大学出版社，2009。
87. 金眉:《中国亲属法的近现代转型——从〈大清民律草案·亲属编〉到〈中华人民共和国婚姻法〉》，北京：法律出版社，2010。
88. 林秀雄:《婚姻家庭法之研究》，北京：中国政法大学出版社，2001。
89. 杨大文主编:《婚姻家庭法学》，上海：复旦大学出版社，2002。
90. 王洪:《婚姻家庭法》，北京：法律出版社，2003。

91. 邓丽：《婚姻法中的个人自由与社会正义——以婚姻契约论为中心》，北京：知识产权出版社，2008。

92. 夏吟兰、蒋月、薛宁兰：《21 世纪婚姻家庭关系新规制》，北京：中国检察出版社，2001。

93. 黄松有主编：《婚姻法司法解释的理解与适用》，北京：中国法制出版社，2002。

94. 夏吟兰：《离婚自由与限制论》，北京：中国政法大学出版社，2007。

95. 胡志超：《中国破裂主义离婚法律制度》，北京：法律出版社，2010。

96. 陈苇主编：《家事法研究》（2009 年卷），北京：群众出版社，2010。

97. 来文彬：《家事调解制度研究》，北京：群众出版社，2014。

98. 石雷：《英国现代离婚制度研究》，北京：群众出版社，2015。

99. 胡康生主编：《中华人民共和国婚姻法释义》，北京：法律出版社，2001。

100. 郑晶：《中华人民共和国婚姻讲话》，北京：中国政法大学出版社，2001。

101. 杨立新、秦秀敏主编：《中华人民共和国婚姻法释义与适用》，长春：吉林人民出版社，2001。

102. 滕蔓、丁慧、刘艺：《离婚纠纷及其后果的处理》，北京：法律出版社，2001。

103. 陈苇主编：《外国继承法比较与中国民法典继承编制定研究》，北京：北京大学出版社，2011。

104. 陈苇、宋豫主编：《中国大陆与港、澳、台继承法比较研究》，北京：群众出版社，2007。

105. 陈苇项目负责人：《当代中国民众继承习惯调查实证研究》，北京：群众出版社，2008。

106. 张玉敏：《继承法律制度研究》，北京：法律出版社，1999。

107. 史尚宽：《继承法论》，北京：中国政法大学出版社，2000。

108. 郭明瑞、房绍坤、关涛：《继承法研究》，北京：中国人民大学出版社，2003。

109. 杨立新、朱呈义：《继承法专论》，北京：高等教育出版社，2006。

110. 杨立新：《家事法研究》，北京：法律出版社，2013。

111. 张玉敏主编：《中国继承法立法建议稿及理由》，北京：人民出版社，2006。

112. 张玉敏：《继承制度研究》，成都：成都科技大学出版社，1994。

113. 杨立新主编：《继承法修订入典之重点问题》，北京：中国法制出版社，2015。

114. 张平华、刘耀东：《继承法原理》，北京：中国法制出版社，2009。

115. 刘春茂主编：《中国民法学·财产继承》，北京：中国人民公安大学出版社，1990。

116. 张玉敏主编：《继承法教程》，北京：中国政法大学出版社，1998。

117. 刘文：《继承法律制度研究》，北京：中国政法大学出版社，2016。

118. 陈苇主编：《中国继承法修改热点难点问题研究》，北京：群众出版社，2013。

119. 林秀雄：《继承法讲义》，台北：元照出版有限公司，2005。

120. 刘素萍主编：《继承法》，北京：中国人民大学出版社，1988。

121. 郭明瑞、房绍坤：《继承法》（第二版），北京：法律出版社，2004。

122. 曹诗权、孟令志、麻昌华：《婚姻家庭继承法》，北京：北京大学出版社，2006。

123. 杨大文主编：《亲属法》（第四版），北京：法律出版社，2012。

124. 李霞：《成年监护制度研究：以人权的视角》，北京：中国政法大学出版社，2012。

125. 李欣：《私法自治视域下的老年人监护制度研究》，北京：群众出版社，2013。

126. 曹诗权：《未成年人监护制度研究》，北京：中国政法大学出版社，2004。

二、外文译作

1. ［英］安东尼·W. 丹尼斯、［美］罗伯特·罗森编：《结婚与离婚法的经济分析》，王世贤译，北京：法律出版社，2005。

2. ［古罗马］盖尤斯：《法学阶梯》，黄风译，北京：中国政法大学出版社，2008。

3. ［美］白维廉、［美］劳曼：《当代中国人的性行为与性关系》，潘绥铭、王爱丽译，北京：社会科学文献出版社，2004。

4. 陈苇等译：《澳大利亚家庭法》（2008 年修正），北京：群众出版社，2009。

5. ［英］梅因：《古代法》，沈景一译，北京：商务印书馆，1984。

6. ［苏］B. Л. 格里巴诺夫、C. M. 科尔涅耶夫主编：《苏联民法》（上册），中国社会科学院法学研究所民法经济法研究室译，北京：法律出版社，1984。

7. ［加］罗德里克·菲利普斯：《分道扬镳——离婚简史》，李公昭译，北京：中国对外翻译出版公司，1998。

8. ［美］路易斯·亨利·摩尔根：《古代社会》（下册），杨东莼、马雍、马巨译，北京：商务印书馆，1983。

9. ［德］恩格斯：《家庭、私有制和国家的起源》，北京：人民出版社，1972。

10. ［南］米兰·波萨纳茨：《非婚姻家庭》，张大本等译，北京：中国社会科学出版社，1990。

11. ［美］约翰·J. 麦休尼斯：《社会学》（第 14 版），北京：中国人民大学出版社，2015。

12. ［美］哈里·D. 格劳斯、大卫·D. 梅耶：《美国家庭法精要》（第五版，2007年），陈苇等译，北京：中国政法大学出版社，2010。

13. ［英］约瀚·伊克拉著：《家庭法和私生活》，石雷译，北京：法律出版社，2015。

14. ［意］彼得罗·彭凡得：《罗马法教科书》，黄风译，北京：中国政法大学出版社，1992。

15. ［法］安德烈·比尔基埃、克里斯蒂亚娜、克拉比什·朱伯尔、玛尔蒂娜·雪伽兰、弗朗索瓦兹·佐纳邦德主编：《家庭史》（第一编下册），袁树仁、赵克非、邵济源、董芳滨译，上海：生活·读书·新知三联出版社，1998。

16. ［德］迪特尔·施瓦布：《德国家庭法》，王葆时译，北京：法律出版社，2010。

17. ［英］凯特·斯丹德利：《家庭法》，屈广清译，北京：中国政法大学出版社，2004。

18. 岳云：《家庭调解——适用于华人家庭的理论与实践》，苌英丽等译，北京：中国社会科学出版社，2005。

19. ［日］利谷信义等：《离婚法社会学》，陈明侠、许继华译，北京：北京大学出版社，1991。

三、外国法

1. 李浩培、吴传颐、孙鸣岗译:《拿破仑法典》，北京：商务印书馆，1983。

2. 马育民译:《法国民法典》，北京：北京大学出版社，1982。

3. 罗结珍译:《法国民法典》，北京：北京大学出版社，2010。

4. 陈卫佐译注:《德国民法典》（第四版)，北京：法律出版社，2015。

5. 于海涌、赵希璇译:《瑞士民法典》，北京：法律出版社，2016。

6. 费安玲等译:《意大利民法典》，北京：中国政法大学出版社，2004。

7. 王爱群译:《日本民法典》，北京：法律出版社，2014。

8. 鄢一美译:《俄罗斯联邦家庭法典》（1995年），载中国法学会婚姻法学研究会编:《外国婚姻家庭法汇编》，北京：群众出版社，2000。

9. 唐晓晴等译:《葡萄牙民法典》，北京：北京大学出版社，2009。

10. 徐国栋译:《智利共和国民法典》（2000年修订本），北京：北京大学出版社，2014。

11. 陈苇等译:《加拿大家庭法汇编》，北京：群众出版社，2006。

12. 蒋月等译:《英国婚姻家庭制定法选集》，北京：法律出版社，2008。

13. 陈苇项目负责人主持翻译:《澳大利亚家庭法》（2008年修正），北京：群众出版社，2009。

14.《世界著名法典汉译丛书》编委会:《汉穆拉比法典》，北京：法律出版社，2000。

15. 丁保庆译:《英国婚姻诉讼法》（1965年），载任国钧、任瑞华选编:《外国婚姻家庭法资料选编》（上），中国政法大学民法教研室，1984。

16. 马骧聪译:《苏俄婚姻和家庭法典》（1968年），载张贤钰主编:《外国婚姻家庭法资料选编》，上海：复旦大学出版社，1991。

17. 仲联译:《南斯拉夫塞尔维亚社会主义共和国婚姻法》，载任国均选编:《外国婚姻家庭法典选编》，北京政法学院民法教研室，1981。

18. 罗思荣译:《美国纽约州家庭法》，载张贤钰主编:《外国婚姻家庭法资料选编》，上海：复旦大学出版社，1991。

四、联合国文献

1. 联合国1959年《儿童权利宣言》。

2. 联合国1979年《消除对妇女一切形式歧视公约》。

3. 联合国1989年《儿童权利公约》。